Lehrbuch der Objektmodellierung

Lehrbücher der Informatik

Herausgegeben von
Prof. Dr.-Ing. habil. Helmut Balzert

Helmut Balzert
Lehrbuch der Software-Technik I (2. Auflage)
Software-Entwicklung

Helmut Balzert
Lehrbuch der Software-Technik II
Software-Management
Software-Qualitätssicherung
Unternehmensmodellierung

Heide Balzert
Lehrbuch der Objektmodellierung (2. Auflage)
Analyse und Entwurf mit der UML 2

Klaus Zeppenfeld
Lehrbuch der Grafikprogrammierung
Grundlagen, Programmierung, Anwendung

Heide Balzert

Lehrbuch der Objektmodellierung

Analyse und Entwurf
mit der UML 2

mit e-learning-Online-Kurs

Spektrum
AKADEMISCHER VERLAG

Autorin:
Prof. Dr. Heide Balzert
Fachhochschule Dortmund
Fachbereich Informatik
E-Mail: balzert@fh-dortmund.de
http://www.W3L.de und http://www.inf.fh-dortmund.de/balzert

Wichtiger Hinweis für den Benutzer
Der Verlag und die Autoren haben alle Sorgfalt walten lassen, um vollständige und akkurate Informationen in diesem Buch zu publizieren. Der Verlag übernimmt weder Garantie noch die juristische Verantwortung oder irgendeine Haftung für die Nutzung dieser Informationen, für deren Wirtschaftlichkeit oder fehlerfreie Funktion für einen bestimmten Zweck. Der Verlag übernimmt keine Gewähr dafür, dass die beschriebenen Verfahren, Programme usw. frei von Schutzrechten Dritter sind. Die Wiedergabe von Gebrauchsnamen, Handelsnamen, Warenbezeichnungen usw. in diesem Buch berechtigt auch ohne besondere Kennzeichnung nicht zu der Annahme, dass solche Namen im Sinne der Warenzeichen- und Markenschutz-Gesetzgebung als frei zu betrachten wären und daher von jedermann benutzt werden dürften. Der Verlag hat sich bemüht, sämtliche Rechteinhaber von Abbildungen zu ermitteln. Sollte dem Verlag gegenüber dennoch der Nachweis der Rechtsinhaberschaft geführt werden, wird das branchenübliche Honorar gezahlt.

Bibliografische Information der Deutschen Nationalbibliothek
Die Deutsche Nationalbibliothek verzeichnet diese Publikation in der Deutschen Nationalbibliografie; detaillierte bibliografische Daten sind im Internet über http://dnb.d-nb.de abrufbar.

Springer ist ein Unternehmen von Springer Science+Business Media
springer.de

2. Auflage 2005, Nachdruck 2011
© Spektrum Akademischer Verlag Heidelberg 2004
Spektrum Akademischer Verlag ist ein Imprint von Springer

11 12 13 14   15   5 4 3 2

Planung und Lektorat: Dr. Andreas Rüdinger, Barbara Lühker
Satz: Hagedorn Kommunikation, Viernheim
Gesamtgestaltung: Gorbach Büro für Gestaltung und Realisierung, Buchendorf
Umschlaggestaltung: SpieszDesign, Neu–Ulm
Titelbild: Wolfgang Nocke: »Durchblick« (1989)

ISBN 978-3-8274-2903-2

Vorwort

In den letzten Jahren hat die Objektorientierung innerhalb der Softwaretechnik eine stürmische Entwicklung durchgemacht. Sie ist ihren Kinderschuhen längst entwachsen und stellt heute den Stand der Technik in der Softwareentwicklung dar. Die objektorientierten Sprachen Java, C# und C++ werden bereits in vielen Praxis-Projekten eingesetzt. In der Lehre hat sich überwiegend die Sprache Java etabliert. Auch objektorientierte Klassenbibliotheken und *Frameworks* sind fester Bestandteil vieler Softwareentwicklungen. Als grafische Standard-Notation hat sich die UML *(Unified Modeling Language)* durchgesetzt. Die Objektmodellierung, d.h. die objektorientierte Analyse und der objektorientierte Entwurf, ist daher ein Thema, mit dem sich jeder Softwareentwickler früher oder später auseinandersetzen muss.

Um Ihnen, liebe Leserin, lieber Leser, einen optimalen Einstieg in die Objektmodellierung zu ermöglichen, habe ich dieses Lehr- und Lernbuch geschrieben. Wenn Sie bereits Kenntnisse in einer objektorientierten Programmiersprache besitzen, dann tun Sie sich sicher etwas leichter mit dieser Lektüre. Aber auch, wenn Sie bisher »nur« klassisch strukturiert entwickelt haben, bietet dieses Buch eine leicht verständliche Einführung in die Objektmodellierung.

Objektorientierte Entwicklung umfasst mehr als Kenntnisse über UML-Diagramme und C++- oder Java-Programme. Objektorientierte Modellierung bedeutet, dass Sie

- die objektorientierten Konzepte in den Phasen Analyse und Entwurf anwenden können,
- die objektorientierten Konzepte mit der Standardnotation UML beschreiben können,
- wissen, wie Sie am besten beim Erstellen objektorientierter Modelle vorgehen und wie Sie gute von schlechten Modellen unterscheiden können,
- die objektorientierten Konzepte in objektorientierte Programmiersprachen umsetzen können,
- die Phasen Analyse, Entwurf und Implementierung präzise voneinander trennen können,
- Drei-Schichten-Architekturen systematisch entwickeln können,
- im Entwurf die GUI- und die Datenhaltungsschicht über standardisierte Schnittstellen mit Ihrem Fachkonzept verbinden können,
- relationale Datenbanken und andere Formen der Datenhaltung systematisch anbinden können und
- *Frameworks* und Muster *(patterns)* anwenden können.

Vorwort

Zielgruppe Dieses Lehrbuch ist geschrieben für:

- Studierende im Haupt- und Nebenfach der Informatik an Universitäten, Fachhochschulen und Berufsakademien.
- Studierende, die im Rahmen eines größeren Projekts – z.B. im Rahmen einer Diplomarbeit – objektorientierte Software entwickeln wollen.
- Softwareentwickler und Analytiker in der Praxis, die zukünftig objektorientiert entwickeln wollen.

Analyse und Entwurf Der Untertitel dieses Buchs lautet »Analyse und Entwurf«. Entsprechend ist es ein Merkmal dieses UML-Buchs, dass eine präzise Trennung dieser beiden Phasen vorgenommen wird. Dabei verstehe ich unter der Analysephase alle Aufgaben von der Pflichtenheft-Erstellung bis zum Klassendiagramm und den Diagrammen des dynamischen Modells. Auch ein Prototyp der Benutzungsoberfläche gehört dazu. Die Analysephase geht also in diesem Buch weit über das Erstellen von Use-Case-Diagrammen und rudimentären Klassendiagrammen hinaus. Im Entwurf werden die Diagramme unter Berücksichtigung der technischen Randbedingungen erweitert und verfeinert, bis eine Abbildung in die objektorientierten Sprachen möglich ist.

von der ersten zur zweiten Auflage Dieses Buch ist entstanden aus meiner Lehre im Fach Softwaretechnik im Fachbereich Informatik der Fachhochschule Dortmund. Die erste Auflage, die 1999 erschien, wurde von mir seitdem intensiv in der Lehre eingesetzt und die Erfahrungen sind in diese zweite Auflage eingeflossen. Auch zahlreiche andere Hochschullehrer haben sich entschieden, dieses Buch in ihrer Lehre zu verwenden, und mir im Laufe der Jahre viele Impulse gegeben, die in die neue Auflage eingearbeitet wurden. Viele Leser haben mir geschrieben, wie gut sie das Buch bei der Einarbeitung in die Objektmodellierung unterstützt hat. Ihnen allen möchte ich für die Anregungen an dieser Stelle ganz herzlich danken. Ich habe mich daher entschlossen, bei der zweiten Auflage den grundsätzlichen Aufbau beizubehalten. Trotzdem werden Leser der ersten Auflage feststellen, dass sich vieles geändert hat.

UML 2.0 Hier ist natürlich zuerst die UML 2.0 zu nennen, die sich gegenüber der Version 1.1, die in der ersten Auflage verwendet wurde, stark weiterentwickelt hat. Als Autorin eines Buchs, dessen Ziel eine leicht verständliche Einführung in die UML ist, stellte sich die Frage, welche Elemente der UML 2 in dieses Buch übernommen werden sollten. Die neue UML bietet viel mehr Möglichkeiten, allerdings ist sie dadurch auch teilweise schwieriger in der Anwendung geworden. Außerdem mussten die neuen Elemente auf die Phasen Analyse und Entwurf abgebildet werden. Ziel ist es, vor allem in der Analysephase nur solche Konzepte und Notationselemente zu verwenden, die unbedingt benötigt werden. Einfache Erlernbarkeit bildet hierfür die wichtigste Leitlinie. Komplexere Elemente werden erst in den entsprechenden Lehreinheiten des Entwurfs eingeführt. Da dieses Buch als Einführungswerk konzipiert ist, ist es kein Ziel, alle Elemente der UML abzudecken.

Bei vielen Projekten kann die hier beschriebene Trennung zwischen Analyse und Entwurf erfolgreich eingesetzt werden. Sollten Sie jedoch in Ihrem Analysemodell Elemente benötigen, die hier erst unter Entwurf eingeführt wurden, so sollten Sie dies nicht als Widerspruch sehen. Was zählt, ist das Ergebnis.

Das Lehrbuch gliedert sich in folgende Teile: *Inhalt*

- Einführung (1 Lehreinheit),
- Konzepte und UML für die Analyse (3 Lehreinheiten),
- Analysemuster (1 Lehreinheit),
- Methodische Vorgehensweise in der Analyse (3 Lehreinheiten),
- Einführung in die Gestaltung von Benutzungsoberflächen (2 Lehreinheiten),
- Konzepte und UML für den Entwurf (3 Lehreinheiten),
- Entwurfsmuster (1 Lehreinheit),
- Einführung in relationale Datenbanksysteme und objektrelationale Abbildung (1 Lehreinheit),
- Entwurfsheuristiken und Entwurf einer Drei-Schichten-Architektur (2 Lehreinheiten).

Die erste Lehreinheit beschreibt das Rahmenwerk für die weiteren   *Einführung*
Lehreinheiten. Sie führt viele Begriffe ein, die in den späteren Lehreinheiten ausführlich erläutert werden.

Leser, die sich auf die objektorientierte Analyse beschränken   *Notation der*
wollen, benötigen nur die Lehreinheiten eins bis zehn und müssen   *Analyse*
sich nicht mit den Details des Entwurfs belasten. Die Lehreinheiten zwei bis vier führen in die objektorientierten Konzepte und in die Notation mittels UML ein, die Sie in der Analysephase benötigen. Jedem Konzept ist ein Kapitel gewidmet, in dem Sie alle Informationen zum Konzept und zur UML-Notation finden. Ein Konzept wird zunächst definiert und dann durch ein Beispiel erläutert. Anschließend werden das jeweilige Konzept und die UML-Notation genauer beschrieben. Die zweite Lehreinheit führt zunächst in die Konzepte Objekt, Klasse, Attribut und Operation ein. Aufbauend darauf werden in der dritten Lehreinheit die Konzepte Assoziation, Generalisierung und Paket vorgestellt. Anschließend können Sie bereits einfache Klassendiagramme erstellen und beliebige Klassendiagramme lesen. Um das dynamische Verhalten eines Softwaresystems zu beschreiben, werden in der vierten Lehreinheit die Konzepte Use-Case, Aktivität, Szenario und Zustandsautomat eingeführt. Besonders im Bereich der dynamischen Modelle gibt es gegenüber der ersten Auflage beträchtliche Änderungen und Erweiterungen.

Ein ganz wichtiges Thema innerhalb der Objektmodellierung   *Analysemodelle*
stellen heute die Muster dar. Das sind vor allem Entwurfsmuster,   *erstellen*
aber auch Analysemuster. In der Lehreinheit fünf werden zehn

Analysemuster vorgestellt. Anschließend können Sie ihre Kenntnisse auf einige Beispiele anwenden. Dabei handelt es sich um OOA-Modelle, die ihren Ursprung in praktischen Projekten haben und die zeigen, wie reale Probleme objektorientiert modelliert werden. Die Lehreinheiten sechs bis acht unterstützen Sie darin, ein gutes OOA-Modell zu erstellen und gute von schlechten Modellen unterscheiden zu können. Um Ihnen das Nachschlagen zu erleichtern, ist dieser Lehrstoff in Form von Checklisten strukturiert. Für jedes objektorientierte Konzept gibt es eine Checkliste, in der alles Wissenswerte übersichtlich im Zugriff ist. In der Lehreinheit sechs wird zunächst der empfohlene Analyseprozess beschrieben. Dann folgen die Checklisten für Use-Cases und Pakete, die sich unter dem Aspekt »Analyse im Großen« zusammenfassen lassen. Die Lehreinheit sieben enthält die Checklisten für die Konzepte Klasse, Assoziation, Attribut und Generalisierung. Hier erfahren Sie, auf was Sie bei der Erstellung eines Klassendiagramms achten müssen. In der achten Lehreinheit finden Sie die Checklisten zu den Konzepten Aktivität, Szenario, Zustandsautomat und Operation, um die Diagramme des dynamischen Modells systematisch und konsistent mit dem Klassendiagramm zu erstellen. Außerdem führt diese Lehreinheit in das Verfahren der Formalen Inspektion ein. Das ist ein manuelles Prüfverfahren, um einen Großteil der Fehler zu finden, die in der Analyse auch trotz moderner Entwicklungsmethoden gemacht werden.

Visualisierung des Analysemodells — Ein großer Vorteil der objektorientierten Entwicklung ist, dass die objektorientierten Analysemodelle mittels objektorientierter Benutzungsoberflächen visualisiert werden können. Der hier beschriebene Entwicklungsprozess geht davon aus, dass Sie aus Ihrem OOA-Modell einen Prototypen der Benutzungsoberfläche ableiten. Die Einheiten neun und zehn enthalten daher so viel Lehrstoff aus dem Gebiet der Software-Ergonomie, dass Sie einen solchen Prototypen erstellen können.

Notation des Entwurfs — Die Lehreinheiten 11, 12 und 13 führen in die Konzepte und UML-Notation des objektorientierten Entwurfs ein. Um eine kompakte Darstellung zu ermöglichen, werden nur noch diejenigen Elemente aufgeführt, die im Entwurf zusätzlich zur Analyse benötigt werden. Lehreinheit 11 stellt entwurfspezifische Konzepte und Notationen für Klassen, Attribute und Operationen vor und führt darüber hinaus in Komponentendiagramme ein. Lehreinheit 12 erweitert die Notation für das statische Modell (Assoziation, Generalisierung, Paket) und erläutert den Polymorphismus. Das dynamische Entwurfsmodell wird in Lehreinheit 13 vorgestellt. Diese Lehreinheit enthält gegenüber der ersten Auflage wesentliche Erweiterungen im Bereich der Aktivitäts- und Sequenzdiagramme. Die Abbildung aller Konzepte auf C++ und Java zeigt, wie problemlos der Übergang in die Implementierung ist.

Wie bereits erwähnt, nehmen Entwurfsmuster bei der objektorientierten Entwicklung heute einen besonderen Stellenwert ein. In der Lehreinheit 14 werden daher sieben Entwurfsmuster aus dem Standardwerk der *Gang of Four* vorgestellt. In späteren Lehreinheiten wird gezeigt, wie Muster beim Entwurf systematisch angewendet werden. Bei den meisten objektorientierten Projekten wird für die Datenhaltung eine relationale Datenbank verwendet. Die Lehreinheit 15 führt daher zunächst kurz in diese Thematik ein und zeigt anschließend, wie das Klassendiagramm auf Tabellen einer relationalen Datenbank abgebildet wird. Auch die grafische Darstellung des Datenmodells erfolgt mithilfe der UML-Notation. Moderne Systeme sollten mittels einer Drei-Schichten-Architektur entworfen werden. Gute Softwareentwürfe zeichnen sich außerdem dadurch aus, dass sie eine Reihe von Entwurfsheuristiken berücksichtigen. Die letzten beiden Lehreinheiten beschäftigen sich nicht nur mit den grundlegenden Architekturen, sondern hier wird ganz präzise vorgeführt, wie Sie eine solche Drei-Schichten-Architektur Schritt für Schritt entwerfen können. Die Lehreinheit 16 zeigt, wie das OOA-Modell systematisch in den Entwurf transformiert wird und wie die GUI-Schicht entworfen und mit dem fachlichen Konzept verbunden wird. Die Lehreinheit 17 geht darauf ein, wie die Datenhaltung wahlweise mit Serialisierung, einer flachen Dateiverwaltung und einer relationalen Datenbank entworfen wird. Die hier beschriebenen Entwurfsarchitekturen sind weitestgehend unabhängig von einer speziellen Entwicklungsumgebung gehalten.

Entwurfsmodelle erstellen

Beim Einsatz des Buchs in einer Vorlesung sollte in einem begleitenden Praktikum ein kleines objektorientiertes System entwickelt werden. Als Vorlage kann das Fallbeispiel in Anhang 1 dienen. Es enthält das Pflichtenheft, das OOA-Modell und das Datenmodell.

Fallbeispiel

Anhang 2 enthält detaillierte Lösungen zu allen Aufgaben. Sie enthalten zusätzliche Erläuterungen und die Antworten von Wissens-Aufgaben versuchen bewusst, etwas andere Perspektiven als in den Lehreinheiten zu beschreiben.

Lösungen

Das Gesamtglossar erleichtert ein schnelles Nachschlagen aller wichtigen Begriffe, unabhängig von einer Zuordnung zu den Lehreinheiten. Insbesondere wird hier sichtbar, dass von einigen Begriffen mehrere Interpretationen existieren, die jeweils untereinander aufgeführt sind.

Glossar

Um Ihnen das Lernen optimal zu erleichtern, werden folgende methodisch-didaktischen Elemente benutzt:

Didaktik

- Dieses Buch ist in 17 Lehreinheiten gegliedert.
- Jede Lehreinheit ist unterteilt in Lernziele, Voraussetzungen, Inhaltsverzeichnis, Text, Glossar, Zusammenhänge und Aufgaben.
- Zusätzlich sind die Themen nach fachlichen Gesichtspunkten in Kapitel gegliedert.

- Das Glossar enthält ca. 200 Begriffe.
  Mehr als 100 Literaturangaben verweisen auf referenzierte und weiterführende Literatur.
- Zur Lernkontrolle stehen mehr als 70 Aufgaben zur Verfügung.
- Zu jeder Aufgabe gibt es eine Zeitangabe, die hilft, das Zeitbudget zu planen und die eigene Leistung zu kontrollieren. Zur Lösung aller Aufgaben werden ca. 18 Stunden benötigt.
- Es wurde eine Typographie mit Marginalienspalte und Piktogrammen verwendet.
- Als Schrift wurde Lucida ausgewählt, die für dieses Lehrbuch besonders gut geeignet ist, da sie auch eine nicht proportionale Schrift für Programme zur Verfügung stellt.
- Das Buch ist durchgehend zweifarbig gestaltet.
- Wie bildhaft dieses Buch die Objektmodellierung und UML darstellt, zeigt sich daran, dass es fast 400 Abbildungen enthält.
- Wichtige Inhalte sind zum Nachschlagen in Boxen angeordnet.

Durch diese moderne Didaktik kann das Buch zur Vorlesungsbegleitung, zum Selbststudium und zum Nachschlagen verwendet werden.

graue Schrift — Zur Vermittlung der Lerninhalte werden zahlreiche Beispiele verwendet. Um sie dem Leser unmittelbar kenntlich zu machen, sind sie in grauer Schrift gesetzt.

Für den Leser, der in die Tiefe eindringen möchte, werden gelegentlich weiterführende Informationen angeboten, die mit dem nebenstehenden Piktogramm gekennzeichnet sind.

Begriffe, Glossar — Für dieses Lehrbuch habe ich sorgfältig überlegt, welche Begriffe eingeführt und definiert werden. Ziel ist es, einerseits die Anzahl der Begriffe möglichst gering zu halten und andererseits alle wichtigen Begriffe einzuführen. Blau markierte Begriffe sind am Ende einer Lehreinheit in einem Glossar alphabetisch angeordnet und definiert. In Anhang 3 befindet sich zusätzlich ein alphabetisch sortiertes Gesamtglossar. Halbfett gesetzte Begriffe sind zwar hervorgehoben, aber nicht im Glossar definiert.

Damit sich der Lernende eine Zusammenfassung der jeweiligen Lehreinheit ansehen kann, werden nach dem Glossar nochmals die Zusammenhänge in aller Kürze verdeutlicht.

Aufgaben und Lösungen — Der Lernende kann nur durch das eigenständige Lösen von Aufgaben überprüfen, ob er die Lernziele erreicht hat. Vor jeder Aufgabe wird das Lernziel zusammen mit der Zeit, die zur Lösung dieser Aufgabe benötigt werden sollte, angegeben. Das ermöglicht es dem Lernenden, seine Zeit einzuteilen. Außerdem zeigt ihm ein erhebliches Überschreiten dieser Zeit an, dass er die Lehrinhalte nicht voll verstanden hat. Die Zeitangaben wurden durch Studierende evaluiert, wobei in der Regel der von den Studierenden angegebene Zeitbedarf von mir etwas nach oben korrigiert wurde. Um das selbstständige Lernen zu unterstützen, sind alle Lösungen verfügbar. Bei denjenigen Aufgaben, in denen Wissen und Verständnis abgefragt werden, wurde bei den Lösungen Wert darauf gelegt, eine andere Formulierung als in der Lehreinheit zu wählen. Bei vielen Aufgaben, in denen der gelernte Stoff angewendet wird, sind in den Lösungen Begründungen für den Lösungsweg angegeben.

Für Dozenten gibt es wieder eine Dozenten-CD, die die Folien zu diesem Buch enthält. Diese CD-ROM ist nicht im Buchhandel, sondern nur im *Online Shop* von www.W3L.de erhältlich. Besitzer der bisherigen Dozenten-CD (ISBN 3-8274-0545-9) erhalten bei Rücksendung der alten CD einen Preisnachlass auf die neue CD-ROM.

Dozenten-CD-ROM

Viele Leser der ersten Auflage haben dieses Buch zum Selbststudium genutzt. Nach meinen Erfahrungen wünschen sich viele Lernende sowohl eine Erfolgskontrolle als auch ein Forum, um sich mit anderen auszutauschen. Außerdem sind sowohl ein Buch als auch eine CD-ROM Medien, die nicht so häufig aktualisiert werden können, wie dies heute oft wünschenswert wäre. Aus diesem Grund gibt es zu diesem Buch einen kostenlosen e-learning-Kurs, den Sie auf www.W3L.de buchen können. Geben Sie bitte bei der Registrierung die folgende TAN (Transaktionsnummer) ein: 4292661344. Außer mehreren Tests für die eigene Erfolgskontrolle und einem Forum finden Sie hier unter anderem aktuelle Informationen zur UML und zu UML-Werkzeugen. Wählen Sie dazu bitte auf www.W3L.de in der Titelseite den Menüpunkt TAN einlösen.

e-learning-Kurs

Ein Problem für Informatikbücher stellt die Verwendung englischer Begriffe dar. Da die Wissenschaftssprache der Informatik Englisch ist, gibt es für viele Begriffe – insbesondere in Spezialgebieten – keine oder noch keine geeigneten oder üblichen deutschen Fachbegriffe. In diesem Fall verwende ich englische Bezeichnungen. Sie sind kursiv gesetzt, um das Lesen von deutsch-englischen Sätzen zu erleichtern. Auf der anderen Seite gibt es jedoch für viele Bereiche der Informatik sowohl übliche als auch sinnvolle deutsche Bezeichnungen. Da mit einem Lehrbuch auch die Begriffswelt beeinflusst wird, bemühe ich mich in diesem Buch, solche deutschen Begriffe zu verwenden. Warum ist es schließlich nötig, dass der User auf den Screen blickt, wenn auch der Benutzer auf den Bildschirm schauen kann? Da gerade auf dem Gebiet der Objektmodellierung der größte Teil der Literatur englischsprachig ist, wird in Klammern und kursiv der englische Begriff hinter dem deutschen Begriff aufgeführt. Das ist vor allem für fortgeschrittene Leser notwendig, die einen Blick in die Original-Literatur der UML werfen wollen. Allerdings ist es eine Tatsache, dass viele englische Begriffe heute Eingang in die deutsche Sprache gefunden haben und auch vom Duden der deutschen Sprache akzeptiert werden. Meines Erachtens wäre es falsch, diese Entwicklung zu ignorieren und in einem Lehrbuch eine lebensfremde Terminologie einzuführen. Gehören Sie zum großen Kreis deren, die mit ihrem Computer E-Mails verschicken oder bestehen

englisch vs. deutsch

Sie darauf, mit Ihrem Rechner elektronische Post zu versenden? Ziel dieses Buchs ist es, Begriffe zu verwenden, die sich durchgesetzt haben. Das bedeutet, dass ich nicht gedankenlos englische Begriffe verwende, aber auch nicht um jeden Preis eindeutsche, wenn dies nicht konform zur Konvention in der Praxis ist.

UML auf gut deutsch

Im Bereich der UML gibt es Bestrebungen, die UML einzudeutschen, damit sich Leser beim Arbeiten mit verschiedenen Büchern und Publikationen in Zeitschriften leichter tun. Diese Liste (»UML auf gut deutsch«) gibt für viele Begriffe der UML eine deutsche Übersetzung an und wurde in diesem Buch konsequent verwendet.

Gestaltung

Ein Buch soll nicht nur vom Inhalt her gut sein, sondern Form und Inhalt sollten übereinstimmen. Daher wurde auch versucht, die Form anspruchsvoll zu gestalten. Der bekannte Buchgestalter und Typograph Rudolf Gorbach aus München hat die Aufgabe übernommen, diese Lehrbuchreihe zu gestalten. Auf der Buchtitelseite ist ein Werk des Künstlers Wolfgang Nocke mit dem bezeichnenden Titel »Durchblick« abgedruckt.

Danksagung

Ein so aufwändiges Werk ist nur mithilfe von vielen Personen realisierbar. Mein besonderer Dank gebührt meinem Mann Prof. Dr. Helmut Balzert, der viele wichtige Anregungen zur Gestaltung und zum Inhalt gegeben hat. Dem Elsevier-Verlag danke ich für die sehr gute Zusammenarbeit. Besonders meiner Lektorin Frau Barbara Lühker danke ich für die engagierte Unterstützung bei der technischen Erstellung des Buchs. Frau Anja Schartl hat mit viel Geduld und Sorgfalt die zahlreichen UML-Diagramme erstellt. Herrn stud.-inform. Michael Hugot danke ich für das Korrekturlesen der zweiten Auflage. Und natürlich danke ich allen, die in den letzten Jahren in Form von E-Mail-Kontakten, Diskussionen und persönlichen Gesprächen einen Beitrag zu diesem Buch geleistet haben.
Lühker danke ich für die engagierte Unterstützung bei der technischen Erstellung des Buchs. Frau Anja Schartl hat mit viel Geduld und Sorgfalt die zahlreichen UML-Diagramme erstellt. Herrn stud.-inform. Michael Hugot danke ich für das Korrekturlesen der zweiten Auflage. Und natürlich danke ich allen, die in den letzten Jahren in Form von E-Mail-Kontakten, Diskussionen und persönlichen Gesprä-
Über zwei Jahre Arbeit stecken in diesem Lehrbuch und mehrere Monate wurden in die Erstellung der zweiten Auflage investiert. Ihnen, liebe Leserin, lieber Leser, erlaubt es, die Objektmodellierung in wesentlich kürzerer Zeit zu erlernen.

Allen Lesern, für die dieses Buch erst der Anfang auf ihrem Weg zum objektorientierten Softwareentwickler ist, möchte ich folgendes Zitat aus einer unbekannten Internet-Quelle mit auf den Weg geben: »Zwischen Verstehen und Können liegt das weite Feld der Übung.« In diesem Sinne wünsche ich Ihnen viel Spaß beim Lesen, Üben und Anwenden.

Ihre

Heide Balzert

Inhalt

Inhalt

XVI

1 Objektorientierte Software-entwicklung

■ Wissen, was unter objektorientierter Softwareentwicklung zu verstehen ist.

■ Historische Entwicklung der Objektorientierung kennen.

■ Die Begriffe objektorientierte Analyse (OOA) und objektorientierter Entwurf (OOD) kennen.

■ Wissen, welche objektorientierten Konzepte es gibt.

■ Erklären können, warum Objektorientierung sinnvoll ist.

■ Erklären können, was eine Methode ist.

■ Erklären können, wie sich die Phasen Analyse und Entwurf voneinander unterscheiden.

■ Erklären können, welche Ergebnisse in der Analyse zu erstellen sind.

■ Erklären können, welche Ergebnisse im Entwurf zu erstellen sind.

wissen

verstehen

1.1 Einführung und Überblick

Seit Beginn der 90er-Jahre nehmen die Bedeutung und die Anzahl der objektorientierten Analyse- und Entwurfsmethoden ständig zu. Thema dieses Buches ist die objektorientierte Entwicklung in den Phasen Analyse und Entwurf. Bei einer **objektorientierten Softwareentwicklung** werden die Ergebnisse der Phasen Analyse und Entwurf objektorientiert erstellt. Zusätzlich kann die Benutzungsoberfläche der Software objektorientiert gestaltet sein. Die Implementierung erfolgt ebenfalls in einer objektorientierten Programmiersprache. Für die Verwaltung der Daten ist der Einsatz einer relationalen Datenbank der Standardfall. Daher ist eine Brückenbildung von der objektorientierten in die relationale Welt notwendig.

objektorientiert vs. strukturiert

Bei der strukturierten bzw. klassischen Entwicklung werden in der Systemanalyse Datenfluss- und *Entity-Relationship*-Diagramme eingesetzt. Die Datenflussdiagramme der strukturierten Analyse /DeMarco 79/ dienen zur Modellierung der Prozesse. Mittels der *Entity-Relationship*-Diagramme bzw. der semantischen Datenmodelle werden Informationsstrukturen dargestellt. Beim klassischen Entwurf werden die Ergebnisse der Analyse entweder in Funktionsbäume des strukturierten Entwurfs /Page-Jones 88/ oder in Module im Sinne von Datenabstraktionen umgesetzt. Gegenüber der objektorientierten Entwicklung besitzt die klassische (strukturierte) Entwicklung folgende Nachteile:

- Die damit erstellten Produkte (Dokumentation, Programme) sind weniger flexibel bezüglich zukünftiger Änderungen und Erweiterungen.
- Umfangreiche Modelle der strukturierten Analyse sind schwierig zu lesen und zu ändern.
- Insbesondere bei großen Projekten ist es ausgesprochen schwierig, die Konsistenz zwischen Datenfluss- und *Entity-Relationship*-Diagrammen sicherzustellen.
- Wird der Entwurf nur mittels Funktionen realisiert, so entstehen Programme, die aufwändig in der Wartung sind.
- Beim Übergang von der strukturierten Analyse zur Datenabstraktion entsteht ein eklatanter Strukturbruch. Die Durchgängigkeit zwischen den Phasen wird dadurch erheblich erschwert.

Die bessere Durchgängigkeit wird bei den objektorientierten Techniken dadurch erreicht, dass in allen Phasen – Analyse, Entwurf und Implementierung – dieselben Konzepte verwendet werden. In Analyse und Entwurf wird sogar dieselbe Notation eingesetzt. Beim Übergang von der objektorientierten Analyse zum objektorientierten Entwurf tritt somit kein Strukturbruch auf. Damit wird eine wichtige Anforderung an die Softwareentwicklung besser erfüllt als bei den strukturierten Techniken: die Nachvollziehbarkeit. Eine Änderung im Entwurf kann leicht in der Analyse nachgetragen werden und umgekehrt.

Allein das Klassenkonzept der Objektorientierung bringt eine ganze Reihe von Vorteilen mit sich. Durch die Bildung von Kapseln kann eine Klasse leichter verstanden und geändert bzw. erweitert werden, ohne dass die anderen Klassen stark davon betroffen sind. Damit unterstützen Verkapselung und Geheimnisprinzip die einfache Wartbarkeit der entstandenen Systeme. Eine sorgfältig aufgebaute Generalisierungshierarchie garantiert einerseits eine leichte Erweiterbarkeit und darüber hinaus ein hohes Maß an Wiederverwendbarkeit im gleichen Projekt und ggf. auch über mehrere Projekte hinweg.

Historische Entwicklung

Die objektorientierte Softwareentwicklung fand ihren Anfang in der ersten objektorientierten Programmiersprache Smalltalk-80. Sie wurde in den Jahren 1970 bis 1980 am Palo Alto Research Center (PARC) der Firma Xerox entwickelt. Das Klassenkonzept wurde von der Programmiersprache Simula-67 übernommen und weiterentwickelt. Mit Beginn der 90er-Jahre hat sich C++ als dominierende Sprache der objektorientierten Programmierung (OOP) durchgesetzt. Seit 1996 nimmt Java eine signifikante Stellung neben C++ ein, während Smalltalk im gleichen Maß zurückgedrängt wurde. Seit der Jahrtausendwende zählt auch die objektorientierte Sprache C# zu den verbreiteten OOPs.

OOP

C++ (sprich: C plus plus) ist in den 70er-Jahren bei den Bell Laboratories als objektorientierte Weiterentwicklung der funktionalen Programmiersprache C entstanden. Die Sprache C wurde ursprünglich für Aufgaben der Systemprogrammierung entworfen und ist heute noch komplett in C++ enthalten. C++ ermöglicht es daher sowohl rein funktional als auch objektorientiert zu programmieren und wird als hybride Sprache bezeichnet.

C++

Die Sprache Java wurde in den 90er-Jahren bei Sun Microsystems Inc. entwickelt und hat sich seitdem rasant verbreitet. Java ist eine rein objektorientierte, plattformunabhängige Sprache. Die neueste Version Java 2 (5.0) bietet einige interessante Erweiterungen, z.B. parametrisierte Klassen.

Java

Microsoft hat mit C# (sprich: C sharp) eine weitere objektorientierte Programmiersprache entwickelt, die auf C++ und Java aufbaut. C# wurde im Dezember 2001 von der ECMA (European Computer Manufacturers Association) als internationaler Standard verabschiedet. Die ECMA ist ein internationaler Verband, der 1961 gegründet wurde, um Informations- und Kommunikationssysteme zu standardisieren. Auch von der ISO (International Organization for Standardisation) ist C# standardisiert. Ähnlich wie Java soll C# die Portierung des Programmcodes unter verschiedenen Betriebssystemen drastisch vereinfachen. Geistiger Vater von C# ist Anders Heljsberg, der Erfinder von Turbo Pascal und Borland Delphi.

C#

3

OOA und OOD   Ende der 80er- und zu Beginn der 90er-Jahre wurden die ersten Bücher über Methoden der objektorientierten Analyse (OOA, *Object Oriented Analysis*) und des objektorientierten Entwurfs (OOD, *Object Oriented Design*) publiziert, denen inzwischen viele folgten. Im Gegensatz zu den textuellen Notationen der Programmiersprachen wurden hier grafische Notationen verwendet. Von den zahlreichen veröffentlichten Methoden wurden jedoch nur wenige von einer größeren Anzahl von Softwareentwicklern weltweit angewendet. Die Bücher von /Booch 91, 94/, /Coad,Yourdon 91, 91a/, /Jacobson 92/, /Rumbaugh et al. 91/ und /Shlaer, Mellor 88, 92/ galten damals als Standardwerke.

UML   Im Oktober 1994 haben sich Grady Booch und Jim Rumbaugh bei der Rational Software Corporation zusammengeschlossen, um ihre erfolgreichen Methoden zu einem einheitlichen Industriestandard weiterzuentwickeln. Es entstand zunächst der Vorgänger der *Unified Modeling Language* (UML), der unter dem Namen *Unified Method* 0.8 /Booch, Rumbaugh 95/ publiziert wurde. Seit Herbst 1995 wirkt auch Ivar Jacobson an der Entwicklung der UML mit. Im Oktober 1996 wurde die Version 0.91 der UML veröffentlicht /UML 96/. Im September 1997 wurde die Version 1.1 der UML /UML 97/ publiziert, in die zusätzlich die Ideen verschiedener UML-Partner eingeflossen sind. UML 1.1 wurde von der *Object Management Group* (OMG) im November 1997 als Standard verabschiedet. Die Weiterentwicklung der **UML** wurde vollständig an die OMG übertragen. Im Juli 1998 wurde von der OMG die UML 1.2 intern freigegeben. Alle Änderungen waren redaktionell und hatten *keine* Auswirkungen auf den technischen Inhalt. Im Juni 1999 publizierte die OMG die UML 1.3. Wichtige Verbesserungen waren die Beseitigung von Inkonsistenzen zwischen verschiedenen Dokumenten. Außerdem wurden Definitionen und Erklärungen präziser beschrieben. Auch inhaltlich wurden geringfügige Änderungen vorgenommen. Im Mai 2002 erschien die UML 1.4, die kleinere Verbesserungen und einige Erweiterungen enthielt. Auch die UML 1.5, die im März 2003 veröffentlicht wurde, enthielt kleinere Korrekturen. Eine umfangreiche Überarbeitung führte zur UML 2.0, die gegenüber der Version 1.x wesentliche Erweiterungen und Änderungen enthält. Das betrifft beispielsweise die Aktivitäts- und Sequenzdiagramme. Außerdem wurde das Metamodell, d.h. das UML-Modell zur Spezifikation der UML, vollständig überarbeitet. Die Grundidee der *Model Driven Architecture* wurde in der UML 2.0 erheblich stärker umgesetzt, als dies in früheren Versionen der Fall war. Beispielsweise können in der UML 2.0 Kontrollstrukturen auf grafischer Ebene so detailliert modelliert werden, dass sozusagen eine »Programmierung auf Grafikebene« möglich ist. Die ersten Dokumente wurden von der OMG im August 2003 veröffentlicht. Die offizielle Freigabe der UML 2.0 ist für das Jahr 2004 geplant. Abb. 1.1-1 zeigt die historische Entwicklung der UML.

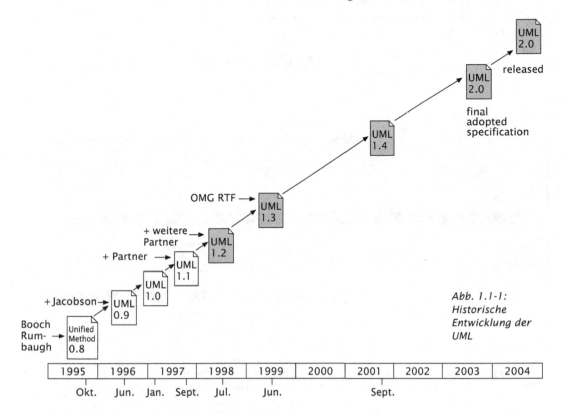

Abb. 1.1-1:
*Historische
Entwicklung der
UML*

Die OMG *(Object Mangament Group)* wurde 1989 von 11 Firmen   OMG
gegründet. Zurzeit besitzt die OMG über 800 Mitglieder. Das Ziel der
OMG ist es, eine *Model Driven Architecture* als die *Architecture of
Choice for a Connected World* aufzubauen. Zu ihren weltweiten
Standards gehören: CORBA , CORBA/IIOP, UML, XMI, MOF, Object
Services, Internet Facilities und Domain Interface Specifications.

1991 gründeten Hersteller und Anwender von objektorientierten   ODMG
Datenbanken die *Object Database Management Group* (ODMG). 1993
wurde von dieser Gruppe ein Standard für objektorientierte Daten-
banken vorgeschlagen: der ODMG-93-Standard. Im Juli 1997 wurde
ODMG 2.0 freigegeben, der außer den Schnittstellen für C++ und
Smalltalk auch eine Java-Schnittstelle definiert. Im Januar 2000 wur-
de der Standard ODMG 3.0 freigegeben, der Schnittstellen zu C++,
Smalltalk und Java definiert.

Abb. 1.1-2 zeigt die historische Entwicklung der Objektorientierung.

Was ist eine objektorientierte Methode?

Ich möchte zunächst den Methodenbegriff genauer erläutern und
dann den Umfang der hier vorgestellten Methode beschreiben.

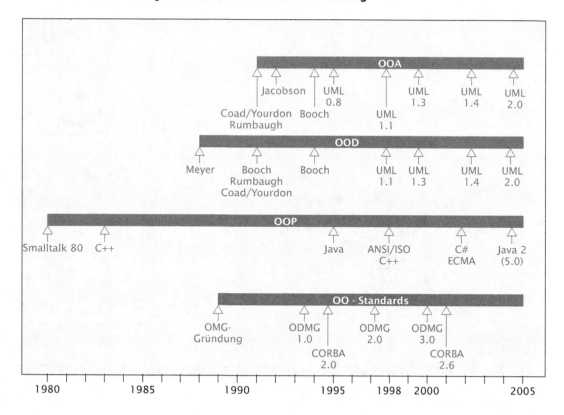

Abb. 1.1-2:
Historische
Entwicklung der
Objekt-
orientierung

Der Begriff »Methode« beschreibt die systematische Vorgehensweise zur Erreichung eines bestimmten Ziels *(griech. methodos)*. In der Softwaretechnik wird der Begriff **Methode** jedoch auch als Oberbegriff von Konzepten, Notation und methodischer Vorgehensweise verstanden (Abb. 1.1-3). Beispielsweise spricht man von der OMT-Methode oder der Booch-Methode. Bei der UML handelt es sich dagegen um eine reine Notation, welche die objektorientierten Konzepte unterstützt.

Ein großer Vorteil der objektorientierten Softwareentwicklung ist, dass die meisten **Konzepte** durchgängig über die Phasen Definition, Entwurf und Implementierung verwendet werden können. Diejenigen Konzepte, die in allen Phasen vorhanden sind, werden als objektorientierte Grundkonzepte bezeichnet. Sie besitzen ihren Ursprung in den objektorientierten Programmiersprachen. Daher sind nur solche Programmiersprachen objektorientiert, die alle diese Grundkonzepte unterstützen. Sprachen, die nur einen Teil unterstützen, werden als objektbasiert bezeichnet. Da die objektorientierten Grundkonzepte nicht ausreichen, um ein Fachkonzept zu modellieren, wurden sie um Konzepte aus der semantischen Datenmodellierung erweitert. Erst die Synthese zwischen der Welt der objektorientierten Programmiersprachen und der semantischen Datenmodellierung machte die

6

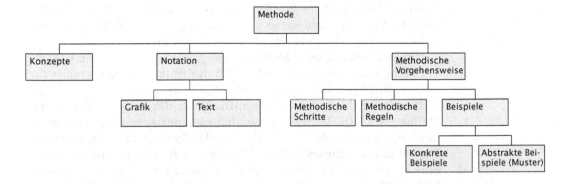

objektorientierte Systemanalyse praktikabel. Um das dynamische Verhalten geeignet modellieren zu können, wurden diese Grundkonzepte um Use-Cases, Aktivitäten, Szenarien und Zustandsautomaten erweitert. Man braucht also verschiedene Sichten auf das System, um alle notwendigen Informationen übersichtlich modellieren zu können. Die in Abb. 1.1-4 dargestellten Konzepte werden von der UML unterstützt.

Abb. 1.1-3: Komponenten einer Methode

Die **Notation** einer Methode besteht aus Grafiken (z.B. Klassendiagramm) und Texten (z.B. Spezifikation), die durch entsprechende Dokumentationsstandards ergänzt werden. Bei den Notationen herrschte früher große Divergenz /Stein 94/. Seit einigen Jahren hat sich die UML als Standard-Notation durchgesetzt und wird von vielen Werkzeugen unterstützt.

Die **methodische Vorgehensweise** zur Erstellung von objektorientierten Modellen besteht aus einer Anzahl von methodischen Schritten. Die meisten objektorientierten Methoden beinhalten zwischen 4 und 13 Schritte. Beim praktischen Einsatz zeigt sich, dass ein solch grobes Methodenraster nicht ausreicht. Andererseits ist ein sehr detailliertes Vorgehensmodell oft nur für bestimmte Anwendungen geeignet und kann nicht problemlos auf andere Bereiche übertragen werden. Der erfahrene Entwickler wendet – meist mehr oder weniger intuitiv – Hunderte von Regeln an, die er situationsspezifisch einsetzt. Im Gegensatz zu den methodischen Schritten gibt es für die Anwendung dieser Regeln keine festgelegte Reihenfolge. Außerdem greift der erfahrene Entwickler in vielen Fällen auf

Abb. 1.1-4: Objektorientierte Konzepte

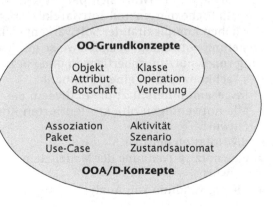

bereits gelöste ähnliche Problemstellungen zurück. Ist dieser Fundus nicht vorhanden, dann hat es sich bewährt, eine Sammlung von spezifischen Beispielen oder Mustern *(patterns)* zu verwenden.

Die hier beschriebene Methode legt großen Wert auf eine präzise Trennung von Analyse und Entwurf, bewahrt jedoch andererseits die leichte Durchgängigkeit zwischen beiden Phasen. Die Analyse erfordert andere Fähigkeiten und Kenntnisse als der Entwurf. Für die Erstellung des OOA-Modells ist fachliches Expertenwissen notwendig, denn nur der Fachexperte weiß, *was* das System aus Benutzersicht leisten soll. Um dieses fachliche Wissen zu erlangen, kann durchaus eine Einarbeitungszeit von einem Jahr oder länger notwendig sein. Es wäre also nicht profitabel, wenn sich OOA-Experten dieses Fachwissen aneignen würden. Stattdessen ist es sinnvoller, die Fachexperten in objektorientierter Analyse zu schulen und ihnen zusätzlich einen OOA-Experten für die methodische Projektbetreuung zur Seite zu stellen. Die Erstellung eines OOA-Modells ist immer eine neue kreative Leistung. Vorhandene Modelle oder Muster leisten nur eine geringe Hilfestellung. Um dem Fachexperten die Einarbeitung in die objektorientierte Analyse so einfach wie möglich zu machen, werden

Kapitel 2   im Kapitel 2 nur die absolut notwendigen Konzepte und Notationselemente für die Analyse aufgeführt, während alle komplexeren Notationselemente und Konzepte erst im entsprechenden Entwurfskapitel

Kapitel 6   (Kapitel 6) eingeführt werden.

Entwurf und Implementierung sind bei der objektorientierten Entwicklung so stark verzahnt, dass eine personelle Trennung hier nicht sinnvoll ist. Der Entwurf wird sinnvollerweise von einem Softwarekonstrukteur oder Programmierer erstellt. Im Gegensatz zur Analyse nimmt die Standardisierung durch ein großes Angebot von Mustern, *Frameworks* und Klassenbibliotheken ständig zu. Viele Probleme müssen und sollen nicht mehr individuell gelöst werden, sondern es geht darum, vorhandene Problemlösungen den Softwarekonstrukteuren zugänglich zu machen. Im Buch werden diese verschiedenen Tätigkeitsfelder durch sehr unterschiedliche Methoden in Analyse und Entwurf sichtbar. Außer dieser relativ groben Trennung in Fachexperten und Softwarekonstrukteure ist heute aufgrund der hohen Komplexität der Softwareentwicklung eine weitere Spezialisierung notwendig. Beispielsweise gibt es Experten für die Gestaltung von Benutzungsoberflächen und Spezialisten für die Anbindung des Fachkonzepts an eine Datenbank.

Insgesamt unterstützt die in diesem Buch beschriebene Methode
- alle notwendigen objektorientierten Konzepte für Analyse und Entwurf,
- die Notation der UML,
- eine präzise Trennung der Modellelemente der UML in Analyse und Entwurf,
- die Verwendung von Analysemustern,

- eine methodische Vorgehensweise für die objektorientierte Analyse,
- die Abbildung des Analysemodells auf eine objektorientierte Benutzungsoberfläche,
- die Verwendung von Entwurfsmustern,
- die Realisierung der Drei-Schichten-Architektur im Entwurf,
- eine standardisierte Anbindung der Benutzungsoberfläche an Fachkonzept und Datenhaltung,
- die objektrelationale Abbildung zur Anbindung an relationale Datenbanken,
- die Transformation des Entwurfs in C++ und in Java und
- die analytische Qualitätssicherung in Analyse und Entwurf.

1.2 Objektorientierte Analyse

Das Ziel der **Analyse** ist es, die Wünsche und Anforderungen eines Auftraggebers an ein neues Softwaresystem zu ermitteln und zu beschreiben. Es muss ein Modell des Fachkonzepts erstellt werden, das konsistent, vollständig, eindeutig und realisierbar ist. Es ist wichtig, dass bei der Modellbildung in der (System-)Analyse alle Aspekte der Implementierung bewusst ausgeklammert werden. Es wird in der Analyse von einer perfekten Technik ausgegangen. Perfekte Technik /McMenamin, Palmer 88/ bedeutet, dass der Prozessor jede Funktion ohne Verzögerung ausführen kann, keine Fehler macht oder gar ausfällt. Der Speicher kann unendlich viele Informationen aufnehmen und der Prozessor ohne Zeitverzögerung darauf zugreifen. Wir abstrahieren also von allen technischen Randbedingungen, wie z.B. Zugriffszeiten und Speichergröße. Auch die Verteilung der Software auf mehrere Computersysteme betrachten wir vorerst nicht. Es ist auch nicht von Bedeutung, in welcher Form die Daten gespeichert werden. Zusammenfassend können wir sagen: Es ist die Aufgabe des Systemanalytikers, die »wahren« Anforderungen seines Auftraggebers zu modellieren und dies in einer Weise, die durch keine Implementierungstechnik eingeschränkt ist.

Ziel der Analyse

Die Systemanalyse gehört zu den anspruchsvollsten Tätigkeiten der Softwareentwicklung, da die Anforderungen des Auftraggebers in der Regel unklar, widersprüchlich sowie fallorientiert sind und sich auf unterschiedlichen Abstraktionsebenen befinden. Das liegt daran, dass der Auftraggeber kein vollständiges Modell des zukünftigen Systems »im Kopf« hat. Es ist die schwierige Aufgabe des Systemanalytikers, daraus ein konsistentes, vollständiges und eindeutiges Modell zu erstellen, das anschließend realisiert werden kann. Die »wahren« Anforderungen sind nicht plötzlich da, sondern die Systemanalyse bildet einen kontinuierlichen Prozess, um Informationen zu sammeln, zu filtern und zu dokumentieren.

Es ist nicht die Aufgabe des Auftraggebers, den Systemanalytiker zu verstehen, sondern der Systemanalytiker wird dafür bezahlt, sich dem Auftraggeber verständlich zu machen!

Bei der **objektorientierten Analyse (OOA)** gehen wir von Objekten aus, die sich in der realen Welt befinden. Das sind nicht nur »anfassbare« Objekte oder Personen, sondern – häufig – Begriffe oder Ereignisse aus dem jeweiligen Anwendungsbereich. Aus einem realen Objekt wird durch Modellbildung und geeignete Abstraktion ein Objekt unseres objektorientierten Modells. Objekte, die sich durch die gleichen Eigenschaften beschreiben lassen, gehören der gleichen Klasse an. Bei der objektorientierten Analyse wird *nicht* beschrieben, *wie* Objekte auf der Benutzungsoberfläche dargestellt werden oder *wie* sie gespeichert und selektiert werden. Ziel der objektorientierten Analyse ist es, das zu realisierende Problem zu verstehen und in einem OOA-Modell zu beschreiben. Dieses Modell soll die essenzielle Struktur und Semantik des Problems, aber noch keine technische Lösung beschreiben. Es darf keinerlei Optimierungen für das verwendete Computersystem oder die benutzte Basissoftware enthalten.

Prototyp der Benutzungs-oberfläche Es wird häufig die Frage gestellt, ob ein »normaler« Auftraggeber ein OOA-Modell wirklich verstehen kann. Dazu wird sicher nicht jeder Auftraggeber in der Lage sein. Andererseits ist es fraglich, ob derselbe Auftraggeber mit einer Hierarchie von Datenflussdiagrammen, *Entity-Relationship*-Diagrammen oder Zustandsautomaten keine Schwierigkeiten hätte. Um in der Systemanalyse dasjenige System zu modellieren, das der Auftraggeber *will*, sollten Sie einen Prototyp der Benutzungsoberfläche erstellen. Dieser Prototyp kann nach festen Transformationsregeln aus dem OOA-Modell abgeleitet werden. Er ist sozusagen das »OOA-Modell«, das dem Auftraggeber präsentiert wird. Anhand dieses Prototyps wird er seine Änderungswünsche artikulieren, die dann vom Systemanalytiker in das OOA-Modell übertragen werden. Da beide Modelle die gleiche objektorientierte Struktur realisieren, ist eine Konsistenzprüfung sehr einfach durchzuführen.

Welche Produkte sind in der Analysephase zu erstellen?

Der erste Schritt der Systemanalyse sollte darin bestehen, zunächst ein Pflichtenheft zu erstellen, das dann als Ausgangsbasis für eine Pflichtenheft systematische Modellbildung dient. Das **Pflichtenheft** ist eine textuelle Beschreibung dessen, *was* das zu realisierende System leisten soll. Es soll bei diesem Vorgehen zwei Zielsetzungen erfüllen. Zum einen ist es das »Einstiegsdokument« in das Projekt für alle, die das System später pflegen und warten sollen. Zum anderen soll es den Systemanalytiker dazu in die Lage versetzen, das OOA-Modell zu erstellen. Das Pflichtenheft besitzt also ein niedrigeres Detaillierungsniveau als das OOA-Modell. Es ist *nicht* das Ziel, anhand des

Pflichtenheftes das System zu implementieren. Weitere Informationen zum Pflichtenheft finden Sie in Anhang 1.

Anhang 1

Das **OOA-Modell** (Analysemodell) bildet die fachliche Lösung des zu realisierenden Systems. Wir sprechen daher vom Fachkonzept. Es besteht aus einem statischen und einem dynamischen Modell. Welches dieser beiden Modelle in der Systemanalyse das größere Gewicht besitzt, hängt wesentlich von der jeweiligen Anwendung ab. Das statische Modell ist bei typischen Datenbank-Anwendungen besonders wichtig. Das dynamische Modell ist insbesondere bei stark interaktiven Systemen von Bedeutung. Bei vielen Anwendungen ist eine Symbiose aus statischem und dynamischem Modell der beste Weg. Abb.1.2-1 zeigt, wie die objektorientierten Konzepte auf diese Modelle abgebildet werden.

OOA-Modell

Das **statische Modell** beschreibt insbesondere die Klassen des Systems, die Assoziationen zwischen den Klassen und die Generalisierung. Letztere wird auch als Vererbung bezeichnet. Außerdem enthält es die Daten des Systems (Attribute). Die Pakete dienen dazu, Teilsysteme zu bilden, um bei großen Systemen einen besseren Überblick zu ermöglichen.

Das **dynamische Modell** zeigt Funktionsabläufe. Use-Cases beschreiben die durchzuführenden Aufgaben auf einem sehr hohen Abstraktionsniveau. Eine Aktivität beschreibt die Ausführung von Funktionalität bzw. Verhalten. Szenarien zeigen, wie Objekte miteinander kommunizieren, um eine bestimmte Aufgabe zu erledigen. Zustandsautomaten beschreiben in der Analyse die Reaktionen eines Objekts auf verschiedene Ereignisse (Botschaften).

Das Modell des Fachkonzepts muss alle Informationen enthalten, um daraus einen Prototyp der Benutzungsoberfläche abzuleiten. Oft

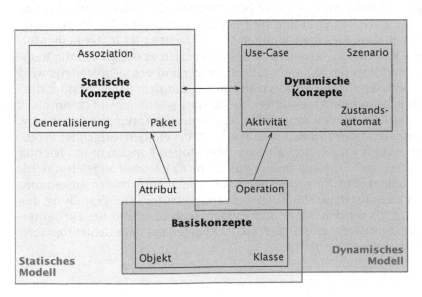

*Abb.1.2-1:
Statisches und
dynamisches
Modell*

ermöglicht erst das Vorhandensein dieses Prototyps mit dem zukünftigen Benutzer bzw. mit dem Auftraggeber abzuklären, ob das System wirklich, wie gewünscht, spezifiziert ist. In diesen Prototypen gehen natürlich außer der Information aus dem Fachkonzept auch Informationen über die optimale ergonomische Gestaltung ein.

Benutzungs-
oberfläche

Der **Prototyp** der Benutzungsoberfläche ist ein ablauffähiges Programm, das alle Attribute des OOA-Modells auf die Oberfläche abbildet. Es realisiert weder Anwendungsfunktionen noch besitzt es die Fähigkeit, Daten zu speichern. Der Prototyp besteht aus Fenstern, Dialogen, Menüs usw. Für die effektive Erstellung gibt es heute zahlreiche Werkzeuge. Der Zweck des Prototyps ist es, das erstellte OOA-Modell mit dem zukünftigen Benutzer oder einem Repräsentanten zu evaluieren. Das Ziel sollte sein, möglichst die vollständige Benutzungsoberfläche durch diesen Prototyp auszudrücken. Wo das nicht möglich ist, muss eine ergänzende Dokumentation erstellt werden. Dazu gehört beispielsweise das Konzept der Zugriffsrechte. Da sich Benutzungsoberflächen aufgrund des technischen Fortschritts schneller ändern als die Funktionalität des Fachkonzepts, ist die Trennung von Fachkonzept und Benutzungsoberfläche ein Grundprinzip der Entwicklung. Im Fachkonzept wird festgelegt, *welche Informationen* auf dem Bildschirm sichtbar sind. Bei der Benutzungsoberfläche wird festgelegt, in *welchem Format* sie dargestellt werden.

Erstellung des
OOA-Modells

Das OOA-Modell wird im Team von Systemanalytikern, Fachexperten und zukünftigen Benutzern oder den Benutzerrepräsentanten erstellt. Bei der Entwicklung eines Buchhaltungssystems sind das außer dem Systemanalytiker der Buchhaltungsexperte, der alle einzuhaltenden Vorschriften kennt, und der Angestellte des Steuerberaters, der das System später benutzen soll. Die Größe dieser Gruppe sollte zwischen zwei und fünf Personen betragen. Dabei ist zu beachten, dass die Entwicklung natürlich nicht strikt in der Reihenfolge »OOA-Modell – Prototyp« erfolgt, sondern es finden ständig Iterationen folgender Art statt: Eine erste Version des OOA-Modells wird erstellt, daraus der Prototyp abgeleitet, mit dem Benutzer oder dessen Repräsentanten evaluiert, die daraus gewonnenen Erkenntnisse in das OOA-Modell umgesetzt, ein neuer Prototyp abgeleitet usw. Diese Iterationen finden so lange statt, bis ein befriedigender Prototyp erstellt wurde, der mit dem OOA-Modell konsistent ist. Wichtig ist, dass der Prototyp *immer* aus dem OOA-Modell abgeleitet wird. Die umgekehrte Vorgehensweise führt bei nicht trivialen Anwendungen zu schwer verständlichen Dialogabläufen. Zur Erstellung des Prototyps werden außer dem Systemanalytiker und der Fachabteilung (Benutzerrepräsentant) auch Experten auf dem Gebiet der Softwareergonomie benötigt.

1.3 Objektorientierter Entwurf

In der Analyse sind wir bei der Modellierung des Systems von einer idealen Umgebung ausgegangen. Aufgabe des **Entwurfs** ist es nun, die spezifizierte Anwendung auf einer Plattform unter den geforderten technischen Randbedingungen zu realisieren. Dabei befinden wir uns im Entwurf allerdings noch auf einem höheren Abstraktionsniveau als in der Implementierung. In der Entwurfsphase wird das OOD-Modell unter den Gesichtspunkten der Effizienz und Standardisierung konzipiert. Der **objektorientierte Entwurf (OOD)** wird dadurch erheblich vereinfacht, dass von der Analyse zum Entwurf kein Paradigmenwechsel stattfindet. Entwurfs- und Implementierungsphase sind sehr stark miteinander verzahnt. Das bedeutet, dass jede entworfene Klasse direkt implementiert werden kann.

Viele der heute »veralteten« Systeme sind bezüglich ihrer anwendungsspezifischen Funktionalität noch ganz »modern«, während ihre Benutzungsoberfläche und ihre Datenhaltung veraltet sind. Um die Benutzungsschnittstelle zu aktualisieren, muss oft das ganze System neu geschrieben werden. Ähnlich sieht es aus, wenn z.B. aus Gründen der Leistungsfähigkeit oder des Datenaustauschs eine andere Datenbank verwendet werden soll. Wir verfolgen daher das Ziel, Fachkonzept, Benutzungsoberfläche und Datenhaltung weitgehend zu entkoppeln. Wie die Benutzungsoberfläche aussieht, hängt ganz entscheidend von dem verwendeten GUI *(graphical user interface)* ab. Die Datenhaltung wird entscheidend durch die verwendete Datenbank bestimmt. Alternativ kann die Datenhaltung mittels flacher Dateien realisiert werden.

Entwurfsziel

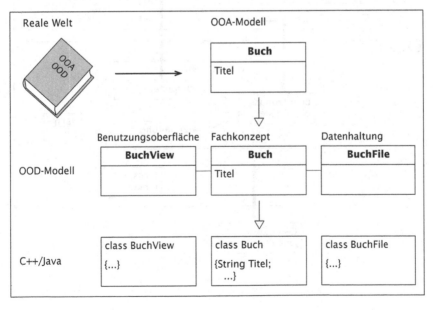

Abb. 1.3-1:
Drei-Schichten-Architektur

Drei-Schichten-
Architektur

Aus dem Entwurfsziel lässt sich direkt die Verwendung einer Drei-Schichten-Architektur ableiten, d.h., wir trennen die Schichten Benutzungsoberfläche, Fachkonzept und Datenhaltung (Abb. 1.3-1). Das OOA-Modell bildet die erste Version der Fachkonzeptschicht. Das vorhandene OOA-Modell wird unter Gesichtspunkten der Effizienz und der Wiederverwendung überarbeitet. Dazu gehören die Berücksichtigung vorhandener Klassenbibliotheken und Schnittstellen zu anderer Software.

Aus dem Prototyp der Benutzungsoberfläche wird die Schicht der Benutzungsoberfläche erstellt. Im Gegensatz zu einem *quick and dirty*-Prototyp handelt es sich also hier um einen Prototyp, der systematisch weiterentwickelt wird. Die Komponente der Datenhaltung muss für den Anschluss an eine Datenbank sorgen bzw. eine eigene Datenhaltung realisieren. Diese Zusammenhänge sind in Abb. 1.3-2 beschrieben.

Abb. 1.3-2:
Zur Abgrenzung
von Analyse und
Entwurf

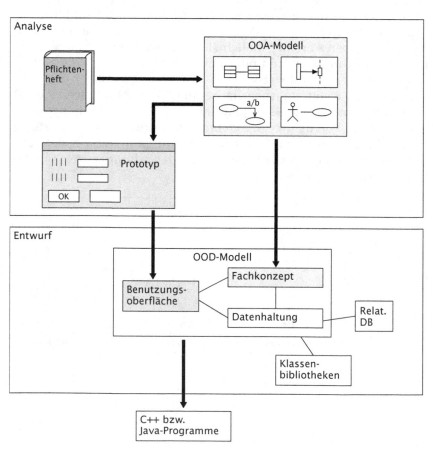

Welche Produkte sind in der Entwurfsphase zu erstellen?

Das **OOD-Modell** wird analog zum OOA-Modell dokumentiert. Das OOA-Modell beschreibt die essenzielle Struktur und Semantik des Problems, aber noch keine technische Lösung. Im Gegensatz dazu soll das OOD-Modell ein Abbild der späteren Programme sein. Jede Klasse, jedes Attribut und jede Operation des OOD-Modells kommt auch in den Programmen vor. Es werden exakt die gleichen Namen wie im Programm verwendet. Im Gegensatz zum objektorientierten Programmcode zeigt das OOD-Modell das System auf einer höheren Abstraktionsebene und macht vor allem das Zusammenwirken einzelner Elemente deutlich.

Auch beim OOD-Modell werden ein statisches und ein dynamisches Modell erstellt. Das – gegenüber der Analyse wesentlich umfangreichere – statische Modell soll alle Klassen des Programms enthalten, welche die Architektur des Systems beschreiben. Klassen, die nur Typen beschreiben, werden nicht eingetragen. Die Pakete dienen nicht nur zur Modellierung von Teilsystemen, sondern auch zur Darstellung der verschiedenen Schichten. Das dynamische Modell ist im Entwurf für alle Anwendungsbereiche von besonders großer Bedeutung. Es ermöglicht eine übersichtliche Beschreibung der komplexen Kommunikation zwischen den Objekten, die anhand des Programmcodes nur schwer nachzuvollziehen ist.

Analyse *(analysis)* Aufgabe der Analyse ist die Ermittlung und Beschreibung der Anforderungen eines Auftraggebers an ein Softwaresystem. Das Ergebnis soll die Anforderungen vollständig, widerspruchsfrei, eindeutig, präzise und verständlich beschreiben.

Dynamisches Modell *(dynamic model)* Das dynamische Modell ist der Teil des OOA-Modells, welches das Verhalten des zu entwickelnden Systems beschreibt. Es realisiert außer den Basiskonzepten (Objekt, Klasse, Operation) die dynamischen Konzepte (Use-Case, Aktivität, Szenario, Zustandsautomat).

Entwurf *(design)* Aufgabe des Entwurfs ist – aufbauend auf dem Ergebnis der Analyse – die Erstellung der Softwarearchitektur und die Spezifikation der Komponenten, d.h. die Festlegung von deren Schnittstellen, Funktions- und Leistungsumfang. Das Ergebnis soll die

zu realisierenden Programme auf einem höheren Abstraktionsniveau widerspiegeln.

Konzept *(concept)* Der Begriff des Konzepts wird in der Informatik im Sinne von Leitidee verwendet, z.B. Konzepte der Programmierung, Konzepte der Objektorientierung. Ein Konzept beschreibt einen definierten Sachverhalt (z.B. eine Klasse) unter einem oder mehreren Gesichtspunkten.

Methode *(method)* Der Begriff »Methode« beschreibt die planmäßig angewandte, begründete Vorgehensweise zur Erreichung von festgelegten Zielen.
In der Softwaretechnik wird der Begriff »Methode« als Oberbegriff von →Konzepten, →Notation und →methodischer Vorgehensweise verwendet.

Methodische Vorgehensweise *(method)* Eine methodische Vorgehensweise ist eine planmäßig angewandte, begründete Vorgehensweise zur Erreichung von festgelegten Zielen. Sie wird häufig als → Methode bezeichnet.

Notation *(notation)* Darstellung von → Konzepten durch eine festgelegte Menge von grafischen und/oder textuellen Symbolen, zu denen eine Syntax und Semantik definiert ist.

Objektorientierte Analyse *(object oriented analysis)* Ermittlung und Beschreibung der Anforderungen an ein Softwaresystem mittels objektorientierter Konzepte und Notationen. Das Ergebnis ist ein OOA-Modell.

Objektorientierter Entwurf *(object oriented design)* Aufbauend auf dem OOA-Modell erfolgt die Erstellung der Softwarearchitektur und die Spezifikation der Klassen aus Sicht der Realisierung. Das Ergebnis ist das OOD-Modell, das ein Spiegelbild der objektorientierten Programme auf einem höheren Abstraktionsniveau bildet.

Objektorientierte Softwareentwicklung *(object oriented software development)* Bei einer objektorientierten Softwareentwicklung werden die Ergebnisse der Phasen Analyse, Entwurf und Implementierung objektorientiert erstellt. Für Letztere werden objektorientierte Programmiersprachen verwendet.

OOA →Objektorientierte Analyse

OOA-Modell *(OOA model)* Fachliche Lösung des zu realisierenden Systems, die in einer objektorientierten →Notation modelliert wird. Das OOA-Modell besteht aus dem →statischen und dem →dynamischen Modell und ist das wichtigste Ergebnis der →Analyse.

OOD →Objektorientierter Entwurf

OOD-Modell *(OOD model)* Technische Lösung des zu realisierenden Systems, die in einer objektorientierten →Notation modelliert wird. Das OOD-Modell ist ein Abbild des späteren (objektorientierten) Programms.

Prototyp *(prototype)* Der Prototyp dient dazu, bestimmte Aspekte vor der Realisierung des Softwaresystems zu überprüfen. Der Prototyp der Benutzungsoberfläche zeigt die vollständige Oberfläche des zukünftigen Systems, ohne dass bereits Funktionalität realisiert ist.

Statisches Modell *(static model)* Das statische Modell realisiert außer den Basiskonzepten (Objekt, Klasse, Attribut) die statischen Konzepte (Assoziation, Generalisierung, Paket). Es beschreibt die Klassen des Systems, die Assoziationen zwischen den Klassen und die Generalisierungsstrukturen. Außerdem enthält es die Daten des Systems (Attribute). Die Pakete dienen dazu, Teilsysteme zu bilden, um bei großen Systemen einen besseren Überblick zu ermöglichen.

Systemanalyse *(systems analysis)* → Analyse

UML *(Unified Modeling Language)* Wurde von Booch, Rumbaugh und Jacobson bei der *Rational Software Corporation* entwickelt und 1997 von der OMG *(Object Management Group)* als Standard akzeptiert.

Eine (objektorientierte) Methode setzt sich aus Konzepten, einer Notation und einer methodischen Vorgehensweise zusammen. Die UML bildet zurzeit den Standard für eine objektorientierte Notation. In der Analyse muss ein Fachkonzept des zu realisierenden Systems erstellt werden. Das OOA-Modell beschreibt die essenzielle Struktur und Semantik des Problems, aber noch keine technische Lösung. Aus dem OOA-Modell wird ein Prototyp der Benutzungsoberfläche abgeleitet. Aufgabe des Entwurfs ist es, das Fachkonzept auf einer Plattform unter den geforderten technischen Randbedingungen zu realisieren. Das OOD-Modell soll ein Abbild der späteren objektorientierten Programme sein.

1 *Lernziel: Vorteile der objektorientierten Entwicklung nennen kön-*
nen.

Aufgabe
5 Minuten

   a Wodurch wird bei der objektorientierten Softwareentwicklung
   die gute Durchgängigkeit von der Analyse bis zur Implementierung erreicht?

   b Welche Vorteile ergeben sich aus dem Klassenkonzept?

   c Welche Vorteile ergeben sich durch das Konzept der Generalisierung?

2 *Lernziel: Bedeutung der Phasen Analyse und Entwurf in der Sprache*
des Auftraggebers ausdrücken können.

Aufgabe
10 Minuten

Stellen Sie sich einen potenziellen Auftraggeber vor, der ein so
genannter EDV-Laie ist, z.B. den Inhaber einer Firma für Sportarti-
kel. Sie sollen den Auftrag erhalten, ein maßgeschneidertes kleines
Warenwirtschaftssystem für Ihren Auftraggeber zu entwickeln. Ihr
Auftraggeber möchte wissen, warum Sie nicht sofort mit der Programmierung anfangen. Erklären Sie ihm, was Analyse und Entwurf sind.

3 *Lernziel: Überprüfen, ob die Aufgaben von Analyse und Entwurf*
sowie deren Abgrenzung gegeneinander verstanden wurde.

Aufgabe
10–15 Minuten

   a Warum ist es sinnvoll, in der Analyse einen Prototyp der Benutzungsoberfläche zu erstellen?

   b Welche Aufgaben soll das Pflichtenheft erfüllen?

   c Wie lassen sich die Phasen Analyse und Entwurf voneinander
   abgrenzen?

   d Warum ist es wichtig, in der Analyse von allen Implementierungsdetails zu abstrahieren?

   e Warum handelt es sich bei der Systemanalyse um eine besonders anspruchsvolle Tätigkeit?

   f Warum ist es sinnvoll, die fachliche Funktionalität einer Anwendung, deren Benutzungsschnittstelle und die Datenhaltung
   strikt zu trennen?

4 *Lernziel: Erkennen, welche Informationen in der Analyse und wel-*
che im Entwurf dokumentiert werden müssen.

Aufgabe
5–10 Minuten

Der Systemanalytiker Mayer führt bei einer Videothek eine Systemanalyse durch, wobei er folgende Informationen aufnimmt:

   a Für jeden Videofilm sind Titel, Laufzeit und Jahr zu speichern.

   b Die erfassten Videofilme sind nach Titeln aufsteigend sortiert
   in der Datenbank *xy* zu speichern.

   c Jede Ausleihe von Videofilmen wird im System gespeichert.

   d Defekte Videofilme werden aus der Videothek entfernt und in
   der Datei mit einem »L« gekennzeichnet.

e Das System soll jederzeit einen Überblick über die Ausleihhäufigkeit der einzelnen Filme erlauben.

f Für die Realisierung der Benutzungsoberfläche wird die Klassenbibliothek *abc* verwendet.

g Da es sich um eine große Videothek handelt, ist eine Client-Server-Anwendung notwendig, wobei alle zentralen Daten auf dem Server liegen.

Welche der genannten Informationen sind *nicht* Gegenstand der (System-)Analyse?

2 Konzepte und Notation der objektorientierten Analyse (Basiskonzepte)

- Erklären können, was ein Objekt ist.
- Externe von internen Objekten unterscheiden können.
- Erklären können, was eine Klasse ist.
- Erklären können, was Objektverwaltung bedeutet.
- Erklären können, was ein Attribut ist.
- Klassenattribut und Objektattribut unterscheiden können.
- Erklären können, was eine Operation ist.
- Objektoperation, Konstruktoroperation und Klassenoperation unterscheiden können.
- UML für Objekt, Klasse, Attribut und Operation anwenden können.
- Objekte und Objektbeziehungen identifizieren und im Objektdiagramm modellieren können.
- Klassen, Attribute und Operationen in einem Text identifizieren und im Klassendiagramm modellieren können.
- Attribute spezifizieren können.

verstehen

anwenden

☑ Das Kapitel 1 sollte bekannt sein, um den Inhalt dieser und der folgenden Lehreinheiten in einen Rahmen einzuordnen.

2.1 Objekt

Definition Im allgemeinen Sprachgebrauch ist ein Objekt ein Gegenstand des Interesses, insbesondere einer Beobachtung, Untersuchung oder Messung. Objekte können Dinge (z.B. Fahrrad, Büro), Personen (z.B. Kunde, Mitarbeiter) oder Begriffe (z.B. Programmiersprache, Krankheit) sein. In der objektorientierten Softwareentwicklung besitzt ein **Objekt** *(object)* einen bestimmten Zustand und reagiert mit einem definierten Verhalten auf seine Umgebung. Außerdem besitzt jedes Objekt eine Identität, die es von allen anderen Objekten unterscheidet. Ein Objekt kann ein oder mehrere andere Objekte kennen. Wir sprechen von Objektbeziehungen *(links)* zwischen Objekten.

Der **Zustand** *(state)* eines Objekts umfasst die Attribute bzw. deren aktuelle Werte und die jeweiligen Objektbeziehungen zu anderen Objekten. Attribute sind inhärente, unveränderliche Eigenschaftswerte des Objekts, während die Attributwerte Änderungen unterliegen können.

Das **Verhalten** *(behavior)* eines Objekts wird durch eine Menge von Operationen beschrieben. Eine Änderung oder eine Abfrage des Zustandes ist nur mittels der Operationen möglich.

Beispiel Ein Mitarbeiter besitzt eine Personalnummer, einen Namen und erhält ein bestimmtes Gehalt. Neue Mitarbeiter werden eingestellt, das Gehalt vorhandener Mitarbeiter kann erhöht werden und es kann ein Mitarbeiterausweis gedruckt werden. Wie die Abb. 2.1-1 zeigt, werden die Attribute durch die Operationen vor der Außenwelt verborgen.

Abb. 2.1-1:
Mitarbeiter-Objekt

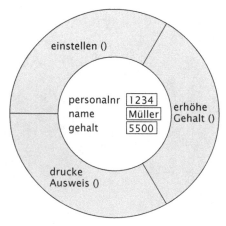

Notation Das Objekt wird in der UML als Rechteck dargestellt (Abb. 2.1-2), das in zwei Felder aufgeteilt werden kann. Im oberen Feld wird das Objekt wie folgt bezeichnet:

:Klasse   bei einem anonymem Objekt wird nur der Klassenname angegeben.

20

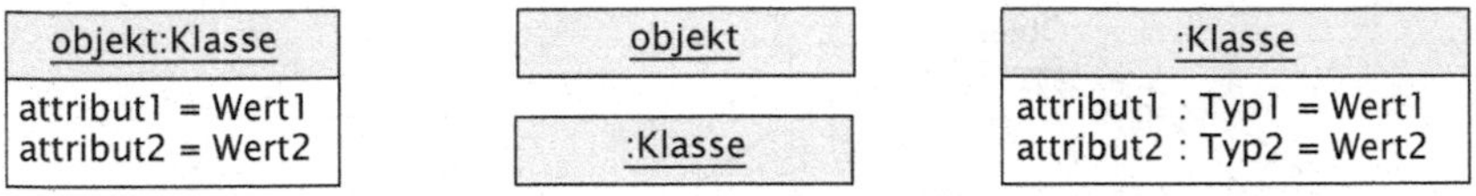

objekt:Klasse		objekt		:Klasse	
attribut1 = Wert1				attribut1 : Typ1 = Wert1	
attribut2 = Wert2		:Klasse		attribut2 : Typ2 = Wert2	

Abb. 2.1-2:
Notation von
Objekten

objekt:Klasse wenn das Objekt über einen Namen angesprochen
werden soll.

objekt wenn der Objektname ausreicht, um das Objekt zu
identifizieren und der Name der Klasse aus dem
Kontext ersichtlich ist.

Die Bezeichnung eines Objekts wird immer unterstrichen. Objektnamen beginnen in der UML mit einem Kleinbuchstaben, Klassennamen mit einem Großbuchstaben. Anonyme Objekte werden verwendet, wenn es sich um irgendein Objekt der Klasse handelt. Objektnamen dienen dazu, ein bestimmtes Objekt der Klasse für den Systemanalytiker zu benennen.

Im unteren Feld werden – optional – die im jeweiligen Kontext relevanten Attribute des Objekts eingetragen. Die UML ermöglicht folgende Alternativen:

attribut : Typ = Wert

attribut = Wert empfehlenswert, da anhand des Werts oft erkannt werden kann, um welche Art Typ es sich handelt.

attribut sinnvoll, wenn der Wert des Attributs nicht von Interesse ist.

Attributnamen beginnen mit einem Kleinbuchstaben. Die Operationen, die ein Objekt ausführen kann, werden *nicht* angegeben.

Objekte und ihre Objektbeziehungen (*links*) werden im **Objektdiagramm** (*object diagram*) spezifiziert (Abb. 2.1-3). Es beschreibt Objekte, Attributwerte und Objektbeziehungen zwischen Objekten zu einem bestimmten Zeitpunkt. Objektdiagramme sind sozusagen Momentaufnahmen bzw. Schnappschüsse des Systems. Meistens werden anonyme Objekte verwendet. Konkrete Objekte sind nur in Ausnahmefällen interessant.

Hinweis
In diesem Buch wird für viele UML-Diagramme Farbe verwendet. Diese Farbe ist *nicht* fester Bestandteil der UML, jedoch zulässig.

Objektdiagramm

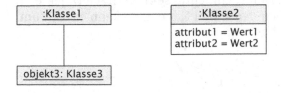

Abb. 2.1-3:
Notation des
Objektdiagramms

Zustand und Verhalten eines Objekts bilden eine Einheit. Wir sagen auch: Ein Objekt kapselt Zustand (Daten) und Verhalten (Operationen). Die Daten eines Objekts können nur mittels der Operationen gelesen und geändert werden. Das bedeutet, dass die Repräsentation dieser Daten nach außen verborgen sein soll. Wir sagen: Ein Objekt realisiert das **Geheimnisprinzip** (Abb. 2.1-4).

Datenkapsel und Geheimnisprinzip

21

*Abb. 2.1-4:
Objekt realisiert
das Geheimnis-
prinzip*

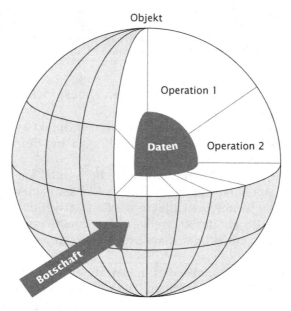

Die **Objektidentität** *(object identity)* ist die Eigenschaft, die ein Objekt von allen anderen Objekten unterscheidet. Sie bedeutet, dass alle Objekte aufgrund ihrer Existenz unterscheidbar sind, auch wenn sie zufällig identische Attributwerte besitzen. Die Identität eines Objekts kann sich nicht ändern. Keine zwei Objekte können dieselbe Identität besitzen. Besitzen zwei Objekte – mit unterschiedlichen Identitäten – dieselben Attributwerte, so sprechen wir von der Gleichheit der Objekte. Wir unterscheiden also zwischen identischen und gleichen Objekten. In der Abb. 2.1-5 haben die Personen Michael und Susi beide ein Kind mit dem Namen Daniel (Gleichheit), während Michael und Janine Eltern desselben Kindes sind (Identität).

Objektidentität

Der Objektname identifiziert ein Objekt im Objektdiagramm. Im Gegensatz zur Objektidentität muss er nur im betrachteten Kontext, d.h. innerhalb eines Diagramms, eindeutig sein. Besitzen Objekte in verschiedenen Diagrammen denselben Namen, so kann es sich um unterschiedliche Objekte handeln.

Objektname

*Abb. 2.1-5:
Gleichheit und
Identität von
Objekten*

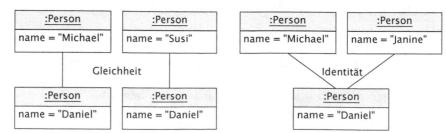

Alle gleichartigen Objekte, d.h. Objekte mit denselben Operationen und gleichen Attributen – aber im Allgemeinen unterschiedlichen Attributwerten – gehören zu der gleichen Klasse. Wir sagen auch: Jedes Objekt ist Exemplar bzw. Instanz *(instance)* einer Klasse. Auf das Konzept der Klasse gehen wir in Kapitel 2.2 noch ausführlich ein.

Klasse

Kapitel 2.2

Es ist wichtig, zwischen externen und internen Objekten zu unterscheiden. Externe Objekte existieren in der realen Welt, während interne Objekte für ein Softwaresystem relevant sind. Betrachten wir beispielsweise den realen Kunden Müller, der Bankgeschäfte durchführt. Herr Müller ist in seiner Freizeit ein begeisterter Golfspieler, eine Eigenschaft, die für die Modellierung des internen Objekts Müller in unserem Softwaresystem völlig uninteressant ist. Wird aus dem externen Objekt das interne Objekt abgeleitet, so müssen wir die für das jeweilige Modell (hier: Bankgeschäfte) relevanten Eigenschaften abstrahieren. Soll dagegen ein Golfturnier modelliert werden, so sind sicher andere Eigenschaften interessant. Beim Übergang von der realen Welt ins OOA-Modell tritt folgender Effekt auf: In der realen Welt sind Objekte aktiv (z.B. Herr Müller schickt Überweisungsaufträge an die Bank). Im OOA-Modell sind die entsprechenden (internen) Objekte passiv (z.B. werden über den Kunden Müller Daten und Vorgänge gespeichert).

externe und interne Objekte

Die Begriffe Instanz *(instance, class instance)* und Exemplar werden synonym für den Begriff Objekt gebraucht. Der Begriff »Instanz«, der in der deutschen Literatur häufig verwendet wird, ist ein Anglizismus, der auf einer fehlerhaften Übersetzung des Begriffs *instance* beruht.

verwandte Begriffe

2.2 Klasse

Eine **Klasse** definiert für eine Kollektion von Objekten deren Struktur (Attribute), Verhalten (Operationen) und Beziehungen. Sie besitzt einen Mechanismus, um neue Objekte zu erzeugen *(object factory)*. Jedes erzeugte Objekt gehört zu genau einer Klasse. Unter den Beziehungen *(relationships)* sind Assoziationen und Generalisierungen zu verstehen (siehe Kapitel 2.5 und 2.6). Das Verhalten *(behavior)* einer Klasse wird durch die Botschaften (Nachrichten) beschrieben, auf die diese Klasse bzw. deren Objekte reagieren können. Jede Botschaft aktiviert eine Operation gleichen Namens.

Definition

Kapitel 2.5 und 2.6

Die beiden Mitarbeiter-Objekte in der Abb. 2.2-1 besitzen die gleichen Attribute und Operationen. Sie gehören daher beide zur Klasse Mitarbeiter.

Beispiel

Für die Darstellung von Klassen gibt es verschiedene Möglichkeiten (Abb. 2.2-2). Die entsprechenden Kurzformen werden verwendet, wenn die fehlenden Details unwichtig sind oder in einem

Notation

23

Abb. 2.2-1:
Klasse Mitarbeiter

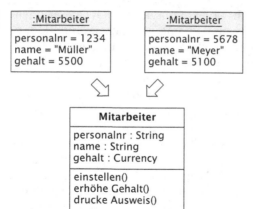

Kapitel 2.3 und 2.4

anderen Klassendiagramm definiert sind. Attribute und Operationen können näher spezifiziert werden. Wir gehen in Kapitel 2.3 und 2.4 ausführlich darauf ein. Der Klassenname wird immer fett gedruckt, zentriert dargestellt und beginnt mit einem Großbuchstaben. Attribut- und Operationsnamen beginnen mit einem Kleinbuchstaben. Attribute werden durch Angabe ihres Typs spezifiziert. In der Analyse kann der Typ entfallen – vor allem bei den ersten Schritten der Modellbildung oder wenn der Typ aus dem Attributnamen klar ersichtlich ist.

Abb. 2.2-2:
Notation von
Klassen

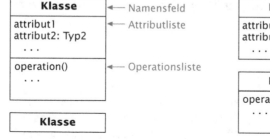

Klassendiagramm

Die Klassensymbole werden zusammen mit weiteren Symbolen, z.B. Assoziation und Generalisierung in das **Klassendiagramm** eingetragen. Das Klassendiagramm beschreibt das statische Modell des Systems. Bei großen Systemen ist es im Allgemeinen sinnvoll oder notwendig, mehrere Klassendiagramme zu erstellen.

Klassenname

Der **Klassenname** ist ein Substantiv im Singular, das durch ein Adjektiv ergänzt werden kann. Er beschreibt also ein einzelnes Objekt der Klasse. Beispiele: Mitarbeiter, PKW, Kunde. Der Klassenname *Kapitel 2.7* muss innerhalb eines Pakets (siehe Kapitel 2.7), besser jedoch innerhalb des gesamten Systems, eindeutig sein. Bei Bedarf wird er in der UML wie folgt erweitert: Paket::Klasse.

Wie aus der Definition der Klasse zu entnehmen ist, besitzt jede Klasse einen Mechanismus, um Objekte zu erzeugen. Es gibt jedoch auch Klassen, von denen keine Objekte erzeugt werden können. Sie werden abstrakte Klassen genannt. Eine abstrakte Klasse wird entweder durch einen kursiven Klassennamen oder mittels {abstract} gekennzeichnet. Das Konzept der abstrakten Klasse ist besonders für die Generalisierung von Bedeutung und wird dort ausführlich erläutert (Kapitel 3.7).

abstrakte Klasse

Kapitel 3.7

Jede Klasse soll einen ganz bestimmten Zweck innerhalb des Softwaresystems erfüllen. Wird für jede Klasse eine **Kurzbeschreibung** von wenigen Zeilen Umfang verlangt, dann wird dieser Zweck deutlich herausgestellt. Wir erweitern daher die UML wie in folgendem Beispiel.

Kurzbeschreibung der Klasse

Klasse Student
Studierender, der an einer Hochschule immatrikuliert ist.

Beispiel

Jedes Objekt »weiß«, zu welcher Klasse es gehört. Da alle Objekte zwar unterschiedliche Attributwerte, jedoch gleiche Operationen besitzen, ist es sinnvoll, die Operationen und deren Spezifikationen der Klasse zuzuordnen. Da jedes Objekt seine Klasse kennt, kann es dort alle benötigten Operationen vorfinden.

Objekt kennt seine Klasse

Umgekehrt »weiß« eine Klasse nicht, welche Objekte sie »besitzt« bzw. welche Objekte von ihr erzeugt wurden. Da dieses Wissen jedoch ausgesprochen nützlich wäre, gehen wir *in der Systemanalyse* davon aus, dass eine Klasse ihre Objekte kennt, d.h., die Klasse »führt Buch« über das Erzeugen und Löschen ihrer Objekte. Wir nennen diese Eigenschaft **Objektverwaltung** (Abb. 2.2-3). Damit erhält die Klasse die Möglichkeit, Anfragen und Manipulationen auf der Menge der Objekte einer Klasse durchzuführen *(class extension, object warehouse)*. Beachten Sie, dass diese Vereinfachung nur in der Analyse gilt und im Entwurf und in der Implementierung je nach verwendeter Umgebung vom Programmierer realisiert werden muss oder von der verwendeten Software generiert wird.

Objektverwaltung

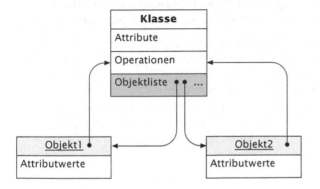

*Abb. 2.2-3:
Objektverwaltung*

Klasse vs. Menge
aller Objekte

Verwechseln Sie nicht die Klasse und die Menge aller Objekte dieser Klasse *(extension)*. Die Klasse ist eine Abstraktion, die Gemeinsamkeiten von Objekten und Regeln zu ihrer Erzeugung beschreibt. Eine Menge von Objekten ist dagegen einfach eine Ansammlung von Objekten. Die Objektverwaltung wird beispielsweise mittels einer solchen Objektmenge realisiert.

abstrakter
Datentyp vs. Klasse

Objektbasierte Programmiersprachen wie Ada verwenden den Begriff des abstrakten Datentyps. Hier handelt es sich um ein Konzept der Entwurfsphase. Der **abstrakte Datentyp** (ADT) lässt sich als »benutzerdefinierter Datentyp« umschreiben. Er wird ausschließlich über seine Operationen definiert, die auf Exemplare dieses Typs angewendet werden. Die interne Repräsentation der Daten und die Wahl der Algorithmen zur Realisierung der Operationen sind verkapselt, d.h. nach außen nicht sichtbar. Der abstrakte Datentyp realisiert folglich das Prinzip der Trennung von Schnittstelle und Implementierung. Von einem abstrakten Datentyp können beliebig viele Exemplare erzeugt werden.

Die Klasse stellt eine Form des abstrakten Datentyps dar. Sie beschreibt jedoch außer den Operationen des abstrakten Datentyps auch die zugrundeliegende Datenstruktur (Attribute der Klasse). Warum werden die verborgenen Attribute der Klasse dargestellt? Dieses sichtbar machen der Attribute ist aus Gründen der Generalisierung notwendig. Außerdem werden die Attribute aus methodischer Sicht zur Identifikation der Klassen benötigt. Auf die Attribute der Klasse darf nur mittels der Operationen zugegriffen werden. Die Attribute sind zwar sichtbar für den Systemanalytiker, jedoch – mit Ausnahme in Generalisierungsstrukturen – nicht sichtbar für andere Objekte und Klassen.

2.3 Attribut

Definition

Die **Attribute** beschreiben die Daten, die von den Objekten einer Klasse angenommen werden können. Jedes Attribut ist von einem bestimmten Typ. Alle Objekte einer Klasse besitzen dieselben Attribute, können jedoch unterschiedliche Attributwerte besitzen.

Beispiel

Die Abb. 2.3-1 zeigt die Klasse Student und eines ihrer Objekte. Während die Klasse festlegt, welche Attribute ihre Objekte besitzen, enthalten die Objekte die Attributwerte. Wie das Beispiel zeigt, darf das Feld für den Attributwert leer sein. Wir sprechen von einem optionalen Attribut. Das bedeutet, dass dieses Attribut nicht bei der Erzeugung des Objekts, sondern zu irgendeinem späteren Zeitpunkt – evtl. auch nie – einen definierten Wert erhält.

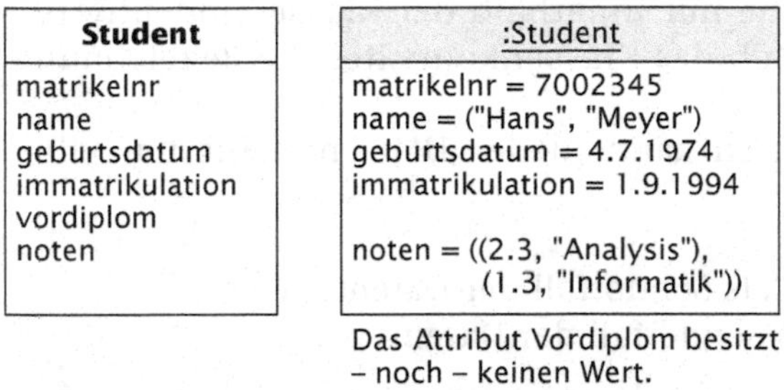

Student
matrikelnr
name
geburtsdatum
immatrikulation
vordiplom
noten

:Student
matrikelnr = 7002345
name = ("Hans", "Meyer")
geburtsdatum = 4.7.1974
immatrikulation = 1.9.1994
noten = ((2.3, "Analysis"),
(1.3, "Informatik"))

Das Attribut Vordiplom besitzt
– noch – keinen Wert.

Abb. 2.3-1:
Klasse Student und
Student-Objekt

Ein Attribut kann in der UML wie folgt spezifiziert werden, wobei alle Angaben mit Ausnahme des Attributnamens optional sind (Abb. 2.3-2):

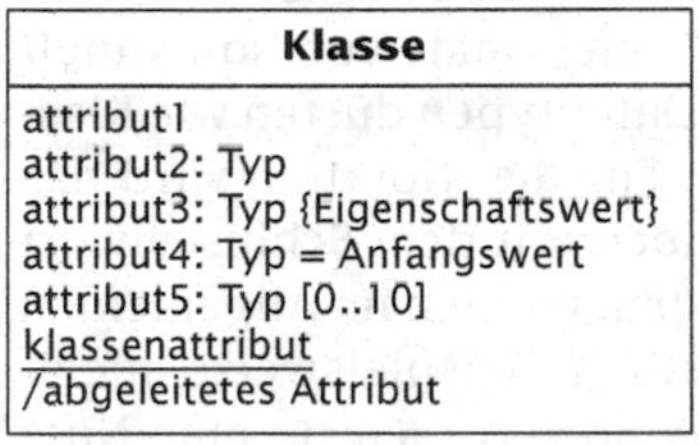

Notation

Klasse
attribut1
attribut2: Typ
attribut3: Typ {Eigenschaftswert}
attribut4: Typ = Anfangswert
attribut5: Typ [0..10]
klassenattribut
/abgeleitetes Attribut

Abb. 2.3-2:
Notation für
Attribute

Die einzelnen Angaben werden im Folgenden näher erläutert und beschrieben.

Das Symbol »/« kennzeichnet ein abgeleitetes Attribut. Der Wert eines **abgeleiteten Attributs** *(derived attribute)* kann jederzeit aus anderen Attributwerten berechnet werden (Abb. 2.3-3). Ein abgeleitetes Attribut darf nicht geändert werden.

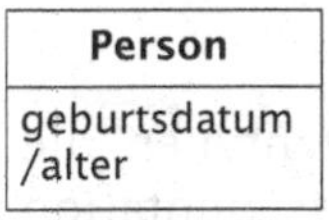

abgeleitete
Attribute

Person
geburtsdatum
/alter

Abb. 2.3-3:
Abgeleitetes Attribut

Der **Attributname** muss im Kontext der Klasse eindeutig sein. Er beschreibt die gespeicherten Daten. Im Allgemeinen wird ein Substantiv dafür verwendet. Attributnamen beginnen laut UML-Spezifikation mit einem kleinen Anfangsbuchstaben und dürfen beliebige Zeichen (z.B. Umlaute, Sonderzeichen, Leerzeichen) enthalten. Bei der Erstellung von Analysemodellen ist dies äußerst praktisch. Bei Entwurfsmodellen ist es allerdings empfehlenswert, sich an die Syntaxvorschriften der verwendeten Programmiersprache zu halten. Attributnamen, die aus mehreren Wörtern bestehen, können mit einem Leerzeichen oder einem Unterstrich getrennt werden. Häufig beginnt jedes neue Wort im Attributnamen mit einem Großbuchsta-

Attributname

ben. Da ein Attributname nur innerhalb der Klasse eindeutig ist, verwendet man außerhalb des Klassenkontextes die Bezeichnung Klasse.attribut.

Attributtyp   Der Typ von Attributen kann in der UML modelliert werden durch:

- Datentypen,
- primitive Datentypen als Sonderfall der Datentypen,
- Aufzählungstypen als Sonderfall der Datentypen,
- Klassen.

Datentypen sind Typen, deren Werte keine Identität besitzen. Das ist der wesentliche Unterschied zu Klassen, deren Objekte stets eine Objektidentität haben. Die nicht vorhandene Objektidentität hat zur Folge, dass Werte eines Datentyps nur innerhalb des Objekts existieren können, zu dem sie gehören. Außerdem gibt es jeden Wert nur einmal. Kommt beispielsweise die Zahl 7 mehrmals vor, so handelt es sich immer um ein und dieselbe Zahl. Datentypen dürfen wie Klassen Attribute und Operationen besitzen. Für die Notation wird das Klassensymbol verwendet, wobei sie jedoch mit dem Schlüsselwort «datatype» gekennzeichnet sind. Datentypen werden im Allgemeinen dafür verwendet, Strukturen zu beschreiben. Beispielsweise spezifiziert in der Abb. 2.3-4 ein Datentyp die Struktur NoteT– eine Note bestehend aus dem Fach und dem Notenwert.

Abb. 2.3-4:
Datentypen zur
Spezifikation von
Attributtypen

«datatype» **NoteT**
fach: String wert: NotenwertT

«primitive» **String**

«enumeration» **NotenwertT**
1 2 3 4 5

primitive   **Primitive Datentypen** sind in der UML spezielle Datentypen, die
Datentypen   keine Struktur besitzen. Sie werden ebenfalls in der Klassennotation modelliert und mit dem Schlüsselwort «primitive» gekennzeichnet. In der UML sind die folgenden vier primitiven Datentypen vordefiniert. Es ist zulässig, weitere primitive Datentypen zu definieren.

- Boolean (kann die Werte true und false annehmen)
- String
- Integer (ganze Zahlen)
- UnlimitedNatural (natürliche Zahlen)

Stereotyp   Bei der Definition der oben beschriebenen Datentypen wird das Konzept der **Stereotypen** verwendet. Sie ermöglichen es, existierende Modellelemente mit einer geänderten Semantik zu versehen. Beispielsweise gibt der Stereotyp «enumeration» an, dass zwar das Klassensymbol verwendet wird, es sich aber nicht um eine »normale«

Klasse handelt, sondern das Klassensymbol zur Spezifikation eines
Aufzählungstyps verwendet wird.

Ein **Aufzählungstyp** *(enumeration datatype)* definiert eine end-   Aufzählungstyp
liche Menge von Werten. Er wird mit dem Schlüsselwort «enumera-
tion» gekennzeichnet. Die Werte des Aufzählungstyps können frei
gewählt werden. Abb. 2.3-4 zeigt wie der Aufzählungstyp NotenwertT mit den einzelnen Notenwerten modelliert wird.

In der Analyse dient die Typdefinition dem Zweck, das Attribut
aus fachlicher Sicht möglichst präzise zu beschreiben. In Entwurf
und Implementierung wird in Abhängigkeit von der gewählten Programmiersprache der Typ neu definiert. Es empfiehlt sich, Datentypen – in Abhängigkeit von der jeweiligen Anwendung – einmal zu
definieren und bei jedem Projekt wieder zu verwenden. Um sie deutlich von den Klassen zu unterscheiden, wird in diesem Buch für
Datentypen das Postfix »T« verwendet, z.B. NoteT.

Attribut- und Operationsliste werden bei der Spezifikation von
Datentypen oft unterdrückt, insbesondere, wenn es sich um einen
primitiven Datentyp handelt.

Für ein Attribut kann die **Multiplizität** *(multiplicity)* definiert wer-   Multiplizität
den. Diese Angabe erfolgt in eckigen Klammern. Können beispielswei-
se für einen Studenten (vgl. Abb. 2.3-1) bis zu 10 Noten eingetragen
werden, dann wird dies wie folgt spezifiziert: note: NoteT [0..10]
bzw. note [0..10]. Sind bei der Multiplizität die untere und obere
Angabe identisch, dann reicht ein einziger Wert, d.h. [5..5] = [5]. Ist
die untere Grenze gleich Null und die obere Grenze unspezifiziert,
dann gilt [0..*] = [*]. Die Multiplizität [1] = [1..1] bedeutet, dass das
Attribut genau einen Wert besitzt. Das heißt, dass dieser Wert beim
Erzeugen eines Objekts der Klasse eingetragen werden muss. Falls
keine Multiplizität angegeben wird, gilt [1] als Voreinstellung. Soll
ausgedrückt werden, dass es sich um ein optionales Attribut handelt,
das irgendwann einmal einen Wert erhalten kann, so muss die Multiplizität [0..1] angegeben werden. Ist die Obergrenze der Multiplizität
größer als 1, dann handelt es sich um ein Attribut, das aus mehreren
Werten bestehen kann.

Der **Anfangswert** *(initial value)* legt fest, welchen Wert ein neu   Anfangswert
erzeugtes Objekt für dieses Attribut annimmt. Dieser Wert kann später beliebig geändert werden.

Eigenschaftswerte *(property values)* spezifizieren, ob die Attri-   Eigenschaftswerte
bute bestimmte Eigenschaften oder Merkmale besitzen. Sie werden
in geschweiften Klammern angegeben, mehrere Eigenschaftswerte
werden durch Komma getrennt. Für Attribute bietet die UML beispielsweise folgende Eigenschaftswerte:

■ {readOnly} Attribut darf nicht verändert werden.
■ {ordered} Wenn ein Attribut aus mehreren Werten besteht, dann
   wird dadurch festgelegt, dass sie geordnet sind. Besteht das Attribut nur aus einem Element, dann hat dieser Eigenschaftswert
   keine Wirkung.

29

Damit ergeben sich für die Klasse Student die in der Abb. 2.3-5 gezeigten Attributtypen. Bei den Typen NameT, Date und NoteT handelt
es sich um strukturierte Datentypen. NoteT enthält wiederum den
Aufzählungstyp NotenwertT. Vordiplom ist ein optionales Attribut, da
es mit der Multiplizität [0..1] gekennzeichnet ist. Bei den Noten handelt es sich um ein Attribut, das aus maximal 10 gleichartigen Werten
bestehen kann. Da die Untergrenze der Multiplizität 0 ist, liegt auch
hier ein optionales Attribut vor. Bei allen anderen Attributen handelt
es sich um Pflichtattribute.

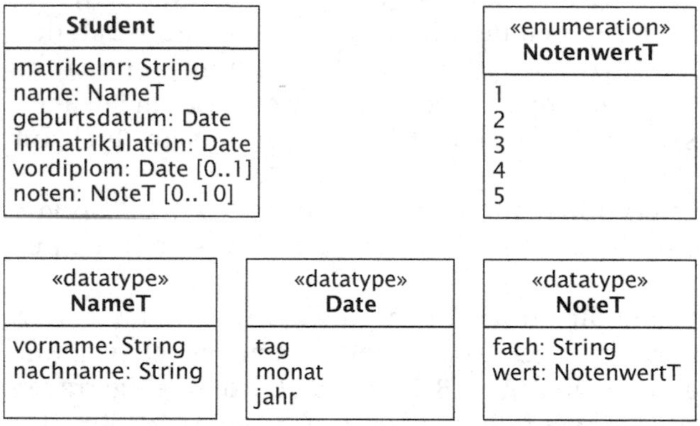

Abb. 2.3-5:
Attributtypen für
Klasse Student

Student
matrikelnr: String
name: NameT
geburtsdatum: Date
immatrikulation: Date
vordiplom: Date [0..1]
noten: NoteT [0..10]

«enumeration» NotenwertT
1
2
3
4
5

«datatype» NameT
vorname: String
nachname: String

«datatype» Date
tag
monat
jahr

«datatype» NoteT
fach: String
wert: NotenwertT

Um kompakte Diagramme zu erhalten, wird in diesem Buch in den
Analysemodellen für ein Attribut oft nur dessen Name eingetragen.
Das gilt insbesondere dann, wenn der Typ aus dem Attributnamen
eindeutig hervorgeht (z.B. geburtsdatum: Date).

Klassenattribut   Außer den oben beschriebenen (Objekt-)Attributen sind manchmal
Klassenattribute notwendig. Ein **Klassenattribut** *(class scope attribute)* liegt vor, wenn nur ein Attributwert für alle Objekte einer Klasse existiert. Klassenattribute existieren auch dann, wenn es zu einer
Klasse – noch – keine Objekte gibt. Um die Klassenattribute von den
(Objekt-)Attributen zu unterscheiden, werden sie in der UML unterstrichen (z.B. Klassenattribut).

Geheimnisprinzip   Das Geheimnisprinzip der Objektorientierung besagt, dass Attribute nur über die Operationen der zugehörigen Klasse geändert und
gelesen werden dürfen. Trotzdem ist es kein Widerspruch, wenn die
Attribute im Klassendiagramm modelliert werden. Die Attribute sind
nur sichtbar für den Modellierer bzw. den Systemanalytiker, aber
nicht sichtbar für andere Klassen bzw. deren Objekte.

Einschränkung   Für Attribute können **Einschränkungen** *(constraints)* in umgangssprachlicher oder in maschinenlesbarer Form definiert werden. Eine
Einschränkung ist eine Invariante bzw. eine Zusicherung, die immer
wahr sein muss. Eine Reihe von Einschränkungen sind in der UML
bereits vordefiniert, weitere können durch die Modellierer beliebig
spezifiziert werden. Einschränkungen werden als Text in geschweif-

ten Klammern angegeben. Sie können sich auf ein einzelnes Attribut oder mehrere Attribute beziehen.

Für das Attribut Geburtsdatum der Klasse Student gilt die Einschrän-   Beispiel 1
kung: {geburtsdatum <= aktuelles Datum}

Für die Attribute der Klasse Student in Abb. 2.3-1 gilt: Beispiel 2
{vordiplom > immatrikulation > geburtsdatum}

Für die Klasse Artikel mit den Attributen einkaufspreis und   Beispiel 3
verkaufspreis gilt, dass der Verkaufspreis mindestens 150 Prozent des Einkaufspreises betragen soll. Dann muss durch die Implementierung sichergestellt werden, dass beim Ändern des einen Preises auch der andere geändert wird.
{verkaufspreis >= 1.5 * einkaufspreis}

Unterschiede zum *Entity-Relationship*-Modell
Für Leser, die mit *Entity-Relationship*-Modellen vertraut sind, sind hier zwei wichtige Unterschiede hervorzuheben.
- Künstliche Schlüsselattribute sind im Klassendiagramm nicht notwendig.
  Beim *Entity-Relationship*-Modell ist ein eindeutiges Identifizieren der Objekte nur mittels eines Schlüsselattributs möglich. Der Schlüssel kann sich auch aus mehreren Attributen zusammensetzen. In diesem Fall ist es wichtig, dass er aus einer minimalen Kombination von Attributen gebildet wird. Minimal bedeutet, dass die eindeutige Identifizierbarkeit verloren geht, wenn ein Attribut entfernt wird. Es ist möglich, dass ein fachlich notwendiges Attribut gleichzeitig als Schlüssel fungiert (z.B. Matrikelnr in Abb. 2.3-1). Andernfalls muss beim *Entity-Relationship*-Modell ein künstliches Schlüsselattribut hinzugefügt werden.
- Normalisierung der Attribute ist im Klassendiagramm nicht notwendig.
  Die Attribute einer Klasse müssen nicht die erste Normalform der relationalen Datenbanken erfüllen. Die Entscheidung, ob die Daten normalisiert werden müssen und welche Normalform ggf. zu wählen ist, soll erst in der Entwurfsphase getroffen werden. Bei der objektorientierten Modellierung definiert der Systemanalytiker die Attribute – frei von irgendwelchen technischen Randbedingungen – ausschließlich unter problemadäquaten Gesichtspunkten. Beispielsweise besteht das Attribut noten in der Abb. 2.3-1 aus einer Liste von Einzelnoten.

In objektorientierten Programmiersprachen wird anstelle von Attri-   verwandte Begriffe
buten auch von Member-Variablen oder von *instance variables* gesprochen.

2.4 Operation

Definition   Eine **Operation** ist eine ausführbare Tätigkeit. Alle Objekte einer Klasse verwenden dieselben Operationen. Jede Operation kann auf alle Attribute eines Objekts dieser Klasse direkt zugreifen. Die Menge aller Operationen wird als das Verhalten der Klasse bezeichnet.

Beispiel   Auf jedes Objekt der Klasse Student sind die angegebenen Operationen anwendbar (Abb. 2.4-1).

Notation   Operationen werden analog zu den Attributen in das Klassensymbol eingetragen (Abb. 2.4-2). Auch für jede Operation kann eine Liste von Eigenschaftswerten angegeben werden.

Abb. 2.4-1: Klassen Student und Firma

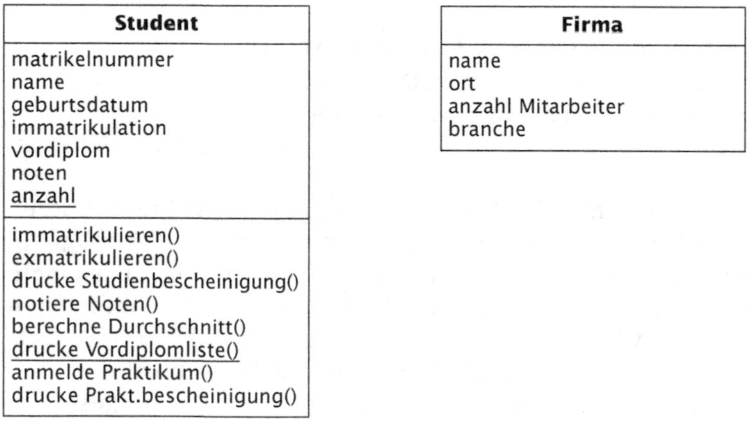

Student
matrikelnummer
name
geburtsdatum
immatrikulation
vordiplom
noten
<u>anzahl</u>
immatrikulieren()
exmatrikulieren()
drucke Studienbescheinigung()
notiere Noten()
berechne Durchschnitt()
<u>drucke Vordiplomliste()</u>
anmelde Praktikum()
drucke Prakt.bescheinigung()

Firma
name
ort
anzahl Mitarbeiter
branche

Abb. 2.4-2: Notation für Operationen

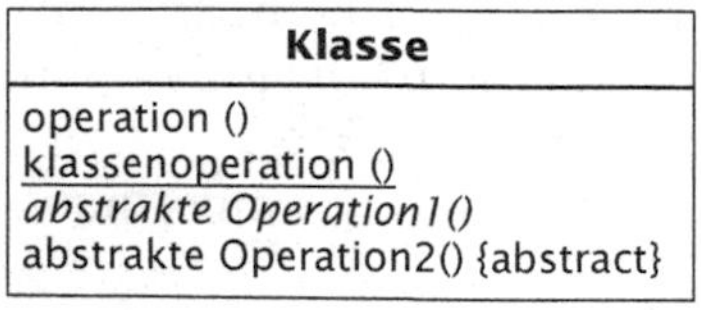

Klasse
operation ()
<u>klassenoperation ()</u>
abstrakte Operation1()
abstrakte Operation2() {abstract}

Operationsarten   Wir unterscheiden drei Arten von Operationen:
- Objektoperationen, kurz Operationen genannt,
- Konstruktoroperationen und
- Klassenoperationen.

Objektoperation   **Objektoperationen** oder kurz Operationen werden stets auf ein einzelnes (bereits existierendes) Objekt angewendet. Typische Beispiele dafür sind die Operationen drucke Studienbescheinung(), notiere Note() und berechne Durchschnitt() der Abb. 2.4-1. Auch exmatrikulieren(), die ein Objekt der Klasse Student löscht, ist eine Objektoperation. Da diese Operationen jeweils auf *einen* Studenten angewendet werden, gehören sie zur Klasse Student.

Eine **Konstruktoroperation** erzeugt ein neues Objekt und führt entsprechende Initialisierungen und Datenerfassungen durch. Bei der Operation immatrikulieren() (Abb. 2.4-1) handelt es sich um eine derartige Operation. Auch diese Operation wird bei der Klasse Student eingetragen.

Konstruktor-operation

Eine **Klassenoperation** ist eine Operation, die der jeweiligen Klasse zugeordnet ist und nicht auf ein einzelnes Objekt der Klasse angewendet werden kann. Sie wird durch Unterstreichen gekennzeichnet, z.B. drucke Vordiplomliste().

Klassenoperation

In der Systemanalyse verwenden wir Klassenoperationen in folgenden Fällen:

1 Die Operation manipuliert Klassenattribute ohne Beteiligung eines einzelnen Objekts. Ein Beispiel ist erhöhe Stundenlohn() der Abb. 2.4-3. Diese Aufgabe ist unabhängig von einem ausgewählten Objekt. Daher sprechen wir hier von einer Klassenoperation. Da sich diese Operation auf ein Klassenattribut von Student bezieht, wird sie bei der Klasse Student als Klassenoperation eingetragen. Bezieht sich die Operation allerdings auf ein einzelnes Objekt und werden im Rahmen der Operation zusätzlich Klassenattribute manipuliert, so handelt es sich nicht um eine Klassenoperation. Beispielsweise inkrementiert die Konstruktoroperation immatrikulieren() die Anzahl der Studenten.

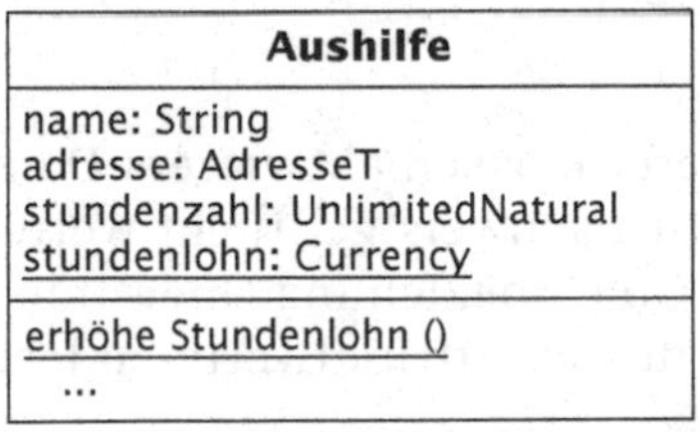

Abb. 2.4-3:
Klassenoperation

Aushilfe
name: String adresse: AdresseT stundenzahl: UnlimitedNatural stundenlohn: Currency
erhöhe Stundenlohn () ...

2 Die Operation bezieht sich auf alle oder mehrere Objekte der Klasse. Hier nutzen wir die Eigenschaft einer Klasse aus, ihre Objekte zu kennen (Objektverwaltung). Beispielsweise wählt die Operation drucke Vordiplomliste() unter allen Studenten diejenigen aus, die ein Vordiplom besitzen. Wir sprechen von einer Selektion. Da sich diese Klassenoperation auf *alle* Studenten bezieht, wird sie der Klasse Student zugeordnet.

Operationen lassen sich auch nach ihren Aufgaben klassifizieren:

Operationsarten

1 Operationen mit lesendem Zugriff *(accessor operation)* auf Attribute derselben Klasse.

Beispiel: drucke Studienbescheinigung()

2 Operationen mit schreibendem Zugriff *(update operation)* auf Attribute derselben Klasse.

Beispiel: notiere Note()

3 Operationen zur Durchführung von Berechnungen.

Beispiel: berechne Durchschnitt()

4 Operationen zum Erzeugen *(constructor operation)* und Löschen *(destructor operation)* von Objekten.

Beispiel: immatrikulieren(), exmatrikulieren()

5 Operationen, die Objekte einer Klasse nach bestimmten Kriterien selektieren *(query operation, select operation)*. Das ist beispielsweise eine Operation, die alle Studenten ermittelt, die in diesem Jahr das Vordiplom bestanden haben. Diese Art von Operationen werden im Analysemodell als Klassenoperationen eingetragen.

Beispiel: drucke Vordiplomliste()

6 Operationen zum Herstellen von Objektbeziehungen zwischen Objekten *(connect operation)*. Wenn der Student s1 ein Praktikum bei einer Firma absolviert, dann wird von s1 zum Firmenobjekt eine Objektbeziehung aufgebaut (Abb. 2.4-4). Analog gibt es Operationen zum Abbauen der Objektbeziehungen.

Beispiel: anmelde Praktikum()

Abb. 2.4-4:
Aufbauen und
Lesen von Objektbe-
ziehungen zwischen
Student und Firma

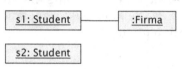

7 Operationen, die Operationen anderer Klassen aktivieren. Damit für den Studenten s1 ein Praktikumsnachweis gedruckt werden kann, muss das Objekt s1 über die Objektbeziehung Operationen des Firmenobjekts verwenden, um dessen Attributwerte zu lesen (Abb. 2.4-4).

Beispiel: drucke Praktikumsnachweis().

externe und
interne
Operationen

Eine Operation heißt extern, wenn sie direkt von der Benutzungsoberfläche aktiviert wird. Eine externe Operation kann weitere – interne – Operationen aufrufen. Eine interne Operation wird immer von einer anderen Operation innerhalb des Systems aktiviert. Das Ziel der Systemanalyse ist es, alle externen Operationen zu ermitteln. Interne Operationen werden in das Klassendiagramm eingetragen, wenn es für das Verständnis notwendig ist.

Operationsname

Der Operationsname soll ausdrücken, was die Operation leistet. Er muss daher im Allgemeinen ein Verb enthalten, z.B. verschiebe(), erhöhe Gehalt(). Operationsnamen beginnen mit einem Kleinbuchstaben. Analog zu Attributnamen dürfen sie beliebige Zeichen (z.B. Umlaute, Sonderzeichen, Leerzeichen) enthalten. Bei Entwurfsmodellen ist es allerdings empfehlenswert, sich an die Syntaxvorschriften der verwendeten Programmiersprache zu halten. Operationsnamen, die aus mehreren Wörtern bestehen, können mit einem Leerzeichen oder einem Unterstrich getrennt werden. Häufig beginnt jedes neue Wort im Operationsnamen mit einem Großbuchstaben. Der Name einer Operation muss im Kontext der Klasse eindeutig sein. Außerhalb der Klasse wird die Operation mit `Klasse.operation()` bezeichnet.

Jede Operation wird – sofern ihre Funktionsweise nicht bereits aus dem Namen hervorgeht – aus Benutzersicht beschrieben. Bewährt hat sich hier eine umgangssprachliche Formulierung. Die Erfahrung hat gezeigt, dass sich viele Analytiker durch eine formale Spezifikation überfordert fühlen. Im Allgemeinen reicht eine umgangssprachliche Beschreibung aus. Zur Beschreibung komplexer Operationen können Diagramme des dynamischen Modells verwendet werden.

Beschreibung von Operationen

Das Ziel ist eine leicht erstellbare und leicht lesbare Beschreibung, wobei »leicht« in diesem Zusammenhang bedeutet, dass der Aufwand für die Beschreibung deutlich geringer sein muss als für die spätere Programmierung.

Notation Beschreibung (UML-Erweiterung)

```
Funktion: tueEtwas()
    Eingabe: Eingabedaten
    Ausgabe: Ausgabedaten
    Wirkung: Beschreibung der Wirkung aus Benutzersicht, wobei der
    Fokus auf dem Normalverhalten liegt. Sonderfälle sind anschlie-
    ßend zu beschreiben.
```

Eine Operation kann auch durch Kursivschrift oder die Angabe {abstract} als abstrakt gekennzeichnet sein. Das bedeutet, dass es zu dieser Operation nur die Signatur und keinen Operationsrumpf gibt. Abstrakte Operationen werden im Rahmen der Generalisierung von Klassen benötigt (siehe Kapitel 2.6 und 6.7).

abstrakte Operation

Kapitel 2.6 und 6.7

Verwaltungsoperationen sind grundlegende Operationen, die fast jede Klasse benötigt.

Verwaltungs-operationen

Bei den folgenden Operationen handelt es sich um elementare Basisoperationen, die wir aus Gründen der Lesbarkeit *nicht* in das Klassendiagramm eintragen. Diese Operationen werden vor allem für eine detaillierte Spezifikation von Interaktionsdiagrammen (siehe Kapitel 2.10) benötigt.

Kapitel 2.10

- `new()`: Erzeugen eines neuen Objekts.
- `delete()`: Löschen eines Objekts.
- `setAttribute()`: Schreiben eines Attributwertes, z.B. `setGehalt()`.
- `getAttribute()`: Lesen eines Attributwertes, z.B. `getGehalt()`.
- `link()`: Aufbauen einer Objektbeziehung zwischen Objekten.
- `unlink()`: Entfernen einer Objektbeziehung zwischen Objekten.
- `getlink()`: Lesen einer Objektbeziehung zwischen Objekten.

Abgeleitetes Attribut *(derived attribute)* Abgeleitete Attribute lassen sich aus anderen Attributen berechnen. Sie dürfen nicht direkt geändert werden.

Abstrakter Datentyp *(abstract data type)* Der abstrakte Datentyp (ADT) ist ursprünglich ein Konzept des Entwurfs. Ein abstrakter Datentyp wird ausschließlich über seine (Zugriffs-)Operationen definiert, die auf Exemplare dieses → Typs angewendet werden. Die Repräsentation der Daten und die Wahl der Algorithmen zur Realisierung der → Operationen sind nach außen nicht sichtbar, d.h., der ADT realisiert das Geheimnisprinzip. Von einem abstrakten Datentyp können beliebig viele Exemplare erzeugt werden. Die →Klasse stellt eine Form des abstrakten Datentyps dar.

Anfangswert *(initial value)* Legt fest, welchen Wert ein Attribut annimmt, wenn das zugehörige Objekt erzeugt wird. Wird auch als Startwert bezeichnet.

Attribut *(attribute)* Attribute beschreiben Daten, die von den →Objekten der →Klasse angenommen werden können. Alle Objekte einer Klasse besitzen dieselben Attribute, jedoch i.Allg. unterschiedliche Attributwerte. Jedes Attribut ist von einem bestimmten → Typ und kann einen →Anfangswert besitzen. Bei der Implementierung muss jedes Objekt Speicherplatz für alle seine Attribute reservieren. Der Attributname ist innerhalb der Klasse eindeutig.

Aufzählungstyp *(enumeration datatype)* Datentyp, dessen zulässige Werte einzeln aufgeführt werden. Die Darstellung erfolgt mit Hilfe des Klassensymbols und dem Schlüsselwort «enumeration».

Datentyp *(datatype)* Ein Datentyp ist ein Typ, dessen Werte keine Identität besitzen. Er wird besonders zur Modellierung von Strukturen verwendet. Die Darstellung erfolgt mit Hilfe des Klassensymbols und dem Schlüsselwort «datatype».

Eigenschaftswert *(property string)* Dient dazu ein Element des Modells genauer zu charakterisieren. Oft handelt es sich um Name-Wert-Paare, z.B. {redefines name}. Bei booleschen Eigen-schaftswerten mit dem Wert true, wird nur der Name der Eigenschaft angegeben, z.B. {readOnly}.

Einschränkung *(constraint)* Bedingung oder Zusicherung, die immer wahr sein muss. Einschränkungen können in umgangssprachlicher oder maschinenlesbarer Form spezifiziert werden. Ihr Zweck ist es, die Semantik eines Elements genauer zu modellieren. Bestimmte Einschränkungen sind in der UML schon vordefiniert, weitere können durch die Modellierer hinzugefügt werden.

Geheimnisprinzip *(information hiding)* Die Einhaltung des Geheimnisprinzips bedeutet, dass die Attribute und die Realisierung der Operationen außerhalb der Klasse nicht sichtbar sind.

Klasse *(class)* Eine Klasse definiert für eine Kollektion von →Objekten deren Struktur (Attribute), →Verhalten (Operationen) und Beziehungen (Assoziationen, Generalisierungsstrukturen). Klassen besitzen – mit Ausnahme von abstrakten Klassen – einen Mechanismus, um neue Objekte zu erzeugen. Der Klassenname muss mindestens im Paket, besser im gesamten System eindeutig sein.

Klassenattribut *(class scope attribute)* Ein Klassenattribut liegt vor, wenn nur ein Attributwert für alle →Objekte der →Klasse existiert. Klassenattribute sind von der Existenz der Objekte unabhängig.

Klassenoperation *(class scope operation)* Eine Klassenoperation ist eine Operation, die für eine →Klasse statt für ein →Objekt der Klasse ausgeführt wird.

Multiplizität *(multiplicity)* Bezeichnet die Wertigkeit eines Attributs, d.h. sie spezifiziert die Anzahl der Werte, die ein Attribut enthalten kann oder muss.

Objekt *(object)* Ein Objekt besitzt einen →Zustand (Attributwerte und Objektbeziehungen zu anderen Objekten), reagiert mit einem definierten →Verhalten (Operationen) auf seine Umgebung und besitzt eine →Objektidentität, die es von allen anderen Objekten unterscheidet. Jedes Objekt ist Exemplar einer →Klasse.

Objektdiagramm *(object diagram)* Das Objektdiagramm stellt →Objekte und ihre Objektbeziehungen untereinander dar. Objektdiagramme werden im Allgemeinen verwendet, um einen Ausschnitt des Systems zu einem bestimmten Zeitpunkt zu modellieren. Objekte können einen – im jeweiligen Objektdiagramm – eindeutigen Namen besitzen, oder es können anonyme Objekte sein. In verschiedenen Objektdiagrammen kann der gleiche Name unterschiedliche Objekte kennzeichnen.

Objektidentität *(object identity)* Jedes →Objekt besitzt eine Identität, die es von allen anderen Objekten unterscheidet. Selbst wenn zwei Objekte zufällig dieselben Attributwerte besitzen, haben sie eine unterschiedliche Identität.

Objektverwaltung *(class extension, object warehouse)* In der Systemanalyse besitzen Klassen implizit die Eigenschaft der Objektverwaltung. Das bedeutet, dass die Klasse weiß, welche →Objekte von ihr erzeugt wurden. Damit erhält die Klasse die Möglichkeit, Anfragen und Manipulationen auf der Menge der Objekte einer →Klasse durchzuführen.

Operation *(operation)* Eine Operation ist eine Funktion, die auf die internen Daten (Attributwerte) eines →Objekts Zugriff hat. Auf alle Objekte einer →Klasse sind dieselben Operationen anwendbar. Für Operationen gibt es in der Analyse im Allgemeinen eine fachliche Beschreibung. Abstrakte Operationen besitzen nur einen Operationskopf. Externe Operationen werden vom späteren Bediener des Systems aktiviert. Interne Operation werden dagegen immer von anderen Operation aufgerufen.

Primitiver Datentyp *(primitive datatype)* Datentyp, der keine Struktur besitzt. Außer den vier vordefinierten primitiven Datentypen `Boolean`, `String`, `Integer` und `UnlimitedNatural` können weitere primitive Datentypen definiert werden. Die Darstellung erfolgt mit Hilfe des Klassensymbols und dem Schlüsselwort «primitive».

Stereotyp *(stereotype)* Angabe in einem UML-Modell, um Erweiterungen für existierende Modellelemente zu spezifizieren. Die UML bietet eine Reihe von vordefinierten Stereotypen, die auch Schlüsselworte *(keywords)* genannt werden. Der UML-Modellierer kann selbst weitere Stereotypen definieren.

Verhalten *(behavior)* Unter dem Verhalten eines →Objekts sind die beobachtbaren Effekte aller →Operationen zu verstehen, die auf das Objekt angewendet werden können. Das Verhalten einer →Klasse wird bestimmt durch die Operationsaufrufe, auf die diese Klasse bzw. deren Objekte reagieren.

Zustand *(state)* Der Zustand eines →Objekts wird bestimmt durch seine Attributwerte und seine Objektbeziehungen *(links)* zu anderen Objekten, die zu einem bestimmten Zeitpunkt existieren.

 Die objektorientierte Softwareentwicklung basiert auf folgenden Konzepten: Ein Objekt besitzt einen Zustand, reagiert auf ein definiertes Verhalten und hat eine Identität. Objekte und ihre Objektbeziehungen werden im Objektdiagramm dargestellt. Eine Klasse beschreibt eine Kollektion von Objekten mit gleicher Struktur, gleichem Verhalten und gleichen Beziehungen. Sie wird im Klassendiagramm dargestellt. Die Attribute beschreiben die Daten, die von den Objekten einer Klasse angenommen werden können. Jedes Attribut ist von einem bestimmten Typ. Wir unterscheiden (Objekt-)Attribute und Klassenattribute. Die Operationen beschreiben das Verhalten bzw. die Schnittstelle der Klasse. Wir unterscheiden (Objekt-)Operationen, Konstruktoroperationen und Klassenoperationen.

1 *Lernziel: Wichtige Begriffe erläutern können.*   /

   a Erläutern Sie den Begriff »Objektidentität«.

   b Was ist der Unterschied zwischen einer Objektidentität und einem Objektnamen?

   c Was ist der Unterschied zwischen einer Klasse und einer Menge von Objekten dieser Klasse?

   d Was ist ein Klassenattribut?

   e Was ist ein abgeleitetes Attribut?

   f Wofür verwenden Sie eine Klassenoperation?

   g Was sind Verwaltungsoperationen?

2 *Lernziel: Objektdiagramm erstellen können.*

Identifizieren Sie anhand der folgenden Beschreibung Objekte und deren Objektbeziehungen und stellen sie als Objektdiagramm dar.

In einer Bibliothek sind die Regale voller Bücher. Da stehen beispielsweise

■ Ken Follett, Die Säulen der Erde, 1990,

■ Noah Gordon, Der Medicus, 1987, und

■ Nicholas Evans, Der Pferdeflüsterer, 1995

Für jeden Leser werden Name, Adresse und Geburtsdatum gespeichert. Außerdem erhält jeder Leser eine Nummer. Hans Müller, geb. am 1.3.1975 und wohnhaft in Bochum, leiht sich »Die Säulen der Erde« aus. Spätestens am 12.5.2004 muss er es zurückgeben. Dieses Rückgabedatum wird ins Buch eingetragen. Else Wallersee aus Dortmund, geb. am 26.3.1975, leiht sich »Der Medicus« und »Der Pferdeflüsterer« aus. Beide Bücher muss sie am 14.5.2004 zurückgeben.

3 *Lernziel: Klassendiagramm, Klassenbeschreibungen und Attribut-spezifikationen erstellen können.*

Identifizieren Sie anhand folgender Beschreibung Klassen und Attribute und stellen sie als Diagramm dar. Für jede Klasse ist eine Klassenbeschreibung zu erstellen.

An einer Hochschule sind studentische Hilfskräfte und Angestellte zu verwalten. Für alle Personen sind der Name, bestehend aus Vor- und Nachname, und die Adresse, bestehend aus PLZ, Ort und Straße, zu speichern. Für studentische Hilfskräfte sind außer der Matrikelnummer auch Beginn und Ende aller Arbeitsverträge sowie die jeweilige wöchentliche Stundenzahl einzutragen. Alle studentischen Hilfskräfte erhalten den gleichen Stundenlohn. Für jeden Angestellten wird das Eintrittsdatum gespeichert.

4 *Lernziel: Die Konzepte Klassenattribut und Objektattribut unter-*
Modellieren Sie die Klasse Videofilm mit allen Attributen.
In einem Videoverleih werden für Videofilme folgende Informationen festgehalten: Titel des Films, Laufzeit und Erscheinungsjahr. Jeder Videofilm besitzt eine individuelle Ausleih-
gebühr. Wird ein Film beschädigt zurückgegeben, so ist eine
fixe Entschädigungsgebühr zu entrichten (für alle Filme gleich).
Außerdem soll die Anzahl aller Videofilme der Videothek festgehalten werden.

5 *Lernziel: Klassendiagramm erstellen und Attribute spezifizieren*
Identifizieren Sie anhand folgender Beschreibung Klassen mit
Attributen/Operationen und stellen sie grafisch dar.
Eine Artikelverwaltung ist zu modellieren. Jeder Artikel besitzt
eine Nummer, eine Bezeichnung, einen Einkaufs- und einen Verkaufspreis. Neue Artikel müssen erfasst und bei vorhandenen
Artikeln die Preise geändert werden. Artikelzu- und abgänge müssen gebucht werden können. Ist der Mindestbestand von Artikeln
unterschritten, so muss für alle betreffenden Artikel ein Bestell-
vorschlag gedruckt werden, der jeden Artikel bis zum Maximal-
bestand auffüllt. Außerdem soll eine Liste aller Artikel erstellt
werden.

2 Konzepte und Notation der objektorientierten Analyse (Statische Konzepte)

- Erklären können, was eine Assoziation ist.
- Erklären können, was eine Assoziationsklasse und eine qualifizierte Assoziation ist.
- Erklären können, was Aggregation und Komposition bedeuten.
- Erklären können, was Generalisierung ist.
- Erklären können, was ein Paket ist.
- UML-Notation für Assoziation, Generalisierung und Paket anwenden können.
- Assoziationen in einem Text identifizieren und darstellen können.
- Generalisierungsstrukturen in einem Text identifizieren und darstellen können.
- Klassen zu Paketen gruppieren können.

verstehen

anwenden

☑ Die Kapitel 2.1 bis 2.4 müssen bekannt sein.

2.5 Assoziation

Definition Zwischen den Objekten von Klassen können Objektbeziehungen *(links)* existieren. Will man alle gleichartigen Objektbeziehungen zwischen Klassen beschreiben, so benötigt man das Konzept der **Assoziation**. So wie es sich bei den Objekten um Exemplare einer Klasse handelt, sind die Objektbeziehungen als Exemplare einer Assoziation aufzufassen. An einer Objektbeziehung müssen (mindestens) zwei Objekte beteiligt sein. Es ist aber möglich, dass beide Objekte zur selben Klasse gehören. Dann spricht man von einer **reflexiven Assoziation**.

Beispiel Wir betrachten eine Bank. Hans Meyer eröffnet am 4.7.2004 ein Geschäftskonto mit der Kontonummer 4711. Er wird dadurch zum Kunden der Bank. Zwei Monate später eröffnet er bei der gleichen Bank noch ein privates Konto, das die Kontonummer 1234 erhält. Jedes Konto lautet nur auf den Namen Hans Meyer. Bei unserem Beispiel in Abb. 2.5-1 existiert eine Objektbeziehung zwischen Hans Meyer und den Konten 4711 und 1234.

Abb. 2.5-1:
Assoziation
zwischen Kunde
und Konto

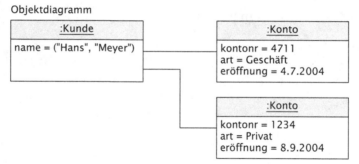

Für die Objekte der Klassen Kunde und Konto gilt in dem betrachteten Modell:
- Jeder Kunde kann mehrere Konten besitzen.
- Jedes Konto gehört zu genau einem Kunden.

Die Menge aller Objektbeziehungen bezeichnen wir als Assoziation zwischen den Klassen Kunde und Konto. Alle Assoziationen werden in das **Klassendiagramm** eingetragen.

Notation Die UML kennt binäre und höherwertige Assoziationen. Wir betrachten zunächst nur die **binäre Assoziation**, d.h. die Assoziation

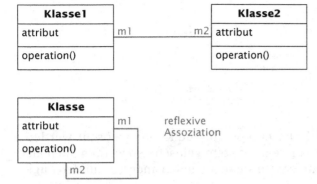

*Abb. 2.5-2:
Notation für
Assoziationen*

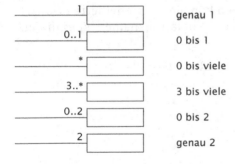

zwischen zwei Objekten. Sie wird durch eine Linie zwischen einer
oder zwei Klassen beschrieben (Abb. 2.5-2). An jedem Ende der Linie
muss die Multiplizität *(multiplicity)* angegeben sein.

Wie das obige Beispiel zeigt, kann sich ein Objekt (der Kunde) auf
mehrere andere Objekte (die Konten) beziehen, während umgekehrt
jedes Konto zu genau einem Kunden gehört. Dieser Sachverhalt wird
durch die **Multiplizitäten** der Assoziation beschrieben. Während die
Assoziationslinie zunächst nur aussagt, dass sich Objekte der beteiligten Klassen kennen, spezifiziert die Multiplizität, *wie viele* Objekte ein bestimmtes Objekt kennen kann. Abb. 2.5-3 zeigt mögliche
Multiplizitäten der UML.

Multiplizität

1	genau 1
0..1	0 bis 1
*	0 bis viele
3..*	3 bis viele
0..2	0 bis 2
2	genau 2

*Abb. 2.5-3:
Notation für
Multiplizität*

Wir unterscheiden Kann- und Muss-Assoziationen. Eine Kann-Assoziation hat als Untergrenze die Multiplizität 0, eine Muss-Assoziation die Multiplizität 1 oder größer. Die Multiplizitäten der Abb.
2.5-4 sind wie folgt zu interpretieren: Die Kann-Assoziation von
Kunde zu Konto (*) bedeutet, dass es (Bank-)Kunden geben kann, die
kein Konto besitzen. Die Muss-Assoziation von Konto zu Kunde (1)
bedeutet, dass ein Konto nicht auf mehrere Namen laufen kann. Ein
neues Konto darf nur für einen existierenden Kunden eingerichtet
werden. Wird dagegen auch die Assoziation von Kunde zu Konto als
Muss-Assoziation (1..*) modelliert, so darf es keine Kunden geben,
die kein Konto besitzen. Wird das letzte Konto eines Kunden ge-

Muss- und Kann-
Assoziation

43

Abb. 2.5-4:
Kann- und Muss-
Assoziationen

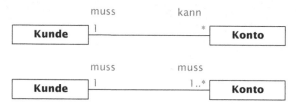

löscht, so muss auch der entsprechende Kunde gelöscht werden. Wird umgekehrt ein Kunde im System gelöscht, so werden auch alle seine Konten gelöscht, sofern sie nicht einem anderen Kunden zugeordnet werden.

Assoziationsname   Assoziationen können benannt werden. Der Name beschreibt im Allgemeinen nur eine Richtung der Assoziation, wobei ein schwarzes Dreieck die Leserichtung angibt (Abb. 2.5-1). Der Name kann fehlen, wenn die Bedeutung der Assoziation offensichtlich ist.

Rolle   Während der Assoziationsname die Semantik der Assoziation beschreibt, enthält der Rollenname oder kurz die **Rolle** Informationen über die Bedeutung einer Klasse – bzw. ihrer Objekte – in der Assoziation. Eine binäre Assoziation besitzt maximal zwei Rollen. Der Rollenname wird jeweils an ein Ende der Assoziation geschrieben, und zwar bei der Klasse, deren Bedeutung in der Assoziation sie näher beschreibt. Die geschickte Wahl der Rollennamen kann zur Verständlichkeit des Modells mehr beitragen als der Name der Assoziation. Auch in Objektdiagrammen können die modellierten Objektbeziehungen durch Rollen- und Assoziationsnamen spezifiziert werden.

Beispiel   In der Abb. 2.5-5 beschreiben die Rollen, dass der Kunde in Bezug auf das Konto sowohl als Kontoinhaber als auch als Kontoberechtigter auftreten kann. Bei der reflexiven Assoziation kann ein Angestellter *Abb. 2.5-5:* Chef anderer Angestellter sein. Umgekehrt ist ein Angestellter Mitar-*Rollennamen* beiter eines anderen Angestellten.

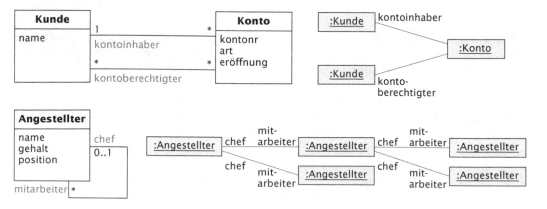

Rollennamen oder Assoziationsnamen *müssen* angegeben werden, wenn zwischen zwei Klassen mehr als eine Assoziation besteht. Auch bei reflexiven Assoziationen müssen die Rollen stets angegeben werden, um die Verständlichkeit zu gewährleisten. In allen anderen Fällen sind Rollennamen optional.

An das Assoziationsende kann bei Bedarf ein Eigenschaftswert **Eigenschaftswerte** *(property string)* angetragen werden. In der Analysephase werden für Assoziationen oft folgende Eigenschaftswerte benötigt:

■ {subsets <Eigenschaft>}: beschreibt eine Teilmenge von Objektbeziehungen

■ {ordered}: definiert eine Ordnung auf der Menge der Objektbeziehungen

Wenn die Multiplizität größer als eins ist, kann die Menge der Ob-**geordnete** jektbeziehungen *(links)* geordnet oder ungeordnet sein. Eine vorlie-**Assoziation** gende Ordnung wird durch den Eigenschaftswert {ordered} gekennzeichnet, der an ein Ende der Assoziation angetragen wird. Diese Angabe sagt jedoch nichts darüber aus, wie die Ordnung definiert ist (z.B. zeitlich, alphabetisch) oder wie die Ordnung erreicht wird. In der Abb. 2.5-6 drückt {ordered} die Startreihenfolge der Teilnehmer in einem Wettbewerb aus.

Im unteren Teil der Abb. 2.5-6 bilden die Sieger eine Teilmenge der **Teilmenge bilden** Teilnehmer, was durch den Eigenschaftswert {subsets teilnehmer} ausgedrückt wird, der an das Assoziationsende mit der Bezeichnung sieger angetragen wird. Das Objektdiagramm zeigt, dass die Sportler s1 und s2 am gleichen Wettbewerb w1 teilgenommen haben und s1 Sieger wurde. Eine blaue Objektbeziehung kann nur zwischen Objekten aufgebaut werden, zwischen denen es bereits eine schwarze Objektbeziehung gibt.

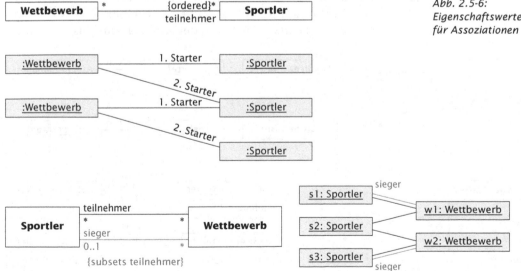

Abb. 2.5-6:
Eigenschaftswerte
für Assoziationen

45

Einschränkungen
(constraints)

Assoziationen können um **Einschränkungen** (constraints) ergänzt werden. Einschränkungen können frei formuliert werden. Für häufig wiederkehrende Fälle ist es sinnvoll, sich Standards zu schaffen.

Beispiel

Für die Assoziationen zwischen Kunde und Konto der Abb. 2.5-5 fordert die folgende Einschränkung, dass ein Kunde für ein bestimmtes Konto nicht gleichzeitig Kontoinhaber und Kontoberechtigter ist.

{Kunde.kontoinhaber <> Kunde.kontoberechtigter}

xor-Einschränkung

Die xor-Einschränkung in Abb. 2.5-7 sagt aus, dass eine Palette zu einem Zeitpunkt entweder mit einem Objekt von Hochregallager oder von Lagerraum in Objektbeziehung steht. Allgemein ausgedrückt: Zu jedem beliebigem Zeitpunkt kann nur eine der Assoziationen, die von »Palette« ausgehen, gelten. Beachten Sie, dass bei dieser Modellbildung (Multiplizität = 1) für jede Palette eine Objektbeziehung zu einem Lager aufgebaut werden muss. Soll diese sofortige Zuordnung nicht erfolgen, dann ist die Multiplizität 0..1 zu wählen. Eine xor-Einschränkung kann sich auch auf mehr als zwei Assoziationen beziehen.

Eine Einschränkung kann sich auch nur auf eine einzige Assoziation beziehen. In der Abb. 2.5-7 bezieht sie sich auf eine Objektbeziehung zwischen zwei Objekten derselben Klasse. Wie das Objektdiagramm zeigt, ist das Gehalt des Mitarbeiters a2 geringer als das Gehalt des eigenen Chefs, kann aber durchaus höher sein als das Gehalt des Angestellten a3, der ebenfalls Chef ist.

Assoziationsklasse

Eine Assoziation kann zusätzlich die Eigenschaften einer Klasse besitzen, d.h., sie hat Attribute und Operationen sowie Assoziationen zu anderen Klassen. Zur Darstellung wird ein Klassensymbol

Abb. 2.5-7
Einschränkungen
Assoziationen

verwendet, das über eine gestrichelte Linie mit der Assoziation verbunden wird (Abb. 2.5-8). Wir sprechen von einer **Assoziationsklasse** (association class). Der Name der Assoziationsklasse kann in

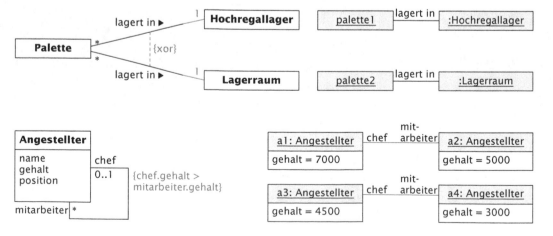

das Klassensymbol selbst oder an die Assoziationslinie angetragen werden. Er kann auch doppelt angegeben werden.

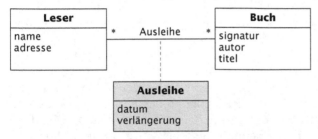

Abb. 2.5-8:
Assoziationsklasse

Eine Assoziationsklasse besitzt die Eigenschaften einer Klasse *und* einer Assoziation. Beim Aufbau der Objektbeziehung zwischen zwei Objekten wird ein Objekt der Assoziationsklasse erzeugt und mit den entsprechenden Attributwerten gefüllt. Der Vorteil dieser Modellierung ist, dass die ursprüngliche Assoziation zwischen zwei Klassen im Modell deutlich sichtbar ist. Prinzipiell kann jede Assoziationsklasse nach dem Schema der Abb. 2.5-9 in zwei Assoziationen und eine eigenständige Klasse transformiert werden.

Abb. 2.5-9:
Auflösen einer
Assoziationsklasse

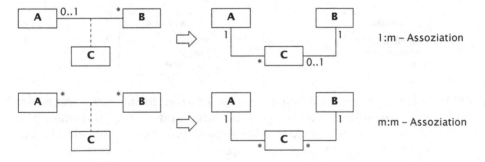

Die UML ermöglicht darüber hinaus die Modellierung von qualifizierten Assoziationen zwischen zwei Klassen A und B. Hier wird die **Qualifizierung** (*qualifier*) als kleines Rechteck an einer Seite der Assoziation – z.B. bei der Klasse B – angetragen. Diese Angabe verändert die Interpretation der Assoziation wie folgt: Ein Exemplar von B kann zusammen mit der Qualifizierung bestimmte Exemplare der Klasse A selektieren. Man sagt auch: Die Qualifizierung zerlegt die Objekte der gegenüberliegenden Klasse in Partitionen. Die Multiplizität, die bei der Klasse A angegeben wird, gibt die Anzahl der Exemplare in jeder Partition an.

Typische Multiplizitäten für qualifizierte Assoziationen sind:

0..1: ein eindeutiges Objekt kann selektiert werden, muss aber nicht.

1: jede Qualifizierung selektiert genau ein Objekt.

*: die Qualifizierung teilt die Menge der Objekte in Teilmengen auf.

Beispiel

Ein Katalog enthält viele Artikel. Innerhalb eines Katalogs bezeichnet jede Bestellnummer genau einen Artikel. Mit anderen Worten: Ein Katalog-Objekt zusammen mit der Bestellnummer selektiert höchstens einen Artikel. In Abb. 2.5-10 wird diese Problemstellung mittels Qualifizierung modelliert. Im Vergleich zur »normalen« Modellierung darüber ändert sich die *many*-Multiplizität auf der Seite des Artikels in 0..1. Das bedeutet, dass es gültige Bestellnummern gibt, zu denen kein Artikel-Objekt existiert. Wäre die Multiplizität gleich 1, dann müsste zu jeder möglichen Bestellnummer auch ein Artikel-Objekt existieren. Wie dieses Beispiel zeigt, erhöhen Qualifizierungen den Informationsgehalt des Klassendiagramms: Dem unteren Teil der Abb. 2.5-10 entnimmt der Leser, dass ein Katalog-Objekt zusammen mit der Bestellnummer maximal einen Artikel selektiert. Im oberen Teil erfährt er nur, dass ein Katalog viele Artikel enthält.

Abb. 2.5-10:
Assoziation ohne
und mit
Qualifizierung

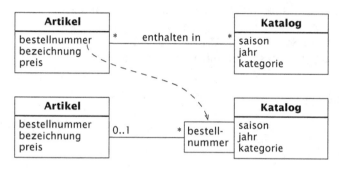

abgeleitete
Assoziation

Eine Assoziation heißt abgeleitet *(derived association),* wenn die gleichen Abhängigkeiten bereits durch andere Assoziationen beschrieben werden. Sie fügt keine neue Information zum Modell hinzu und ist daher redundant. Eine abgeleitete Assoziation wird durch das Präfix »/« vor dem Assoziationsnamen oder einem Rollennamen gekennzeichnet. Wie das Objektdiagramm der Abb. 2.5-11 zeigt, gibt es einen »direkten Weg« von Professor zu Student und einen »Umweg« über die Vorlesung.

Die UML kennt außer der einfachen Assoziation *(ordinary association)* noch zwei weitere Arten:
- Aggregation und
- Komposition.

Aggregation

Eine **Aggregation** *(aggregation)* liegt vor, wenn zwischen den Objekten der beteiligten Klassen (kurz: den beteiligten Klassen) eine Rangordnung gilt, die sich durch »ist Teil von« bzw. »besteht aus« beschreiben lässt. Wir sprechen auch vom Ganzen (Aggregat-Objekt) und seinen Teilen (Teil-Objekte). Die Objekte der Aggregation bilden einen gerichteten azyklischen Graphen. Das bedeutet: Wenn B Teil von A ist, dann darf A nicht Teil von B sein. Ein Teil-Objekt kann in einer Aggregation zu mehreren Aggregat-Objekten gehören. Man

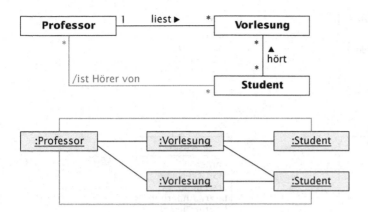

Abb. 2.5-11:
Abgeleitete
Assoziation

spricht dann von einer *shared aggregation* und *weak ownership*. Das entsprechende Objektdiagramm bildet eine Netzstruktur.

Eine **Komposition** *(composition, composite aggregation)* ist eine   Komposition
starke Form der Aggregation. Auch hier muss eine *whole-part*-Beziehung vorliegen, und die Objekte formen einen gerichteten azyklischen Graphen. Darüber hinaus gilt:

- Jedes Objekt der Teilklasse kann – zu einem Zeitpunkt – nur Komponente eines einzigen Objekts der Aggregat-Klasse sein, d.h., die bei der Aggregat-Klasse angetragene Multiplizität darf nicht größer als eins sein *(unshared aggregation, strong ownership)*.
- Das Ganze ist verantwortlich für das Erzeugen und Löschen der Teile. Das bedeutet, dass beim Erzeugen des Aggregat-Objekts auch Teil-Objekte erzeugt werden können.
- Wird das Ganze gelöscht, werden automatisch auch seine Teile gelöscht. Ein Teil ist jedoch nicht untrennbar mit seinem Ganzen verbunden, sondern darf vorher einem anderen Aggregat-Objekt zugeordnet werden.

In beiden Fällen kennzeichnet eine Raute das Ganze. Bei einer Aggregation ist es eine weiße bzw. transparente, bei der Komposition eine schwarze bzw. gefüllte Raute. Alle anderen Angaben (Multiplizitäten, Namen, Rollen, Einschränkungen, etc.) werden analog zur Assoziation angegeben.

In der Abb. 2.5-12 kann ein Hypertext-Buch aus mehreren Kapiteln   Beispiel
bestehen. Jedes Kapitel kann in mehreren Hypertext-Büchern referenziert werden. Es liegt daher eine *shared aggregation* vor. Die rechte Seite der Abbildung modelliert ein Verzeichnis, das mehrere Dateien enthält, wobei jede Datei nur in einem Verzeichnis enthalten sein kann. Wird das Verzeichnis gelöscht, dann werden auch alle darin enthaltenen Dateien gelöscht. In diesem Fall liegt eine Komposition vor.

Abb. 2.5-12:
Aggregation vs.
Komposition

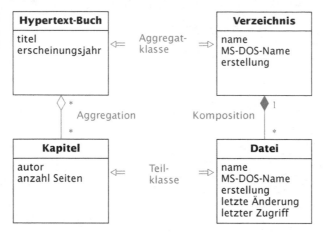

höherwertige
Assoziationen

Bisher haben wir nur binäre Assoziationen, d.h. Assoziationen zwischen zwei Objekten, betrachtet. Prinzipiell sind auch Assoziationen zwischen drei und mehr Objekten möglich. Wir sprechen von n-ären Assoziationen. Höherwertige Assoziationen werden mit Hilfe des Diamanten modelliert, von dem die Linien zu den beteiligten Klassen ausgehen. Auch binäre Assoziationen könnten so dargestellt werden. Meistens wird allerdings nur eine einfache Linie verwendet. Die Abb. 2.5-13 modelliert, dass ein Fußballspieler innerhalb eines Jahres in verschiedenen Vereinen aktiv sein kann. Hier ist die ternäre Assoziation zusätzlich mit einer assoziativen Klasse verbunden. Beispielsweise kann für den Fußballer »Müller« festgehalten werden, welches Ergebnis er im Jahr 2004 für den Verein »FC« erzielt hat. Ternäre und höhere Assoziationen können keine Aggregation oder Komposition bilden.

Abb. 2.5-13:
Ternäre
Assoziation

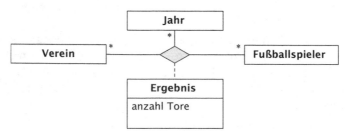

CRC – *Class/Responsibility/Collaboration*

CRC-Karten wurden erstmalig von Beck und Cunningham als Hilfsmittel für die Ausbildung in der objektorientierten Programmierung eingeführt. Sie sind ein wesentlicher Bestandteil der Methode von /Wirfs-Brock 90/. Inzwischen handelt es sich bei den CRC-Karten um eine weit verbreitete Technik, die in zahlreiche objektorientierte Methoden integriert wurde.

Eine **CRC-Karte** ist eine Karteikarte. Oben auf der Karte wird der Name der Klasse *(class)* eingetragen. Die restliche Karte wird in zwei Hälften geteilt. Auf der einen Hälfte werden die Verantwortlichkeiten *(responsibilities)* der Klasse notiert. Darunter sind sowohl das Wissen der Klasse als auch die zur Verfügung gestellten Operationen zu verstehen. Ein Objekt der beschriebenen Klasse kann seine Aufgabe selbst erfüllen, oder es kann hierzu die Hilfe anderer Objekte in Anspruch nehmen. Die dafür notwendigen Klassen *(collaborations)* werden auf der anderen Kartenseite eingetragen.

CRC-Karten sind nicht als Alternative, sondern als Ergänzung zum OOA-Modell zu verstehen. Wie die Abb. 2.5-14 zeigt, werden die Informationen auf einer CRC-Karte auf einer höheren Abstraktionsebene dargestellt als im Klassendiagramm. Die ermittelten Klassen bilden immer einen Stapel von Karteikarten und können je nach Verwendungszweck entsprechend angeordnet werden. Zur Modellierung der dynamischen Aspekte werden die Karten so angeordnet, dass sie den Nachrichtenfluss aufzeigen. Bei der Darstellung des statischen Modells werden die Karten entsprechend der Generalisierungsstrukturen und Aggregat-Hierarchien angeordnet.

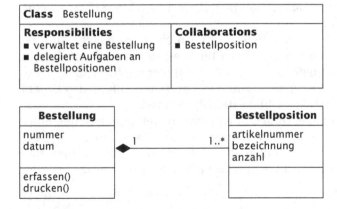

Abb. 2.5-14:
CRC-Karte vs. UML-
Klassendiagramm

Vergleich mit den *relationships* des *Entity-Relationship*-Modells

Assoziationen sind vergleichbar mit den *relationships* des *Entity-Relationship-Modells*. Sie stellen jedoch nicht nur eine statische Struktur zwischen den Klassen dar, sondern bilden vor allem die Voraussetzung für die Kommunikation zwischen Objekten. Im Gegensatz zur relationalen Datenbank oder zum *information model* /Shlaer, Mellor 88/ ist das Wissen, welche Objekte miteinander in Objektbeziehung stehen, ausschließlich in der Assoziation vorhanden. Fremdschlüssel oder Referenzattribute sind beim objektorientierten Modell nicht anzugeben.

Assoziation vs.
relationship

Klassendiagramm
vs. *Entity-Relation-*
*ship-*Diagramm

Die Ähnlichkeit zwischen einem *Entity-Relationship*-Diagramm (ERD) und einem Klassendiagramm ist sehr groß. Dennoch ist das ERD nicht einfach eine Projektion des Klassendiagramms.

Das Klassendiagramm unterscheidet sich beispielsweise vom ERD in folgenden Punkten:

- Es ist keine Normalisierung der Attribute notwendig.
- Künstliche Schlüsselattribute sind nicht notwendig.
- Fremdschlüssel sind nicht notwendig.

2.6 Generalisierung

Definition

Die **Generalisierung** *(generalization)* beschreibt eine Beziehung zwischen einer allgemeinen Klasse (Basisklasse) und einer spezialisierten Klasse. Die spezialisierte Klasse ist vollständig konsistent mit der Basisklasse, enthält aber zusätzliche Informationen (Attribute, Operationen, Assoziationen). Ein Objekt der spezialisierten Klasse kann überall dort verwendet werden, wo ein Objekt der Basisklasse erlaubt ist. Wir sprechen von einer **Klassenhierarchie** oder einer **Generalisierungsstruktur**. Die allgemeine Klasse wird auch als **Oberklasse** *(super class)*, die spezialisierte als **Unterklasse** *(sub class)* bezeichnet.

Das Konzept der Generalisierung ist nicht nur gedacht, um gemeinsame Eigenschaften und Verhaltensweisen zusammenzufassen, sondern sie muss immer auch eine Generalisierung bzw. Spezialisierung im eigentlichen Sinne des Wortes darstellen, d.h., jedes Objekt der Unterklasse »ist ein« Objekt der Oberklasse.

Vererbung

Bei den Programmiersprachen wird die Beziehung zwischen einer Ober- und einer Unterklasse, wodurch die Unterklasse alle Eigenschaften der Oberklasse mitbenutzen kann, als Vererbung bezeichnet. Man sagt: die Unterklasse erbt die Eigenschaften der Oberklasse.

Beispiel

Betrachten wir die Klassen Angestellter, Student und (studentische) Hilfskraft (Abb. 2.6-1). Eine gleichwertige Information erhalten wir durch die Angabe der dargestellten Klassenhierarchie. Wir sagen: Die Klassen Angestellter und Student *spezialisieren* die Klasse Person, die Klasse Hilfskraft *spezialisiert* die Klasse Student.

Person ist als **abstrakte Klasse** modelliert, weil es – in diesem Modell – keine Objekte der Klasse Person geben kann. Abstrakte Klassen werden durch einen kursiv geschriebenen Namen gekennzeichnet. Sie können alternativ oder zusätzlich im Namensfeld der Klasse als {abstract} spezifiziert werden. Diese zweite Form ist vor allem bei handschriftlichen Modellen sinnvoll. Von einer abstrakten Klasse können keine Objekte erzeugt werden. Sie wird nur modelliert, um ihre Informationen an spezialisierte Klassen zu vererben.

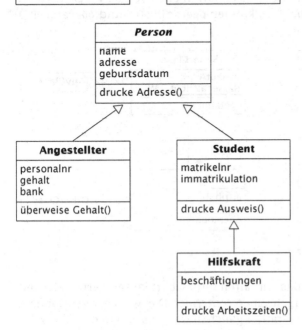

Abb. 2.6-1:
Beispiel einer
Generalisierungs-
struktur

Die Generalisierung wird durch ein weißes bzw. transparentes Dreieck bei der Basisklasse gekennzeichnet. Die beiden Darstellungen der Abb. 2.6-2 sind gleichwertig und können alternativ verwendet werden.

Notation

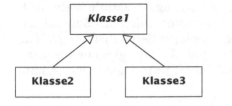
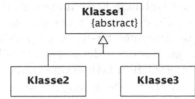

Abb. 2.6-2:
Notation für
Generalisierung

Was wird vererbt?

1 Besitzen alle Objekte von SuperClass ein attributA, dann besitzen es auch alle Objekte von SubClass. Auch die Spezifikation dieses

Attributs hat in der Unterklasse Gültigkeit. Der Wert von attributA wird hingegen nicht vererbt (Abb. 2.6-3).

2 Alle Operationen, die auf Objekte von SuperClass angewendet werden können, sind auch auf Objekte von SubClass anwendbar. Analoges gilt für Klassenoperationen.

3 Besitzt SuperClass ein Klassenattribut mit dem Wert W, so besitzt auch SubClass dieses Klassenattribut mit dem Wert W.

4 Existiert eine Assoziation zwischen SuperClass und einer Klasse AnyClass, dann wird diese Assoziation an SubClass vererbt.

5 Auf Objekte von SubClass können operationA() und operationB() angewendet werden.

Abb. 2.6-3:
Mechanismus der
Generalisierung

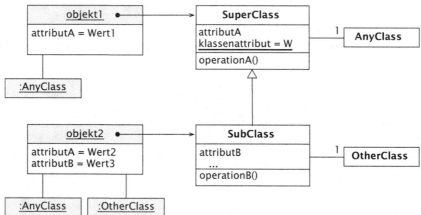

Abb. 2.6-4:
Überschreiben einer
Operation

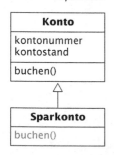

Generalisierungs-
menge

Unterklassen können das Verhalten ihrer Oberklassen verfeinern und redefinieren bzw. überschreiben *(redefine)*. Das wird erreicht, indem die Unterklasse eine Operation gleichen Namens wie in der Oberklasse enthält. In der Abb. 2.6-4 wird auf Objekte der Klasse Sparkonto die Operation Sparkonto.buchen() und auf Objekte von Konto die Operation Konto.buchen() angewendet. Bei der Beschreibung von Sparkonto.buchen() wird im Allgemeinen Konto.buchen() verwendet.

Eine Generalisierung kann zusätzlich durch eine **Generalisierungsmenge** *(generalization set)* beschrieben werden. Sie gibt an, nach welchem Kriterium eine Generalisierungsstruktur erstellt wird. Die Unterklassen einer Klasse können verschiedene Generalisierungsmengen besitzen, die an die jeweiligen Generalisierungspfeile angetragen werden. Besitzen alle Generalisierungspfeile dasselbe Unterscheidungsmerkmal, dann bilden die Unterklassen eine homogene Spezialisierung.

Beispiel   Von der Klasse Angestellter können nach dem Kriterium Arbeitszeit die Unterklassen Vollzeitkraft, Teilzeitkraft und Aushilfe gebildet werden. Werden Angestellte nach der Art der Tätigkeit spezialisiert, dann ergeben sich die Unterklassen Manager, Programmierer und Analytiker (Abb. 2.6-5).

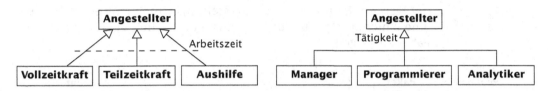

Abb. 2.6-5:
Generalisierungs-
menge

Vorteile und Nachteile der Generalisierung

Das Konzept der Generalisierung besitzt wesentliche Vorteile. Aufbauend auf existierenden Klassen können mit wenig Aufwand neue Klassen erstellt werden. Die Änderbarkeit wird unterstützt. Beispielsweise wirkt sich die Änderung von Attributen in der Oberklasse automatisch auf alle Unterklassen der Generalisierungshierarchie aus. Nachteilig ist, dass diese automatische Änderung immer in Kraft tritt, auch dann, wenn sie vielleicht nicht erwünscht ist. Falls eine Oberklasse geändert wird, müssen eventuell viele ihrer Unterklassen zusätzlich geändert werden. Im ungünstigsten Fall treten strukturelle Änderungen ein, d.h., die Generalisierungshierarchie muss neu organisiert werden.

Auch das Benutzen einzelner Klassen in einer Generalisierungshierarchie wird aufwändiger. Um eine Klasse zu verstehen, die tief unten in einer Generalisierungsstruktur liegt, müssen auch alle darüber liegenden Oberklassen betrachtet werden.

2.7 Paket

Ein **Paket** *(package)* fasst Modellelemente (z.B. Klassen) zusammen. Ein Paket kann selbst Pakete enthalten. Sie können sich das vollständige Softwaresystem als ein großes Paket vorstellen, das alles andere enthält. Das Konzept des Pakets wird benötigt, um die Elemente des Modells in sinnvoller Weise zu gruppieren und die Systemstruktur auf einer hohen Abstraktionsebene zu beschreiben.

Definition

Ein Warenwirtschaftssystem enthält die in Abb. 2.7-1 dargestellten Pakete.

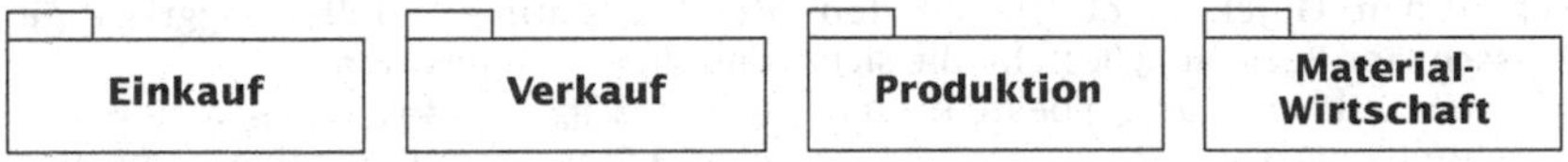

Beispiel

Einkauf	Verkauf	Produktion	Material-Wirtschaft

Abb. 2.7-1
Pakete eines
Warenwirtschafts-
systems

Ein Paket wird als Rechteck mit einem Reiter dargestellt (Abb. 2.7-2). Wird der Inhalt des Pakets nicht gezeigt, dann wird der Paketname in das Rechteck geschrieben. Andernfalls wird der Paketname in den Reiter eingetragen. Der Paketname muss im gesamten System eindeutig sein. Elemente können direkt in den Paketrumpf gezeich-

Notation

55

net werden. Eine alternative Darstellung ermöglicht es auch, über eine Liniendarstellung und ein Pluszeichen die Zugehörigkeit zum Paket zu zeigen.

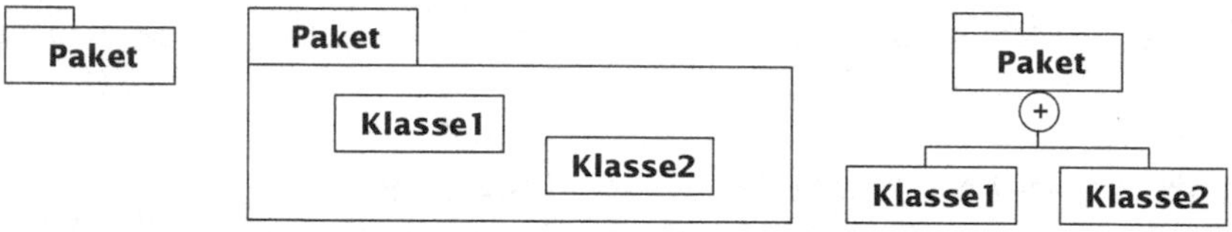

Abb. 2.7-2:
Notation von
Paketen

Paketdiagramm

Pakete werden in der UML 2 in ein separates Paketdiagramm eingetragen. Bei kleinen Systemen sind Paketdiagramme im Allgemeinen entbehrlich. Bei mittleren und größeren Systemen bilden sie ein unverzichtbares Hilfsmittel, um einen Überblick über das gesamte System zu erhalten.

Paket und Klasse

Jede Klasse (allgemeiner: jedes Modellelement) gehört zu höchstens einem Paket. Es kann jedoch in mehreren anderen Paketen darauf verwiesen werden. Ein Paket definiert einen Namensraum *(namespace)* für alle in ihm enthaltenen Modellelemente. Wird eine Klasse eines bestimmten Pakets in einem anderen Paket verwendet, dann wird als Klassenname `Paket::Klasse` verwendet. Man spricht in diesem Fall von einem qualifizierenden Namen. Bei geschachtelten Paketen werden alle Paketnamen – jeweils durch »::« getrennt – vor den Klassennamen gesetzt, z.B.:
`Paket1::Paket11::Paket111::Klasse`.

Abstrakte Klasse *(abstract class)* Von einer abstrakten Klasse können keine Objekte erzeugt werden. Die abstrakte Klasse spielt eine wichtige Rolle in Generalisierungsstrukturen, wo sie die Gemeinsamkeiten einer Gruppe von → Unterklassen definiert. Damit eine abstrakte Klasse verwendet werden kann, muss von ihr zunächst eine Unterklasse abgeleitet werden.

Aggregation *(aggregation)* Eine Aggregation ist ein Sonderfall der →Assoziation. Sie liegt dann vor, wenn zwischen den Objekten der beteiligten Klassen eine Beziehung besteht, die sich als »ist Teil von« oder »besteht aus« beschreiben lässt.

Assoziation *(association)* Eine Assoziation modelliert Objektbeziehungen zwischen Objekten einer oder mehrerer Klassen. Binäre Assoziationen verbinden zwei Objekte. Eine Assoziation zwischen Objekten einer Klasse heißt reflexiv. Jede Assoziation wird beschrieben durch →Multiplizitäten und einen optionalen Assoziationsnamen oder Rollennamen. Sie kann um Einschränkungen ergänzt werden. Besitzt eine Assoziation selbst wieder Attribute und ggf. Operationen und Assoziationen zu anderen Klassen, dann wird sie zur →Assoziationsklasse. Die Qualifizierung *(qualifier)* zerlegt die Menge der Objekte am anderen Ende der Assoziation in Teilmengen. Eine abgeleitete Assoziation liegt vor, wenn die gleichen Abhängigkeiten bereits durch andere Assoziationen beschrieben werden. Sonderfälle der Assoziation sind die →Aggregation und die →Komposition.

Assoziationsklasse *(association class)* Eine Assoziationsklasse besitzt sowohl die Eigenschaften der →Assoziation als auch die der Klasse.

CRC-Karte *(Class/Responsibility/ Collaboration)* Eine CRC-Karte ist eine Karteikarte. Oben auf der Karte wird der Name der Klasse *(class)* eingetragen. Die restliche Karte wird in zwei Hälften geteilt. Auf der einen Hälfte werden die

Verantwortlichkeiten *(responsibilities)* der Klasse notiert. Darunter sind sowohl das Wissen der Klasse als auch die zur Verfügung gestellten Operationen zu verstehen. Auf der rechten Seite wird eingetragen, mit welchen anderen Klassen die beschriebene Klasse zusammenarbeiten muss *(collaborations)*.

Einschränkung *(constraint)* Bedingung oder Zusicherung, die immer wahr sein muss. Einschränkungen können in umgangssprachlicher oder maschinenlesbarer Form spezifiziert werden. Ihr Zweck ist es, die Semantik eines Elements genauer zu modellieren. Bestimmte Einschränkungen sind in der UML schon vordefiniert, weitere können durch die Modellierer hinzugefügt werden.

Generalisierung *(generalization)* Die Generalisierung beschreibt die Beziehung zwischen einer allgemeineren Klasse (Basisklasse) und einer spezialisierten Klasse. Die spezialisierte Klasse erweitert die Liste der Attribute, Operationen und →Assoziationen der Basisklasse. Operationen der Basisklasse dürfen redefiniert werden. Es entsteht eine Klassenhierarchie.

Generalisierungsmenge *(generalization set)* Spezifiziert, nach welchen Kriterien eine →Generalisierung modelliert wird.

Klassendiagramm *(class diagram)* Das Klassendiagramm stellt die Klassen, die →Generalisierung und die →Assoziationen zwischen Klassen dar.

Komposition *(composition)* Die Komposition ist eine besondere Form der → Aggregation. Beim Löschen des Ganzen müssen auch alle Teile gelöscht werden. Jedes Teil kann – zu einem Zeitpunkt – nur zu einem Ganzen gehören. Es kann jedoch einem anderen Ganzen zugeordnet werden. Das Ganze ist für das Erzeugen und Löschen der Teile verantwortlich

Multiplizität *(multiplicity)* Die Multiplizität bezeichnet die Wertigkeit einer →Assoziation, d.h., sie spezifiziert die Anzahl der an der Assoziation beteiligten Objekte.

Oberklasse *(super class)* In einer Generalisierungsstruktur heißt jede Klasse, von der eine Klasse Eigenschaften und Verhalten erbt, Oberklasse dieser Klasse. Mit anderen Worten: Eine Oberklasse ist eine Klasse, die mindestens eine Unterklasse besitzt.

Paket *(package)* Ein Paket fasst Modellelemente (z.B. Klassen) zusammen. Ein Paket kann selbst Pakete enthalten. Es wird benötigt, um die Systemstruktur auf einer hohen Abstraktionsebene auszudrücken. Pakete können im Paketdiagramm dargestellt werden.

Qualifizierung *(qualifier)* Die Qualifizierung ist ein spezielles Attribut der → Assoziation, dessen Wert ein oder mehrere Objekte auf der anderen Seite der Assoziation selektiert. Mit anderen Worten: Die Qualifizierung zerlegt die Menge der Objekte am anderen Ende der Assoziation in Teilmengen.

Rolle *(role name)* Die Rolle beschreibt, welche Bedeutung ein Objekt in einer → Assoziation wahrnimmt. Eine binäre Assoziation besitzt maximal zwei Rollen.

Unterklasse *(sub class)* Jede Klasse, die in einer Generalisierungshierarchie Eigenschaften und Verhalten von anderen Klassen erbt, ist eine Unterklasse dieser Klasse. Mit anderen Worten: Eine Unterklasse besitzt immer Oberklassen.

Aufbauend auf den Basiskonzepten, ermöglichen die folgenden Konzepte die Erstellung eines statischen Modells. Die Assoziation modelliert Objektbeziehungen zwischen Objekten einer oder mehrerer Klassen. Wir verwenden insbesondere binäre Assoziationen. Sonderfälle der Assoziation sind die Aggregation und die Komposition. Die Generalisierung beschreibt eine Beziehung zwischen einer allgemeinen Klasse (Basisklasse) und einer spezialisierten Klasse. Das Paket gruppiert Modellelemente und ermöglicht eine Darstellung des Softwaresystems auf einem höheren Abstraktionsniveau. Das statische Modell wird in der UML durch Klassendiagramme, Objektdiagramme und Paketdiagramme spezifiziert.

1 *Lernziel: Klassendiagramm und Objektdiagramm erstellen können.*

Identifizieren Sie anhand der folgenden Beschreibung Klassen, Attribute, Operationen und Assoziationen, und zeichnen Sie sie in ein Klassendiagramm ein. Erstellen Sie zusätzlich für selbst gewählte Beispieldaten ein Objektdiagramm.

Eine Tagung (z.B. Softwaretechnik-Tagung in Hamburg) ist zu organisieren. Für jeden Teilnehmer der Tagung werden der Name, die Adresse und der Status (Student, Mitglied, Nichtmitglied) gespeichert. Jeder Teilnehmer kann sich für ein oder mehrere halbtägige Tutorien, die zusätzlich zum normalen Tagungsprogramm angeboten werden, anmelden. Für jedes Tutorium werden dessen Nummer, die Bezeichnung sowie das Datum gespeichert. Alle Tutorien kosten gleich viel. Damit ein Tutorium stattfindet, müssen mindestens 10 Anmeldungen vorliegen. Jedes Tutorium wird von genau einem Referenten angeboten. Für jeden Referenten werden dessen Name und Firma gespeichert. Ein Referent kann sich auch für ein oder mehrere Tutorien – anderer Referenten – anmelden und kann bei diesen kostenlos zuhören. Diese Anmeldungen zählen bei der Ermittlung der Mindestanmeldungen nicht mit. Ein Teilnehmer kann nicht gleichzeitig Referent sein. Ein Referent kann mehrere Tutorien anbieten. An einem Tutorium können mehrere Referenten kostenlos teilnehmen. Ein Teilnehmer kann sich in der Tagungsanmeldung auch für einige Rahmenprogramme (z.B. Besuch eines Musicals) eintragen lassen. Für jedes Rahmenprogramm werden dessen Bezeichnung, das Datum, die Zeit, der Ort und die Kosten gespeichert.

2 *Lernziele: Klassendiagramm und Objektdiagramm erstellen können.*

Identifizieren Sie anhand der folgenden Beschreibung Klassen, Attribute, Operationen, Assoziationen und Generalisierungsstrukturen und zeichnen Sie sie in ein Klassendiagramm ein. Prüfen Sie, welche Art der Assoziation vorliegt. Erstellen Sie zusätzlich für selbst gewählte Beispieldaten ein Objektdiagramm.

Wir betrachten eine Bank und ihre Kunden. Eine Person wird Kunde, wenn sie ein Konto eröffnet. Ein Kunde kann beliebig viele weitere Konten eröffnen. Für jeden neuen Kunden werden dessen (nicht notwendigerweise eindeutiger) Name, Adresse und das Datum der ersten Kontoeröffnung erfasst. Bei der Kontoeröffnung muss der Kunde gleich eine erste Einzahlung vornehmen. Wir unterscheiden Girokonten und Sparkonten. Girokonten dürfen bis zu einem bestimmten Betrag überzogen werden. Für jedes Konto wird ein individueller Habenzins, für Girokonten auch ein individueller Sollzins festgelegt; außerdem besitzt jedes Konto eine eindeutige Kontonummer. Für jedes Sparkonto wird die Art des

Sparens – z.B. Festgeld – gespeichert. Ein Kunde kann Beträge ein-
zahlen und abheben. Des Weiteren werden Zinsen gutgeschrieben
und bei Girokonten Überziehungszinsen abgebucht. Um die Zinsen zu berechnen, muss für jede Kontobewegung das Datum und
der Betrag notiert werden. Die Gutschrift/Abbuchung der Zinsen
erfolgt bei den Sparkonten jährlich und bei den Girokonten quartalsweise. Ein Kunde kann jedes seiner Konten wieder auflösen.
Bei der Auflösung des letzten Kontos hört er auf, Kunde zu sein.

3 *Lernziel: Pakete bilden können.*
Von den folgenden Klassen gehört jede zu einem Paket. Grup-
pieren Sie die aufgeführten Klassen in Pakete. Wählen Sie für jedes
Paket einen aussagefähigen Namen.

Aufgabe
5 Minuten

```
Artikel
Auftragsposten
Bestellartikel
Bestellposten
Bestellung an Lieferanten
Kunde
Kundenauftrag
Lager
Lagerartikel
Lagerplatz
Lagerverwalter
Lieferant
Lieferkondition
```

2 Konzepte und Notation der objektorientierten Analyse (Dynamische Konzepte)

- Erklären können, was ein Use-Case ist.
- Erklären können, was eine Aktivität ist.
- Erklären können, was ein Szenario ist.
- Erklären können, was ein Zustandsautomat ist und welche Rolle er im dynamischen Modell spielt.
- Use-Cases modellieren können.
- Use-Cases spezifizieren können.
- Aktivitäten modellieren können.
- Sequenz- und Kommunikationsdiagramme erstellen können.
- Zustandsdiagramme erstellen können.

verstehen

anwenden

Sie müssen die Kapitel 2.1 bis 2.7 durchgearbeitet haben.

2.8 Use-Case

Jacobson hat den Begriff des Use-Case in Zusammenhang mit einer objektorientierten Methode erstmalig 1987 auf einer Konferenz vorgestellt. Durch sein Buch *Software Engineering: Use Case Driven Approach* /Jacobson92/ wurde der Use-Case zum allgemeinen Gedankengut in der Objektmodellierung. Diese Ideen wurden von Jacobson weiterentwickelt und in seinem Buch *The Object Advantage: Business Process Reengineering with Object Technology* veröffentlicht. Obwohl das Konzept des Use-Case prinzipiell völlig unabhängig von der objektorientierten Modellierung ist, besitzt es heute einen festen Platz in der UML.

zur Terminologie   /Jacobson 94/ unterscheidet zwischen dem Use-Case in einem Informationssystem und dem Use-Case in einem Unternehmen.

Der **Use-Case in einem Informationssystem** wird definiert »als eine Sequenz von zusammengehörenden Transaktionen, die von einem Akteur im Dialog mit einem System ausgeführt werden, um für den Akteur ein Ergebnis von meßbarem Wert zu erstellen«. Messbarer Wert bedeutet, dass die durchgeführte Aufgabe einen sichtbaren, quantifizierbaren und/oder qualifizierbaren Einfluss auf die Systemumgebung hat. Eine Transaktion ist eine Menge von Verarbeitungsschritten, von denen entweder alle oder keiner ausgeführt werden.

Der Use-Case in einem Informationssystem spezifiziert die Interaktionen zwischen einem Akteur und dem System, d.h., er beschreibt eine spezielle Benutzung des Systems. Ein solcher Use-Case kann mehr oder weniger umfangreich sein und auf eine oder mehrere Benutzerfunktionen abgebildet werden. Alle Use-Cases zusammen dokumentieren alle Möglichkeiten der Benutzung des Systems *(use case model)*.

Der **Use-Case in einem Unternehmen** *(business system)* wird von /Jacobson 94/ »als eine Sequenz von Transaktionen in einem System (= Unternehmen)« definiert. Die ausgeführte Aufgabe soll für den Akteur des Unternehmens von messbarem Wert sein. In diesem Kontext setzt Jacobson den Begriff *use case* mit dem *business process* gleich (»*a use case is our construct for business process*«).

Entsprechend obiger Definitionen kann ein Use-Case auf zwei unterschiedlichen Abstraktionsebenen erstellt werden. Auf Unternehmensebene handelt es sich um einen Unternehmensprozess *(business process)*, der aus einer Anzahl von unternehmensinternen Aktivitäten besteht, die durchgeführt werden, um die Wünsche eines Kunden zu befriedigen. Handelt es sich dagegen um ein Softwaresystem, dann definiert ein Use-Case eine spezielle Benutzung der Software.

Definition   Ein **Use-Case** *(use case)* spezifiziert eine Sequenz von Aktionen, einschließlich möglicher Varianten, die das System in Interaktion mit Akteuren ausführt. Der Use-Case wird durch ein bestimmtes Ereignis ausgelöst und ausgeführt, um ein Ziel zu erreichen oder ein gewünschtes Ergebnis zu erstellen. Ein Use-Case ist immer als Black Box zu verstehen: Er beschreibt das extern wahrnehmbare Verhalten, ohne auf die interne Struktur oder Details der Realisierung einzugehen.

Ein **Akteur** *(actor)* ist eine Rolle, die ein Benutzer des Systems spielt. Jeder Akteur hat einen gewissen Einfluss auf das System. Ein Akteur ist häufig eine Person. Es kann sich ebenso um eine Organisationseinheit oder ein externes System handeln, das mit dem zu modellierenden System kommuniziert. Akteure befinden sich stets außerhalb des Systems. Akteur

Stellt das betrachtete System ein Handelshaus dar (Abb. 2.8-1), dann sind Kunde und Lieferant Akteure. Die Buchhaltung ist dagegen kein Akteur des Handelshauses, denn sie befindet sich innerhalb dieses Systems. Bei dem Softwaresystem, das Auftrags- und Bestellwesen unterstützt, ist dagegen die Buchhaltung ein Akteur, denn diese Abteilung ist außerhalb dieses Systems, muss jedoch mit dem Softwaresystem kommunizieren. In einer kleinen Firma können die Aufgaben des Kunden- und Lieferantensachbearbeiters durchaus von der gleichen Person ausgeführt werden. Trotzdem werden zwei Akteure – die Rollen, die diese Person spielt – identifiziert. Bei der Modellierung von Softwaresystemen sind die Akteure also diejenigen, die das System später bedienen bzw. Ergebnisse dieses Systems erhalten. Beispiel

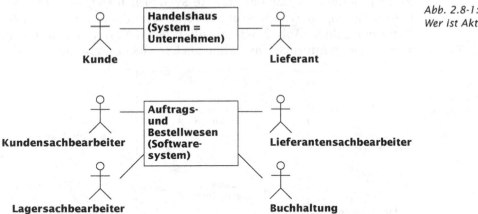

Abb. 2.8-1:
Wer ist Akteur?

Das Zusammenspiel mehrerer Use-Cases untereinander und mit den Akteuren wird im **Use-Case-Diagramm** *(use case diagram)* beschrieben (Abb. 2.8-2). Es gibt auf hohem Abstraktionsniveau einen guten Überblick über das System und seine Schnittstellen zur Umgebung. Use-Case-
Diagramm

Der Use-Case-Name kann entweder in das Oval oder darunter geschrieben werden. Alternativ kann er auch in Klassennotation (Rechteck) mit einem Use-Case-Piktogramm in der rechten oberen Ecke Notation

Abb. 2.8-2:
Notation für Use-
Case-Diagramm

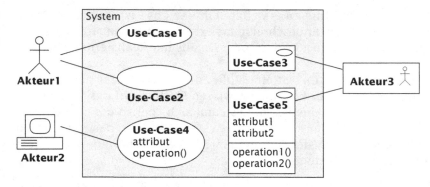

modelliert werden. Für einen Use-Case können auch Attribute und Operationen angegeben werden. Bei einer größeren Anzahl von Attributen und Operationen ist es praktisch, wenn die Klassennotation (Rechteck) für den Use-Case verwendet wird. Akteure werden häufig – auch wenn es sich um ein externes System handelt – als Strichmännchen eingetragen. Alternativ können sie durch ein Piktogramm dargestellt werden, was oft sinnvoll ist, wenn es sich um ein technisches System (z.B. Computer) handelt. Auch hier kann alternativ ein Rechteck mit dem Akteur-Symbol oder dem Stereotypen «actor» gewählt werden. Eine Linie zwischen Akteur und Use-Case bedeutet, dass eine Kommunikation stattfindet. Sie wird in der UML als Assoziation modelliert. Das betrachtete System *(subject)* wird im Use-Case-Diagramm durch ein großes Rechteck modelliert, das alle Use-Cases einschließt. Abb. 2.8-3 modelliert einen Ausschnitt aus einem vereinfachten Informationssystem als Use-Case-Diagramm.

Abb. 2.8-3:
Use-Case-Diagramm
für ein Informa-
tionssystem

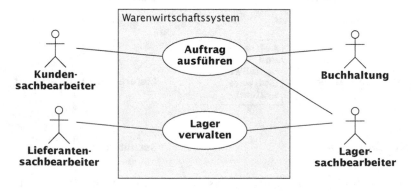

Zwischen Use-Cases können mehrere Arten von Beziehungen existieren.

extend-Beziehung   Mit Hilfe der *extend*-Beziehung *(extend relationship)* wird ein Use-Case A durch einen Use-Case B erweitert. Der Use-Case A beschreibt die Basisfunktionalität, der Use-Case B spezifiziert Erweiterungen. Der Use-Case A kann allein oder zusammen mit den Erweiterungen ausgeführt werden. *Extension points* geben an, an welchen Stellen der Basis-Use-Case A erweitert wird. Die *extend*-Beziehung wird durch einen gestrichelten Pfeil mit offener Spitze dargestellt, die auf den Basis-Use-Case zeigt und mit dem Stereotypen «extend» bezeichnet ist. Die *extend*-Beziehung ermöglicht es, für einen komplexen Use-Case zunächst die Basisfunktionalität zu spezifizieren und dann Punkt für Punkt zu erweitern. Damit eine Erweiterung eingefügt wird, muss eine Bedingung erfüllt sein. Diese Bedingung kann bei Bedarf als Notizzettel spezifiziert und an die *extend*-Beziehung gehängt werden.

Der Use-Case Auftrag ausführen der Abb. 2.8-4 wird durch den Use-Case Artikel bei Lieferant beziehen erweitert. Diese Erweiterung wird beim Erweiterungspunkt *(extension point)* Bestellartikel eingefügt. Während beim Basis-Use-Case nur Aufträge ausgeführt werden können, wenn alle bestellten Artikel auf Lager sind, können mit der Erweiterung nicht gelagerte Artikel erst beim Lieferanten bezogen werden, damit der Auftrag ausgeführt wird. An die gestrichelte Linie wird ein Notizzettel »geheftet«. Er enthält Informationen, unter welcher Bedingung dieser *extension point* aktiviert wird.

Beispiel

Für einen Use-Case können auch mehrere Erweiterungspunkte aufgeführt werden. In diesen Fällen ist es oft praktisch, den Use-Case in Klassennotation zu spezifizieren, wie der untere Teil der Abb. 2.8-4 zeigt.

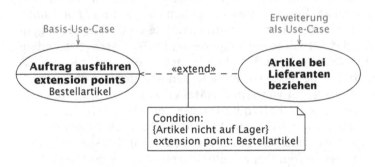

Abb. 2.8-4: extends-Beziehung

Die *include*-Beziehung *(include relationship)* ermöglicht es, dass die gemeinsame Funktionalität der Use-Cases A und B durch einen Use-Case C beschrieben wird. Der Use-Case C ist nicht optional, sondern wird *immer* für die korrekte Ausführung von A und B benötigt. Die *include*-Beziehung erspart die mehrmalige Beschreibung desselben Verhaltens. Für die Darstellung wird der gestrichelte Pfeil mit offener Spitze verwendet, die auf Use-Case C zeigt. Die *include*-Beziehung lässt sich mit einem Unterprogramm-Aufruf vergleichen. So wie das Hauptprogramm nur dann vollständig ausgeführt wird, wenn das Unterprogramm aufgerufen und durchlaufen wird, kann der Use-Case A oder B nur dann ausgeführt werden, wenn der Use-Case C »aktiviert« wird. Im Gegensatz zur *extend*-Beziehung ist die Ausführung des Use-Case C von keiner Bedingung abhängig.

Beispiel   In der Abb. 2.8-5 verwenden die Use-Cases Wareneingang aus Einkauf bearbeiten und Wareneingang aus Produktion bearbeiten beide den Use-Case Ware einlagern.

Abb. 2.8-5:
include-Beziehung

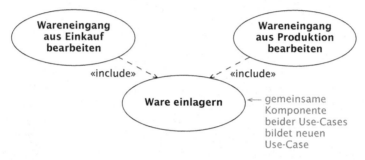

Generalisierung   Zwischen einem allgemeinen Use-Case A und einem speziellen
Use-Cases   Use-Case B kann analog zu Klassen eine Generalisierung *(generalization)* definiert werden. Der spezialisierte Use-Case erbt die Eigenschaften und das Verhalten des allgemeineren Use-Cases. Das bedeutet, dass auch Beziehungen des allgemeinen Use-Cases (z.B. *extend*-Beziehung) und seine Assoziationen zu den Akteuren an die spezielleren Use-Cases vererbt werden. Zusätzlich kann der spezialisierte Use-Case C neue Eigenschaften und neues Verhalten definieren.

Generalisierung   Auch zwischen zwei Akteuren A1 und A2 kann eine Generalisie-
Akteure   rung modelliert werden. Auch in diesem Fall erbt der spezialisierte Akteur die Eigenschaften des allgemeineren Akteurs und kann weitere Eigenschaften hinzufügen. In beiden Fällen wird die Generalisierung wie bei den Klassen durch einen Pfeil mit geschlossener transparenter Spitze modelliert.

Beispiel   Abb. 2.8-6 modelliert oben den Abteilungsleiter als einen Spezialfall des Mitarbeiters. Der Abteilungsleiter »erbt« den Zugriff auf den Use-Case Urlaub beantragen. Die Abbildung zeigt auch eine Generalisierung zwischen Use-Cases. Der allgemeine Use-Case Seminar buchen wird durch die beiden Use-Cases Seminar für Einzelteilnehmer buchen und Firmenseminar buchen spezialisiert.

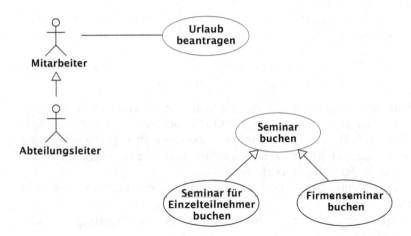

Abb. 2.8-6:
Generalisierung
von Akteuren und
Use-Cases

Die Generalisierung von Use-Cases und die *extend*-Beziehung besitzen auf den ersten Blick große Ähnlichkeit und können daher leicht verwechselt werden. In beiden Fällen gibt es einen Basis-Use-Case A und einen Use-Case B, der Erweiterungen dazu enthält. Es gibt aber auch signifikante Unterschiede. Bei der *extend*-Beziehung erweitert der Use-Case B den Use-Case A, besitzt aber nicht die Eigenschaften von A. Bei der Generalisierung werden sozusagen die Eigenschaften von Use-Case A in Use-Case B »kopiert« und in B können zusätzliche Erweiterungen spezifiziert werden.

Generalisierung vs. *extend*-Beziehung

Ein Use-Case kann in der UML sehr unterschiedlich spezifiziert werden. Im einfachsten Fall reicht eine umgangssprachliche Beschreibung. Wenn es sich um eine komplexere Verarbeitung handelt und einzelne Verarbeitungsschritte von Bedingungen abhängig sind oder bestimmte Verarbeitungsschritte parallel ausgeführt werden können, dann sollte ein Aktivitätsdiagramm gewählt werden (siehe Kapitel 2.9). Soll das Zusammenspiel der Klassen und die zwischen ihnen stattfindende Kommunikation beschrieben werden, so ist das Sequenz- oder Kommunikationsdiagramm zu empfehlen (siehe Kapitel 2.10).

Spezifikation

Kapitel 2.9

Kapitel 2.10

Die Bearbeitung eines Auftrags in einem Versandhaus hängt von vielen Faktoren ab. Beispielsweise, ob es sich um einen Neukunden handelt oder ob alle gewünschten Artikel lieferbar sind. Alle diese Aufgaben werden unter dem Use-Case Auftrag ausführen zusammengefasst, den wir zunächst umgangssprachlich beschreiben.
Use-Case: Auftrag ausführen
Eine Kundenbestellung kommt in der Versandabteilung an. Neukunden werden im System registriert und der Versand an diese Kunden erfolgt ausschließlich per Nachnahme oder per Bankeinzug. Für alle lieferbaren Artikel wird die Rechnung erstellt und als Auftrag an

Beispiel

das Lager weitergegeben. Sind einige der gewünschten Artikel nicht lieferbar, so wird der Kunde informiert. Alle erstellten Rechnungen werden an die Buchhaltung weitergegeben.

An diesem Use-Case sind folgende Akteure beteiligt: Kundensachbearbeiter, Lagersachbearbeiter und Buchhaltung.

Notation

In unserer Praxis hat sich die nachfolgende **Use-Case-Schablone** *(use case template)* /Cockburn 97/ und /Cockburn 03/ zur umgangssprachlichen Beschreibung von Use-Cases bewährt. Diese Schablone sollte als Checkliste betrachtet werden, d.h., sie ist nicht für jeden Use-Case vollständig auszufüllen.

Schablone für Use-Cases

Use-Case: Name, bestehend aus zwei oder drei Wörtern (was wird getan?).

Ziel: globale Zielsetzung bei erfolgreicher Ausführung des Geschäftsprozesses.

Kategorie: primär, sekundär oder optional.

Vorbedingung: erwarteter Zustand, bevor der Use-Case beginnt.

Nachbedingung Erfolg: erwarteter Zustand nach erfolgreicher Ausführung des Use-Case, d.h., Ergebnis des Use-Case.

Nachbedingung Fehlschlag: erwarteter Zustand, wenn das Ziel nicht erreicht werden kann.

Akteure: Rollen von Personen oder andere Systeme, die den Use-Case auslösen oder daran beteiligt sind.

Auslösendes Ereignis: Wenn dieses Ereignis eintritt, dann wird der Use-Case initiiert.

Beschreibung:

1 Erste Aktion

2 Zweite Aktion

Erweiterungen:

1a Erweiterung des Funktionsumfangs der ersten Aktion

Alternativen:

1a Alternative Ausführung der ersten Aktion

1b Weitere Alternative zur ersten Aktion

Der betrachtete Use-Case kann nur ausgeführt werden, wenn die genannte **Vorbedingung** erfüllt ist. Die **Nachbedingung** eines Use-Case A kann für einen Use-Case B eine Vorbedingung bilden. Diese Angaben bestimmen also, in welcher Reihenfolge Use-Cases ausgeführt werden können.

Unter »Beschreibung« erfolgt eine umgangssprachliche Spezifikation des Use-Case. Die einzelnen Aufgaben werden der besseren Übersicht halber nummeriert. Wichtig ist, dass hier zunächst der Standardfall, d.h., der Fall, der am häufigsten auszuführen ist, beschrieben wird. Alle seltener eingesetzten Fälle werden unter »Erweiterungen« ausgeführt, wenn sie zusätzlich zu einer Aktion der Standardverarbeitung ausgeführt werden und unter »Alternativen«, wenn sie eine Aktion der Normalverarbeitung ersetzen.

Die Kategorie eines Use-Case ist
- primär, wenn er notwendiges Verhalten beschreibt, das häufig benötigt wird,
- sekundär, wenn er notwendiges Verhalten beschreibt, das selten benötigt wird,
- optional, wenn er ein Verhalten beschreibt, das für den Einsatz des Systems zwar nützlich, aber nicht unbedingt notwendig ist.

Wir spezifizieren nun obiges Beispiel eines Use-Case mittels Schablone, die bereits bei diesem einfachen Use-Case sehr vorteilhaft eingesetzt werden kann. Beispielsweise muss sich der Analytiker Gedanken darüber machen, ob existierende Kunden oder Neukunden den Standardfall bilden, wobei hier der erste Fall gewählt wurde. *Beispiel*

Use-Case: Auftrag ausführen
Ziel: Ware an Kunden geliefert
Vorbedingung: –
Nachbedingung Erfolg: Ware ausgeliefert (auch Teillieferungen), Rechnungskopie bei Buchhaltung
Nachbedingung Fehlschlag: Mitteilung an Kunden, dass nichts lieferbar ist
Akteure: Kundensachbearbeiter, Lagersachbearbeiter, Buchhaltung
Auslösendes Ereignis: Bestellung des Kunden liegt vor
Beschreibung:
1 Kundendaten abrufen
2 Lieferbarkeit prüfen
3 Rechnung erstellen
4 Auftrag vom Lager ausführen lassen
5 Rechnungskopie an Buchhaltung geben
Erweiterung:
1a Kundendaten aktualisieren
Alternativen:
1a Neukunden erfassen
3a Rechnung mit Nachnahme erstellen
3b Rechnung mit Bankeinzug erstellen

2.9 Aktivität

Eine **Aktivität** *(activity)* beschreibt die Ausführung von Funktionalität bzw. Verhalten. Sie wird durch mehrere Knoten modelliert, die durch gerichtete Kanten miteinander verbunden sind. Es lassen sich Aktionsknoten, Kontrollknoten und Objektknoten unterscheiden. Aktivitäten besitzen sowohl ein Kontrollfluss- als auch ein Datenmodell. Das Kontrollflussmodell spezifiziert die Reihenfolge von Funktionen und das Datenmodell die Daten, die zwischen den Funktionen ausgetauscht werden. Die Aktivität ist ein neues Konzept in der UML 2. Sie kann für sehr unterschiedliche Spezifikationsebenen eingesetzt werden. Aktivitäten lassen sich insbesondere sehr gut für die Spezifikation von Use-Cases einsetzen. *Definition*

Aktionsknoten   Die kleinste ausführbare Funktionseinheit innerhalb einer Aktivität wird als **Aktion** *(action)* bezeichnet. Eine Aktion kann ausgeführt werden, wenn die Vorgänger-Aktion beendet ist, wenn notwendige Daten zur Verfügung stehen (z.B. Bestellung liegt vor) oder wenn ein Ereignis auftritt (z.B. Jahreswechsel). Eine Aktion kann nicht nur ein elementarer Verarbeitungsschritt, sondern auch ein Aktivitätsaufruf sein, d.h. von der Ausführung her gesehen, kann sich hinter einem Aktionsknoten eine sehr komplexe Verarbeitung verbergen.

Notation Aktion   Aktionen werden durch Rechtecke mit abgerundeten Ecken dargestellt. In das Rechteck wird der Name oder eine kurze Beschreibung der Aktion eingetragen. Steht eine Aktion für einen Aktivitätsaufruf, dann wird rechts unten ein kleines gabelähnliches Symbol (bzw. Harken- oder Rechensymbol) eingetragen (Abb. 2.9-1).

Abb. 2.9-1:
Notation für
Aktionen

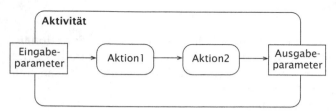

Notation Aktivität   Eine Aktivität wird durch ein großes Rechteck mit abgerundeten Ecken modelliert, wobei links oben der Name der Aktivität eingetragen wird. Die Verarbeitungsschritte der Aktivität werden durch einen Graphen dargestellt, der aus Knoten *(nodes)* und Pfeilen *(edges)* besteht. Die Knoten entsprechen im einfachsten Fall den Aktionen. Die Pfeile (gerichtete Kanten) verbinden die Knoten und stellen im einfachsten Fall den Kontrollfluss der Aktivität dar. Viele Aktivitäten benötigen Eingaben und produzieren Ausgaben. Sie werden durch Parameterknoten beschrieben. Der gleiche Aktionsname kann in einer Aktivität mehrfach vorkommen, beispielsweise wenn die gleiche Aktion mehrere Male ausgeführt wird. Die Aktivität ist als Namensraum für die in ihr enthaltenen Aktionen zu sehen. Abb. 2.9-2 zeigt die Notation für eine einfache Aktivität. Sie wird in einem **Aktivitätsdiagramm** *(activity diagram)* modelliert.

Abb. 2.9-2:
Einfache Aktivität
mit Ein-/Ausgabe-
parametern

Kontrollknoten

Außer den Aktionsknoten kann eine Aktivität so genannte Kontrollknoten enthalten:

- Entscheidung und Zusammenführung,
- Splitting und Synchronisation,
- Start- und Endknoten.

Im einfachsten Fall werden Aktionen sequenziell nacheinander ausgeführt. Es ist aber auch möglich, Verzweigungen des Kontrollflusses zu beschreiben. In der Abb. 2.9-3 wird durch die Aktion Auftrag prüfen ermittelt, ob nur Lagerartikel bestellt wurden oder auch solche, die erst vom Lieferanten bezogen werden müssen. Im zweiten Fall wird die Aktion Artikel bestellen ausgeführt, andernfalls ist nichts zu tun. Vor der Weiterbearbeitung des Auftrags werden die Kontrollflüsse wieder zusammengeführt. Die Entscheidung bzw. Verzweigung *(decision node)* und die Zusammenführung der Alternativen *(merge node)* werden jeweils durch eine Raute dargestellt.

Entscheidung, Zusammenführung

Abb. 2.9-3: Entscheidung und Zusammenführung

Folgt auf eine Zusammenführung direkt eine neue Entscheidung, können beide in einem Symbol kombiniert werden. Dies wird durch eine Raute mit vielen Eingangs- und vielen Ausgangspfeilen dargestellt. Die Reihenfolge, in der die angegebenen Bedingungen ausgewertet werden, ist nicht definiert. Der UML-Modellierer muss dafür sorgen, dass nur eine einzige Alternative möglich ist. Der Einfachheit halber kann eine der Bedingungen mit else beschriftet werden. Wenn diese eine Alternative durchlaufen ist, kann die Aktion ausgeführt werden, die auf die Zusammenführung folgt. Ist ein ausgehender Pfeil einer Entscheidung nicht beschriftet, dann entspricht dies der Bedingung [true], d.h. dieser Weg wird in jedem Fall durchlaufen.

In einigen Fällen spielt die Reihenfolge, in der Aktionen ausgeführt werden, aus fachlicher Sicht keine Rolle. Aktionen können sowohl in beliebiger Sequenz oder auch zeitlich parallel ausgeführt werden. Eine weitere Verarbeitung soll aber erst dann möglich sein, wenn alle davor liegenden Aktionen beendet sind. Beispielsweise ist in der Abb. 2.9-4 die Reihenfolge der Aktionen Rechnung drucken und Kreditkarte belasten gleichgültig. Die UML bietet dafür die Notation des Splitting *(fork node)* und der Synchronisation *(join node)* an. Bei einem Splitting wird der Kontrollfluss in mehrere parallele Ströme aufgeteilt und bei der Synchronisation wieder zusammengeführt. Im Gegensatz zur Entscheidung/Zusammenführung kann bei Splitting/Synchronisation eine nachfolgende Aktion erst ausgeführt werden, wenn alle parallelen Pfade durchlaufen wurden. Splitting und Synchronisation werden durch einen Balken modelliert. Der Splitting-Balken besitzt einen Eingangs- und mehrere Ausgangspfeile, bei einem Synchronisationsbalken werden mehrere Eingangs- und ein Ausgangspfeil angetragen. Folgt auf eine Syn-

Splitting, Synchronisation

chronisation direkt ein Splitting, dann können beide auch in einem Balken mit mehreren Eingangs- und Ausgangspfeilen kombiniert werden.

Abb. 2.9-4:
Aufsplitten des
Kontrollflusses in
parallele Pfade

Startknoten
Die Aktion, die innerhalb einer Aktivität zuerst ausgeführt wird, wird mit einem Startknoten *(initial node)* markiert, der als kleiner schwarzer Kreis dargestellt wird. Der Startknoten wird auch als Anfangsknoten bezeichnet. Er besitzt keinen eingehenden Pfeil, kann jedoch mehrere ausgehende Kanten besitzen. Eine Aktivität kann mehrere Startknoten besitzen. In diesem Fall startet die Aktivität parallel in mehreren Pfaden. Ein Startknoten muss nicht unbedingt vorhanden sein. In diesem Fall startet die Aktivität, wenn notwendige Daten verfügbar sind (siehe Parameter).

Endknoten
Das Gegenstück zum Startknoten sind die Endknoten, die einerseits das Beenden einer Aktivität und andererseits das Beenden des Kontrollflusses anzeigen. Endknoten besitzen nur eingehende Pfeile.

Das Bullauge bzw. ein kleiner schwarzer Kreis mit einem umschließenden Ring kennzeichnet das Ende einer Aktivität. Wird dieser Endknoten *(final node)* erreicht, dann werden sämtliche Aktionen innerhalb der Aktivität sofort beendet. Eine Aktivität kann mehr als einen Endknoten besitzen. Sie wird in diesem Fall dann beendet, wenn der erste Knoten erreicht ist.

Außerdem bietet die UML 2 einen Endknoten für Kontrollflüsse *(flow final)* an. Er wird auch als Ablaufende bezeichnet. Dieser Knoten beendet den Pfad im Aktivitätsdiagramm und hat keinerlei Auswirkungen auf andere Pfade. Das bedeutet, dass Aktionen in anderen Pfaden weiter ausgeführt werden können. Das Ablaufende wird durch ein X mit einem umschließenden Kreis modelliert.

Abb. 2.9-5 zeigt die Notation für Start- und Endknoten.

Abb. 2.9-5:
Notation für Start-
und Endknoten

●⟶   Start der Aktivität

⟶◉   Ende der Aktivität

⟶⊗   Ende des aktuellen Pfades im Diagramm

Beispiel
Als Beispiel für eine Aktivität wird die Bearbeitung eines Auftrags betrachtet (Abb. 2.9-6).
Eingabeparameter ist der vom Kunden erteilte Auftrag. Im ersten Schritt wird geprüft, ob der Kunde schon im System vorhanden ist (Kundendaten abrufen). Ist es ein Neu-Kunde, dann wird die Aktion

Kunde neu erfassen ausgeführt. Haben sich bei einem »alten« Kunden die Daten geändert, dann werden die Kundendaten aktualisiert. Andernfalls ist nichts zu tun. Wenn die Auftragspositionen erfasst sind, können die Aktionen Rechnung drucken und Kreditkarte belasten in beliebiger Reihenfolge ausgeführt werden. Sind beide abgeschlossen, kann die Ware verpackt und versandt werden. Ausgabeparameter dieser Aktivität ist die Ware mit der Rechnung. In diesem Fall beginnt die Aktivität, wenn Eingabedaten (Auftrag) vorliegen. Es ist daher kein Startknoten notwendig. Analog endet sie, wenn der Ausgabeparameter erzeugt wurde.

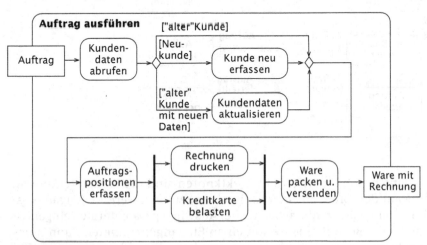

Abb. 2.9-6: Aktivität zur Ausführung eines Auftrags

Objektknoten

Außer den Aktions- und Kontrollknoten gibt es das Konzept des Objektknotens. Objektknoten werden durch Rechtecke dargestellt und häufig mit dem Namen der Klasse benannt. Der Objektknoten kann während der Ausführung der Aktivität nur Werte annehmen, die konform mit der Klassenspezifikation sind.

Objektknoten

Mit Hilfe von Objektknoten können Daten von einer Aktion zur nächsten gereicht werden. Sie realisieren somit das Datenmodell einer Aktivität. Anstelle vom Kontrollfluss *(control flow)* spricht man hier vom Objektfluss *(object flow)*. Während Kontrollflüsse die Ausführungsreihenfolge von Aktionen bestimmen, modellieren Objektflüsse Objekte und Daten, die von einem Aktionsknoten erzeugt und von einem anderen benötigt werden. Objektflüsse werden als Pfeile dargestellt, die an mindestens einem Ende einen Objektknoten besitzen.

Objektfluss

In der Abb. 2.9-7 »fließen« Auftragsobjekte von der Aktion Auftrag erteilen zur Aktion Auftrag bearbeiten. Objektknoten können alternativ zur Rechteck-Notation als »Pins« modelliert werden. Das sind kleine Quadrate, die direkt auf der linken und rechten Seite einer

Pin-Notation für Objektknoten

Aktion angetragen werden. Sie stellen der Aktion Eingabewerte zur Verfügung und nehmen Ausgabewerte von ihr entgegen. Neben die Pins wird der Name des Objektknotens (z.B. Klassenname) angetragen. Zusätzlich kann der Zustand, in dem sich das Objekt befindet, unter dem Namen in eckigen Klammern angegeben werden. Sollten zwischen zwei Aktionen mehrere Objektflüsse stattfinden, so kann man auf beiden Seiten der Aktionen eine ganze Reihe von Pins eintragen.

Abb. 2.9-7: Notationen für den Objektfluss

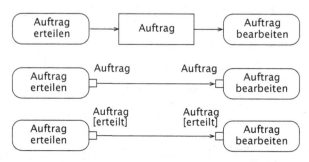

Parameter der Aktivität

Eine besondere Art von Objektknoten sind die Parameterknoten, die auf den Grenzen einer Aktivität angetragen werden. Eingangsparameter besitzen nur ausgehende, Ausgangsparameter nur eingehende Pfeile. Besitzt eine Aktion einen Eingangsparameter, dann muss sie keinen Startknoten besitzen, sondern sie wird durch die im Objektknoten verfügbaren Daten initiiert.

Datenspeicher

Außer den Daten, die in einem System von einer Aktion zur nächsten durchgereicht werden, gibt es »ruhende« Daten. Man spricht von einem Datenspeicher, der eine Sonderform des Objektknotens ist. Der Datenspeicher enthält alle Daten, die in ihn eingetragen werden, und kopiert sie bei Bedarf in ausgehende Objektflüsse. Eingehende Daten können bereits vorhandene Daten im Datenspeicher ersetzen. Abb. 2.9-8 modelliert eine Artikel-Datenbank als Datenspeicher. Er wird von der Aktion Artikel erfassen/ändern gefüllt und von der Aktion Artikelkatalog erstellen gelesen. Im Unterschied zum »normalen« Objektknoten werden hier persistente, d.h. dauerhaft gespeicherte Daten modelliert.

Abb. 2.9-8: Datenspeicher zur Modellierung persistenter Daten

Objektknoten können in einem *Streaming*-Modus verwendet wer-　*Streaming*
den. In der Abb. 2.9-9 bedeutet dies, dass die Aktion Auftrag erfassen kontinuierlich durchgeführt wird und neue Aufträge produziert.
Die Aktion Auftrag ausführen ist ebenfalls eine kontinuierlich durchgeführte Aktion, die die erzeugten Aufträge verbraucht. Eine Aktion,
die mit einem kontinuierlichen Datenstrom verbunden ist, beginnt,
wenn das erste Datenelement vorhanden ist, und verarbeitet alle
weiteren Objekte, sobald sie vorliegen. Abb. 2.9-9 zeigt, wie *streams*
für Objektknoten und Pins spezifiziert werden.

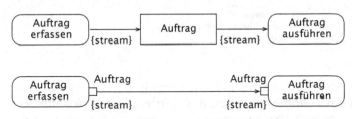

Abb. 2.9-9:
Modellierung von
streams

Um kontinuierliche Datenströme beim Objektfluss darzustellen,
bietet die UML auch eine spezielle Notation mit gefüllten Pfeilspitzen
bzw. mit gefüllten Eingabe- und Ausgabe-Pins an. In der Abb. 2.9-10
sind die linke und rechte Darstellung jeweils äquivalent.

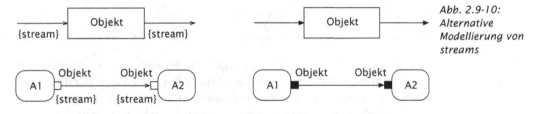

Abb. 2.9-10:
Alternative
Modellierung von
streams

Ereignisse

Sowohl im betrachteten System selbst als auch außerhalb können　Ereignisse
Ereignisse auftreten. Sie werden – unabhängig von irgendwelchen
Aktionen – von Objekten entdeckt und in den Objekten gespeichert.
Werden Aktivitäten für die Spezifikation von Use-Cases eingesetzt,
dann haben Ereignisse ihren Ursprung oft innerhalb des Systems,
z.B. Beenden einer Aufgabe. Sie können aber auch außerhalb auftreten, z.B. Anruf eines Kunden.

Aktionen, die auf das Eintreten eines Ereignisses warten, werden　Ereignisempfänger
Ereignisempfänger *(accept event actions)* genannt. Sie werden durch
ein konkaves Fünfeck dargestellt. Eine solche Aktion ist beispielsweise Zahlungseingang in der Abb. 2.9-11. Sie wartet darauf, dass das
Ereignis Zahlungseingang eintritt. Anschließend wird die nächste Aktion Ware versenden aktiviert. Besitzt ein Ereignisempfänger keine
eingehenden Kanten, dann startet diese Aktion, wenn die umgebende
Aktivität beginnt. Sie ist während der gesamten Ausführungszeit der
Aktivität in der Lage, Ereignisse entgegenzunehmen – gleichgültig,

wie viele auftreten. Sie endet also nicht, wenn das erste Ereignis aufgetreten ist.

Zeitereignisse   Eine Sonderform sind Zeitereignisse. Der Empfänger von Zeitereignissen *(accept time event actions* oder *wait time actions)* wird durch eine Sanduhr symbolisiert. In der Abb. 2.9-11 löst das zeitliche Ereignis Jahresende die Aktion Jahresabschluss durchführen aus.

Abb. 2.9-11:
Ereignisempfänger
und Empfänger
von Zeit-
ereignissen

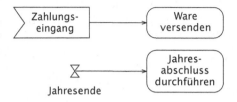

Signalsender   Das Gegenstück zum Warten auf ein Ereignis ist eine Aktion, die ein Signal an ein Zielobjekt sendet, das dort eine weitere Verarbeitung auslösen kann. Der Signalsender *(signal send action)* wird durch ein konvexes Fünfeck dargestellt. In der Abb. 2.9-12 wird nach dem Erfassen eines Auftrags eine Versandanweisung an das Auslieferungslager geschickt. Diese Aktion aktiviert dann die Aktion Ware versenden.

Abb. 2.9-12:
Signalsender

Das Senden eines Signals und das Warten auf ein Ereignis können auch kombiniert auftreten. In der Abb. 2.9-13 wird der Buchhaltung ein Signal geschickt, um einen Zahlungseingang abzufragen. Wenn das Ereignis Zahlungseingang auftritt, wird die Ware versendet.

Abb. 2.9-13:
Kombination
Signalsender und
Signalempfänger

Aktivitätsbereiche

Aktivitätsbereiche   Aktivitätsbereiche *(activity partitions)* fassen Aktionen zusammen, die bestimmte Gemeinsamkeiten besitzen, z.B. organisatorische Einheit, Standort, Verantwortungsbereich. Sie werden auch als Verantwortlichkeitsbereiche oder Partitionen bezeichnet. Aktivitätsbereiche werden durch parallele Linien spezifiziert. Jeder Bereich wird mit einer Box an einem Ende gekennzeichnet. Da diese Darstellung an die einzelnen Bahnen in einem Schwimmbecken erinnert, wird auch von Schwimmbahnen *(swimlanes)* gesprochen. In der Abb. 2.9-14 werden die ersten drei Aktionen innerhalb des Aktivitätsbereichs Verkauf ausgeführt und die Aktion Ware versenden innerhalb der Partition Lager.

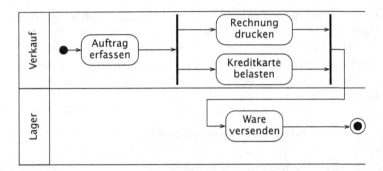

Abb. 2.9-14:
Einfache Aktivitäts-
bereiche

Schwimmbahnen können auch hierarchisch angeordnet sein. In der Abb. 2.9-15 gehören die Aktivitätsbereiche Verkauf, Lager und Buchhaltung zum übergeordneten Aktivitätsbereich Shop.

Hierarchie von Aktivitätsbereichen

In einer Aktivität können nicht nur die Aktionen in dem betrachteten System, sondern auch extern durchgeführte Verarbeitungsschritte spezifiziert werden, um das Zusammenwirken beider zu modellieren. Mit dem Schlüsselwort «external» kann spezifiziert werden, dass eine Aktion außerhalb des eigentlichen Modells liegt. In der Abb. 2.9-15 wird außer den beschriebenen Aktivitätsbereichen der externe Aktivitätsbereich Kunde und die von ihm durchgeführte Aktion Einzahlung modelliert.

externe Aktivitätsbereiche

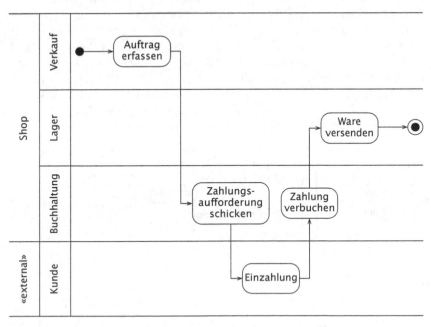

Abb. 2.9-15:
Hierarchie und
externer Aktivitäts-
bereich

Vor allem in komplexeren Diagrammen ist es nicht immer sinnvoll, Aktivitätsbereiche in der Schwimmbahn-Notation zu modellieren. Daher bietet die UML als alternative Notation an, dass der Partitionsname in runden Klammern direkt über dem Aktionsnamen eingetragen wird (Abb. 2.9-16). Gehört eine Aktion zu mehr als einer Partition, dann werden diese durch Kommata getrennt. Die Doppelpunkt-Notation zeigt, dass es sich um eine hierarchisch strukturierte Partition handelt. Diese alternative Notation kann auch mit der Schwimm-bahn-Notation kombiniert werden.

Abb. 2.9-16:
Alternative
Notation für
Aktivitätsbereiche
(Partitionen)

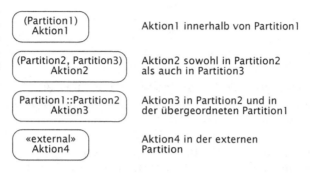

Aktion1 innerhalb von Partition1

Aktion2 sowohl in Partition2 als auch in Partition3

Aktion3 in Partition2 und in der übergeordneten Partition1

Aktion4 in der externen Partition

Beispiel Nun kann das oben vereinfachte Beispiel einer Auftragsbearbeitung vollständig als Aktivität der UML spezifiziert werden. Zuerst werden alle Daten des Kundenauftrags erfasst. Verlangt der Kunde Artikel, die nicht vorrätig sind, dann müssen sie erst beim Lieferanten bestellt werden. Sobald sie eingetroffen sind, wird die Kreditkarte des Kunden belastet oder alternativ geprüft, ob der Rechnungsbetrag per Vorkasse eingegangen ist. Die Rechnung wird gedruckt und zusammen mit der Ware versandt. Der Einfachheit halber soll gelten, dass keine unvorhergesehenen Probleme, wie z.B. Lieferant kann nicht liefern oder Kreditkarte gesperrt, auftreten. Abb. 2.9-17 beschreibt die Aktivität Auftrag ausführen. Eingabeparameter ist der vorliegende Auftrag. Nach dem Erfassen der Daten verzweigt der Kontrollfluss. Sind alle bestellten Artikel vorrätig, dann finden die Aktionen Kas-

Abb. 2.9-17:
Aktivität zum
Ausführen eines
Auftrags mit
Aktivitätsaufruf
Kassieren

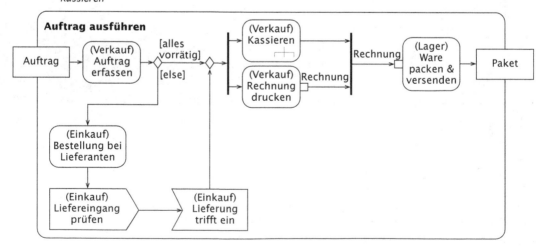

sieren und Rechnung drucken statt, wobei deren zeitliche Reihenfolge
beliebig ist. Sind nicht alle bestellten Artikel vorrätig, dann schickt
der Einkauf eine Bestellung an den jeweiligen Lieferanten. Der Einkauf sendet ein Signal, um den Liefereingang abzuprüfen. Wenn das
Ereignis Lieferung trifft ein auftritt, geht der Kontrollfluss wieder
zum Verkauf zurück. Ist der Auftrag vom Verkauf vollständig bearbeitet, erhält das Lager einen Auftrag zum Versenden der Ware.

Die Aktion Kassieren enthält rechts unten ein kleines grafisches
Symbol. Es bedeutet, dass diese Aktion eine Aktivität aufruft, die in
einem separaten Diagramm beschrieben wird (Abb. 2.9-18). Nach
dem Prüfen der Zahlungsart erfolgt eine Entscheidung. Zahlt der
Kunde per Kreditkarte, dann wird diese belastet und der Kassiervor-
gang abgeschlossen. Diese Aktion wird vom Verkauf durchgeführt.
Will der Kunde seinen Auftrag per Vorkasse bezahlen, dann erhält die
Buchhaltung ein Signal, um einen Zahlungseingang abzufragen.
Wenn das Ereignis Zahlungseingang auftritt, ist der Kassiervorgang
auch für diesen Fall abgeschlossen.

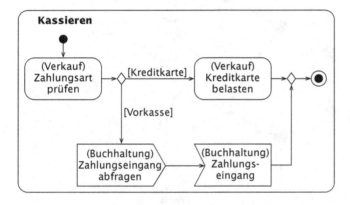

Abb. 2.9-18:
Aktivität
Kassieren

Aktivitäten besitzen in der UML 2 eine Semantik, die den Petrinetzen ähnelt. Von den Petrinetzen wurde die Idee übernommen, dass
Kanten und Knoten mit Token bzw. Marken *(tokens)* behaftet sein
können. Damit ist es möglich, das dynamische Verhalten einer Aktivität durchzuspielen bzw. zu simulieren. Auf diesen Aspekt der
 Modellierung gehe ich in Kapitel 6.9 ein.

Semantik von
Aktivitäten

Kapitel 6.9

2.10 Szenario

Ein **Szenario** ist eine Sequenz von Verarbeitungsschritten, die unter bestimmten Bedingungen auszuführen ist. Diese Schritte sollen das Hauptziel des Akteurs realisieren und ein entsprechendes Ergebnis liefern. Sie beginnen mit dem auslösenden Ereignis und werden fortgesetzt, bis das Ziel erreicht ist oder aufgegeben wird /Cockburn 97/.

Vom Use-Case zum Szenario

Ein Use-Case wird durch eine Kollektion von Szenarien dokumentiert. Jedes Szenario wird durch eine oder mehrere Bedingungen definiert, die zu einem speziellen Ablauf des jeweiligen Use-Case führen. Es lassen sich zwei Kategorien von Szenarien unterscheiden: Szenarien, die eine erfolgreiche Bearbeitung des Use-Case beschreiben, und Szenarien, die zu einem Fehlschlag führen (Abb. 2.10-1).

Abb. 2.10-1:
Vom Use-Case
zum Szenario

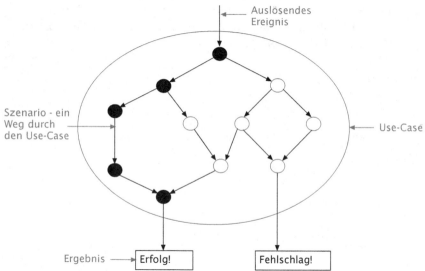

Beispiele

Aus dem Use-Case Auftrag ausführen aus Kapitel 2.8 lassen sich folgende Szenarien ableiten:

1 Auftrag für einen Neukunden bearbeiten, wenn mindestens ein Artikel lieferbar ist.
2 Auftrag bearbeiten, wenn der Kunde bereits existiert und mindestens ein Artikel lieferbar ist.
3 Auftrag bearbeiten, wenn der Kunde bereits existiert, sich seine Daten geändert haben und mindestens ein Artikel lieferbar ist.

Szenarien werden durch **Interaktionsdiagramme** *(interaction diagrams)* modelliert. Die UML 2 bietet mehrere Arten von Interaktionsdiagrammen an:

- Sequenzdiagramm *(sequence diagram)*
- Kommunikationsdiagramm *(communication diagram)*
- Timing-Diagramm *(timing diagram)*
- Interaktionsübersichtsdiagramm *(interaction overview diagram)*

Die Sequenzdiagramme wurden in der UML 2 gegenüber der UML 1.x konzeptionell stark erweitert. Viele dieser Erweitungen sind allerdings in der Analyse nicht notwendig, sondern dem Entwurf vorbehalten. Kommunikationsdiagramm ist ein neuer Name für das alte Kollaborationsdiagramm, während sich konzeptionell nicht viel geändert hat. Die Timing-Diagramme und Interaktionsübersichtsdiagramme sind in der UML 2 neu hinzugekommen.

UML 2 vs. 1

In der Analysephase ist das Sequenzdiagramm besonders gut geeignet, um die wichtigsten Szenarien der Use-Cases zu modellieren.

Ein **Sequenzdiagramm** *(sequence diagram)* zeigt die Interaktion zwischen mehreren Kommunikationspartnern. Oft handelt es sich bei diesen Partnern um die Objekte von Klassen. Dann wird anstelle von Kommunikationspartnern von Objekten gesprochen, die miteinander kommunizieren. Jeder Kommunikationspartner wird durch ein Rechtecksymbol zusammen mit einer gestrichelten Linie dargestellt: der Lebenslinie. In das Rechteck wird der Name des Kommunikationspartners eingetragen. In der Abb. 2.10-2 findet eine Interaktion zwischen drei Objekten statt, die zu den Klassen C1, C2 und C3 gehören. Sie wird initiiert durch einen Benutzer. Bei diesem Kommunikationspartner handelt es sich um einen Akteur. Die Namen der Kommunikationspartner werden bei diesem Sequenzdiagramm mit

Notation
Sequenzdiagramm

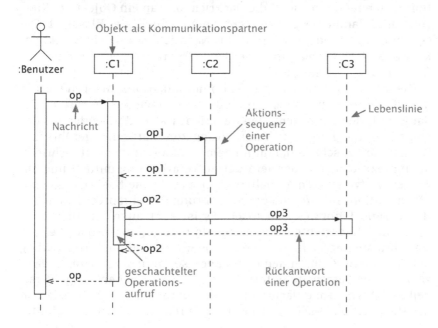

Abb. 2.10-2: Notation Sequenzdiagramm (Basiselemente)

dem Klassennamen bezeichnet, dem ein Doppelpunkt vorausgeht. Alternativ könnten auch Objektnamen gewählt werden. Beachten Sie, dass der Name – im Gegensatz zur UML 1.x – *nicht* unterstrichen wird. Das Sequenzdiagramm besitzt zwei Dimensionen: Die Vertikale repräsentiert die Zeit, auf der Horizontalen werden die Lebenslinien angetragen. Die Interaktion zwischen den Kommunikationspartnern wird durch Botschaften bzw. Nachrichten dargestellt. Jede Nachricht wird durch einen Pfeil vom Sender zum Empfänger dargestellt.

Operationsaufruf   In der Abb. 2.10-2 handelt es sich bei der Nachricht um den Aufruf einer Operation *(method call)*, die von dem jeweiligen Empfängerobjekt ausgeführt wird. Operationsaufrufe werden mit einer gefüllten Pfeilspitze dargestellt. In diesem Fall wird der Name der gerufenen Operation an den Pfeil angetragen. Die Zeitspanne, in der eine Operation vom Empfänger ausgeführt wird, wird in der Abb. 2.10-2 als Aktionssequenz bezeichnet und als längliches Rechteck auf der Lebenslinie angetragen. Nach Beendigung der Operation kann eine Rückantwort *(reply message)* an das Senderobjekt geschickt werden. Diese Rückantwort wird als gestrichelte Linie modelliert und mit dem Namen der gerufenen Operation beschriftet. Operationsaufrufe können auch »geschachtelt« werden. In der Abb. 2.10-2 ruft die Operation op die Operation op2 auf, die ebenfalls auf ein Objekt der Klasse C1 angewandt wird.

Abb. 2.10-2 beschreibt somit folgendes Szenario. Der Akteur mit dem Namen Benutzer schickt die Nachricht op an ein Objekt der Klasse C1, die dort eine gleichnamige Operation aufruft. Die Operation op sendet dann zuerst die Nachricht op1 an ein Objekt der Klasse C2 und dann die Operation op2 an ein Objekt der Klasse C1. Die Operation op2 sendet wiederum eine Nachricht op3 an ein Objekt der Klasse C3. Nach Beendigung einer jeden Operation geht der Kontrollfluss zurück an den Aufrufer.

Nachrichten   Die Interaktion zwischen zwei Kommunikationspartnern wird in der UML durch eine synchrone oder eine asynchrone **Nachricht** dargestellt. Bei der synchronen Nachricht wartet der Sender, bis der Empfänger die geforderte Verarbeitung komplett durchgeführt hat. Der Empfänger schickt daraufhin dem Sender eine Antwortnachricht, die implizit das Ende der geforderten Verarbeitung mitteilt und außerdem Antwortdaten enthalten kann. Synchrone Nachrichten sind oft Operationsaufrufe, die die Ausführung der entsprechenden Methode beim Empfänger auslösen. Es ist aber auch möglich, dass synchrone Nachrichten durch Signale modelliert werden. Bei der asynchronen Nachricht wartet der Sender nicht auf die Fertigstellung der Verarbeitung durch den Empfänger, sondern setzt parallel dazu seine eigene Verarbeitung fort. Es entsteht eine nebenläufige Verarbeitung. Asynchrone Nachrichten werden immer durch Signale realisiert. Synchrone Nachrichten werden durch einen Pfeil mit gefüllter

Pfeilspitze, asynchrone durch einen Pfeil mit offener Pfeilspitze angegeben. Die Rückantwort einer synchronen Nachricht ist ein gestrichelter Pfeil (Abb. 2.10-3). Unabhängig davon, ob es sich um eine
synchrone oder asynchrone Nachricht handelt, kann die Aktionssequenz eingetragen werden, um zu verdeutlichen, wie lange der jeweilige Kommunikationspartner aktiv ist.

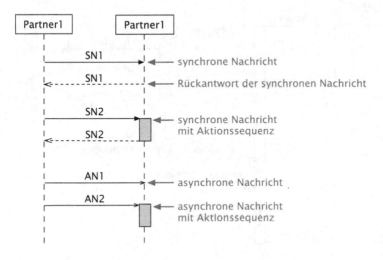

Abb. 2.10-3:
Nachrichten im
Sequenzdiagramm

In der Analyse werden Sequenzdiagramme verwendet, um Szenarien so präzise zu beschreiben, dass deren fachliche Korrektheit
diskutiert werden kann und um eine geeignete Vorgabe für Entwurf
und Implementierung zu erstellen. Es gibt daher keinen absoluten
Maßstab für den jeweiligen Detaillierungsgrad, sondern er muss im
Einzelfall auf die Zielgruppe abgestimmt werden. Im Gegensatz dazu
werden Sequenzdiagramme im Entwurf für eine sehr detaillierte
Spezifikation der Operationsaufrufe verwendet und enthalten dann
alle beteiligten Operationen (siehe Kapitel 9).

Kapitel 9

Abb. 2.10-4 modelliert das oben beschriebene Szenario 1 (Auftrag für
einen Neukunden bearbeiten, wenn mindestens ein Artikel lieferbar
ist) als Sequenzdiagramm. Nach dem Erfassen der Kundendaten wird
der Auftrag erfasst, der aus dem Erfassen der einzelnen Positionen
besteht. Für jeden Artikel ist die Lieferbarkeit zu prüfen. In die Auftragsposition wird für den gewünschten Artikel diejenige Menge
eingetragen, die lieferbar ist. Das könnte die bestellte Anzahl oder
eine geringe Anzahl sein, falls die gewünschte Stückzahl nicht am
Lager verfügbar ist. Wenn das Erfassen aller Auftragspositionen abgeschlossen ist, kann die Rechnung erstellt werden. Damit wird das
Erfassen eines neuen Auftrags abgeschlossen.

Beispiel

Beachten Sie, dass die im Sequenzdiagramm aufgeführten Operationen mit den Operationen im Klassendiagramm konsistent sind.

Abb. 2.10-4:
Sequenzdiagramm:
Auftrag für einen
Neukunden
bearbeiten

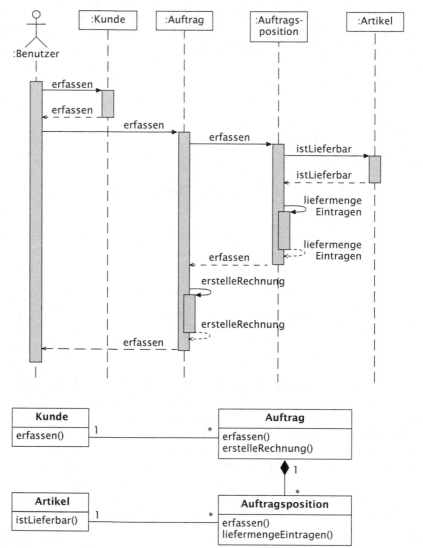

Einsatz   Sequenzdiagramme werden nicht nur dazu verwendet, die einzelnen Wege durch einen Use-Case zu beschreiben, sondern können auch das Zusammenspiel der Operationen einer Klasse oder den Ablauf einer komplexen Operation beschreiben.

Historie   Sequenzdiagramme wurden von Jacobson – damals noch als Interaktionsdiagramme bezeichnet – bereits 1987 in die objektorientierte Entwicklung eingefügt. In der UML 1.x erlaubt die Notation der Sequenzdiagramme nicht die Ausdruckskraft und Präzision, die für Bereiche, wie beispielsweise die Telekommunikation, notwendig sind. Dort werden stattdessen die MSC *(Message Sequence Charts)* mit Erfolg eingesetzt. Bei der UML 2 wurden daher alle relevanten Notationselemente aus den MSC übernommen. Die meisten neuen Elemente würden jedoch bei Anwendung in der Analysephase zu einer Überspezifikation führen und sind daher dem objektorientierten Entwurf vorbehalten.

Leser der 1. Auflage dieses Buchs werden bei diesen Sequenzdiagrammen vielleicht Konstrukte, wie das Erzeugen neuer Objekte und die Abfrage von Bedingungen, vermissen. Da die Sequenzdiagramme in der UML 2 konzeptionell stark erweitert wurden, habe ich mich entschlossen, in der Analyse alle »verzichtbaren« Elemente wegzulassen und diese erst im Entwurf einzuführen. Genaueres dazu finden Sie im Kap. 6.10.

zur 2. Auflage

Kapitel 6.10

Kommunikationsdiagramme

Eine interessante Alternative zu den Sequenzdiagrammen sind die **Kommunikationsdiagramme** *(communication diagrams)*, die in der UML 1.x als Kollaborationsdiagramme bezeichnet wurden. Sie sind gut geeignet, um das grundsätzliche Zusammenspiel mehrerer Kommunikationspartner zu modellieren. In der UML 1.x waren Sequenz- und Kommunikationsdiagramme weitgehend äquivalent. In der UML 2.0 wurden die Sequenzdiagramme grundlegend erweitert (siehe Kap. 6.10), während sich bei den Kommunikationsdiagrammen – außer der Namensänderung – nicht viel geändert hat.

Kapitel 6.10

Abb. 2.10-5 modelliert den gleichen Ablauf wie das Sequenzdiagramm der Abb. 2.10-2. Kommunikationsdiagramme enthalten zusätzlich die Objektbeziehungen *(links)* zwischen den Kommunikationspartnern. An jede Objektbeziehung kann eine Nachricht angetragen werden, deren Richtung durch den Pfeil modelliert wird. In der Abb. 2.10-5 sendet der Benutzer zuerst die Nachricht op an den Kommunikationspartner C1. Dieses Objekt aktiviert die Operationen op1 und op2. Diese Reihenfolge wird durch die angegebenen Nummern 1.1 und 1.2 ausgedrückt. Die Operation op2 ruft nun ihrerseits die Operation op3 – mit der Nummer 1.2.1 – auf.

Notation

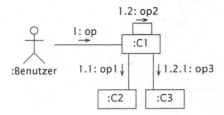

Abb. 2.10-5: Notation Kommunikationsdiagramm

Im Kommunikationsdiagramm können Schleifen und Bedingungen einfacher modelliert werden als im Sequenzdiagramm der UML 2. Schleifen werden durch einen Stern (*) zusammen mit einer Bedingung spezifiziert, z.B. *[für alle]. Eine Bedingung wird einfach in eckigen Klammern angegeben, z.B. [Artikel nicht in gewünschter Anzahl lieferbar] oder in Kurzform [nicht lieferbar].

Schleifen und Bedingungen

Beispiel

Abb. 2.10-6 modelliert das Szenario zum Bearbeiten eines Auftrags für einen Neukunden mit Hilfe eines Kommunikationsdiagramms. Zuerst wird der Kunde, dann dessen Auftrag erfasst. Diese Operation besteht aus dem Erfassen jeder einzelnen Auftragsposition. Im Gegensatz zum Sequenzdiagramm der Abb. 2.10-4, das nur die reinen Nachrichten beschreibt, wird hier ausgedrückt, dass diese Kommunikation in einer Schleife stattfindet. Da der Kunde von einem Artikel mehr bestellen kann, als momentan auf Lager ist, muss erst dessen Lieferbarkeit geprüft werden. Ist ein Artikel nicht in der gewünschten Anzahl lieferbar (Bedingung), wird die tatsächliche Liefermenge eingetragen werden. Ist die gewünschte Anzahl des Artikels lieferbar, so wird in diesem Fall nichts eingetragen. Hier wird also eine geringfügig andere Kommunikation beschrieben als im entsprechenden Sequenzdiagramm. Sind alle Auftragspositionen erfasst, kann die Rechnung erstellt werden. Analog zum Sequenzdiagramm sind die Operationen, die im Kommunikationsdiagramm verwendet werden, auch im Klassendiagramm aufgeführt.

Abb. 2.10-6:
Kommunikations-
diagramm:
Auftrag für einen
Neukunden
bearbeiten

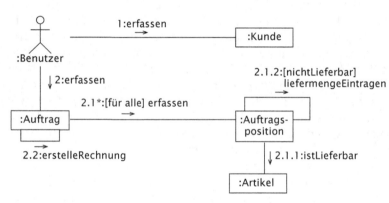

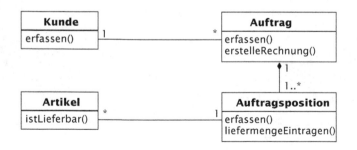

Sequenz- vs.
Kommunikations-
diagramme

Sequenzdiagramme heben den zeitlichen Aspekt des dynamischen Verhaltens deutlich hervor. Die Reihenfolge und die Verschachtelung der Operationen sind sehr leicht zu erkennen. Kommunikationsdiagramme betonen die Objektbeziehungen *(links)*. Reihenfolge und Verschachtelung werden nur durch eine hierarchische Nummerierung angegeben und sind daher für den Leser nicht so schnell ersichtlich. Der Vorteil für den UML-Modellierer ist jedoch, dass er sich nicht gleich auf die Ausführungsreihenfolge festlegen muss, sondern zunächst die Kommunikationspartner und die ausgetauschten Nachrichten beschreiben und in einem weiteren Schritt die Reihenfolge hinzufügen kann. Dadurch wird die Erstellung einfacher. Ein weiterer Vorteil ist, dass durch die Änderungen der UML 2 Schleifen und Bedingungen im Kommunikationsdiagramm einfacher spezifiziert werden können. Der Vorteil der Sequenzdiagramme liegt in der UML 2 darin, dass sie wesentlich präzisere Spezifikationsmöglichkeiten bieten.

Sequenz- und Kommunikationsdiagramme müssen mit dem Klassendiagramm konsistent sein, d.h., alle Botschaften, die an ein Objekt einer Klasse gesendet werden, müssen im Klassendiagramm in der Operationsliste dieser Klasse enthalten sein. Verwaltungsoperationen werden in die Sequenz- und Kommunikationsdiagramme eingetragen, um die Kommunikation der Objekte vollständig zu beschreiben, während sie im Klassendiagramm nicht explizit modelliert werden. *Konsistenz*

2.11 Zustandsautomat

Ein **Zustandsautomat** (*finite state machine*) besteht aus Zuständen und Zustandsübergängen (Transitionen). Ein Zustand ist eine Zeitspanne, in der ein Objekt auf ein Ereignis wartet, d.h., das Objekt verweilt eine bestimmte Zeit in diesem Zustand. In diesen Zustand gelangt das Objekt durch ein entsprechendes Ereignis. Ein Ereignis tritt immer zu einem Zeitpunkt auf und besitzt keine Dauer. Ein Objekt kann – nacheinander – mehrere Zustände durchlaufen. Zu einem Zeitpunkt befindet es sich in genau einem Zustand. Tritt in einem beliebigen Zustand ein Ereignis ein, so hängt der nächste Zustand sowohl vom aktuellen Zustand als auch vom jeweiligen Ereignis ab. Der Zustand eines Objekts beinhaltet also implizit Informationen, die sich aus den bisherigen Eingaben ergeben haben.

In der Objektorientierung wird das **Zustandsdiagramm** (*state-chart diagram*) zur grafischen Darstellung des Zustandsautomaten verwendet.

Die Abb. 2.11-1 zeigt einen sehr einfachen Zustandsautomaten. Es wird die Ausfahrt aus einem Parkplatz modelliert. Eine Ausfahrtampel zeigt an, ob die Ausfahrt freigegeben ist. Wird bei roter Ausfahrtampel eine Parkmünze eingeworfen, dann schaltet die Ampel auf grün. Anders ausgedrückt: Wenn im Zustand Ausfahrtampel rot das Ereignis Parkmünze einwerfen auftritt, dann findet ein Übergang bzw. eine Transition in den Zustand Ausfahrtampel grün statt. Nach erfolgter Durchfahrt wird wieder die rote Ausfahrtampel angezeigt. *Beispiel*

Bei diesem Automaten löst jedes Ereignis nur einen Zustandswechsel aus.

Abb. 2.11-1:
Einfacher Zustands-
automat mit
Ereignissen und
Zuständen

Zustandsname

Der Name des **Zustands** ist optional. Zustände ohne Namen heißen *anonyme Zustände* und sind alle voneinander verschieden. Ein benannter Zustand kann dagegen – der besseren Lesbarkeit halber – mehrmals in das Diagramm eingetragen werden. Diese Zustände sind alle identisch. Der Zustandsname soll kein Verb sein, auch wenn mit dem Zustand eine Verarbeitung verbunden sein kann. Wir wählen beispielsweise den Namen »ausgeliehen« statt »ausleihen«. Innerhalb eines Zustandsautomaten muss jeder Zustandsname eindeutig sein.

Aktivitäten

Mit einer Transition kann eine Verarbeitung verbunden sein. Sie wird durch eine Aktivität modelliert. Während Sie sich Zustände so vorstellen können, dass sich ein Objekt hierin »ausruht«, besitzt eine Transition theoretisch keine Dauer. Daher dürfen auch Aktivitäten, die an eine Transition angetragen sind, theoretisch keine Dauer besitzen. In der Praxis benötigt natürlich jede Aktivität für ihre Ausführung eine bestimmte Zeitspanne. »Theoretisch keine Dauer« bedeutet jedoch, dass die Dauer für die Modellierung nicht relevant ist.

Beispiel

In der Abb. 2.11-2 wird der Zustandsautomat erweitert. Das Ereignis `Parkmünze einwerfen` löst die Aktivität `schalte Ampel auf grün` aus. Analog löst die `Durchfahrt` die Aktivität `schalte Ampel auf rot` aus. Jedes Ereignis ist nun zusätzlich zum Zustandsübergang mit einer Aktivität verknüpft.

Abb. 2.11-2:
Zustandsautomat
mit Aktivitäten an
den Transitionen

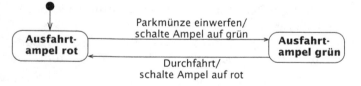

entry-, exit-, do-
Aktivitäten

Aktivitäten können auch in einen Zustand eingetragen werden. Eine *entry*-Aktivität wird ausgeführt, sobald sich das Objekt im betreffenden Zustand befindet, und beendet sich dann von selbst. Auch bei *entry*-Aktivitäten spielt deren Dauer keine Rolle. Jeder Zustand kann maximal eine *entry*-Aktivität besitzen. Analog kann ein Zustand maximal eine *exit*-Aktivität besitzen. Sie wird ausgeführt, bevor ein Objekt – aufgrund eines eingetretenen Ereignisses – den betreffenden Zustand verlässt. Außerdem kann mit einem Zustand eine *do*-Aktivität verbunden sein. Eine *do*-Aktivität beginnt, wenn ein Objekt einen Zustand einnimmt und endet, wenn es ihn verlässt. Abb. 2.11-3 zeigt die zeitliche Wirkung der verschiedenen Aktivitäten.

Abb. 2.11-3:
entry-, exit- und
do-Aktivität

Abb. 2.11-4 zeigt eine Modellierungsvariante der Parkschranke. Die Aktivitäten zum Umschalten der Ampel werden nun als *entry*-Aktivitäten in die Zustände eingetragen. Das bedeutet, dass diese Aktivität jeweils ausgeführt wird, sobald ein Eintritt in den jeweiligen Zustand erfolgt.

Beispiel

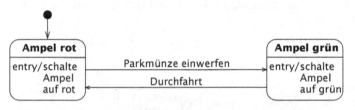

Abb. 2.11-4:
Zustandsautomat
mit entry-
Aktivitäten

Bei dem betrachteten Beispiel sind die Modellierungen mit Aktivitäten an den Transitionen und *entry*-Aktivitäten äquivalent. Das muss jedoch nicht in jedem Fall so sein. Aktivitäten an Transitionen gelten nur für den jeweiligen Zustandsübergang, während eine *entry*-Aktivität immer ausgeführt wird, wobei es gleichgültig ist, über welche Transition ein Eintritt in den Zustand erfolgt.

In der UML 2 können Diagramme mit einem optionalen Rahmen ergänzt werden. Jeder Rahmen besitzt links oben ein Fünfeck, in das der Diagrammtyp und der Name des Diagramms eingetragen wird. Für den Diagrammtyp gibt die UML einige Kürzel vor, z.B. sm für Zustanddiagramm *(state machine)*, sd für Sequenzdiagramm *(sequence diagram)*. Abb. 2.11-5 zeigt den Diagrammrahmen an einem Beispiel.

Diagrammrahmen

Abb. 2.11-5 zeigt, wie die Ausfahrt aus einem Parkhaus funktioniert, wenn statt der Ausfahrtampel eine Parkschranke verwendet wird. Im Gegensatz zum Umschalten der Ampel benötigt die Schranke für das Heben und Senken eine bestimmte Zeitspanne. Daher wird hier eine *do*-Aktivität zur Modellierung verwendet. Bei diesem Beispiel beenden sich beide Aktivitäten selbständig nach einer gewissen Zeit. Es

Beispiel

wäre aber auch denkbar, dass während des Senkens der Schranke plötzlich ein weiteres Auto durchfährt. Hier könnte modelliert werden, wie die Schranke in diesem Fall reagieren soll. *Do*-Aktivitäten können durch auftretende Ereignisse abgebrochen werden.

Abb. 2.11-5:
Zustandsautomat
mit do-Aktivitäten

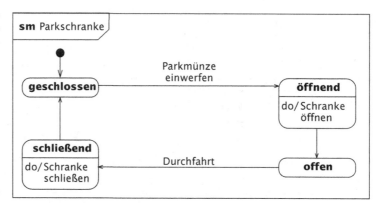

Notation   Abb. 2.11-6 zeigt die grundlegenden Notationselemente für einen Zustandsautomaten.

Abb. 2.11-6:
Notation eines
einfachen
Zustands-
automaten

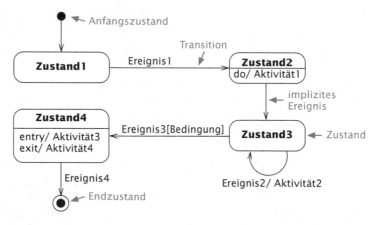

Jeder Zustandsautomat besitzt einen Anfangszustand und kann einen Endzustand besitzen.

Anfangs- und
Endzustand
Der Anfangszustand *(initial state)* kennzeichnet den Startpunkt für die Ausführung des Zustandsautomaten. Er wird durch einen kleinen ausgefüllten Kreis dargestellt. Vom Anfangszustand erfolgt genau eine Transition in den ersten »echten« Zustand. Im Allgemeinen wird diese Transition nicht mit einem Ereignis beschriftet. Jeder Zustandsautomat darf nur einen Startzustand enthalten. Das Gegenstück bildet der Endzustand *(final state)*, der als kleiner ausgefüllter Kreis mit einem umschließenden Ring (»Bullauge«) modelliert wird. In einem

Endzustand findet keine Verarbeitung statt. Aus ihm dürfen keine Transitionen herausführen.

Eine **Transition** bzw. ein Zustandsübergang verbindet zwei Zustände. Die Transition wird durch einen Pfeil dargestellt. Eine Transition kann nicht unterbrochen werden und wird stets durch ein Ereignis ausgelöst. Wir sagen: Die Transition »feuert«. Tritt ein Ereignis ein und das Objekt befindet sich nicht in einem Zustand, in dem es darauf reagieren kann, dann wird das Ereignis ignoriert. Meistens ist mit einer Transition ein Zustandswechsel verbunden. Es ist aber auch möglich, dass Ausgangs- und Folgezustand identisch sind. Man spricht in diesem Fall von einer Selbstransition *(self transition)*. Beachten Sie, dass in einem solchen Fall die *entry*- und *exit*-Aktivitäten bei jedem neuen Eintritt – in denselben Zustand – ausgeführt werden.

Jede Transition wird durch ein **Ereignis** *(trigger)* ausgelöst. Ein Ereignis kann sein:

- ein Signal,
- ein Operationsaufruf,
- ein zeitliches Ereignis,
- eine Änderung bestimmter Werte,
- ein implizites Ereignis.

Signale übermitteln asynchrone Nachrichten, die nicht auf eine Rückantwort vom Empfänger warten. Operationsaufrufe rufen eine Operation beim Empfänger auf. Diese Operation wird ausgeführt und gibt eventuell ein Ergebnis zurück. Bei einem zeitlichen Ereignis kann es sich um eine verstrichene Zeitspanne oder um das Eintreten eines bestimmten Zeitpunktes handeln. Eine verstrichene Zeitspanne ist beispielsweise after (10 Sekunden). Ein konkreter Zeitpunkt kann beispielsweise wie folgt spezifiziert werden: 31.12.2000 24:00. Wenn ein Ereignis durch die Änderung bestimmter Werte ausgelöst wird, so wird dies durch eine Bedingung *(guard)* beschrieben, die unten genauer erklärt wird. Das Ende einer Aktivität kann zu einem Beendigungsereignis führen. Dann wird der Zustand über eine Transition verlassen, wenn die mit dem Vorgängerzustand verbundene Verarbeitung beendet ist. Da dieses Ereignis nicht an die Transition angetragen wird, spricht man von einem impliziten Ereignis.

Außerdem bietet die UML 2 das Ereignis *AnyTrigger* an. Er dient als Platzhalter für alle Ereignisse, die an keiner anderen ausgehenden Transition des betrachteten Zustands angetragen sind. Damit ist es möglich, die ausgehenden Transitionen eines Zustands vollständig zu spezifizieren (analog zum *else* in einer Bedingung). Dieses Ereignis wird mit all beschriftet.

Ereignisse können durch Bedingungen *(guards)* ergänzt werden. Ein Bedingung kann wahr oder falsch sein kann. Wenn das jeweilige Ereignis eintritt, dann wird zusätzlich diese Bedingung ausgewertet. Nur wenn sie erfüllt ist, d.h. *true* ergibt, feuert die Transition. Eine

Transition

Ereignisse

Bedingung

Bedingung *(guard)* kann in der Form [Karte = gültig] spezifiziert oder frei formuliert werden, z.B. [Geld reicht aus].

Beispiel Abb. 2.11-7 beschreibt, wie die Parkgebühr an einem Kartenautomat in einem Parkhaus bezahlt wird. Das Verhalten beginnt im Zustand bereit. Legt der Automatenbenutzer seine Karte ein, dann wird die Aktivität einziehen Karte ausgeführt. Der Automat prüft nun, ob es sich um eine gültige Parkkarte handelt. Gilt Karte = ungültig, dann wird die Karte wieder ausgeworfen. Ist die Bedingung Karte = gültig erfüllt, dann erfolgt ein Übergang in den Zustand wartet auf Geld, in dem der zu zahlende Preis angezeigt wird. In diesem Zustand reagiert der Automat nur auf das Ereignis Geld eingeworfen. Welche Transition ausgeführt wird, hängt von dem zugehörigen Guard ab. Reicht das Geld nicht, dann erfolgt eine Selbsttransition und die Aktivität zum Anzeigen des noch zu zahlenden Preises wird ausgeführt. Hat der Benutzer zu viel Geld eingeworfen, gibt der Automat Wechselgeld zurück. Hier handelt es sich um eine *do*-Aktivität, weil man davon ausgeht, dass die einzelnen Münzen nacheinander ausgeworfen werden. Ist das Wechselgeld ausgeworfen, dann erfolgt eine implizite Transition in den Zustand wartet auf Quittung, in dem zuerst eine Parkmünze ausgegeben wird. Dann kann während maximal fünf Sekunden nach Eintritt in diesen Zustand eine Quittung angefordert werden. Ist diese Zeitspanne verstrichen, erfolgt eine Transition in den Zustand bereit.

Abb. 2.11-7:
Zustandsautomat
zum Bezahlen der
Parkgebühr in
einem Parkhaus

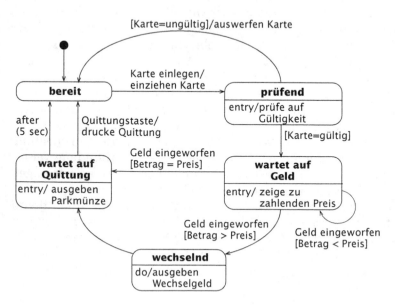

Die UML 2 unterscheidet zwei Arten von Zustandsautomaten: den Verhaltens- und den Protokollzustandsautomaten.

Wenn Zustandsautomaten dazu dienen, das Verhalten von Modellelementen zu spezifizieren, dann spricht man von Verhaltenszustandsautomaten *(behavioral state machines)*. Bei den oben beschriebenen Zustandsautomaten handelt es sich um Verhaltenszustandsautomaten.

Verhaltens-
zustandsautomat

Ein Protokollzustandsautomat *(protocol state machine)* beschreibt
für ein Objekt einer Klasse, in welchem Zustand und bei welchen
Bedingungen die Operationen aufgerufen werden dürfen. Protokollzustandsautomaten beschreiben die zulässige Reihenfolge der Operationen. Sie bieten sich daher an, den Lebenszyklus *(life cyle)* von
Objekten einer Klasse zu beschreiben. Zur Unterscheidung von den
Verhaltenszustandsautomaten werden sie mit dem Schlüsselwort
{protocol} gekennzeichnet. In einen Protokollzustandsautomaten
werden alle Operationen eingetragen, die nur in einem bestimmten
Zustand ausgeführt werden. Mit anderen Worten: Operationen der
Klasse, die nicht im Protokollzustandsautomaten enthalten sind,
können grundsätzlich in jedem Zustand aufgerufen werden. Die Angabe von *entry-, exit-* oder *do*-Aktivitäten ist bei Protokollzustandsautomaten nicht erlaubt. An die Transition wird die Operation angetragen, die den Zustandsübergang auslöst. Sie kann mit einer Vorbedingung und Nachbedingung ergänzt werden. Die Vorbedingung
entspricht der Bedingung *(guard)* einer Transition. Nur wenn sie erfüllt ist, kann die Operation aufgerufen werden. Die Nachbedingung
muss erfüllt sein, um den Folgezustand zu erreichen. Diese Angabe
ist jedoch in den meisten Fällen nicht notwendig. Die Syntax für eine
Transition im Protokollzustandsautomaten lautet somit:
[Vorbedingung] Operation / [Nachbedingung]

Protokollzustands-
automat

Wenn in einer Bibliothek ein Buch beschafft wird, dann werden seine
Daten erfasst und ein neues Objekt der Klasse Buch erzeugt (Abb.
2.11-8). Der Einfachheit halber gebe es von jedem Buch nur ein einziges Exemplar. Jedes Buch kann ausgeliehen werden. Wird ein aus-
geliehenes Buch von einem anderen Leser gewünscht, dann muss es
vorbestellt werden. Nicht vorbestellte Bücher stehen nach der Rück-
gabe sofort für eine erneute Ausleihe bereit. Vorbestellte Bücher
werden nach der Ausleihe für den entsprechenden Leser zur Abho-
lung bereitgelegt und der Leser wird informiert. Wird das Buch nicht
fristgemäß abgeholt, dann steht es für eine neue Ausleihe bereit.
Defekte Bücher oder Bücher, die nicht zurückgegeben wurden, werden aus dem Bestand entfernt.
Wenn ein neues Buch im System gespeichert wird, dann befindet es
sich zunächst im Zustand präsent. Das Löschen von Büchern im System wird durch den Übergang in den Endzustand (Bullauge) angezeigt. Er sagt aus, dass das Objekt aufhört zu existieren.

Beispiel

*Abb. 2.11-8:
Protokollzustands-
automat für die
Klasse Buch*

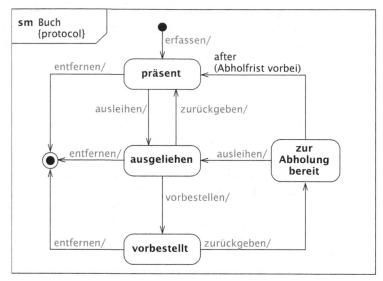

Verfeinerung von Zuständen

Ein Zustand kann durch Unterzustände *(substates)* verfeinert werden.
Alle Unterzustände sind disjunkt, d.h., sie schließen sich gegenseitig
aus. Ein Zustand, der verfeinert wird, heißt auch zusammengesetzter
Zustand.

Auch jede Verfeinerung besitzt genau einen Anfangszustand. Eine
Transition in einen verfeinerten Zustand entspricht der Transition in
den Anfangszustand der Verfeinerung. Das Verlassen eines verfeinerten Zustands wird im entsprechenden Zustandsdiagramm durch den
Endzustand angezeigt.

Wird ein verfeinerter Zustand durch eine Transition verlassen,
dann wird jeder Unterzustand – egal auf welcher Verfeinerungsstufe
– verlassen und die entsprechende *exit*-Aktivität ausgeführt. Wird ein
Zustand mit einer rekursiven Transition verfeinert, dann wird beim
erneuten Zustandseintritt der Anfangszustand eingenommen und
die *entry*-Aktivität ausgeführt.

Beispiel Abb. 2.11-9 wendet die Verfeinerung auf einem Tempomaten an.
Beide Zustandsdiagramme modellieren die gleiche Problemstellung.

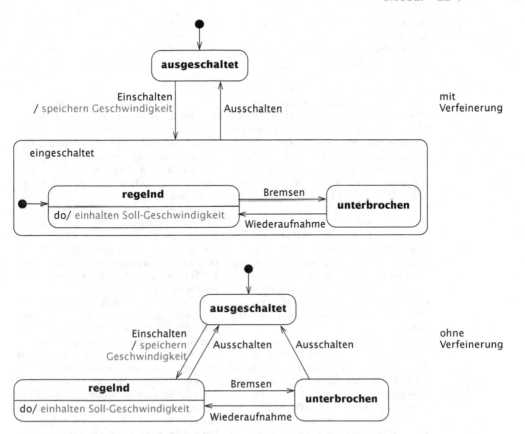

mit
Verfeinerung

ohne
Verfeinerung

Abb. 2.11-9:
Zustands-
diagramm für
einen Tempomaten

Akteur *(actor)* Ein Akteur ist eine Rolle, die ein Benutzer des Systems spielt. Akteure befinden sich außerhalb des Systems. Akteure können Personen oder externe Systeme sein.

Aktion *(action)* Eine Aktion ist die kleinste ausführbare Funktionseinheit innerhalb einer →Aktivität. Eine Aktion kann ausgeführt werden, wenn die Vorgänger-Aktion beendet ist, wenn notwendige Daten zur Verfügung stehen oder wenn ein Ereignis auftritt. Eine Aktion kann auch ein Aktivitätsaufruf sein, d.h., von der Ausführung her gesehen, kann sich hinter einem Aktionsknoten eine sehr komplexe Verarbeitung verbergen.

Aktivität *(activity)*
1. Eine Aktivität modelliert im Aktivitätsdiagramm die Ausführung von Funktionalität bzw. Verhalten. Sie wird durch mehrere Knoten dargestellt, die durch gerichtete Kanten miteinander verbunden sind. Es lassen sich Aktionsknoten, Kontrollknoten und Objektknoten unterscheiden. Aktivitäten besitzen sowohl ein Kontrollfluss- als auch ein Datenmodell.
2. Eine Aktivität spezifiziert in einem Zustandsautomaten die durchzuführende Verarbeitung. Aktivitäten können an eine Transition angetragen oder mit einem Zustand verbunden sein. Bei den letzteren werden *entry-*, *exit-* und *do-*Aktivitäten unterschieden.

Aktivitätsdiagramm *(activity diagram)* Ein Aktivitätsdiagramm modelliert eine →Aktivität durch ein großes Rechteck mit abgerundeten Ecken. Die Verarbeitungsschritte der Aktivität werden durch einen Graphen dargestellt, der aus Knoten *(nodes)* und Pfeilen *(edges)* besteht. Die Knoten entsprechen im einfachsten Fall den →Aktionen. Die

Pfeile (gerichtete Kanten) verbinden die Knoten und stellen im einfachsten Fall den Kontrollfluss der Aktivität dar. Viele Aktivitäten benötigen Eingaben und produzieren Ausgaben. Sie werden durch Parameterknoten beschrieben.

Botschaft *(message)* →Nachricht

Ereignis *(event)* Auslöser einer →Transition in einem Zustandsautomaten. Ein Ereignis bzw. ein Trigger kann sein: ein Signal, ein Operationsaufruf, ein zeitliches Ereignis, eine Änderung bestimmter Werte (wird durch eine Bedingung spezifiziert) oder ein implizites Ereignis.

Interaktionsdiagramm *(interaction diagram)* In der UML bildet Interaktionsdiagramm der Oberbegriff für →Sequenzdiagramme *(sequence diagrams)*, →Kommunikationsdiagramme *(communication diagrams)*, Timing-Diagramme *(timing diagrams)* und Interaktionsübersichtsdiagramme *(interaction overview diagrams)*.

Kommunikationsdiagramm *(communication diagram)* Ein Kommunikationsdiagramm beschreibt die Objekte und die Objektbeziehungen zwischen diesen Objekten. An jede Objektbeziehung *(link)* kann eine →Operation mit einem Pfeil angetragen werden. Die Reihenfolge und Verschachtelung der Operationen wird durch eine hierarchische Nummerierung angegeben.

Nachbedingung *(postcondition)* Die Nachbedingung beschreibt die Änderung, die durch eine Verarbeitung bewirkt wird, unter der Voraussetzung, dass vor ihrer Ausführung die →Vorbedingung erfüllt war.

Nachricht *(message)* Aufforderung eines Senders *(client)*, an einen Empfänger *(server, supplier)* eine Dienstleistung zu erbringen. Der Empfänger interpretiert diese Nachricht und führt eine Operation aus.

Sequenzdiagramm *(sequence diagram)* Ein Sequenzdiagramm modelliert die Interaktionen zwischen mehreren Kommunikationspartnern. Das Sequenzdiagramm besitzt zwei Dimensionen: Die Vertikale repräsentiert die Zeit, auf der Horizontalen werden die Lebenslinien der Kommunikationspartner angetragen. Die Interaktion zwischen den Kommunikationspartnern wird durch Botschaften bzw. Nachrichten dargestellt. Jede Nachricht wird durch einen Pfeil vom Sender zum Empfänger dargestellt.

Szenario *(scenario)* Ein Szenario ist eine Sequenz von Verarbeitungsschritten, die unter bestimmten Bedingungen auszuführen sind. Diese Schritte sollen das Hauptziel des →Akteurs realisieren und ein entsprechendes Ergebnis liefern. Ein →Use-Case wird durch eine Kollektion von Szenarien dokumentiert.

Transition *(transition)* Eine Transition (Zustandsübergang) verbindet einen Ausgangs- und einen Folgezustand. Sie kann nicht unterbrochen werden und wird stets durch ein →Ereignis ausgelöst. Ausgangs- und Folgezustand können identisch sein.

Use-Case *(use case)* Ein Use-Case spezifiziert eine Sequenz von Aktionen, einschließlich möglicher Varianten, die das System in Interaktion mit Akteuren ausführt. Er wird durch ein bestimmtes Ereignis ausgelöst und ausgeführt, um ein Ziel zu erreichen oder ein gewünschtes Ergebnis zu erstellen. Ein Use-Case ist immer als Black Box zu verstehen: Er beschreibt das extern wahrnehmbare Verhalten, ohne auf die interne Struktur oder Details der Realisierung einzugehen.

Use-Case-Diagramm *(use case diagram)* Ein Use-Case-Diagramm beschreibt die Beziehungen zwischen → Akteuren und →Use-Cases in einem System. Auch Beziehungen zwischen Use-Cases *(extend* und *include)* können eingetragen werden. Außerdem kann es Generalisierugsstrukturen zwischen Akteuren oder zwischen Use-Cases darstellen. Es gibt auf einem auf hohem Abstraktionsniveau einen guten Überblick über das System und seine Schnittstellen zur Umgebung.

Use-Case-Schablone *(use case template)* Die Use-Case-Schablone ermöglicht eine semiformale Spezifikation von → Use-Cases. Sie enthält folgende Informationen: Name, Ziel, Kategorie, Vorbedingung, Nachbedingung Erfolg, Nachbedingung Fehlschlag, Akteure, auslösendes Ereignis, Beschreibung des

Standardfalls sowie Erweiterungen und Alternativen zum Standardfall.

Vorbedingung *(precondition)* Die Vorbedingung beschreibt, welche Bedingungen vor dem Ausführen einer Verarbeitung erfüllt sein müssen, damit die Verarbeitung wie definiert ausgeführt werden kann.

Zustand *(state)* Ein Zustand eines → Zustandsautomaten ist eine Zeitspanne, in der ein Objekt auf ein Ereignis wartet. Ein Zustand besteht so lange, bis ein → Ereignis eintritt, das eine →Transition auslöst.

Zustandsautomat *(state machine)* Ein Zustandsautomat besteht aus Zuständen und Transitionen. Er hat einen An-

fangszustand und kann einen Endzustand besitzen. Die UML 2 unterscheidet den Verhaltenszustandsautomaten und den Protokollzustandsautomaten. Der Verhaltenszustandsautomat dient in der Analyse dazu, das dynamische Verhalten von →Use-Cases und Klassen zu beschreiben. Der Protokollzustandsautomat kann in der Analyse gut verwendet werden, um die zulässigen Aufrufe der zustandsabhängigen Operationen einer Klasse zu spezifizieren.

Zustandsdiagramm *(state machine diagram)* Das Zustandsdiagramm ist eine grafische Repräsentation des → Zustandsautomaten.

Bei der Erstellung des dynamischen Modells sind folgende Konzepte anzuwenden: Die Use-Cases beschreiben die Arbeitsabläufe der Akteure mit dem System auf einer hohen Abstraktionsebene. Die Dokumentation erfolgt in Use-Case-Diagrammen. Zur Spezifikation einzelner Use-Cases kann eine Schablone sinnvoll eingesetzt werden. Das Aktivitätsdiagramm enthält die Verarbeitungsschritte einer Aktivität, die durch Knoten *(nodes)* und Kanten *(edges)* dargestellt werden. Es kann zur Beschreibung von Use-Cases oder von Operationen verwendet werden. Ein Use-Case wird durch mehrere Szenarien verfeinert, die in Form von Sequenzdiagrammen oder Kommunikationsdiagrammen dokumentiert werden. Das Zustandsdiagramm verwenden wir, um das Verhalten von Modellelementen (Verhaltenszustandsautomat) oder den Lebenszyklus einer Klasse (Protokollzustandsautomat) zu spezifizieren.

1 *Lernziel: Use-Cases identifizieren und ein Use-Case-Diagramm erstellen.*
Für eine Stadtbibliothek soll ein Softwaresystem entwickelt werden. Analysieren Sie die typischen Use-Cases zur Ausleihe und Verwaltung von Büchern und erstellen Sie ein Use-Case-Diagramm.

Aufgabe
5–10 Minuten

2 *Lernziel: Use-Cases spezifizieren.*
Für die nachfolgende Problembeschreibung ist der Use-Case mittels Schablone zu spezifizieren.
Für eine Seminarverwaltung ist eine Anmeldung zu bearbeiten. Ist es ein neuer Kunde, dann sind die Daten zu erfassen. Existiert der Kunde bereits, dann ist zu prüfen, ob die Daten aktualisiert werden müssen. Weiterhin ist zu prüfen, ob das gewünschte Seminar

Aufgabe
5–10 Minuten

angeboten wird und ob noch ein Platz im Seminar frei ist. Wenn die Anmeldung durchgeführt werden kann, erhält der Kunde eine Anmeldebestätigung. Wenn kein Platz mehr frei ist oder das angegebene Seminar nicht angeboten wird, dann muss beim Kunden nachgefragt werden, ob ein alternatives Seminar in Frage kommt.

Aufgabe
15 Minuten

3 *Lernziel: Aktivitätsdiagramm erstellen.*
Spezifizieren Sie die Problembeschreibung der Aufgabe 2 durch ein Aktivitätsdiagramm.

Aufgabe
10–15 Minuten

4 *Lernziel: Szenario mittels Interaktionsdiagramm beschreiben.*
Beschreiben Sie folgende Problemstellung als Sequenz- oder als Kommunikationsdiagramm. Skizzieren Sie das Klassendiagramm und achten Sie auf Konsistenz zwischen Klassen- und Interaktionsdiagramm.
Ein neuer Kunde eröffnet bei einer Bank ein Sparkonto. Zuerst werden die Daten dieses Kunden erfasst. Bei der Kontoeröffnung muss der Kunde gleich eine Einzahlung vornehmen, d.h., es findet die erste Kontobewegung für dieses Konto statt.

Aufgabe
10–15 Minuten

5 *Lernziel: Zustandsdiagramm erstellen.*
Anhand der folgenden Problembeschreibung ist ein Zustandsdiagramm zu erstellen, um das Abheben von Geld an einem – vereinfachten – Geldautomaten zu beschreiben.
Zu Beginn ist der Automat im Zustand »bereit«. Wird eine Karte eingegeben, so wird die Karte eingezogen. Falsche Karten werden sofort ausgeworfen und der Geldautomat ist wieder bereit. Ist die Karte korrekt, dann wartet der Automat auf die Eingabe der Geheimzahl. Wird eine falsche Geheimzahl eingegeben, dann bricht der Automat die Verarbeitung ab (d.h. Auswerfen der Karte) und ist wieder bereit. Bei korrekter Geheimzahl wartet der Automat auf die Eingabe des Betrags. Ist der gewünschte Betrag zu hoch, kann er erneut eingegeben werden. Weist das Konto die notwendige Deckung auf, dann wird die Karte aktualisiert ausgegeben und anschließend der Kundenauftrag bearbeitet. Anschließend ist der Automat bereit für den nächsten Kunden. Solange der Automat den Auftrag noch nicht bearbeitet, kann jederzeit die Rückgabetaste gedrückt werden. Der Automat wirft die Karte aus und ist wieder bereit.

3 Analysemuster und Beispiel-anwendungen

- Wichtige Muster der Systemanalyse kennen. wissen
- Erklären können, was ein Muster ist. verstehen
- Klassendiagramme und Spezifikationen von Use-Cases lesen und verstehen können.
- Analysemuster in einer Textbeschreibung erkennen und dar-stellen können. anwenden
- Analysemuster in einem Klassendiagramm erkennen können.

Voraussetzungen für diese Lehreinheit sind die Kapitel 2.1 bis 2.6 und das Kapitel 2.8.

3.1 Katalog von Analysemustern

Es hat sich gezeigt, dass bei der Modellierung häufig ähnliche Probleme vorkommen. Muster beschreiben – wiederkehrende – Problemstellungen und ihre Lösungen. Im Sinne einer effizienten Softwareentwicklung ist es sinnvoll, bereits existierende Problemlösungen wiederzuverwenden. Erfahrene Softwareentwickler wenden Muster meist mehr oder weniger intuitiv an. Einige Autoren systematisieren und katalogisieren diese Muster, um sie allen Softwareentwicklern für eine systematische und effektive Softwareproduktion zur Verfügung zu stellen. Dabei handelt es sich jedoch überwiegend um Entwurfsmuster (z.B. /Gamma et al. 95/, /Buschmann et al. 96/). Im Bereich der Analysemuster haben sich insbesondere Coad /Coad 92, 95/ und Fowler /Fowler 97a/ hervorgetan.

Definition — Ganz allgemein gesehen ist ein **Muster** *(pattern)* eine Idee, die sich in einem praktischen Kontext als nützlich erwiesen hat und es wahrscheinlich auch in anderen sein wird /Fowler 97a/. Ein **Analysemuster** ist eine Gruppe von Klassen mit feststehenden Verantwortlichkeiten und Interaktionen /Coad 95/. Es kann eine Gruppe von Klassen sein, die durch Beziehungen verknüpft ist, oder eine Gruppe von kommunizierenden Objekten.

Muster gestatten Softwareentwicklern eine effektive Kommunikation. Eine der wichtigen Verwendungsmöglichkeiten der Muster ist die standardisierte Lösung bestimmter Probleme. Sie lassen sich aber auch sehr gut zur Modellierung einsetzen, z.B. zum Unterscheiden der verschiedenen Arten der Assoziation und zum Identifizieren von Klassen.

Wie gut vorhandene Muster in neuen Projekten anwendbar sind, hängt sehr stark vom Anwendungsbereich ab. Prinzipiell lassen sich allgemeine Muster und anwendungsspezifische Muster unterscheiden. Letztere bieten beispielsweise Problemlösungen für Planungssysteme oder Warenwirtschaftssysteme /Fowler 97a/. Das Ziel dieses Kapitels ist es, Ihnen möglichst allgemeine Muster zur Verfügung zu stellen.

Beschreibung von Mustern — Jedes Muster wird über einen eindeutigen Namen identifiziert. Es wird durch ein oder mehrere Beispiele erläutert, die skizzieren, für welche Problemstellung das Muster eine Lösung anbietet. Anschließend werden die typischen Eigenschaften dieses Musters aufgeführt.

Muster 1: Liste

Motivation — Die Informationen einer Bestellung und ihrer Bestellpositionen lassen sich wie in Abb. 3.1-1 darstellen. Eine Bestellung besteht sozusagen aus einem Bestellungskopf und den einzelnen Positionen. Analog lässt sich ein Lager mit all seinen einzelnen Lagerplätzen als Liste visualisieren. Ein Lagerplatz kann nicht ohne Lager existieren.

Notiz

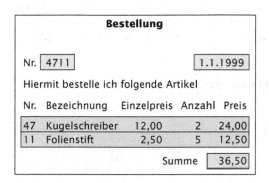

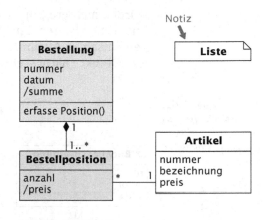

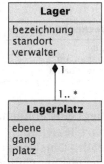

Abb. 3.1-1:
Beispiele für das
Muster Liste

Es macht vom Problem her auch keinen Sinn, ihn einem anderen Lager zuzuordnen. Die Attributwerte des Lagers gelten auch für jeden Lagerplatz. Ist beispielsweise das Lager gekühlt, dann ist auch jeder Lagerplatz gekühlt.

Diese Problemstellung kommt in vielen Anwendungsbereichen immer wieder vor und wird als Komposition modelliert.

Die UML erlaubt es, auf jedem Diagramm wichtige Informationen als Notiz anzugeben.

Notiz

- Es liegt eine Komposition vor.

Eigenschaften

- Ein Ganzes besteht aus gleichartigen Teilen, d.h., es gibt nur eine Teil-Klasse.
- Teil-Objekte bleiben einem Aggregat-Objekt fest zugeordnet. Sie können jedoch gelöscht werden, bevor das Ganze gelöscht wird.
- Die Attributwerte des Aggregat-Objekts gelten auch für die zugehörigen Teil-Objekte.
- Das Aggregat-Objekt enthält im Allgemeinen mindestens ein Teil-Objekt, d.h., die Multiplizität ist meist 1..*.

Muster 2: Exemplartyp

Von einen Buch sind mehrere Exemplare zu verwalten. Würde diese Problemstellung durch eine einzige Klasse Buch modelliert, dann

Motivation

101

würden mehrere Objekte bei Titel, Autor und Verlag identische Attributwerte besitzen. Eine bessere Modellierung ergibt sich, wenn die gemeinsamen Attributwerte mehrerer Buchexemplare in einem neuen Objekt Buchbeschreibung zusammengefasst werden (Abb. 3.1-2).

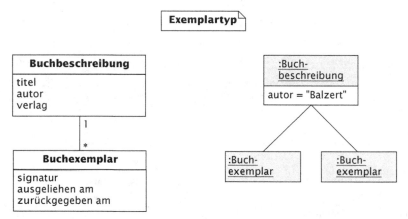

Abb. 3.1-2:
Beispiel für das
Muster
Exemplartyp

Eigenschaften

- Es liegt eine einfache Assoziation vor, denn es besteht keine *whole-part*-Beziehung.
- Erstellte Objektbeziehungen werden nicht verändert. Sie werden nur gelöscht, wenn das betreffende Exemplar entfernt wird.
- Der Name der neuen Klasse enthält oft Begriffe wie Typ, Gruppe, Beschreibung, Spezifikation.
- Eine Beschreibung kann – zeitweise – unabhängig von konkreten Exemplaren existieren. Daher ist die Multiplizität im Allgemeinen *many*.
- Würde auf die neue Klasse verzichtet, so würde als Nachteil lediglich die redundante »Speicherung« von Attributwerten auftreten.

Muster 3: Baugruppe

Motivation

In der Abb. 3.1-3 soll ausgedrückt werden, dass jedes Auto exakt einen Motor und vier Räder haben soll. Da es sich hier um physische Objekte handelt, liegt ein physisches Enthaltensein vor, das mittels Komposition modelliert wird. Wenn ein Auto verkauft wird, dann gehören Motor und Räder dazu. Die Zuordnung der Teile zu ihrem Ganzen bleibt normalerweise über einen längeren Zeitraum bestehen. Der Motor kann jedoch durch einen neuen Motor ersetzt werden und der alte Motor in ein anderes Objekt eingebaut werden.

Abb. 3.1-3:
Beispiel für das
Muster Baugruppe

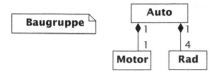

102

■ Es handelt sich um physische Objekte.

■ Es liegt eine Komposition vor.

■ Objektbeziehungen bestehen meist über eine längere Zeit. Ein Teil-Objekt kann jedoch von seinem Aggregat-Objekt getrennt werden und einem anderen Ganzen zugeordnet werden.

■ Ein Ganzes kann aus unterschiedlichen Teilen bestehen.

Eigenschaften

Muster 4: Stückliste

Es soll modelliert werden, dass ein Verzeichnis Verknüpfungen, Dateien und weitere Verzeichnisse enthalten kann (Abb.3.1-4). Dabei soll sowohl das Verzeichnis und alle darin enthaltenen Objekte als Einheit als auch jedes dieser Objekte einzeln behandelt werden können. Wird beispielsweise das Verzeichnis kopiert, dann sollen alle darin enthaltenen Dateiobjekte kopiert werden. Wird das Verzeichnis gelöscht, dann werden auch alle seine Teile gelöscht. Ein Dateiobjekt kann jedoch vorher einem anderen Verzeichnis zugeordnet werden.

Motivation

Ein Sonderfall liegt vor, wenn sich diese Enthaltensein-Beziehung auf gleichartige Objekte bezieht. Beispielsweise setzt sich jede Komponente aus mehreren Komponenten zusammen. Umgekehrt ist jede Komponente in einer oder keiner anderen Komponente enthalten.

Diese Problemstellung wird durch eine Komposition modelliert, wobei die verschiedenen Teil-Objekte durch eine Generalisierung dargestellt werden. Beachten Sie die 0..1-Multiplizität bei der Klasse Verzeichnis. Eine 1-Multiplizität würde bedeuten, dass jedes Dateiobjekt – also auch jedes Verzeichnis – in einem anderen Verzeichnis enthalten sein müsste.

Abb. 3.1-4: Beispiele für das Muster Stückliste

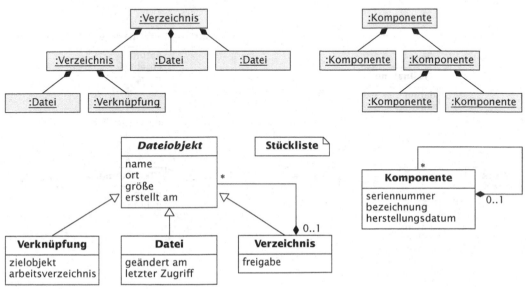

Eigenschaften
- Es liegt eine Komposition vor.
- Das Aggregat-Objekt und seine Teil-Objekte müssen sowohl als Einheit als auch Einzelnen behandelt werden können.
- Teil-Objekte können anderen Aggregat-Objekten zugeordnet werden.
- Die Multiplizität bei der Aggregat-Klasse ist 0..1.
- Ein Objekt der Art A kann sich aus mehreren Objekten der Arten A, B und C zusammensetzen.
- Der Sonderfall der Stückliste ist, dass ein Stück nicht aus Objekten unterschiedlicher Art, sondern nur aus einer einzigen Art besteht.

Muster 5: Koordinator

Motivation   In der Abb. 3.1-5 verbindet eine ternäre Assoziation Objekte der Klassen Professor, Prüfung und Student und »merkt« sich Informationen über eine abgelegte Prüfung in der Assoziationsklasse Teilnahme. Diese ternäre Assoziation kann wie abgebildet in binäre Assoziationen und eine Koordinator-Klasse aufgelöst werden. Für eine Koordinator-Klasse ist typisch, dass sie oft selbst nur wenige Attribute und Operationen besitzt, sondern sich vor allem merkt, »wer wen kennt«. Als Sonderfall dieser Problemstellung kann eine binäre Assoziation mit einer Assoziationsklasse betrachtet werden.

Abb. 3.1-5: Beispiele für das Muster Koordinator

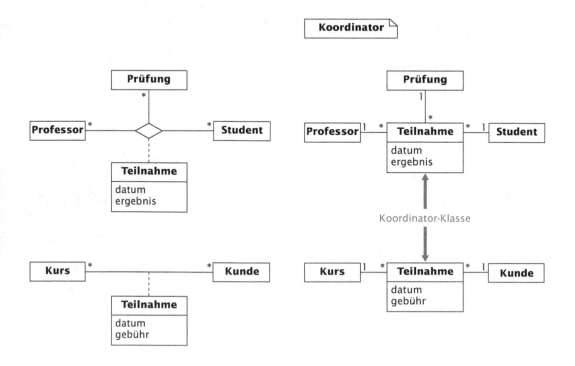

104

■ Es liegen einfache Assoziationen vor.

■ Die Koordinator-Klasse ersetzt eine n-äre (n >= 2) Assoziation mit einer Assoziationsklasse.

■ Die Koordinator-Klasse besitzt kaum Attribute/Operationen, sondern mehrere Assoziationen zu anderen Klassen, im Allgemeinen zu genau einem Objekt jeder Klasse.

Muster 6: Rollen

Zu einem Tutorium sind Vortragende und Zuhörer zu verwalten (sie-   Motivation
he Aufgabe 1 der Lehreinheit 3). Dabei kann ein Referent sowohl Vortragender als auch Zuhörer von Tutorien sein. Mit anderen Worten: Der Referent spielt – zur selben Zeit – in Bezug auf die Klasse Tutorium mehrere Rollen. Diese Problemstellung kommt relativ häufig vor und wird wie in Abb. 3.1-6 modelliert. Würden anstelle der Klasse Referent die Klassen Vortragender und Zuhörer verwendet, dann hätten beide Klassen dieselben Attribute (und Operationen). Außerdem könnte nicht modelliert werden, dass ein bestimmtes   *Abb. 3.1-6:*
Referent-Objekt sowohl Vortragender als auch Zuhörer – bei anderen   *Beispiel für das*
Tutorien – ist.   *Muster Rollen*

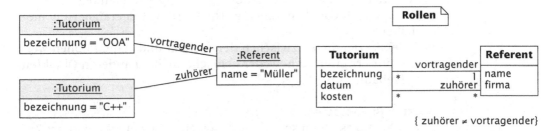

{ zuhörer ≠ vortragender}

■ Zwischen zwei Klassen existieren zwei oder mehrere einfache   Eigenschaften
Assoziationen.

■ Ein Objekt kann – zu einem Zeitpunkt – in Bezug auf die Objekte der anderen Klasse verschiedene Rollen spielen.

■ Objekte, die verschiedene Rollen spielen können, besitzen unabhängig von der jeweiligen Rolle die gleichen Eigenschaften und ggf. gleiche Operationen.

Muster 7: Wechselnde Rollen

In der Abb. 3.1-7 wird modelliert, dass ein kassenärztlich regist-   Motivation
rierter Arzt im ersten und zweiten Halbjahr 1998 in unterschiedlichen Praxen jeweils eine Tätigkeit als angestellter Arzt ausübt, bevor er am 1.1.1999 seine Zulassung erhält. Für angestellte Ärzte sind teilweise andere Informationen zu speichern als für die Zugelassenen. Im Gegensatz zum Rollen-Muster spielt der registrierte Arzt während eines Zeitraum verschiedene Rollen. Da es hier darum geht, Informationen über einen Zeitraum festzuhalten, werden neue

105

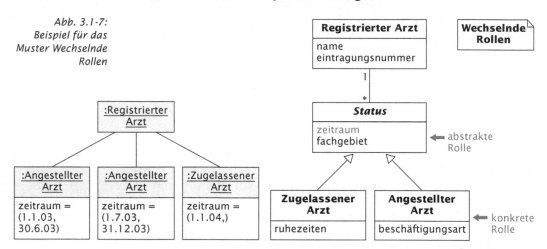

Abb. 3.1-7:
Beispiel für das
Muster Wechselnde
Rollen

ärztliche Tätigkeiten und deren Objektbeziehungen zu Registrierter Arzt immer nur hinzugefügt.

Eigenschaften
■ Ein Objekt der realen Welt kann zu verschiedenen Zeiten verschiedene Rollen spielen. In jeder Rolle kann es unterschiedliche Eigenschaften (Attribute, Assoziationen) und Operationen besitzen.

■ Die unterschiedlichen Rollen werden mittels Generalisierung modelliert.

■ Objektbeziehungen zwischen dem Objekt und seinen Rollen werden nur erweitert, d.h. weder gelöscht noch zu anderen Objekten aufgebaut.

Muster 8: Historie

Motivation
Für einen Angestellten sollen alle Tätigkeiten, die er während der Zugehörigkeit zu einer Firma ausübt, festgehalten werden. Dabei darf zu jedem Zeitpunkt nur eine aktuelle Tätigkeit gültig sein. Außerdem sind alle Weiterbildungskurse, die er im Laufe seiner Firmenzugehörigkeit besucht, aufzuzeichnen. Diese Problemstellung wird wie in Abb. 3.1-8 mittels Assoziationen modelliert. Für jede Tätigkeit und jede Weiterbildung wird der Zeitraum eingetragen. Die Einschränkung {t=1} spezifiziert, dass ein Angestellter zu einem Zeitpunkt genau eine Tätigkeit ausübt. Wenn alle Tätigkeiten und Weiterbildungen gespeichert sein sollen, dann bedeutet dies, dass die aufgebauten Objektbeziehungen zu Tätigkeit und Weiterbildung bestehen bleiben, bis der Angestellte die Firma verlässt und seine Daten gelöscht werden.

Eigenschaften
■ Es liegt eine einfache Assoziation vor.

■ Für ein Objekt sind mehrere Vorgänge bzw. Fakten zu dokumentieren.

■ Für jeden Vorgang bzw. jedes Faktum ist der Zeitraum festzuhalten.

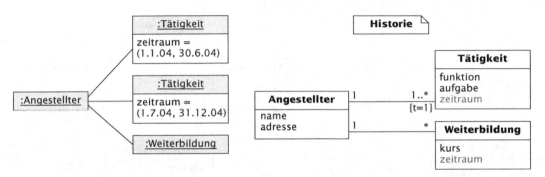

■ Aufgebaute Objektbeziehungen zu den Vorgängen bzw. Fakten werden nur erweitert.

■ Die zeitliche Einschränkung {t=k} (k = gültige Multiplizität) sagt aus, was zu einem Zeitpunkt gelten muss.

Abb. 3.1-8 :
Beispiel für das
Muster Historie

Muster 9: Gruppe

In der Abb. 3.1-9 bildet sich eine Gruppe, wenn mehrere Angestellte zu einer Abteilung gehören. Da die Abteilung auch – kurzfristig – ohne zugehörige Angestellte existieren soll, wird die *many*-Multiplizität gewählt. Sollte modelliert werden, dass beim Eintragen der Abteilung mindestens ein Angestellter zugeordnet wird, dann wäre die Multiplizität 1..* zu wählen. Wenn ein Angestellter aus einer Abteilung ausscheidet, dann wird die entsprechende Objektbeziehung getrennt.

Motivation

Abb. 3.1-9:
Beispiel für das
Muster Gruppe

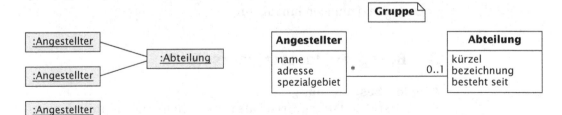

■ Es liegt eine einfache Assoziation vor.

■ Mehrere Einzel-Objekte gehören – zu einem Zeitpunkt – zum selben Gruppen-Objekt.

■ Es ist jeweils zu prüfen, ob die Gruppe – zeitweise – ohne Einzel-Objekte existieren kann oder ob sie immer eine Mindestanzahl von Einzel-Objekten enthalten muss.

■ Objektbeziehungen können auf- und abgebaut werden.

Eigenschaften

Muster 10: Gruppenhistorie

Soll die Zugehörigkeit zu einer Gruppe nicht nur zu einem Zeitpunkt, sondern über einen Zeitraum festgehalten werden, dann ist eine Problemstellung wie in Abb. 3.1-10 zu modellieren. Für jeden Angestellten

Motivation

107

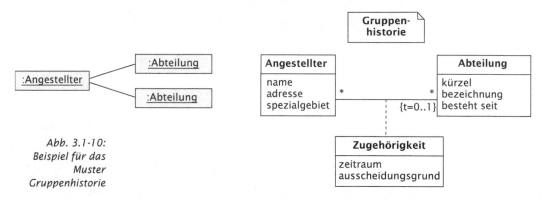

Abb. 3.1-10:
Beispiel für das
Muster
Gruppenhistorie

wird festgehalten, über welchen Zeitraum er zu einer Abteilung gehört hat. Die Einschränkung {t=0..1} sagt aus, dass er zu einem Zeitpunkt in maximal einer Abteilung tätig sein kann. Wenn ein Angestellter eine Abteilung verlässt, dann wird dies durch die Attributwerte im entsprechenden Objekt von Zugehörigkeit beschrieben.

Eigenschaften

- Ein Einzel-Objekt gehört – im Laufe der Zeit – zu unterschiedlichen Gruppen-Objekten.
- Die Historie wird mittels einer Assoziationsklasse modelliert. Dadurch ist die Zuordnung zwischen Einzel-Objekten und Gruppen deutlich sichtbar.
- Die zeitliche Einschränkung {t=k} (k = gültige Multiplizität) sagt aus, was zu einem Zeitpunkt gelten muss.
- Da Informationen über einen Zeitraum festzuhalten sind, bleiben erstellte Objektbeziehungen bestehen und es werden nur neue Objektbeziehungen hinzugefügt.

3.2 Beispiel Materialwirtschaft

Problembeschreibung

/1/ Es ist die Materialwirtschaft für ein chargenorientiertes Informationssystem zu modellieren.

/2/ Es sind verschiedene Materialien (z.B. Joghurt) zu verwalten, von denen mehrere zur gleichen Gruppe (z.B. Milchprodukte) gehören können.

/3/ Die Joghurtmenge, die zusammen hergestellt wird, gehört zu einer Charge und erhält eine gemeinsame Chargennummer.

/4/ Das System soll sowohl komplette Paletten als auch einzelne Gebinde verwalten. Jede Palette enthält im Allgemeinen mehrere Gebinde. Ein solches Gebinde ist beispielsweise eine 6er-Packung Joghurts und eine Palette ein Karton mit 24 Gebinden.

/5/ Eine Palette, deren Gebinde alle zur gleichen Charge – und damit automatisch zum gleichen Material – gehören, heißt chargenhomogene Palette. Enthält sie Gebinde aus unterschiedlichen Chargen des gleichen Materials oder Gebinde unterschiedlichen Materials, dann liegt eine Mischpalette vor.

/6/ Es sind zwei Lagertypen zu verwalten. Das Stellplatzlager ist ein strukturiertes Lager, das aus einzelnen Stellplätzen besteht. Stellplätze können unterschiedlich groß sein. Diese Größe wird durch die Anzahl der Segmente ausgedrückt. Dementsprechend können auf einem Stellplatz eine oder mehrere Paletten bzw. Gebinde eingelagert werden. Das offene Lager ist ein Lagerraum ohne weitere Struktur.

/7/ Zu jedem Lager ist der Standort aufzuzeichnen. An einem Standort können sich mehrere Lager befinden.

/8/ Es können folgende Transaktionen durchgeführt werden: Eine Palette kann eingelagert werden. Ganze Paletten oder einzelne Gebinde – als Einzelbestände bezeichnet – können umgelagert oder auch ausgelagert werden. Ausgelagerte Paletten und Gebinde werden im System gelöscht.

/9/ Jede Bewegung (Transaktion) muss nachvollziehbar sein. Das heißt, dass für jede Einlagerung, jede Umlagerung und jede Auslagerung ein Protokolleintrag erstellt werden muss.

Das Beispiel Materialwirtschaft basiert auf dem »echten« Analysemodell der Materialwirtschaft des chargenorientierten Informationssystems Charisma, das von der Firma G.U.S. in Köln entwickelt und vertrieben wird. Ich danke der G.U.S. für die Genehmigung zur Publikation dieses Beispiels. *Praxisbezug*

Klassendiagramm

Die Abb. 3.2 -1 zeigt das Klassendiagramm. Beachten Sie, dass nicht jedes physikalische Gebinde auf ein Gebinde-Objekt abgebildet wird, sondern alle gleichartigen physikalischen Gebinde und deren Anzahl werden als ein logisches Gebinde-Objekt gespeichert. Bei einer chargenhomogenen Palette stehen alle Gebinde dieser Palette mit dem gleichen Chargen-Objekt in Objektbeziehung, bei einer Mischplatte mit unterschiedlichen Objekten. Daher muss die Information, ob eine chargenhomogene Palette vorliegt, nicht als Attribut gespeichert werden. Sie könnte jedoch als abgeleitetes Attribut angegeben werden. Das Klassendiagramm sagt für jedes logische Gebinde aus, auf welchem Stellplatz bzw. in welchem Lager es steht. Die Verwaltung der Bestände erfolgt somit auf Gebinde-Ebene. Die Palette dient lediglich dazu, Gebinde für den Bediener zu gruppieren und als Gesamtheit zu bearbeiten, z.B. Umlagern einer kompletten Palette anstelle aller Gebinde dieser Palette. Wird die Palette aus dem System gelöscht, dann werden auch alle ihre Gebinde entfernt. Zwischen Palette und Gebinde besteht daher eine Komposition.

Die Klasse Bewegung besitzt nur Assoziationen zu Charge, Offenem Lager und Stellplatz, obwohl sie die Bewegungen von Palette und Gebinden protokolliert. Das ist notwendig, weil Paletten und

Abb. 3.2-1: Klassendiagramm der Materialwirtschaft

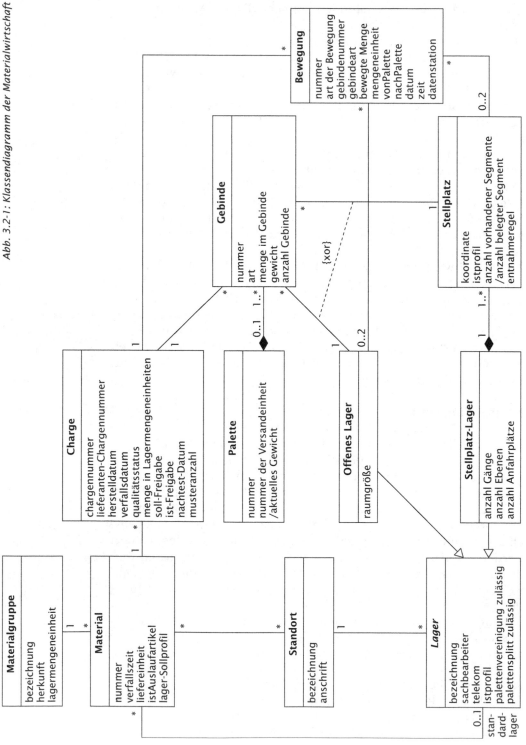

Gebinde nach ihrer Auslagerung im System gelöscht werden, während die Bewegungsdaten bestehen bleiben sollen.

Im Klassendiagramm lassen sich folgende – in Kap. 3.1 beschriebene – Muster identifizieren:

Liste: Stellplatzlager – Stellplatz

Exemplartyp: Materialgruppe – Material

Use-Cases

Folgende Use-Cases sind in dieser vereinfachten Version auszuführen:

- Buchen ungeplanter Zugänge,
- Umlagern von Einzelbeständen und
- Buchen ungeplanter Entnahmen.

Wir betrachten den ersten Use-Case genauer.

Use-Case: buchen ungeplanter Zugänge
Ziel: Paletten, für die keine Bestellung im System existiert, sollen eingelagert werden
Vorbedingung: Material existiert, Lager mit ausreichender Kapazität existieren
Nachbedingung Erfolg: Bewegungsprotokoll über Einlagerung erstellt
Nachbedingung Fehlschlag: falsch gelieferte Ware abgewiesen
Akteure: Warenannahme
Auslösendes Ereignis: Paletten werden angeliefert
Beschreibung:
1 Material abrufen
2 Charge abrufen
3 Angaben für chargenhomogene Palette eingeben
4 automatische Suche eines Lagerplatzes
5 sofortige Einlagerung der Ware
6 Bewegungsprotokoll aktualisieren
Erweiterungen:
4a manuelle Suche eines Lagerplatzes
5a drucken Palettenbegleitschein
5b drucken Gebinde-Ident-Etiketten
Alternativen:
2a neue Charge anlegen
3a Angaben für eine Mischpalette eingeben
4a Mischpaletten mit unterschiedlichen Materialien müssen unter Umständen auf verschiedene Lagerplätze aufgeteilt werden
5a Ausstellung eines Fahrbefehls, um die Einlagerung später durchzuführen

Dieser Use-Case ist auf einem sehr hohen Abstraktionsniveau beschrieben. Einige Verarbeitungsschritte sind selbst wieder Use-Cases. Für diese Use-Cases können die Angaben zu Akteur (identisch mit dem übergeordneten Use-Case) und auslösendem Ereignis (Aktivierung durch den übergeordneten Use-Case) entfallen.

Use-Case: automatische Suche eines Lagerplatzes
Ziel: anhand der Vorgaben Standardlager und Sollprofil wird ein Lagerplatz ermittelt
Vorbedingung: Standardlager erfüllt Sollprofil
Nachbedingung Erfolg: Lagerplatz gefunden
Nachbedingung Fehlschlag: kein Lagerplatz am Standort des Standardlagers gefunden
Beschreibung:
1 prüfe, ob im Standardlager noch Platz ist
2 prüfe, ob am gleichen Standort noch andere Lager existieren und dort Platz ist
3 prüfe zuerst, ob ein Stellplatzlager das Sollprofil erfüllt und prüfe dann die offenen Lager
Erweiterungen: -
Alternativen: -

Use-Case: manuelle Suche eines Lagerplatzes
Ziel: alle Lager ermitteln, die das Sollprofil erfüllen
Vorbedingung: -
Nachbedingung Erfolg: Lagerplatz entsprechend Sollprofil gefunden
Nachbedingung Fehlschlag: kein Lagerplatz mit passendem Sollprofil gefunden
Beschreibung:
1 Auswahl der Ortes
2 Ermitteln aller Lager mit passendem Sollprofil und freiem Platz
3 Auswahl eines Lagers
4 Bei einem Stellplatzlager wird ein Stellplatz vorgeschlagen
Erweiterungen: –
Alternativen: –

Die Abhängigkeiten zwischen den betrachteten Use-Cases sind in der Abb. 3.2-2 spezifiziert. Die automatische Suche eines Lagerplatzes geht immer vom Standardlager des einzulagernden Materials aus und wird daher nur bei Einlagerungen von Paletten (buchen ungeplanter Zugänge) durchgeführt.

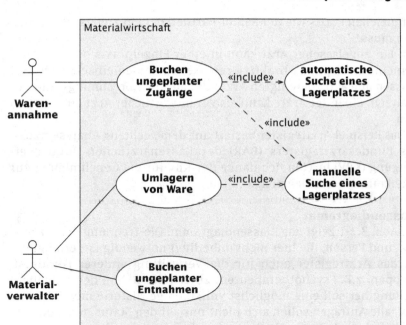

Abb. 3.2-2:
Use-Case-
Diagramm für
Materialwirtschaft

3.3 Beispiel Arztregister

Problembeschreibung

/1/ Im Arztregister werden Informationen über Ärzte gespeichert. Jeder Arzt muss sich in derjenigen Arztregister-Stelle (AR-Stelle) eintragen lassen, in deren Bereich er seine Wohnung hat. Wechselt er innerhalb der AR-Stelle die Wohnung, dann sind auch diese Angaben festzuhalten. Er kann auch die AR-Stelle wechseln.

/2/ Ein Arzt kann – zu einem Zeitpunkt – einen von drei Status besitzen: zugelassener Arzt, angestellter Arzt und Job-Sharing-Arzt.

/3/ Als zugelassener Arzt kann er selbstständig praktizieren. Er kann zusätzlich an höchstens zwei Krankenhäusern als Belegarzt tätig sein. Zugelassene Kinderärzte und Internisten können wählen, ob sie als Hausarzt oder als Facharzt tätig sein wollen. Diese Wahl kann bei Bedarf geändert werden.

/4/ Den Angestellten-Status erhält ein Arzt, wenn er bei einem zugelassenen Arzt angestellt ist. Ein zugelassener Arzt darf zu einem Zeitpunkt entweder zwei Angestellte halbtägig oder einen Angestellten ganztägig beschäftigen.

/5/ Erhält ein Arzt eine Job-Sharing-Zulassung, dann ist er zwar selbstständig tätig, die Zulassung ist jedoch an die Zulassung seines Senior-Partners gebunden, d.h., sie gilt für die gleichen Fachgebiete, sie ändert sich mit ihr und erlischt mit ihr. Er praktiziert immer in der gleichen Praxis wie der Senior-Partner, der ein zugelassener Arzt sein muss.

/6/ Ein zugelassener Arzt kann in einer Einzelpraxis oder in einer Gemeinschaftspraxis praktizieren. Bei einer Gemeinschaftspraxis müssen alle aktiv beteiligten Ärzte die gleiche Abrechnungsnummer besitzen. Einer der Ärzte kann als verantwortlicher Arzt eingetragen sein.

Praxisbezug   Das Beispiel Arztregister basiert auf dem »echten« Analysemodell des Bundesarztregisters (BAR) der Kassenärztlichen Bundesvereinigung (KBV) in Köln. Ich danke der KBV für die Genehmigung zur Publikation dieses Beispiels.

Klassendiagramm

Die Abb. 3.3-1 zeigt das Klassendiagramm. Die Trennung der Klassen Arzt und Person, die hier nicht unbedingt notwendig ist, ermöglicht es, das Arztregister auch für die Verwaltung anderer Personengruppen, z.B. Psychotherapeuten, zu erweitern. Von der Aufgabenstellung her soll eine möglichst vollständige Historie möglich sein, d.h., alle Anfragen sollen sich nicht nur auf den Status quo, sondern auf beliebige Zeiten in der Vergangenheit beziehen können.

Abb. 3.3-2 zeigt eine Variante dieses Modells ohne Historie. In diesem zweiten Fall wird für einen Arzt nur die letzte AR-Stelle gespeichert. Da es zu jedem Arzt maximal eine Registrierung geben kann, werden diese beiden Klassen zu der neuen Klasse Registrierter Arzt zusammengefasst. Auf die Klasse Wohnung wird verzichtet und ihre Attribute werden in die Klasse Person integriert. Für jeden registrierten Arzt wird nur der letzte Status (Anstellung, Zulassung oder Job-Sharing-Zulassung) festgehalten, was durch die 0..1-Multiplizität festgehalten wird. Für die Zulassung müssen nun nicht mehr alle fach- und hausärztlichen Tätigkeiten festgehalten werden, sondern das Attribut Haus/Facharzt gibt an, in welcher Funktion der zugelassene Arzt zurzeit tätig ist. Dass ein zugelassener Arzt zu einem Zeitpunkt maximal zwei Angestellte beschäftigen und zwei Job-Sharing-Partner haben kann, wird durch die 0..2-Multiplizität ausgedrückt. Ein Schnappschuss impliziert außerdem, dass zu einer Zulassung genau eine Praxis (entweder Einzelpraxis oder Gemeinschaftspraxis) eingetragen ist.

Folgende Muster lassen sich im Klassendiagramm der Abb. 3.3-1 identifizieren:
Historie: Arzt – Registrierung
Historie: Registrierung – Wohnung
Wechselnde Rollen: Registrierung – *Status* – Anstellung, Zulassung, Job-Sharing-Zulassung
Gruppenhistorie: Zulassung – Zugehörigkeit – Gemeinschaftspraxis

114

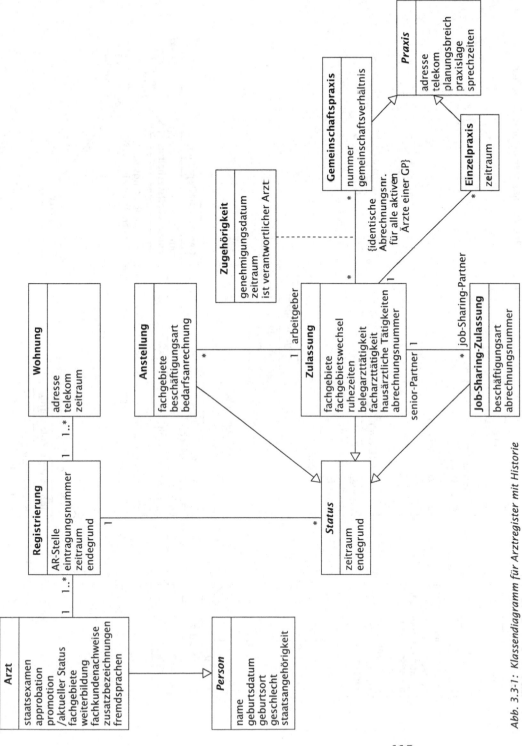

Abb. 3.3-1: Klassendiagramm für Arztregister mit Historie

Abb. 3.3-2: Klassendiagramm für Arztregister ohne Historie

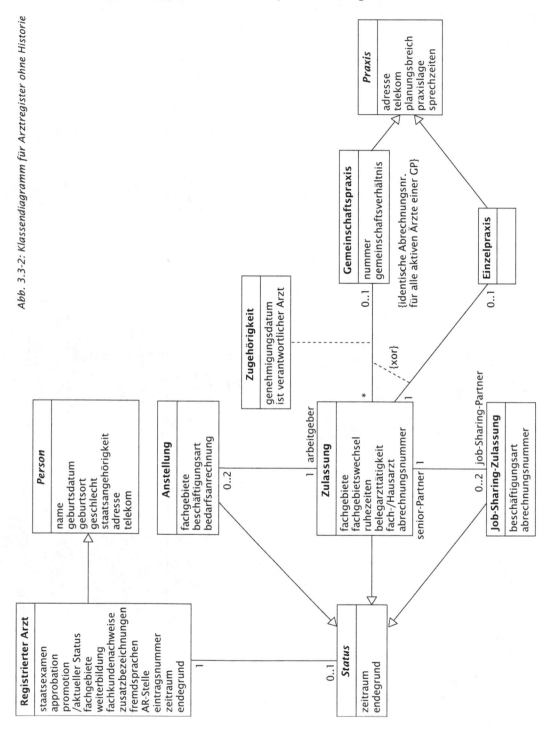

Use-Cases

Aus der Problemstellung lassen sich zahlreiche Use-Cases ableiten.
Einige davon sind:

■ Zulassung eintragen,
■ Job-Sharing eintragen,
■ Angestellten eintragen und
■ Gemeinschaftspraxis gründen.

Abb. 3.3-3 zeigt das Use-Case-Diagramm.

Use-Case: Zulassung eintragen
Ziel: Arzt kann als zugelassener Arzt praktizieren
Vorbedingung: –
Nachbedingung Erfolg: Zulassung erteilt
Nachbedingung Fehlschlag: Abweisen des Antrags
Akteure: Ärztesachbeabeiter
Auslösendes Ereignis: Antrag auf Zulassung
Beschreibung:
1   Registrierung des Arztes prüfen
2   Überprüfen der Zulassungsvoraussetzung und Eintragen der Zu-
    lassung
3   Eintragen der Einzelpraxis
Erweiterungen:
1a Arzt neu registrieren
1b Arzt in neuer AR-Stelle registrieren
1c Arztdaten aktualisieren
Alternativen:
3a Arzt einer vorhandenen Gemeinschaftspraxis zuordnen

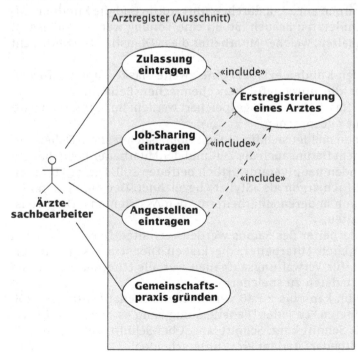

Abb. 3.3-3:
Use-Case-
Diagramm für
Arztregister

Use-Case: Job-Sharing eintragen
Ziel: Arzt kann als Job-Sharing-Partner praktizieren
Vorbedingung: -
Nachbedingung Erfolg: Job-Sharing-Zulassung erteilt
Nachbedingung Fehlschlag: Abweisen des Antrags
Akteure: Ärztesachbeabeiter
Auslösendes Ereignis: Antrag auf Job-Sharing-Zulassung
Beschreibung:
1 Registrierung des Arztes prüfen
2 Überprüfen des Senior-Partners
3 Überprüfen der Voraussetzungen für Job-Sharing und Eintragen
   der Zulassung
Erweiterungen:
1a Arzt neu registrieren
1b Arzt in neuer AR-Stelle registrieren
1c Arztdaten aktualisieren
Alternativen: -

3.4 Beispiel Friseursalonverwaltung

Problembeschreibung

/1/ Der Friseursalon verkauft ein bestimmtes Artikelsortiment an seine Kunden. Außerdem werden diese Artikel auch im Salon verbraucht. Jeder Artikel wird von genau einer Firma geliefert.

/2/ Für jeden Kunden wird angezeigt, welche Dienstleistungen (z.B. Färben) er zuletzt erhalten hat. Der Friseur kann z.B. erkennen, dass das letzte Färben am 23.6. durchgeführt wurde und die Kundin Pfeiffer bei ihrem letzten Besuch (30.8.) eine Tönung wählte. Außerdem wird festgehalten, welcher Mitarbeiter diese Dienstleistung erbracht hat.

/3/ Für jeden Kunden existiert eine zweite Maske, in der Informationen über die durchgeführten chemischen Behandlungen, z.B. verwendete Haarfärbemittel, gespeichert werden. Im Fachjargon wird von »Chemie« gesprochen.

/4/ Ein Kunde meldet sich für einen Salonbesuch fest an. Dabei werden außer dem Datum auch die Zeit und der Mitarbeiter festgehalten, der den Kunden hauptverantwortlich betreuen soll. Dieser Mitarbeiter wird im Fachjargon als »Stylist« bezeichnet. Der Kunde kann jedoch auch von anderen Mitarbeitern – den Assistenten – Dienstleistungen erhalten.

/5/ Alle Mitarbeiter des Salons werden verwaltet. Der Friseursalon beschäftigt auch Mitarbeiter, die keinen Dienst am Kunden verrichten, z.B. für Verwaltungsaufgaben. Für alle Mitarbeiter sind die Anwesenheitsdaten zu speichern.

/6/ Der Salon kann bis zu 40 verschiedene Dienstleistungen (z.B. Schnitt) anbieten. Zu jeder Dienstleistung kann es mehrere Ausprägungen (z.B. Schnitt kurz, Schnitt lang, Chef-Schnitt) geben, die sich in ihrem Zeitbedarf und im Preis unterscheiden.

/7/ Jeder Salonbesuch endet mit dem Kassieren der erbrachten Dienstleistungen.

/8/ Haarpflege-Artikel können im Rahmen eines Salonbesuchs oder unabhängig davon erworben werden. Im zweiten Fall handelt es sich um Laufkundschaft. Beim Verkauf ist es möglich, dass Preisnachlässe gegeben werden.

/9/ Ein Kunde kann beliebig viele Abonnements erwerben, mit denen er erbrachte Dienstleistungen bezahlt. Jedes Abonnement bezieht sich auf genau einen Kunden und eine Dienstleistung.

Das Beispiel Friseursalonverwaltung habe ich aus meinen Buch »Methoden der objektorientierten Systemanalyse« /Balzert 96a/ entnommen und geringfügig modifiziert. Es hat seinen Ursprung in dem »echten« Analysemodell des Coiffeur Information Systems (CIS) der Firma Schleupen Computersysteme AG in Moers, der ich für die Genehmigung zur Publikation dieses Beispiels danke. *Praxisbezug*

Klassendiagramm

Die Abb. 3.4-1 zeigt das Klassendiagramm, das im Gegensatz zu den bisherigen Beispielen eine Reihe von Operationen enthält. Diejenigen Salonmitarbeiter, die Dienst am Kunden verrichten, besitzen mehr Attribute, Assoziationen und Operationen als die anderen Salonmitarbeiter. Sie werden daher als Unterklasse von Mitarbeiter (ohne Dienst am Kunden) modelliert.

Wenn sich ein Kunde anmeldet, wird ein neues Objekt der Klasse Salonbesuch erzeugt und mit je einem Objekt von Kunde und Kundenmitarbeiter verbunden. Beim Abrechnen des Salonbesuchs werden die erbrachten Dienstleistungen zugeordnet und dann ein Objekt des Kassiervorgangs erzeugt. Der Kassiervorgang muss sich jedoch nicht unbedingt auf einen Salonbesuch beziehen. Daher werden die Klassen Salonbesuch und Kassiervorgang nicht zusammengefasst.

Use-Cases

Der zentrale Use-Case befasst sich mit der Durchführung eines Salonbesuchs.

Use-Case: Kunden im Salon bedienen
Ziel: Kunde erhält im Salon Dienstleistungen und erwirbt Artikel
Vorbedingung: Kunde ist angemeldet
Nachbedingung Erfolg: Kunde hat bezahlt
Nachbedingung Fehlschlag: -
Akteure: Stylist, Rezeptionist
Auslösendes Ereignis: Kunde trifft im Salon ein
Beschreibung:
1 Laufzettel mit Kundendaten ausfüllen
2 Dienstleistungen erbringen und auf Laufzettel eintragen
3 Laufzettel erfassen
4 Verkäufe an Kunden eintragen
5 Rechnung erstellen und Bezahlung verbuchen

119

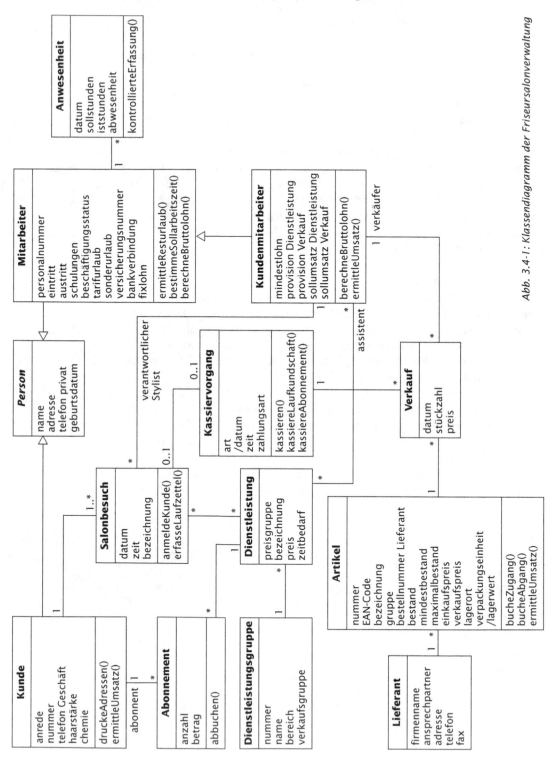

Abb. 3.4-1: Klassendiagramm der Friseursalonverwaltung

120

Erweiterungen:
1a Kundendaten sind zu aktualisieren
1b Anmeldungsdaten sind zu aktualisieren
2a Entnahme von Artikeln für die Durchführung von Dienstleistungen
3a Chemische Behandlung für Kunden eintragen
4a Abo verkaufen
5a Teilweise Bezahlung durch vorhandenes Abo
Alternativen: -

Weitere Use-Cases sind:
- Anmelden eines Kunden für einen Salonbesuch,
- Kassieren von Verkäufen bei Laufkundschaft,
- Nachbestellung von Artikeln,
- Kontrollieren der Arbeitszeiten für Mitarbeiter und
- Berechnung der Löhne für Mitarbeiter.

Abb. 3.4-2 zeigt das Use-Case-Diagramm. Sowohl beim Bedienen des Kunden im Salon als auch beim Kassieren der Laufkundschaft müssen Verkäufe kassiert werden. Diese gemeinsame Funktionalität wird durch die *uses*-Beziehung beschrieben.

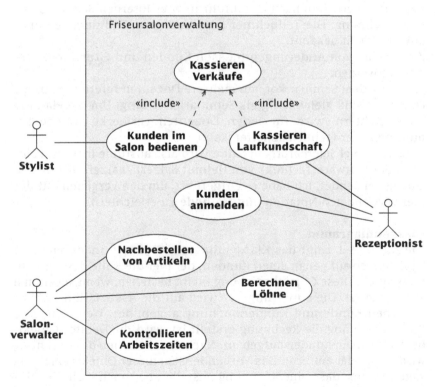

Abb. 3.4-2:
Use-Case-
Diagramm für
Friseursalon-
verwaltung

3.5 Beispiel Seminarorganisation

Problembeschreibung

/1/ Es werden mehrere Seminare unterschiedlichen Typs angeboten, die im Katalog veröffentlicht werden. Beispielsweise werden in diesem Jahr drei Seminare des Typs *Java-Einführung* angeboten.

/2/ Für diese Seminare können sich Kunden (Teilnehmer) anmelden. Das können sowohl Privatpersonen als auch Mitarbeiter einer Firma sein.

/3/ Um Kunden mit schlechter Zahlungsmoral leichter zu erkennen, merkt sich das System die abgerechneten und noch nicht bezahlten Seminare.

/4/ Gebuchte Seminare können durch die Kunden abgesagt werden oder vom Seminaranbieter storniert werden. Im zweiten Fall erhält jeder gebuchte Kunde eine Absage.

/5/ Ein Seminar kann auch von einer Firma als internes Firmenseminar gebucht werden. Auch dieses interne Seminar kann durch die Firma abgesagt oder vom Seminaranbieter storniert werden.

/6/ Wenn ein Seminar durchgeführt ist, erhalten alle Teilnehmer mit der Rechnung eine Urkunde.

/7/ Firmen erhalten nach Durchführung des internen Seminars nur eine Rechnung. Die Teilnehmer sind in diesem Fall dem Seminaranbieter nicht bekannt.

/8/ Im Fall von Änderungen müssen Kunden und Firmen benachrichtigt werden.

/9/ Bei jedem Seminar können mehrere Dozenten referieren. Einige Dozenten sind gleichzeitig als Seminarleiter tätig. Um die Planung zu erleichtern, wird für jeden Dozenten vermerkt, welche Seminartypen er fachlich abhalten kann.

Bemerkung   Das Beispiel Seminarorganisation wird als Fallstudie in dem »Lehrbuch der Software-Technik« von Helmut Balzert /Balzert 96/ durchgängig verwendet. Ich habe es aufgeführt, um den Vergleich mit der hier verwendeten Notation und Methode zu erleichtern.

Klassendiagramm

Die Abb. 3.5-1 zeigt das Klassendiagramm. Jede Kundenbuchung bezieht sich auf genau einen Kunden, der hier die Rolle des Teilnehmers spielt. Diese Objektbeziehung bleibt bestehen, wenn sie einmal aufgebaut ist. Die Forderung /3/ wird auf die Assoziation *Debitor* zwischen Kunde und Kundenbuchung abgebildet. Wenn für eine Kundenbuchung die Rechnung erstellt ist, wird die Debitor-Objektbeziehung zum Kunden aufgebaut. Nach dem Bezahlen der Rechnung wird sie wieder entfernt. Das Vorhandensein dieser Objektbeziehung sagt also aus, dass eine Rechnung gestellt, aber noch nicht bezahlt ist.

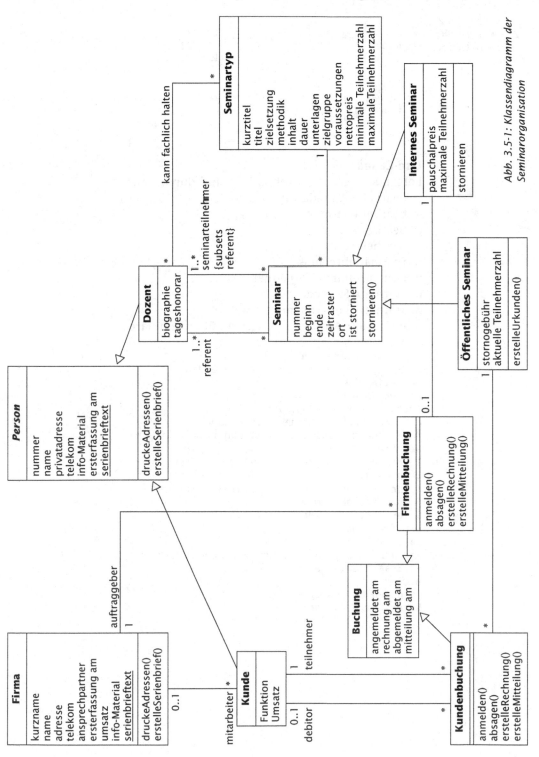

Abb. 3.5-1: Klassendiagramm der Seminarorganisation

Abb. 3.5-2:
Zur Modellierung
der Debitoren

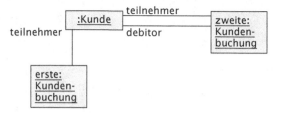

Use-Cases
Folgende Use-Cases (Abb. 3.5-3) sind durchzuführen:
- bearbeite Anmeldung,
- bearbeite Firmenanmeldung,
- bearbeite Absage,
- bearbeite Firmenabsage,
- Seminar abrechnen,
- Firmenseminar abrechnen,
- storniere Seminar,
- storniere Firmenseminar und
- informiere Kunden und Firmen über Seminare.

Use-Case: bearbeite Anmeldung
Ziel: Teilnehmer für Seminar anmelden
Vorbedingung: -
Nachbedingung Erfolg: -
Nachbedingung Fehlschlag: -
Akteure: Sachbearbeiter für Kunden
Auslösendes Ereignis: Anmeldung trifft ein
Beschreibung:
1 prüfen, ob Kunde schon vorhanden ist
2 prüfen, ob Kunde schon angemeldet ist
3 prüfen, ob gewünschtes Seminar existiert
4 prüfen, ob Seminar frei ist
5 erstelle Anmeldebestätigung
Erweiterungen:
1a evtl. Kundendaten ändern
3a nachfragen, welches Seminar gewünscht wird
4a Ersatzseminare anbieten
Alternativen:
1a neuen Kunden erfassen
5a erstelle Absage

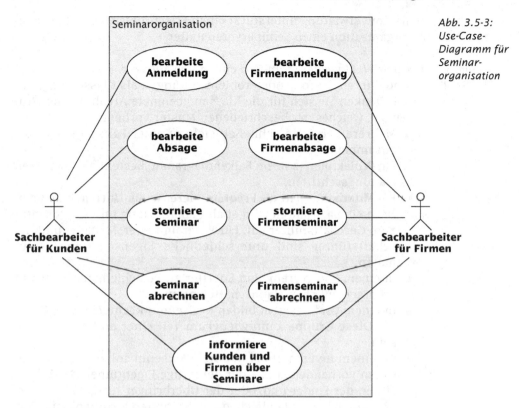

Abb. 3.5-3:
Use-Case-
Diagramm für
Seminar-
organisation

Analysemuster *(analysis pattern)* Ein Analysemuster ist eine Gruppe von Klassen mit feststehenden Verantwortlichkeiten und Interaktionen, die eine bestimmte – wiederkehrende – Problemlösung beschreiben.
Muster *(pattern)* Ein Muster ist – ganz allgemein – eine Idee, die sich in einem praktischen Kontext als nützlich erwiesen hat und es wahrscheinlich auch in anderen sein wird. Muster beschreiben Strukturen von Klassen bzw. Objekten, die sich in Softwaresystemen wiederholt finden, und dienen zur Lösung bekannter Probleme. Entsprechend ihrer Anwendung in der jeweiligen Phase unterscheidet man →Analyse- und Entwurfsmuster.

Muster ermöglichen die Standardisierung bestimmter Probleme; sie sind katalogisierte Projekterfahrungen. Hier wurden folgende Analysemuster beschrieben: Liste, Exemplartyp, Baugruppe, Stückliste, Koordinator, Rollen, wechselnde Rollen, Historie, Gruppe, Gruppenhistorie. Bei den Beispielen werden das Klassendiagramm für die aufgeführte Problembeschreibung, ein einfaches Use-Case-Diagramm und Spezifikationsschablonen ausgewählter Use-Cases dokumentiert. Die Materialwirtschaft ist ein Ausschnitt aus einem chargenorientierten Informationssystem. Im Arztregister werden Informationen über Ärzte gespeichert. Für dieses Beispiel wurden zwei Versionen des Klassendiagramms erstellt: mit und ohne Historie. Die Friseursalonverwaltung unterstützt einen Friseurbetrieb und die Seminarorganisation einen Seminarveranstalter.

Aufgabe
30 Minuten

1 *Lernziel: Modellieren und Erkennen von Mustern.*
Modellieren Sie folgende Problemstellungen als Klassendiagramme. Denken Sie sich für die Klassen geeignete Attribute aus. Prüfen Sie, welches der beschriebenen Muster vorliegt.

a Mehrere Personen schließen sich zu einer Fahrgemeinschaft zusammen.

b Ein Projektplan (z.B. ein Balkendiagramm) besteht aus mehreren Planungsschritten.

c Ein Mitarbeiter tritt als Programmierer in ein Unternehmen ein. Nach ein paar Jahren wird er als Manager tätig und steigt später zum Geschäftsführer auf. Für Programmierer, Manager und Geschäftsführer sind unterschiedliche Eigenschaften festzuhalten.

d In einem Sportverein sind Sportler zu verschiedenen Zeiten in unterschiedlichen Mannschaften aktiv.

e In einem Grafiksystem bilden Kreise und Rechtecke eine Gruppe. Diese Gruppe kann wiederum Teil einer anderen Gruppe sein.

f Zu einem Inventarstück in einem Museum sollen – sofern die Daten vorhanden sind – der derzeitige Eigentümer, der Vorbesitzer, der Finder und/oder der Überbringer festgehalten werden, die jeweils die gleichen Eigenschaften besitzen. Eine Person kann beispielsweise sowohl Eigentümer als auch Finder sein.

g Bei mehreren Videokassetten in einer Videothek handelt es sich um den gleichen Film.

h Für Personen sollen die Wohnsitze der letzten 10 Jahre ermittelt werden können. Zu einem Zeitpunkt muss jede Person mindestens einen und kann höchstens zwei Wohnsitze besitzen.

Aufgabe
15–20 Minuten

2 *Lernziel: Systematisches Identifizieren von Analysemustern in einem Klassendiagramm.*
Geben Sie an, welche Muster in den Klassendiagrammen

a der Seminarverwaltung (Abb. 3.5-1) und

b der Friseursalonverwaltung (Abb. 3.4-1) vorhanden sind.

3 *Lernziele: Systematisches Identifizieren von Analysemustern beim Erstellen eines Klassendiagramms.*

Aufgabe
20 Minuten

Erstellen Sie anhand der folgenden Problembeschreibung ein Klassendiagramm und verwenden Sie dabei systematisch Muster. Kennzeichnen Sie alle identifizierten Muster im Diagramm.

Eine Praxis mit mehreren Ärzten soll intern verwaltet werden. Für jeden Patienten sind Name, Adresse und Geburtsdatum zu speichern. Jeder Arzt vertritt bestimmte Fachgebiete. Der Patient kann mehrere Ärzte dieser Praxis konsultieren. Für jede Behandlung werden das Datum, die Diagnose und die erteilten Verordnungen festgehalten. Jede Verordnung umfasst die Packungsgröße, das Medikament und ggf. eine Vorschrift für die Anwendung. Mehrere Behandlungen werden gemeinsam abgerechnet. Die Abrechnung enthält das Rechnungsdatum und den Behandlungszeitraum sowie die einzelnen Abrechnungspositionen. Jede Position besteht aus einer laufenden Nummer, der Leistung, dem Abrechnungssatz und den Kosten.

4 Checklisten zum Erstellen eines OOA-Modells

- Erklären können, wie der Analyseprozess ablaufen soll.
- Use-Cases systematisch identifizieren und dokumentieren können.
- Pakete systematisch identifizieren können.

verstehen
anwenden

- Die objektorientierten Konzepte und die UML-Notation, wie sie in Kapitel 2 beschrieben werden, müssen bekannt sein.
- Die Kenntnisse der Kapitel 1 und 3.1 sind nützlich.
- Aus dem Kapitel 3 sollten Sie mindestens ein Fallbeispiel durchgearbeitet haben.

4.1 Analyseprozess

Wenn Sie die Notation einer Programmiersprache lernen, dann können Sie nicht automatisch gut programmieren, sondern Sie müssen erst lernen, wie man die Elemente der Programmiersprache geschickt einsetzt. Die UML lässt sich gut mit einer Programmiersprache vergleichen, nur ermöglicht sie keine Spezifikation auf Programmebene, sondern ist für Analyse und Entwurf konzipiert. Statt einer rein textuellen Programmiersprachen-Notation enthält sie grafische und textuelle Elemente. Wie eine Programmiersprache enthält die UML *(Unified Modeling Language)* keine Angaben zur methodischen Vorgehensweise /UML 03/. Ein guter UML-Modellierer weiß, wie man die Elemente optimal zu einem guten UML-Modell kombiniert. Analog zur Programmierung wird ein UML-Modellierer mit zunehmender Erfahrung immer bessere UML-Modelle erstellen.

Definition   Wie jeder Programmierer weiß, kann man Qualität (z.B. Korrektheit, Zuverlässigkeit) nicht in ein Programm »hineintesten«, denn Tests zeigen nur die gemachten Fehler. Eine Produktverbesserung erhält man nur durch eine Prozessverbesserung, d.h. durch Anwenden des richtigen Vorgehens, um qualitätsgerechte Programme zu erstellen. Analoges gilt auch für Analyse und Entwurf. Gegenstand dieser und der nächsten beiden Lehreinheiten ist dieser **Analyseprozess**, d.h. die methodische Vorgehensweise zur Erstellung eines objektorientierten Analysemodells.

Methodische Vorgehensweise
Die Auswahl der richtigen methodischen Vorgehensweise ist eine Gratwanderung zwischen Formalismus und Formlosigkeit. Sehr formelle Vorgehensweisen fordern so viel Formalismus und Umstände, dass sie jede Kreativität ersticken. Formlose Vorgehensweisen sind chaotisch und nicht tragbar, da der Erfolg der Projekte nicht vorhersagbar ist.

Methoden-Schulen   Booch /Booch 94/ sieht fünf – sich etwas überlappende – Schulen bei objektorientierten Methoden:
anarchists: Sie ignorieren alle methodischen Vorgehensweisen und verlassen sich nur auf die eigene Kreativität.
behaviorists: Sie konzentrieren sich auf Rollen und Verantwortlichkeiten.
storyboarder: Sie sehen die Welt als Menge von Use-Cases.
information modeler: Sie betrachten zunächst nur die Daten; das Verhalten ist sekundär.
architects: Sie haben ihren Fokus auf *frameworks* und *patterns* gerichtet.

In den Anfängen der Objektorientierung wurde zunächst das statische Modell stark betont. Oft entstand ein semantisches Datenmodell in objektorientierter Notation, in dem die Dynamik des Systems außer Acht gelassen wurde. Andere Vorgehensweisen wie *use case driven approach* oder *scenario driven approach* stützen sich überwiegend auf das dynamische Modell. Eine rein funktionale Zerlegung besitzt jedoch alle Nachteile der strukturierten Analysetechniken, da sich die funktionale Struktur nicht direkt auf eine objektorientierte Architektur abbilden lässt. Für eine erfolgreiche Modellierung ist das Zusammenwirken von statischem und dynamischem Modell unabdingbar. Zur Validierung des statischen Modells wird das dynamische Modell benötigt und umgekehrt. Der Analytiker muss daher permanent zwischen beiden Modellen wechseln, bis ein akzeptables Analysemodell erstellt ist.

Der hier beschriebene Analyseprozess besteht aus   Analyseprozess

- dem Makroprozess, der die methodischen Schritte festlegt, und
- methodischen Regeln, die in Form von Checklisten zur Verfügung stehen.

Die methodischen Schritte beschreiben auf einem hohen Abstraktionsniveau, in welcher Reihenfolge die einzelnen Aufgaben zur Erstellung eines OOA-Modells auszuführen sind. Wir sprechen daher von einem **Makroprozess**. Bei der praktischen Anwendung zeigt sich, dass eine solch grobe Prozessbeschreibung nicht ausreicht. Andererseits ist ein sehr detailliertes Vorgehensmodell oft nur für bestimmte Anwendungen geeignet und kann nicht problemlos auf andere Bereiche übertragen werden. Der erfahrene Systemanalytiker wendet – meist mehr oder minder intuitiv – Hunderte von Regeln an, die er situationsspezifisch einsetzt. Für die Anwendung der Regeln gibt es keine festgelegte Reihenfolge. Diese Regeln stehen in Form von **Checklisten** zur Verfügung. Außerdem greift ein erfahrener Analytiker in vielen Fällen auf bereits gelöste ähnliche Problemstellungen zurück (Muster). Durch die Verwendung von **Mustern** reduzieren Sie einerseits den eigenen Aufwand und erreichen andererseits eine höhere Standardisierung, was es anderen Lesern erleichtert, sich in Ihr Modell einzuarbeiten. Analysemuster wurden in Kapitel 3.1 beschrieben.   Kapitel 3.1

Makroprozess

Der erste Schritt des Makroprozesses ist die Identifikation der relevanten Use-Cases. Formulieren Sie diese Use-Cases informal oder   Makroprozess
semiformal und erstellen Sie Use-Case-Diagramme. Leiten Sie daraus die Klassen ab. Konzentrieren Sie sich zunächst auf das statische Modell. In vielen Firmen existieren Formulare, Dateibeschreibungen und weitere Dokumente, aus denen die Daten des Systems sehr gut entnommen werden können. Andere Daten und ihre Abhängigkeiten können durch Interviews gewonnen werden. Auf diese Weise kommen Sie sehr schnell zu einem ersten Kern des Modells, der eine gute Basis für weitere Arbeiten ist. Im nächsten Schritt konzentrieren Sie sich auf das dynamische Modell. Dabei treten Rückkopplungen zum

statischen Modell auf. Achten Sie auf die Konsistenz beider Modelle.

Der beschriebene Makroprozess berücksichtigt die Gleichgewichtigkeit *(balancing)* von statischem und dynamischem Modell. Wir sprechen daher von einem **balancierten Makroprozess**. Die Konzentration auf das statische Modell vor dem dynamischen sorgt für eine größere Stabilität des Modells und schafft durch die Bildung von Klassen eine wesentliche Abstraktionsebene. Steht zu Beginn der Modellierung nur das dynamische Modell im Vordergrund, dann besteht meines Erachtens das Problem, dass der Analytiker in der großen Menge von – oft geänderten – Funktionen den Überblick verliert. Wichtig ist, dass nach dem Erstellen des ersten statischen Modellkerns das dynamische und das statische Modell parallel weiterentwickelt werden, um deren Wechselwirkungen adäquat berücksichtigen zu können (Abb. 4.1-1).

Makroprozess

- Ermitteln Sie die relevanten Use-Cases.
- Leiten Sie daraus die Klassen ab.
- Erstellen Sie das statische Modell.
- Erstellen sie parallel dazu das dynamische Modell.
- Berücksichtigen Sie die Wechselwirkung beider Modelle.

Abb. 4.1-1: Zur Modellbildung

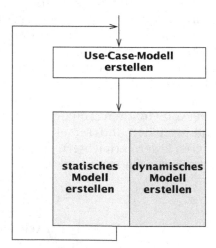

evolutionär

Die hier beschriebene Methode realisiert einen evolutionären Entwicklungsprozess. Das bedeutet, dass zunächst eine objektorientierte Analyse für den Produktkern erstellt wird, der anschließend zu entwerfen und implementieren ist. Dieser Kern wird in weiteren Zyklen erweitert, bis ein auslieferbares System entsteht. Dabei soll die Arbeit früherer Zyklen nicht neu gemacht, sondern korrigiert und verbessert werden. Ein evolutionärer Prozess ist immer iterativ, weil er eine ständige Verfeinerung der Systemarchitektur erfordert. Alle

Erfahrungen und Ergebnisse eines Iterationsschrittes fließen in den nächsten Schritt ein.

Eine systematische Softwareentwicklung ist heute im Allgemeinen mit dem Einsatz von Werkzeugen verbunden. Werkzeuge können viele formale Prüfungen durchführen, erlauben es, Änderungen und Erweiterungen einfach und sicher durchzuführen und verwalten alle erstellten Dokumente. Der Einsatz von Werkzeugen garantiert also von vornherein eine bestimmte Qualität. Viele Qualitätskriterien sind jedoch semantischer Natur und lassen sich nicht automatisch prüfen. Wir verwenden dazu das Verfahren der formalen Inspektion (vgl. Kapitel 4.12). Diese integrierte Qualitätssicherung ist ein weiterer Faktor für den Erfolg eines Projekts. *(Randnotiz: integrierte Qualitätssicherung; Kapitel 4.12)*

Der beschriebene Makroprozess umfasst folgende Aufgabenbereiche:

- Analyse im Großen (Tab. 4.1-1),
- 6 Schritte zum statischen Modell (Tab. 4.1-2) und
- 4 Schritte zum dynamischen Modell (Tab. 4.1-3).

1 Use-Case-Modell erstellen ■ Erstellen Sie das Use-Case-Modell und stellen Sie es übersichtlich in Form von Use-Case-Diagrammen dar. ■ Beschreiben Sie einfache Use-Cases mit Hilfe der Schablone. ■ Für eine komplexe Use-Case-Logik eignet sich die Diagrammform besser. ■ Liegt der Fokus auf den Verarbeitungsschritten, sollten Sie das Aktivitätsdiagramm wählen. ■ Wollen Sie dagegen ausdrücken, welche Zustände im Laufe der Verarbeitung angenommen werden, dann ist das Zustandsdiagramm optimal geeignet. →Use-Case-Diagramm →Beschreibung mit der Use-Case-Schablone →Aktivitätsdiagramm →Zustandsdiagramm **2 Pakete bilden** ■ Bilden Sie Teilsysteme, d.h., fassen Sie Modellelemente zu Paketen zusammen. ■ In der Analyse ist die Paketbildung besonders für Use-Cases und für Klassen wichtig. ■ Bei großen Systemen, die im Allgemeinen durch mehrere Teams bearbeitet werden, muss die Bildung von Paketen am Anfang stehen. →Paketdiagramm

Tab. 4.1-1: Analyse im Großen

Bei der Analyse im Großen handelt es sich um Aufgaben, die nicht spezifisch für eine objektorientierte Entwicklung sind, während die statische und dynamische Modellierung einen objektorientierten Charakter besitzen. Diese einzelnen Vorgehensweisen werden in den angegebenen Tabellen näher beschrieben. Für jeden Schritt wird angegeben, welche Diagramme bzw. Spezifikationen zu erstellen sind (mit »→« gekennzeichnet).

1 Klassen identifizieren
Identifizieren Sie für jede Klasse nur so viele Attribute und Operationen, wie für das Problemverständnis und das einwandfreie Identifizieren der Klasse notwendig sind.
→Klassendiagramm
→Kurzbeschreibung Klassen

2 Assoziationen identifizieren
Tragen Sie zunächst nur die reinen Verbindungen ein, d.h., machen Sie noch keine genaueren Angaben, z.B. Multiplizität, Art der Assoziation.
→Klassendiagramm

3 Attribute identifizieren
Identifizieren Sie alle Attribute des Fachkonzepts. Verwenden Sie aussagefähige Attributnamen.
 →Klassendiagramm

4 Generalisierungsstrukturen identifizieren
Erstellen Sie aufgrund der identifizierten Attribute Generalisierungsstrukturen.
→Klassendiagramm

5 Assoziationen vervollständigen
Treffen Sie die endgültige Festlegung, ob eine einfache Assoziation, Aggregation oder Komposition vorliegt und geben Sie Multiplizitäten, Rollen- und Assoziationsnamen sowie Einschränkungen an.
→Klassendiagramm
→Objektdiagramm

6 Attribute vollständig spezifizieren
Vervollständigen Sie die Liste der bereits identifizierten Attribute. Spezifizieren Sie alle Attribute vollständig. Dazu gehören: Typ, Multiplizität und Eigenschaftswerte.
→Klassendiagramm

Die angegebenen Schritte können nicht immer sequenziell durchlaufen werden. Beispielsweise lassen sich oft gleichzeitig mit dem Identifizieren der Klassen auch Assoziationen finden.

1 Szenarien erstellen
Präzisieren Sie jeden Use-Case durch eine Menge von Szenarien.
→Sequenzdiagramm, Kommunikationsdiagramm

2 Zustandsdiagramme erstellen
Prüfen Sie für jede Klasse, ob ihr dynamisches Verhalten durch ein Zustandsdiagramm präziser spezifiziert werden kann.
→Zustandsdiagramm

3 Operationen eintragen
Tragen Sie alle Operationen, die Sie durch das Erstellen von Szenarien und Zustandsautomaten identifiziert haben, in das Klassendiagramm ein.
→Klassendiagramm

4 Operationen beschreiben
Überlegen Sie, ob eine Beschreibung notwendig ist. Wenn ja, dann ist je nach Komplexitätsgrad die entsprechende Form zu wählen.
→Beschreibung der Operationen in Textform
→Zustandsautomaten
→Aktivitätsdiagramme

Natürlich gibt es immer wieder Anwendungen und Situationen, in denen ein anderer Weg sinnvoll ist. Mögliche Alternativen zum oben beschriebenen balancierten Makroprozess sind der szenariobasierte und der datenbasierte Makroprozess /IBM 97/.

Der **szenariobasierte Makroprozess** ist empfehlenswert, wenn umfangreiche funktionale Anforderungen vorliegen und alte Datenbestände nicht existieren. Er besteht aus den Schritten: szenariobasiert

1 Use-Cases formulieren,
2 Szenarien aus den Use-Cases ableiten,
3 Interaktionsdiagramme aus den Szenarien ableiten,
4 Klassendiagramme erstellen und
5 Zustandsdiagramme erstellen.

Der **datenbasierte Makroprozess** ist empfehlenswert, wenn ein umfangreiches Datenmodell oder alte Datenbestände existieren und der Umfang der funktionalen Anforderungen zunächst unbekannt ist. Er ist auch dann zu wählen, wenn es sich um ein Auskunftssystem handelt, das später mehr oder weniger flexibel gestaltete Anfragen handhaben muss. Er umfasst die Schritte: datenbasiert

1 Klassendiagramme erstellen,
2 Use-Cases formulieren,
3 Szenarien aus den Use-Cases ableiten,
4 Interaktionsdiagramme aus den Szenarien und dem Klassendiagramm ableiten und
5 Zustandsdiagramme erstellen.

Checklisten

Für jedes Konzept bietet die hier vorgestellte Methode eine **Checkliste** mit methodischen Regeln an, die wie folgt aufgebaut ist: Aufbau der Checklisten

- ■ Konstruktive Schritte
- □ Wie findet man ein Modellelement?
- ■ Analytische Schritte
- □ Ist es ein »gutes« Modellelement?
- □ Tipps zur Konsistenzprüfung
- □ Fehlerquellen

Für das Erstellen der entsprechenden Diagramme und Spezifikationen sollten Sie alle Fragen der Checkliste durchgehen. Sie können die gleichen Checklisten auch für die Inspektion benutzen. Hier sind dann nur die analytischen Schritte relevant. Basis der Checklisten sind neben den umfangreichen eigenen Erfahrungen im Bereich der OOA-Modellierung die relevante Literatur zur Objektorientierung, wobei besonders das Werk von /Ambler 03/ hervorzuheben ist.

Das Erstellen eines OOA-Modells ist ein hochgradig kreativer Prozess, der niemals nach einem starren Schema abläuft. Die Anwendung der Checklisten unterstützt den Analytiker, ohne ihn andererseits einzuengen. Verschiedene Entwickler können also durchaus unterschiedlich vorgehen. Sie sollten aber zu einem qualitativ gleichwertigen Modell kommen. Unabhängig von einer speziellen Vorgehensweise sollten Sie folgende Grundsätze beachten (vergleiche /Fowler 00/):

1 Es gibt keine richtigen oder falschen Modelle. Es gibt nur Modelle, die mehr oder weniger gut ihren Zweck erfüllen.

2 Ein gutes Modell ist immer verständlich, d.h., es sieht einfach aus.

3 Die Erstellung verständlicher Modelle erfordert viel Aufwand.

4 Das Wissen von kompetenten Fachexperten ist absolut notwendig für ein gutes Modell.

5 Modellieren Sie kein System, das zu flexibel ist und zu viele Sonderfälle enthält. Diese Modelle sind aufgrund ihrer Komplexität immer schwer verständlich und werden daher als schlechte Modelle angesehen.

6 Prüfen Sie für jeden Sonderfall, ob er es wert ist, die Komplexität des Modells und des zu realisierenden Systems zu erhöhen.

Arbeitstechnik

Arbeitstechnik   Für einen zügigen Projektfortschritt und die Unterstützung der Kommunikation im Team ist es wichtig, schnell zu einer ersten Version des Modells zu gelangen, die dann kontinuierlich verbessert wird. Die ersten Modelle, die Sie entwickeln, werden wahrscheinlich weder besonders gut noch in jedem Fall korrekt sein. Perfekte Ideen sind nicht plötzlich da, sondern sie entwickeln sich.

»If you wait for a complete and perfect concept to germinate in your mind, you are likely to wait forever.« DeMarco

Modellieren Sie Ihre ersten Gedanken in UML-Notation und überarbeiten Sie Ihr Modell so lange, bis ein wirklich gutes Modell entsteht. Diese Vorgehensweise wird durch folgende **Arbeitstechnik** unterstützt. Voraussetzung ist ein geeignetes objektorientiertes Werkzeug. Sobald eine Klasse identifiziert ist, wird ihr Name zusammen mit den wichtigsten Attributen und/oder Operationen eingetippt. »Wichtig« bedeutet in diesem Zusammenhang, dass diese Attribute/Operationen zum Identifizieren der Klasse dienen. Ist das Vorliegen einer Klasse offensichtlich, kann auf die Angabe der Attribute und Operationen verzichtet werden. Wenn Ihnen nicht gleich der optimale Name für eine Klasse einfällt, so wählen Sie einen vorläufigen Arbeitstitel. Klassen, zwischen denen vermutlich eine Beziehung besteht, werden gleich in räumlicher Nähe angeordnet. Die Assoziation wird als einfache Linie eingetragen. Ein häufiger Fehler ist, zu diesem Zeitpunkt (zu) viel Zeit mit Diskussionen über Multiplizitäten zu verschwenden. Ganz wichtig für den Projektfortschritt in dieser frühen Phase ist, dass sich Ihre Diskussionen auf die fachlich korrekte Darstellung konzentrieren und nicht auf deren optimale Modellierung. Perfektion ist erst bei späteren Iterationen ein Ziel. Wählen Sie für jeden Iterationsschritt ein Ziel, das Sie nicht aus dem

Auge verlieren dürfen. Das Ziel des ersten Schrittes ist, schnell ein Klassendiagramm zu erstellen. Drucken Sie dieses Diagramm (mit Versionsnummer und Datum) aus, kleben Sie die Seiten zusammen und heften Sie es an eine Wand, wo es alle Mitglieder des Teams einsehen können. Es stellt das Zentrum Ihres objektorientierten Projekts dar und bildet die Diskussionsgrundlage für weitere Änderungen und Erweiterungen. Führen Sie alle Änderungen handschriftlich in diesem Ausdruck durch. Bei entsprechend vielen handschriftlichen Änderungen müssen sie gebündelt mit dem Werkzeug dokumentiert werden. Anschließend ist sofort ein aktuelles Klassendiagramm auszudrucken, das dann das alte Diagramm ersetzt. Dieser Prozess wird iteriert, bis eine stabile Version des Modells vorhanden ist, die einer formalen Inspektion unterworfen wird. Voraussetzung für die Erstellung eines OOA-Modells ist ein vorliegendes Pflichtenheft (Fachkonzept, Anforderungsspezifikation). Das von mir verwendete Gliederungsschema ist in Anhang 1 aufgeführt.   *Anhang 1*

Erfahrungen in der Praxis haben gezeigt, dass häufig die gleichen Fehler gemacht werden.

1 Das 100 %-Syndrom   *häufige Fehler*
Das Problemverständnis muss nicht 100 %ig sein, um mit dem Entwurf zu beginnen. In einer objektorientierten Architektur ist es leicht, fehlende Attribute und Operationen zu einem späteren Zeitpunkt zu ergänzen.

2 Zu frühe Qualitätsoptimierung
Oft diskutieren die Analytiker zu einem frühen Zeitpunkt Qualitätsverbesserungen. Änderungen des fachlichen Konzepts haben später dann neue Modellierungen zur Folge, durch die durchgeführte Qualitätsverbesserungen wieder gelöscht werden. Konzentrieren Sie sich daher im ersten Schritt immer auf das fachliche Konzept, unabhängig von der Qualität des Modells. Verbessern Sie dann im zweiten Schritt das fachlich korrekte Modell unter Gesichtspunkten eines optimalen OOA-Modells.

3 Bürokratische Auslegung der Methode
Methodische Vorgehensweisen sind keine Naturgesetze, sondern beruhen auf praktischen Erfahrungen und softwaretechnischem Wissen. Daher sollten Sie methodische Vorgehensweisen niemals zu bürokratisch auslegen, sondern als Hilfestellung ansehen *(follow the spirit, not the letter of a method)*.

4 Entwurfskriterien in der Analyse berücksichtigen
Systemanalytikern, die zuvor jahrelang entworfen und programmiert haben, fällt oft die präzise Trennung von Analyse und Entwurf schwer.

4.2 Checkliste Use-Case

Diagramm Um einen guten Überblick über die Use-Cases zu erhalten, sollten Sie zunächst Use-Case-Diagramme erstellen. Für ein kleines System ist eventuell nur *ein* Diagramm notwendig. Für mittlere bis große Systeme sind mehrere Diagramme zu modellieren.

Das Formulieren von Use-Cases bietet eine ausgezeichnete Möglichkeit, die Anforderungen an ein Softwaresystem besser zu verstehen. Konzentrieren Sie sich zunächst auf die primären Use-Cases, um ein Verständnis für den Kern des Systems zu erarbeiten. Die Anzahl der Use-Cases hängt stark vom jeweiligen Anwendungstyp ab. Bei einem umfangreichen System müssen Sie zuvor Teilsysteme (Pakete) bilden.

Arbeiten Sie zu einem Zeitpunkt immer nur an einem **Use-Case**. Interviewen Sie die Benutzerrepräsentanten und die Experten des jeweiligen Fachgebiets. Use-Cases sollen so dokumentiert werden, dass sie sowohl für die Interviewten als auch für andere Analytiker verständlich sind. Tragen Sie jeden identifizierten Use-Case in das Use-Case-Diagramm ein, um einen besseren Überblick zu erhalten.

Formulieren Sie die Use-Cases zunächst auf einer hohen Abstraktionsebene und lassen Sie Sonderfälle außer Acht. Die Verwendung der Schablone zwingt Sie dazu, einen Standardfall festzulegen und getrennt über mögliche Erweiterungen und Alternativen nachzudenken. Benennen Sie jeden Use-Case möglichst aussagekräftig und präzise. Der Name soll ein Verb enthalten, das durch ein Substantiv ergänzt wird (Was wird gemacht? Womit wird etwas gemacht?). Wenn Sie das Gefühl haben, dass eine informale oder semiformale Beschreibung des Use-Case nicht ausreicht, dann sollten Sie das Aktivitätsdiagramm oder das Zustandsdiagramm anwenden. Checklisten *Kapitel 4.9* finden Sie in Kapitel 4.9 bzw. in Kapitel 4.11.
und 4.11

Use-Case- Use-Case:
Schablone Ziel:
Kategorie:
Vorbedingung:
Nachbedingung Erfolg:
Nachbedingung Fehlschlag:
Akteure:
Auslösendes Ereignis:
Beschreibung:
1
2
Erweiterungen:
1a
Alternativen:
1a

Konstruktive Schritte zum Identifizieren von Use-Cases

Die Definition eines Akteurs legt eindeutig fest, dass sich Akteure immer außerhalb des betrachteten Systems befinden und mit den Use-Cases des Systems kommunizieren. Handelt es sich bei dem zu modellierenden System um ein Softwaresystem, dann ist der Akteur derjenige, der später die entsprechenden Aufgaben mit dem Softwaresystem durchführt. Obwohl diese Definition zunächst plausibel klingt, ist es in der Praxis nicht immer einfach, den Akteur zu ermitteln. Betrachten wir beispielsweise den Use-Case kaufen einer Fahrkarte. Wird die Karte am Schalter erworben, dann ist der betreffende Sachbearbeiter der Akteur. Es könnte sich jedoch auch um einen Fahrkartenautomaten handeln, an dem der Fahrgast (Akteur) sich seine Fahrkarte selbstständig zieht. Bei diesem Beispiel lässt sich der Akteur daher nur dann ermitteln, wenn Informationen über den Einsatz des Gesamtsystems bekannt sind.

1 Wer ist der Akteur?

Die Identifikation von Akteuren sollte unter folgenden Gesichtspunkten erfolgen:

a Welche Personen führen diese Aufgaben zurzeit durch und besitzen daher wichtige Kenntnisse über die durchzuführenden Arbeitsabläufe? Notieren Sie die Namen dieser Personen. Welche Rollen spielen diese Personen?

b Welche Personen werden zukünftig diese Aufgaben durchführen und auf welche Vorkenntnisse muss die Benutzungsoberfläche abgestimmt werden? Welche Rollen spielen diese Personen?

c Wer gibt Daten in das Softwaresystem? Wer erhält Daten (Druckausgaben, Bildschirmausgaben) aus dem System?

d Bedienen die Akteure das System direkt oder indirekt? Direkte Bedienung liegt beispielsweise vor, wenn ein Akteur Eingaben über die Tastatur vornimmt, um das System zu bedienen. Bei einer indirekten Benutzung arbeitet der Akteur nicht selbst mit dem System, ist aber direkt davon betroffen. Beispielsweise erhält er Ausgabelisten, die mit dem System erzeugt wurden.

e Wo befindet sich die Schnittstelle des betrachteten Systems bzw. was gehört nicht mehr zu dem System?

f Wenn Use-Cases durch zeitliche Ereignisse aktiviert werden, dann sollten Sie einen Akteur mit dem Namen Zeit einführen.

Die Menge aller Use-Cases bildet die Gesamtfunktionalität des Systems. Überlegen Sie für jeden Use-Case, in welche der folgenden Kategorien er fällt:

2 Use-Cases kategorisieren

- Primär: realisiert die zentrale Funktionalität des Systems. Wenn diese Funktionen fehlen, dann kann das System nicht eingesetzt werden. Wenn in diesen Funktionen später Fehler auftreten, so führt dies zu größeren Problemen.

- Sekundär: realisiert wichtige Funktionen des Systems. Wenn sie fehlen, dann kann das System eingesetzt werden, bietet dem Benutzer aber weniger Komfort.

■ Optional: hier handelt es sich um Funktionen, die *nice to have* sind, aber im Grunde nicht benötigt werden. Oft werden diese Funktionen aus Marketing-Gründen in das System integriert.

3 Standardfall
eines Use-Case

Ein typischer Fehler beim Erstellen von Use-Cases ist, sich in einer Flut von Sonderfällen und Details zu verlieren, die den Blick für das Wesentliche versperren. Konzentrieren Sie sich zunächst bei allen Use-Cases im ersten Schritt auf die Standardfälle und lassen Sie Sonderfälle konsequent außer Acht. Stellen Sie in Interviews folgende Fragen:

■ Was ist der Standardfall?

■ Welche Verarbeitung ist im »Normalfall« durchzuführen?

■ Welche Verarbeitung ist in 80 % aller Fälle durchzuführen?

■ Wie könnte die einfachste Verarbeitung für einen Use-Case aussehen?

■ Welches Ergebnis will der Akteur in den meisten Fällen erhalten?

4 Ablauf eines
Use-Case

Analysieren Sie die typischen Arbeitsabläufe in einem Use-Case. Stellen Sie in Interviews folgende Fragen:

■ Wann beginnt der Use-Case?

■ Welches Ereignis löst den Arbeitsablauf aus?

■ Welche Eingabedaten werden benötigt?

■ Welche Vorbedingungen müssen erfüllt sein?

■ Welche Schritte sind auszuführen?

■ Ist eine Reihenfolge der Schritte festgelegt?

■ Welche Zwischenergebnisse werden erstellt?

■ Welche Endergebnisse werden erstellt?

■ Welche Nachbedingungen (Vorbedingungen anderer Use-Cases) werden sichergestellt?

■ Wann endet der Use-Case?

■ Wie wichtig ist diese Arbeit?

■ Warum wird diese Arbeit durchgeführt?

■ Kann die Durchführung verbessert werden?

Beispiel

In der Seminarorganisation ist ein Akteur der Kundensachbearbeiter, dessen Aufgabe es ist, Anmeldungen von Kunden anzunehmen und zu bearbeiten. Daraus lässt sich der Use-Case bearbeite Anmeldung ableiten.

5 vom Ereignis
zum Use-Case

Auch eine Ereignisliste kann für das Identifizieren von Use-Cases hilfreich sein. Überlegen Sie, welche Ereignisse der Umgebung für das System relevant sind. Für jedes Ereignis muss ein Use-Case (UC) existieren, der darauf reagiert bzw. entdeckt, dass ein entsprechendes Ereignis vorliegt. Es lassen sich externe Ereignisse und zeitliche Ereignisse unterscheiden. Externe Ereignisse treten außerhalb des betrachteten Systems auf. Zeitliche Ereignisse werden im Allgemeinen im System produziert.

Für die Seminarorganisation kann eine Ereignisliste beispielsweise
folgende Punkte enthalten:
- Seminaranmeldung trifft ein (→UC bearbeite Anmeldung).
- Dozent sagt wegen Krankheit ab (→UC suche   Ersatz oder
  storniere Seminar).
- Teilnehmer sagt ab (→UC bearbeite Absage).
- Seminar durchgeführt (zeitliches Ereignis) (→UC erstelle Rech-
  nungen).

Wenn die Standardfälle der Use-Cases erstellt sind, modellieren Sie   **6** Erweiterungen,
im zweiten Schritt die Erweiterungen und Sonderfälle, die nur unter   Sonderfälle
bestimmten Bedingungen auftreten.
Erweiterungen sind beispielsweise:
- optionale Teile eines Use-Case,
- komplexe oder alternative Möglichkeiten und
- Aufgaben, die nur selten durchgeführt werden.

Der Vorteil dieser Vorgehensweise besteht darin, dass die Basisfunktionalität leicht zu verstehen ist und erst im zweiten Schritt die
Komplexität in das System integriert wird.

Einfache Erweiterungen können bei Verwenden der Use-Case-Schablone unter *Erweiterungen* und *Alternativen* aufgeführt werden.
Umfangreiche Sonderfälle sollten als eigenständiger Use-Case spezifiziert und mit *extend* an den Basis-Use-Case (Standard) angebunden
werden. Die Ausführung von Use-Cases, die mit *extend* angebunden
werden, ist grundsätzlich optional.

Die Verwendung der *extend*-Beziehung im Use-Case-Diagramm
besitzt allerdings nicht nur Vorteile, denn sie verringert die intuitive
Verständlichkeit der Diagramme. Um einen erweiterten Use-Case zu
verstehen, müssen statt einem nun zwei oder mehr Use-Cases einschließlich der Erweiterungspunkte *(extension points)* betrachtet
werden. Sie müssen daher im Einzelfall abwägen, welche Modellbildung das beste Diagramm liefert.

Bei einer Versicherungsgesellschaft ist ein Schadensfall zu bearbeiten (vgl. /Cockburn 97/).

Use-Case: bearbeite Schadensfall
Ziel: Bezahlung des Schadens durch die Versicherung
Kategorie: primär
Vorbedingung: –
Nachbedingung Erfolg: Schaden ganz oder teilweise bezahlt
Nachbedingung Fehlschlag: Forderung abgewiesen
Akteure: Schadenssachbearbeiter
Auslösendes Ereignis: Schadensersatzforderung des Antragstellers,
d.h. der versicherten Person
Beschreibung:
1   Der Sachbearbeiter prüft die Forderung auf Vollständigkeit.
2   Der Sachbearbeiter prüft, ob eine gültige Police vorliegt.

3   Der Sachbearbeiter prüft alle Details der Police.
4   Der Sachbearbeiter errechnet den Betrag und überweist ihn an den Antragsteller.
Erweiterungen:
1a   Die vorliegenden Daten vom Antragsteller sind nicht vollständig. Dann muss der Sachbearbeiter diese Informationen nachfordern.
2a   Der Antragsteller besitzt keine gültige Police. Der Sachbearbeiter teilt ihm mit, dass keine Ansprüche bestehen und schließt den Fall ab.
4a   Der Schaden wird durch die Police nicht abgedeckt. Der Sachbearbeiter teilt dies dem Antragsteller mit und schließt den Fall ab.
4b   Der Schaden wird durch die Police nur unvollständig abgedeckt. Der Sachbearbeiter verhandelt mit dem Antragsteller, bis zu welchem Grad der Schaden bezahlt wird.
Alternativen: –

7 *include-Beziehung*

Wenn bei der Beschreibung eines Use-Cases zu viele Sonderfälle auftreten, sollten Sie prüfen, ob Sie das Verhalten nicht besser durch mehrere Use-Cases beschreiben können, wobei gemeinsames Verhalten mittels der *include*-Beziehung modelliert wird. Analysieren Sie mehrere Use-Cases auf gemeinsames Verhalten. Besitzen zwei Use-Cases einen gemeinsamen Teil, dann ist dieser herauszulösen und mit *include* zu verknüpfen. Die *include*-Beziehung dient in erster Linie der redundanzfreien Beschreibung von Use-Cases. Verwenden Sie *include*-Beziehungen auf die gleiche Art, wie Sie beim Programmieren Funktionsaufrufe verwenden. Im Gegensatz zur *extend*-Beziehung ist die Ausführung von Use-Cases, die mit *include* angebunden werden, niemals optional, sondern sie müssen bei jeder Ausführung des Basis-Use-Case »aufgerufen« werden.

Mit der *include*-Beziehung kann die funktionale Zerlegung eines Systems beschrieben werden. Achten Sie darauf, dass Sie Use-Cases nicht zu stark verfeinern und eine Art Funktionsbaum erstellen. Das ist nicht der Sinn dieses Konzepts.

8 Generalisierung von Use-Cases

Modellieren Sie eine Generalisierung zwischen Use-Cases, wenn eine einzelne Bedingung zu einer neuen, aber ähnlichen Funktionalität führt. In der Abb. 4.2-1 ist der Eintrag eines neuen Mitglieds im Sportverein der Normalfall. Wird ein Familienmitglied in den Sportverein aufgenommen, dann muss eine ähnliche Verarbeitung durchgeführt werden, die sich aber in einigen Punkten vom Basis-Use-Case unterscheidet. Beispielsweise sind die Gebühren niedriger und Familienmitglieder erhalten keine Vereinspost und keine Vereinszeitschrift. Die Generalisierung wird oft mit der *extend*-Beziehung verwechselt. Die *extend*-Beziehung unterscheidet sich insofern von der Generalisierung, dass hier eine Erweiterung an ganz bestimmten Punkten *(extension points)* stattfindet. Ein spezialisierter Use-Case ist ein neuer vollständiger Use-Case, während ein Use-Case, der über eine *extend*-Beziehung angebunden wird, nur diese funktionale Erweiterung realisiert, die optional den Basis-Use-Case ergänzt. In der Abb. 4.2-1 wird ein Leistungssportler wie ein normales Mitglied aufgenommen und zusätzlich für ein Kadertraining eingetragen.

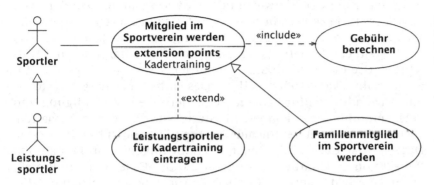

Abb. 4.2-1:
Generalisierung
von Use-Cases vs.
extend-Beziehung

Eine Generalisierung zwischen Akteuren kann vorliegen, wenn zwei Akteure mit den gleichen Use-Cases kommunizieren. Der Basis-Akteur vererbt die Kommunikation (Assoziationen) zu Use-Cases an den spezialisierten Akteur. In der Abb. 4.2-1 kann der Akteur Leistungssportler Mitglied im Sportverein werden. Ein Leistungssportler ist ein Sportler. Es gilt folglich die ISA-Beziehung.

9 Generalisierung von Akteuren

Sie können in ein Use-Case-Diagramm ein Rechteck einzeichnen, das die Systemgrenzen darstellt. Da dieses Element optional ist, sollten Sie es nur dann verwenden, wenn das Diagramm dadurch aussagefähiger wird.

10 Systemgrenzen

Was ist der Unterschied zwischen den Use-Cases und der klassischen funktionalen Zerlegung? Use-Cases beschreiben die mit dem System auszuführenden Arbeitsabläufe, d.h. welche Aufgaben mit dem System durchgeführt werden können. Diese Aufgaben werden meistens vom Softwaresystem ausgeführt, können aber auch organisatorischer Natur sein. Die klassische funktionale Zerlegung gibt an, welche Funktionen das System – unabhängig von den jeweiligen Arbeitsabläufen – zur Verfügung stellt. Außerdem unterscheiden sich die beiden Konzepte ganz wesentlich im Abstraktionsniveau, auf dem die Zerlegung endet. Vermeiden Sie eine zu detaillierte Beschreibung von Use-Cases. Sie dienen als *high level documentation* des Systemverhaltens und werden durch Szenarien und Operationen verfeinert. Use-Cases sind ein reines Analysekonzept, denn sie beschreiben das System aus Sicht der zukünftigen Benutzer und werden in einem späteren Schritt auf die Operationen des Systems abgebildet. Die klassische funktionale Zerlegung kann dagegen sowohl in der Analyse als auch im Entwurf eingesetzt werden.

Use-Case vs. Funktion

Ein Use-Case beschreibt immer einen kompletten Ablauf von Anfang bis Ende. Er besteht daher im Allgemeinen aus mehreren Schritten oder Transaktionen. Jeder Schritt kann einen weiteren Use-Case oder eine Operation (z.B. drucke Rechnung) darstellen. Im Extremfall kann ein Use-Case auf eine einzige Operation abgebildet werden.

Anzahl Use-Cases   Die folgenden Angaben zeigen, dass die Anzahl der Use-Cases nicht linear mit dem Entwicklungsaufwand zunimmt, sondern von verschiedenen Faktoren bestimmt wird. Dazu gehören das gewählte Abstraktionsniveau und der Anwendungsbereich. Nach /Jacobson 95/ besteht ein kleineres System (zwei bis fünf Mitarbeiterjahre) aus 3 bis 20 Use-Cases *(use cases)*. Ein mittleres System (10 bis 100 Mitarbeiterjahre) kann 10 bis 60 Use-Cases enthalten. Größere Systeme, z.B. Anwendungen für Banken, Versicherungen, Verteidigung und Telekommunikation, können Hunderte von Use-Cases enthalten. /Booch 96/ erwartet bei einem Projekt mittlerer Komplexität etwa ein Dutzend Use-Cases. /Cockburn 97/ gibt folgende Größen an: Ein Projekt von 50 Mitarbeiterjahren mit 50 Use-Cases und ein Projekt mit 30 Mitarbeiterjahren (18 Monate Entwicklungsdauer) und mit 200 Use-Cases.

Analytische Schritte zum Validieren der Use-Cases

11 »gute« Beschreibung   Formulieren Sie die Beschreibung der Use-Cases so, dass Ihr Auftraggeber sie lesen und verstehen kann. Konzentrieren Sie sich auf die Kommunikation der Akteure mit dem System und beschreiben Sie weder die interne Struktur noch die Algorithmen. Achten Sie darauf, dass der Standardfall immer komplett spezifiziert ist. Eine Beschreibung sollte maximal eine Seite umfassen.

12 Use-Case-Namen   Ein gut gewählter Use-Case-Name beschreibt mit wenigen Wörtern die Funktionalität des Use-Case. Dieser Name enthält ein starkes Verb, das die durchgeführte Verarbeitung beschreibt. Starke Verben sind zum Beispiel anmelden, zeichne, immatrikulieren. Schwache Verben sind dagegen verarbeite oder führe durch. Die Wortwahl muss außerdem zum Problembereich passen. Verwenden Sie die hier jeweils übliche Terminologie, z.B. Job-Sharing (für einen Arzt) eintragen.

13 Namen für Akteure   Akteur-Namen sollen intuitiv verständlich sein und aus dem Problembereich der Anwendung stammen. Benennen Sie Akteure durch ein Substantiv im Singular, z.B. Lieferant und nicht Lieferanten. Wenn die Akteure Personen darstellen, dann sollten Sie Job-Titel vermeiden, wie sie üblicherweise auf Visitenkarten verwendet werden, z.B. Junior Programmer, Senior Consultant. Überlegen Sie stattdessen, welche Rolle dieser Akteur im System spielt, z.B. Programmierer, Berater. Das Vorhandensein von Job-Titeln erkennt man daran, dass in einem Diagramm mehrere ähnliche benannte Akteure vorkommen, die auf die gleichen Use-Cases zugreifen. Auch konkrete Namen, wie z.B. Helga Weiß, sollten Sie nicht für Akteure verwenden.

14 Akteure und Use-Cases   Jeder Akteur soll mit einem oder mehreren Use-Cases kommunizieren. Ausnahmen sind Use-Cases, die über eine *extend*- oder *in-*

144

clude-Beziehung mit einem Basis-Use-Case verbunden sind. In diesem Fall muss nur zum Basis-Use-Case eine Assoziation bestehen.

Use-Case-Diagramme sollen dem Leser einen schnellen Überblick über die Funktionalität des Systems ermöglichen. Daher sollte ein Diagramm keinesfalls mehr als 10 Use-Cases enthalten.

15 Use-Case-Diagramm, Umfang

Wenn Sie Use-Case-Diagramme und Use-Case-Schablonen in Kombination einsetzen, dann müssen diese natürlich konsistent sein.

16 Konsistenz Diagramm und Schablone

Wenn – zu einem späteren Zeitpunkt des Makroprozesses – das Klassendiagramm vorliegt, dann sollten Sie prüfen, ob die Use-Cases konsistent mit dem Klassendiagramm sind. Erstellen Sie dazu für jeden Use-Case ein Objektdiagramm. Kennzeichnen Sie die Objekte und Objektbeziehungen, die vor Durchführung des Use-Cases vorhanden waren. Tragen Sie dann Objekte und Objektbeziehungen ein, die im Rahmen dieses Use-Case erzeugt werden. Prüfen Sie, welche Klassen und Assoziationen des Klassendiagramms betroffen sind.

17 Konsistenz mit Klassendiagramm

- Für jede Klasse soll mindestens ein Objekt erzeugt werden.
- Für jede Assoziation soll mindestens eine Objektbeziehung aufgebaut werden.
- Wenn für Assoziationen Einschränkungen modelliert sind, sollen diese Einschränkungen vollständig durch die Use-Cases abgedeckt werden.

Wir verwenden aus Kapitel 3.3 den Use-Case Zulassung eintragen und das Klassendiagramm des Arztregisters mit Historie. Die Registrierung des Arztes führt zu den Objekten :Arzt, :Registrierung und :Wohnung. Beim Eintragen der Zulassung und der Einzelpraxis werden diese Objekte erzeugt. Alternativ zur Einzelpraxis kann eine Objektbeziehung zu einem bereits vorhandenen Gemeinschaftspraxis-Objekt erstellt werden (Abb. 4.2-2).

Beispiel

Abb. 4.2-2: Objektdiagramm zum Use-Case Zulassung eintragen

In der Tabelle 4.2-1b sind typische Fehlerquellen aufgeführt, die beim Identifizieren von Use-Cases auftreten. Insbesondere ist darauf zu achten, dass ein Use-Case keine Dialogsteuerung beschreibt, auch wenn der Begriff *use case (the way in which a user uses a system)* dies vielleicht suggeriert. Dadurch würde die Trennung zwischen Fachkonzept und Benutzungsoberfläche verloren gehen.

18 Fehlerquellen

Ergebnisse

■ **Use-Case-Diagramm**
Use-Cases, Akteure, Assoziationen, *extend*- und *include*-Beziehungen,
Generalisierungsstrukturen und Systeme eintragen.

■ **Spezifikation der Use-Cases**
Mit Use-Case-Schablone, mittels Aktivitätsdiagrammen (siehe Tabelle
4.8-1) oder Zustandsdiagrammen (siehe Tabelle 4.10-1)

Konstruktive Schritte

1 Wer ist Akteur?
■ Welche Personen führen diese Aufgaben zurzeit durch?
■ Welche Personen führen diese Aufgaben zukünftig durch?
■ Wer gibt Daten in das Softwaresystem ein? Wer erhält Ausgabedaten
des Systems?
■ Bedienen die Akteure das System direkt oder indirekt?
■ Welche Personen führen diese Aufgaben durch?
■ Welche Schnittstellen besitzt das System?
■ Werden zeitliche Ereignisse modelliert? (Akteur Zeit einführen!)

2 Use-Cases kategorisieren
■ Primäre, sekundäre und optionale Use-Cases unterscheiden.

3 Standardfall eines Use-Case spezifizieren
■ Was ist der Standardfall?
■ Welche Verarbeitung ist im »Normalfall« durchzuführen?
■ Welche Verarbeitung ist in 80 % der Fälle durchzuführen?
■ Was ist die einfachste Verarbeitung des Use-Case?
■ Welches Ergebnis will der Akteur in den meisten Fällen erhalten?

4 Ablauf eines Use-Case
■ Wann beginnt der Use-Case?
■ Welches Ereignis löst den Arbeitsablauf aus?
■ Welche Eingabedaten werden benötigt?
■ Welche Vorbedingungen müssen erfüllt sein?
■ Welche Schritte sind auszuführen?
■ Ist eine Reihenfolge der Schritte festgelegt?
■ Welche Zwischenergebnisse werden erstellt?
■ Welche Endergebnisse werden erstellt?
■ Welche Nachbedingungen (Vorbedingungen anderer Use-Cases)
werden sichergestellt?
■ Wann endet der Use-Case?
■ Wie wichtig ist diese Arbeit?
■ Warum wird diese Arbeit durchgeführt?
■ Kann die Durchführung verbessert werden?

5 Vom Ereignis zum Use-Case
■ Erstellen Sie eine Ereignisliste.
■ Identifizieren Sie für jedes Ereignis einen Use-Case.
■ Unterscheiden Sie externe und zeitliche Ereignisse.

6 Erweiterungen, Sonderfälle
■ Identifizieren Sie
□ optionale Teile eines Use-Case,
□ komplexe oder alternative Möglichkeiten,
□ Aufgaben, die nur selten durchgeführt werden.
■ Modellieren Sie umfangreiche Erweiterungen mit der *extend*-Beziehung.
Diese mit *extend* angebunden Use-Cases sind grundsätzlich optional.
■ Wägen Sie Vor- und Nachteile der *extend*-Beziehung gegeneinander ab.
■ Alternativ zur *extend*-Beziehung können diese Teile mit der Use-Case-
Schablone dokumentiert werden.

7 *Include*-Beziehung
- Komplexe Schritte als Use-Cases spezifizieren *(include)*.
- Komplexe Use-Cases (viele Sonderfälle) in mehrere Use-Cases zerlegen und Gemeinsamkeiten mit *include* modellieren.

8 Generalisierung von Use-Cases
- Ähnliche Use-Cases als Spezialisierung eines Basis-Use-Case modellieren.
- Generaliserung nicht mit *extend*-Beziehung verwechseln: Spezialisierte Use-Cases sind vollständige Use-Cases, *extend*-Use-Cases nicht.

9 Generalisierung von Akteuren
- Kommunizieren mehrere Akteure mit dem gleichen Use-Case?
- Gilt die ISA-Beziehung zwischen diesen Akteuren?

10 System-Grenzen
- Gewinnt das Diagramm an Informationsgehalt, wenn die Systemgrenzen eingetragen werden?

Analytische Schritte
11 »Gute« Beschreibung
- Verständlich für den Auftraggeber.
- Extern wahrnehmbares Verhalten.
- Fachliche Beschreibung des Arbeitsablaufs.
- Beschreibt Standardfall vollständig und Sonderfälle separat.
- Maximal eine Seite.

12 Use-Case-Namen
- Enthalten starkes Verb.
- Beschreiben Funktionalität mit wenigen Wörtern.

13 Namen für Akteure
- Intuitiv verständlich und der Terminologie des Anwendungsbereichs entnommen.
- Substantiv im Singular.
- Keine Job-Titel von Visitenkarten, keine konkreten Namen.

14 Akteure und Use-Cases
- Jeder Akteur soll mit mindestens 1 Use-Case kommunizieren.
- Ausnahme: Use-Cases, die über *include* oder *extend* angebunden sind.

15 Umfang Use-Case-Diagramm
- Maximal 10 Use-Cases.

16 Konsistenz Use-Case-Diagramm und Schablone
- Sind alle Akteure der Schablone auch im Use-Case-Diagramm eingetragen und umgekehrt?

17 Konsistenz mit Klassendiagramm
- Objektdiagramm erstellen.

18 Fehlerquellen
- Zu kleine und damit zu viele Use-Cases.
- Zu frühe Betrachtung von Sonderfällen.
- Zu detaillierte Beschreibung der Use-Cases.
- Verwechseln von Generalisierung und *extend*-Beziehung.
- Use-Cases beschreiben Dialogabläufe.
- Use-Cases nicht für den Auftraggeber verständlich.

Tab. 4.2-1b:
Checkliste
Use-Cases

147

4.3 Checkliste Paket

Konstruktive Schritte zum Identifizieren von Paketen

1 *top down* Bei großen Systemen sollte – noch vor der Formulierung von Use-Cases – das Gesamtsystem in Pakete unterteilt werden. Ein **Paket** entspricht bei der klassischen Verarbeitung einem in sich abgeschlossenen Teilsystem. Umfangreiche Pakete sind in weitere Pakete zu zerlegen. In der Analysephase ist die Paketbildung vor allem für Use-Cases und für Klassen sinnvoll.

2 *bottom up* Während bei kleineren Systemen ganz auf Pakete verzichtet werden kann, empfiehlt es sich bei Systemen mittlerer Größenordnung nach der Erstellung der Use-Cases oder spätestens nach der statischen Modellierung Pakete bzw. Teilsysteme zu bilden.

3 Use-Cases paketieren Fassen Sie Use-Cases zu Paketen zusammen, indem Sie entsprechende Funktionsgruppen bilden, z.B. Einkauf, Auftragsbearbeitung. Use-Cases, die durch eine *extend-, include*-Beziehung oder Generalisierung verbunden sind, gehören in dasselbe Paket wie der Basis-Use-Case.

4 Klassen paketieren Bilden Sie Pakete von Klassen, indem Sie »höhere« Datengruppen bilden. Beispielsweise können alle Klassen, die sich mit dem Artikelstamm befassen (Artikel, Lagerartikel, Lieferant, Lager) in einem Paket Artikelstamm zusammengefasst werden.

Analytische Schritte zum Validieren der Pakete

5 abgeschlossene Einheit In sich abgeschlossene Pakete unterstützen die Arbeitsteilung, denn jedes Paket bildet eine Arbeitseinheit für ein Team. Ein in sich abgeschlossenes Paket besitzt folgende Eigenschaften:

- Es führt den Leser durch das System.
- Es enthält einen Themenbereich, der für sich allein betrachtet und verstanden werden kann, oder es ist mit minimalen Bezügen zu anderen Paketen verständlich.
- Es besteht nicht einfach aus einer Menge von Modellelementen, sondern Pakete sollen eine Betrachtung des Systems auf höherer Abstraktionsebene ermöglichen. Es muss daher Use-Cases und Klassen zusammenfassen, die dem gleichen Themenbereich angehören.
- Klassen innerhalb einer Generalisierungsstruktur sollten immer vollständig in einem Paket liegen.
- Kompositionen und Aggregationen liegen vollständig in einem Paket.
- Klassen, zwischen deren Objekten eine intensive Kommunikation stattfindet, gehören zum selben Paket.

6 Paketname Bilden Sie einfache und dennoch aussagefähige Paketnamen. Ein Paketname soll auf einem höheren Abstraktionsniveau beschreiben, was der Inhalt dieses Pakets ist. Beschreiben Sie dazu den Inhalt dieses Pakets mit 25 Wörtern oder weniger. Versuchen Sie dann die-

148

se Kurzbeschreibung auf einen oder wenige Begriffe zu reduzieren. Lässt sich kein geeigneter Paketname finden, so ist dies ein Indiz, dass das Paket keine in sich abgeschlossene Einheit bildet.

Die Anzahl der Pakete soll mit der Größe des modellierten System **7** Umfang und der insgesamt dargestellten Modellelemente korrelieren. Damit mittels Paketen eine Betrachtung des Systems auf höherer Abstraktionsebene möglich ist, sollen Pakete nicht zu klein sein. Sonst entsteht ein Modell, das schwer lesbar ist und eine nicht vorhandene Komplexität vortäuscht.

Ergebnisse
- **Paketdiagramme**

Erstellen Sie ein oder mehrere Paketdiagramme. Ordnen Sie jedem Paket Modellelemente zu.

Konstruktive Schritte

1 Welche Pakete ergeben sich durch *top-down*-Vorgehen?
Bei großen Anwendungen:
- Unterteilen Sie das Gesamtsystem in Teilsysteme (Pakete).
- Zerlegen Sie umfangreiche Pakete in weitere Pakete.

2 Welche Pakete ergeben sich durch *bottom-up*-Vorgehen?
Bei kleinen und mittleren Anwendungen:
- Fassen Sie Klassen unter einem Oberbegriff zusammen.

3 Use-Cases paketieren
- Fassen Sie Use-Cases durch Bildung von Funktionsgruppen zu Paketen zusammen.

4 Klassen paketieren
- Fassen Sie Klassen durch Bildung von »höheren« Datenstrukturen zusammen.

Analytische Schritte

5 Bildet das Paket eine abgeschlossene Einheit?
- Es enthält einen Themenbereich, der für sich allein betrachtet und verstanden werden kann.
- Es erlaubt eine Betrachtung des Systems auf einer höheren Abstraktionsebene.
- Generalisierungsstrukturen liegen innerhalb eines Pakets.
- Aggregation und Komposition liegen im selben Paket.
- Klassen mit intensiver Kommunikation liegen im selben Paket.

6 Ist der Paketname geeignet?
- Wählen Sie einfache und aussagefähige Paketnamen.
- Beschreiben Sie den Inhalt eines Pakets mit 25 Wörtern oder weniger. Leiten Sie daraus den Namen ab.
- Wenn sich kein Paketname finden lässt, sollte die Paketstruktur überprüft werden.

7 Umfang
- Größe der Pakete soll mit der Größe des modellierten Systems korrelieren.

8 Fehlerquellen
- Zu kleine Pakete.
- Keine in sich geschlossene Einheit.

Tab. 4.3-1:
Checkliste
Pakete

Analyseprozess *(analysis process)* Der Analyseprozess beschreibt die methodische Vorgehensweise zur Erstellung eines objektorientierten Analysemodells. Er besteht aus einem →Makroprozess, der die grundlegenden Vorgehensschritte vorgibt und der situations- und anwendungsspezifischen Anwendung von methodischen Regeln.

Balancierter Makroprozess *(balanced macro process)* Der balancierte → Makroprozess unterstützt die Gleichgewichtigkeit von statischem und dynamischem Modell. Er beginnt mit dem Erstellen von →Use-Cases und der Identifikation von Klassen. Dann werden statisches und dynamisches Modell parallel erstellt und deren Wechselwirkungen berücksichtigt.

Datenbasierter Makroprozess *(database macro process)* Beim datenbasierten →Makroprozess wird zunächst das Klassendiagramm erstellt und aufbauend darauf werden die →Use-Cases und die anderen Diagramme des dynamischen Modells entwickelt.

Makroprozess *(macro process)* Der Makroprozess beschreibt auf einem hohen Abstraktionsniveau die einzelnen Schritte, die zur sytematischen Erstel-

lung eines OOA-Modells durchzuführen sind. Der Makroprozess kann die Gleichgewichtigkeit von statischem und dynamischem Modell (balancierter Makroprozess) unterstützen oder →datenbasiert bzw. →szenariobasiert sein.

Paket *(package)* Ein Paket fasst Modellelemente (z.B. Klassen) zusammen. Ein Paket kann selbst Pakete enthalten. Es wird benötigt, um die Systemstruktur auf einer hohen Abstraktionsebene auszudrücken. Pakete können im Paketdiagramm dargestellt werden.

Szenariobasierter Makroprozess *(scenario-based macro process)* Der szenariobasierte →Makroprozess beginnt mit dem Erstellen von →Use-Cases und Interaktionsdiagrammen und leitet daraus das Klassendiagramm ab.

Use-Case *(use case)* Spezifiziert eine Sequenz von Aktionen, einschließlich möglicher Varianten, die das System in Interaktion mit Akteuren ausführt. Wird durch ein bestimmtes Ereignis ausgelöst und ausgeführt, um ein Ziel zu erreichen oder ein gewünschtes Ergebnis zu erstellen. Ein Use-Case ist immer als Black Box zu verstehen: Er beschreibt das extern wahrnehmbare Verhalten, ohne auf die interne Struktur oder Details der Realisierung einzugehen.

Der Analyseprozess besteht aus einem Makroprozess, der die Gleichgewichtigkeit von statischem und dynamischem Modell berücksichtigt, und aus einheitlich aufgebauten Checklisten für jedes objektorientierte Konzept. Die Checkliste Use-Case zeigt, wie Use-Cases ermittelt werden, wie *include*- und *extend*-Beziehung sowie Generalisierung eingesetzt werden und was eine gute Use-Case-Beschreibung ausmacht. Die Checkliste Paket beschreibt, wie Pakete gebildet werden und deren Güte geprüft wird.

Aufgabe
15–20 Minuten

1 *Lernziel: Wissen über den Analyseprozess prüfen.*
   a Erläutern Sie, was evolutionäre Vorgehensweise bedeutet.
   b Welche methodischen Schritte können unabhängig davon durchgeführt werden, ob objektorientiert oder klassisch entwickelt wird?
   c Sie erhalten die Aufgabe, ein 20 Jahre altes Informationssystem neu zu entwickeln, d.h. ein Re-Engineering-Projekt durchzuführen. Für Ihre Arbeit erhalten Sie das ablauffähige System, die Benutzerhandbücher und die Dateibeschreibungen. Außerdem

stehen Ihnen die Benutzer des alten Systems für Interviews zur Verfügung. Wie gehen Sie vor?

d Welche Vorteile besitzen die hier vorgestellten Checklisten für die Entwicklung und die Qualitätssicherung?

2 *Lernziel: Einen Use-Case dokumentieren können.*
Für das Fallbeispiel der Friseursalonverwaltung aus Kapitel 3.4 ist der Use-Case für das Kassieren von Verkäufen bei Laufkundschaft zu beschreiben. Verwenden Sie die Schablone für Use-Cases.

Aufgabe
15 Minuten

3 *Lernziel: Mehrere Use-Cases mittels Ereignisliste identifizieren können.*
Stellen Sie die Ereignisliste für nachfolgende Problembeschreibung auf, identifizieren Sie Use-Cases und erstellen Sie für jeden Use-Case eine kurze informale Beschreibung. Übernehmen Sie alle Informationen des Textes in die Beschreibungen.
Eine Bibliothek ist zu verwalten. Jeder registrierte Leser kann sich Bücher ausleihen. Ist ein gewünschtes Buch nicht vorhanden, so kann es von den Lesern vorbestellt werden. Ein Buch kann zu einem Zeitpunkt von mehreren Lesern vorbestellt sein, d.h., es wird eine Warteliste gebildet. Wird ein vorbestelltes Buch zurückgegeben, dann ist der erste Leser auf der Warteliste zu benachrichtigen. Reservierte Bücher, die nach eine Woche nicht abgeholt wurden, werden wieder zur Ausleihe bereitgestellt oder der nächste Leser der Warteliste wird informiert. Bei der Aufnahme in die Bibliothek erhält jedes Buchexemplar eine eindeutige Inventarnummer. Für jeden Leser werden der Name und die Adresse gespeichert. Bei der Ausleihe werden das Ausleihdatum und das Rückgabedatum gespeichert. Bei allen Büchern, deren Ausleihfrist um eine Woche überschritten ist, werden deren Leser automatisch gemahnt.

Aufgabe
15 Minuten

4 *Lernziel: Mehrere Use-Cases identifizieren und dokumentieren können.*
Stellen Sie für folgende Problembeschreibung die Use-Cases auf. Beschreiben Sie jeden Use-Case mittels Schablone und erstellen Sie ein Use-Case-Diagramm.
Die Veranstaltungen und Prüfungen einer Hochschule sollen verwaltet werden.
Jede Veranstaltung gehört zu einem bestimmten Typ. Einige Veranstaltungstypen sind Pflicht, d.h. Voraussetzung für die Anmeldung zur Diplomarbeit. Eine Veranstaltung wird an einem bestimmten Wochentag, zu einer festgelegten Zeit in einem festgelegten Raum eingetragen. Sie wird von genau einem Dozenten durchgeführt. Nach einem vorliegenden Terminplan muss von

Aufgabe
40 Minuten

jedem Fachbereich ein Veranstaltungsplan für das nächste Semester erstellt werden.

Für alle durchzuführenden Prüfungen wird vom Prüfungsausschuss in jedem Semester ein aktueller Prüfungsplan erstellt. Jede Prüfung findet zu einer festgelegten Zeit in einem dafür reservierten Raum statt. Sie bezieht sich immer auf einen Prüfer.

Eine Prüfung bezieht sich auf genau einen Veranstaltungstyp. Für die Prüfung, die sich auf einen bestimmten Veranstaltungstyp bezieht, kann als Teilnahmevoraussetzung das Bestehen von Prüfungen anderer Veranstaltungstypen gefordert werden.

Studenten müssen sich beim Prüfungssekretariat mit einem Formular für die Prüfungen anmelden. In dieses Formular müssen Matrikelnummer und der Name des Studenten sowie die Nummern aller gewünschten Prüfungen eingetragen werden. Wenn das Prüfungssekretariat festgestellt hat, dass alle Teilnahmevoraussetzungen erfüllt sind, wird der Student in die entsprechenden Zulassungslisten eingetragen.

14 Tage vor einer jeden Prüfung erstellt das System automatisch eine Liste aller zugelassenen Studenten für den Prüfer. Außer den obigen Angaben enthält diese Liste Informationen über die Anzahl der Prüfungsversuche. Nach Durchführung der Prüfung trägt der Prüfer die Ergebnisse in diese Liste ein und gibt sie dem Prüfungssekretariat zurück, das die Angaben überprüft und eine Ergebnisliste mit Matrikelnummern und Noten veröffentlicht.

Jeder Student muss ein Praktikum nachweisen, das bei einer Firma durchgeführt wird.

Ein Student schließt sein Studium mit einer Diplomarbeit ab. Bei der Beantragung wird geprüft, ob er für alle Pflichtveranstaltungen die Prüfungen bestanden hat. Nach Abschluss der Arbeit wird vom Betreuer die Note eingetragen.

Hinweis: Diese Aufgabe wird in der nächsten Lehreinheit weiter bearbeitet (Erstellen des Klassendiagramms). Die obige Problembeschreibung enthält daher eine Reihe von Informationen, die für die Lösung in dieser Lehreinheit noch nicht benötigt werden.

Aufgabe
5–10 Minuten

5 *Lernziel: Identifizieren von Paketen.*
Folgende Use-Cases wurden bei einem System für den Versandhandel erstellt. Welche Pakete können Sie bilden?
– Auswerten von Informationen der Lieferanten, um neue Kataloge zu erstellen
– Auswertung von Sonderwünschen für das Marketing
– Bearbeiten von Kundenaufträgen laut Katalog
– Bearbeiten von Kundenaufträgen laut Katalog mit Nachlieferungen
– Bearbeiten von Sonderwünschen der Kunden

- Ermittlung von Informationen für das Marketing (Penner-Renner-Liste)
- Erstellen von Bestellungen an Lieferanten, um gängige Artikel am Lager zu haben
- Erstellen von Bestellungen an Lieferanten, um Kundenaufträge zu erfüllen
- Informieren der Kunden über neue Produkte
- Versenden von Probesendungen an gute Kunden
- Weitergabe aller Aufträge an die Buchhaltung
- Weitergabe aller Bestellungen an die Buchhaltung

4 Checklisten zum Erstellen eines OOA-Modells (Statisches Modell)

■ Klassen systematisch identifizieren können.   verstehen
■ Assoziationen systematisch identifizieren und spezifizieren können.
■ Attribute systematisch identifizieren können.
■ Generalisierungsstrukturen systematisch identifizieren können.
■ Systematisch ein Klassendiagramm (ohne Operationen) erstellen   anwenden
  können.
■ Beurteilen können, ob ein »gutes« Klassendiagramm erstellt wurde.

☑ ■ Die objektorientierten Konzepte und die UML-Notation, wie sie in Kapitel 2 beschrieben werden, müssen bekannt sein.
■ Die Kenntnisse der Kapitel 1 und 3.1 sind nützlich.
■ Aus dem Kapitel 3 sollten Sie mindestens ein Fallbeispiel durchgearbeitet haben.
■ Der Inhalt der Kapitel 4.1 bis 4.3 muss bekannt sein.

4.4 Checkliste Klasse

Nach dem Formulieren der Use-Cases ist für den aktuellen Entwicklungszyklus das Klassendiagramm zu erstellen. Dieses Klassendiagramm enthält als **statisches Modell** außer den Klassen deren Attribute sowie Assoziationen und Generalisierungsstrukturen. Die Operationen werden erst nach der Erstellung des dynamischen Modells hinzugefügt. Anstelle eines globalen Klassendiagramms kann es sinnvoll sein, für jeden Use-Case oder eine Gruppe von zusammengehörenden Use-Cases ein separates Klassendiagramm zu erstellen. Use-Cases können auf diese Weise benutzt werden, um ein großes Klassendiagramm in mehrere handliche Teile zu strukturieren. Jedes Klassendiagramm enthält dabei eine bestimmte Sicht des Gesamtsystems.

Durch die Bildung der Klassen wird die entscheidende Abstraktionsebene für die gesamte Modellbildung erstellt. Auf den Punkt gebracht kann man auch sagen, dass die Vorteile der Objektorientierung dann am größten sind, wenn die »richtigen« Klassen identifiziert werden.

Die Ausgangsbasis für das Identifizieren der Klassen bilden die Beschreibungen der Use-Cases. In vielen Fällen existieren für einen Arbeitsablauf Formulare, Listen und andere Dokumente. Handelt es sich um das *Re-Engineering* eines alten Softwaresystems, dann gibt es auch Benutzerhandbücher, Bildschirmmasken und Dateibeschreibungen. Anhand des laufenden Systems sollten Sie die Funktionen des betreffenden Use-Case ausführen und die Klassen mithilfe der Bildschirmmasken ermitteln.

Konstruktive Schritte zum Identifizieren von Klassen

1 Dokumentanalyse Besonders einfach lassen sich **Klassen** mittels der Dokumentanalyse identifizieren. Die Dokumentanalyse ist eine Weiterentwicklung der Formularanalyse, die aus dem Bereich der semantischen Datenmodellierung /Vetter 90/ stammt. Die Dokumente enthalten **Attribute**, die mittels *bottom-up*-Vorgehen zu Klassen zusammengefasst werden. Wählen Sie den Klassennamen nach der Gesamtheit der Attribute. Da die Dokumentanalyse auch zum Identifizieren von Assoziationen dient, werden meist gleichzeitig mit den Klassen Assoziationen ermittelt.

Beispiel Aus dem Formular zur Seminaranmeldung lassen sich mittels Dokumentanalyse die Klassen Teilnehmer, Seminar und Rechnungsempfänger ableiten (Abb. 4.4-1).

2 Beschreibung Use-Cases Aus der Beschreibung des Use-Case können Sie mittels der *top-down*-Vorgehensweise die Klassen ableiten. Gehen Sie den Text durch und durchsuchen Sie ihn nach Klassen. Oft sind die Substantive potenzielle Klassen. Ebenso kann sich eine Klasse hinter Verben verber-

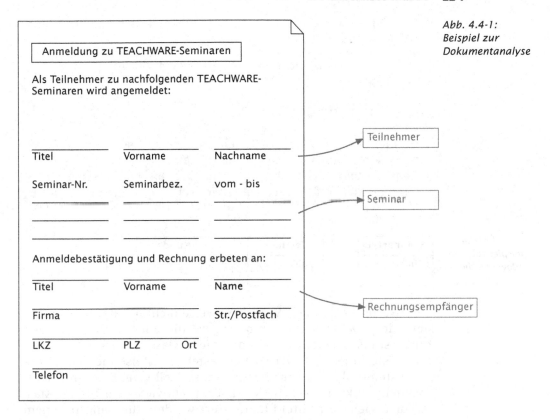

Abb. 4.4-1:
Beispiel zur
Dokumentanalyse

gen. Eine Klasse lässt sich relativ leicht durch ihre Attribute identifizieren. Der Erfolg dieser Methode wird entscheidend durch die Sicherheit des Systemanalytikers im Erkennen der potenziellen Klassen bestimmt.

Beispiel: Seminarorganisation

Use-Case: Anmelden eines neuen Teilnehmers

Interessenten melden sich schriftlich an. Der betreffende Interessent und die gebuchten Seminare werden in die Kundenkartei aufgenommen. Alle Seminartypen und Seminare sind in der Seminarkartei gespeichert. Die Seminargebühr ist für alle Seminare eines Typs gleich. Einige Kunden können zu einer ermäßigten Gebühr teilnehmen, die jeweils individuell festgelegt wird. Jede Anmeldung wird von den Mitarbeitern schriftlich bestätigt.

Use-Case: Absagen eines gebuchten Seminars

Bereits gebuchte Seminarveranstaltungen können durch die Kunden zu folgenden Bedingungen abgesagt werden: Bei einer Absage bis zu drei Wochen vor Seminarbeginn entstehen keine Kosten, bei einer späteren Absage werden 50 Prozent der Seminargebühr in Rechnung gestellt. Jede Absage wird schriftlich bestätigt. Wenn der Kunde nicht

Beispiel

rechtzeitig absagt, erhält er nach der Veranstaltung eine Rechnung, obwohl er nicht teilgenommen hat.

Abb. 4.4-2 zeigt diejenigen Klassen, die sich aufgrund der *top-down*-Methode aus den Use-Cases identifizieren lassen. Keine Klassen sind beispielsweise:
- Mitarbeiter, denn über diese Personen werden keine Daten gespeichert,
- Rechnung, denn es handelt sich um eine Ausgabe, deren Daten bereits in anderen Klassen enthalten sind,
- Gebühr, denn es handelt sich um ein Attribut von Seminartyp.
- Interessenten und Kunden sind identisch. Daher bilden wir nur die Klasse Kunde.

Abb. 4.4-2:
Beispiel zur top-down-Methode

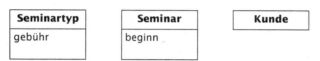

Seminartyp	Seminar	Kunde
gebühr	beginn	

Verwechseln Sie diese Vorgehensweise nicht mit der Substantiv-Methode *(abbott's noun approach)*. Bei diesem Verfahren werden zunächst *alle* Substantive als potenzielle Klassen betrachtet und in einer Liste aufgeführt. Der Vorteil besteht zweifelsohne darin, dass ein Systemanalytiker sehr leicht und schnell viele Klassen findet. Nachteilig wirkt sich aus, dass zunächst sehr viele überflüssige Klassen (u.a. viele Attribute) identifiziert werden, die dann in einem weiteren Schritt wieder aussortiert werden müssen.

3 Kategorien In vielen Projekten kommen Klassen bestimmter Kategorien vor (vergleiche /Larman 01/, /Coad, Yourdon 91/, /Booch 94/).

Beispielsweise können Personen verschiedene Rollen im System spielen, wobei in jeder Rolle andere Attribute und ein anderes Verhalten von Interesse sind. Dann ist für jede Rolle eine Klasse zu modellieren (Kategorie *Personen und deren Rollen*).

Über durchgeführte Aktionen müssen Daten gespeichert werden. Beispiele: Eine Banküberweisung wird getätigt; eine Bestellung wird erteilt. Dann wird für jede Aktion eine Klasse erstellt (Kategorie *Informationen über Aktionen*).

Fragen Sie, welche Orte im System vorkommen. Dabei kommt es weniger auf die echte räumliche Trennung (z.B. durch Wände) als auf die Trennung der Funktionsbereiche an (Kategorie *Orte*). Beispiel: Eine Arztpraxis enthält die Orte Wartezimmer, Anmeldungsbereich und Behandlungsraum.

Weitere Kategorien sind:
- konkrete Objekte bzw. Dinge,
- Organisationen,
- Behälter,
- Dinge in einem Behälter,

■ Ereignisse,
■ Kataloge und
■ Verträge.

Analytische Schritte zum Validieren der Klassen

Die Bedeutung des Klassennamens kann gar nicht überschätzt werden. Die Verständlichkeit Ihres Modells wird wesentlich durch wirklich gute Namen bestimmt. Widmen Sie dieser Aufgabe daher genügend Zeit.

Theoretisch ist es möglich, ein System durch eine einzige Klasse zu modellieren, die alle Attribute und alle Operationen enthält. Es ist klar, dass eine solche Vorgehensweise zu keinem befriedigenden Ergebnis führt. Das andere Extrem ist, dass sehr viele Klassen gebildet werden. Oft sind deren Attribute dann vom elementaren Typ. Bei näherer Betrachtung kann man sehr leicht feststellen, dass es sich bei vielen »Klassen« in Wirklichkeit um Attribute handelt. Eine solche Vorgehensweise führt mit Sicherheit zu einem unübersichtlichen Modell, obwohl das Kriterium des aussagefähigen Namens sogar erfüllt wäre. Es ist also von besonderer Bedeutung, das richtige Abstraktionsniveau zu finden. Das Ziel muss es daher sein, in sich abgeschlossene Klassen adäquater Komplexität zu modellieren.

Folgende Angaben sollen eine ungefähre Größenordnung über die Anzahl der Klassen in einem objektorientierten System – also nicht nur auf die Analyse bezogen – vermitteln. Nach /Booch 96/ ist bei Projekten mittlerer Komplexität (d.h. Entwicklungsdauer von einem Jahr) mit 50 bis 100 Klassen zu rechnen. Ein großes System (d.h. 10 bis 100 Mitarbeiterjahre) besteht nach /Jacobson 95/ aus mehreren 100 oder sogar mehreren 1.000 Klassen. Es gibt Systeme, die 10.000 bis 100.000 Klassen enthalten.

In der Systemanalyse werden keine Klassen modelliert, um Mengen von Objekten zu verwalten. Dadurch würde die Anzahl der Klassen in vielen Fällen wesentlich erhöht, ohne die Aussagefähigkeit des Klassendiagramms zu verbessern. Stattdessen werden Operationen, die alle Objekte der Klasse betreffen, als Klassenoperationen spezifiziert.

Die mangelnde Bildung von komplexen Attributen führt zu vielen kleinen Klassen, die mittels Assoziationen verbunden sind. Dieser Fehler führt nicht nur zu vielen Klassen, sondern auch zu vielen überflüssigen Assoziationen, welche die Verständlichkeit des Gesamtmodells erschweren. Eine häufige – jedoch falsche – Vorstellung ist, dass sich alle konkreten Objekte des Problembereichs im Analysemodell als Klasse wiederfinden. Beispielsweise muss eine Rechnung für ein gebuchtes Seminar, die im Allgemeinen in Papierform vorliegt, nicht unbedingt als Klasse modelliert werden. Diese Klasse würde keine neue Information enthalten, wenn alle Daten bereits in den Klassen Buchung, Seminar und Kunde gespeichert sind (vergleiche

4 Klassenname

5 Abstraktionsniveau

6 implizierte Objektverwaltung

7 Fehlerquellen

Abb. 4.5-1). Das Erstellen der Rechnung ist eine Operation, die der Klasse Buchung zugeordnet wird. Es wäre aber sehr wohl eine Modellbildung denkbar, bei der die Modellierung einer zusätzlichen Klasse Rechnung sinnvoll und korrekt wäre. Wenn beispielsweise für einen Auftrag mehrere Teilrechnungen erstellt werden sollen, dann ist außer der Klasse Auftrag eine Klasse Rechnung notwendig.

Tab. 4.4-1a:
Checkliste
Klassen

Ergebnisse
- **Klassendiagramm**
  Tragen Sie jede Klasse – entweder nur mit Namen oder mit wenigen wichtigen Attributen/Operationen – in das Klassendiagramm ein.
- **Kurzbeschreibung der Klassen**
  Erstellen Sie für jede Klasse, deren Name nicht selbsterklärend ist, eine Kurzbeschreibung von 25 oder weniger Wörtern.

Konstruktive Schritte
1 Welche Klassen lassen sich mittels Dokumentanalyse identifizieren?
- Formulare, Listen.
- *Re-Engineering*-System: Benutzerhandbücher, Bildschirmmasken, Dateibeschreibungen, Funktionalität des laufenden Systems.

2 Welche Klassen lassen sich aus der Beschreibung der Use-Cases identifizieren?
- Beschreibung nach Klassen durchsuchen.
- Potenzielle Klasse auf Attribute überprüfen.

3 Sind Klassen der folgenden Kategorien zu modellieren?
- Konkrete Objekte bzw. Dinge
- Personen und deren Rollen
- Informationen über Aktionen
- Orte
- Organisationen
- Behälter
- Dinge in einem Behälter
- Ereignisse
- Kataloge
- Verträge

Analytische Schritte
4 Liegt ein aussagefähiger Klassenname vor?
Der Klassenname soll
- der Fachterminologie entsprechen,
- ein Substantiv im Singular sein,
- so konkret wie möglich gewählt werden,
- dasselbe ausdrücken wie die Gesamtheit der Attribute,
- nicht die Rolle dieser Klasse in einer Beziehung zu einer anderen Klasse beschreiben,
- eindeutig im Paket bzw. im System sein und
- nicht dasselbe ausdrücken wie der Name einer anderen Klasse.

5 Ist das gewählte Abstraktionsniveau richtig?

6 Wann liegt keine Klasse vor?
- Bilden Sie keine Klassen, um Mengen von Objekten zu verwalten.

7 Fehlerquellen
- Zu kleine Klassen.
- Aus jedem Report eine Klasse modellieren.
- Klasse modelliert Benutzungsoberfläche.
- Klasse modelliert Entwurfs- oder Implementierungsdetails.

Tab. 4.4-1b:
Checkliste
Klassen

4.5 Checkliste Assoziation

Identifizieren Sie diejenigen **Assoziationen** zwischen den Klassen, die für die betrachteten Use-Cases benötigt werden. Es geht also nicht darum, alle – fachlich möglichen – Assoziationen zu ermitteln, sondern diejenigen, die notwendig sind, damit die Objekte die beabsichtigten Aufgaben des Use-Case ausführen können.

Konzentrieren Sie sich im ersten Schritt nur auf das Identifizieren der Assoziationen (Tab. 4.5-1). Ermitteln Sie erst später die zugehörigen Multiplizitäten und machen Sie sich Gedanken darüber, ob eine »einfache« Assoziation, eine **Aggregation** oder eine **Komposition** vorliegt. Das bedeutet, dass Sie nicht mit beträchtlichem Zeitaufwand danach suchen sollten. Wenn es offensichtlich ist, welche Multiplizitäten und Assoziationsarten vorliegen, dann können Sie diese Informationen natürlich gleich eintragen. In diesem Fall verwenden Sie die entsprechenden Checklisten zur Prüfung und ggf. zur Verbesserung.

Konstruktive Schritte zum Identifizieren von Assoziationen

Aus den gleichen Dokumenten, die zum Identifizieren der Klassen eingesetzt wurden, lassen sich oft Assoziationen ermitteln. In der traditionellen Datenverarbeitung, in der es keine Objekte mit impliziter Identität gibt, werden die »Objekte« durch Nummern eindeutig identifiziert. Diese Nummern finden sich als Primär- und Fremdschlüssel in den Dokumenten. Beachten Sie, dass diese Vorgehensweise auch zu abgeleiteten Assoziationen führt, die entsprechend zu kennzeichnen sind. Oft kann man diese abgeleiteten – und im Grunde überflüssigen – Assoziationen in einem weiteren Schritt entfernen.

Auch aus den Use-Cases lassen sich Assoziationen identifizieren.

1 Dokumentanalyse

2 Use-Cases

Abb. 4.5-1 zeigt die Assoziationen, die sich für die Seminarorganisation aus Kapitel 4.4 ergeben. Jedes Seminar gehört zu einem bestimmten Typ. Zwischen Kunde und Seminar besteht eine Assoziation, die selbst Attribute besitzt und daher als Assoziationsklasse modelliert wird.

Beispiel

Abb. 4.5-1:
Seminar-
organisation

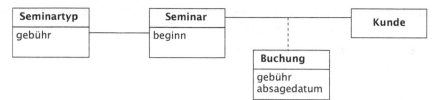

3 Einschränkungen

Um Einschränkungen zu ermitteln, die zwei oder mehrere Assoziationen betreffen, ist die Erstellung von Objektdiagrammen nützlich. Eine *ordered*-Assoziation liegt vor, wenn die Reihenfolge der Objektverbindungen relevant ist. Auch hier ist ein Objektdiagramm sinnvoll. Einschränkungen können Sie auch frei formulieren.

Beispiel

Wäre in Abb. 4.5-2 keine Einschränkung angegeben, so könnte jeder Student bei allen Professoren – auch außerhalb seines Fachbereichs – Vorlesungen belegen. Mit Einschränkung kann der Student s1 beim Professor p1 eine Vorlesung hören, aber nicht beim Professor p3.

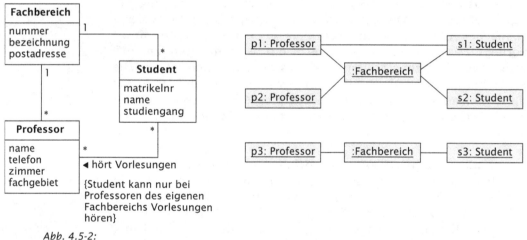

Abb. 4.5-2:
Einschränkung
einer Assoziation

Analytische Schritte zum Validieren der Assoziationen

4 Assoziations-
und Rollennamen

Assoziationen sollen benannt werden, wenn ihre Bedeutung nicht offensichtlich ist. Assoziationsnamen werden zentriert an die Linie geschrieben, Rollennamen in die Nähe der Klasse, die sie genauer spezifizieren. Mit einem einfachen Test können Sie prüfen, ob ein guter Assoziationsname gewählt wurde. Bilden Sie mit den beteiligten Klassen und dem Assoziationsnamen einen Satz. In der Abb. 4.5-2 erhalten Sie beispielsweise den Satz »Student hört Vorlesungen (bei) Professor«. Ein adäquater Assoziationsname wäre »Student ist

162

Hörer (von) Professor«. Im westlichen Kulturkreis liest man von links nach rechts. Daher sollten Assoziationsnamen so gewählt werden, dass dieser Testsatz von der linken zur rechten Klasse gebildet werden kann. Ist dies zeichentechnisch nicht möglich, dann sollte der Name durch ein gefülltes Dreieck ergänzt werden, das die Leserichtung angibt (wie in der Abb. 4.5-2). Besonders gut gewählte Rollennamen tragen viel zur Lesbarkeit des OOA-Modells bei. Abb. 4.5-3 zeigt, wie sehr die Verständlichkeit eines Modells durch geeignete Rollennamen erhöht werden kann. Um Rollennamen zu finden, wählen Sie eine Klasse, z.B. Firma, und prüfen Sie für jede Assoziation, die von ihr ausgeht: Welche Rolle spielt die Klasse? Fassen Sie Rollen einer Klasse analog zu den Rollen einer Person im täglichen Leben auf, z.B. Person spielt die Rollen Mitarbeiter (gegenüber Chef), Vorgesetzter (gegenüber eigenen Mitarbeitern) und Vater (gegenüber Kindern). Der Rollenname entspricht mehr dem objektorientierten Ansatz und der Assoziationsname mehr der Datenmodellierung. Aus diesen Gründen ziehe ich die Rolle – wenn möglich – dem Assoziationsnamen vor.

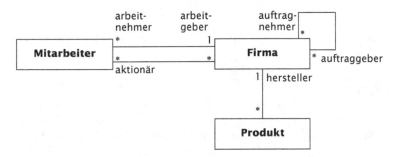

Abb. 4.5-3: Rollen

Besteht zwischen zwei Klassen eine 1:1-Assoziation, dann ist zu prüfen, ob eine Zusammenfassung sinnvoll ist oder nicht. Zwei Klassen sind zu modellieren, wenn

5 1:1-Assoziation

- die Verbindung in einer oder beiden Richtungen optional ist und sich die Verbindung zwischen beiden Objekten ändern kann,
- es sich um zwei umfangreiche Klassen handelt,
- die beiden Klassen eine unterschiedliche Semantik besitzen.

Um diese Kriterien zu überprüfen, ist es sinnvoll, Objektdiagramme zu erstellen.

Die 1:1-Assoziation im weißen Modell der Abb. 4.5-4 kann aus folgenden Gründen zusammengefasst werden. Aus fachlicher Sicht gilt, dass auf jede Zulassung eines Arztes in spätestens sechs Monaten eine Niederlassung erfolgen muss, die mit dem Einrichten einer Praxis verbunden ist. Die einmal aufgebaute Verbindung zwischen Zulassung und Niederlassung kann nicht geändert werden. Da die Klasse Niederlassung nur zwei elementare Attribute enthält, integrieren wir sie in die Klasse Zulassung, wodurch sich das blaue Modell ergibt.

Beispiele

163

Abb. 4.5-4:
Zusammenfassung
zweier Klassen mit
1:1-Assoziation

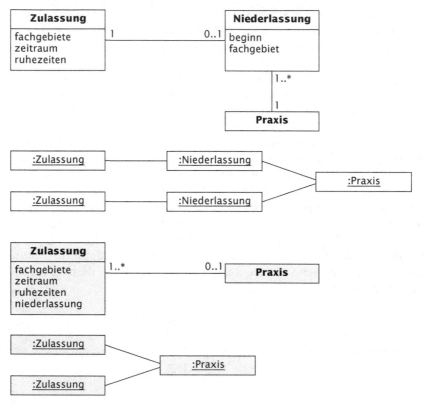

Eine andere Situation liegt bei der 1:1-Assoziation der Abb. 4.5-5 vor. Die Verbindung zwischen den beteiligten Objekten ändert sich häufig. Daher bleiben in diesem Fall zwei Klassen bestehen.

Abb. 4.5-5:
1:1-Assoziation

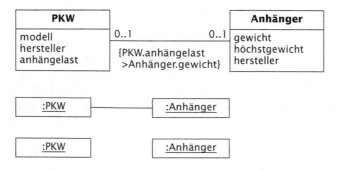

6 mehrere
Assoziationen

Zwischen zwei Klassen können mehrere Assoziationen existieren. Sie müssen eine unterschiedliche Semantik besitzen, was sich immer in unterschiedlichen Rollen- oder Assoziationsnamen zeigt. Oft unterscheiden sie sich auch in ihren Multiplizitäten.

7 abgeleitete
Assoziationen

Die abgeleitete Assoziation wird beim fachlichen Sollkonzept benötigt, um unbeabsichtigte Redundanz zu markieren. Sie kann auch

164

verwendet werden, wenn dadurch das Modell übersichtlicher und besser lesbar wird. Bei der Ist-Analyse ist sie notwendig, um ein vorhandenes System – mit allen enthaltenen Redundanzen – zu dokumentieren.

Eine abgeleitete Assoziation liegt vor, wenn die beteiligten Objekte auch über Objektbeziehungen anderer Assoziationen erreichbar sind. Sie kann – anhand von Objektdiagrammen – geprüft werden, in dem alle Objektbeziehungen der abgeleiteten Assoziation – gedanklich – entfernt werden und überprüft wird, ob die Objekte über die anderen Verbindungen noch erreichbar sind.

In Abb. 4.5-6 ist die Assoziation zwischen Bestellung und Artikel redundant, da sich dieser Zusammenhang auch aus den beiden anderen Assoziationen ergibt. Vergleichen Sie dazu die Abb. 4.5-2. Obwohl beide Modelle auf den ersten Blick sehr ähnlich erscheinen, ist in der Abb. 4.5-2 keine Assoziation abgeleitet.

Beispiel

Abb. 4.5-6: Erkennen abgeleiteter Assoziationen

Gelegentlich wird eine Generalisierung gewählt, wo eine Assoziation angebracht wäre. Diesen Fehler können Sie leicht erkennen und beheben, wenn Sie Ihr Klassendiagramm durch Objektdiagramme ergänzen.

8 Fehlerquelle

Tab. 4-5-1a: Checkliste Assoziationen

Ergebnis
- **Klassendiagramm**
Assoziationen im ersten Schritt nur als Linie eintragen. Noch keine Multiplizitäten, Aggregation, Komposition, Rollen, Namen, Einschränkungen.

Konstruktive Schritte
1 Welche Assoziationen lassen sich mittels Dokumentanalyse ableiten?
- Aus Primär- und Fremdschlüsseln ermitteln.

2 Welche Assoziationen lassen sich aus den Use-Cases ermitteln?

3 Welche Einschränkungen muss die Assoziation erfüllen?
- Eine Assoziation: {ordered}.
- mehrere Assoziationen: {xor}, {subsets Eigenschaft}.
Erstellen Sie Objektdiagramme.

Tab. 4-5-1b:
Checkliste
Assoziationen

Analytische Schritte

4 Ist ein Assoziations- oder Rollenname notwendig oder sinnvoll?
- Namen sind notwendig, wenn zwischen zwei Klassen mehrere Assoziationen bestehen.
- Rollennamen sind gegenüber Assoziationsnamen zu bevorzugen.
- Rollennamen sind bei reflexiven Assoziationen immer notwendig.
- Rollennamen sind Substantive, Assoziationsnamen enthalten Verben.
- Test für Assoziationsname: »Klasse1 Assoziationsname Klasse2« ergibt einen sinnvollen Satz.
- Rollenname: Welche Rolle spielt die Klasse X gegenüber einer Klasse Y?

5 Liegt eine 1:1-Assoziation vor?
Zwei Klassen sind zu modellieren, wenn
- die Objektbeziehung in einer oder beiden Richtungen optional ist und sich die Objektbeziehung zwischen beiden Objekten ändern kann,
- es sich um zwei umfangreiche Klassen handelt,
- die beiden Klassen eine unterschiedliche Semantik besitzen.

6 Existieren zwischen zwei Klassen mehrere Assoziationen?
Prüfen Sie, ob die Assoziationen
- eine unterschiedliche Bedeutung besitzen oder/und
- unterschiedliche Multiplizitäten haben.

7 Sind abgeleitete Assoziationen korrekt verwendet?
- Abgeleitete Assoziationen fügen keine neue Information zum Modell hinzu.
- Sie lassen sich leicht mittels Objektdiagrammen erkennen.

8 Fehlerquelle
- Verwechseln von Assoziation mit Generalisierung.

Konstruktive und analytische Schritte zum Identifizieren und Validieren von Multiplizitäten

1 Schnappschuss oder Historie

Die Frage, ob ein Schnappschuss oder die Historie zu modellieren ist, lässt sich am einfachsten beantworten, indem Sie Anfragen formulieren. Die Fragestellung »Wer hat sich zurzeit den roten Mercedes ausgeliehen?« weist auf einen Schnappschuss hin und die Frage »Welche Personen haben den roten Mercedes im letzten Jahr ausgeliehen?« zeigt, dass die Historie modelliert werden muss. Während bei einem Schnappschuss eine alte Objektbeziehung gelöst wird, bevor eine neue aufgebaut wird, wird bei der Historie eine neue Objektbeziehung zwischen den jeweiligen Objekten hinzugefügt. Auch hier können Sie Objektdiagramme nutzbringend einsetzen.

2 Muss- oder Kann-Beziehung

Bei der Überlegung, ob eine Muss- oder Kann-Assoziation vorliegt, sollten Sie folgende Fragen stellen:
- Wie und wann werden Objekte der Klassen erzeugt?
- Können beteiligte Objekte gelöscht werden und welche Konsequenzen hat dies?

Beispiele

Abb. 4.5-7 zeigt die Assoziation zwischen Kunde und Bestellung. Das blaue Modell enthält eine wechselseitige Muss-Assoziation. Das bedeutet: Wer keine Bestellung erteilt hat, ist auch kein Kunde. Wenn jemand Kunde wird, so ist dafür zu sorgen, dass auch sofort eine Bestellung erfasst und anschließend die Assoziation zwischen Bestellung und Kunde aufgebaut wird. Daher müssen diese Funktionen softwaretechnisch miteinander verbunden sein. Wird eine neue Bestellung für einen bereits existierenden Kunden angelegt, so ist mit dem Erfassen der Bestellung sofort die Assoziation zu dem Kunden aufzubauen. Werden die Bestellungen gelöscht, dann muss mit dem Löschen der letzten Bestellung auch der Kunde gelöscht werden.

Dem grauen Modell liegt eine andere Überlegung zugrunde. Eine Person wird Kunde, auch wenn sie noch keine Bestellung erteilt hat (z.B. nur einen Katalog angefordert hat). Bestellungen können dem Kunden später beliebig zugeordnet und entfernt werden. Wird allerdings der Kunde gelöscht, dann müssen auch alle seine Bestellungen gelöscht werden.

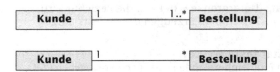

Abb. 4.5-7:
Muss- vs. Kann-
Assoziation

Bei technischen Systemen liegt oft eine vom Problem her fest vorgegebene Anzahl von Objekten vor. Bei folgenden Beispielen ist die Obergrenze durch die Bauweise von Waggons und Abteilen vorgegeben (Abb. 4.5-8). Ist vom Problem her keine zwingende Obergrenze vorgegeben, so sollte die variable Obergrenze *many* gewählt werden. Bei Informationssystemen liegt meistens eine unbestimmte Anzahl von Objekten vor. Hier sollten Sie eine variable Anzahl auch dann wählen, wenn der Auftraggeber eine willkürliche Obergrenze angibt.

3 feste Grenzen

Unter Umständen können die **Multiplizitäten** nicht sinnvoll in der Notation ausgedrückt werden. Dann müssen Sie zusätzlich eine Einschränkung verwenden (siehe Tab. 4.5-2).

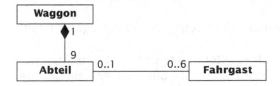

Abb. 4.5-8:
Assoziation mit
festen Obergrenzen

Konstruktive und analytische Schritte zum Identifizieren und Validieren der Assoziationsart

Die Abgrenzung zwischen »einfacher« Assoziation, Aggregation und Komposition ist für viele Analytiker problematisch. Man kann in einem Projekt endlose Stunden mit Diskussionen verbringen, die

Tab. 4.5-2: *Checkliste* *Multiplizitäten*	**Konstruktive/analytische Schritte** **1 Ist ein Schnappschuss oder ist die Historie zu modellieren?** Aus den Anfragen an das System ergibt sich, ob ■ ein Schnappschuss (1- bzw. 0..1-Multiplizität) oder ■ die Historie (*many*-Multiplizität) zu modellieren ist. **2 Liegt eine Muss- oder Kann-Assoziation vor?** ■ Bei einer einseitigen Muss-Assoziation (Untergrenze >=1 auf einer Seite) gilt: Sobald das Objekt A erzeugt ist, muss auch die Beziehung zu dem Objekt B aufgebaut und B vorhanden sein bzw. erzeugt werden. ■ Bei einer wechselseitigen Muss-Beziehung (Untergrenze >=1 auf beiden Seiten) gilt: Sobald das Objekt A erzeugt ist, muss auch die Beziehung zu dem Objekt B aufgebaut und ggf. das Objekt B erzeugt werden. Wenn das letzte Objekt A einer Beziehung gelöscht wird, dann muss auch Objekt B gelöscht werden. ■ Bei einer Kann-Beziehung (Untergrenze = 0) kann die Beziehung zu einem beliebigen Zeitpunkt nach dem Erzeugen des Objekts aufgebaut werden. **3 Enthält die Multiplizität feste Werte?** ■ Ist eine Obergrenze vom Problembereich her zwingend vorgegeben (z.B. maximal 6 Spieler)? Im Zweifelsfall mit variablen Obergrenzen arbeiten. ■ Ist die Untergrenze vom Problembereich her zwingend vorgegeben (z.B. mindestens 2 Spieler)? Im Zweifelsfall mit »0« arbeiten. ■ Gelten besondere Einschränkungen für die Multiplizitäten (z.B. eine gerade Anzahl von Spielern)? **4 Fehlerquelle** ■ Oft werden Muss-Assoziationen verwendet, wo sie nicht benötigt werden.

letztendlich zur Qualität des Modells nichts beitragen. Manche Autoren (z.B. /Fowler 03/) empfehlen, auf Aggregation und Komposition völlig zu verzichten. Andere sind der Meinung, dass Aggregation und Komposition unbedingt benötigt werden. Während die Komposition in der UML relativ präzise definiert ist, wurde die Aggregation bewusst allgemeiner definiert, um einen gewissen Spielraum zu ermöglichen /UML 03/.

1 Komposition   Wählen Sie eine Komposition, wenn folgende Bedingungen eindeutig erfüllt sind:

■ Die Beziehung kann durch »besteht aus« oder »ist enthalten in« beschrieben werden *(whole part)*, z.B.: Ein Auftrag besteht aus Auftragspositionen.

■ Die Multiplizität der Aggregatklasse darf nicht größer als eins sein *(unshared aggregation, strong ownership)* .

■ Wird das Ganze gelöscht, dann werden automatisch seine Teile gelöscht *(they live and die with it)*. Ein Teil darf jedoch zuvor explizit entfernt werden.

■ Das Ganze ist verantwortlich für das Erzeugen seiner Teil-Objekte.

Auch die in Kapitel 3.1 genannten Muster bilden eine gute Orien- Kapitel 3.1
tierungshilfe. Dazu gehören

- Liste (Bestellung – Bestellposition),
- Baugruppe (Auto – Motor) und
- Stückliste mit physikalischem Enthaltensein (Verzeichnis – Verzeichnis).

Die Aggregation kommt relativ selten vor. Da ihre Anwendung in der **2** Aggregation
Praxis wegen der unpräzisen Definition problematisch ist und die
Modellierung genauso gut mit einer »einfachen« Assoziation erfolgen
kann, verzichte ich auf dieses Konstrukt. Die folgenden Beispiele
sollen zeigen, in welchen Fällen die Aggregation angewendet werden
kann.

Die Abb. 4.5-9 modelliert die Stücklistenproblematik, bei der physi- Beispiele
sches und logisches Enthaltensein zu unterschiedlichen Modellen
führen.

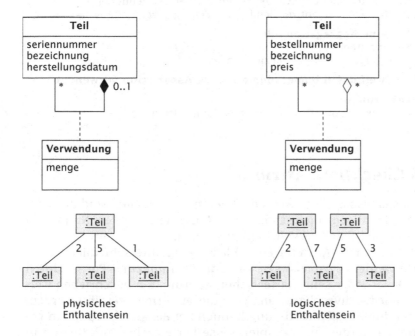

Abb. 4.5-9:
Physisches und
logisches
Enthaltensein

Abb. 4.5-10 zeigt ein Beispiel, wo Komposition und Aggregation nebeneinander verwendet werden /UML 97/. Jede Klasse kann in höchstens einem Paket enthalten sein. Sie kann jedoch in mehreren – anderen – Paketen referenziert werden.

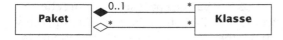

Abb. 4.5-10:
Komposition und
Aggregation

3 im Zweifel
Assoziation

Sie sollten es sich zur Angewohnheit machen, dass bei dem geringsten Zweifel an einer Komposition oder Aggregation immer die Assoziation zu wählen ist. Ich beschränke mich bei meinen OOA-Modellen auf die Komposition und die »einfache« Assoziation.

4 Komposition
oder Attribut

Prinzipiell ist es möglich, jedes Attribut als Klasse zu modellieren und mittels einer Komposition mit der ursprünglichen Klasse zu verbinden. Da Attribute und Klassen jedoch eine unterschiedliche Bedeutung für die Gesamtarchitektur besitzen, würde diese Vorgehensweise zu keinem guten Modell führen. Ich gehe im nächsten Kapitel genauer auf diese Problematik ein.

Tab. 4.5-3:
Checkliste
»Einfache«
Assoziation,
Aggregation,
Komposition

Konstruktive/Analytische Schritte
1 Für eine Komposition gilt:
- Es liegt eine *whole-part*-Beziehung vor.
- Die Multiplizität bei der Aggregatklasse beträgt 0..1 oder 1.
- Die Lebensdauer der Teile ist an die des Ganzen gebunden.
- Das Ganze ist verantwortlich für das Erzeugen seiner Teile.

2 Für eine Aggregation gilt:
- Sie ist selten.
- Es liegt eine *whole-part*-Beziehung vor.

3 Im Zweifelsfall immer eine einfache Assoziation verwenden.

4 Fehlerquelle
- Modellieren von Attributen mittels Komposition.

4.6 Checkliste Attribut

Die Ausgangsbasis für das Identifizieren der Attribute sind die Klassen, die im Allgemeinen schon einige Attribute enthalten. Nun sollen diese Attributlisten vervollständigt werden.

Oft können die Attribute einer Klasse ganz unterschiedlich ausgedrückt werden. Beispielsweise kann die Position eines Punkts durch seine Polar- oder seine kartesischen Koordinaten beschrieben werden. In der Analysephase kann eine dieser Formen gewählt werden. Während der Implementierung können bei Bedarf Operationen geschrieben werden, um beispielsweise kartesische Koordinaten in Polarkoordinaten umzurechnen.

Konstruktive Schritte zum Identifizieren von Attributen

1 Dokument-
analyse

Analog zu den Klassen und Assoziationen lassen sich aus vorhandenen Dokumenten Attribute identifizieren. Da diese Dokumente meistens nur Daten einfachen Typs enthalten, müssen entsprechende Datenstrukturen gebildet werden. Es besteht jedoch die Gefahr, dass zu viele Attribute unreflektiert übernommen werden. Prüfen Sie daher für jedes Attribut, ob es »im Laufe seines Lebens« einen Wert annehmen kann und ob diese Werte an der Benutzungsoberfläche sichtbar sind.

Analysieren Sie, welche Daten zur Ausführung der Aufgaben aller Use-Cases benötigt werden. Zusätzlich sollten Sie Attribute beschreiben, die für eine gewünschte Listenfunktionalität benötigt werden.

2 Use-Cases

Analytische Schritte zum Validieren der Attribute

In der Systemanalyse tragen sinnvoll gewählte Attributnamen wesentlich zum Verständnis des Modells bei. Wählen Sie Namen, die aussagen, welche Daten das Attribut repräsentiert. Bei komplexen (strukturierten) Attributen ist darauf zu achten, dass der Name der Gesamtheit der Komponenten entspricht. Im Sinne einer hohen Aussagekraft sollten möglichst keine Abkürzungen verwendet werden. Eine Ausnahme von dieser Regel bilden fachspezifische und allgemein übliche Abkürzungen (z.B. PLZ). In der Systemanalyse können Sie Attributnamen frei wählen, aber ein konsistenter Aufbau der Attributnamen trägt zur besseren Lesbarkeit des OOA-Modells bei. Beispielsweise können Sie festlegen, dass Attributnamen, die aus mehreren Wörtern bestehen, mit Leerzeichen geschrieben werden, z.B. `Artikel.preis Einzelkunde`. Oder man verfährt so, dass Leerzeichen entfallen und jedes neue Wort mit einem Großbuchstaben beginnt, wie dies bei Programmiersprachen üblich ist, z.B. `Artikel.preisEinzelkunde`.

3 Attributname

Einige Methoden empfehlen, dass Attribute nur von einem einfachen Typ sein sollen und dass sie andernfalls als eigenständige Klasse darzustellen sind. Ich halte es für eine wesentliche Eigenschaft des objektorientierten Modells, dass sich der Analytiker bei der Modellierung nicht an den vorgegebenen Typen orientieren muss, sondern dass er unter problemadäquaten Gesichtspunkten Attribute beliebigen Typs definieren kann.

4 Klasse oder komplexes Attribut

Prinzipiell kann jedes Attribut auch als Assoziation modelliert werden. Es gilt die *whole-part*-Beziehung und die Existenz eines Attributwerts ist immer an sein Objekt gebunden.

Worin unterscheiden sich Objekte und Attributwerte? Attribute, die durch Datentypen spezifiziert werden, besitzen in der Analyse keine eigene Objektidentität. Der Zugriff auf Attributwerte erfolgt immer über das entsprechende Objekt. Das – für die Systemanalyse – wichtigste Kriterium ist, dass Attribute immer Eigenschaften der jeweiligen Objekte beschreiben und bei der Modellbildung im Vergleich zu den Klassen von untergeordneter Bedeutung sind. Dagegen besitzt jedes Objekt stets eine Identität.

Beispiel   Wir betrachten die Klasse Artikel mit dem Attribut preis. Ist der Typ Currency, dann ist offensichtlich, dass es sich bei preis um ein Attribut handelt. Als Typ könnte aber auch eine Datenstruktur gewählt werden (Abb. 4.6-1). Im zweiten Fall wird die Währungseinheit zusätzlich gespeichert, im dritten werden in Abhängigkeit vom Käufertyp (Händler, Großkunde, Einzelkunde) verschiedene Preise aufgeführt. Bei einem Preis handelt es sich unabhängig vom Typ ganz offensichtlich um ein Attribut, das im Vergleich zur Klasse von untergeordneter Bedeutung für das Modell ist. Der Preis benötigt keine eigene Objektidentität, denn ohne das entsprechende Artikelobjekt ergibt er keinen Sinn.

Dagegen wird das Lager als eigenständige Klasse modelliert. Ein konkretes Lager soll unabhängig davon, ob es gerade Artikel enthält, im System existieren. Es soll Anfragen der Art »Welche Artikel sind im Lager Viktoriastraße?« ermöglichen.

Abb. 4.6-1:
Attribut oder   Die spezifizierten Attribute sollen sowohl dem Auftraggeber als
Klasse   auch dem Entwerfer und Programmierer deutlich machen, welche

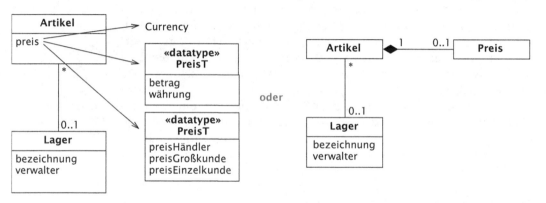

5 Abstraktions-   Informationen vom System verwaltet werden. Dabei ist es wichtig,
niveau   einzelne Attribute zu geeigneten Strukturen zusammenzufassen. Damit ist eine kompaktere und übersichtlichere Darstellung des Klassendiagramms möglich. Eine geeignete Datenstruktur lässt sich daran erkennen, dass Sie einen aussagefähigen Namen dafür finden. Ein nichts sagender Name weist meist auf ein willkürliches Datenbündel hin. Um ein gut lesbares Modell zu erhalten, ist eine Ausgewogenheit zwischen der Klassenanzahl und der Klassengröße besonders wichtig.

6 Attribut einer   Die Zugehörigkeit eines Attributs zu einer Klasse oder zu einer
Klasse oder einer   Assoziation können Sie mit folgendem Test prüfen: Muss das Attribut
Assoziation?   auch dann zu jedem Objekt der Klasse gehören, wenn die betreffende Klasse isoliert von allen anderen Klassen betrachtet wird? Wenn ja, dann gehört das Attribut zu dieser Klasse. Wenn nein, dann ist zu prüfen, ob es sich einer Assoziation zuordnen lässt. Ist keine Zuord-

nung möglich, dann spricht viel für eine vergessene Klasse oder Assoziation.

In der Abb. 4.6-2 stellt das weiße Modell eine 1:m-Assoziation dar, bei der die Attribute über die Ausleihe dem Buchexemplar zugeordnet wurden. Beim blauen Modell sind diese Attribute bei der Assoziationsklasse der 1:m-Assoziation eingetragen. Beide Modellierungen zeigen einen Schnappschuss. Welches Modell ist vorzuziehen? Ich wähle hier die weiße Modellbildung, weil die Ausleihe eine inhärente Eigenschaft eines Buchexemplars in einer Leihbücherei ist und die Menge der Attribute in Buchexemplar eher gering ist. Bei der grauen Modellbildung handelt es sich um eine m:m-Assoziation. Hier muss eine (Assoziations-)Klasse verwendet werden, weil die Historie modelliert wird und sich jedes Ausleihe-Objekt auf genau einen Leser und ein Buchexemplar bezieht.

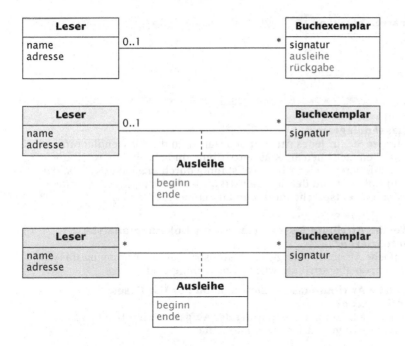

Abb. 4.6-2:
Zuordnung der
Attribute

Klassenattribute beschreiben Eigenschaften, die für alle Objekte der Klasse gelten. Sie werden verwendet, wenn alle Objekte einer Klasse für ein bestimmtes Attribut immer denselben Wert besitzen sollen, z.B. wenn alle Hilfskräfte denselben Stundenlohn erhalten sollen. Es kann sich auch um eine Information über die Gesamtheit der Objekte handeln, die keinem einzelnen Objekt sinnvoll zugeordnet werden kann, z.B. die Anzahl der Objekte in einer Klasse.

7 Klassenattribute

8 Schlüssel-
attribute

Ein Schlüsselattribut identifiziert jedes Objekt innerhalb einer Klasse eindeutig. Schlüsselattribute werden nur dann eingetragen, wenn sie – unabhängig von ihrer identifizierenden Eigenschaft – Bestandteil des Fachkonzepts sind. Sie dürfen nicht verwendet werden, um auszudrücken, auf welche anderen Objekte sich ein bestimmtes Objekt bezieht. Objekte kennen einander ausschließlich über die Objektbeziehungen.

9 abgeleitete
Attribute

In der Klasse Seminarveranstaltung werden für die Implementierung nur zwei der drei Attribute gebraucht, es sind jedoch alle drei Attribute an der Benutzungsoberfläche sichtbar. Wir verwenden daher die in Abb. 4.6-3 gezeigte Modellierung. Der Programmierer kann später entscheiden, ob er lieber eine Datenredundanz in Kauf nimmt – und für Konsistenz sorgen muss – oder das dritte Attribut aus den beiden anderen berechnet.

Abb. 4.6-3:
Abgeleitetes
Attribut

Seminarveranstaltung
beginn
ende
/dauer

Tab. 4.6-1a:
Checkliste
Attribute

Ergebnisse
- **Klassendiagramm**
  – Tragen Sie für jedes Attribut den Namen in das Klassendiagramm ein. Kennzeichnen Sie Klassenattribute und abgeleitete Attribute.
  – Spezifizieren Sie Attribute vollständig durch Angabe des Typs, der Multiplizität und der Eigenschaftswerte. Für komplexe Attribute sind ggf. entsprechende Typen zu definieren.

Konstruktive Schritte
1 Welche Attribute lassen sich mittels Dokumentanalyse identifizieren?
- Einfache Attribute sind ggf. zu Datenstrukturen zusammenzufassen.
- Prüfen, ob alle Attribute wirklich notwendig sind.

2 Welche Attribute lassen sich anhand der Use-Cases identifizieren?
- Benötigte Daten zur Ausführung der Aufgaben eines Use-Case.
- Benötigte Daten für Listenfunktionalität.

Analytische Schritte
3 Ist der Attributname geeignet?
Der Attributname soll
- kurz, eindeutig und verständlich im Kontext der Klasse sein,
- ein Substantiv oder Adjektiv-Substantiv sein (kein Verb!),
- den Namen der Klasse nicht wiederholen (Ausnahme: feststehende Begriffe),
- bei komplexen (strukturierten) Attributen der Gesamtheit der Komponenten entsprechen,
- nur fachspezifische oder allgemein übliche Abkürzungen enthalten.

4 Klasse oder komplexes Attribut?
- Klasse: Objektidentität, gleichgewichtige Bedeutung im System, Existenz unabhängig von der Existenz anderer Objekte, Zugriff in beiden Richtungen grundsätzlich möglich.
- Attribut: keine Objektidentität, Existenz abhängig von Existenz anderer Objekte, Zugriff immer über das Objekt, untergeordnete Bedeutung.

5 Wurde das richtige Abstraktionsniveau gewählt?
- Wurden komplexe Attribute gebildet?
- Bilden komplexe Attribute geeignete Datenstrukturen?
- Ist die Anzahl der Attribute pro Klasse angemessen?

6 Gehört das Attribut zu einer Klasse oder einer Assoziation?

7 Liegen Klassenattribute vor?
Ein Klassenattribut liegt vor, wenn gilt:
- Alle Objekte der Klasse besitzen für dieses Attribut denselben Attributwert.
- Es sollen Informationen über die Gesamtheit der Objekte modelliert werden.

8 Sind Schlüsselattribute fachlich notwendig?
Schlüsselattribute werden nur dann eingetragen, wenn sie – unabhängig von ihrer identifizierenden Eigenschaft – Bestandteil des Fachkonzepts sind.

9 Werden abgeleitete Attribute korrekt verwendet?
- Information ist für den Benutzer sichtbar.
- Lesbarkeit wird verbessert.

10 Wann wird ein Attribut nicht eingetragen?
- Es handelt sich um ein Attribut, das den internen Zustand eines Lebenszyklus beschreibt und außerhalb des Objekts nicht sichtbar ist.
- Es beschreibt Entwurfs- oder Implementierungsdetails.
- Es handelt sich um ein abgeleitetes Attribut, das nur aus *Performance*-Gründen eingefügt wurde.

11 Fehlerquellen
- Verwenden atomarer Attribute anstelle von komplexen Datenstrukturen.
- Formulieren von Assoziationen als Attribute (Fremdschlüssel!).

Tab. 4.6-1b:
Checkliste
Attribute

4.7 Checkliste Generalisierung

Während jedes OOA-Modell Assoziationen enthält, können nur wenige oder keine Generalisierungsstrukturen darin vorkommen. In der Analysephase soll die **Generalisierung** Zusammenhänge und Unterschiede von Klassen im fachlichen Konzept deutlich machen. Sie wird nicht verwendet, um ein paar Attribute an Unterklassen zu vererben, sondern nur dann, wenn sie das Modell verbessert.

Konstruktive Schritte zum Identifizieren von Generalisierungsstrukturen
Generalisierungsstrukturen können prinzipiell mittels *top down* oder *bottom up* gebildet werden.

1 *bottom up*   Beim *bottom-up*-Vorgehen prüfen Sie für zwei oder mehrere Klassen, ob sie genügend Gemeinsamkeiten besitzen, damit sich eine neue Oberklasse bilden lässt. Verlagern Sie gemeinsame Attribute, Operationen und Assoziationen in die neu gebildete Oberklasse. Sollen für diese Oberklasse Objekte erzeugt werden oder dient sie nur dazu, Eigenschaften ihrer Unterklassen zusammenzufassen? In zweiten Fall ist sie als abstrakte Klasse zu kennzeichnen.

2 *top down*   Bei der *top-down*-Vorgehensweise gehen wir von den allgemeineren Klassen aus und suchen nach spezialisierten Klassen. Betrachten Sie eine Klasse und prüfen Sie für jedes ihrer Objekte, ob dieses Objekt alle Attribute mit Werten besetzt und ob jede Operation angewendet werden kann. Da man aus allgemeineren Klassen spezialisierte Klassen bildet, spricht man hier auch von Spezialisierung. Müssen von der ursprünglichen Klasse nach dem Erstellen der Generalisierungsstruktur noch Objekte erzeugt werden? Wenn nein, dann ist diese Klasse als abstrakt zu kennzeichnen.

Beispiel   In der Abb. 4.7-1 besitzen die Attribute `teilnehmerzahl` und `nettopreis` nur dann einen Wert, wenn es sich um eine öffentliche Veranstaltung handelt, während `auftraggeber` und `pauschalpreis` nur im Fall einer *Inhouse*-Veranstaltung Werte annehmen. Die Klasse `Seminarveranstaltung` wird daher um die Unterklassen `Öffentliche Veranstaltung` und `Inhouse-Veranstaltung` ergänzt. Da jede Seminarveranstaltung entweder öffentlich oder *inhouse* angeboten wird, ist die Klasse `Seminarveranstaltung` als abstrakt zu kennzeichnen.

Abb. 4.7-1:
Generalisierung
durch top-down-
Vorgehen

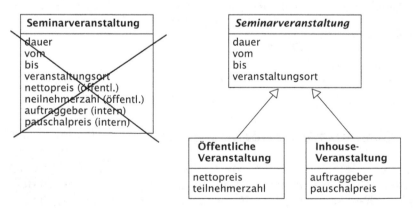

Analytische Schritte zum Validieren der Generalisierungsstrukturen

3 *»gute«*   Nur »gute« Generalisierungsstrukturen können ein Klassendiagramm
Generalisierung   verbessern. Das bedeutet:

a Jede Unterklasse soll die geerbten Attribute und Assoziationen der Oberklasse auch benötigen, d.h., jedes Objekt der Unterklasse belegt die geerbten Attribute mit Werten und kann entsprechende

176

Objektbeziehungen besitzen. Diese Art der Modellierung führt zu tiefen Generalisierungsstrukturen. Hier ist kritisch abzuwägen, ob nicht Unterklassen Attribute und/oder Assoziationen besitzen können, die nicht von allen Objekten benötigt werden, und dadurch eine flachere Hierarchie erreicht wird.

b Eine ISA-Beziehung liegt vor, d.h., ein Objekt der Unterklasse »ist ein« Objekt der Oberklasse. In der Abb. 4.7-1 gilt beispielsweise: Eine Öffentliche Veranstaltung ist eine Seminarveranstaltung. Würde sich für eine Generalisierungsstruktur dagegen ein Satz »Ein Mitarbeiter ist ein Kunde« formulieren lassen, dann liegt hier keine sinnvolle Generalisierung vor, auch wenn Mitarbeiter die gleichen Eigenschaften wie der Kunde besitzt. Die ISA-Beziehung ist transitiv. Sie macht deutlich, dass es für eine gute Generalisierungsstruktur nicht ausreicht, wenn die Unterklasse zu den geerbten Attributen und Operationen eigene Attribute und Operationen hinzufügt.

c Modellierung des Problembereichs
Das OOA-Modell dient entweder zur direkten Kommunikation mit dem Anwender oder es wird mit seiner Hilfe eine Benutzungsoberfläche erstellt. Daher soll die hier entwickelte Struktur den »natürlichen« Strukturen des Problembereichs entsprechen.

d Flache Hierarchien
Die Generalisierungshierarchie sollte nicht zu tief sein, denn um eine Unterklasse zu verstehen, müssen alle ihre Oberklassen betrachtet werden. Bis zu einer Tiefe von drei Ebenen gibt es normalerweise keine Verständnisprobleme, bei der Tiefe von fünf oder sechs Ebenen können bereits Schwierigkeiten auftreten /Rumbaugh 91/.

Ergebnis
- **Klassendiagramm**
  Tragen Sie alle Generalisierungsstrukturen in das Klassendiagramm ein. Bilden Sie abstrakte Klassen.

Konstruktive Schritte
1 Lassen sich Generalisierungsstrukturen durch *bottom-up*-Vorgehen bilden?
- Gibt es gleichartige Klassen, aus denen sich eine neue Oberklasse bilden lässt?
- Ist eine vorhandene Klasse als Oberklasse geeignet?
- Lassen sich für die neu gebildete Oberklasse Objekte erzeugen?

2 Lassen sich Generalisierungsstrukturen durch *top-down*-Vorgehen bilden?
- Kann jedes Objekt der Klasse für jedes Attribut einen Wert annehmen?
- Kann jede Operation auf jedes Objekt der Klasse angewendet werden?
- Lassen sich für ursprüngliche Klassen Objekte erzeugen oder erfolgt dies nur noch für die Unterklassen?

Tab. 4.7-1a:
Checkliste
Generalisierung

Tab. 4.7-1b: *Checkliste* *Generalisierung*	**Analytische Schritte** **3 Liegt eine »gute« Generalisierungsstruktur vor?** ■ Verbessert die Generalisierungsstruktur das Verständnis des Modells? ■ Benötigt jede Unterklasse alle geerbten Attribute, Operationen und Assoziationen? ■ Ist die ISA-Beziehung erfüllt, d.h. gilt die Aussage »Objekt der Unterklasse *ist ein* Objekt der Oberklasse«? ■ Entspricht die Generalisierungsstruktur den »natürlichen« Strukturen des Problembereichs? ■ Besitzt sie maximal drei bis fünf Hierarchiestufen? **4 Wann liegt keine Generalisierung vor?** ■ Die Unterklassen bezeichnen nur verschiedene Arten, unterscheiden sich aber weder in ihren Eigenschaften noch in ihrem Verhalten.

Aggregation (aggregation) Eine Aggregation ist ein Sonderfall der →Assoziation. Sie liegt dann vor, wenn zwischen den Objekten der beteiligten Klassen eine Beziehung vorliegt, die sich als »ist Teil von« oder »besteht aus« beschreiben lässt.

Assoziation (association) Eine Assoziation modelliert Objektbeziehungen zwischen Objekten einer oder mehrerer →Klassen. Binäre Assoziationen verbinden zwei Objekte. Eine Assoziation zwischen Objekten einer Klasse heißt reflexiv. Jede Assoziation wird beschrieben durch →Multiplizitäten und einen optionalen Assoziationsnamen oder Rollennamen. Sie kann um Einschränkungen ergänzt werden. Besitzt eine Assoziation selbst wieder Attribute und ggf. Operationen und Assoziationen zu anderen Klassen, dann wird sie zur Assoziationsklasse. Die Qualifizierung *(qualifier)* zerlegt die Menge der Objekte am anderen Ende der Assoziation in Teilmengen. Eine abgeleitete Assoziation liegt vor, wenn die gleichen Abhängigkeiten bereits durch andere Assoziationen beschrieben werden. Sonderfälle der Assoziation sind die →Aggregation und die →Komposition.

Attribut (attribute) Attribute beschreiben Daten, die von den Objekten der → Klasse angenommen werden können. Alle Objekte einer Klasse besitzen dieselben Attribute, jedoch im Allgemeinen unterschiedliche Attributwerte. Jedes Attribut ist von einem bestimmten

Typ und kann einen Anfangswert *(default)* besitzen. Bei der Implementierung muss jedes Objekt Speicherplatz für alle seine Attribute reservieren. Der Attributname ist innerhalb der Klasse eindeutig. Abgeleitete Attribute lassen sich aus anderen Attributen berechnen oder ableiten.

Klasse (class) Eine Klasse definiert für eine Kollektion von Objekten deren Struktur (Attribute), das Verhalten (Operationen) und Beziehungen (Assoziationen, Generalisierungsstrukturen). Klassen besitzen – mit Ausnahme von abstrakten Klassen – einen Mechanismus, um neue Objekte zu erzeugen. Der Klassenname muss mindestens im Paket, besser im gesamten System eindeutig sein.

Komposition (composition) Die Komposition ist eine besondere Form der → Aggregation. Beim Löschen des Ganzen müssen auch alle Teile gelöscht werden. Jedes Teil kann – zu einem Zeitpunkt – nur zu einem Ganzen gehören. Es kann jedoch einem anderen Ganzen zugeordnet werden. Das Ganze ist für das Erzeugen und Löschen der Teile verantwortlich.

Multiplizität (multiplicity) Die Multiplizität bezeichnet die Wertigkeit einer →Assoziation, d.h., sie spezifiziert die Anzahl der an der Assoziation beteiligten Objekte.

Statisches Modell (static model) Das statische Modell realisiert außer den Basiskonzepten (Objekt, Klasse, Attribut) die statischen Konzepte (Assoziation, Generalisierung, Paket). Es beschreibt die →Klassen des Systems, die →Assoziationen zwischen den Klassen und die Generalisierungsstrukturen. Außerdem enthält es die Daten des Systems (Attribute). Die Pakete dienen dazu, Teilsysteme zu bilden, um bei großen Systemen einen besseren Überblick zu ermöglichen.

Generalisierung *(generalization)* Die Generalisierung beschreibt die Beziehung zwischen einer allgemeineren → Klasse (Basisklasse) und einer spezialisierten Klasse. Die spezialisierte Klasse erweitert die Liste der →Attribute, Operationen und →Assoziationen der Basisklasse. Operationen der Basisklasse dürfen redefiniert werden. Es entsteht eine Klassenhierarchie oder Generalisierungsstruktur.

Die Checkliste Klasse zeigt, wie Klassen mittels Dokumentanalyse, Use-Cases und Kategorien identifiziert werden. Analog lassen sich Assoziationen identifizieren. Weitere Checklisten helfen, die richtigen Multiplizitäten zu ermitteln und zu entscheiden, ob eine Komposition, eine Aggregation oder eine einfache Assoziation vorliegt. Die Checkliste Attribute unterstützt beim Modellieren der Attribute. Die Checkliste Generalisierung zeigt, wie Generalisierungsstrukturen gebildet werden.

1 *Lernziel: Anwenden der Dokumentanalyse und Erstellen eines Klassendiagramms.*

Aufgabe 10–15 Minuten

Die Abb. LE7-A1 zeigt einen Ausschnitt aus einer Praktikumsliste. Für jeden Praktikumstermin wird eine solche Liste erstellt, in der jeweils eingetragen wird, welche Studenten erfolgreich teilgenommen haben.

Identifizieren Sie alle Klassen und Assoziationen. Tragen Sie bei jeder Klasse diejenigen Attribute ein, die zur Identifikation geführt haben. Spezifizieren Sie die Assoziationen möglichst vollständig.

Abb. LE7-A1: Ausschnitt aus einer Praktikumsliste

Praktikumsliste

Vorlesung:	41332	Gruppe:	B	
Bezeichnung:	Softwaretechnik	Termin:	5.11.2004, 14.00 Uhr	
Dozent:	Prof. Dr. Balzert	Raum:	4.6.09	

Projekt	Sprache	Student	Matrikelnr	Teilnahme
Stechuhr	C++	Müller	7001234	ok
		Mayer	7004567	ok
Roboter	Java	Schmidt	7009876	ok
		Winter	7002468	fehlt

2 *Lernziel: Assoziationen vollständig spezifizieren können.*
Modellieren Sie folgende Problemstellungen durch Klassen und Assoziationen.

a Auf einer Palette sind mehrere Fässer. Paletten werden im Normalfall komplett geliefert und im Normalfall komplett weiterverkauft. Es können jedoch auch einzelne Fässer verkauft werden. Leere Paletten und einzelne Fässer können nicht vorkommen.

b Jedes Projekt hat genau einen Projektleiter, der für mehrere Projekte verantwortlich sein kann. Die meisten Programmierer arbeiten für mehrere Projekte. Einige Programmierer sind gleichzeitig Projektleiter eines anderen Projekts.

c Jede Hauptabteilung besteht aus mehreren Abteilungen. Die meisten Abteilungen sind in einer Hauptabteilung eingegliedert, die anderen (z.B. Stabsabteilungen) berichten direkt an die Geschäftsleitung. In einer Abteilung sind mehrere Mitarbeiter tätig. Jeder Mitarbeiter ist genau einer Abteilung zugeordnet.

d Ein Lexikon besteht aus mehreren Bänden. Erscheint eine neue Auflage des Lexikons, so gilt dies für alle Bände. Jedes Buch kann Teil einer Buchreihe sein.

3 *Lernziel: Systematisches Identifizieren von Generalisierungsstrukturen und Assoziationen.*
Erstellen Sie ein Klassendiagramm für folgende Problemstellung: Für Paletten ist eine Lagerverwaltung zu organisieren. Eine Palette kann in einem offenen Lager (z.B. eine große Lagerhalle) stehen. Für jedes offene Lager ist dessen Bezeichnung, der Standort, das Lagerprofil (z.B. Kühlung vorhanden) zu speichern. Eine Palette kann alternativ auf einem Stellplatz in einem Stellplatzlager gelagert werden. Für jeden Stellplatz, der mehrere Paletten aufnehmen kann, sind festzuhalten: Koordinaten und Angabe, ob er frei oder belegt ist. Für das Stellplatzlager sind prinzipiell die gleichen Informationen zu speichern wie für das offene Lager, jedoch bezieht sich das Lagerprofil immer auf einzelne Stellplätze. Paletten sollen auch ohne Zuordnung zu einem Lager erfasst werden.

4 *Lernziel: Systematisches Erstellen eines Klassendiagramms mittels Use-Cases.*
Aus der Aufgabe 4 der Lehreinheit 6 ist das Klassendiagramm abzuleiten. Zusätzlich erhält der Systemanalytiker folgende Informationen:

– Für jeden Veranstaltungstyp sind ein Kürzel, eine Bezeichnung und die Angabe, ob es eine Pflichtveranstaltung ist, zu speichern.

– Für den Dozenten, der mehrere Veranstaltungen durchführen kann, werden dessen Name, Fachgebiet und Telefon gespeichert.

– Für die Verwaltung der Räume müssen die Anzahl der Plätze und die Ausstattung angegeben werden. In einem Raum finden im Allgemeinen mehrere Veranstaltungen statt.

– Für jede Prüfung werden das Datum, die Zeit und der Raum, in dem sie stattfindet, festgehalten. In einem Raum finden im Allgemeinen mehrere Prüfungen statt.

– Jeder Student bearbeitet am Ende seines Studiums genau eine Diplomarbeit, für die das Thema und das Datum der Abgabe gespeichert werden sollen. An einer Diplomarbeit können mehrere Studenten arbeiten, die alle am gleichen Tag abgeben müssen. Jede Diplomarbeit wird von genau einem Dozenten betreut, der im Allgemeinen mehrere Diplomarbeiten vergibt.

– Über die Firmen, die im Allgemeinen mehrere Studenten als Praktikanten beschäftigen, werden der Firmenname, die Anzahl der Mitarbeiter und die Branche gespeichert.

4 Checklisten zum Erstellen eines OOA-Modells (Dynamisches Modell)

■ Aktivitäten systematisch modellieren können.　　　　anwenden
■ Szenarien systematisch erstellen können.
■ Zustandsautomaten systematisch erstellen können.
■ Operationen systematisch beschreiben können.
■ Konsistenz von Klassendiagramm und dynamischem Modell prüfen können.
■ Verfahren der formalen Inspektion anwenden können.

■ Die objektorientierten Konzepte und die UML-Notation, wie sie in Kapitel 2 beschrieben werden, müssen bekannt sein.
■ Die Kenntnisse der Kapitel 1 und 3.1 sind nützlich.
■ Aus dem Kapitel 3 sollten Sie mindestens ein Fallbeispiel durchgearbeitet haben.
■ Eine weitere Voraussetzung bilden die Kapitel 4.1 bis 4.7.

4.8 Checkliste Aktivität

Aktivitätsdiagramme können im OOA-Modell für die Spezifikation eines **Use-Case** verwendet werden und auch, um das Zusammenspiel mehrerer Use-Cases zu dokumentieren.

Konstruktive Schritte zum Modellieren von Aktivitäten

1 Start Überlegen Sie, welches Ereignis die Verarbeitung auslöst. Tragen Sie den Startknoten links oben in das Diagramm ein. Welche Vorbedingungen *(preconditions)* müssen erfüllt sein, damit die Verarbeitung ausgeführt werden kann?

Beispiel Aktivität: in Urlaub fliegen
Auslösendes Ereignis: Wecker klingelt
Vorbedingungen: Koffer gepackt, Taxi bestellt

2 Ende Welches Ziel soll mit der Verarbeitung im Erfolgsfall erreicht werden? Wann terminiert die Verarbeitung? Soll die gesamte **Aktivität** beendet werden (Endknoten) oder nur der jeweilige Pfad *(flow final)*. Es sind auch zyklische Verarbeitungen möglich, die – zumindest theoretisch – nie terminieren. In diesem Fall entfällt der Endknoten.

Beispiel Aktivität: in Urlaub fliegen
Im Erfolgsfall endet die Aktivität, wenn der Urlauber ins Flugzeug einsteigt.

3 Standardfall Modellieren Sie zuerst den Hauptpfad der Aktivität, d.h. legen Sie eine Folge von Aktionsknoten für den Normalfall oder den einfachsten Fall fest. Abb. 4.8-1 zeigt die Aktionen, die durchlaufen werden, wenn bei der Fahrt zum Flughafen alles optimal verläuft.

4 Entscheidungen Welche Erweiterungen zum Standardfall sind möglich? Werden Aktionsknoten nur unter bestimmten Bedingungen ausgeführt? Tragen Sie einen Entscheidungsknoten (Diamant) ein. Jeder Ausgang aus dem Diamanten ist durch eine Bedingung zu spezifizieren. Spielen Sie die Alternativen gedanklich durch und tragen Sie die verschiedenen Bedingungen an die Ausgangspfeile des Diamanten an. Prüfen Sie, wo der Kontrollfluss wieder zusammengeführt wird (Diamant).

Abb. 4.8-1: Aktivitätsdiagramm für den optimalen Fall eines Starts in den Urlaub

Aufstehen

Morgentoilette
(einschl. Ankleiden)

Frühstücken

mit Taxi zum
Flughafen fahren

einchecken

durch Sicherheits-
kontrolle gehen

ins Flugzeug
steigen

184

Aktivität: in Urlaub fliegen *Beispiel*

Jeder weiß, dass beim Start in den Urlaub vieles schief gehen kann:
Das bestellte Taxi kommt nicht, auf der Autobahn ist ein Stau, am
Schalter der Fluggesellschaft, an der mehrere Flüge eingecheckt werden können, steht eine endlos lange Schlange oder bei der Sicher-
heitsprüfung werden unerlaubte Gegenstände gefunden und vieles
mehr. Einige dieser Probleme kann man bei genügend Zeitreserven
in den Griff bekommen und das Ziel (ins Flugzeug steigen) trotzdem
erreichen. Schafft man dieses Ziel nicht mehr, dann muss in der Aktivität ein Fehlerausgang (Flug verpasst) modelliert werden. Abb.
4.8-2 zeigt das Aktivitätsdiagramm mit den diversen Alternativen.
Wie Sie sehen, wird das Aktivitätsdiagramm jetzt sehr schnell kom-
plex. Dabei wurden viele weitere Sonderfälle, wie z.B. Taxi hat Panne,
Koffer gestohlen oder Urlauber bei der Sicherheitskontrolle verhaftet
noch gar nicht berücksichtigt.

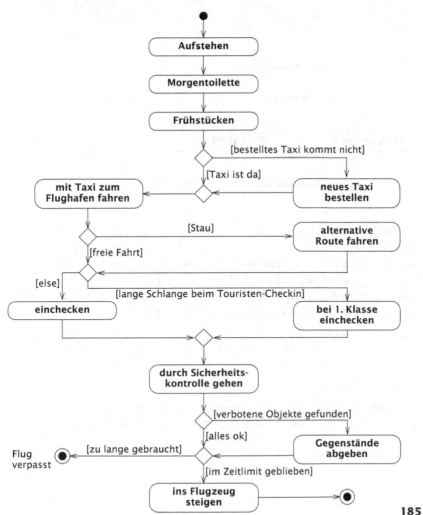

*Abb. 4.8-2:
Aktivitäts-
diagramm mit den
wichtigsten
Sonderfällen bei
einem Start in den
Urlaub*

185

5 parallele
Verarbeitung

Ist für bestimmte Verarbeitungsschritte die Reihenfolge irrelevant oder ist Parallelarbeit möglich? Tragen Sie die Kontrollknoten zum Splitten (Balken) und Synchronisieren (Balken) des Kontrollflusses ein. Stellen Sie sicher, dass der Splitting-Balken genau einen Eingang und der Synchronisations-Balken genau einen Ausgang besitzt. Im Gegensatz zur Zusammenführung nach einer Entscheidung geht die Verarbeitung nach einer Synchronisation erst dann weiter, wenn alle Teilpfade durchlaufen wurden.

Beispiel

Aktivität: in Urlaub fliegen
Im Aktivitätsdiagramm der Abb. 4.8-3 müssen die meisten Aktionen aus fachlicher Sicht genau in der angegebenen Reihenfolge ausgeführt werden. Nur die Aktionen Morgentoilette (einschließlich Ankleiden) und Frühstücken können in beliebiger Reihenfolge ausgeführt werden. Daher kann hier eine Modellierung wie in Abb. 4.8-3 gewählt werden. Theoretisch wäre eine echte Parallelverarbeitung (während der Morgentoilette frühstücken) zwar möglich, soll hier aus praktischer Sicht aber ausgeschlossen werden.

Abb. 4.8-3:
Parallelität im
Aktivitäts-
diagramm

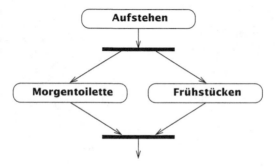

6 Objektknoten

Erzeugen die Aktionen Daten oder benötigen Sie Eingabedaten? Tragen Sie Objektknoten ein, wenn sich dadurch der Informationsgehalt des Aktivitätsdiagramms erhöht. Wenn ein Objekt in einem Aktivitätsdiagramm mehrmals, jedoch in verschiedenen Bearbeitungszuständen vorkommt, dann sollten Sie den Objektnamen um den jeweiligen Zustand (in eckigen Klammer) ergänzen.

Beispiel

Eine Rechnung besitzt in einem Use-Case die Bearbeitungszustände ungeprüft, geprüft und bezahlt. Entsprechend werden für den Objektknoten Rechnung die folgenden Namen gewählt: Rechnung[ungeprüft], Rechnung[geprüft] und Rechnung[bezahlt] verwendet.

7 Eingabe-/
Ausgabeparameter

Tragen Sie Ein- und Ausgabeparameter dann in ein Aktivitätsdiagramm ein, wenn deren Modellierung zusätzliche Information liefert.

Wenn Sie eine Aktion Rechnung erstellen modellieren, dann ist offensichtlich, dass im Rahmen der Aktivität eine Rechnung produziert wird. Die Angabe eines Objektknotens Rechnung als Ausgabeparameter liefert dann keine neue Information und kann daher entfallen.

Beispiel

Die Schwimmbahn-Notation ermöglicht es, darzustellen, wie Aktionen auf verschiedene Aktivitätsbereiche aufgeteilt sind. Verwenden Sie diese Notation, wenn Sie höchstens 5 Aktivitätsbereiche in einem Diagramm modellieren und zeichentechnisch keine Probleme auftreten. Tragen Sie die wichtigsten Verarbeitungsschritte in den ersten Aktivitätsbereich (oben oder links im Diagramm) ein. Tragen Sie Knoten, die zwei Aktivitätsbereiche gleichermaßen betreffen, auf der Grenzlinie ein. Wählen Sie bei komplexeren Diagrammen mit vielen Aktivitätsbereichen die Textnotation.

8 Aktivitätsbereiche

Analytische Schritte zum Validieren der Aktivitäten

Aktionsknoten stellen im Aktivitätsdiagramm Verarbeitungsschritte dar. Ihre Namen sollten analog zur Benennung von Operationen gewählt werden: Namen sollten ein starkes Verb enthalten, auf die durchgeführte Verarbeitung schließen lassen und im Kontext der Aktivität verständlich und eindeutig sein.

9 Aktionsnamen

Gibt es Aktionsknoten, in die Kanten hineinführen, aus denen aber keine herausführen? Dies ist ein Zeichen für vergessene Ausgänge. /Ambler 03/ spricht von *Black-Hole*-Aktionen, da der Kontrollfluss hier wie in einem schwarzen Loch verschwindet. Gibt es Aktionsknoten, die nur Ausgangspfeile, jedoch keine Eingangspfeile besitzen? Auch dies ist ein Zeichen für vergessene Kanten. /Ambler 03/ bezeichnet sie als *Miracle*-Aktionen.

10 *Black-Hole-* und *Miracle-*Aktionen

Die Bedingungen bei einer Entscheidung müssen eindeutig formuliert sein, d.h., es darf stets genau eine Bedingung zutreffen. Das trifft beispielsweise bei den Bedingungen [x<0], [x==0] und [x>0] zu. Würden stattdessen die Bedingungen [x<=0], [x>=0] angegeben, so ist diese Forderung nicht erfüllt. Im Fall x==0 treffen zwei Bedingungen zu und es lässt sich dann nicht voraussagen, welche Alternative ausgeführt wird. Das bedeutet, dass das Aktivitätsdiagramm nichtdeterministisch wäre.

11 genau 1 Treffer bei Entscheidungen

Stellen Sie sicher, dass für jede Entscheidung die Menge der Bedingungen vollständig ist. Das bedeutet, dass jeder mögliche Fall durch eine Bedingung abgehandelt wird. Beispielsweise bilden die Bedingungen [x<0] und [x>0] keine vollständige Menge, da der Fall x==0 fehlt. In diesem Fall würde keine Alternative ausgeführt und der Kontrollfluss sozusagen im Aktivitätsdiagramm »stecken bleiben«. Um die vollständige Abdeckung in jedem Fall zu garantieren, können Sie eine Alternative mit else beschriften. Dieser Pfad wird dann ausgeführt, wenn keine der explizit angegebenen Bedingungen zutrifft.

12 vollständige Abdeckung bei Entscheidungen

187

Tab. 4.8-1:
Checkliste
Aktivität
	Ergebnisse
	■ **Aktivitätsdiagramm**
	  Modellieren Sie einzelne Use-Cases und das Zusammenspiel mehrerer
	  Use-Cases mit Hilfe des Aktivitätsdiagramms.
	
	Konstruktive Schritte
	1 Welches Ereignis löst die Verarbeitung aus?
	■ Startknoten links oben eintragen.
	■ Vorbedingungen *(preconditions)* ermitteln.
	
	2 Wann terminiert die Verarbeitung?
	■ Welches Ziel soll im Erfolgsfall erreicht werden?
	■ Terminiert die gesamte Verarbeitung oder nur der aktuelle Pfad?
	
	3 Wie sieht der Standardfall aus?
	
	4 Welche Erweiterungen zum Standardfall sind möglich?
	■ Werden Aktionen nur unter bestimmten Bedingungen ausgeführt?
	■ Tragen Sie Bedingungen an die Ausgangspfeile des Diamanten an.
	■ Wo wird der Kontrollfluss wieder zusammengeführt?
	
	5 Ist parallele Verarbeitung möglich?
	■ Ist für bestimmte Verarbeitungsschritte die Reihenfolge irrelevant?
	■ Ist echte Parallelarbeit möglich?
	■ Wo wird der Kontrollfluss wieder synchronisiert?
	
	6 Objektknoten
	■ Erzeugen die Aktionen Ausgabedaten oder benötigen sie Eingabe-
	  daten?
	■ Tragen Sie Objektknoten ein, um die Aussagefähigkeit des Diagramms
	  zu erhöhen.
	■ Bei Objekten, die in verschiedenen Bearbeitungszuständen vorkom-
	  men, ist zusätzlich der jeweilige Zustand einzutragen.
	
	7 Ein-/Ausgabeparameter
	■ Die Angabe von Ein- und Ausgabeparametern ist nur notwendig, wenn
	  sie zusätzliche Informationen liefern.
	
	8 Aktivitätsbereiche
	■ Verwenden Sie die Schwimmbahn-Notation, wenn die Aktivität
	  höchstes 5 Bereiche enthält.
	■ Modellieren Sie die wichtigsten Schritte im ersten Aktivitätsbereich.
	■ Knoten, die zwei Bereiche betreffen, werden auf der Grenzlinie
	  dargestellt.
	
	Analytische Schritte
	9 Aktionsnamen
	■ Aktionsnamen sollen ein starkes Verb enthalten.
	■ Aktionsnamen sollen im Kontext der Aktivität verständlich und
	  eindeutig sein.
	
	10 *Black-Hole*- und *Miracle*-Aktionen
	■ Gibt es Aktionsknoten, die keine Ausgabepfeile besitzen *(black holes)*?
	■ Gibt es Aktionsknoten, die keine Eingabepfeile besitzen *(miracles)*?
	
	11 Trifft bei Entscheidungen genau eine Alternative zu?
	■ Sind die Bedingungen eindeutig definiert?
	
	12 Ist die Menge der Bedingungen vollständig?
	■ Wird bei einer Entscheidung jede mögliche Bedingung durch einen
	  Ausgabepfeil abgedeckt?
	■ Spezifizieren Sie eine Alternative mit else.

4.9 Checkliste Szenario

Szenarien sind Verfeinerungen der Use-Cases, die in Form von Inter-
aktionsdiagrammen dokumentiert werden. Szenarien unterstützen
Sie darin, die **Operationen** der Klassen zu identifizieren und den
Fluss der Botschaften durch das System zu definieren. Außerdem
dienen sie dazu, die Vollständigkeit und Korrektheit des statischen
Modells zu validieren. Darüber hinaus lassen sich die beschriebenen
Szenarien gleichzeitig als Test-Szenarien verwenden.

Konstruktive Schritte zum Modellieren von Szenarien

Szenarien werden direkt aus den Use-Cases abgeleitet. Wählen Sie
einen Use-Case aus und überlegen Sie, welche Variationen auftreten
können. Jede Variation führt zu einem unterschiedlichen Ergebnis
des Use-Case und bildet ein Szenario. Auch wenn eine Anwendung
eine überschaubare Anzahl von Use-Cases enthält, kann es eine Viel-
zahl möglicher Szenarien geben. Es ist daher meistens notwendig,
sich auf die wichtigsten Szenarien zu beschränken. Im Gegensatz
zum vollständigen statischen Modell beschreiben die Szenarien nur
das wesentliche Verhalten des **dynamischen Modells**.

1 Use-Case
→ Szenarien

    Die Szenarien, die sich aus einem Use-Case ableiten lassen, sind
nicht alle von gleicher Bedeutung für die Modellbildung. Es lassen
sich primäre und sekundäre Szenarien unterscheiden. Primäre Szenarien stellen die fundamentalen bzw. die am häufigsten verwendeten Funktionen des Systems dar. Sekundäre Szenarien präsentieren
Variationen primärer Szenarien. Sie beschreiben Ausnahmesituatio-
nen und enthalten die weniger oft verwendeten Funktionen.

    Darüber hinaus lassen sich die Szenarien in positive und negative
Fälle unterteilen. Ein positiver Fall bedeutet eine erfolgreiche Bearbeitung, z.B. kann im Fall der Seminarorganisation die Anmeldung
erfolgreich durchgeführt werden. Negative Fälle liegen bei allen er-
folglosen Ausgängen vor, z.B. kann eine Seminaranmeldung – aus
welchen Gründen auch immer – nicht durchgeführt werden.

    Szenarien sollten ergänzend zum Sequenz- oder Kommunikations-
diagramm in Textform dokumentiert werden, damit man einen
schnellen Überblick über deren Funktionalität erhält. Das kann beispielsweise in folgender Form erfolgen:

2 Szenario in
Textform

- Name des Szenarios.
- Bedingungen, die zu dieser Variation des Use-Cases führen (Unter
  welchen Voraussetzungen wird dieses Szenario ausgeführt?).
- Ergebnis des Szenarios.

Beschreiben Sie zunächst nicht, *wie* das Szenario abläuft. Verwenden
Sie hier noch keine Objekte oder Attribute.

Beispiel Aus dem Use-Case bearbeite Schadensfall aus Kapitel 4.2 leiten wir folgende Szenarien ab:

Szenario 1: bearbeite Schadensfall (Schaden bezahlt)
Bedingungen:
– notwendige Daten vorhanden
– Police gültig
– Police deckt Schaden ab
Ergebnis:
– Schadensersatzanspruch wird voll beglichen

Szenario 2: bearbeite Schadensfall (Police ungültig)
Bedingungen:
– notwendige Daten vorhanden
– Police ungültig
Ergebnis:
– Antragsteller erhält Schreiben

Szenario 3: bearbeite Schadensfall (unvollständige Deckung)
Bedingungen:
– notwendige Daten vorhanden
– Police gültig
– Police deckt Schadensersatzforderung nur unvollständig ab
– erfolgreiches Verhandeln mit Antragsteller
Ergebnis:
– Schaden entsprechend Vergleich bezahlt

Achten Sie darauf, *alle* Bedingungen, die zu einem Szenario führen, explizit anzugeben. Oft lassen sich neue Szenarien durch Variatio-nen der schon dokumentierten Szenarien finden. In diesem Fall sollten Sie das ursprüngliche Szenario um die neue Bedingung ergänzen.

3 welches Diagramm? Jedes relevante Szenario wird durch ein Interaktionsdiagramm dokumentiert. Es beschreibt, *wie* die Objekte der beteiligten Klassen durch Senden von Botschaften das Szenario ausführen. Die UML bie-tet für die Spezifikation von Szenarien Sequenz- und Kommunikati-onsdiagramme an. **Sequenzdiagramme** bieten den Vorteil, dass sie die zeitliche Reihenfolge transparent dokumentieren. Man kann sehr schön nachvollziehen, wie die einzelnen Operationen einander auf-Kapitel 2.10 rufen. Bei Verwendung der Basiselemente, wie in Kap. 2.10 einge-führt, zeigen sie die grundsätzliche Kommunikation zwischen den Objekten und damit den Kern eines Szenarios. Das **Kommunikati-onsdiagramm** besitzt in der UML 2 den Vorteil, dass Entscheidungen und Iterationen einfach modelliert werden können. Außerdem sind die Objektbeziehungen bzw. die Assoziationen ersichtlich, die die Basis der Kommunikation darstellen. Kommunikationsdiagramme besitzen darüber hinaus den Vorteil, dass sie einfacher zu erstellen sind als Sequenzdiagramme.

Die Akteure, die Szenarien auslösen, lassen sich aus dem Use-Case-Diagramm und der Use-Case-Schablone ermitteln. Akteure können – sofern es das modellierende Werkzeug zulässt – die gleichen Namen wie Klassen besitzen. Beispielsweise kann in einem Szenario eines Online-Shops der Akteur Kunde mit einem Objekt der Klasse Kunde kommunizieren. Beim ersten Kunden handelt es sich um das externe Objekt, beim zweiten um das interne Objekt, das eine Abstraktion des externen Kunden bildet (vgl. Kap. 2.1). Akteure werden üblicherweise auf der linken Seite eines Diagramms angetragen.

4 Akteure

Kapitel 2.1

Der wichtigste Schritt für das Erstellen eines Sequenz- oder Kommunikationsdiagramms ist die Ermittlung der benötigten Kommunikationspartner. In den meisten Sequenzdiagrammen ist es üblich, die Kommunikationspartner so anzuordnen, dass die meisten Nachrichtenpfeile von links nach rechts zeigen.

5 Kommunikations-
partner

■ Überlegen Sie, welche Klassen bzw. Objekte an dem Szenario beteiligt sind. Fügen Sie diese Objekte in das Diagramm ein. Die meisten Klassen, die Sie hier verwenden, sind bereits im Klassendiagramm enthalten. Eventuell finden Sie auch neue Klassen, die dann im statischen Modell nachzutragen sind.

■ Wenn mehrere Objekte einer Klasse verschiedene Aufgaben im Szenario haben, dann wird jedes Objekt aufgeführt und entsprechend seiner Bedeutung benannt, z.B. können beim Kopieren von einem Verzeichnis in ein anderes die Namen Quelle:Verzeichnis und Ziel:Verzeichnis verwendet werden.

Bei der Erstellung der Interaktionsdiagramme in der Analyse kommt es weniger darauf an, den exakten Fluss der Operationen durch das System zu ermitteln, wie er später vom System ausgeführt wird, sondern das fachliche Verhalten soll möglichst präzise beschrieben werden.

6 Ablauf des
Szenarios

■ Zerlegen Sie die Aufgaben des Use-Case in Teile, bis jeder Teil einer Operation entspricht. Fragen Sie immer wieder »Was ist nun zu tun?« und »Welcher Kommunikationspartner führt diese Operation aus?«

■ Im Kommunikationsdiagramm können Sie auf einfache Weise Bedingungen angeben. Damit können mehrere Variationen durch ein einziges Diagramm beschrieben werden. Auf die Angabe von Iterationen kann in der Analyse meistens verzichtet werden.

Konzentrieren Sie sich bei der Spezifikation auf die essenzielle Verarbeitung. Im Allgemeinen ist es in der Analyse nicht notwendig, jeden Sonderfall eines Szenarios, der zu einem Fehlerausgang führt, zu beschreiben. Halten Sie die Diagramme so einfach wie möglich, aber spezifizieren Sie alles Wichtige. Dadurch erhöht sich einerseits Ihre Produktivität als UML-Modellierer und andererseits sind Ihre Diagramme leichter lesbar.

Beispiele Abb. 4.9-1 zeigt das Sequenzdiagramm für folgendes Szenario der Seminarorganisation, dessen Use-Case in Kapitel 3.5 beschrieben ist. Abb. 4.9-2 zeigt das gleiche Szenario als Kommunikationsdiagramm.

Szenario: bearbeite Anmeldung (positiver Fall)

Bedingungen:
– Seminar existiert
– neuer Kunde

Ergebnis:
– Anmeldebestätigung erstellt

Abb. 4.9-1:
Sequenzdiagramm
für eine erfolg-
reiche Anmeldung
eines neuen
Kunden zum
Seminar

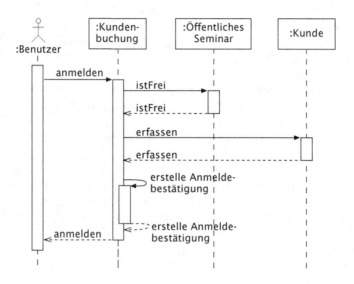

Abb. 4.9-2:
Kommunikations-
diagramm für eine
erfolgreiche
Anmeldung eines
neuen Kunden zum
Seminar

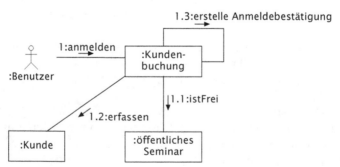

Abb. 4.9-3 zeigt das Sequenzdiagramm für folgendes Szenario der Friseursalonverwaltung, dessen Use-Case in Kapitel 3.4 beschrieben ist. Bei diesem Szenario werden mehrere externe Operationen in festgelegter Reihenfolge ausgeführt. Zuerst wird für einen angemeldeten Kunden ein Laufzettel ausgedruckt, der im Rahmen der Behandlung ausgefüllt wird. Diese Daten werden anschließend ins System übernommen. Beim Kassieren der erbrachten Dienstleistun-

192

gen können auch Artikel verkauft werden.
Szenario: bediene Kunden im Salon (einschließlich Verkäufe)
Bedingungen:
– Kunde ist angemeldet
Ergebnis:
– Kunde hat bezahlt

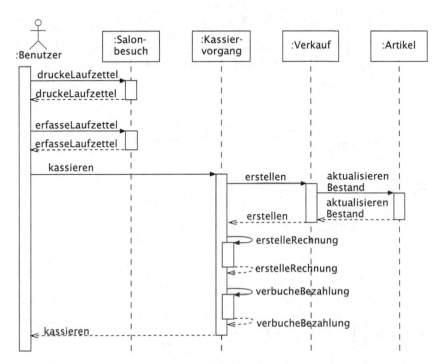

Abb. 4.9-3:
Sequenzdiagramm
für die Bedienung
eines angemelde-
ten Kunden im
Friseursalon

Bei Szenarien der Systemanalyse werden oft die Benutzer als Akteure angetragen. Die Funktionen, die diese Akteure direkt aktivieren, werden Benutzerfunktionen genannt. Jede Benutzerfunktion kann weitere Funktionen aktivieren (Abb. 4.9-4). Diese weiteren Aufrufe können auf verschiedene Arten strukturiert werden (Abb. 4.9-5). Bei der zentralen Organisation gibt es ein Objekt, das die Steuerung aller anderen Objekte übernimmt *(fork diagram)*. Dieses Objekt verkapselt das Wissen, welche Operationen in welcher Reihenfolge aufgerufen werden. Wenn sich diese Abläufe häufig ändern, dann wirken sich diese Änderungen nur auf das Steuerungsobjekt aus. In einer dezentralen Struktur kommuniziert jedes beteiligte Objekt lediglich mit einem Teil der anderen Objekte *(stair diagram)*. Bei dieser Organisationsform ist die Steuerungslogik im System verteilt. Sie vermeidet, dass einige Objekte besonders aktiv und andere übermäßig passiv sind.

7 Struktur des Szenarios

Abb. 4.9-4:
Szenario bestehend
aus mehreren
Transaktionen

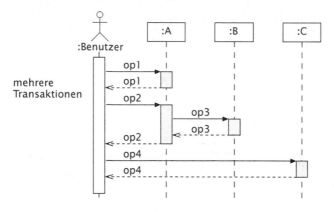

Abb. 4.9-5:
fork diagram und
stair diagram

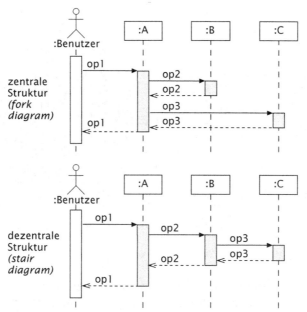

Analytische Schritte zum Validieren der Szenarien

8 Empfänger
erreichbar?

In den meisten Fällen existiert zwischen Klassen, deren Objekte miteinander kommunizieren, auch eine Assoziation, d.h. eine permanente Objektbeziehung zwischen den Objekten. In diesem Fall kennt jedes Senderobjekt seine zugehörigen Empfängerobjekte. Es ist jedoch auch möglich, dass Objekte ohne eine solche permanente Objektbeziehung kommunizieren können. Beispielsweise kann eine Operation die Identität eines Objekts ermitteln und als Ergebnis zurückliefern. Müssen Objekte miteinander kommunizieren, die nicht durch eine Assoziation miteinander verbunden sind, so ist zu prüfen, woher das Senderobjekt die Identität des Empfängerobjektes erhält. Sie können auf eine Assoziation verzichten, wenn sich die

194

Objekte nicht permanent kennen müssen, weil eine entsprechende
Kommunikation nur selten stattfindet und das gewünschte Objekt
auch anders identifiziert werden kann.

Interaktionsdiagramme stellen eine Verbindung zum Klassendia-   **9** Konsistenz
gramm her. Sie lassen sich daher einerseits zur Modellbildung und
andererseits zur Validierung des Klassendiagramms verwenden.
Können die beteiligten Klassen die genannte Aufgabe wirklich gemeinsam lösen? Enthält das Interaktionsdiagramm nur Elemente des
Klassendiagramms?

Abb. 4.9-6 zeigt zwei Szenarien und den Ausschnitt aus dem Klas-   Beispiel
sendiagramm aus dem Beispiel der Bibliotheksverwaltung.

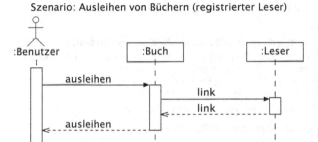

Szenario: Ausleihen von Büchern (registrierter Leser)

Abb. 4.9-6:
Szenarien und
Klassendiagramm
der Bibliotheksver-
waltung

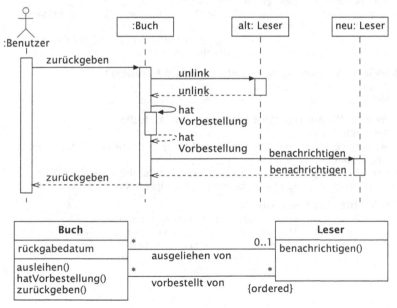

195

10 Fehlerquellen

Weder Sequenz- noch Kommunikationsdiagramme sind dazu gedacht, Kontrollflüsse und Datenflüsse zu modellieren. Für diese

Kapitel 4.8

Aufgaben bietet die UML das Aktivitätsdiagramm (vgl. Kap. 4.8). Szenarien sollen keine Beschreibungen der Benutzungsoberfläche, z.B. *OkButtonGedrückt*, enthalten. Diese Informationen gehören in den Entwurf. Beschränken Sie sich auf die wichtigsten Szenarien. Beschreiben Sie nicht jeden Sonderfall. Vermeiden Sie die Überspezifikation von Szenarien, d.h., verzichten Sie auf unnötige Details.

---

*Tab. 4.9-1a:
Checkliste
Szenario*

Ergebnisse
- **Sequenzdiagramm, Kommunikationsdiagramm**
  Für jedes relevante Szenario ist ein Sequenzdiagramm zu erstellen. Alternativ können Kommunikationsdiagramme verwendet werden.

Konstruktive Schritte
1 Entwickeln Sie aus jedem Use-Case mehrere Szenarien.
- Variationen eines Use-Case ermitteln (positive Ausgänge, Fehlschläge).
- Standardausführung und Alternativen.
- Positive und negative Fälle unterscheiden.
- Prüfen, welche Szenarien wichtig sind.
- Interaktionsdiagramme benennen und beschreiben.

2 Beschreiben Sie das Szenario in Textform.
- Name.
- Alle Vorbedingungen, die zu dieser Ausführung des Use-Case führen.
- Ergebnisse bzw. Wirkung des Szenarios.

3 Wählen Sie das geeignete Diagramm.
- Sequenzdiagramm: zeigt zeitliche Dimension sehr deutlich, Reihenfolge leicht nachzuvollziehen.
- Kommunikationsdiagramm: zeigt Assoziationen, ermöglicht Bedingungen und Iterationen auf einfache Art.

4 Welche Akteure sind an dem Szenario beteiligt?
- Aus dem Use-Case-Diagramm entnehmen.
- Meistens nur ein Akteur, aber auch mehrere möglich.

5 Welche Kommunikationspartner sind beteiligt?
- Beteiligte Klassen.
- Müssen verschiedene Objekte einer Klasse verwendet werden, dann Objektnamen vergeben.
- Ordnen Sie die Kommunikationspartner so an, dass die Nachrichtenpfeile überwiegend von links nach rechts gezeichnet werden.

6 Wie läuft das Szenario ab?
- In welcher Reihenfolge müssen die Operationen ablaufen?
- Welcher Kommunikationspartner führt eine Operation aus?
- Konzentrieren Sie sich auf die essenzielle Verarbeitung.
- Vermeiden Sie es, jeden Sonderfall zu beschreiben.

7 Wie ist das Szenario zu strukturieren?
- Eine oder mehrere Transaktionen.
- Zentrale Struktur *(fork diagram)*.
- Dezentrale Struktur *(stair diagram)*.

Analytische Schritte
8 Sind die Empfänger-Objekte erreichbar?
- Assoziation existiert (permanente Objektbeziehung).
- Identität kann dynamisch ermittelt werden (temporäre Objektbeziehung).

9 Ist das Sequenz- bzw. Kommunikationsdiagramm konsistent mit dem Klassendiagramm?
- Alle Klassen sind auch im Klassendiagramm enthalten.
- Mit Ausnahme von Verwaltungsoperationen werden nur Operationen aus dem Klassendiagramm eingetragen.

10 Fehlerquellen
- Kontrollfluss beschreiben.
- Datenfluss beschreiben.
- Benutzungsoberfläche beschreiben.
- Zu viele Details beschreiben.

Tab. 4.9-1b:
Checkliste
Szenario

4.10 Checkliste Zustandsautomat

In der objektorientierten Analyse kann der **Zustandsautomat** in mehreren Bereichen effektiv eingesetzt werden. Der Verhaltenszustandsautomat ermöglicht es, das dynamische Verhalten von Klassen und Use-Cases zu modellieren. Der Protokollzustandsautomat wird eingesetzt, wenn spezifiziert werden soll, in welchem Zustand und unter welchen Bedingungen die Operationen einer Klasse aufgerufen werden dürfen.

Konstruktive Schritte zum Modellieren von Zustandsautomaten

Modelliert der Zustandsautomat das dynamische Verhalten von Klassen, d.h., er beschreibt, welche Zustände ein Objekt der Klasse nacheinander annehmen kann, so spricht man vom Lebenszyklus der Klasse. Normalerweise ist nur für wenige Klassen der Lebenszyklus zu modellieren. Die erste Frage, die sich stellt, ist daher, für welche Klassen ein Zustandsautomat zu erstellen ist. /IBM 97/ gibt an, dass bei typischen Informationssystemen nur ein bis zwei Prozent der Klassen einen nicht-trivialen Lebenszyklus besitzen.

1 Zustandsautomat für Klassen

Ein Lebenszyklus ist sinnvoll, wenn eine der folgenden Situationen zutrifft:
- Ein Objekt kann auf eine bestimmte Botschaft – in Abhängigkeit vom aktuellen Zustand – unterschiedlich reagieren.
- Einige Operationen sind nur in bestimmten Situationen (Zuständen) auf ein Objekt anwendbar und werden sonst ignoriert.

197

Verzichten Sie auf den Lebenszyklus, wenn seine Beschreibung nichts zum Verständnis der Problematik beiträgt.

Beispiel   Bei der Seminarorganisation (Abb. 4.10-1) würde sich für den Seminartyp nur ein trivialer Lebenszyklus (Abb. 4.10-2) ergeben. Wir können daher auf diesen Zustandsautomaten verzichten. Bei einer Seminarveranstaltung können wir jedoch nur dann Anmeldungen eintragen, wenn diese Veranstaltung weder ausgebucht noch storniert ist. Auch wenn sich ein Kunde irrtümlich für eine bereits durchgeführte Veranstaltung anmeldet, soll die Anmeldung abgelehnt werden. Hier bildet der Verhaltenszustandsautomat (Abb. 4.10-3) ein nützliches Hilfsmittel, um einerseits die Problematik besser zu verstehen und andererseits die Operationen vollständig zu ermitteln. Wir gehen im Folgenden noch weiter auf dieses Beispiel ein.

Abb. 4.10-1:
Klassendiagramm
der Seminar-
organisation

Seminarorganisation

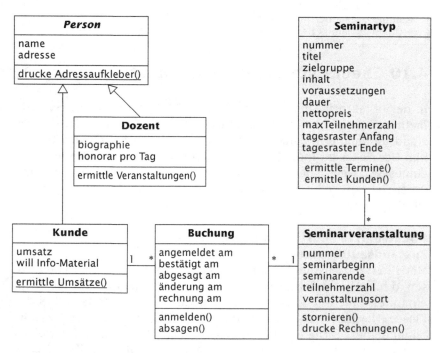

Abb. 4.10-2:
Trivialer Zustands-
automat der
Klasse Seminartyp

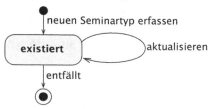

198

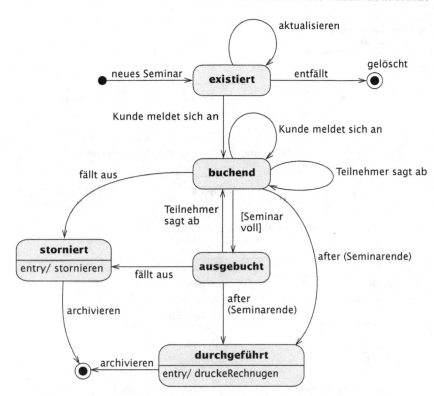

*Abb. 4.10-3:
Verhaltens-
zustandsautomat
für die Klasse
Seminar-
veranstaltung*

Ein Verhaltenszustandsautomat hilft dabei, das dynamische Verhalten der Klasse besser zu verstehen. Abb. 4.10-4 zeigt im Vergleich dazu den Protokollzustandsautomaten. Hier ist es das Ziel, für alle Operationen der Klasse zu modellieren, in welchem Zustand sie auf Objekte der Klasse angewendet werden können. Beim Identifizieren der Zustände kann analog zum Verhaltenszustandsautomat vorgegangen werden. Um die Operationen zu ermitteln, müssen Sie nacheinander für alle ermittelten Zustände prüfen, durch welche Ereignisse ein Zustandswechsel eintritt.

2 Protokoll-
zustandsautomat

Ein Vergleich der Abb. 4.10-3 und 4.10-4 zeigt, dass die beiden Automaten große Ähnlichkeiten besitzen. Beim Protokollzustandsautomat wurde ein zusätzlicher Zustand abgerechnet eingeführt, der dann eingenommen wird, wenn die Operation druckeRechnungen() ausgeführt wurde.

Beispiel

Für die Spezifikation von Use-Cases bilden die Zustandsautomaten eine Alternative zur Use-Case-Schablone und zum Aktivitätsdiagramm. Welche Modellierungstechnik eingesetzt wird, hängt wesentlich vom Anwendungsgebiet und der Komplexität des Use-Case ab. Beim Aktivitätsdiagramm liegt der Fokus auf den Verarbeitungsschritten, beim Zustandsautomat auf den Zuständen, die im Laufe der Verarbeitung angenommen werden.

3 Zustandsauto-
mat für Use-Case

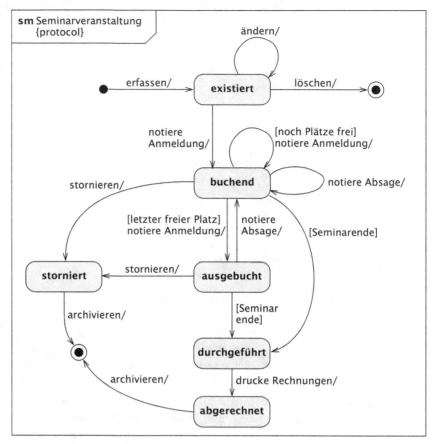

Seminarveranstaltung
erfassen()
ändern()
löschen()
notiere Anmeldung()
notiere Absage()
stornieren()
drucke Rechnungen()
archivieren()

Beispiel In der Abb. 4.10-5 modelliert der Verhaltenszustandsautomat den Use-Case Parkgebühr bezahlen. Im Gegensatz zum Aktivitätsdiagramm In Urlaub fliegen der Abb. 4.8-2 können bei dieser Problematik die Zustände, die der Parkkartenautomat nacheinander einnimmt, sehr gut modelliert werden.

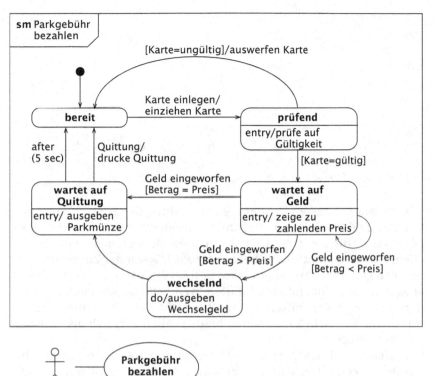

Abb. 4.10-5:
Verhaltens-
zustandsautomat
für einen Use-Case

Bevor Sie mit der grafischen Modellierung eines Zustandsautomaten beginnen, ist es hilfreich, die wichtigsten Informationen im Rahmen einer *brainstorming*-Sitzung zu notieren. Erstellen Sie eine Tabelle mit drei Spalten. In die erste Spalte tragen Sie alle Zustände ein, in die zweite alle externen und internen Ereignisse und in die dritte Spalte alle Verarbeitungsschritte, die im Rahmen eines Use-Case auftreten oder von Objekten der Klasse ausgeführt werden. Formulieren Sie alle Informationen beliebig in Umgangssprache.

4 *Brainstorming*

Beginnen Sie mit dem Anfangszustand, d.h. dem Zustand, in dem sich das Objekt befindet, nachdem es erzeugt wurde. Entwickeln Sie ausgehend vom Anfangszustand weitere Zustände. Betrachten Sie dazu jeweils einen Zustand und überlegen Sie, durch welche Ereignisse er verlassen wird. Auf welche Ereignisse muss gewartet werden? In welche Folgezustände erfolgt ein Übergang? Prüfen Sie, wodurch ein Zustand definiert wird, z.B. das Vorliegen bestimmter Attributwerte oder Beziehungen zu anderen Objekten.

5 Zustände identifizieren

In der Abb. 4.10-3 löst das Ereignis Kunde meldet sich an im Zustand existiert einen Übergang in den Zustand buchend aus. Dieser Zustand wird durch folgende Attributwerte beschrieben:

Beispiel

0 < Teilnehmerzahl < MaxTeilnehmerzahl. Im Zustand buchend kann das Objekt auf folgende Ereignisse reagieren und in die entsprechenden Folgezustände übergehen:
Seminar fällt aus →storniert,
Teilnehmer meldet sich an und Seminar noch nicht voll →buchend,
Teilnehmer sagt ab →buchend,
Seminar ist voll →ausgebucht,
Seminarende erreicht →durchgeführt,
Einige Zustände werden auch durch Attributwerte ausgedrückt:
existiert: Teilnehmerzahl = 0,
ausgebucht: Teilnehmerzahl = MaxTeilnehmerzahl.

6 Endzustände

In einem Endzustand endet die Bearbeitung des Zustandsautomaten. Der Endzustand impliziert nicht automatisch das Löschen eines Objekts. Dafür sieht die UML 2 ein spezielles Element vor (X-Zeichen), das hier nicht weiter behandelt wird. Wenn der Zustandsautomat den Lebenszyklus einer Klasse beschreibt, dann kann man davon ausgehen, dass im Endzustand die jeweiligen Objekte gelöscht werden oder deren dynamisches Verhalten nicht weiter von Interesse ist. Aus fachlicher Sicht kann man in beiden Fällen vom Lebensende des Objekts sprechen.

Prüfen Sie, ob Endzustände existieren, d.h., ob es Zustände gibt, aus denen keine Transition herausführt. Dazu ist es hilfreich, zyklische und lineare Automaten zu unterscheiden. Endzustände existieren nur bei einem linearen Lebenszyklus *(born and die)*. Bei einem zyklischen Zustandsautomaten *(circular lifecycle)* werden die Zustände iterativ durchlaufen. Es gibt keinen Endzustand. Diese Art Lebenszyklus ist typisch für Geräte.

Beispiel

Eine Seminarveranstaltung wird erfasst, anschließend werden Anmeldungen und Absagen eingetragen. Wird die Seminarveranstaltung storniert oder durchgeführt, dann müssen im Rahmen der Stornierung alle gebuchten Teilnehmer benachrichtigt oder es muss allen Teilnehmern eine Rechnung zugesandt werden. Anschließend werden die Informationen zu dieser Seminarveranstaltung nicht mehr benötigt und können ins Archiv eingetragen werden. Hier stehen die Seminarveranstaltungen nur noch für statistische Abfragen zur Verfügung, während ihr dynamisches Verhalten nicht mehr von Interesse ist.

7 Aktivitäten

Wenn Sie den Automaten mit den Zuständen und Transitionen dargestellt haben, sollten Sie wichtige Aktivitäten eintragen. Überlegen Sie:
- Ist mit einem Zustandsübergang eine Verarbeitung verbunden? Tragen Sie diese Verarbeitung als Aktivität an die Transition ein, wenn sie von kurzer Dauer ist.
- Besitzen alle eingehenden Transitionen eines Zustands die gleiche Aktivität? Modellieren Sie diese Verarbeitung als *entry*-Aktivität.

■ Besitzen alle ausgehenden Transitionen eines Zustands die gleiche Aktivität? Modellieren Sie diese Verarbeitung als *exit*-Aktivität dieses Zustands.

■ Ist eine Verarbeitung an die Dauer des Zustands gekoppelt? Wenn die Verarbeitung beendet ist, wird der Zustand durch ein implizites Ereignis verlassen bzw. die Verarbeitung wird beendet, wenn der Zustand durch ein Ereignis verlassen wird. Modellieren Sie diese Verarbeitung als *do*-Aktivität.

Beim Eintritt in den Zustand storniert wird immer die Operation stornieren ausgeführt, unabhängig davon, über welche Transition der Übergang erfolgt. Analoges gilt beim Zustand durchgeführt. Daher werden die zugehörigen Operationen als *entry*-Aktivitäten modelliert. **Beispiel**

Außer den externen Ereignissen, die vom Benutzer oder anderen Objekten ausgehen, sind auch zeitliche Ereignisse zu modellieren. Eventuell müssen einige Ereignisse selbst generiert werden, um Nicht-Endzustände zu verlassen. **8 Ereignisse**

Überlegen Sie, welche Fehlersituationen auftreten können und wie das Objekt darauf reagieren soll. Unter einem Fehler verstehen wir hier jede Abweichung vom normalen bzw. gewünschten Verhalten. Ein besserer Begriff dafür ist Ausnahmebehandlung *(exception handling)*. Beachten Sie, dass zuerst immer das Normalverhalten und erst im zweiten Schritt das Fehlerverhalten betrachtet wird.

Wird der letzte Platz belegt, dann muss das Ereignis [Seminar voll] erzeugt werden, um den Zustand buchend zu verlassen. Hier handelt es sich um ein Ereignis, das durch die Änderung von Attributwerten (Teilnehmerzahl = MaxTeilnehmerzahl) erzeugt wird. **Beispiel**

Analytische Schritte zum Validieren der Zustandsautomaten

Der Zustandsname soll die Zeitspanne beschreiben, in der sich das Objekt in einem Zustand befindet. Der Zustand ist eine Konsequenz früherer Eingaben und beschreibt damit die Historie dieses Objekts. Auch wenn mit dem Zustand eine Verarbeitung verbunden ist, soll der Zustandsname diese Verarbeitung nicht direkt ausdrücken. Nennen Sie einen Zustand beispielsweise prüfend und nicht prüfen. **9 Zustandsname**

Modelliert der Zustandsautomat den Lebenszyklus einer Klasse, dann müssen die Aktivitäten im Verhaltenszustandsautomat mit den Operationen des Klassendiagramms konsistent sein. Das bedeutet, dass sich alle Aktivitäten auf Operationen des Klassendiagramms abbilden lassen. Die Operationen eines Protokollzustandsautomaten müssen eine Teilmenge der Operationen der Klasse im Klassendiagramm bilden. Anders ausgedrückt: Operationen, die nicht im Protokollzustandsautomaten aufgeführt sind, können in jedem Zustand aufgerufen werden. **10 Konsistenz**

11 Transitionen   Alle Zustände müssen erreichbar sein. Besitzt ein Zustand keine ausgehende Transition, dann muss es sich um einen Endzustand handeln. Alle Transitionen, die von *einem* Zustand ausgehen, müssen mit unterschiedlichen Ereignissen bzw. bei gleichen Ereignissen mit unterschiedlichen Bedingungen beschriftet sein. Fehlt bei einer Transition das Ereignis, dann muss ein implizites Ereignis vorliegen.

Prüfen Sie für jede ausgehende Transition eines Zustands:
- Kann eine Situation eintreten, die durch keinen Ausgangspfeil abgedeckt ist? Dann könnte der Zustand niemals über eine Transition verlassen werden.
- Kann ein Fall eintreten, in dem mehr als ein Ausgangspfeil zutrifft? Dann wäre der Übergang in den nächsten Zustand – und damit das dynamische Verhalten – nicht-deterministisch, sondern rein zufällig.

12 keine Flussdiagramme   Lassen Sie Ihre **Zustandsdiagramme** nicht zu Programmablaufplänen bzw. Flussdiagrammen entarten. Modellieren Sie keinen Kontrollfluss mit Entscheidungen und Schleifen. Auch schlecht gewählte Zustandsnamen, die Verben enthalten, bergen die Gefahr, dass keine reinen Zustandsautomaten, sondern Mischungen aus Aktivitätsdiagrammen und Programmablaufplänen entstehen.

Tab. 4.10-1a:
Checkliste
Zustandsautomat

Ergebnis
- **Zustandsdiagramm**
  Das Zustandsdiagramm kann das dynamische Verhalten von Klassen und die Verarbeitung von Use-Cases beschreiben.

Konstruktive Schritte
1 Soll die Klasse durch einen Zustandsautomat spezifiziert werden?
- Das gleiche Ereignis kann – in Abhängigkeit vom aktuellen Zustand – unterschiedliches Verhalten bewirken.
- Operationen sind nur in bestimmten Situationen (Zuständen) auf ein Objekt anwendbar und werden sonst ignoriert.

2 Soll ein Protokollzustandsautomat modelliert werden?
- Der Protokollzustandsautomat beschreibt, welche Operationen der Klasse unter welchen Bedingungen aufgerufen werden können.
- Er muss alle Operationen der Klasse enthalten, deren Ausführung zustandsabhängig ist, d.h. mit einer Transition verbunden ist.
- Er beschreibt den Lebenszyklus für die Objekte der Klasse.

3 Soll ein Use-Case durch einen Zustandsautomaten spezifiziert werden?
- Zustandsautomaten sind bei der Use-Case-Spezifikation eine Alternative zu Aktivitätsdiagrammen.
- Zustandsdiagramme sind zu wählen, wenn der Fokus nicht auf der Verarbeitung, sondern auf den eingenommenen Zuständen liegt.

4 *Brainstorming*
- Erstellen Sie in einer *Brainstorming*-Sitzung eine Tabelle mit folgenden Spalten:
  1. Spalte: alle Zustände.
  2. Spalte: alle Ereignisse, die extern oder intern auftreten können.
  3. Spalte: alle Verarbeitungsschritte, die ausgeführt werden müssen.

5 Welche Zustände enthält der Automat?
- Ausgangsbasis ist der Anfangszustand.
- Durch welche Ereignisse wird ein Zustand verlassen?
- Welche Folgezustände treten auf?
- Wodurch wird der Zustand definiert (Attributwerte, Objektbeziehungen)?

6 Benötigt der Zustandsautomat einen Endzustand?
- Wird der Endzustand erreicht, endet die Bearbeitung des Zustandsautomaten.
- Beschreibt der Automat den Lebenszyklus, dann kann das Beenden des Zustandsautomaten gleichgesetzt werden mit dem Lebensende des Objekts.
- In einem Endzustand darf keine Verarbeitung durchgeführt werden und er darf keine Ausgabepfeile besitzen.

7 Welche Aktivitäten sind zu modellieren?
- Ist mit einem Zustandsübergang eine Verarbeitung verbunden?
- Besitzen alle eingehenden Transitionen eines Zustands die gleiche Aktivität? Modellieren als *entry*-Aktivität.
- Besitzen alle ausgehenden Transitionen eines Zustands die gleiche Aktivität? Modellieren als *exit*-Aktivität.
- Ist eine Verarbeitung an die Dauer des Zustands gekoppelt? Modellieren als *do*-Aktivität.

8 Welche Ereignisse sind zu modellieren?
- Externe Ereignisse:
  vom Benutzer,
  von anderen Objekten.
- zeitliche Ereignisse:
  Zeitdauer,
  Zeitpunkt.
- intern generierte Ereignisse der Klasse oder des Use-Case.

Analytische Schritte
9 Geeigneter Zustandsname
- Beschreibt eine bestimmte Zeitspanne.
- enthält kein Verb.

10 Ist ein Protokollzustandautomat konsistent mit dem Klassendiagramm?
- Sind alle Operationen auch im Klassendiagramm enthalten?
- Ist jede zustandsabhängige Operation im Protokollzustandsautomaten enthalten?
- Können alle Operationen, die nicht im Protokollzustandsautomaten spezifiziert sind, in jedem beliebigen Zustand aufgerufen werden?

11 Sind alle Transitionen korrekt eingetragen?
- Ist jeder Zustand erreichbar?
- Kann jeder Zustand – mit Ausnahme der Endzustände – verlassen werden?
- Sind die Ereignisse der Transitionen eindeutig?
- Können Ereignisse auftreten, die durch die spezifizierten Ereignisse *nicht* abgedeckt sind?

12 Fehlerquellen
- Modellierung der Benutzungsoberfläche im Lebenszyklus.
- Gedankengut aus den Programmablaufplänen übernommen.

Tab. 4.10-1b:
Checkliste
Zustandsautomat

4.11 Checkliste Operation

Operationen kommen nicht nur im dynamischen Modell vor, sondern werden auch ins Klassendiagramm eingetragen. Sie stellen daher eine Verbindung zwischen dem statischen und dem dynamischen Modell her.

Konstruktive Schritte zum Identifizieren von Operationen

1 Operation aus dynamischem Modell
Tragen Sie die Operationen ins Klassendiagramm ein, die Sie beim Erstellen des dynamischen Modells identifiziert haben. Aus den Sequenz- und Kommunikationsdiagrammen können Sie Operationen direkt übernehmen. Gleiches gilt für den Protokollzustandsautomaten. Verhaltenszustandsautomaten enthalten Aktivitäten. Bilden Sie diese Aktivitäten auf geeignete Operationen ab.

2 Listenoperationen
Außer den Operationen zur Ausführung der Szenarien besitzen die meisten Systeme auch Listenoperationen *(query operations)*. Wichtige Listenoperationen werden in der Analyse eingetragen, damit die Vollständigkeit und Korrektheit des statischen Modells überprüft werden kann. Listenoperationen werden in der Analyse häufig als Klassenoperationen realisiert.

Beispiel
In der Abb. 4.10-1 der Seminarorganisation ist `ermittleUmsätze()` eine Listenoperation, die *alle* Kunden betrifft. Daher ist sie eine Klassenoperation der Klasse Kunde. Die Operation `ermittleTermine()` betrifft alle Seminarveranstaltungen *eines* gegebenen Typs. Sie wird als Objektoperation der Klasse Seminartyp zugeordnet. Eine weitere Listenoperation ist `ermittleKunden()`. Sie prüft, welche Kunden bisher *einen* bestimmten Seminartyp gebucht haben. Sie wird daher ebenfalls als Objektoperation der Klasse Seminartyp zugeordnet und ermittelt über die Assoziationen die notwendigen Daten.

3 Verwaltungsoperationen
Jedes System enthält darüber hinaus Verwaltungsoperationen, die üblicherweise nicht im Klassendiagramm angegeben werden, denn sie würden es nur künstlich »aufblähen«, ohne neue Informationen zu liefern. Verwaltungsoperationen sind: `new()`, `delete()`, `getAttribute()`, `setAttribute()`, `link()`, `unlink()`, `getlink()`.

4 Operationen und Generalisierung
Tragen Sie alle Operationen so hoch wie möglich in die Generalisierungshierarchie ein. Die Semantik der Operation entscheidet über ihre Einordnung in die Generalisierungsstruktur. Die Operation soll so hoch eingetragen werden, dass deren Beschreibung bei allen tieferen Klassen »passt«. In der Entwurfs- und Implementierungsphase wird dann neu festgelegt, wann eine Operation überschrieben wird.

5 Beschreibung
Eine Beschreibung, was die Operation aus fachlicher Sicht leisten soll, ist immer dann zu erstellen, wenn ihre Funktionsweise anhand des Namens und der Interaktionsdiagramme nicht klar wird. Bei einfachen Operationen reicht eine informale Beschreibung durch Texte aus. Auch Spezifikationen mittels Vor- und Nachbedingungen können

gut eingesetzt werden. Bei komplexen Operationen empfiehlt sich eine semiformale Spezifikation, z.B. mit Hilfe von Aktivitätsdiagrammen oder Zustandsdiagrammen. Allerdings sollten Sie in diesen Fällen prüfen, ob die Operation nicht in weitere einfachere Operationen zerlegt werden kann.

Analytische Schritte zum Validieren der Operationen

Der Name einer Operation soll

- ein starkes Verb enthalten,
- dasselbe aussagen, was die Operation »tut« und
- im Kontext der Klasse verständlich und eindeutig sein.

6 Name der Operation

Es erleichtert die Lesbarkeit von UML-Modellen, wenn Operationsnamen konsistent aufgebaut sind. Beispielsweise kann man festlegen, dass sie grundsätzlich mit einem Verb beginnen, z.B. `anmeldenTeilnehmer()`, `druckenRechnung()`. Alternativ kann das bearbeitete Objekt am Anfang stehen: `Teilnehmer anmelden()`, `Rechnung drucken()`. Legen Sie auch fest, ob die einzelnen Wörter durch Leerzeichen zu trennen sind oder das neue Wort im Programmiersprachenstil mit einem Großbuchstaben beginnen soll.

/Page-Jones 88/ fordert für den strukturierten Entwurf die Einhaltung einer Reihe von Kriterien, die auch bei der objektorientierten Analyse Gültigkeit besitzen. Dazu gehört insbesondere die funktionale Bindung, d.h., jede Operation realisiert eine in sich abgeschlossene Funktion. Eine funktionale Bindung erkennen Sie daran, dass die komplette Wirkung der Operation durch ein einziges starkes Verb beschrieben werden kann. Keine funktionale Bindung liegt in den folgenden Fällen vor:

7 Qualitätskriterien

- Sie benötigen zur Beschreibung mehrere Verben, die mit »und« oder »oder« verknüpft sind (z.B. `prüfe und drucke Rechnung`). In diesem Fall ist es besser, wenn Sie die Funktionalität auf zwei oder mehr Operationen aufteilen.
- Die von der Operation ausgeführten Teilfunktionen lassen sich zusammenfassend nur durch ein nichts sagendes Verb (z.B. `verarbeite`) beschreiben. Finden Sie in diesem Fall für jede Teilfunktion einen aussagefähigen Namen und bilden Sie aus jeder gut benannten Teilfunktion eine Operation.

Bei der Erstellung des statischen Modells mittels Dokumentanalyse passiert es leicht, dass unreflektiert Attribute übernommen werden. Um die Ausgewogenheit *(balancing)* von statischem und dynamischem Modell zu sichern, sollen Klassen nur solche Attribute enthalten, die von den Operationen der Klasse oder einer ihrer Unterklassen benötigt werden.

8 *balancing*

Prüfen Sie, ob jede Operation die reine Funktionalität beschreibt oder Aspekte der Benutzungsoberfläche enthält. Letzteres gehört hier nicht hinein.

9 Fehlerquelle

Tab. 4.11-1:
Checkliste
Operation

Ergebnisse
- **Klassendiagramm**
  In das Klassendiagramm werden die Operationen eingetragen.
- **Beschreibung der Operationen**

Konstruktive Schritte
1 Operationen aus dynamischem Modell eintragen
- Tragen Sie alle Operationen aus den Sequenz- und Kommunikations-diagrammen ein.
- Tragen Sie alle Operationen aus den Protokollzustandsautomaten ein.
- Prüfen Sie für Aktivitäten in Verhaltenszustandsautomaten, durch welche Operationen sie realisiert werden.

2 Listenoperationen eintragen
- Fügen Sie Listenoperationen ein.
- Listenoperationen werden in der Analyse oft als Klassenoperationen realisiert.

3 Verwaltungsoperationen nicht eintragen
- new(), delete(), etc. werden nicht ins Klassendiagramm eingetragen.

4 Operationen und Generalisierung
- Operationen so hoch wie möglich in der Hierarchie eintragen.

5 Beschreibung der Operationen erstellen
- Kann entfallen.
- Bei einfachen Operationen informal, d.h. Text.
- Bei komplexeren Operation auch semiformale Spezifikation, z.B. Aktivitätsdiagramm, Zustandsdiagramm.

Analytische Schritte
6 Besitzt die Operation einen geeigneten Namen?
- Enthält ein starkes Verb.
- Beschreibt, was die Operation »tut«.
- Ist eindeutig im Kontext der Klasse.

7 Erfüllt jede Operation die geforderten Qualitätskriterien?
- Angemessener Umfang.
- Funktionale Bindung.

8 Ist das *balancing* erfüllt?
- Alle Attribute werden von den Operationen benötigt.

9 Fehlerquelle
- Keine Benutzungsoberfläche spezifizieren.

4.12 Formale Inspektion

Auch beim Einsatz von Werkzeugen, was heute für eine objektorientierte Entwicklung selbstverständlich sein sollte, müssen bei der Qualitätsprüfung manuelle Verfahren eingesetzt werden. Die hier beschriebene Inspektion ist optimal auf den Analyse- und Entwurfsprozess der hier beschriebenen Methode abgestimmt. Die Inspektionsmethode wurde von M.E. Fagan bei IBM entwickelt. Er übertrug statistische Qualitätsmethoden, die in der industriellen Hardwareentwicklung benutzt wurden, auf seine Softwareprojekte, die er von

1972 bis 1974 durchführte. 1976 berichtete er über seine Erfahrungen in /Fagan 76/ (siehe auch /Fagan 86/).

Die Inspektion ist definiert als »*a formal evaluation technique in*   Definition
which software requirements, design, or code are examined in detail
by a person or group other than the author to detect faults, violations
of development standards« /ANSI/IEEE Std. 729-1983/.

Es gibt in der Literatur zahlreiche zum Teil abweichende Auffassungen über Inspektionen. Die folgenden Ausführungen orientieren sich an der Inspektionsmethode von /Gilb, Graham 93/, die in /Balzert 98/ an die dort beschriebene objektorientierte Methode angepasst wurde. Eine Inspektion wird bei der hier beschriebenen Methode dann vorgenommen, wenn eine Version 0.x des OOA-Modells fertig gestellt ist und es durch die Inspektion für den Entwurf freigegeben werden soll. Am Anfang einer Inspektion wird davon ausgegangen, dass das Prüfobjekt mit verschiedenen »Defekten« behaftet ist. Auch in der Entwurfs- und Implementierungsphase kann die Inspektion zur Qualitätsprüfung eingesetzt werden.

Eine **formale Inspektion** wird durch den Autor des Modells be-   Inspektion
antragt. Es wird ein Moderator ausgewählt, der für die Organisation   beantragen
und Durchführung der Inspektion verantwortlich ist. Der Moderator
darf nicht der Linienvorgesetzte des Mitarbeiters sein, dessen Produkt geprüft wird. Er muss für diese Tätigkeit ausgebildet sein.

Der Moderator muss zuerst prüfen, ob die Eingangskriterien für eine   Einganskriterien
Inspektion erfüllt sind. Stellt er beispielsweise mit einem kurzen Blick   prüfen
auf das Prüfobjekt eine große Anzahl kleinerer Fehler oder gravierende
Defekte fest, dann gibt er das Prüfobjekt gleich an den Autor zurück.

Erfüllt das Prüfobjekt die Eingangskriterien, dann plant der Mode-   Planung
rator den Inspektionsprozess:
- Festlegen und Einladen des Inspektorenteams.
- Festlegen und Zuordnen von Rollen an jeden Inspektor. Jede Rolle ist verknüpft mit der Prüfung spezieller Aspekte.
- Festlegen aller notwendigen Referenzunterlagen (Ursprungsprodukt, Checkliste etc.).
- Aufteilen des Prüfobjekts in kleinere Einheiten, wenn es für eine maximal zweistündige Inspektionssitzung zu umfangreich ist.
- Festlegen von Terminen.

Das Inspektorenteam besteht außer dem Moderator und dem Autor   Inspektorenteam
aus ein bis vier Inspektoren. Bei einem kleinen Team führt der Moderator Protokoll. Bei einem großen Team sollte es einen Protokollführer geben.

Bei der Prüfung von Ergebnissen der Analysephase können folgende   Beispiel Rollen
Rollen vergeben werden:
- statisches Modell,
- dynamisches Modell und
- Prototyp der Benutzungsoberfläche.

Ausschnitts-
prüfung

Eine Alternative zur vollständigen Prüfung eines Dokuments besteht darin, nur einen Teil zu inspizieren. Eine solche Überprüfung kann dazu benutzt werden, die Fehlerdichte pro Seite der ungeprüften Teile zu schätzen. Die Ausschnittsprüfung basiert auf der Tatsache, dass Fehler, die in einem Teil des Dokuments zu finden sind, sich in den anderen Teilen wiederholen. Die Ausschnittsprüfung kann dazu benutzt werden, das gesamte Dokument freizugeben oder dem Autor genügend Hinweise zu geben, die ihm erlauben, selbst die Defekte in den ungeprüften Teilen zu finden. Ausschnittsprüfungen sind vor allem im Entwurf sinnvoll.

Unterlagen

Jeder Inspektor erhält folgende Unterlagen:
- Prüfobjekt,
- Ursprungsprodukt, auf dessen Basis das Prüfobjekt erstellt wurde, z.B. Pflichtenheft,
- Checklisten,
- Inspektionsregeln, die angeben, wie die Inspektion abläuft,
- Inspektionsplan (Zeit- und Mitarbeiter-Einsatzplan).

individuelle
Vorbereitung

Jedes Mitglied des Inspektorenteams bereitet sich individuell auf die Sitzung vor. Dabei sind zu beachten:
- Die Vorbereitungen müssen bis zur Sitzung abgeschlossen sein.
- Das Prüfobjekt ist auf diejenigen Defekte hin zu untersuchen, die sich aus der zugewiesenen Rolle ergeben.
- Gefundene Defekte sind formlos zu notieren.

leichte & schwere
Defekte

Bei der Prüfung sollen leichte und schwere Defekte unterschieden werden. Ein schwerer Defekt verursacht mit großer Wahrscheinlichkeit große Folgekosten, wenn er nicht sofort beseitigt wird. Das Identifizieren und Beheben schwerer Defekte ist ein Hauptgrund für Inspektionen in der frühen Entwicklungsphase. Es ist wichtig, sich auf gravierende Defekte zu konzentrieren. Sonst besteht die Gefahr, dass zu viel Zeit für ökonomisch unwichtige Defekte verbraucht wird. In der Praxis fällt es oft schwer, sich auf die wichtigen Defekte zu konzentrieren. Daher sollten Sie unbedingt folgende Maßnahmen beachten:
- Jeder Inspektor soll genau festgelegte Aspekte prüfen.
- Alle Inspektoren sind darauf hinzuweisen, dass primär schwere Defekte zu suchen sind.
- In den Checklisten werden alle Defekte durch »M« (*major*, schwer) und »m« (*minor*, leicht) gekennzeichnet.
- In der Inspektionssitzung sind zuerst alle schweren Defekte anzugeben. Leichte Defekte sollten bei zeitlichen Engpässen schriftlich an den Autor weitergegeben werden.

Inspektions-
sitzung

Auf die individuelle Vorbereitung folgt eine gemeinsame Inspektionssitzung (*logging meeting*). Mit ihr werden drei Ziele verfolgt:
- Protokollieren aller Defekte, die während der Vorbereitung identifiziert werden.
- Identifizieren und Protokollieren zusätzlicher Defekte.

■ Protokollieren von Verbesserungsvorschlägen und Fragen an den Autor.

Eine Inspektion ist vergleichbar mit einer *Brainstorming*-Sitzung. Anstelle der Ideen geht es jedoch um Defekte. Das Ziel ist es, Defekte zu identifizieren, nicht, sie zu diskutieren.

Die Inspektionssitzung soll pünktlich beginnen und nicht länger als zwei Stunden dauern, da die Teilnehmer sonst ermüden. Die Sitzung beginnt damit, dass von jedem Inspektor folgende Daten anonym protokolliert werden: benötigte Zeit für die Vorbereitung, Anzahl schwerer Defekte, Anzahl geprüfter Seiten. Es hat sich bewährt, das Protokoll während der Sitzung direkt mit einem Computer zu erfassen. Da der Autor die Defekte anschließend beheben muss, ist es wichtig, dass er alle protokollierten Defekte versteht.

Das wichtigste Ergebnis der Inspektionssitzung ist das Inspektionsprotokoll. Es soll folgende Informationen enthalten:
Protokoll

■ Inspektionsdatum,
■ Name des Moderators,
■ Prüfobjekt,
■ Referenzunterlagen,
■ Defekte mit Angaben zu
☐ Kurzbeschreibung,
☐ Ort,
☐ Bezug zu Regeln oder Checklisten,
☐ leichter oder schwerer Defekt,
☐ in der Sitzung oder bei der Vorbereitung identifiziert.

Das Protokoll enthält jedoch keine Informationen darüber, welches Mitglied des Inspektorenteams den Defekt gemeldet hat.

Nach der Inspektionssitzung kann optional noch eine Prozess-*Brainstorming*-Sitzung durchgeführt werden, um Defektursachen zu analysieren und den Erstellungsprozess so bald wie möglich zu verbessern. Eine wichtige Basis für Prozessverbesserungen stellen auch Datensammlungen über durchgeführte Inspektionen dar, z.B. Anzahl schwerer Defekte, benötigte Zeiten.
Prozess-
Brainstorming

Anhand des Protokolls überarbeitet der Autor das Prüfobjekt und vermerkt die durchgeführten Aktionen im Protokoll. Er kann die Defekt-Klassifikation (leicht, schwer) selbstständig ändern.
Überarbeitung

Hat der Autor seine Überarbeitung abgeschlossen, dann prüft der Moderator die Sorgfalt und Vollständigkeit der Überarbeitung, aber nicht die Korrektheit. Die erfolgreiche Nachprüfung *(follow up)* ist die Voraussetzung für die formale Freigabe des Prüfobjekts.
Nachprüfung

Aktivität *(activity)* 1. Modelliert im Aktivitätsdiagramm die Ausführung von Funktionalität bzw. Verhalten. Sie wird durch mehrere Knoten dargestellt, die durch gerichtete Kanten miteinander verbunden sind. Es lassen sich Aktionsknoten, Kontrollknoten und Objektknoten unterscheiden. Aktivitäten besitzen sowohl ein Kontrollfluss- als auch ein Datenmodell.
2. Spezifiziert in einem Zustandsautomaten die durchzuführende Verarbeitung. Aktivitäten können an eine Transition angetragen oder mit einem Zustand verbunden sein. Bei den letzteren werden *entry-*, *exit-* und *do*-Aktivitäten unterschieden.

Aktivitätsdiagramm *(activity diagram)* Modelliert eine →Aktivität durch ein großes Rechteck mit abgerundeten Ecken. Die Verarbeitungsschritte der Aktivität werden durch einen Graphen dargestellt, der aus Knoten *(nodes)* und Pfeilen *(edges)* besteht. Die Knoten entsprechen im einfachsten Fall den Aktionen. Die Pfeile (gerichtete Kanten) verbinden die Knoten und stellen im einfachsten Fall den Kontrollfluss der Aktivität dar. Viele Aktivitäten benötigen Eingaben und produzieren Ausgaben. Sie werden durch Parameterknoten beschrieben.

Dynamisches Modell *(dynamic model)* Das dynamische Modell ist der Teil des OOA-Modells, welcher das Verhalten des zu entwickelnden Systems beschreibt. Es realisiert außer den Basiskonzepten (Objekt, Klasse, →Operation) die dynamischen Konzepte (→Use-Case, →Aktivität, →Szenario, Botschaft, →Zustandsautomat).

Formale Inspektion *(formal software inspection)* Die formale Inspektion ist ein formales Verfahren zur manuellen Prüfung der Dokumentation.

Kommunikationsdiagramm *(communication diagram)* Ein Kommunikationsdiagramm beschreibt die Objekte und die Objektbeziehungen zwischen diesen Objekten. An jede Objektbeziehung *(link)* kann eine →Operation mit einem Pfeil angetragen werden. Die Reihenfolge und Verschachtelung der Operationen wird durch eine hierarchische Nummerierung angegeben.

Operation *(operation)* Eine Operation ist eine Funktion, die auf die internen Daten (Attributwerte) eines Objekts Zugriff hat. Sie kann Botschaften (Nachrichten) an andere Objekte senden. Auf alle Objekte einer Klasse sind dieselben Operationen anwendbar. Abstrakte Operationen besitzen nur einen Operationskopf. Externe Operationen werden vom späteren Bediener des Systems oder allgemein vom Akteur des Systems aktiviert. Interne Operationen werden dagegen von anderen Operationen der gleichen Anwendung aufgerufen.

Sequenzdiagramm *(sequence diagram)* Ein Sequenzdiagramm modelliert die Interaktionen zwischen mehreren Kommunikationspartnern. Das Sequenzdiagramm besitzt zwei Dimensionen: Die Vertikale repräsentiert die Zeit, auf der Horizontalen werden die Lebenslinien der Kommunikationspartner angetragen. Die Interaktion zwischen den Kommunikationspartnern wird durch Botschaften bzw. Nachrichten dargestellt. Jede Nachricht wird durch einen Pfeil vom Sender zum Empfänger dargestellt.

Szenario *(scenario)* Ein Szenario ist eine Sequenz von Verarbeitungsschritten, die unter bestimmten Bedingungen auszuführen sind. Diese Schritte sollen das Hauptziel des Akteurs realisieren und ein entsprechendes Ergebnis liefern. Ein →Use-Case wird durch eine Kollektion von Szenarien dokumentiert.

Use-Case *(use case)* Spezifiziert eine Sequenz von Aktionen, einschließlich möglicher Varianten, die das System in Interaktion mit Akteuren ausführt. Wird durch ein bestimmtes Ereignis ausgelöst und ausgeführt, um ein Ziel zu erreichen oder ein gewünschtes Ergebnis zu erstellen. Ein Use-Case ist immer als Black Box zu verstehen: er beschreibt das extern wahrnehmbare Verhalten, ohne auf die interne Struktur oder Details der Realisierung einzugehen.

Zustandsautomat *(state machine)* Ein Zustandsautomat besteht aus Zuständen und Transitionen. Er hat einen Anfangszustand und kann einen Endzustand besitzen. Die UML 2 unterscheidet den Verhaltenszustandsautomaten und

den Protokollzustandsautomaten. Der Verhaltenszustandsautomat dient in der Analyse dazu, das dynamische Verhaltenen von →Use-Cases und Klassen zu beschreiben. Der Protokollzustandsautomat kann in der Analyse gut verwendet werden, um die zulässigen Aufrufe der zustandsabhängigen →Operationen einer Klasse zu spezifizieren.
Zustandsdiagramm *(state machine diagram)* Das Zustandsdiagramm ist eine grafische Repräsentation des → Zustandsautomaten.

Die Checkliste Szenario zeigt, wie aus einem Use-Case Szenarien abgeleitet und mittels Sequenzdiagrammen dokumentiert werden. Die Checkliste Zustandsautomat beschreibt die systematische Modellierung eines Objekt-Lebenszyklus. Die Operationen im Klassendiagramm stellen die Verbindung zwischen dem statischen und dem dynamischen Modell her. Die formale Inspektion ist ein *Review*-Verfahren, das auf den vorgestellten Checklisten aufbaut.

1 *Lernziel: Einen Use-Case durch ein Aktivitätsdiagramm modellieren können.*

Aufgabe
20 Minuten

Transformieren Sie folgende Text-Beschreibung eines Use-Case in ein Aktivitätsdiagramm.
Eine angelieferte Palette soll in einem Warenlager eingelagert werden. Zuerst ist das Material, aus dem der Paletteninhalt besteht, abzurufen. Dann ist zu prüfen, ob die Chargen der Palette schon im System erfasst sind. Ist das der Fall, dann sind diese Chargen nur abzurufen. Andernfalls müssen sie neu erfasst werden. Beziehen sich alle Inhalte der Palette auf dieselbe Charge, dann liegt eine chargenhomogene Palette vor. Deren Angaben sind zu erfassen. Andernfalls liegt eine Mischpalette vor und es müssen für alle vorkommenden Chargen die entsprechenden Angaben erfasst werden. Es ist zu prüfen, ob alle Inhalte der Palette auf einem einzigen Lagerplatz eingelagert werden können oder ob mehrere Plätze erforderlich sind. Im zweiten Fall wird der Paletteninhalt auf mehrere Plätze aufgeteilt, im ersten Fall erfolgt eine automatische Lagerplatzsuche. Ist die Suche nicht erfolgreich, dann ist eine manuelle Lagerplatzsuche notwendig. Sobald der oder die Lagerplätze feststehen, wird die Ware eingelagert.
Hinweis: Schauen Sie sich das Umfeld dieses Use-Case genauer an, wenn Sie Verständnisprobleme haben. Sie finden die zugehörige Fallstudie in Kapitel 3.2.

Kapitel 3.2

2 *Lernziel: Ein Szenario als Sequenzdiagramm beschreiben können.*

Aufgabe
10 Minuten

Für folgende Beschreibung sind die Bedingungen und das Ergebnis zu identifizieren. Erstellen Sie dann ein Sequenzdiagramm.
Eine Palette ist aus einem Lager in ein anderes umzulagern. Jedes Lager besteht aus mehreren Lagerplätzen. Prüfen Sie zuerst, ob die

Palette eine Klimatisierung benötigt und prüfen Sie dann, ob im gewünschten Lager ein geeigneter Platz frei ist. Anschließend wird die Palette aus der Quelle entfernt und am Ziel eingefügt.

Aufgabe
30 Minuten

3 *Lernziel: Aus einem Use-Case ein Klassendiagramm und Szenarien erstellen können.*

Leiten Sie aus folgendem Use-Case ein Klassendiagramm ab und spezifizieren Sie für folgende Szenarien Sequenzdiagramme.

■ Existierendem Kunden wird der Kredit gewährt.

■ Existierendem Kunden wird der Kredit nur mit einem Bürgen gewährt.

Use-Case: bearbeite Kreditantrag
Ziel: Dem Kunden den gewünschten Kredit gewähren
Kategorie: –
Vorbedingung: –
Nachbedingung Erfolg: Kunde erhält den Kredit
Nachbedingung Fehlschlag: Kreditantrag wird abgelehnt
Akteure: Kreditsachbearbeiter
Auslösendes Ereignis: Kreditantrag liegt vor
Beschreibung:
1 prüfen, ob Kunde der Bank bekannt ist
2 prüfen, ob entsprechende Sicherheiten vorhanden sind
3 prüfen, ob Kunde feste Beschäftigung hat
4 Kreditwürdigkeit prüfen
5 Kredit gewähren
Erweiterungen:
1a neuer Kunde
Alternativen:
2a prüfen, ob ein Bürge vorhanden ist
5a niedrigeren Kredit gewähren

Aufgabe
15 Minuten

4 *Lernziel: Einen Use-Case durch einen Zustandsautomaten spezifizieren können.*

Spezifizieren Sie folgenden Use-Case durch einen Verhaltenszustandsautomaten.

Der Kauf von Konzertkarten soll modelliert werden. Zu Beginn sind die Konzertkarten verfügbar und der Kunde prüft das Angebot. Sobald der Kunde bestimmte Plätze ausgewählt hat, werden die Karten für maximal eine Woche reserviert. In dieser Zeit hat der Kunde die Möglichkeit, den Preis für die reservierten Karten zu überweisen. Trifft die Überweisung ein, werden die Karten als verkauft angesehen. Verkaufte Karten kann der Kunde bis zum Konzerttermin abholen, andernfalls verfallen die Karten. Der Kunde kann auch direkt zum Konzerthaus gehen, die reservierten Karten bezahlen und mitnehmen.

5 *Lernziel: Für eine Klasse den Protokollzustandsautomaten erstellen können.*

Aufgabe
15 Minuten

Spezifizieren Sie für die Klasse Mietwagen (Abb. LE8-A5) den Protokollzustandsautomaten. Die Wirkung der Operationen ist wie folgt definiert:

■ vermieten()
Ein neues Objekt von Mietvertrag erzeugen und entweder vorhandenem Kunden zuordnen oder neuen Kunden erfassen.

■ zurücknehmen()
Gibt der Kunde den Mietwagen vertragsgemäß zurück, so wird das Auto gewaschen und überprüft.

■ bereitstellen()
Ergibt sich bei der Prüfung die einwandfreie Funktion, so wird der Wagen wieder in den Fuhrpark überstellt.

■ anmeldenWerkstatt()
Ein defekter Mietwagen wird zur Reparatur angemeldet. Sobald ein Mietwagen repariert ist, wird er wieder bereitgestellt.

■ ausmustern()
Ergibt sich bei der Prüfung, dass der Kilometerstand des Mietwagens größer als 80.000 km ist, dann wird er aus dem Fuhrpark des Mietwagen-Verleihs entfernt und zum Verkauf bereitgestellt. Ist der Wagen defekt, dann wird er vorher noch repariert, um einen höheren Verkaufspreis zu erzielen.

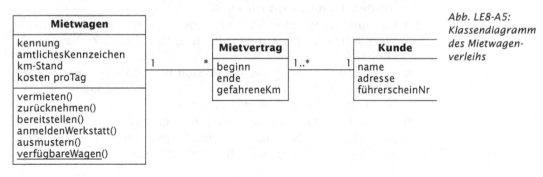

*Abb. LE8-A5:
Klassendiagramm
des Mietwagen-
verleihs*

6 *Lernziel: OOA-Modelle prüfen können.*

Aufgabe
10 Minuten

Prüfen Sie, wie die Modelle **a** und **b** der Abb. LE8-A6 verbessert werden können. Mit welcher Checkliste und welchem Prüfpunkt stellen Sie die Fehler fest?
Prüfen Sie, ob die beiden Modelle in **c** der Abb. LE8-A6 gleichwertig sind. Erstellen Sie dazu Objektdiagramme.

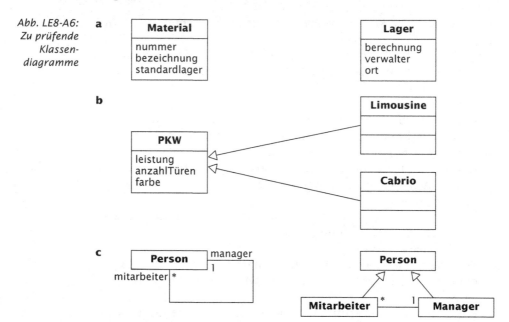

Abb. LE8-A6:
Zu prüfende
Klassen-
diagramme

Aufgabe
10-15 Minuten

7 *Lernziel: Wissen und Verständnis über die Inspektion prüfen.*

a Wie viele Mitglieder soll ein Inspektionsteam besitzen und wie werden die Aufgaben verteilt?

b Ein umfangreiches OOA-Modell muss möglichst schnell inspiziert werden. Was können Sie tun, um dieses Ziel zu erreichen?

c Auf Ihren Vorschlag, die Inspektion einzuführen, erhalten Sie als ablehnendes Argument, dass dies zu viel Zeit kosten würde. Was können Sie dem entgegensetzen?

d Auf Ihren Vorschlag, die Inspektion einzuführen, werden Sie gefragt »Wieso brauchen wir eine Inspektion? Wir setzen doch schon ein Werkzeug ein«. Was haben Sie dem entgegenzusetzen?

5 Gestaltung von Benutzungs- oberflächen (Teil 1)

wissen

- ■ Wissen, was ein GUI-System ist.
- ■ Wissen, was ein Gestaltungsregelwerk *(style guide)* ist.
- ■ Wissen, was Primär- und Sekundärdialoge sind.
- ■ Wissen, was modale und nicht modale Dialoge sind.
- ■ Wissen, was SDI und MDI bedeutet.
- ■ Wissen, wie sich funktions- und objektorientierte Bedienung unterscheiden.
- ■ Wissen, wie direkte Manipulation funktioniert.
- ■ Wissen, welche Anwendungstypen es gibt.
- ■ Erklären können, welche Fenstertypen es gibt.
- ■ Erklären können, welche Menüs es gibt.

verstehen

- ■ Diese Lehreinheit kann prinzipiell unabhängig von den bisherigen Lehreinheiten gelesen werden.
- ■ Empfehlenswert zur Vorbereitung sind die Kapitel 1 und 2.

5.1 Einführung in die Software-Ergonomie

Definition
Wenn das OOA-Modell vorliegt, erstellen wir einen **Prototyp** der Benutzungsoberfläche, d.h., wir gestalten die Oberfläche des zukünftigen Systems. Für diese Aufgabe werden Grundkenntnisse in der Software-Ergonomie benötigt.

Software-Ergonomie
Die **Software-Ergonomie** befasst sich mit der menschengerechten Gestaltung von Softwaresystemen. Sie verfolgt das Ziel, die Software an die Eigenschaften und Bedürfnisse der Benutzer anzupassen / Balzert 01/.

Das Ziel dieses Kapitels ist es, Ihnen die grundlegenden Kenntnisse für die Gestaltung eines Oberflächenprototypen und den Entwurf der Benutzungsoberfläche – unter Windows – zu vermitteln. Es soll weder eine Software-Ergonomie-Veranstaltung noch ein entsprechendes Fachbuch ersetzen. Einen guten Überblick zu diesem Thema bietet /Balzert 01/, das als Basis für dieses Kapitel diente.

Prototyp der Benutzungs-oberfläche
Ein Prototyp der Benutzungsoberfläche realisiert Fenster, Menüs und die globale Dialogführung. Beispielsweise kann der Bediener vom Menü die entsprechenden Fenster öffnen, kann zwischen Fenstern wechseln und Fenster schließen. Der Prototyp enthält jedoch keine Daten und keine Dialogführung innerhalb von Datenfeldern (z.B. *scrolling* in einer Liste). Außerdem sind natürlich keine Funktionen realisiert.

GUI-System
Ein **GUI** *(graphical user interface)* ist eine grafische Benutzungsoberfläche. Sie besteht aus einer Dialogkomponente (Bedienungsabläufe) und einer E/A-Komponente (Gestaltung der Informationsdarstellung). Das **GUI-System** ist das Software-System, das diese grafische Benutzungsoberfläche verwaltet und die Kommunikation mit den Anwendungen abwickelt. Ein GUI-System wird vereinfachend auch Fenstersystem genannt. Beispiele für GUI-Systeme sind Windows (Microsoft), Presentation Manager (IBM), Motif (Open Software Foundation), OpenLook (SUN) und Nextstep (Next). Für die Erstellung des Prototyps wird idealerweise das gleiche GUI-System verwendet, das im Entwurf für die Realisierung der Benutzungsoberfläche benutzt wird. Auf diese Weise entsteht kein »Wegwerf«-Prototyp, sondern der Prototyp kann evolutionär weiterentwickelt werden.

style guide
Ein **Gestaltungsregelwerk** *(style guide)* schreibt vor, wie die Benutzungsoberfläche von Anwendungen gestaltet wird. Beispielsweise bestimmt es entscheidend das Aussehen von Fenstern, Menüs und Interaktionselementen. Es soll sicherstellen, dass das ***look and feel*** über verschiedene Anwendungen hinweg gleich bleibt, damit Benutzungsoberflächen weitgehend einheitlich gestaltet werden. Mit dem prägnanten Begriff *look and feel* bezeichnet man das visuelle Erscheinungsbild und die Bedienungseigenschaften grafischer Benutzungsoberflächen. *Style guides* können sowohl Regelwerke des GUI-Herstel-

lers oder auch unternehmenseigene Gestaltungsregelwerke sein. Ich beschränke mich hier bei der Beschreibung der Benutzungsoberfläche auf den *style guide* von Windows /MS 95/.

5.2 Dialoggestaltung

Ein **Dialog** ist eine Interaktion zwischen einem Benutzer und einem Dialogsystem, um ein bestimmtes Ziel zu erreichen. Ein Benutzer ist ein Mensch, der mit dem Dialogsystem arbeitet /ISO 9241-10 : 1996.

Aus Sicht der Benutzer lassen sich Primär- und Sekundärdialoge unterscheiden. Die Arbeitsschritte, die zur direkten Aufgabenerfüllung dienen, bilden den **Primärdialog**. Er ist erst dann beendet, wenn die zu bearbeitende Aufgabe fertig gestellt ist. Benötigt der Benutzer situationsabhängig zusätzliche Informationen, dann werden diese Hilfsdienste durch **Sekundärdialoge** erledigt. Ist der Sekundärdialog beendet, dann wird der Primärdialog fortgesetzt.

Wenn Sie in *Microsoft Word* ein Textdokument bearbeiten, so führen Sie einen Primärdialog aus. Wollen Sie das Dokument drucken, so starten Sie den Sekundärdialog *Drucken* und wählen dort den gewünschten Drucker aus und führen die gewünschten Einstellungen durch. Erst wenn Sie diesen Dialog beendet haben, können Sie mit der Bearbeitung des Dokuments fortfahren.

Aus technischer Sicht lassen sich folgende **Dialogmodi** unterscheiden. Ein **modaler Dialog** (*modal dialog*) muss beendet sein, bevor eine andere Aufgabe der Anwendung durchgeführt werden kann, d.h., bevor ein anderes Fenster aktiviert werden kann. Ein **nicht modaler Dialog** (*modeless dialog*) ermöglicht es dem Benutzer, den aktuellen Dialog zu unterbrechen, d.h., andere Aktionen durchzuführen, während das ursprüngliche Fenster geöffnet bleibt. Bei dieser Dialogform wird also kein bestimmter Arbeitsmodus (*mode*) vorgeschrieben. Das Ziel der Dialoggestaltung sollte es sein, möglichst viele nicht modale Dialoge zu verwenden, da dadurch die Handlungsflexibilität optimiert wird. In bestimmten Situationen muss die Flexibilität jedoch eingeschränkt werden. Tritt beispielsweise ein Fehler auf, dann kann erst nach dessen Behebung weitergearbeitet werden.

Wenn Sie in *Microsoft Word* während der Bearbeitung eines Dokuments den Dialog *Bearbeiten/Ersetzen* starten, so können Sie, ohne diesen Dialog zu beenden, mit der Texterstellung fortfahren (nicht modaler Dialog). Dagegen handelt es sich beim *Drucken* um einen modalen Dialog. Erst wenn dieser Dialog beendet ist, kann eine andere Bearbeitung durchgeführt werden.

Marginalien:
Dialog

Beispiel

modaler vs. nicht modaler Dialog

Beispiel

SDI und MDI   Eine **SDI-Anwendung** *(single document interface)* ermöglicht es dem Benutzer, zu einem Zeitpunkt genau ein Dokument zu öffnen und zu bearbeiten. Bei einer **MDI-Anwendung** *(multiple document interface)* können zu einem Zeitpunkt beliebig viele Dokumente geöffnet sein. Der Benutzer wählt bei mehreren gleichzeitig geöffneten Dokumenten das jeweils aktive durch Anklicken mit der Maus oder über das Menü aus.

Beispiel   *WordPad* ist eine SDI-Anwendung. Bevor Sie ein neues Dokument öffnen können, müssen Sie das aktuelle Dokument zuerst speichern oder die Änderungen verwerfen. Auch *Microsoft Word 2002* verhält sich standardmäßig wie eine SDI-Anwendung, bei der jedes Dokument in einem neuen Word-Fenster geöffnet wird. *Microsoft Word 2002* unterstützt aber auch das MDI-Konzept. Das Umschalten erfolgt in *Extras/Optionen/Ansicht* durch Entfernen des Häkchens im Kontrollkästchen *Fenster in Taskleiste*. Dann können Sie beliebig viele Dokumente in einem Word-Fenster öffnen und zwischen ihnen wechseln.

Ergonomische Anforderungen für Bürotätigkeiten mit Bildschirmgeräten (Teil 10: Grundsätze der Dialoggestaltung: ISO 9241-10 : 1996)

Europäische Norm ISO 9241-10   Für die Dialoggestaltung gibt es eine Reihe von Richtlinien. Die folgenden sieben Grundsätze sind für die Gestaltung und Bewertung eines Dialogs als wichtig anerkannt worden /ISO 9241-10 : 1996/.

■ **Aufgabenangemessenheit**
»Ein Dialog ist aufgabenangemessen, wenn er den Benutzer unterstützt, seine Arbeitsaufgabe effektiv und effizient zu erledigen.«

Die Positionsmarke wird automatisch auf das erste Eingabefeld positioniert, das für die Arbeitsaufgabe relevant ist.

■ **Selbstbeschreibungsfähigkeit**
»Ein Dialog ist selbstbeschreibungsfähig, wenn jeder einzelne Dialogschritt durch Rückmeldung des Dialogsystems unmittelbar verständlich ist oder dem Benutzer auf Anfrage erklärt wird.«

Kann das Löschen von Daten nicht rückgängig gemacht werden, verlangt das Dialogsystem eine Bestätigung.

■ **Steuerbarkeit**
»Ein Dialog ist steuerbar, wenn der Benutzer in der Lage ist, den Dialogablauf zu starten sowie seine Richtung und Geschwindigkeit zu beeinflussen, bis das Ziel erreicht ist.«

Das Dialogsystem bewegt die Positionsmarke auf das nächste Eingabefeld; der Benutzer kann aber stattdessen ein anderes Feld auswählen.

■ **Erwartungskonformität**

»Ein Dialog ist erwartungskonform, wenn er konsistent ist und den Eigenschaftswerten des Benutzers entspricht, z.B. seinen Kenntnissen aus dem Arbeitsgebiet, seiner Ausbildung und seiner Erfahrung sowie den allgemein anerkannten Konventionen.«

Meldungen des Dialogsystems werden stets an derselben Stelle ausgegeben. Der Dialog wird stets durch das Drücken derselben Taste beendet.

■ **Fehlertoleranz**

»Ein Dialog ist fehlertolerant, wenn das beabsichtigte Arbeitsergebnis trotz erkennbar fehlerhafter Eingaben entweder mit keinem oder mit minimalem Korrekturaufwand seitens des Benutzers erreicht werden kann.«

Wird vom Dialogsystem ein Fehler festgestellt, der sich eindeutig auf ein bestimmtes Eingabefeld bezieht, dann wird dieses Feld markiert und die Positionsmarke automatisch auf den Anfang des Feldes gesetzt.

■ **Individualisierbarkeit**

»Ein Dialog ist individualisierbar, wenn das Dialogsystem Anpassungen an die Erfordernisse der Arbeitsaufgabe sowie an die individuellen Fähigkeiten und Vorlieben des Benutzers zulässt.«

Das Dialogsystem erlaubt es dem Benutzer, bei Informationsausgaben die Geschwindigkeit des *scrolling* zu steuern.

■ **Lernförderlichkeit**

»Ein Dialog ist lernförderlich, wenn er den Benutzer beim Erlernen des Dialogsystems unterstützt und anleitet.«

Learning by doing wird dadurch unterstützt, dass der Benutzer ermutigt wird, zu experimentieren, ohne dass die Gefahr besteht, potenziell katastrophale Ergebnisse herbeizuführen.

Prinzipielle Alternativen der Dialoggestaltung

Unabhängig vom verwendeten GUI-System sollten Sie sich zuerst die prinzipiellen Alternativen der Dialoggestaltung verdeutlichen und dann überlegen, welche Alternative für die jeweilige Anwendung aus Sicht des Benutzers am besten geeignet ist. Prinzipiell lässt sich jede Anwendung in Objekttypen und Funktionen gliedern. Aufgrund dieser Zweiteilung lassen sich folgende Bedienungsarten unterscheiden.

1 objektorientierte Bedienung mit direkter Manipulation   Bedienungsarten
2 objektorientierte Bedienung mit Menüs und Fenstern
3 funktionsorientierte Bedienung mit Menüs und Fenstern

Viele Anwendungen realisieren jedoch keine der drei Bedienungsarten in »Reinform«, sondern eine Kombination zweier oder dreier Arten.

objektorientiert

Bei einer **objektorientierten Bedienung** wählt der Benutzer zuerst das Objekt, das er bearbeiten will und anschließend die Funktion, die auf dem Objekt ausgeführt werden soll, wobei die Eigenschaften des Objekts die zulässigen Operationen bestimmen.

Beispiel

Abb. 5.2-1 zeigt die objektorientierte Bedienung des CASE-Werkzeugs

Abb. 5.2-1:
Beispiel für
objektorientierte
Bedienung

Rational Rose mit der Maus. Das Objekt *New-Class* wird selektiert. Anschließend können mit der rechten Maustaste alle zulässigen Funktionen bzw. Operationen angezeigt werden. Der Benutzer wählt beispielsweise *Open Specification.*

funktions-
orientiert

Bei der **funktionsorientierten Bedienung** wählt der Benutzer zunächst eine Funktion und bestimmt anschließend, für welches Objekt diese Funktion ausgeführt werden soll.

Beispiel

Der Benutzer wählt in der Anwendung *Rational Rose* zunächst im *File*-Menü die Funktion *Open ...* und dann im entsprechenden Fenster das gewünschte Modell aus (Abb. 5.2-2).

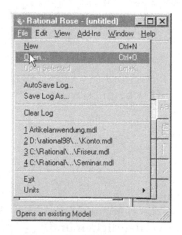 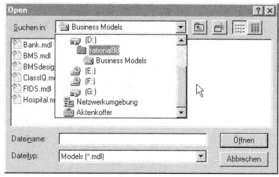

Abb. 5.2-2:
Beispiel für
funktions-
orientierte
Bedienung

Empirische Untersuchungen haben gezeigt, dass beide Bedienungsarten gleichwertig sind. Eine objektorientierte Entwicklung muss nicht zwangsläufig zu einer reinen objektorientierten Bedienung führen. Umgekehrt impliziert eine objektorientierte Bedienung nicht automatisch eine objektorientierte Entwicklung.

Die objektorientierte Bedienung kann sowohl mittels Menüs und Fenstern als auch mit der direkten Manipulation erfolgen.

direkte
Manipulation

Bei der **direkten Manipulation** werden vom Benutzer – in Analogie zur Schreibtischarbeit ohne Computer – Objekte (z.B. Dokumente) selektiert und bearbeitet. Die Bedienungstechnik »Selek-

Funktion	Bedienung	Reaktion	Beispiel
Selektion eines Objekts	Einfacher Mausklick auf das Objekt	z.B. invertierte Darstellung	
Bewegen eines Objekts	Objekt selektieren, mit gedrückter Maustaste zum Zielort bewegen, Maustaste loslassen	Objekt folgt der Mausbewegung	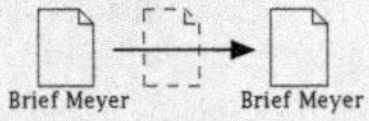 Brief Meyer → Brief Meyer
Löschen eines Objekts	Objekt selektieren und auf Papierkorb bewegen	Objekt verschwindet, Papierkorb-Piktogramm ändert sich	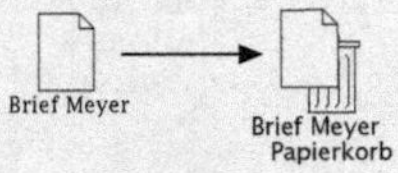 Brief Meyer → Brief Meyer Papierkorb
Aktivieren eines Objekts	Doppelklick auf Objekt	Anwendung wird gestartet	

tieren, Ziehen und Loslassen« *(pick, drag & drop)* ist ein Beispiel für direkte Manipulation. Ein Ziel der direkten Manipulation besteht darin, Funktionen über mehrere Anwendungen konsistent zu verwenden. Man spricht von generischen Funktionen. Eine **generische Funktion** besitzt in verschiedenen Anwendungen die gleiche Bezeichnung, die gleiche Semantik und die gleiche Bedienung (Abb. 5.2-3).

Abb. 5.2-3: Generische Funktionen der direkten Manipulation

Windows erlaubt sowohl die direkte Manipulation als auch die Bedienung mittels Menüs. Eine Anwendung kann sowohl über das Start-Menü als auch mit einem Doppelklick auf das Objekt gestartet werden.

Beispiel

Hinweis: Beim Bewegen eines Objekts *(pick, drag & drop)* verstößt Windows gegen die Erwartungskonformität, da je nach aktuellem Kontext unterschiedliche Wirkungen auftreten. Auf unterschiedlichen Laufwerken wird kopiert, auf dem gleichen Laufwerk verschoben und bei *exe*-Dateien wird eine Verknüpfung erstellt.

5.3 Fenster

Zentrales Element der Dialoggestaltung ist das Fenster *(window)*. Abb. 5.3-1 zeigt den Aufbau und die Begriffe eines Fensters bei Windows.

Der *style guide* von Windows /MS 95/ unterscheidet folgende **Fenstertypen**:
- Primärfenster *(primary window)*, in denen die Hauptaktivitäten des Benutzers (Primärdialoge) stattfinden, und
- Sekundärfenster *(secondary window)*, die der Eingabe von Optionen und der Durchführung sekundärer Aktivitäten dienen (Sekundärdialoge).

Das wichtigste Primärfenster ist das **Anwendungsfenster** *(application window)*. Es erscheint nach dem Aufruf der Anwendung. Aus diesem Fenster heraus lassen sich alle weiteren Fenster der An-

Anwendungsfenster

223

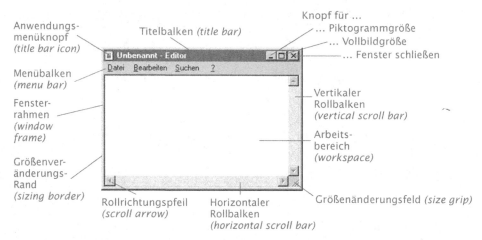

Anwendungs-
menüknopf
(title bar icon)

Titelbalken (title bar)

Knopf für ...
... Piktogrammgröße
... Vollbildgröße
... Fenster schließen

Menübalken
(menu bar)

Fenster-
rahmen
(window
frame)

Größenver-
änderungs-
Rand
(sizing border)

Vertikaler
Rollbalken
(vertical scroll bar)

Arbeits-
bereich
(workspace)

Rollrichtungspfeil
(scroll arrow)

Horizontaler
Rollbalken
(horizontal scroll bar)

Größenänderungsfeld (size grip)

Abb. 5.3-1:
Typischer Fenster-
aufbau bei
Windows

wendung öffnen. Ein Anwendungsfenster enthält mindestens den Titelbalken, den Menübalken und den Arbeitsbereich. Wird das Anwendungsfenster geschlossen, dann werden alle zurzeit geöffneten Fenster dieser Anwendung ebenfalls automatisch geschlossen. Bei einer SDI-Anwendung erfolgt die Interaktion mit dem Benutzer schwerpunktmäßig im Arbeitsbereich des Fensters. Bei einer MDI-Anwendung ist der Arbeitsbereich leer.

Unterfenster

Bei einer MDI-Anwendung können vom Anwendungsfenster aus **Unterfenster** *(child windows)* geöffnet werden. Es ist die Aufgabe eines Unterfensters, den Primärdialog des Benutzers zu unterstützen. Das äußere Erscheinungsbild eines Unterfensters kann mit dem Anwendungsfenster identisch sein. Unterfenster sind verschiebbar, in der Größe änderbar und stapelbar. Sie können – bei typischen Windows-Anwendungen – nicht aus dem Anwendungsfenster herausgeschoben werden, d.h., der hinausragende Teil wird abgeschnitten.

Ein Unterfenster befindet sich im Arbeitsbereich des Anwendungsfensters und ist gleichzeitig durch diesen begrenzt. Auch wenn ein Unterfenster als Piktogramm dargestellt wird, liegt es im Arbeitsbereich des Anwendungsfensters. Der Benutzer wählt bei gleichzeitig geöffneten Unterfenstern das jeweils aktive durch Anklicken mit der Maus oder über ein Menü aus. Unterfenster können überlappend *(cascaded)* oder nebeneinander *(tiled)* dargestellt werden. Ein aktives Fenster liegt immer oben auf dem Fensterstapel. Wird für ein Fenster die maximale Größe gewählt, dann wird der Arbeitsbereich des Anwendungsfensters vollständig genutzt. Unterfenster einer MDI-Anwendung sind sinnvollerweise nicht modal. Falls zwischen den Fenstern Abhängigkeiten bestehen, dann muss gegebenenfalls davon abgewichen werden.

Beispiel

Wenn Sie bei *Microsoft Word 2002* den MDI-Modus gewählt haben (Einstellungen siehe oben), dann erhalten Sie nach dem Start das

Anwendungsfenster angezeigt, aus dem automatisch ein Unterfenster *Dokument1* geöffnet wird. Sie können beliebig viele weitere Dokumente in Unterfenstern öffnen, die alle innerhalb des Anwendungsfensters liegen. Zwischen den Unterfenstern können Sie jederzeit wechseln. In jedem Unterfenster findet als Primärdialog die Erstellung eines Dokuments statt.

Windows kennt mehrere Arten von Sekundärfenstern. Dazu gehören das Dialogfenster *(dialog box)* und das Mitteilungsfenster *(message box)*.

Dialogfenster werden für Sekundärdialoge benötigt. Sie sind daher häufig als modale Dialoge realisiert, können aber auch nicht modal sein. Ein Sekundärdialog beschränkt sich auf die Dateneingabe über Interaktionselemente im Arbeitsbereich.

Dialogfenster Dialogfenster sind nicht in der Größe veränderbar. Sie können wahlweise verschiebbar sein oder nicht, wobei ein Verschieben nur bei modalen Dialogfenstern notwendig ist. Dialogfenster können über den Rahmen des Anwendungsfensters hinausgeschoben werden. Ein Dialogfenster sollte möglichst wenig Fläche des darunter liegenden Fensters verdecken. Es sollte daher nur die wichtigsten Elemente enthalten und dem Benutzer die Möglichkeit geben, bestimmte Informationen zu expandieren. Windows bietet dazu den *unfolding dialog*. Die Expansion erfolgt durch Betätigung einer entsprechenden Schaltfläche.

Beispiel In *Microsoft Word* öffnen die Menüoptionen *Datei/Speichern unter* und *Datei/Drucken* typische Dialogfenster, die hier für Sekundärdialoge verwendet werden.

Beachten Sie, dass Primärdialoge grundsätzlich auch mittels Dialogfenster realisiert werden. Diese Realisierung ist immer möglich, wenn die speziellen Eigenschaften eines Unterfensters nicht benötigt werden. Um die Steuerbarkeit des Dialogs möglichst wenig einzuengen, sollten diese Dialogfenster nicht modal sein.

Mitteilungsfenster Ein **Mitteilungsfenster** ist ein spezialisiertes Dialogfenster. Der Benutzer kann mit einer Aktion auf die Mitteilung reagieren. Das Fenster enthält keine Interaktionselemente zur Datenselektion oder -manipulation. Mitteilungsfenster sind als modale Dialoge realisiert. Der Benutzer kann erst fortfahren, wenn er auf die Mitteilung reagiert hat.

Abb. 5.3-2 zeigt den Zusammenhang zwischen den verschiedenen Fenstertypen.

225

Abb. 5.3-2:
Fenstertypen und
Dialogarten

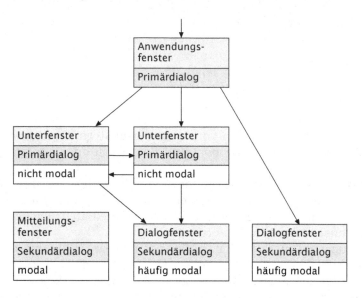

→ Öffnen des Fensters durch Benutzer möglich

5.4 Menüs

Menü Ein **Menü** besteht aus einer überschaubaren und meist vordefinierten Menge von Menüoptionen, aus der ein Benutzer eine oder mehrere auswählen kann. Ein **Aktionsmenü** kann Anwendungsfunktionen auslösen oder in andere Menüs verzweigen. Im zweiten Fall sprechen wir von einem Kaskadenmenü. In einem Aktionsmenü kann nur eine Option gewählt werden. Ein **Eigenschaftsmenü** kann Parameter einstellen, die das Verhalten der Anwendung bestimmen. In diesem Menü können oft mehrere Optionen selektiert werden. Auch hier ist ein Kaskadenmenü möglich.

Beispiel Die Abb. 5.4-1 zeigt das Aktionsmenü *Datei*. Die Menüoption *Neu* enthält ein Kaskadenmenü, das durch ein Dreieck markiert wird. Unter *Ansicht* wird ein Eigenschaftsmenü angeboten, in dem mehrere Parameter eingestellt werden können. Verschiedene Parameter-Gruppen sind durch Linien getrennt. Auch hier ist ein Kaskadenmenü enthalten.

Abb. 5.4-1:
Aktions- und
Eigenschaftsmenü

Es lassen sich zwei Menüarten unterscheiden:

- Menübalken mit *drop-down*-Menüs und
- *pop-up*-Menüs.

Der Menübalken enthält alle Menütitel. Er ist ständig sichtbar und belegt damit auch ständig Platz. Das Anwendungsfenster besitzt stets einen Menübalken. Dialogfenster und Mitteilungsfenster haben keinen Menübalken. Das Unterfenster einer MDI-Anwendung kann einen Menübalken besitzen, der sich jedoch nicht im Unterfenster befindet, sondern dynamisch den Menübalken des Anwendungsfensters überlagert. Gleichnamige Operationen können bei einer MDI-Anwendung unterschiedliche Wirkungen besitzen, die vom jeweils aktiven Unterfenster abhängen. Besitzen Unterfenster keine eigenen Menübalken, dann wirken die Menüoptionen des Anwendungsfensters auf die gesamte Anwendung. | *Menübalken*

Das *drop-down*-Menü erscheint nach dem Selektieren des zugehörigen Menütitels im Menübalken. Die Menüoptionen besitzen einen globalen Geltungsbereich. Im aktuellen Kontext nicht selektierbare Menüoptionen sind grau dargestellt. Der Mauszeiger muss vor der Auswahl im *drop-down*-Menü immer zum Menübalken bewegt werden. Beispiele für *drop-down*-Menüs finden Sie in Abb. 5.4-1. | *drop-down*-Menü

Das ***pop-up*-Menü** erscheint an der aktuellen Position des Mauszeigers. Dieses Menü bezieht sich immer auf das Objekt oder die Objektgruppe, für die es aktiviert wurde. Das *pop-up*-Menü ist unsichtbar, wenn es nicht geöffnet ist. Seine Menüoptionen besitzen einen lokalen Geltungsbereich. Es werden im Allgemeinen nur diejenigen Menüoptionen angezeigt, die auf das selektierte Objekt angewendet werden können. Der Mauszeiger bleibt hier immer im Arbeitsbereich. Abb. 5.2-1 zeigt ein Beispiel für ein *pop-up*-Menü. | *pop-up*-Menü

Für beide Menüarten gilt:

- Das Menü wird angezeigt, bis eine Menüoption durch Anklicken selektiert wird, ein Klicken außerhalb des Menüs erfolgt oder die *Esc*-Taste gedrückt wird.
- Menüoptionen können dynamisch von der Anwendung geändert werden.
- Durch Kaskadenmenüs lassen sich eine oder mehrere Hierarchiestufen hinzufügen.

Die Menübalken sind immer mit *drop-down*-Menüs belegt. Das Windows-GUI-System setzt also eine zweistufige Hierarchie voraus. Durch den Einsatz eines Symbolbalkens ist zusätzlich eine einstufige Hierarchie möglich.

- Datei-Menü
  Die Anwendung sollte Menüoptionen für Öffnen, Speichern, Speichern unter und Drucken enthalten. Enthält die Anwendung eine Beenden-Funktion, dann ist diese Funktion hier als letzte Menüoption aufzuführen.
- Bearbeiten-Menü
  Hier sind die Menüoptionen Ausschneiden, Kopieren und Einfügen aufzuführen. Des Weiteren enthält dieses Menü die Optionen Rückgängig, Wiederholen, Suchen, Ersetzen, Löschen und Duplizieren, sofern sie bei der jeweiligen Anwendung relevant sind.
- Ansicht-Menü
  Hierher gehören alle Menüoptionen, mit denen die Benutzersicht auf das zu bearbeitende Objekt beeinflusst werden kann.
- Fenster-Menü
  Hier sind alle Fenster, die im Rahmen einer MDI-Anwendung gleichzeitig geöffnet sind, aufzuführen.
- Hilfe-Menü
  Hier wird der Zugriff auf Hilfe in verschiedener Form angeboten.

Beschleunigung der Menüauswahl

Geübte Benutzer werden durch die Menüauswahl oft in ihrem Arbeitsfluss gehemmt. Um zügig arbeiten zu können, ist es oft notwendig, die Menüauswahl zu beschleunigen. Zur Beschleunigung der Menüauswahl gibt es unter anderem folgende Möglichkeiten:

- mnemonische Auswahl über die Tastatur,
- Auswahl über Tastaturkürzel *(accelerator key, short-cut key)*,
- Symbolbalken mit Symbolen außerhalb des Menübalkens *(tool-bar)*,
- Aufführung der jeweils zuletzt benutzten Objekte,
- Aufführung der häufigsten zuletzt benutzten Objekte,
- Auslagerung von Menüoptionen auf Arbeitsbereiche.

mnemonisches Kürzel

Im Menütitel bzw. in der Menüoption wird jeweils ein alphanumerisches Zeichen ausgewählt (im Allgemeinen die Anfangsbuchstaben). Dieses Zeichen (Kürzel) wird unterstrichen dargestellt. Die Menütitel im Menübalken werden durch das gleichzeitige Drücken einer Funktionstaste (ALT-Taste bei Windows) und des Kürzels ausgewählt. Menüoptionen werden im heruntergeklappten Menü nur durch das Kürzel ausgewählt. Die Kürzel müssen nur innerhalb eines *drop-down*-Menüs eindeutig sein. Buchstaben können bei der Auswahl in Klein- und in Großschreibung eingegeben werden.

In *Microsoft Word* kann das Menü unter dem Titel *Datei* mit dem mnemonischen Kürzel ALT + »D« ausgeklappt werden. Dann kann mit »D« das Dialogfenster zum Drucken geöffnet werden. Beispiel

Tastaturkürzel *(accelerator keys, short-cut keys)* sind Tastenkombinationen zur Beschleunigung der Auswahl innerhalb von *drop-down*-Menüs. Im Unterschied zu mnemonischen Kürzeln ist mindestens eine Taste eine Funktionstaste, die durch weitere Tasten ergänzt wird. Tastaturkürzel müssen über alle Menüoptionen des aktiven Fensters hinweg eindeutig sein. *Drop-down*-Menüs werden zuvor nicht ausgeklappt. Tastaturkürzel

In *Microsoft Word* kann mit dem Tastaturkürzel STRG + »A« der komplette Text markiert werden, ohne dass zuvor der Menütitel *Bearbeiten* selektiert wird, in dem sich die Menüoption *Alles markieren* befindet. Beispiel

Der Symbolbalken *(tool bar)* kann Schaltflächen mit Mini-Piktogrammen *(icons)* enthalten, die auf Mausklick eine zugeordnete Funktion aktivieren. Oft werden die am häufigsten benutzten Menüoptionen zusätzlich im Symbolbalken dargestellt. Der Symbolbalken kann ein geschlossenes Menü *(drop-down list box)* enthalten, das als Eigenschaftsmenü geeignet ist. Geschlossene Menüs sind Platz sparend und zeigen permanent die aktuelle Option an. In manchen Anwendungen kann der Benutzer den Symbolbalken durch eigene Symbole individualisieren. Symbolbalken

Der Symbolbalken von *Microsoft Word* enthält die wichtigsten Menüoptionen – z.B. Speichern, Drucken – als Mini-Piktogramme. Die Schriftart wird über eine *drop-down list box* eingestellt. Beispiel

Die Objekte, die zuletzt benutzt wurden, werden mit ihren Pfadnamen im Menü aufgelistet. Das zuletzt benutzte Objekt steht oben usw. Die Anzahl der Objekte ist begrenzt. Die Objekte werden automatisch mit Ziffern durchnummeriert und können per Tastatur über diese Ziffern ausgewählt werden. zuletzt benutzte Objekte

Der Menütitel *Datei* von *Microsoft Word* enthält eine Liste der zuletzt bearbeiteten Dokumente. Beispiel

Die Objekte, die am häufigsten zuletzt benutzt wurden, werden als abgetrennte obere Menügruppe automatisch angeordnet. Das am häufigsten zuletzt benutzte Objekt steht oben. Die Anzahl der Objekte ist begrenzt. häufigste, zuletzt benutzte Objekte

Menüoptionen können auch als Schaltflächen *(buttons)* auf Arbeitsbereiche ausgelagert werden. Dabei kann die Menüoption erhalten bleiben oder entfallen. Menüoptionen in Arbeitsbereichen

In den Dialogfenstern von *Microsoft Word* sind zahlreiche Aktionen und Einstellungen von Parametern durch Schaltflächen realisiert. Beispiel

Menütitel (von *drop-down*-Menüs)

- Einheitliche Bezeichnung und Anordnung in allen Anwendungen und Fenstern.
- Kurz, prägnant, selbsterklärend.
- Einheitlicher grammatikalischer Stil.

Benennung der Menüoptionen

- Kurz und prägnant.
- Einheitlich in allen Anwendungen und Fenstern.
- Dem Benutzer vertraut.

Gestaltung der Menüoptionen

- Linksbündig anordnen.
- Zufällige Anordnung vermeiden, stattdessen eine alphabetische Anordnung oder eine funktionale Gruppierung verwenden.
- Wenn möglich, statt einer rein sprachlichen Darstellung, zusätzlich bildhaft darstellen (z.B. Formatvorlage bei *Microsoft Word*).

Kaskadenmenüs

- Maximal zweistufig (in Ausnahmefällen auch dreistufig).
- Breite, flache Bäume mit etwa 8 bis 16 Gruppen.
- Aussagefähige Gruppennamen wählen, aus denen man auf die darunter liegenden Menüoptionen schließen kann.
- Gruppen möglichst disjunkt.

Positionierung von *pop-up*-Menüs

- Rechts, nahe dem aktiven Objekt, ohne dieses zu überdecken.

Mnemotechnische Kürzel

- Gleichen Menüoptionen – in mehreren Menüs – die gleichen Kürzel zuordnen.
- Leicht merkbare Kürzel wählen.

Abkürzungsregeln

- Abkürzungen möglichst vermeiden.
- Streichen einzelner Buchstaben (meistens von rechts nach links und meistens Vokale), z.B. Zchn für Zeichen.
- Abschneiden der letzten Buchstaben des Wortes, z.B. Dir für Directory.

Anwendungstypen und ihre Menüs

Eine Anwendung der Bürokommunikation (z.B. Textverarbeitung, Tabellenkalkulation, Grafik) ist dadurch gekennzeichnet, dass es nur einen einzigen Objekttyp gibt (z.B. Textdokument, Rechenblatt, Grafik). Jeder Benutzer erstellt im Allgemeinen mehrere Exemplare dieses Typs. Der Menübalken ist funktionsorientiert angelegt. Zur Verwaltung der Dokumente gibt es das Standardmenü *Datei* mit den Optionen *Neu*, *Öffnen*, *Schließen* etc.

Bei einer kaufmännisch-administrativen Anwendung müssen mehrere Objekttypen (z.B. Kunde, Lieferant, Auftrag) bearbeitet werden. Außerdem gibt es im Allgemeinen nur eine Datenbasis, in der alle Objekte gespeichert werden. Bei diesen Anwendungen gibt es oft genauso viele Objekttypen wie Funktionen. Ein weiterer Unterschied zur Bürokommunikation ist, dass es nicht nur Fenster gibt, um ein einzelnes Objekt zu bearbeiten, sondern für jeden Objekttyp gibt es im Allgemeinen ein Erfassungsfenster und ein Listenfenster.

kaufmännisch-administrativ

Dialog *(dialog)* Ein Dialog ist eine Interaktion zwischen dem Benutzer und einem Dialogsystem, um ein bestimmtes Ziel zu erreichen. Ein Benutzer ist ein Mensch, der mit dem Dialogsystem arbeitet /ISO 9241-10 : 1996/. Arbeitsschritte, die zur direkten Aufgabenerfüllung dienen, bezeichnet man als Primärdialog. Benötigt der Benutzer situationsabhängig zusätzliche Informationen, dann werden diese Hilfsdienste durch Sekundärdialoge erledigt.

Dialogmodus *(dialog mode)* Ein modaler Dialog *(modal dialog)* muss beendet sein, bevor eine andere Aufgabe der Anwendung durchgeführt werden kann. Ein nicht modaler *Dialog (modeless dialog)* ermöglicht es dem Benutzer, den aktuellen →Dialog zu unterbrechen, während das ursprüngliche Fenster geöffnet bleibt.

Fenstertypen *(window types)* Es lassen sich folgende Fenstertypen unterscheiden: Anwendungsfenster, Unterfenster, Dialogfenster und Mitteilungsfenster. Das Anwendungsfenster erscheint nach dem Aufruf der Anwendung, Unterfenster unterstützen die Primärdialoge, Dialogfenster werden für Sekundärdialoge benötigt und Mitteilungsfenster sind spezialisierte Dialogfenster.

Gestaltungsregelwerk *(style guide)* Ein Gestaltungsregelwerk schreibt vor, wie die Benutzungsoberfläche von Anwendungen gestaltet wird. Es soll sicherstellen, dass das *look and feel* über verschiedene Anwendungen hinweg gleich bleibt. *Style guides* können sowohl Regelwerke des GUI-Herstellers oder auch unternehmenseigene Gestaltungsregelwerke sein.

GUI Ein GUI *(graphical user interface)* ist eine grafische Benutzungsoberfläche. Sie besteht aus einer Dialogkomponente (Bedienungsabläufe) und einer E/A-Komponente (Gestaltung der Informationen).

Menü *(menue)* Ein Menü besteht aus einer überschaubaren und meist vordefinierten Menge von Menüoptionen, aus der ein Benutzer eine oder mehrere auswählen kann. Bei einem Aktionsmenü lösen die Menüoptionen Anwendungsfunktion aus, bei einem Eigenschaftsmenü lassen sich Parameter einstellen. Es lassen sich *pop-up*-Menüs und Menübalken mit *drop-down*-Menüs unterscheiden.

Prototyp *(prototype)* Ein Prototyp dient dazu, bestimmte Aspekte vor der Realisierung des Softwaresystems zu überprüfen. Der Prototyp der Benutzungsoberfläche zeigt die vollständige Oberfläche des zukünftigen Systems, ohne dass bereits Funktionalität realisiert ist.

Software-Ergonomie *(user interface design)* Die Software-Ergonomie befasst sich mit der menschengerechten Gestaltung von Softwaresystemen. Sie verfolgt das Ziel, die Software an die Eigenschaften und Bedürfnisse der Benutzer anzupassen.

Bei der Gestaltung von Benutzungsoberflächen lassen sich Primär- und Sekundärdialoge unterscheiden. Nicht modale Dialoge erlauben mehr Flexibilität als modale. Weiterhin gibt es verschiedene Fenstertypen. Zu den Primärfenstern gehören Anwendungsfenster und MDI-Unterfenster. Sekundärfenster sind Dialogfenster und Mitteilungs-

231

fenster. Bei Menüs lassen sich zwei Arten unterscheiden: Menübalken mit *drop-down*-Menü sowie *pop-up*-Menüs. Während Anwendungen der Bürokommunikation nur einen Objekttyp verwenden, müssen kaufmännisch-administrative Anwendungen mit vielen Objekttypen arbeiten.

Aufgabe
5–10 Minuten

1 *Lernziel: Möglichkeiten zur Auswahl einer Aktion im Dialog.*
Beschreiben Sie, welche Möglichkeiten es gibt, eine Aktion (Operation) im Dialog über das Menü auszuwählen. Geben Sie an, wie schnell diese Auswahl jeweils erfolgen kann (z.B. Anzahl der Mausklicks, Länge der Mausbewegung, Menge der Eingaben über die Tastatur).

Aufgabe
10–15 Minuten

2 *Lernziel: Grundsätzliche Dialoggestaltung erkennen können.*
Analysieren Sie Ihr bevorzugtes Textverarbeitungssystem (in der Musterlösung: *Microsoft Word 2002*) oder ein anderes Anwendungsprogramm und bearbeiten Sie folgende Teilaufgaben:
a Nennen einiger Primärdialoge.
b Nennen einiger Sekundärdialoge.
c Nennen einiger modaler Dialoge.
d Nennen einiger nicht modaler Dialoge.
e Angeben, wo eine objektorientierte Bedienung mit Menüs vorliegt.
f Angeben, wo eine funktionsorientierte Bedienung vorliegt.
g Angeben, wo die direkte Manipulation verwendet wurde.

Aufgabe
5–10 Minuten

3 *Lernziel: Die verschiedenen Fenstertypen und ihren Einsatzbereich kennen.*
Analysieren Sie Acrobat Reader 5.0 oder ein anderes Anwendungsprogramm und bearbeiten Sie folgende Teilaufgaben:
a Für jeden Fenstertyp ein Beispiel angeben.
b Angeben, ob es sich um eine SDI- oder eine MDI-Anwendung handelt.

Aufgabe
5–10 Minuten

4 *Lernziel: Menüs und ihre Einsatzbereiche kennen.*
Analysieren Sie Acrobat Reader 5.0 oder ein anderes Anwendungsprogramm und geben Sie – sofern vorhanden – Folgendes an:
a Aktionsmenü.
b Eigenschaftsmenü.
c *pop-up*-Menü.
d Benutzte Möglichkeiten zur Beschleunigung der Menüauswahl.

5 Gestaltung von Benutzungs-
oberflächen (Teil 2)

■ Erklären können, welche Interaktionselemente es gibt und wie   verstehen
  sie eingesetzt werden.
■ Erklären können, wie Gruppierung und Hervorhebung bei der
  Gestaltung von Fenstern eingesetzt werden.
■ Ein Klassendiagramm in eine Dialogstruktur transformieren   anwenden
  können.
■ Fenster mittels Interaktionselementen gestalten können.

□ ■ Die Inhalte der Kapitel 5.1 bis 5.4 müssen bekannt sein.
  ■ Für das Verständnis von Kapitel 5.5 sind die objektorientierten
    Konzepte und die UML-Notation, wie sie in Kapitel 2 beschrieben
    wurden, Voraussetzung.

5.5 Vom Klassendiagramm zur Dialogstruktur

Definition Aus dem Klassendiagramm kann systematisch eine objektorientierte Dialogstruktur abgeleitet werden. Wir verwenden die Transformationsregeln in Anlehnung an /Balzert 01/. Die grundlegende Idee der Transformation ist, dass jede Klasse des Analysemodells auf ein Erfassungsfenster und ein Listenfenster abgebildet wird.

Menübalken Der Menübalken enthält je ein *drop-down*-Menü für Listenfenster und Erfassungsfenster (Abb.5.5-1). Für jede Klasse des OOA-Modells ist zu prüfen, ob für die betreffenden Daten eine Listenausgabe sinnvoll ist und ob die Daten über einen separaten Dialog erfasst und geändert werden sollen. Die ermittelten Klassen werden in den Menüs *Listen* bzw. *Erfassung* aufgeführt. Wenn zu viele Klassen vorliegen, dann werden sie zusätzlich – z.B. mittels Paketen – gruppiert. Natürlich sind auch andere Anordnungen der Klassen möglich.

Abb. 5.5-1:
Abbildung der
Klassen auf Menüs

Dialogstruktur Das **Erfassungsfenster** bezieht sich auf ein einzelnes Objekt der Klasse Klasse (Abb. 5.5-2). Jedes Attribut der Klasse wird – entsprechend seines Typs – auf ein grafisches Interaktionselement im Erfassungsfenster abgebildet. Jede Operation der Klasse wird auf eine Menüoption innerhalb eines *pop-up*-Menüs oder auf eine Schaltfläche *(button)* abgebildet. Das Erfassungsfenster dient zum Erfassen und zum Ändern eines Objekts. Die Schaltflächen besitzen folgende semantische Bedeutung:

- Ok: Speichern des Objekts und Schließen des Fensters.
- Übernehmen: Speichern des Objekts, ohne das Fenster zu schließen. Da im Allgemeinen anschließend ein anderes Objekt erfasst wird, werden alle Felder des Fensters neu initialisiert.
- Abbrechen: Schließen des Fensters und Verwerfen der Eingabe.
- Liste: Öffnen des zugehörigen Listenfensters, während das Erfassungsfenster geöffnet bleibt.

Das **Listenfenster** zeigt alle Objekte der Klasse an (Abb. 5.5-2). Meistens werden die Objekte im Listenfenster nur durch einen Teil der Attribute beschrieben. Der Bediener soll die wichtigsten Attribute auf einen Blick sehen und kann bei Bedarf das Erfassungsfenster des entsprechenden Objekts öffnen.

Klassenattribute und -operationen beziehen sich auf alle Objekte der Klasse und werden daher im Listenfenster dargestellt. Klassenattribute werden auf Interaktionselemente, Klassenoperationen auf Menüoptionen bzw. Schaltflächen abgebildet.

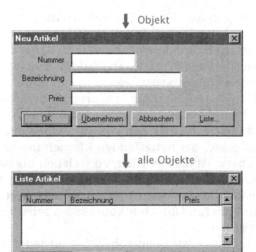

Abb. 5.5-2:
Abbildung einer
Klasse auf
Erfassungs- und
Listenfenster

Die abgebildeten Schaltflächen besitzen folgende semantische Bedeutung:

■ Neu: Öffnen eines leeren Erfassungsfensters.
■ Ändern: Öffnen des Erfassungsfensters für das selektierte Objekt.
■ Löschen: Löschen des selektierten Objekts.
■ Schließen: Schließen des Listenfensters.

Jedes Fenster ist über eine entsprechende Menüoption erreichbar, und der Benutzer kann jederzeit zwischen allen geöffneten Erfassungs- und Listenfenstern wechseln (Abb. 5.5-3).

Assoziationen erlauben es den Benutzern, durch ein Netz von Objekten zu traversieren. Bei einer fertigen Anwendung werden viele Objektbeziehungen durch die implementierten Operationen auf-

Dialogstruktur
Assoziation

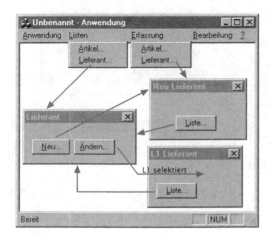

Abb. 5.5-3:
Erreichbarkeit von
Erfassungs- und
Listenfenster

gebaut und geändert. Einige Objektbeziehungen werden aber auch weiterhin über den Dialog erstellt. Im OOA-Modell sind alle Assoziationen inhärent bidirektional. Sie werden daher im Folgenden auch bidirektional auf den Prototyp abgebildet. Es kann jedoch durchaus reichen, wenn einige Assoziationen nur in einer Richtung realisiert werden. Dann kann auch die entsprechende Richtung in der Dialogstruktur entfallen.

Das Erstellen und Entfernen von Objektbeziehungen wird in das Erfassungsfenster der betreffenden Klassen integriert. Für jedes Erfassungsfenster ist darzustellen, zu welchen Klassen Assoziationen möglich sind, welche Objekte dieser Klassen existieren und mit welchen Objekten bereits eine Objektbeziehung besteht. Objektbeziehungen zu anderen Objekten können aufgebaut und auch wieder getrennt werden.

1-Assoziation   Im Erfassungsfenster der Abb. 5.5-4 ist jeder Artikel mit genau einem Lieferanten verbunden. Die Objektbeziehung wird für den Benutzer sichtbar durch das Attribut Lieferfirma in einem Textfeld des Erfassungsfensters von Artikel dargestellt. Bei einer Muss-Assoziation handelt es sich um ein Pflichtfeld, d.h., das Erfassungsfenster kann erst dann geschlossen werden, wenn die Objektbeziehung existiert. Dieses Textfeld wird um zwei Schaltflächen ergänzt. Die Neu-Schaltfläche »*« öffnet ein leeres Erfassungsfenster des Lieferanten. Ein neu erfasster Lieferant wird automatisch mit dem Artikel verbunden. Die *Link*-Schaltfläche »...« öffnet ein Auswahlfenster, das alle Lieferanten anzeigt. Der selektierte Lieferant wird dem Artikel zugeordnet. In beiden Fällen wird in das Textfeld Lieferfima die Firma des

Abb. 5.5-4:
Darstellung einer
1-Assoziation

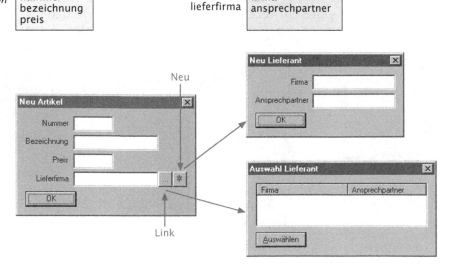

zugehörigen Lieferanten automatisch eingetragen. Dabei ist wichtig, dass es sich bei `Firma` um ein Schlüsselattribut handelt.

Etwas komplizierter ist der Fall für *many*-Assoziationen. In der Abb. 5.5-5 gibt es zu einem Lieferanten mehrere Artikel. Daher wird das Erfassungsfenster des Lieferanten um eine *Link*-Liste der zugehörigen Artikel erweitert. Analog zu oben wird mit der Neu-Schaltfläche »*« das Erfassungsfenster von Artikel geöffnet und der neu erfasste Artikel in die *Link*-Liste eingetragen. Mit der *Link*-Schaltfläche »...« wird ein vorhandener Artikel ausgewählt und in die *Link*-Liste eingetragen. Die Löschen-Schaltfläche »X« ermöglicht es, einen Artikel in der *Link*-Liste zu löschen. Damit wird jedoch nur die Objektbeziehung zu diesem Artikel gelöscht, nicht der Artikel selbst. Wenn von einer Klasse mehrere *many*-Assoziationen ausgehen, kann jede *Link*-Liste Platz sparend auf einer Seite eines Registers (siehe Kapitel 5.6) dargestellt werden.

many-Assoziation

Kapitel 5.6

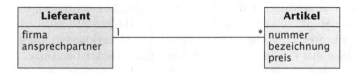

Abb. 5.5-5:
Darstellung einer
many-Assoziation

Für die Klassen `Artikel` und `Lieferant` ergibt sich die im Zustandsdiagramm der Abb. 5.5-6 dargestellte Dialogstruktur. Jedes Ereignis entspricht einer Schaltfläche, die auf dem jeweiligen Fenster angeboten wird. Der Vorteil dieser systematischen Transformation liegt insbesondere darin, dass eine konsistente Dialogstruktur entsteht, die der Benutzer schnell erlernen kann.

Dialogstruktur

Abb. 5.5-6:
Dialogstrukur

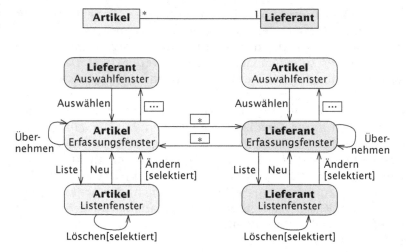

Dialogstruktur
Einfachvererbung Um eine Generalisierungsstruktur auf den Dialog abzubilden, gibt es verschiedene Möglichkeiten, die in Abb. 5.5-7 dargestellt sind.

1 Bei einer konkreten Oberklasse wird außer den Unterklassen auch die Oberklasse auf ein Fenster abgebildet. Die Fenster der Unterklassen enthalten zusätzlich zu den eigenen Eigenschaften und Operationen alle Elemente der Oberklasse. In der Abb. 5.5-7 besteht das Fenster der Klasse B aus eigenen – blau dargestellten

Abb. 5.5-7:
Transformation
der Einfach-
vererbung

1 konkrete Ober-
und Unterklasse(n)

2 abstrakte Oberklasse,
konkrete Unterklasse(n)

3 mehrstufige Vererbung

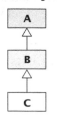

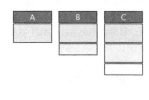

Elementen – und aus den von der Klasse A geerbten – grau dargestellten – Elementen.

2 Ist die Oberklasse abstrakt, dann taucht sie *nicht* als eigenständiges Fenster auf. Wie bei **1** enthalten die Fenster der Unterklassen zusätzlich zu den eigenen die geerbten Elemente.

3 Bei einer mehrstufigen Generalisierungsstruktur ist analog zu **1**
bzw. **2** zu verfahren.

Die ererbten Attribute sollten in den Fenstern der Unterklassen einheitlich präsentiert werden, damit der Benutzer erkennt, dass es sich
um dieselben Elemente handelt. Reicht der Platz in einem Erfassungsfenster nicht aus, dann ist ein Register (siehe Kapitel 5.6) zu   Kapitel 5.6
verwenden. Alle Muss-Attribute sollten möglichst auf der ersten
Seite stehen.

Viele Anwendungen enthalten eine Reihe von anwendungsneu-   anwendungs-
tralen Funktionen, die noch hinzugefügt werden müssen. Das könn-   neutrale
ten beispielsweise sein: Funktionen

■ eine Funktion zur Änderung von Kennwörtern,
■ Funktionen zum Initialisieren und zur Definition von Voreinstel-
  lungen,
■ Funktionen zum Hinzufügen bzw. Entfernen von Benutzern oder
  Benutzerprivilegien.

5.6 Interaktionselemente

Jedes GUI-System verfügt über eine Menge von **Interaktionselementen** bzw. Steuerelementen *(controls)*, wobei es zwischen verschiedenen GUI-Systemen einige Unterschiede gibt. Abb. 5.6-1 gibt
einen Überblick über die wichtigsten Interaktionselemente von Windows /MS 95/. Die deutsche Übersetzung der einzelnen Steuerelemente lehnt sich an die internationale Terminologie für Windows-
Oberflächen an /GUI Guide 93/. Es wurden jedoch auch andere übliche Begriffe eingeführt /Balzert 01/.

Das **Textfeld** bzw. **Eingabefeld** *(text box, edit control)* dient zur   Textfeld
Ein- und Ausgabe von numerischen Daten oder Texten in einer ein-
zigen Zeile.

■ Bei Zahlenwerten und Daten sollte das Feld alle Zeichen darstellen können. Ist die Anzahl der eingegebenen Zeichen variabel –
  wie bei fast allen Texten – dann ist das Feld so zu dimensionie-
  ren, dass die Mehrzahl der Eingaben komplett in das Feld passt.
  Für extrem lange Eingaben ist der Eingabebereich zu verschieben.
■ Der Benutzer soll obligatorische und optionale Eingaben (Muss-
  und Kann-Felder) unterscheiden können. Das kann beispielsweise
  durch unterschiedliche Untergrundtönungen erreicht werden.

- Häufig vorkommende Eingaben sollen als Standardvorbelegung im Feld stehen. Es muss erkennbar sein, dass sie geändert werden können.
- Zahlen werden rechtsbündig angeordnet. Alle nicht numerischen Eingaben sollen bei diesen Feldern abgewiesen werden.
- Texte werden linksbündig angeordnet.
- Felder, die nur zur Ausgabe dienen, sind zu kennzeichnen. Außerdem sind sie für Eingaben zu sperren.

mehrzeilige
Textfelder

Mehrzeilige Textfelder *(multi-line edit fields)* dienen zur Ein- und Ausgabe von Texten.

- In einem Textfenster sollen mindestens vier Zeilen Text sichtbar sein.
- Um längere Texte Platz sparend einzugeben, werden Rollbalken verwendet. Vertikale Rollbalken sind horizontalen vorzuziehen.
- Texteingaben werden grundsätzlich linksbündig angeordnet.
- Die Anzahl der Zeichen pro Zeile sollte zwischen 40 und 60 liegen.

Drehfeld

Das **Drehfeld** *(spin box, spin button)* ist die Kombination eines Textfeldes mit einem *up-down control.* Es bietet eine Menge von geordneten Eingabewerten, wobei der gewählte Wert im Textfeld sichtbar ist. Der Bediener kann mit den Auf- und Ab-Pfeilen die Alternativen traversieren oder direkt einen Wert eingeben.

Schaltfläche

Mit der **Schaltfläche** *(command button, push button)* wird eine Aktion ausgelöst oder eine Bestätigung durchgeführt. Sie wird nur kurzzeitig aktiviert. Anschließend kehrt sie in den inaktiven Zustand zurück.

- Jede Schaltfläche muss eine Beschriftung oder ein Symbol (Piktogramm) enthalten.
- Die Beschriftung soll aus einem Wort bestehen, mit Großbuchstaben beginnen und die entsprechende Funktionalität genau beschreiben.
- Eine Gruppe von Schaltflächen soll möglichst horizontal als Leiste dargestellt werden, kann aber auch vertikal angeordnet werden.
- Eine Schaltfläche innerhalb einer Gruppe kann als Standardvorgabe *(default)* gekennzeichnet sein. Sie wird dann durch die *Enter*-Taste ausgelöst.
- Eine mnemonische Auswahl (Auswahlzeichen unterstrichen) sollte nur bei Schaltflächen möglich sein, die nicht bereits einer Funktionstaste zugeordnet sind.

Optionsfeld

Das **Optionsfeld** *(option button, radio button)* ermöglicht eine Einfachauswahl unter mehreren Alternativen. In einer Gruppe von Optionsfeldern kann also nur eines gewählt werden. Optionsfelder werden als kleine Kreise dargestellt und die gewählte Alternative durch einen Punkt markiert. Die Bedeutung eines jeden Optionsfeldes wird durch eine Beschriftung rechts vom Kreis erläutert.

- Eine spaltenweise Anordnung der Alternativen ist einer zeilenweisen oft vorzuziehen.
- Bei einer zeilenweisen Anordnung sind drei Zeichen Abstand einzuhalten.
- Eine Spalte sollte maximal acht Alternativen enthalten.
- Kann eine Alternative in einer bestimmten Situation nicht gewählt werden, dann wird sie grau dargestellt *(disabled)*.
- Dieses Interaktionselement ist nur einzusetzen, wenn die Alternativen bereits zum Zeitpunkt der Oberflächengestaltung bekannt sind und stabil bleiben.

Das **Kontrollkästchen** *(check box)* erlaubt eine Mehrfachauswahl,   Kontrollkästchen
d.h. eine n-aus-m-Auswahl. Dabei kann n zwischen 0 und m liegen. Als Sonderfall kann auch die 0-aus-1-Auswahl vorkommen. Das Kontrollkästchen besteht aus einem Quadrat mit einer nebenstehenden Beschriftung. Ausgewählte Möglichkeiten werden markiert. Im Gegensatz zur Einfachauswahl müssen sich die Möglichkeiten nicht gegenseitig ausschließen.

- Eine spaltenweise Anordnung der Auswahlmöglichkeiten ist einer zeilenweisen Darstellung oft vorzuziehen.
- Bei einer zeilenweisen Anordnung sind drei Zeichen Abstand einzuhalten.
- Eine Spalte sollte maximal acht Auswahlmöglichkeiten enthalten.
- Kann eine Möglichkeit in einer bestimmten Situation nicht gewählt werden, dann wird sie grau dargestellt *(disabled)*.
- Dieses Interaktionselement ist nur einzusetzen, wenn die Auswahlmöglichkeiten bereits zum Zeitpunkt der Oberflächengestaltung bekannt sind und stabil bleiben.

Das **Listenfeld** bzw. die **Auswahlliste** *(list box)* dient zur Darstel-   Listenfeld
lung mehrerer vertikal angeordneter alphanumerischer oder grafischer Listeneinträge. Bei einer *single selection list box* kann maximal ein Element gewählt werden. Eine *multiple selection list box* ermöglicht es, mehrere Einträge zu selektieren. In der *extented selection list box* können zusammenhängende Bereiche gewählt werden.

- Vertikale Rollbalken ermöglichen das Blättern in einer Liste mit vielen Einträgen. Auf horizontale Rollbalken ist zu verzichten.
- Um das Lesen der Listeneinträge nicht zu stören, sollten mindestens vier Zeilen gleichzeitig sichtbar sein.
- Die Einträge werden von der Anwendung gefüllt. Die Anzahl der Einträge ist in der Regel umfangreich und variabel.
- Das Listenfeld wird auch dann benutzt, wenn die Anzahl der Elemente eine Darstellung durch Optionsfelder nicht mehr zulässt. Das ist bei mehr als acht Elementen der Fall.

Das **Kombinationsfeld** *(combo box)* kombiniert die Eigenschaften   Kombinationsfeld
des Textfeldes mit dem Listenfeld. Die Information kann entweder direkt eingetippt oder in der Liste selektiert werden. Es lassen sich zwei Varianten unterscheiden. Bei der einen wird jedes neu einge-

gebene Element in die Liste aufgenommen und steht bei der nächsten Benutzung zur Selektion zur Verfügung. Im zweiten Fall kann ein Element zwar eingetippt werden, wird aber nicht in der Liste gespeichert.

drop-down-
Listenfeld

Das ***drop-down*-Listenfeld** bzw. die **Klappliste** *(drop-down list box)* ist die Platz sparende Variante des Listenfeldes. Vor dem Selektieren muss die Liste aufgeklappt werden, danach ist sie wieder unsichtbar. Das vom Benutzer selektierte Element wird ständig angezeigt. Die aufgeklappte Liste kann zeitweilig andere Interaktionselemente überdecken.

- Es gelten die Gestaltungsregeln des Listenfeldes.
- Wegen seines ähnlichen Aufbaus kann das *drop-down*-Listenfeld gut mit Textfeldern kombiniert werden.
- Gegebenenfalls kann eine Voreinstellung gewählt werden.

drop-down-
Kombinationsfeld

Wird das *drop-down*-Listenfeld mit einem Textfeld kombiniert, dann entsteht das ***drop-down*-Kombinationsfeld** *(drop-down combo box)*. Der Benutzer kann Daten entweder direkt eingeben oder aus dem *drop-down*-Listenfeld auswählen. Wie beim Kombinationsfeld kann ein neu eingegebenes Element entweder in die Liste aufgenommen werden und später zur Selektion zu Verfügung stehen oder nur eingetippt, aber nicht gespeichert werden.

Wie Abb. 5.6-1 zeigt, sind das *drop-down*-Listenfeld und das *drop-down*-Kombinationsfeld optisch nicht zu unterscheiden.

Listenelement

Das **Listenelement** bzw. die **Tabelle** *(list view control)* ist eine Erweiterung des Listenfeldes *(list box)*. Für die Darstellung der Einträge gibt es vier Varianten:

- Piktogramme mit Beschriftung, die in dem Listenelement beliebig positioniert werden können.
- Mini-Piktogramme mit Beschriftung, die in dem Listenelement beliebig positioniert werden können.
- Liste aller Einträge, von denen jedes aus einem Mini-Piktogramm und der Beschriftung besteht, die spaltenweise sortiert sind.
- Als »Report« benötigt jeder Eintrag eine Zeile, wobei jede Zeile aus mehreren Spalten besteht. Die Breite der Spalten ist durch den

Kapitel 5.5

Benutzer variabel einstellbar. Wie im Kapitel 5.5 gezeigt wird, kann jeder Eintrag ein Objekt repräsentieren, wobei die Spalten den Attributen der Klasse entsprechen.

Regler

Der **Regler** bzw. **Schieberegler** *(slider)* zeigt den Wert, die Größe oder die Position von etwas auf einer Skala an. Oft kann der Regler vom Benutzer verstellt werden. Der Regler sollte dann benutzt werden, wenn es nicht darum geht, einen genauen, sondern nur einen relativen Wert einzugeben (z.B. Doppelklick-Geschwindigkeit der Maus).

Bezeichnung	engl. Bezeichnung	Beispiel
Textfeld Eingabefeld	text box, edit control	 Eingabefeld
Mehrzeiliges Textfeld	multi-line text box	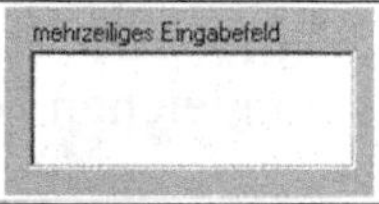 mehrzeiliges Eingabefeld
Drehfeld	spin box	 Drehscheibe
Schaltfläche, Druckknopf	command button, push button	 Druckknopf
Optionsfeld, Einfach-auswahlknopf	option button, radio button	 Alternative 1 / Alternative 2 / Alternative 3
Kontrollkästchen, Mehrfach-auswahlknopf	check box	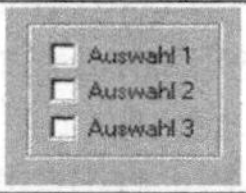 Auswahl 1 / Auswahl 2 / Auswahl 3
Listenfeld, Auswahlliste	list box	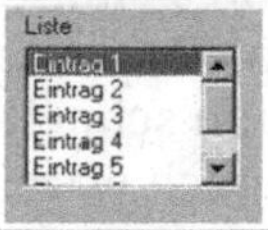 Liste: Eintrag 1, Eintrag 2, Eintrag 3, Eintrag 4, Eintrag 5
Kombinationsfeld	combo box	 kombiniertes Eingabefeld: Eintrag 2 / Eintrag 1, Eintrag 2, Eintrag 3, Eintrag 4
drop-down-Listenfeld, Klappliste	drop-down list box	 Klappliste
drop-down-Kombinationsfeld	drop-down combo box	 kombinierte Klappliste
Listenelement, Tabelle	list view control	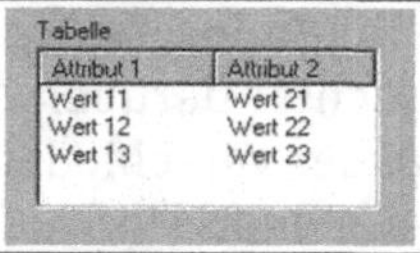 Tabelle: Attribut 1 / Attribut 2; Wert 11 / Wert 21; Wert 12 / Wert 22; Wert 13 / Wert 23
Regler, Schieberegler	slider	 Schieberegler
Register	tab control, property sheet	Seite 1	Seite 2	Seite 3	Seite 4
Strukturansicht, Baum	tree view control	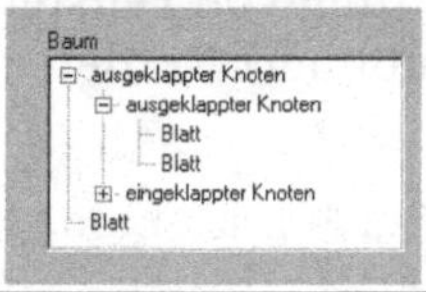 Baum: ausgeklappter Knoten; ausgeklappter Knoten; Blatt; Blatt; eingeklappter Knoten; Blatt

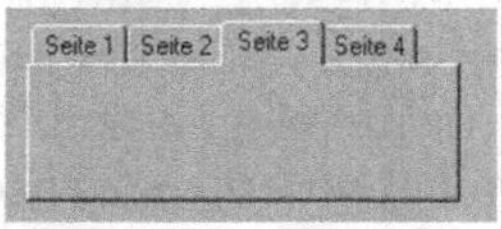

Abb. 5.6-1: Interaktions-elemente

Ein **Register** *(tab control, property sheet, notebook)* besteht aus mehreren Seiten, von denen zu einem Zeitpunkt immer nur eine Seite angezeigt wird. Alle Seiten müssen gleich groß sein. Es lassen sich drei Varianten unterscheiden:

Register

243

- Ganzseitiges Register mit Steuerelementen (z.B. Ok- und Abbrechen-Schaltfläche). Diese Steuerelemente wirken nur auf diejenige Seite, auf der sie angeordnet sind.
- Ganzseitiges Register. Die Steuerelemente befinden sich außerhalb des Registers im gleichen Fenster und wirken daher auf alle Seiten.
- Register als Interaktionselement in einem Fenster.

Das Register kann immer dann eingesetzt werden, wenn viele Informationen dargestellt werden müssen, die ein einziges Fenster überladen würden und zu einem Zeitpunkt nur ein Teil der Informationen benötigt wird.

Strukturansicht In der **Strukturansicht** bzw. dem **Baum** *(tree view control)* sind die Einträge hierarchisch angeordnet. Er enthält Schaltflächen, die es erlauben, die nächste Ebene eines Knotens anzuzeigen *(expand)* oder zu verbergen *(collapse)*. Jeder Knoten des Baums wird durch einen Text und ein optionales Mini-Piktogramm dargestellt. Damit können die Daten auf verschiedenen Abstraktionsebenen dargestellt werden und der Benutzer kann schneller in der Baumstruktur navigieren, als es in einer Liste möglich wäre.

Führungstext Die meisten Interaktionselemente benötigen einen **Führungstext** *(static text)*, der erklärt, welche Bedeutung das Element hat und was eingetragen werden soll.

- Er soll kurz, aussagekräftig, eindeutig und präzise sein.
- Er soll nicht aus mehreren Worten bestehen und – außer den allgemein üblichen – keine Abkürzungen enthalten.
- Bei einzeiligen Interaktionselementen steht der Führungstext links davon, wobei beide Elemente horizontal zu zentrieren sind.
- Bei mehrzeiligen Interaktionselementen steht der Führungstext links ausgerichtet darüber.
- Ist die Länge der verschiedenen Führungstexte fast gleich (weniger als 6 Zeichen), dann sind sie linksbündig auszurichten, ansonsten rechtsbündig.
- Jeder Führungstext soll durch räumliche Nähe mit dem Element assoziiert sein, wobei der minimale Abstand ein Zeichen breit ist.
- Auf ein Trennzeichen (z.B. Doppelpunkt) zwischen Führungstext und Element ist zu verzichten.

Kombination Bei der Gestaltung von Fenstern können auch mehrere Interaktionselemente kombiniert werden.

Beispiel Für ein Projekt werden alle Rollen aufgeführt, in denen die Mitarbeiter aktiv werden können. Ein Mitarbeiter kann in einem Projekt mehrere Rollen ausfüllen, z.B. Analytiker und Projektleiter, wobei sich diese Zuordnung ändern kann. Diese Problemstellung kann durch zwei Listenfelder und zwei Schaltflächen realisiert werden (Abb. 5.6-2). Das linke Listenfeld enthält alle Rollen in einem Projekt, das rechte die Rollen des jeweiligen Mitarbeiters. Mit den Schaltflächen »>>« und »<<« werden Rollen für einen Mitarbeiter hinzugefügt bzw. entfernt.

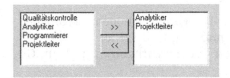

Abb. 5.6-2:
Kombination von
Interaktions-
elementen

5.7 Gestaltung von Fenstern

Der Benutzer muss optisch durch ein Fenster geführt werden. Zwei wichtige Gestaltungsmittel sind Gruppierung und Hervorhebung. Dabei ist zu berücksichtigen, dass alle Gestaltungsmittel sowohl innerhalb eines Fensters als auch über alle Fenster der Anwendung hinweg konsistent verwendet werden.

Semantisch zusammengehörende Elemente sollen gruppiert werden, denn durch geeignete Gruppierung kann die Suchzeit in einem Fenster reduziert werden. Der Benutzer orientiert sich zuerst an den Gruppen, dann an deren Inhalten.

Gruppierung

1 Informationen im oberen Bereich einer Gruppe werden schneller entdeckt als im unteren Bereich.
2 Die Elemente werden in der Gruppe so angeordnet, wie es der Arbeitsablauf des Benutzers erfordert.
3 Für das Suchen und Vergleichen von Elementen innerhalb einer Gruppe ist es günstiger, die Elemente spaltenweise statt zeilenweise anzuordnen.
4 Gruppenüberschriften erhöhen zwar die Übersichtlichkeit, sie vergrößern jedoch die dargestellte Informationsmenge und den für ihre Darstellung nötigen Raumbedarf.
5 Eine Gruppe sollte nicht mehr als vier oder fünf Elemente enthalten, damit das gesuchte Element unmittelbar in dieser Gruppe identifiziert werden kann.
6 Bei fachlicher Notwendigkeit müssen natürlich größere Gruppen gebildet werden. Zur besseren Orientierung sollten dann Gruppenüberschriften angegeben werden.
7 Um einen umfassenden Überblick über mehrere Gruppierungen zu ermöglichen, sollte die Anzahl der Gruppen nicht größer als vier oder fünf sein.
8 Wenn es nicht auf den umfassenden Überblick über alle Gruppierungen ankommt, können bis zu 15 Gruppen gewählt werden.
9 Gruppen sollten deutlich voneinander getrennt werden.

Gestaltungs-
regeln
Gruppierung

Manchmal ist es vorteilhaft, die Aufmerksamkeit des Benutzers auf bestimmte Bereiche zu lenken. Dies sollte in der Regel durch eine

Hervorhebung

245

Hervorhebung geschehen. Prinzipielle Möglichkeiten für eine Hervorhebung sind Größe, Farbe/Kontrast, Isolierung/Einzelstellung oder Umrandung/abweichende Orientierung.

Gestaltungsregeln Hervorhebung

1 Maximal 10 bis 20 Prozent aller Einzelinformationen hervorheben.

2 Farben sparsam verwenden, maximal fünf Farben.

3 Von den verschiedenen Arten der Hervorhebung sparsam Gebrauch machen.

4 Eine Hervorhebung durch Blinken ist zu vermeiden, da Blinken in der Regel zu einer unnötigen Ablenkung des Benutzers führt.

Farbe

Die Verwendung von Farbe kann die visuelle Informationsverarbeitung wirksam unterstützen. Unterschiedliche Farben werden schneller erkannt als verschiedene Größen oder Helligkeiten. Die wichtigsten Bildschirmfarben besitzen folgende Helligkeitsrangfolge: Weiß – Gelb – Cyan – Grün – Magenta – Rot – Blau – Schwarz.

Gestaltungsregeln Farbe

1 Gestalten Sie farbig und nicht bunt.

2 Vor einem dunklen Hintergrund sind Weiß, Gelb, Cyan und Grün am besten geeignet, vor einem hellen Hintergrund jedoch Magenta, Rot, Blau und Schwarz.

3 Unterschiedliche Farben sind sparsam einzusetzen, da Farben die Aufmerksamkeit stark lenken.

4 Über die verschiedenen Bildschirmseiten hinweg sollen maximal sieben Farben verwendet sein. Eine Ausnahme bilden graduelle Abstufungen des Farbtons.

5 Farben sind konsistent zu verwenden.

6 Konventionelle Farbkodierungen sind einzuhalten: Rot für halt, heiß, Gefahr; Grün für weiter, sicher; Gelb für Vorsicht; Blau für kalt und Beruhigung.

7 Farbtonunterschiede im Rot- und Purpurbereich sind schwieriger zu erkennen als im Gelb- und Blaubereich.

harmonische Gestaltung

Ein Dialogfenster soll nicht nur so gestaltet werden, dass der Benutzer seine Aufgaben schnell durchführen kann, sondern es soll auch ästhetisch ansprechend sein /Kruschinski 99/.

1 Proportionen

Einem Betrachter erscheinen Flächen angenehmer, wenn diese eher breit als hoch sind. Daher sollten Fenster ein Seitenverhältnis von 1:1 bis 1:2 (Höhe zu Breite) besitzen. Diese Forderung lässt sich meistens durch eine Verteilung der Informationen in zwei Spalten verwirklichen.

Abb. 5.7-1 zeigt zwei Fenster, die exakt die gleichen Informationen über ein Auto enthalten. Das obere Fenster unterstützt im Gegensatz zum unteren die harmonische Gestaltung durch Spaltenbildung. Weitere Gestaltungselemente wurden hier bewusst noch nicht eingesetzt.

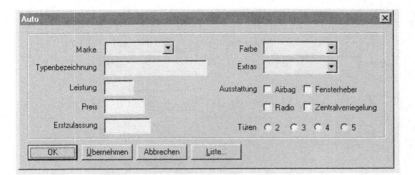

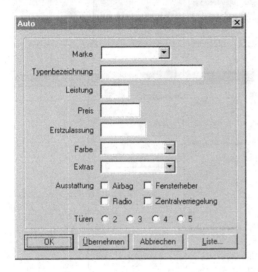

Abb. 5.7-1:
Verschiedene
Proportionen durch
Spaltenbildung

2 Balance

Wenn ein Fenster durch eine vertikale Linie in der Mitte geteilt
würde, dann soll die Informationsdichte auf beiden Seiten gleich
groß sein.

Die Forderung der Balance wird durch das Fenster des Hilfsassistenten in Abb. 5.7-2 erfüllt. Außerdem wurden hier Gruppen gebildet, um zu zeigen, dass bestimmte Textfelder zusammengehö-
ren.

3 Symmetrie

Die Symmetrie ist eine Verstärkung der Balance. Hier wird zusätzlich gefordert, dass horizontal gegenüberliegende Elemente
gleichartig sind. Diese Gleichartigkeit kann durch identische Interaktionselemente oder durch gleich große Elemente erreicht
werden. In der Praxis lässt sich diese Forderung jedoch nicht immer erfüllen.

Während das Fenster der Abb. 5.7-2 nur die Forderung der Balance
erfüllt, ist das Fenster des Hilfsassistenten in Abb. 5.7-3 symme-
trisch gestaltet, weil die beiden Gruppen gegenüberliegen.

247

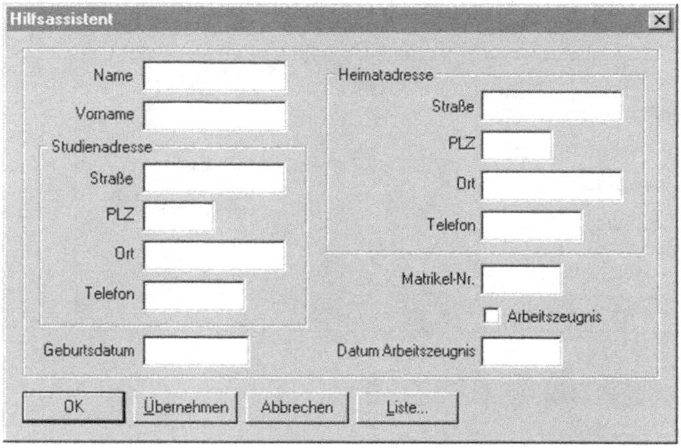

Abb. 5.7-2:
Balanciertes
Fenster

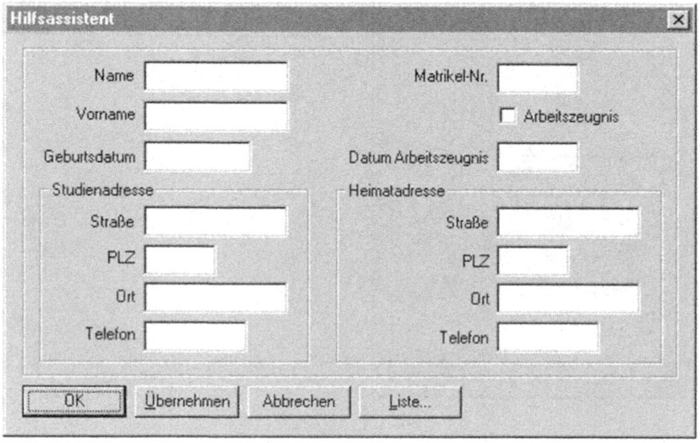

Abb. 5.7-3:
Symmetrisches
Fenster

4 Sequenz

Das Auge des Benutzers soll sequenziell durch das Fenster geführt werden und keine unnötigen Sprünge machen müssen. Die wichtigsten Informationen sollten oben links zu finden sein, denn auf diesen Bereich schaut der Benutzer zuerst.

5 Einfachkeit

Gestalten Sie jedes Fenster so einfach wie möglich. Verwenden Sie verschiedene Schriftarten oder Farben sehr zurückhaltend. Verwenden Sie Interaktionselemente nicht nur deswegen, weil sie existieren.

6 Virtuelle Linien minimieren

Außer den gezeichneten Linien gibt es in einem Fenster auch virtuelle Linien, die durch die Kanten der Interaktionselemente gebildet werden. Der Einfluss dieser Linien auf die harmonische Gestaltung darf nicht unterschätzt werden. Der Benutzer bildet intuitiv diese Linien, wenn genügend Fangpunkte – hier Kanten – vorhanden sind. Bei der Bildung von virtuellen Linien spielen große Elemente eine dominantere Rolle als kleine. Rechteckige Elemente werden stärker bewertet als Elemente ohne festen Umriss (z.B. Führungstexte). Für eine harmonische Gestaltung ist es wichtig, dass ein Dialogfenster eine möglichst geringe Anzahl von virtuellen Linien enthält. Auch die waagrechten virtuellen Linien müssen berücksichtigt werden. Die Erfahrung hat allerdings gezeigt, dass bei den waagrechten Linien weniger Fehler gemacht werden. Um die virtuellen Linien zu minimieren, sollten die Textfelder jedoch nicht willkürlich verlängert werden. Der fachliche Verwendungszweck der Elemente sollte immer Vorrang haben.

Im linken Fenster der Abb. 5.7-4 wurden die virtuellen Linien minimiert. Es wirkt dadurch harmonischer als das rechte Fenster, in dem für die Textfelder willkürlich unterschiedliche Längen gewählt wurden.

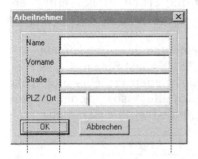 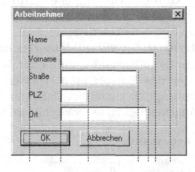

Abb. 5.7-4: Fenster mit wenigen und vielen virtuellen Linien

 Erfassungsfenster *(edit window)* Das Erfassungsfenster bezieht sich auf ein einzelnes Objekt einer Klasse. Jedes Attribut der Klasse wird auf ein →Interaktionselement des Fensters abgebildet. Das Erfassungsfenster dient zum Erfassen und Ändern von Objekten und zum Erstellen und Entfernen von Objektbeziehungen zu anderen Objekten.
Interaktionselement *(control)* Ein Interaktionselement dient zur Ein- und/

oder zur Ausgabe von Informationen. Das sind beispielsweise Textfelder, Schaltflächen und Listenfelder.
Listenfenster *(list view window)* Das Listenfenster zeigt alle Objekte der Klasse an. Im Allgemeinen enthält es von einem Objekt nur dessen wichtigste Attribute.
Steuerelement *(control)*
→ Interaktionselement

 Ein OOA-Modell kann systematisch in eine Dialogstruktur abgebildet werden. Für jede Klasse des Analysemodells werden ein Erfassungsfenster und ein Listenfenster erstellt. Assoziationen zwischen den Klassen werden mittels eines Auswahlfensters realisiert. Jedes GUI-System verfügt über eine Reihe von Interaktionselementen. Bei der Gestaltung der Fenster müssen nicht nur geeignete Interaktionselemente ausgewählt werden, sondern sie müssen auch geeignet gruppiert und wichtige Informationen hervorgehoben werden. Außerdem ist die harmonische Gestaltung der Fenster von großer Bedeutung.

1 *Lernziel: Geeignete Interaktionselemente auswählen können.*
Geben Sie an, welche Interaktionselemente in den folgenden Situationen zu wählen sind.

a Ein Fachhochschulstudent kann unterschiedliche Voraussetzungen besitzen: Abitur, Fachabitur, abgeschlossene Ausbildung. Alle gültigen Voraussetzungen sind fest definiert. Dabei ist auch eine Kombination verschiedener Voraussetzungen möglich.

b Bei der Angabe der Adresse für einen weltweiten Versand ist das Land einzugeben. Um eine einheitliche Schreibweise zu erreichen, sind alle Ländernamen vorgegeben.

c Bei der Anrede in Briefen sollen für die Anrede alternativ *Herr, Frau* oder *Firma* gewählt werden.

d Der Benutzer wählt die Größe, in der Daten ausgedruckt werden können. Die Angabe kann kontinuierlich in Prozenten erfolgen.

2 *Lernziel: Fenster mit Interaktionselementen gestalten können.*
Für das Klassendiagramm der Abb. LE10-A2 ist für die Klasse Projekt das Fenster zum Erfassen eines neuen Projekts möglichst optimal zu gestalten. Dabei sind auch alle Assoziationen zu den Angestellten zu berücksichtigen. Begründen Sie Ihre Gestaltung.

*Abb. LE10-A2:
Klassendiagramm
zur Verwaltung
von Projekten und
Angestellten*

3 *Lernziel: Aus einem Klassendiagramm eine Dialogstruktur ableiten können.*
Aus dem Klassendiagramm der Abb. LE10-A2 ist die komplette Dialogstruktur abzuleiten und als Zustandsdiagramm zu modellieren.

250

6 Konzepte und Notation des objektorientierten Entwurfs (Basiskonzepte)

■ Erklären können, was eine parametrisierte Klasse ist.   verstehen
■ Erklären können, was eine Schnittstelle ist.
■ Sichtbarkeit für Attribute und Operationen erklären können.
■ Erklären können, wie die Notation von Attributen und Operationen im Entwurf erweitert wird.
■ Erklären können, wie die Konzepte Objekt, Klasse, Attribut und Operation in C++ und Java umgesetzt werden.
■ Erklären können, was eine Komponente im UML-Modell ist.
■ Erklären können, wie Abhängigkeiten im UML-Modell spezifiziert werden.
■ Objektverwaltung im Entwurf realisieren können.   anwenden
■ Parametrisierte Klassen entwerfen können.
■ Signaturen spezifizieren können.
■ Komponentendiagramme mit Komponenten und Schnittstellen erstellen können.

☑ ■ Die objektorientierten Konzepte der Analyse und die UML-Notation aus Kapitel 2 müssen bekannt sein.
■ In diesem Kapitel werden grundlegende Programmierkenntnisse vorausgesetzt.
■ Basiswissen in einer objektorientierten Programmiersprache erleichtert das Verständnis.

6 Konzepte und Notation des objektorientierten Entwurfs

Definition

In diesem Kapitel werden die objektorientierten Konzepte der Analyse um die Konzepte für den objektorientierten Entwurf ergänzt und die UML-Notation /UML 03/ für deren Beschreibung eingeführt. Aktuelle Informationen zur vollständigen UML sind unter der angegebenen Internet-Adresse zu finden.

www.omg.org

Das OOD-Modell soll ein Spiegelbild des Programms sein. Es enthält alle Klassen, Attribute und Operationen, die in den zugehörigen Programmen enthalten sind. Die Namen des OOD-Modells sollten der Syntax der jeweiligen Programmiersprache entsprechen. Um die Durchgängigkeit zu den objektorientierten Programmiersprachen zu zeigen und um Programmierern das Verstehen der Entwurfskonzepte zu erleichtern, werden alle objektorientierten Konzepte dieses Kapitels auf C++ /Stroustrup 98/ und Java /Balzert 04/ abgebildet.

6.1 Klasse

Klassenname

Die Notation der **Klasse** gilt auch für den Entwurf. Der Klassenname wird zentriert in Fettschrift eingetragen. Prinzipiell erlaubt es die UML, im Klassennamen alle Zeichen der Tastatur zu verwenden. In der Praxis hat es sich jedoch bewährt, wenn der Klassenname mit der Syntax der verwendeten Programmiersprache kompatibel ist.

Classifier

Das Konzept des *Classifiers* ist neu in der UML 2. Im Analyse-Teil dieses Buchs wurde oft der Einfachheit halber nur von der Klasse gesprochen, wenn genau genommen der *Classifier* gemeint war. Man kann sich das Konzept des *Classifiers* ganz grob als Verallgemeinerung des Klassenkonzepts vorstellen. Da viele Elemente der UML ähnliche Eigenschaften wie die Klasse besitzen, werden diese Eigenschaften im *Classifier* zusammengefasst und von dort an die jeweiligen Elemente vererbt. Abb. 6.1-1 zeigt einen Ausschnitt aus dem Metamodell der UML 2. Der *Classifier* wird in UML-Modellen nicht direkt verwendet, sondern nur zur Spezifikation des Metamodells und Definition der UML-Konzepte benötigt.

Stereotyp

Im **OOD-Klassendiagramm** können Stereotypen gut eingesetzt werden, um die Zugehörigkeit der Klasse zu einer bestimmten Entwurfsschicht zu zeigen. Der Name des Stereotyps sollte mit einem Kleinbuchstaben beginnen und wird in spitzen Klammern angegeben. Er kann um ein grafisches Symbol ergänzt oder dadurch ersetzt werden.

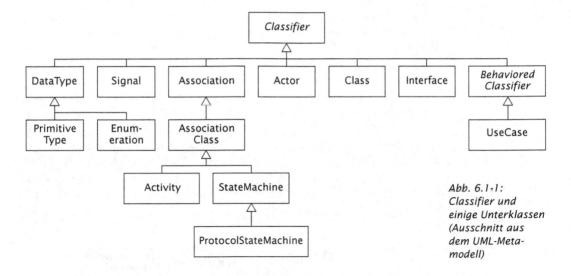

Abb. 6.1.1:
Classifier und
einige Unterklassen
(Ausschnitt aus
dem UML-Meta-
modell)

Alle Klassen, die zur Datenverwaltung gehören, werden mit «database» und alle Klassen zur Realisierung der Benutzungsoberfläche mit «user interface» gekennzeichnet.

Eine wesentliche konzeptionelle Erweiterung des Klassenkonzepts bieten die parametrisierten Klassen, mit deren Hilfe sich *Container-* Klassen modellieren lassen.

Parametrisierte Klasse

Eine **parametrisierte Klasse** (*parameterized class, template*) ist eine Beschreibung einer Klasse mit einem oder mehreren formalen Parametern. Sie definiert daher eine Familie von Klassen. Jeder Parameter besteht aus dem Namen und dem Typ. Der Typ entfällt, wenn der Name bereits einen Typ beschreibt. Die Parameterliste darf nicht leer sein. Mehrere Parameter in der Liste werden durch Kommata getrennt. Eine parametrisierte Klasse kann Attribute enthalten, die abhängig von den Parametern definiert sind. Damit eine parametrisierte Klasse benutzt werden kann, müssen deren formale Parameter an aktuelle Parameter gebunden werden. Die parametrisierte Klasse wird auch als generische Klasse bezeichnet.

Das Binden bzw. die Bindung einer konkreten Klasse an eine parametrisierte Klasse geschieht mithilfe des Generalisierungspfeils und einer gestrichelten Linie, die mit dem Stereotypen «bind» beschriftet ist. Die Zuordnung der aktuellen an die formalen Parameter erfolgt in der Form: aktuellerParameter->formalerParameter, wobei es sich bei den Parametern um einem Typ oder einen Wert handeln kann.

Definition

Beispiel Es wird eine parametrisierte Klasse Queue deklariert (Abb. 6.1-2), welche die üblichen Operationen insert() und delete() besitzt. Der Parameter T beschreibt einen Typ. Daher sind für diesen Parameter keine weiteren Angaben notwendig. Der Parameter n vom Typ int gibt die maximale Größe der Queue an. Welche und wie viele Elemente die Queue verwalten soll, wird (noch) nicht bestimmt. Daher wird das Attribut queue mithilfe des Typs T und der Multiplizität [0..n] definiert. Diese parametrisierte Klasse bildet die Vorlage für die »normalen« Klassen Adressbuch, in der maximal 100 Objekte von Typ Person gespeichert werden können, und FloatQueue, die maximal 20 float-Werte enthalten kann. Von diesen beiden Klassen können dann entsprechende Objekte erzeugt werden.

Abb. 6.1-2:
Parametrisierte
Klasse Queue

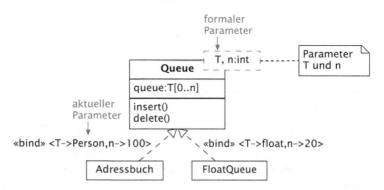

Parametrisierte Klassen ermöglichen es, das Parameterkonzept auf Klassenebene einzusetzen. Sie bieten sich besonders dann an, wenn Sie Klassen mit denselben Operationen, aber unterschiedlichen Datenstrukturen entwerfen sollen. Um dieses Konzept möglichst effektiv einzusetzen, empfiehlt es sich, parametrisierte Klassen so allgemein zu entwerfen und zu implementieren, dass sie für möglichst viele Inhaltstypen verwendet werden können.

Container-Klasse

Container-Klasse In der Analyse sollten Sie keine Klassen bilden, um Mengen von Objekten zu verwalten, denn jede Klasse der Analysephase besitzt inhärent eine Objektverwaltung. Dadurch ergibt sich eine Vereinfachung der OOA-Klassendiagramme. Im Entwurf wird die Objektverwaltung mittels *Container*-Klassen realisiert. Viele *Container*-Klassen können aus entsprechenden Bibliotheken genommen werden. Bei der Realisierung von *Container*-Klassen lassen sich besonders vorteilhaft parametrisierte Klassen verwenden.

Definition   Eine *Container*-Klasse ist eine Klasse, die dazu dient, eine Menge von Objekten einer anderen Klasse zu verwalten. Sie stellt Operationen bereit, um auf die verwalteten Objekte zuzugreifen. Ein Objekt der *Container*-Klasse wird als *Container* bezeichnet.

Typische *Container* sind beispielsweise Felder *(arrays)* und Mengen *(sets). Container*-Klassen werden in Kapitel 9 für die Realisierung der Entwurfsarchitektur verwendet.

Kapitel 9

Die Objekte der Klasse Person werden in einem *Container*, d.h. einem Objekt der Klasse Personen verwaltet (Abb. 6.1-3). Das bedeutet, dass das Personen-Objekt die Objektidentitäten (OIDs) aller Objekte der Klasse Person kennt. Wird eine neue Person erzeugt, dann wird die entsprechende OID in das Personen-Objekt eingefügt. Die Klassenoperation erstelleListe() wird zu einer Objektoperation der Klasse Personen. Sie liest mit getlink() die Objektidentität jeder Person und holt sich dann vom jeweiligen Objekt der Klasse Person die gewünschten Daten (Abb. 6.1-4). Die Pfeilspitzen in Abb. 6.1-3 geben die Navigationsrichtung der Assoziation an, die in Kapitel 6.5 erläutert wird.

Beispiel

Kapitel 6.5

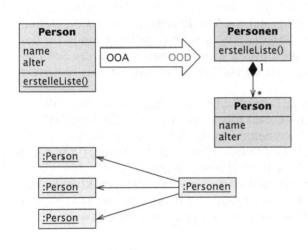

Abb. 6.1-3: Container für die Verwaltung von Personen

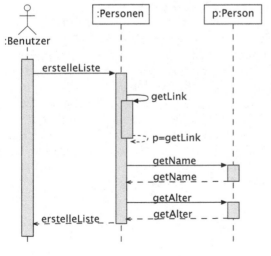

Abb. 6.1-4: Sequenzdiagramm für die Verwaltung von Personen im Container

Schnittstelle

Definition Eine **Schnittstelle** *(interface)* beschreibt eine oder mehrere Signaturen von Operationen. Diese abstrakten Operationen müssen nicht mit {abstract} gekennzeichnet werden, weil eine Schnittstelle keine anderen Operationen enthalten darf und eine Unterscheidung daher nicht notwendig ist. Seit der UML 2 darf eine Schnittstelle auch Attribute besitzen. Für die Notation der Schnittstelle wird das Klassensymbol verwendet, das mit dem Schlüsselwort «interface» gekennzeichnet ist (Abb.6.1-5).

Abb. 6.1-5:
Notation der
Schnittstelle

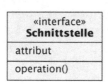

Wie die Abb. 6.1-1 zeigt, ist die Schnittstelle im UML-Metamodell eine Unterklasse des *Classifiers*. Von Schnittstellen können im Gegensatz zur Klasse keine Objekte erzeugt werden, sondern Schnittstellen sind sozusagen »leere Hüllen«, die von Klassen realisiert werden müssen.

Die Realisierung einer Schnittstelle durch eine Klasse (bzw. durch einen *Classifier*) bedeutet, dass alle in der Schnittstelle aufgeführten Operationen realisiert werden müssen. Eine Schnittstelle kann auch durch mehrere *Classifier* realisiert werden. Umgekehrt kann ein *Classifier* beliebig viele Schnittstellen realisieren.

Schnittstellen werden modelliert, um von anderen Klassen benutzt zu werden. Die benutzende Klasse muss nicht wissen, *wie* die Schnittstelle realisiert ist, sondern ihr reicht das extern wahrnehmbare Verhalten.

Beispiel In ein Textdokument sollen Bilder integriert werden. Da die Darstellung großer Bilder sehr viel Computerleistung benötigt, werden Bilder zunächst durch Platzhalter *(proxies)* gleicher Größe ersetzt, um die der Text herum fließen kann. Nur wenn eine Seite des Textdokuments tatsächlich angezeigt wird, wird das echte Bild geladen. Für das Textdokument sollen sich echte Bilder und ihre Platzhalter genau gleich verhalten. In der Abb. 6.1-6 wird die Schnittstelle Image durch die Klassen RealImage und ImageProxy realisiert. Die gemeinsame Schnittstelle stellt sicher, dass sich beide Klassen aus Sicht des Textdokuments genau gleich verhalten. Die Klasse Textdocument benutzt die Schnittstelle Image bzw. ruft deren Operationen auf und muss nicht wissen, welche Klasse die jeweilige Operation realisiert.

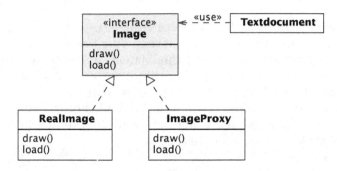

Abb. 6.1-6:
Realisierung und
Benutzung einer
Schnittstelle

Außer der oben eingeführten klassischen Notation gibt es für Schnittstellen auch die so genannte *Lollipop*-Notation (keine offizielle UML-Terminologie). Abb. 6.1-7 zeigt beide Notationen im Vergleich. Die Realisierung der Schnittstelle durch Klasse2 wird durch einen großen, nicht ausgefüllten Kreis *(ball)* dargestellt. Die Benutzung der Schnittstelle durch Klasse1 wird durch ein Halbkreis-Symbol *(socket)* dargestellt. Das Ineinandergreifen von *Ball* und *Socket* zeigt sehr schön das Zusammenwirken der realisierenden und der benutzenden Klasse.

Notation

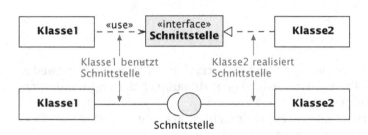

Abb. 6.1-7:
Alternative
Notationen für
Realisierung und
Benutzung einer
Schnittstelle

Ab der UML 2 dürfen Schnittstellen – analog zu abstrakten Klassen – Attribute besitzen. Eine Schnittstelle kann jedoch nur Signaturen von Operationen besitzen, während eine abstrakte Klasse auch vollständige Operationen enthalten kann.

Schnittstelle vs.
abstrakte Klasse

Klasse

- Die Klasse wird durch das *class*-Konzept realisiert.
- Es ist üblich, die Spezifikation der Klasse in eine *Header*-Datei (.h) und die Implementierung in eine Quelldatei (.cpp) zu schreiben. Eine Ausnahme bilden *templates*. Hier muss der vollständige Quellcode in der *Header*-Datei zugänglich sein.
- Jede Klasse ist ein (abstrakter) Datentyp. Die Umkehrung – ein Datentyp ist eine Klasse – trifft nicht zu, weil die primitiven Typen nicht als Klasse implementiert sind.

```
//zaehler.h
class Zaehler
{private:
  unsigned int Zaehlerstand;
 public:
  void inkrementieren();
  void initialisieren();
  int getZaehlerstand() const;
 };
//zaehler.cpp
void Zaehler::inkrementieren ()
{ ...}
void Zaehler::initialisieren ()
{ ...}
int Zaehler::getZaehlerstand () const
{ ...}
```

Objekt

- Objekte werden wie normale Variablen behandelt, die entweder (statisch) deklariert *(stack)* oder dynamisch erzeugt *(heap)* werden können.
- Der dynamisch erzeugte Speicherplatz von Objekten muss explizit freigegeben werden.
- Jedes Objekt wird über seine Adresse eindeutig identifiziert.

```
Zaehler einZaehler;        //stack-Variable;
Zaehler* pZaehler;         //Zeiger-Variable
pZaehler = new Zaehler;    //heap-Variable erzeugen, auf die
                           //pZaehler verweist
```

Abstrakte Klasse

- Abstrakte Klassen können in C++ nicht speziell gekennzeichnet werden.
- Besitzt eine Klasse jedoch mindestens eine abstrakte Operation *(pure virtual member function),* dann ist sie abstrakt, d.h., der Compiler meldet einen Fehler, wenn ein Objekt der Klasse erzeugt werden soll.

```
class Abstract
{public:
  void operation() = 0;
  ...
};
```

Parametrisierte Klasse

■ Parametrisierte Klassen können durch *templates* realisiert werden.

```
template <class ElementType, int max>
class Queue
{protected:
  struct ListElement
  { ElementType value;
    ListElement* next;
  }; ...
public:
  void insert (ElementType element); ...
};
typedef Queue<int, 100> IntegerQueue;
//Besetzung mit dem aktuellen Elementtyp »int« und der Größe
//100
IntegerQueue aQueue;
aQueue.insert(5);
```

Schnittstelle

Das Konzept der Schnittstelle *(interface)* existiert in C++ nicht, kann jedoch mit dem Klassenkonzept nachgebildet werden.

Klasse

■ Die Klasse wird durch das *class*-Konzept realisiert.

■ In Java wird *nicht* zwischen der Spezifikation und der Implementierung einer Klasse unterschieden.

■ Jede Klasse ist ein (abstrakter) Datentyp. Die Umkehrung – ein Datentyp ist eine Klasse – trifft nicht zu, weil die primitiven Typen nicht als Klasse implementiert sind.

Objekt/Klasse in Java

```
class Zaehler
{private int Zaehlerstand;
  public void inkrementieren()
  { ... }
  public void initialisieren()
  { ... }
  public int getZaehlerstand()
  { ... }
}
```

Sichtbarkeit der Klasse

Eine Klasse kann normalerweise nur innerhalb ihres Pakets benutzt werden. Wird sie als `public` deklariert, dann kann sie überall benutzt werden.

```
public class Zaehler {}
```

Objekt

■ Objekte können in Java grundsätzlich nur dynamisch – also als *heap*-Variable – erzeugt werden. Daher ist keine Unterscheidung bei der Namenswahl notwendig.

- Wenn ein Objekt nicht mehr referenziert wird, dann wird dessen Speicherplatz durch den *garbage collector* automatisch freigegeben.

```
Zaehler einZaehler;          //Objektvariable einZaehler
einZaehler = new Zaehler();//Objekt der Klasse Zaehler erzeugen,
                             //auf das einZaehler verweist
```

Abstrakte Klasse

- Abstrakte Klassen werden mit abstract gekennzeichnet.
- Sobald eine Klasse eine abstrakte Operation besitzt, muss sie als abstract deklariert werden.

```
abstract class Abstract1
{ public void operation1() {...}
  public void operation2() {...}
}
abstract class Abstract2
{ public abstract void operation1();
  ...
}
```

Parametrisierte Klasse

In Java 2 (5.0) die Benutzung parametrisierter Klassen möglich. Als Parameter sind jedoch ausschließlich Typen bzw. Klassen erlaubt. Eine Parametrisierung durch einfache Werte ist nicht möglich. Bei der folgenden Realisierung erlaubt der Typ Vector die Speicherung beliebig vieler Elemente.

```
public class Queue <ElementType>
{
    private Vector<ElementType> einVektor = new
                          Vector<ElementType>();
    private ElementType einElement;
    Queue(ElementType einElement)
        { this.einElement = einElement;
        }
    public void insert(ElementType element)
        {...}
    }
    ...
    Queue <Integer> aIntQueue = new Queue<Integer>(0);
    aIntQueue.insert(Element);
```

Schnittstelle

- Eine Schnittstelle kann in Java aus Konstanten und abstrakten Operationen bestehen.
- Schnittstellen werden mit dem Schlüsselwort interface deklariert und von Klassen mit dem Schlüsselwort implements benutzt.

```
interface ClassInfo
{    public abstract String getClassName();
}
class MyClass implements ClassInfo
{    public String getClassName()
     { return "MyClass";
     }
     ...
}
```

Besonderes

■ In Java können Klassen mit final gekennzeichnet werden. Von einer solchen Klasse dürfen keine Unterklassen abgeleitet werden. Eine Klasse darf nicht gleichzeitig als abstract und als final deklariert sein.

6.2 Attribut

Laut UML dürfen alle Zeichen in einem Attributnamen vorkommen. Die einzige Vorschrift besagt, dass er mit einem Kleinbuchstaben beginnen soll. Für die Praxis empfehle ich jedoch, alle Attributnamen im OOD-Modell programmiersprachenkonform zu wählen.

Attributname

Jedes **Attribut** besitzt eine **Sichtbarkeit** *(visibility)*, die im OOD-Modell zu spezifizieren ist:

Sichtbarkeit

■ *public*: sichtbar für alle anderen Klassen,
■ *protected*: sichtbar innerhalb der Klasse und in deren Unterklassen,
■ *private*: sichtbar nur innerhalb der Klasse,
■ *package*: sichtbar für alle Klassen im gleichen Paket.

Ist keine Sichtbarkeit angegeben, dann ist die Sichtbarkeit unspezifiziert. Abb. 6.2-1 zeigt die Notation der Sichtbarkeiten in der UML.

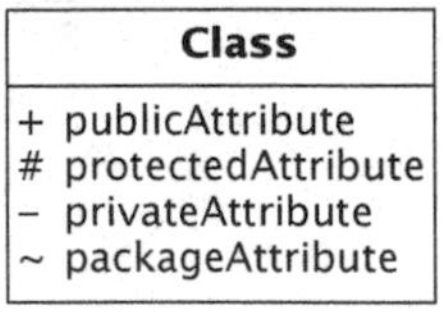

Class
+ publicAttribute
# protectedAttribute
− privateAttribute
~ packageAttribute

Abb. 6.2-1: Notation für die Sichtbarkeit von Attributen

Um das **Geheimnisprinzip** zu realisieren, sollten Attribute als *protected* oder *private* vereinbart werden. Bei einem *protected*-Attribut sieht jedes Objekt alle Attribute seiner Oberklassen und kann direkt darauf zugreifen. Sind die Attribute *private*, dann sehen Objekte die Attribute ihrer Oberklassen nicht, sondern dürfen nur über entsprechende Operationen zugreifen. Der Vorteil liegt darin, dass Veränderungen der Attribute sich nicht direkt auf die Unterklassen auswirken. Dadurch wird die Realisierung der Unterklasse unabhängig von der Darstellung der Attribute der Oberklasse. Dem steht der Nachteil zusätzlicher Lese-/Schreiboperationen gegenüber. Bei einem *public*-Attribut wird das Geheimnisprinzip verletzt. Auch bei einem *package*-Attribut wird für alle Zugriffe im gleichen Paket gegen das Geheimnisprinzip verstoßen. Beide Sichtbarkeiten sollten daher nur dann gewählt werden, wenn sich dadurch andere Vorteile, z.B. bessere Performance, ergeben.

Das Konzept der **Sichtbarkeit** *(visibility)* gilt in der UML für viele Q
Elemente, z.B. auch für Operationen und Assoziationen. Es ist daher
nützlich, die allgemeine Definition der Sichtbarkeit laut /UML 03/
zu kennen.

- *public:* Das Element ist für andere Elemente außerhalb des Namensraums sichtbar.
- *private:* Das Element ist nur innerhalb des eigenen Namensraums sichtbar.
- *protected:* Das Element ist innerhalb aller Elemente sichtbar, die Spezialisierungen zu dem jeweiligen Namensraum bilden.
- *package:* Diese Elemente dürfen nur zu einem Namensraum gehören, der kein Paket darstellt, und sind sichtbar für alle Elemente im gleichen Paket.

Handelt es sich bei einem Element um ein Attribut, dann bildet die
umgebende Klasse den Namensraum.

Notation   Die Notation eines Attributs in der UML lautet:

```
Sichtbarkeit / name : Typ [Multiplizität] = Anfangswert
                                      {Eigenschaftswert}
```

Alle Angaben mit Ausnahme des Attributnamens sind optional. Bei
abgeleiteten Attributen muss natürlich der »/« angegeben werden.

Kurzform   Eine vollständige Attributspezifikation führt zu unhandlichen
OOD-Klassendiagrammen. Im Allgemeinen empfiehlt es sich, in ei-
nem OOD-Klassendiagramm für jedes Attribut außer dem Namen die
Sichtbarkeit und den Typ anzugeben.

```
Sichtbarkeit name: Typ
```

zur Erinnerung   Abgeleitete Attribute werden durch den »/« gekennzeichnet. Als
Typ kann ein einfacher Datentyp (UML-Datentypen oder Datentypen
der jeweiligen Programmiersprache), ein selbstdefinierter Datentyp
oder eine Klasse eingetragen werden. Die Multiplizität gibt an, wie
viele Werte das Attribut enthalten kann, wobei genau ein Wert, d.h.
[1], als Voreinstellung gilt. Den Anfangswert nimmt das Attribut an,
wenn das zugehörige Objekt erzeugt wird und kein anderer Wert
definiert wird. Die Eigenschaftswerte spezifizieren bestimmte Eigenschaften der Attribute. Abb. 6.2-2 zeigt mögliche Definitionen für
Attribute.

Abb. 6.2-2:
Beispiele für
Attribut-
spezifikationen

Beispiel
anfangsbestand: Integer = 0
/gesamtsumme: Currency
– vornamen: String [1..3] {ordered}
– kontonr: Integer {readOnly, key}
– titel: String [0..1]
+ <u>anzahl: Integer</u>
~ person: Person

Die UML bietet für die Spezifikation von Attributen folgende vor-definierte **Eigenschaftswerte** *(property strings)* an. Ist die Liste der Eigenschaftswerte leer, dann entfallen die geschweiften Klammern.

■ *readOnly:* Attributwert darf nicht mehr geändert werden. z.B. kontonr {readOnly}

■ ordered: Attribut besteht aus einer Menge von Werten. Die Attri-butwerte sind geordnet und Duplikate sind erlaubt. z.B. vorname[1..3] {ordered} mit den Attributwerten: »Daniela«, »Maria«, »Elke«.

■ *bag:* Attribut besteht aus einer Menge von Werten. Die Attribut-werte können ungeordnet sein und Duplikate sind erlaubt. z.B. noten[1..5] {bag} mit den Attributwerten: 1.0, 2.0. 1.3, 2.0, 2.3.

■ *sequence:* Attribut besteht aus einer Menge von Werten. Die Attri-butwerte sind geordnet, Duplikate sind erlaubt *(ordered bag)*. Auch als seq bezeichnet, z.B. wohnsitze[1..3] {sequence} mit den Attributwerten: »Dortmund«, »Bochum«, »Dortmund«.

■ *redefines:* Attribut überschreibt eine geerbte Attributdefinition. In der Abb. 6.2-3 erbt die Klasse Mitarbeiter das Attribut nr und redefiniert es mit dem Namen personalnr.

■ *subsets:* Attribut besteht aus einer Menge von Werten. Die zuläs-sigen Attributwerte bilden eine Teilmenge eines anderen Attri-buts. z.B. geradeZiffern {subsets ziffern} mit den Werten 2, 4, 6, 8 und ungeradeZiffern {subsets ziffern} mit den Werten 1, 3, 5, 7, 9 und nullZiffer {subsets ziffern} mit dem Wert 0.

■ *union:* Attribut besteht aus einer Menge von Werten. Es ergibt sich aus der Vereinigung aller mit subsets definierten Teilmengen. z.B. ziffern {union}

■ *composite:* Das Attribut übernimmt die Verantwortung für die Zerstörung der in ihm enthaltenen Werte.

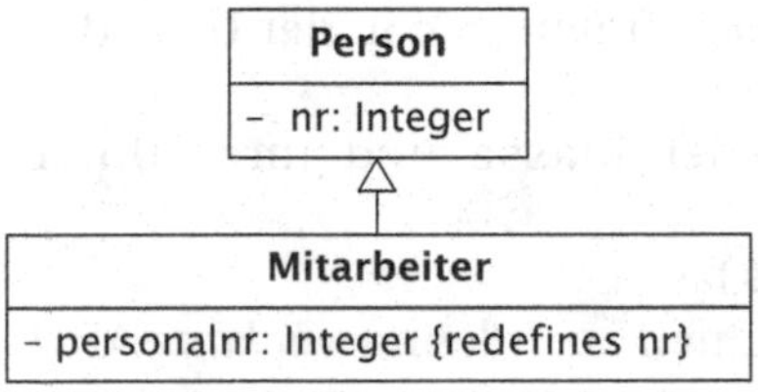

Abb. 6.2-3:
Eigenschaftswert
redefines

Weitere Eigenschaftswerte und auch Einschränkungen können belie-big definiert werden, z.B.

■ nummer: int {key}, um auszudrücken, dass das Attribut eindeutig identifizierende Schlüsseleigenschaften besitzt.

■ rueckflug: Date {rueckflug >= hinflug}, um auszudrücken, dass das Rückflugdatum nicht vor dem Hinflugdatum liegen darf.

■ wert: int {> 4}, um auszudrücken, dass der Wert größer 4 sein muss.

Attributtyp

Die UML bietet als Attributtypen einige primitive Datentypen an (Integer, Boolean, String, UnlimitedNatural) und erlaubt die Definition beliebiger weiterer Datentypen. Ebenso können Klassen als Attributtypen verwendet werden. Da das OOD-Modell ein Spiegelbild des zu implementierenden Systems sein soll, bietet sich die Verwendung der Typen der jeweiligen Programmiersprache an (z.B. in Java: boolean, char, byte, short, int, long, float, double).

Klassenattribut

Klassenattribute werden durch Unterstreichen gekennzeichnet. Ein Klassenattribut kann auf zwei Arten im OOD-Modell realisiert werden:
- ebenfalls als Klassenattribut,
- als Objektattribut einer separaten Klasse. Diese Klasse besitzt dann nur ein einziges Objekt mit dem Wert des Klassenattributs.

abgeleitetes Attribut

Abgeleitete Attribute sind ein wichtiges Entwurfskonzept. Sie können im Programm entweder als Attribut – mit entsprechender Konsistenzprüfung – oder durch eine Operation realisiert werden, die stets den aktuellen Wert ermittelt. In der Regel wird die zweite Möglichkeit gewählt, es sei denn die Berechnung des Attributs ist extrem zeitaufwändig.

Attribut vs. Assoziation

Jedes Attribut kann laut UML alternativ zur üblichen Textnotation mithilfe von Assoziationen dargestellt werden (Abb. 6.2-4). Die Pfeilspitze bedeutet, dass ein Zugriff von der Klasse auf das Attribut stattfinden kann, aber nicht umgekehrt. Man spricht von Navigier-

Kapitel 6.5

barkeit. Näheres dazu finden Sie in Kap. 6.5.

Abb. 6.2-4:
Attribute sind als
Assoziationen
darstellbar

Attribute in C++

Attribute werden in C++ als *Member*-Variablen bezeichnet.

Sichtbarkeit
Die Sichtbarkeit ist in C++ genauso definiert wie in der UML, d.h.
- *public:* sichtbar für alle,
- *protected:* sichtbar innerhalb der Klasse und ihrer Unterklassen,
- *private:* sichtbar innerhalb der Klasse,

Da es in C++ keine Pakete gibt, können auch keine *package*-Attribute spezifiziert werden.
Die Voreinstellung, d.h., wenn keine Sichtbarkeit angegeben wird, ist *private*.

Initialisierung der Attribute

Kapitel 6.3

Attribute werden am elegantesten mittels der Konstruktoren (siehe Kapitel 6.3) initialisiert. Im Vergleich zu einer Operation init() ist dadurch sichergestellt, dass jedes Objekt definierte Werte besitzt und alle *default*-Werte gesetzt sind. Ein Konstruktor wird aktiviert, wenn ein entsprechendes Objekt erzeugt wird.

```
Kreis::Kreis ()
{ istSichtbar = true;
  ...
}
Kreis* pKreis = new Kreis;
```

Klassenattribute

- Klassenattribute werden mittels static gekennzeichnet.
- Da die Deklaration der Klasse selbst keinen Speicherplatz belegt, müssen alle Klassenattribute explizit deklariert und ggf. initialisiert werden.

```
class Kreis
{protected:
  bool istSichtbar;
  static unsigned int Anzahl;     //Klassenattribut
  ....
};
unsigned int Kreis::Anzahl = 0; //Deklaration und
                                //Initialisierung
```

Typen

C++ bietet eine Reihe von elementaren Datentypen an: bool, (signed) char, unsigned char, (signed) int, unsigned int, (signed) short int, unsigned short int, (signed) long int, unsigned long int, float, double, long double.
Andere Standardtypen werden in C++ durch Klassen realisiert, z.B. string, die durch Standardbibliotheken zur Verfügung gestellt werden. Mithilfe von Klassen können beliebige weitere Typen konstruiert werden.

Attribute werden in Java als Elemente *(fields)* bezeichnet.

Attribute in Java

Sichtbarkeit

In Java ist die Sichtbarkeit geringfügig anders als in C++ definiert:

- *public:*
  Diese Attribute sind für alle Klassen sichtbar.
- *protected:*
  Innerhalb des gleichen Pakets sind diese Attribute für alle Klassen sichtbar. Außerhalb des Pakets sind sie nur für die Unterklassen sichtbar. Natürlich sind sie auch in der Klasse selbst sichtbar.
- *private:*
  Diese Attribute sind nur innerhalb der Klasse sichtbar.

Ohne eine explizite Angabe der Sichtbarkeit (d.h. Voreinstellung) ist ein Attribut grundsätzlich innerhalb des gesamten Pakets sichtbar, in dem die Klasse definiert ist. Außerhalb des Pakets ist es für alle Klassen unsichtbar. Diese Voreinstellung entspricht dem *package*-Attribut der UML.

Initialisierung der Attribute

Die Initialisierung der Attribute ist über Konstruktoren möglich. Ein Konstruktor wird aktiviert, wenn ein entsprechendes Objekt deklariert wird.

```
public Kreis ()
{ istSichtbar = false;
}
Kreis einKreis;
einKreis = new Kreis();
```

Klassenattribute

- Klassenattribute werden als static gekennzeichnet.
- Sie erhalten durch eine statische Initialisierung den Anfangswert zugewiesen. Eine statische Initialisierung wird genau einmal durchgeführt, nämlich dann, wenn die Klasse vom Laufzeitsystem geladen wird.

```
class Kreis
{ static int Anzahl = 0;
  ...
}
```

Typen

Java bietet eine Reihe von einfachen Datentypen an: boolean, char, byte, short, int, long, float, double. Weitere Datentypen werden dem Programmierer standardmäßig durch Klassenbibliotheken zur Verfügung gestellt, z.B. die Klasse String. Mithilfe des Klassenkonstrukts können beliebige weitere Datentypen gebildet werden.

6.3 Operation

Operationsname   Die UML erlaubt bei der Bildung von Operationsnamen beliebige Zeichen, wobei der Name mit einem Kleinbuchstaben beginnen sollte. In OOD-Modellen ist es eine gute Praxis, alle Operationsnamen konform mit der Syntax der verwendeten Programmiersprache zu definieren. In der Analyse wird gefordert, dass der Operationsname innerhalb einer Klasse eindeutig ist. In Entwurf und Programmierung darf der gleiche Operationsname innerhalb einer Klasse mehrfach verwendet werden, wobei sich die entsprechenden **Operationen** in ihrer Parameterliste unterscheiden müssen. Man spricht vom Überladen *(overloading)* der Operation.

Sichtbarkeit   Analog zu den Attributen sind in der UML für Operationen folgende Sichtbarkeiten definiert (Abb. 6.3-1):

- Eine private Operation *(private)* kann nur von Operationen derselben Klasse aus aufgerufen werden. Sie ist für alle anderen Klassen bzw. deren Objekte unsichtbar.

- Eine geschützte Operation *(protected)* kann von Operationen der eigenen Klasse und ihren Unterklassen aus aufgerufen werden.
- Eine öffentliche Operation *(public)* kann von Operationen aller Klassen bzw. deren Objekten aufgerufen werden.
- Eine Paket-Operation *(package)* kann von allen Klassen bzw. deren Operationen im selben Paket aufgerufen werden.

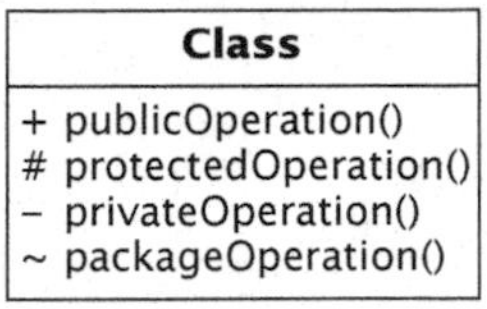

Im Entwurf ist für jede Operation deren vollständige Signatur anzugeben. Die **Signatur** *(signature)* einer Operation wird wie folgt spezifiziert, wobei mit Ausnahme des Operationsnamens alle anderen Angaben optional sind.

```
Sichtbarkeit name (Parameterliste) : Ergebnistyp
                             {Eigenschaftswert}
```

Die Parameterliste besteht aus einem oder mehreren Parametern, die durch Komma getrennt sind. Jeder Parameter wird wie folgt spezifiziert:

```
Richtung parametername: Typ [Multiplizität] = Anfangswert
                             {Eigenschaftswert}
```

Wird eine Parameterliste explizit angegeben, dann muss für jeden Parameter mindestens dessen Namen aufgeführt sein. Alle weiteren Angaben sind optional.

Werden Operationen in einem OOD-Klassendiagramm in vollem Umfang spezifiziert, dann entstehen unhandliche, unübersichtliche Diagramme. Für einen schnellen Überblick reichen folgende Angaben: `Sichtbarkeit name()`

Für die Richtung eines Parameters sind folgende Angaben möglich:

- in, wenn es sich um einen reinen Eingabeparameter handelt. Die Operation kann nur lesend darauf zugreifen. Wenn keine Richtung angegeben wird, gilt in als Voreinstellung.
  `erfassen (in name: String)`
- out, wenn es sich um einen reinen Ausgabeparameter handelt. Die Operation erzeugt die Werte dieser Parameter und gibt sie an die rufende Operation zurück.
  `sucheKunde (in nummer: int, out name: String)`
- inout, wenn es sich sowohl um Eingabe- als auch Ausgabeparameter handelt. Die Operation liest diese Werte, verändert sie und gibt sie an die rufende Operation zurück.
  `sortieren (inout zahlenfolge : int [1..10])`
- return, wenn es sich um Rückgabeparameter handelt.
  `berecheneQuadrat (in zahl: int, return quadrat: int)`

Der Parametername wird üblicherweise klein geschrieben. Alle anderen Angaben zu einem Parameter können analog zu einem Attribut spezifiziert werden.

Über den Ergebnistyp liefert eine Operation ein Ergebnis an die rufende Operation zurück. Wenn der Ergebnistyp fehlt, dann gibt

Class
+ publicOperation()
# protectedOperation()
– privateOperation()
~ packageOperation()

Abb. 6.3-1: Notation der Sichtbarkeit von Operationen

Notation Signatur

Kurzform

Notation Parameter

Ergebnistyp

die Operation keinen Wert zurück. Beispielweise kann das Quadrat einer Zahl wie folgt an die aufrufende Operation zurückgegeben werden:

```
quadrat (in zahl: int): int
```

Eigenschaftswert

Auch die Angabe von Eigenschaftswerten ist möglich. Die Angabe {readonly} sagt aus, dass die Operation keine Attribute verändern kann, sondern nur lesende Zugriffe durchführt:

```
leseNamen(): String {readonly}
```

Abb. 6.3-2:
Beispiele für
Signaturen von
Operationen

Beispiel
– sort (inout data)
– erfassen (vorname: String [1..3] {ordered},
nachname: String)
aktualisierenBestand (in menge: int): bool
erfassen (vorname, nachname)
~ neuerArtikel (bezeichnung, anzahl = 0)
+ inkrementiereAnzahl()
+ sucheKunde (in nr, out name) {readOnly}

Beschreibung
einer Operation

Normalerweise geht die Entwicklung von Entwurfsmodell und Programmierung Hand in Hand. Außerdem führt die objektorientierte Modellierung zu kompakten Operationen. Daher reicht es meistens aus, die Wirkung einer Operation umgangssprachlich zu beschreiben und diese Texte in die Programme als Kommentare zu übernehmen. Bei Bedarf kann auch eine Beschreibung mittels Vor- und Nachbedingungen erfolgen. Die **Vorbedingung** *(precondition)* beschreibt, welche Bedingungen vor dem Aktivieren einer Operation erfüllt sein müssen. Die **Nachbedingung** *(postcondition)* beschreibt die Änderung, die durch die Operation bewirkt wird. Für die Implementierung einer Operation wird auch der Begriff »Methode« *(method)* verwendet.

Klassenoperation

Analog zu Klassenattributen werden Klassenoperationen verwendet, die im Diagramm durch Unterstreichen gekennzeichnet sind. Es gilt die Empfehlung, dass Klassenoperationen möglichst sparsam einzusetzen sind.

abstrakte
Operation

Eine **abstrakte Operation** besteht nur aus der Signatur, d.h. dem Namen der Operation, den Namen und Typen aller Parameter und dem Ergebnistyp. Sie besitzt keine Implementierung. Im OOD-Klassendiagramm werden abstrakte Operationen verwendet, um für Unterklassen gemeinsame Signaturen zu definieren. Abstrakte Operationen werden kursiv eingetragen oder – z.B. bei handschriftlicher Modellierung – mittels {abstract} gekennzeichnet. Enthält eine Klasse mindestens eine abstrakte Operation, dann muss sie ebenfalls abstrakt sein.

In einer Schnittstelle sind die aufgeführten Operationen immer abstrakt und müssen nicht gekennzeichnet werden.

In der Abb. 6.3-3 definiert die abstrakte Operation zeichnen(), dass jedes Grafikobjekt, in diesem Fall also Kreise und Rechtecke, mit dem gleichen Operationsaufruf gezeichnet werden kann, während sich die Implementierungen beider Operationen erheblich unterscheiden können. Das Diagramm auf der rechten Seite zeigt eine gleichwertige Modellierung mit einer Schnittstelle.

Beispiel

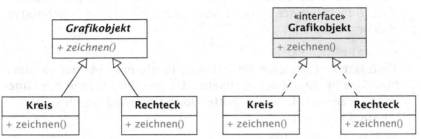

Abb. 6.3-3: Abstrakte Operation definiert einheitliche Schnittstelle

In der Analyse wurden die Verwaltungsoperationen getAttribute() und setAttribute() eingeführt, die zum Lesen und Schreiben eines Attributwerts dienen. Im Entwurf sind mit diesen *getter-* und *setter-*Operationen oft zusätzliche Überprüfungen oder Verarbeitungen verbunden. Beispielsweise werden eingegebene Daten gleich auf Plausibilität geprüft oder gelesene Daten für die Ausgabe in ein anderes Format transformiert.

getter und *setter*

Operationen werden in C++ durch *Member*-Funktionen realisiert.

Sichtbarkeit
Die Sichtbarkeit ist in C++ genauso definiert wie in der UML, d.h.
- *public:* sichtbar für alle,
- *protected:* sichtbar innerhalb der Klasse und in ihren Unterklassen,
- *private:* sichtbar innerhalb der Klasse.
Die Voreinstellung, d.h., wenn keine Sichtbarkeit angegeben wird, ist *private.*

Operationen in C++

```
class Kreis
{protected:
    Punkt Mittelpunkt;
    unsigned int Radius;
    bool istSichtbar;
    static unsigned int Anzahl;        //Klassenattribut
protected:
    void loeschen();
public:
    Kreis ();                          //Konstruktor 1
    Kreis (int x, int y);              //Konstruktor 2
    void zeichnen();
    void verschieben (Punkt neu);
```

269

```
void vergroessern (int faktor);
void verkleinern (int faktor);
static unsigned int getAnzahl();        //Klassenoperation
};
```

Parameterkonzept

Eingabeparameter können in C++ als *call by value* oder *call by reference* übergeben werden. Ausgabeparameter können entweder als *call by reference* in der Parameterliste oder als Ergebnistyp realisiert werden.

Abstrakte Operation

Abstrakte Operationen werden in C++ als *pure virtual member functions* (nicht zu verwechseln mit den *virtual member functions*!) realisiert. Eine abstrakte Operation wird durch folgende Notation realisiert:

```
void zeichnen() = 0;
```

readonly-Operation

Operationen, die keine Veränderungen der Attributwerte herbeiführen, sondern nur zum Lesen dienen, werden als const deklariert.

```
bool getIstSichtbar() const;
```

Klassenoperation

Klassenoperationen *(static member functions)* werden analog zu den Attributen mit static gekennzeichnet. Beim Aufruf einer Klassenoperation wird der Name der Klasse angegeben.

```
static unsigned int getAnzahl();   //Klassenoperation
i = Kreis::getAnzahl();            //Aufruf Klassenoperation
```

Konstruktoren und Destruktoren

- Die Basisoperation new() wird mittels Konstruktoren realisiert. Ein Konstruktor ist eine spezielle *Member*-Funktion, die den gleichen Namen wie die Klasse hat. Sie definiert, wie ein Objekt der Klasse initialisiert wird. Bei dynamisch erzeugten Objekten kann der benötigte Speicherplatz im Konstruktor angefordert werden.
- Ein Konstruktor wird aktiviert, wenn ein entsprechendes Objekt erzeugt wird. Fehlt der Konstruktor, dann ruft C++ einen impliziten Konstruktor auf.
- Eine Klasse kann mehrere Konstruktoren enthalten, die sich jedoch in ihrer Parameterschnittstelle unterscheiden müssen *(overloading)*.
- Die Basisoperation delete() wird durch den Destruktor realisiert.
- Jede Klasse besitzt nur einen Destruktor. Wurde für ein Objekt dynamisch Speicherplatz erzeugt, dann muss dieser spätestens im Destruktor wieder freigegeben werden.

```
class Kreis
{protected:
  bool istSichtbar;
  ...
public:
  Kreis()                    //Konstruktor 1
  { istSichtbar = false;
    ...
  }
  Kreis (int x, int y)       //Konstruktor 2
  { istSichtbar = false;
    Mittelpunkt.setX(x);
    Mittelpunkt.setY(y);
  }
  ...
};
Kreis einKreis;
```

Operationen werden in Java als Methoden *(methods)* bezeichnet.

Sichtbarkeit

In Java ist die Sichtbarkeit geringfügig anders als in C++ definiert:

- *public:* sichtbar für alle.
- *protected:*
  Innerhalb des gleichen Pakets sind diese Operationen für alle Klassen sichtbar. Außerhalb des Pakets sind sie nur für die Unterklassen sichtbar. Natürlich sind sie auch in der Klasse selbst sichtbar.
- *private:* sichtbar nur innerhalb der Klasse.
  Ohne eine explizite Angabe der Sichtbarkeit (d.h. Voreinstellung) ist eine Operation innerhalb des gesamten Pakets sichtbar, in dem die Klasse definiert ist. Außerhalb des Pakets ist sie für alle Klassen unsichtbar. Diese Voreinstellung entspricht in der UML der Sichtbarkeit *package.*

Operationen in Java

```
class Kreis
{ protected Punkt Mittelpunkt;
  protected int Radius;
  protected boolean istSichtbar;
  protected static int Anzahl;        //Klassenattribut

  public Kreis(){...}                 //Konstruktor 1
  public Kreis(int x, int y) {...}    //Konstruktor 2
  public void zeichnen() {...}
  public void verschieben (Punkt neu) {...}
  public void vergroessern (int faktor) {...}
  public void verkleinern (int faktor) {...}
  protected void loeschen() {...}
  public static int getAnzahl() {...}    //Klassenoperation
}
```

Parameterkonzept

In Java werden Parameter vom primitiven Datentyp als *call by value* übergeben. Das bedeutet, dass deren Ausgabe nur über den Ergebnistyp erfolgt. Für alle Objekttypen wird *call by reference* verwendet.

Abstrakte Operation

Abstrakte Operationen werden mit abstract gekennzeichnet. Sie dürfen nur in Klassen deklariert werden, die ebenfalls abstract sind und müssen in einer Unterklasse implementiert werden. Abstrakte Operationen dürfen nicht die Sichtbarkeit *private* besitzen.

```
abstract void zeichnen();
```

Klassenoperation

Klassenoperationen werden mit static gekennzeichnet. Innerhalb einer Klassenoperation darf nur auf Elemente zugegriffen werden, die ebenfalls static sind. Sie gelten implizit als final und können nicht überschrieben werden. Klassenoperationen können nicht gleichzeitig abstrakt sein.

```
static int getAnzahl();
i = Kreis.getAnzahl();
```

Konstruktoren und Destruktoren

- Konstruktoren sind eine elegante Möglichkeit, Objekte zu initialisieren. Fehlt der Konstruktor, dann ruft Java einen impliziten Konstruktor auf.
- Eine Klasse kann mehrere Konstruktoren mit unterschiedlichen Parametern enthalten *(overloading)*.
- Destruktoren im Sinne von C++ gibt es in Java nicht. Anstelle der expliziten Freigabe von Speicherplatz besitzt Java einen Automatismus: den *garbage collector*. Er läuft im Hintergrund und ermittelt diejenigen Objekte, die nicht mehr referenziert werden. Diese Objekte werden markiert und dann entfernt.

```
class Kreis
{ protected boolean istSichtbar;
  ...
  public Kreis()              //Konstruktor 1
  { istSichtbar = false;
    ...
  }
  public Kreis (int x, int y)   //Konstruktor 2
  { istSichtbar = false;
    Mittelpunkt.setX(x);
    Mittelpunkt.setY(y);
  }
  ...
}
einKreis = new Kreis();
zweiterKreis = new Kreis (10, 20);
```

6.4 Komponente

Ein Wunsch aller Softwareentwickler ist es, bei Änderungen, Erweiterungen und Fehlerbehebungen einzelne Einheiten leicht und einfach durch neue Einheiten zu ersetzen, wie dies bei vielen technischen Systemen längst der Fall ist. Mithilfe von Komponenten kann dieser Wunsch mehr oder weniger Realität werden.

komponentenbasierte Entwicklung

Eine **Komponente** *(component)* ist ein Softwarebaustein, der über klar definierte Schnittstellen Verhalten (Funktionalität) bereitstellt. Außer den Schnittstellen, die eine Komponente realisiert und zur Verfügung stellt, können diejenigen Schnittstellen spezifiziert werden, die sie selbst benötigt. Das Innenleben der Komponente, d.h. die technische Realisierung, bleibt nach außen verborgen, mit anderen Worten: Die Komponente realisiert das Geheimnisprinzip.

Definition

Die komponentenbasierte Entwicklung basiert darauf, dass Schnittstellen von ausgelieferten Komponenten nicht mehr modifiziert werden, während die interne Realisierung beliebig geändert werden darf. Es gibt verschiedene Komponentenmodelle: JavaBeans, EJBs (Enterprise JavaBeans), CORBA Components, COM (Components Object Model) und .NET.

Der Vorteil von Komponenten ist, dass sie nicht nur zur Entwurfszeit, sondern auch zur Implementierungszeit gegen Komponenten mit äquivalenter Funktionalität und kompatiblen Schnittstellen ausgetauscht werden können. Ebenso können in ein laufendes System neue Komponenten leicht eingefügt werden.

Austauschbarkeit

Die Komponente ist in der UML eine Spezialisierung der Klasse und besitzt somit alle Eigenschaften einer Klasse. Sie wird durch das Klassensymbol (Rechteck) mit dem Schlüsselwort «component» dargestellt. Zusätzlich oder alternativ kann in der rechten oberen Ecke ein Komponenten-Piktogramm eingetragen werden (Abb.6.4-1).

Notation

«component» Komponente	Komponente 🖽

Abb. 6.4-1: Notation einer Komponente

Aus Sicht des Softwareentwicklers, der eine Komponente benutzt, müssen deren Schnittstellen spezifiziert werden. Man spricht hier auch von der externen oder Black-Box-Sicht. Dafür bietet die UML mehrere Notationen an. Bei der »Lollipop-Notation« werden zur Verfügung gestellte Schnittstellen durch einen kleinen Kreis dargestellt, benötigte Schnittstellen durch einen Kreisbogen (vgl. Kap.6.1). Alternativ kann eine Notation mit den Schlüsselwörtern «provided interfaces» und «required interfaces» verwendet werden (Abb. 6.4-2).

Notation Komponenten-Schnittstellen

Kapitel 6.1

*Abb. 6.4-2:
Notation für die
Schnittstellen einer
Komponente*

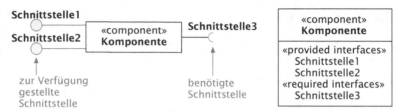

Es ist auch möglich, dass die zur Verfügung gestellten und benutzten Schnittstellen in der Klassennotation dargestellt werden,
d.h. durch ein Rechteck, in das alle Operationen und ggf. Attribute
eingetragen werden. Von der Komponente führen gestrichelte Pfeile
auf die Schnittstellen. Die transparente Dreiecks-Pfeilspitze bedeutet, dass die Komponente diese Schnittstelle anderen Softwarebau-
steinen zur Verfügung stellt, d.h., die Komponente realisiert diese
Schnittstellen. Die offene Pfeilspitze mit dem Schlüsselwort «use»
bedeutet, dass die Komponente diese Schnittstelle selbst benötigt
(Abb.6.4-3).

*Abb. 6.4-3:
Alternative
Notation für die
Schnittstellen einer
Komponente*

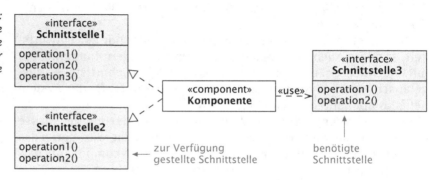

Zustandsautomat   Um die Schnittstellen einer Komponente oder die Komponente
selbst genauer zu beschreiben kann ein Protokollzustandsautomat
verwendet werden. Er gibt vor, in welcher Reihenfolge Operationen
aufgerufen werden dürfen.

Komponenten-   Durch die zur Verfügung gestellten und benutzten Schnittstellen
diagramm   sind die Komponenten miteinander verbunden. Diese Abhängigkeiten werden im **Komponentendiagramm** *(component diagram)* dokumentiert.

Beispiel   Ein Browser, der mit Plug-ins arbeiten soll, definiert die benötige
Schnittstelle, die in der Abb. 6.4-4 durch einen Halbkreis dargestellt
wird. Damit eine Komponente, z.B. Shockwave, mit dem Browser
konnektiert werden kann, muss sie diese Plug-in-Schnittstelle realisieren.

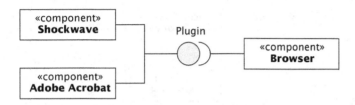

Abb. 6.4-4:
Einfaches
Komponenten-
diagramm

Ein weiteres Element im Komponentendiagramm ist das **Artefakt** Artefakt
(artefact), das eine physische Informationseinheit darstellt, z.B. ein
Modell, eine Quellcode-Datei, eine ausführbare Binärdatei oder eine
Archivdatei.

Artefakte werden in der Rechteck-Notation dargestellt und mit Notation Artefakt
dem Stereotypen «artefact» gekennzeichnet. Alternativ oder zusätzlich kann das Artefakt-Symbol eingetragen werden. Außerdem muss
der Name des Artefakt, z.B. ein Dateiname, angegeben werden. Diese Namen werden stets unterstrichen.

Durch einen weiteren Stereotypen kann die Art des Artefakts genauer spezifiziert werden. Die UML enthält dafür einige vordefinier-
te Stereotypen:
- «file»: Datei.
- «document»: Datei, die weder Quellcode noch ausführbaren Programmcode enthält.
- «source»: Datei, die Quellcode (für einen Compiler oder Interpre-
  ter) enthält.
- «executable»: Datei, die direkt ausführbaren Programmcode enthält (Maschinencode, Bytecode).
- «library»: Datei, die eine Bibliothek enthält (z.B. dll-Datei).

Der UML-Modellierer kann mithilfe des Profil-Mechanismus der UML
beliebige weitere Stereotypen definieren, wobei bereits eine Reihe
von **Profilen** *(profiles)* existieren.

Zwischen einem Artefakt und einer Komponente und auch zwischen zwei Artefakten können **Abhängigkeiten** *(dependencies)*
existieren, die durch gestrichelte Pfeile modelliert werden.

Abb. 6.4-5 zeigt die Notation für verschiedene Artefakte und einige Abhängigkeiten. Der Stereotyp «manifest» verbindet ein Artefakt
und eine Komponente. Diese Abhängigkeit sagt aus, dass Artefakt1
durch Komponente realisiert bzw. manifestiert wird. Zwischen
Artefakt3 und Artefakt4 besteht eine nicht näher spezifizierte Abhängigkeit. Die Pfeilrichtung besagt, dass Artefakt3 zur Erfüllung
seiner Aufgaben Artefakt4 benötigt. Bei baum.class und baum.java
handelt es sich Artefakte einer bestimmten Art (siehe oben). Der
Stereotyp «tool generated» besagt, dass die class-Datei automatisiert
(mittels Werkzeugunterstützung) aus der Java-Datei erstellt wird.
Der Stereotyp «custom code» besagt, dass das OOD-Modell durch eine
manuelle Operation (hier UML-Modellierung) aus dem OOA-Modell
erstellt wird.

Abb. 6.4-5:
Notation für
Artefakte
und deren
Abhängigkeiten

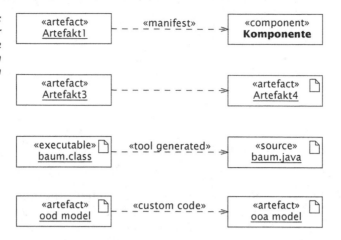

Abb. 6.4-5:
Notation für
Artefakte
und deren
Abhängigkeiten

Komponenten- | Komponenten können intern aus mehreren Klassen (allgemein:
Struktur | aus *Classifiern*) bestehen. Diese interne Sicht oder White-Box-Sicht zeigt, wie das extern zur Verfügung gestellte Verhalten intern realisiert wird und betrifft nur den Entwickler der Komponente.

Notation Das Innenleben einer Komponente kann durch einen zusätzlichen
Komponenten Bereich im Rechtecksymbol modelliert werden, der mit dem Schlüsselwort «realizations» gekennzeichnet ist. Anschließend werden die *Classifier* aufgeführt, die die Komponente realisieren. *Classifier* bilden im Metamodell die Oberklasse zu Klassen, Schnittstellen, etc.
Kapitel 6.1 (siehe Kap. 6.1). In der Abb. 6.4-6 werden als *Classifier* Klasse1 und Klasse2 verwendet. Alternativ können diese Klassen durch eigene Symbole dargestellt und mit dem gestrichelten Pfeil mit der Komponente verbunden werden. Als weitere Alternative für die interne Sicht ist eine Schachtelung der grafischen Symbole möglich. Hier wird zusätzlich eine Assoziation zwischen den beteiligten Klassen gezeigt.

Abb. 6.4-6:
Notation für das
Innenleben einer
Komponente

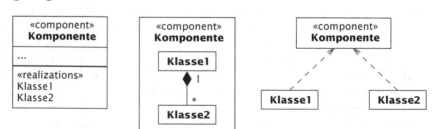

Abhängigkeiten

Zwischen Elementen eines UML-Modells können **Abhängigkeiten** *(dependencies)* existieren. Sie werden durch einen gestrichelten Pfeil modelliert (Abb. 6.4-7) und bedeuten, dass das abhängige Element *(client)* entweder semantisch oder strukturell vom Basis-Element *(supplier)* abhängig ist. Die Art der Abhängigkeit kann durch einen

Stereotypen spezifiziert werden. Zusätzlich kann ein Name angegeben werden. Die UML stell eine Reihe verschiedener Abhängigkeiten zur Verfügung und es können weitere definiert werden.

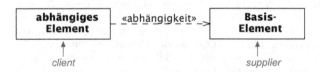

Abb. 6.4-7: Abhängigkeit zwischen Modellelementen

Abb. 6.4-8 modelliert folgende Arten von Abhängigkeiten:

■ «instantiate»: Die Klasse Fahrzeug kann als Exemplar *(instance)* der Klasse Fahrzeugtyp aufgefasst werden.

■ «permit»: Die Klasse Kunden-Window besitzt Zugriffsrechte auf die Klasse Kunde, d.h., Kunden-Window darf auf die nicht-öffentlichen Elemente von Kunde direkt zugreifen.

■ «realize»: Die OOD-Klasse Kunde realisiert die OOA-Klasse Kunde. Diese Beziehung beschreibt eine Abstraktion zwischen zwei Elementen. Sie kann beispielsweise für die Spezifikation von Verfeinerungen und Optimierungen, verwendet werden.

■ «substitute»: Die Klasse EditierbareListe kann die Klasse Liste ersetzen. Das bedeutet, dass die Klasse EditierbareListe hundertprozentig kompatibel mit der Klasse Liste ist, aber zusätzliche Funktionalität bereitstellt.

■ «use»: Die Klasse Bestellung benötigt für ihre volle Funktionalität die Klasse Artikel.

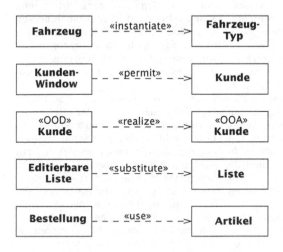

Abb. 6.4-8: Verschiedene Abhängigkeiten zwischen Modellelementen

Es wird empfohlen Abhängigkeiten nur dann zu verwenden, wenn zwischen zwei Klassen – oder allgemeiner zwischen zwei Modellelementen – ein Zusammenhang besteht, der nicht durch eine Assoziation abgebildet werden soll /Jeckle et al. 04/.

Abhängigkeit *(dependency)* Beziehung zwischen Elementen eines UML-Modells. Sie wird durch einen gestrichelten Pfeil modelliert, dessen Spitze auf das Basis-Element *(supplier)* zeigt. Am anderen Ende befindet sich das abhängige Element *(client)*, das entweder semantisch oder strukturell vom Basis-Element *(supplier)* abhängig ist. Die Art der Abhängigkeit kann durch einen Stereotypen spezifiziert werden. Zusätzlich kann ein Name angegeben werden. Die UML stellt eine Reihe verschiedener Abhängigkeiten zur Verfügung und es können weitere definiert werden.

Abstrakte Operation *(abstract operation)* Eine Operation, für die nur die Signatur angegeben ist, die aber nicht spezifiziert bzw. implementiert ist. Enthält eine Klasse mindestens eine abstrakte Operation, dann handelt es sich um eine abstrakte Klasse. Die zugehörige Spezifikation bzw. Implementierung wird erst in den Unterklassen angegeben.

Artefakt *(artefact)* Element im Komponentendiagramm, das eine physische Informationseinheit darstellt, z.B. ein Modell, eine Quellcode-Datei, eine ausführbare Binärdatei, eine Archivdatei. Es wird mit dem Stereotypen «artefact» gekennzeichnet. Mit weiteren Stereotypen kann die Art der Information spezifiziert werden.

Attribut *(attribute)* Attribute beschreiben Daten, die von den →Objekten der →Klasse angenommen werden können. Alle Objekte einer Klasse besitzen dieselben Attribute, jedoch im Allgemeinen unterschiedliche Attributwerte. Jedes Attribut ist von einem bestimmten Typ und kann einen Anfangswert *(default)* besitzen. Der Attributname ist innerhalb der Klasse eindeutig. Abgeleitete Attribute lassen sich aus anderen Attributen berechnen.

Classifier Das Konzept des *Classifiers* ist neu in der UML 2. Es wird zur Spezifikation des Metamodells und Definition der UML-Konzepte benötigt. Der *Classifier* bildet im Metamodell die Oberklasse zu Datentyp, Klasse, Akteur usw.

Container-Klasse Eine *Container*-Klasse ist eine →Klasse, deren Objekte Mengen von →Objekten (anderer) Klassen sind. Sie können homogene Mengen verwalten, d.h., alle Objekte einer Menge gehören zur selben Klasse, oder auch heterogene Mengen, d.h., die Objekte einer Menge gehören zu unterschiedlichen Unterklassen einer gemeinsamen Oberklasse. *Container*-Klassen werden oft mittels →parametrisierter Klassen realisiert.

Eigenschaftswert *(property string)* Dient dazu ein Element des Modells genauer zu charakterisieren. Oft handelt es sich um Name-Wert-Paare, z.B. {redefines name}. Bei booleschen Eigenschaftswerten mit dem Wert true, wird nur der Name der Eigenschaft angegeben, z.B. {readOnly}.

Geheimnisprinzip *(information hiding)* Die Einhaltung des Geheimnisprinzips bedeutet, dass die →Attribute und die Implementierung der →Operationen außerhalb der →Klasse nicht sichtbar sind.

Generische Klasse *(generic class)* → parametrisierte Klasse

Klasse *(class)* Eine Klasse definiert für eine Kollektion von →Objekten, deren Struktur (→Attribute), das Verhalten (→ Operationen) und Beziehungen (→Assoziationen, Generalisierungsstrukturen). Klassen besitzen – mit Ausnahme von abstrakten Klassen – einen Mechanismus, um neue Objekte zu erzeugen. Der Klassenname muss mindestens im Paket, besser im gesamten System eindeutig sein.

Komponente *(component)* Softwarebaustein, der über klar definierte Schnittstellen Verhalten (Funktionalität) bereitstellt. Außer den Schnittstellen, die eine Komponente realisiert und zur Verfügung stellt, können diejenigen Schnittstellen spezifiziert werden, die sie selbst benötigt. Das Innenleben der Komponente, d.h. die technische Realisierung, bleibt nach außen verborgen, mit anderen Worten: Die Komponente realisiert das Geheimnisprinzip.

Komponentendiagramm *(component diagram)* Durch die zur Verfügung gestellten und benutzten Schnittstellen sind Komponenten miteinander verbunden. Diese Abhängigkeiten werden im Komponentendiagramm dokumentiert.

Nachbedingung *(postcondition)* Die Nachbedingung beschreibt die Änderung, die durch eine Verarbeitung bewirkt wird, unter der Voraussetzung, dass vor ihrer Ausführung die →Vorbedingung erfüllt war.

Namensraum *(namespace)* Bereich, in dem jedes Element einen eindeutigen Namen besitzen muss. In unterschiedlichen Namensräumen kann der gleiche Name in unterschiedlicher Bedeutung verwendet werden.

OOD-Klassendiagramm *(design class diagram)* Das OOD-Klassendiagramm stellt die Klassen, die Generalisierungsstrukturen und die Assoziationen auf Entwurfsebene dar. Im Gegensatz zum Klassendiagramm der Analyse soll es ein Spiegelbild des Programms sein. Daher sollten alle Namen des OOD-Modells der Syntax der jeweiligen Programmiersprache entsprechen. Oft werden auch für Attribute und Parameter Typen der jeweiligen Programmiersprache verwendet.

Operation *(operation)* Eine Operation ist eine Funktion, die auf die internen Daten (Attributwerte) eines →Objekts Zugriff hat. Sie kann Botschaften an andere Objekte senden. Auf alle Objekte einer →Klasse sind dieselben Operationen anwendbar. Jede Operation wird durch eine →Signatur definiert. Für Operationen gibt es im Allgemeinen in der Analyse eine fachliche Beschreibung. Sie wird in einer objektorientierten Programmiersprache durch eine Implementierung (Methode) realisiert. Abstrakte Operationen besitzen nur eine Signatur. Externe Operationen werden vom späteren Bediener des Systems aktiviert. Interne Operationen werden dagegen immer von anderen Operationen aufgerufen.

Parametrisierte Klasse *(parameterized class, template)* Eine parametrisierte Klasse ist eine Beschreibung einer →Klasse mit einem oder mehreren formalen Parametern. Ein Parameter besteht aus dem Namen und dem Typ. Der Typ entfällt, wenn der Name bereits einen Typ beschreibt. Die Parameterliste darf nicht leer sein. Eine parametrisier-

te Klasse definiert daher eine Familie von Klassen. →Container-Klassen werden häufig als parametrisierte Klassen realisiert.

Profil *(profile)* Stereotypisiertes Paket, das Modellelemente der UML enthält, die für einen bestimmten Einsatzzweck angepasst werden. In vielen Fällen erfolgt dies durch entsprechende Stereotypen, z.B. kann der Stereotyp «bean» in einem Klassensymbol aussagen, dass es sich hier nicht um eine gewöhnliche Java-Klasse, sondern um eine JavaBean handelt.

Schnittstelle *(interface)* Eine Schnittstelle *(interface)* beschreibt eine oder mehrere →Signaturen von →Operationen. Seit der UML 2 darf eine Schnittstelle auch →Attribute besitzen. Für die Notation wird das Klassensymbol verwendet, das mit dem Schlüsselwort «interface» gekennzeichnet ist.

Sichtbarkeit *(visibility)* Die Sichtbarkeit legt fest, ob auf →Attribute und →Operationen außerhalb ihrer →Klasse zugegriffen werden kann. Auch für →Assoziationen kann die Sichtbarkeit definiert werden. Die UML unterscheidet die folgenden Sichtbarkeiten: *public* = sichtbar für alle Klassen, *protected* = sichtbar innerhalb der Klasse und für alle Spezialisierungen dieser Klasse, *private* = sichtbar nur innerhalb der Klasse, *package* = sichtbar nur innerhalb des zugehörigen Pakets.

Signatur *(signature)* Die Signatur einer →Operation besteht aus der Sichtbarkeit, dem Namen der Operation, der Parameterliste, dem Ergebnistyp der Operation und einer Liste von Eigenschaftswerten. Die Parameterlsite kann mehrere Parameter enthalten, die durch Komma getrennt werden. Für jeden Parameter können die Richtung (*in, out, inout, return*), der Name, der Typ, die Multiplizität und die Eigenschaftswerte spezifiziert werden.

Vorbedingung *(precondition)* Die Vorbedingung beschreibt, welche Bedingungen vor dem Ausführen einer Verarbeitung erfüllt sein müssen, damit die Verarbeitung wie definiert ausgeführt werden kann.

Das Konzept der Klasse wird im Entwurf um parametrisierte Klassen und Schnittstellen erweitert. Für Attribute und Operationen wird die Notation um Sichtbarkeiten erweitert. Bei Operationen kann die komplette Signatur angegeben werden. Im OOD-Klassendiagramm empfehlen sich die Kurzformen Sichtbarkeit attributname: Attributtyp und Sichtbarkeit operationsname(). Komponenten ermöglichen über klar definierte Schnittstellen einen einfachen Austausch in Implementierung und Betrieb. Ihr Zusammenwirken wird im Komponentendiagramm dargestellt.

Aufgabe
10 Minuten

1 *Lernziel: Objektorientierte Konzepte des Entwurfs kennen.*
a Welche Vorteile besitzt eine parametrisierte Klasse?
b Was ist der Unterschied zwischen einer Schnittstelle und einer abstrakten Klasse in der UML?
c Wann verwenden Sie eine abstrakte Operation?
d Wie können die Schnittstellen einer Komponente dargestellt werden?

Aufgabe
10 Minuten

2 *Lernziel: Objektorientierte Notation des Entwurfs anwenden können.*
Spezifizieren Sie folgende Problemstellungen als OOD-Klassendiagramm und als Objektdiagramm.
a Wenn ein Patient (in einer Arztpraxis) behandelt wird, dann sollen die letzten 10 Behandlungen angezeigt werden.
b Ein Artikel wird von einem oder mehreren Lieferanten bezogen. Ein Lieferant liefert im Normalfall mehrere Artikel. Es soll eine Liste aller Artikel erstellt werden, die für jeden Artikel alle zugehörigen Lieferanten enthält. Außerdem soll für einen beliebigen Lieferanten eine Liste aller von im gelieferten Artikel erstellt werden.

Aufgabe
20 Minuten

3 *Lernziele: Parametrisierte Klassen entwerfen und Signaturen in UML spezifizieren können.*
Entwerfen Sie parametrisierte Klassen für folgende Probleme und geben Sie die grafische Darstellung der Klassen einschließlich der vollständigen Signaturen in UML-Notation an. Verwenden Sie für die einfachen Attributtypen die Java-Typen.
a Liste (geordnete Kollektion) mit folgenden Operationen:
  – Einfügen *(insert)* eines Elements am Ende der Liste,
  – Entfernen *(remove)* eines Elements an der angegebenen Position,
  – Lesen *(retrieve)* eines Elements an der angegebenen Position.
b Menge (ungeordnete Kollektion ohne Duplikate) mit folgenden Operationen:

- Einfügen *(insert)* eines Elements,
- Prüfung auf Enthaltensein *(containsElement)* eines Elements,
- Bilden des Durchschnitts zweier Mengen *(createIntersection)*,
- Prüfen, ob eine Menge echte Teilmenge einer anderen Menge ist *(isProperSubset)*.

Berücksichtigen Sie bei dieser Aufgabe keine Fehlerbehandlung.

4 *Lernziele: Komponentendiagramme erstellen können.*
Erstellen Sie ein Komponentendiagramm mit den folgenden Komponenten und den jeweils angegebenen Schnittstellen, die diese Komponenten zur Verfügung stellen und benutzen:

Aufgabe
10 Minuten

- OnlineReservierung: benutzt Reservierung
- Zimmerbelegung: bietet Zimmeranfrage und Buchung
- Preisberechnung: bietet Preisliste und Sonderangebote
- Zimmerreservierung: bietet Stornierung und Reservierung, benutzt Zimmeranfrage, Buchung, Preisliste und Sonderangebote.

6 Konzepte und Notation des objektorientierten Entwurfs (Statische Konzepte)

- Erklären können, wie die Notation der Assoziation im Entwurf erweitert wird.
- Erklären können, was Polymorphismus ist und welche Vorteile er mit sich bringt.
- Erklären können, was Mehrfachvererbung ist.
- Verstehen, wie die Konzepte Assoziation, Polymorphismus, Generalisierung und Paket in C++ und Java umgesetzt werden.
- Polymorphismus anwenden können.
- OOD-Klassendiagramme erstellen können.
- OOD-Paketdiagramme erstellen können.

verstehen

anwenden

- Die objektorientierten Konzepte der Analyse und die UML-Notation aus Kapitel 2 müssen bekannt sein.
- Sie sollten Kapitel 6.1 bis 6.4 durchgearbeitet haben.
- In diesem Kapitel werden grundlegende Programmierkenntnisse vorausgesetzt. Ein Basiswissen in einer objektorientierten Programmiersprache erleichtert das Verständnis.

6.5 Assoziation

Im OOA-Modell spezifiziert eine **Assoziation**, welche Klassen sich kennen bzw. zwischen welchen Objekten Beziehungen existieren. Binäre Assoziationen werden meistens durch eine Linie dargestellt, an deren Enden die Multiplizitäten angetragen werden. Die Assoziation kann mit einem Namen beschriftet werden und an jedes Assoziationsende kann ein Rollennamen angetragen werden.

Navigierbarkeit

Im Entwurf wird für Assoziationen zusätzlich die **Navigierbarkeit** *(navigability)* modelliert. Besteht zwischen zwei Klassen A und B eine Assoziation und ist diese Assoziation von A nach B navigierbar, dann bedeutet dies, dass Objekte von A auf Objekte von B zugreifen können, aber nicht umgekehrt. In welchen Richtungen eine Assoziation navigierbar ist, wird durch die notwendigen Zugriffe im Klassendiagramm bei der Ausführung der Operation bestimmt.

Beispiel

In der Abb. 6.5-1 muss im grauen Modell nur von einer Abteilung auf ihre Angestellten zugegriffen werden. Daher reicht es aus, die Assoziation in dieser Richtung zu spezifizieren. Man spricht von einer unidirektionalen oder gerichteten Assoziation.

Im blauen Modell soll für einen Mitarbeiter zusätzlich ein Ausweis gedruckt werden. Dafür ist ein Zugriff auf die zugehörige Abteilung erforderlich. In diesem Fall muss die Assoziation in beiden Richtungen modelliert werden und es liegt eine bidirektionale Assoziation vor. Die Richtung, in der die Assoziation realisiert werden muss, wird im Klassendiagramm mit einer Pfeilspitze gekennzeichnet.

Abb. 6.5-1:
Navigierbarkeit
einer Assoziation

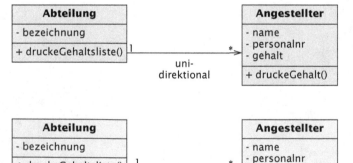

Notation
Navigierbarkeit

Die UML 2 ermöglicht es, die Navigierbarkeit genau zu spezifizieren. In der Abb. 6.5-2 kennzeichnet eine einfache Linie zwischen den Klassen K1 und K2, dass die Navigierbarkeit unspezifiziert ist. Zwischen den Klassen K3 und K4 sagt die Pfeilspitze aus, dass K3-Objekte eine Referenz auf K4-Objekte besitzen, während die andere

Richtung – noch – undefiniert ist. Hier handelt es sich um eine unidirektionale oder gerichtete Assoziation von K3 nach K4. Es ist auch
möglich, die Navigierbarkeit explizit auszuschließen. Zwischen den
Klassen K5 und K6 sagt das »x« aus, dass K6-Objekte *keine* Referenz
auf K5-Objekte besitzen. Zwei Pfeilspitzen zwischen den Klassen K7
und K8 spezifizieren eine bidirektionale Assoziation, d.h., Objekte
von K7 besitzen eine Referenz auf Objekte von K8 und umgekehrt.

Abb. 6.5-2:
Notation für
Navigierbarkeit

Die Navigierbarkeit einer Assoziation kann auch im Objektdia-   Objektdiagramm
gramm eingetragen werden. Auch hier wird die Navigierbarkeit
durch eine Pfeilspitze modelliert. Abb. 6.5-3 zeigt die uni- und bidirektionale Assoziation der Abb. 6.5-1 auf Objektebene. Das graue
Modell beschreibt, dass ein Objekt der Klasse Abteilung zwei Mitarbeiter-Objekte kennt. Im blauen Objektdiagramm ist eine bidirektionale Objektbeziehung dargestellt.

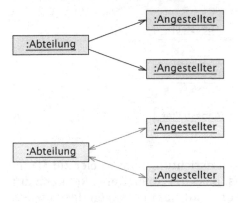

Abb. 6.5-3:
Navigierbarkeit im
Objektdiagramm

Die Angabe der Navigierbarkeit ist für die spätere Programmie-   Realisierung
rung von Bedeutung. Die Implementierung einer bidirektionalen
Assoziation ist komplexer als die einer unidirektionalen Assoziation.
Beispielsweise muss beim Löschen eines Objekts darauf geachtet
werden, dass auch der Zeiger auf dieses Objekt im assoziierten Objekt entfernt wird.
Jede Richtung einer Assoziation kann mittels Zeigern *(pointern)*
oder Referenzen zwischen Objekten realisiert werden. Dann kennt

jedes Objekt seine assoziierten Objekte. Durch die Operationen muss sichergestellt werden, dass alle Objektbeziehungen konsistent auf- und abgebaut werden. Eine Multiplizität von 0..1 oder 1 wird dabei durch einen einzelnen Zeiger realisiert. Liegt eine Multiplizität größer 1 vor, dann muss eine Menge von Zeigern gespeichert werden. Wenn keine Ordnung definiert ist, dann können *Container*-Klassen wie *Set, Bag* etc. verwendet werden. Bei einer geordneten Assoziation (siehe unten) muss zur Realisierung eine *Container*-Klasse verwendet werden, die eine Ordnung ihrer Elemente ermöglicht (z.B. *Array, Vector*).

Beispiel In der Abb. 6.5-4 realisieren wir die Assoziation zwischen Abteilung und Angestellter als bidirektionale Assoziation mittels Zeigern. Jeder Angestellte referenziert genau eine Abteilung. Jede Abteilung besitzt eine Menge von Zeigern auf Angestellte. Beim Erfassen eines neuen Angestellten muss die Objektbeziehung zu einer Abteilung aufgebaut werden. Existiert die gewünschte Abteilung nicht, dann muss das Objekt erst erzeugt werden. Außerdem muss in der zugewiesenen Abteilung ein Zeiger auf den neuen Angestellten gespeichert werden. Beim Löschen eines Angestellten ist nicht nur das betreffende Objekt zu löschen, sondern in der zugehörigen Abteilung muss der Zeiger auf diesen Angestellten entfernt werden.

Abb. 6.5-4:
Realisierung einer
bidirektionalen
Assoziation mittels
Zeigern

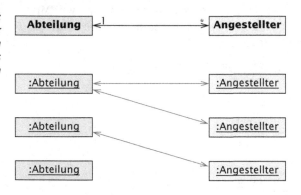

Multiplizität
spezifizieren   Die Spezifikation einer Navigationsrichtung vom Spieler zur Mannschaft in der Abb. 6.5-5 sagt aus, dass der Spieler eine Referenz auf die Mannschaft besitzen *muss* und mit dem Erzeugen des Spielers auch das Mannschaftsobjekt erzeugt werden muss. Da es zur Mannschaft mindestens ein Objekt der Klasse Spiel geben muss, ist auch noch dieses Objekt zu erzeugen. Das Erzeugen aller beteiligten Objekte und das Setzen der Referenzen in beiden Richtungen muss softwaretechnisch eine untrennbare Einheit bilden. Durch das Erzeugen des ersten Objekts entsteht also eine Art Ripple-Effekt, der das Erzeugen weiterer Objekte nach sich zieht. Durch Assoziationen, die in beiden Richtungen navigierbar sind und auf beiden Seiten eine

Multiplizität größer gleich 1 besitzen verstärkt sich dieser Effekt noch. Das in der Abb. 6.5-5 unten stehende Modell bietet dagegen mehr Flexibiltät. Hier kann eine neue Mannschaft angelegt und im System gespeichert werden. Die Zuordnung der Spieler und der Spiele kann später erfolgen. Umgekehrt können neue Spieler im System gespeichert werden und die Referenz auf die Mannschaft zu einem beliebigen Zeitpunkt gesetzt werden.

Ist eine Assoziation in einer Richtung *nicht* navigierbar (Angabe von X), dann kann die Angabe der Multiplizitäten entfallen, da sie vom Programmierer nicht benötigt werden.

Abb. 6.5-5: Multiplizität für navigierbare Assoziationen

Auch bei **Aggregation** und **Komposition** kann die Navigierbarkeit spezifiziert werden. Dabei sollte die Richtung vom Ganzen zu seinen Teilen modelliert werden, denn das Ganze muss Zugriff auf seine Teile haben. Die Navigierbarkeit von den Teilen zum Ganzen wird gewöhnlich nicht modelliert.

Navigierbarkeit Aggregation/ Komposition

Bei der Komposition sind das Ganze und seine Teile softwaretechnisch in vielen Fällen als Einheit zu betrachten. Das Erzeugen und der Zugriff auf die Teile erfolgen immer über das Aggregatobjekt, d.h. das Ganze. Wenn für das Ganze bestimmte Zugriffsrechte gegeben werden, dann müssen sie – meist – auch an alle seine Teile gegeben werden. Analog wird beispielsweise beim Sperren/Entsperren, Kopieren, Archivieren, Drucken etc. verfahren. Abb. 6.5-6 zeigt eine navigierbare Komposition.

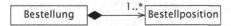

Abb. 6.5-6: Navigierbare Komposition

In der Programmiersprache C++ kann eine Komposition außer über Zeiger *(by reference)* auch über echtes physisches Enthaltensein *(by value)* realisiert werden. Die Abb. 6.5-7 zeigt beide Möglichkeiten in C++. Eine *by value*-Realisierung besitzt den Vorteil, dass die Teile automatisch mit dem Ganzen erzeugt bzw. gelöscht werden. Auch das Kopieren des Aggregatobjekts bezieht sich immer automatisch auf seine Teile. Bei einer *by reference*-Realisierung muss das Erzeugen und Löschen der Teile durch den Konstruktor bzw. Destruktor durchgeführt werden. Beim Kopieren muss die entsprechende Operation auch das Kopieren der Teile realisieren.

Komposition in C++

Abb. 6.5-7:
Realisierung der
Komposition

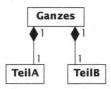

```
class Ganzes
{ TeilA einTeilA;
  TeilB* einTeilB;

public:
  Ganzes()
  { einTeilB = new TeilB;}
  ~ Ganzes()
  {delete einTeilB;}
};
```

Sichtbarkeit

Kapitel 6.2

Die objektorientierten Programmiersprachen kennen das Konzept der Assoziation nicht. Deshalb werden die Enden einer Assoziation als Attribut realisiert (vgl. Kap. 6.2). Aus diesem Grund ist es sinnvoll, auch für Assoziationsenden die **Sichtbarkeit** *(visibility)* zu spezifizieren. Diese Angaben werden vor den Rollennamen geschrieben. Abb. 6.5-8 zeigt die verschiedenen Sichtbarkeiten, die analog zu den Attributen definiert sind. `Klasse2` besitzt in der Assoziation zu `Klasse1` den Rollennamen `rolle`, vor dem die alternativen Sichtbarkeiten angegeben sind. Alternativ könnte `rolle` mit dem Typ `Klasse2` als Attribut von `Klasse1` modelliert werden.

Abb. 6.5-8:
Notation für die
Sichtbarkeit bei
Assoziationsenden

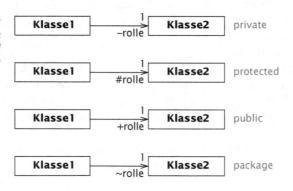

Eigenschaftswert

An das Assoziationsende kann bei Bedarf ein **Eigenschaftswert** *(property string)* angetragen werden. Diese Spezifikationen wirken nur auf dasjenige Assoziationsende, bei dem sie angetragen sind. Die UML bietet folgende Eigenschaftswerte standardmäßig an:

- `{readOnly}`: definiert, dass ein einmal assoziiertes Objekt nicht mehr gelöscht oder durch ein anderes ersetzt werden kann.
- `{subsets <Eigenschaft>}`: beschreibt eine Teilmenge von Objektbeziehungen (siehe Kap. 2.5).

Kapitel 2.5

- `{union}`: definiert, dass dieses Assoziationsende die Vereinigungsmenge aller Assoziationen bildet, die mit `subsets` gekennzeichnet sind.
- `{redefines <Rollenname>}`: definiert das Assoziationsende als Redefinition eines anderen Assoziationsendes.

- {ordered}: definiert eine Ordnung auf der Menge der Objektbeziehungen (siehe Kap. 2.5).
- {bag}: definiert, dass ein Objekt mehrmals in einer Menge von Objektbeziehungen vorkommen darf.
- {sequence}, {seq}: definiert die Kombination von {ordered} und {bag}, d.h., ein Objekt kann mehrmals in einer Menge von Objektbeziehungen vorkommen, wobei die Objekte zusätzlich geordnet sind.

Abb. 6.5-9 modelliert, dass die Bestellpositionen innerhalb einer Bestellung geordnet sind. Diese Forderung wird durch den Eigenschaftswert {ordered} ausgedrückt. Ein und derselbe Artikel könnte in mehreren Bestellpositionen vorkommen. Eine Bestellung, die normalerweise mehrere Artikel enthält, kann daher einen bestimmten Artikel mehrmals enthalten, was durch den Eigenschaftswert {bag} spezifiziert wird.

Kapitel 2.5

Beispiel 1

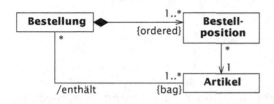

*Abb. 6.5-9:
Eigenschaftswerte
{ordered} und
{bag} für Assoziationen*

Beim Flugzeug der Abb. 6.5-10 wird die Menge der Fluggäste in First-, Business- und Tourist-Passagiere unterteilt. Da es keine anderen Fluggäste gibt, bildet passagiere die Vereinigungsmenge.

Beispiel 2

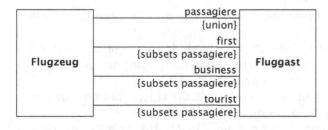

*Abb. 6.5-10:
Eigenschaftswerte
{subsets} und
{union} für
Assoziationen*

Abb. 6.5-11 zeigt die Notation für Assoziationen im Überblick. An die Assoziation können angetragen werden:

- Name der Assoziation, der zentriert an die Linie geschrieben wird.
- Ausgefülltes Dreieck, das die Leserichtung des Namens angibt. Dieses Dreieck wir meistens nur eingetragen, wenn *keine* Leserichtung von links nach rechts gilt.
- »/« für eine abgeleitete Assoziation, der vor den Namen geschrieben wird. Unbenannte abgeleitete Assoziationen besitzen nur einen »/«.

*Notation der
Assoziation*

289

An jedes Assoziationsende können angetragen werden:

- Multiplizitäten: m1..m2 mit 0 <= m1 <= m2 <= * (unendlich). 0..* ist identisch mit *. Gilt m1 = m2, dann reicht die Angabe m2.
- Navigierbarkeit: < oder > (Navigationsrichtung), x (nicht navigierbares Assoziationsende), keine Angabe (Navigationsrichtung ist unspezifiziert)
- Rollenname
- Sichtbarkeit *(visibility)*: – *(private)*, # *(protected)*, + *(public)*, ~ *(package)*
- Eigenschaftswert *(property string)*: {readOnly}, {subsets <Eigenschaft>}, {union}, {redefined}, {ordered}, {bag}, {sequence}

Abb. 6.5-11:
Notation für
Assoziationen

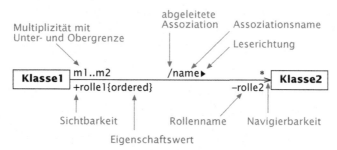

Abb. 6.5-12 zeigt weitere Notationselemente und verschiedene Arten von Assoziationen.

- Binäre Assoziationen werden im Normalfall durch eine durchgezogene Linie dargestellt.
- Ternäre und höherwertige Assoziationen werden mit Hilfe des Diamanten modelliert.
- Die Aggregation beschreibt eine *whole-part*-Beziehung zwischen den beteiligten Klassen einer binären Assoziation.
- Die Komposition ist eine stärkere Form der Aggregation, in der das Ganze Verantwortung für seine Teile übernimmt und jedes Teil zu höchstens einem Ganzen gehören darf.
- Assoziationsklassen besitzen sowohl die Eigenschaften einer Klasse als die einer Assoziation.
- Zwischen Assoziationen können Einschränkungen *(constraints)* existieren, z.B. {xor}.

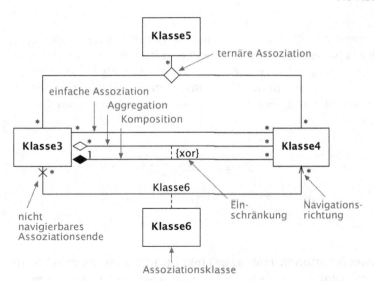

Als Beispiel wird die bidirektionale Assoziation der Abb. 6.5-1 realisiert. Die Basisoperationen `link()`, `unlink()` und `getlink()` müssen in C++ implementiert werden. Die Operation `getlink()` gibt hier die ermittelte OID als Referenzparameter statt als Ergebnisparameter zurück (d.h. `Abteilung* getlink()`). Dadurch kann in C++ das Konzept des Überladens ausgenutzt werden, wenn Assoziationen zu mehreren Klassen bestehen.

*Assoziation in
C++*

Multiplizität maximal 1

```
class Angestellter
{ protected:
     Abteilung* arbeitetIn;
  public:
       void link (Abteilung* abt);    //Erstellen einer
                                       //Objektbeziehung
       void unlink (Abteilung* abt); //Loeschen einer
                                       //Objektbeziehung
       void getlink (Abteilung* &abt); //Lesen einer
                                       //Objektbeziehung
};
void Angestellter::link (Abteilung* abt)
{ arbeitetIn = abt;
}
void Angestellter::unlink (Abteilung* abt)
{ ...
  arbeitetIn = NULL;
}
void Angestellter::getlink (Abteilung* &abt)
{ abt = arbeitetIn;
}
```

Multiplizität größer als 1

Eine Menge von Objekten lässt sich elegant mit einer parametrisierten Klasse verwalten. Wir verwenden hier die parametrisierte
Klasse VectorBag. Sie verwaltet eine Menge von Zeigern auf Objekte einer noch zu bestimmenden Klasse und stellt unter anderem
die Operationen addElement(), delElement() und getElement() zur
Verfügung.

```
template <class VObject>
class VectorBag
{//verwaltet Referenzen (Zeiger) auf Objekte von VObject
   ...
   virtual void addElement (VObject* Obj);
   void delElement (int pos);
   VObject* getElement (int pos);
};
```

Die Basisoperationen link(), unlink() und getlink() müssen in
C++ implementiert werden. Die Operation getlink() wurde hier so
implementiert, dass sie immer nur eine Objektbeziehung liest.
Alternativ wäre eine Realisierung möglich, die alle Objektbeziehungen einer Assoziation in einem Aufruf ermittelt.

```
class Abteilung
{protected:
   VectorBag <Angestellter> Mitarbeiter;
 public:
   void link (Angestellter* ang);
   void unlink (Angestellter* ang);
   int getlink (Angestellter* &ang, int pos); //=0, wenn ok
};
void Abteilung::link (Angestellter* ang)
{ Mitarbeiter.addElement (ang);
}
void Abteilung::unlink (Angestellter* ang)
{ ...
   Mitarbeiter.delElement (ang);
}
int Abteilung::getlink (Angestellter* &ang, int pos)
{ ...
   ang = Mitarbeiter.getElement (pos);
   ...
}
```

***Assoziation in
Java***

Analog zu C++ realisieren wir als Beispiel die bidirektionale Assoziation der Abb. 6.5-1. Die Operation getlink() gibt bei dieser
Implementierung die Referenz eines Objekts als Ergebnisparameter zurück. Gehen von der Klasse Angestellter mehrere Assoziationen aus, dann sind für die *getlink*-Operationen Namen wie get-
linkAbteilung() zu verwenden, da der Ergebnisparameter beim
Überladen von Operationsnamen nicht berücksichtigt wird.

Multiplizität maximal 1

```
class Angestellter
{ protected Abteilung arbeitetIn;

  public void link (Abteilung abt)
  { arbeitetIn = abt;
  }
  public void unlink (Abteilung abt)
  { ...
     arbeitetIn = null;
  }
  public Abteilung getlink ()
  { return arbeitetIn;
  }
}
```

Multiplizität größer als 1

In Java kann man die vorhandene Klasse Vector verwenden, um eine Menge von Objekten zu verwalten. Sie bietet unter anderem die Operationen addElement(), removeElement() und elementAt().

```
class Abteilung
{ protected Vector Mitarbeiter;   //verwaltet eine Menge von
                                  //Referenzen

  public void link (Angestellter ang)
  {Mitarbeiter.addElement (ang);
  }
  void unlink (Angestellter ang)
  {Mitarbeiter.removeElement (ang);
  }
  Angestellter getlink (int pos)
  {Angestellter ang;
   ...
   ang = (Angestellter) Mitarbeiter.elementAt (pos);
   return ang;
  }
}
```

6.6 Polymorphismus

Ein wichtiges Konzept des objektorientierten Paradigmas ist der Polymorphismus (bzw. die Polymorphie). Das Konzept des Polymorphismus ist in der Analyse von untergeordneter Bedeutung und kann erst im Entwurf und in der Implementierung richtig genutzt werden.

Mit kaum einem Konzept der objektorientierten Softwareentwicklung haben Lernende so viele Probleme wie mit dem Polymorphismus. Das hat meines Erachtens mehrere Ursachen. Zum einen wird der Begriff von verschiedenen Autoren oft unterschiedlich beschrieben, zum anderen spielen hier mehrere Konzepte zusammen. Und schließlich spielt auch die verwendete Programmiersprache dabei eine Rolle, wie Polymorphismus verstanden wird.

Definition   Der **Polymorphismus** *(polymorphism)* ermöglicht es, den gleichen Namen für gleichartige Operationen zu verwenden, die auf Objekten verschiedener Klassen auszuführen sind. Der Sender muss nur wissen, dass ein Empfängerobjekt das gewünschte Verhalten besitzt; er muss nicht wissen, zu welcher Klasse das Objekt gehört. Dieser Mechanismus ermöglicht es, flexible und leicht änderbare Softwaresysteme zu entwickeln. Das Gegenteil von Polymorphismus ist Monomorphismus. Er ist in allen Programmiersprachen vorhanden, die sowohl eine strenge Typisierung als auch eine frühe Bindung (zur Übersetzungszeit) besitzen.

Beispiel   Wir gehen von der Generalisierungsstruktur der Abb. 6.6-1 aus. Des Weiteren deklarieren wir einen Zeiger pGrafik.
Grafikobjekt* pGrafik;
Dann kann der Operationsaufruf pGrafik->zeichnen() völlig unterschiedliche Wirkungsweisen besitzen. Gilt pGrafik=new Kreis, dann wird die Operation Kreis.zeichnen() aktiviert. Gilt pGrafik=new Rechteck, dann wird Rechteck.zeichnen() ausgeführt.

Abb. 6.6-1:
Beispiel zum
Polymorphismus

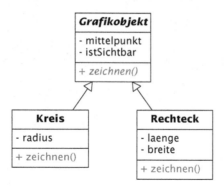

Wie das obige Beispiel zeigt, wird erst zur Laufzeit des Programms bestimmt, ob der Zeiger pGrafik auf ein Kreis- oder ein Rechteck-Objekt zeigt. Man spricht daher von später oder dynamischer Bindung. Polymorphismus und **spätes Binden** *(late binding)* sind untrennbar verbunden. Ist zur Übersetzungszeit die Klasse des Objekts nicht bekannt, dann kann zu diesem Zeitpunkt noch nicht bestimmt werden, welche Operation ausgeführt wird. Spätes Binden bedeutet, dass eine Operation erst zur Ausführungszeit an ein bestimmtes Objekt gebunden wird. Wir sprechen auch von einer **polymorphen Operation**. Das späte Binden ist in den objektorientierten Programmiersprachen unterschiedlich realisiert. Während in C++ Operationen explizit als polymorph deklariert werden müssen, sind in Java und Smalltalk alle Operationen automatisch polymorph.

Polymorphismus bedeutet, dass dieselbe Botschaft an Objekte verschiedener Klassen gesendet werden kann und dass die Empfängerobjekte jeder Klasse auf ihre eigene – evtl. ganz unterschiedliche – Art darauf reagieren. Das bedeutet, dass der Sender einer Botschaft nicht wissen muss, zu welcher Klasse das Empfängerobjekt gehört /Wirfs-Brock 90/.

Polymorphismus-Definitionen

Wirfs-Brock

Ein Name (z.B. eine Variablendeklaration) kann Objekte verschiedener Klassen bezeichnen, die durch eine gemeinsame Oberklasse verbunden sind. Jedes Objekt, das durch diesen Namen bezeichnet wird, kann auf die gleiche Botschaft auf seine eigene Art und Weise reagieren /Booch 94b/.

Booch

Nach /Eisenecker 95/ bedeutet Polymorphismus, »dass ein Objekt in unterschiedlichen Erscheinungsformen auftreten und eine Variable verschiedenartige Objekte aufnehmen kann.«

Eisenecker

Wird eine Botschaft an ein Objekt gesendet, dann wird sowohl durch die Botschaft als auch durch das Empfänger-Objekt bestimmt, welche Operation ausgeführt wird. Verschiedene Objekte, die auf die gleiche Botschaft reagieren, können daher unterschiedliche Implementierungen der Operationen, die diese Botschaft realisieren, besitzen. Dynamisches Binden *(dynamic binding)* bedeutet, dass einer Botschaft erst zur Laufzeit eine entsprechende Klasse zugeordnet wird. Dynamisches Binden ermöglicht es Ihnen, Objekte mit identischen Schnittstellen während der Laufzeit beliebig auszutauschen. Diese Austauschbarkeit wird als Polymorphismus bezeichnet /Gamma et al. 95/.

Gamma

Die Anwendung des Polymorphismus macht umfangreiche *switch*-Anweisungen, in denen entsprechend dem Objekttyp eine Aktion ausgelöst wird, überflüssig. Das Vorhandensein solcher *switch*-Anweisungen ist ein Indiz dafür, dass der Polymorphismus nicht angewendet wurde. Bei herkömmlicher strukturierter Programmierung (z.B. in C) wäre für obiges Beispiel folgende Konstruktion notwendig:

```
enum Grafikart {istRechteck, istKreis};
void zeichnenGrafik (Grafik Grafikdaten)
switch (Grafikdaten.Art)

  { case istRechteck: zeichnenRechteck(Grafikdaten); break;
    case istKreis: zeichnenKreis(Grafikdaten); break;
  }
```

Interpretationen des Begriffs Polymorphismus

Cardelli und Wegner haben 1985 für die verschiedenen Formen des Polymorphismus die in der Abb. 6.6-2 beschriebene Systematik aufgestellt /Blair et al. 91/.

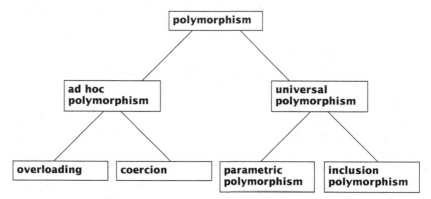

Überladen (*overloading*) erlaubt Operationen mit demselben Namen – jedoch unterschiedlicher Semantik und Implementierung – für Objekte verschiedener Klassen zu verwenden. Beispielsweise kann die Addiere-Operation sowohl für ganze Zahlen (5 + 2 → 7) als auch für Zeichenketten (»alpha« + »bet« → »alphabet«) definiert sein. Diese Form des Polymorphismus wurde schon in den frühen Programmiersprachen in beschränktem Umfang angewendet. In den objektorientierten Sprachen wurde dieses Konzept systematisch weiterentwickelt und allgemein verfügbar gemacht. **Coercion** ist seit langem bekannt. Sprachen, die diese Form des Polymorphismus unterstützen, erlauben bestimmte Typumwandlungen. Ist beispielsweise die Addition für zwei reelle Zahlen definiert und werden bei deren Anwendung eine ganze und eine reelle Zahl verwendet, dann wird die ganze Zahl automatisch in eine reelle umgewandelt. Die beiden genannten Formen werden von Cardelli und Wagner als **Ad-hoc-Polymorphismus** bezeichnet, denn sie sind immer nur für bestimmte Typen der Programmiersprache definiert. Wir wollen das polymorphe Verhalten jedoch auf beliebig viele Typen anwenden können. Die beiden nächsten Formen des Polymorphismus werden daher auch als **universeller Polymorphismus** bezeichnet. **Parametrischer Polymorphismus** (generischer Polymorphismus, *parametric polymorphism*) liegt vor, wenn eine Funktion, die nur einmal programmiert ist, mit verschiedenen Typen arbeiten kann. Die Funktion besitzt Typen als Parameter, d.h., die Argumente der Funktion können von unterschiedlichem Typ sein. Wir sprechen von einer parametrischen oder generischen Funktion. Allgemein ausgedrückt bedeutet parametrischer Polymorphismus, die Fähigkeit ein »Stück Software« mit einem oder mehreren Typen zu parametrisieren. /Eisenecker 95/

spricht hier auch von signaturgebundenem Polymorphismus. Es ist die einzige Art des Polymorphismus in Smalltalk (hier sind alle Operationen generisch) und entspricht in C++ den parametrisierten Klassen *(templates)*. Diese Art des Polymorphismus bietet maximale Flexibilität. Sie birgt jedoch die Gefahr, Fehlermeldungen der Art *»message not understood«* zu erhalten. Auch beim **inklusionsbasierten Polymorphismus** *(inclusion polymorphism)* kann eine Funktion mit mehreren Typen arbeiten, wobei allerdings eine Einschränkung auf Untertypen *(subtypes)* besteht. Eine Funktion, die für einen bestimmten Typ definiert ist, kann auch mit jedem Untertyp dieses Typs arbeiten. /Eisenecker 95/ spricht hier von generalisierungsgebundenem Polymorphismus. Diese Form des Polymorphismus schließt aus, dass ein Objekt eine Botschaft zur Laufzeit unerwarteterweise nicht versteht. Sie erzwingt jedoch die Definition von Klassen, die lediglich als Schnittstellen für abgeleitete Klassen dienen.

Das folgende Beispiel von Eisenecker /Eisenecker 98/ zeigt sehr anschaulich den Unterschied zwischen generalisierungs- und signaturgebundenem Polymorphismus. Obwohl in der Signatur der Funktion hallo() nur die Klasse A aufgeführt ist, wird beim generalisierungsgebundenen Polymorphismus die Operation gruesse() auch auf die Unterklasse B angewendet, wenn der Aufruf hallo(B()) erfolgt. Beim signaturgebundenen Polymorphismus wird der formale Parameter wahlweise an die Klasse A bzw. an die Klasse B gebunden. Beide Programme erzeugen die Bildschirmausgabe: »Gruesse von A« und »Gruesse von B«.

Beispiel

```
//Generalisierungsgebundener Polymorphismus in C++
#include <iostream.h>

class A
{public:
    virtual void gruesse () const;
};
class B: public A
{public:
    virtual void gruesse () const;
};

void A::gruesse () const
{ cout << »Gruesse von A« <<endl;
}
void B::gruesse () const
{ cout <<»Gruesse von B« << endl;
}
```

```
void hallo (const A& partner) //normale Funktion
{ partner.gruesse ();
}
void main()
{ hallo (A());
  hallo (B());
}
```

Und nun das analoge Beispiel zum signaturgebundenen Polymorphismus.

```
//Signaturgebundener Polymorphismus in C++
#include <iostream.h>

class A
{public:
   void gruesse () const;
};
class B
{public:
   void gruesse () const;
};

void A::gruesse () const
{ cout << »Gruesse von A« <<endl;
}
void B::gruesse () const
{ cout <<»Gruesse von B« << endl;
}
template <class T>          //normales Funktionstemplate
void hallo (const T& partner)
{ partner.gruesse ();
}
void main()
{ hallo (A());
  hallo (B());
}
```

Polymorphismus
in C++

Polymorphe Operation

■ Operationen sind nur polymorph, wenn sie als virtual deklariert werden. Dann werden die Referenzen erst zur Laufzeit aufgelöst. Ohne dieses Schlüsselwort findet ein frühes Binden statt, d.h. eine Bindung zur Übersetzungszeit.

■ Für die Ausnutzung des Polymorphismus ist es wichtig, Zeiger oder Referenzen zu verwenden. Ein Zeiger vom Typ einer Oberklasse kann auf Objekte aller Unterklassen verweisen.

```
class Grafikobjekt
{public:
   virtual void zeichnen() = 0;
   ...
  };
```

```
class Kreis: public Grafikobjekt
{public:
   virtual void zeichnen();
   ...
};
class Rechteck: public Grafikobjekt
{public:
   void zeichnen();
   ...
};

Grafikobjekt* pGrafik;
pGrafik = new Kreis;
pGrafik->zeichnen();        //zeichnet einen Kreis
delete pGrafik;

pGrafik = new Rechteck;
pGrafik->zeichnen();        //zeichnet ein Rechteck
delete pGrafik;
```

Polymorphe Operation

■ In Java sind Operationen automatisch polymorph, d.h., die Referenzen werden erst zur Laufzeit aufgelöst.

■ Im Gegensatz zu C++ muss eine Operation – durch die Angabe von final – explizit als nicht virtuell deklariert werden. Dann kann keine Klasse diese Operation überschreiben.

Polymorphismus in Java

```
class Grafikobjekt
{ public void zeichnen();
   ...
}
class Kreis extends Grafikobjekt
{ public void zeichnen();
   ...
}
class Rechteck extends Grafikobjekt
{ public void zeichnen();
   ...
}

Grafikobjekt eineGrafik;
eineGrafik = new Kreis();
eineGrafik.zeichnen();              //zeichnet einen Kreis

eineGrafik = new Rechteck();
eineGrafik.zeichnen();              //zeichnet ein Rechteck
```

6.7 Generalisierung

Einfach- und
Mehrfachvererbung

Die **Generalisierung** ist ein zentrales Konzept der Objektorientierung und auch in allen objektorientierten Programmiersprachen anzutreffen. Hier spricht man allerdings nicht von Generalisierung, sondern von Vererbung. Bisher wurde die Generalisierung so verwendet, dass jede Klasse – mit Ausnahme der Wurzel – genau eine direkte Oberklasse besitzt. Es entsteht eine Baumhierarchie. Man spricht auch von einer **Einfachvererbung**. Generell bietet die UML auch die Möglichkeit, dass eine Klasse zwei oder mehr direkte Oberklassen besitzt. In diesem Fall liegt eine **Mehrfachvererbung** vor. Sie kann nur in der Programmiersprache C++ direkt umgesetzt werden. In Programmiersprachen wie Java ist nur eine Einfachvererbung möglich. Allerdings kann man mit Hilfe der Schnittstelle eine Art Mehrfachvererbung simulieren. Eine Schnittstelle kann zwar keine Operationen vererben, wie dies bei einer Klasse möglich ist. Sie kann jedoch die Einhaltung bestimmter Signaturen erzwingen.

Beispiel

In der Abb. 6.7-1 zeigt das obere Klassendiagramm eine »reine« Mehrfachvererbung. Die Klasse Artikellistenfenster ist eine Spezialisierung der allgemeineren Klasse Listenfenster und erbt zusätzlich die Eigenschaften der abstrakten Klasse Observer. Diese Lösung würde man beispielsweise in C++ realisieren. Das darunter stehende Klassendiagramm verwendet eine Einfachvererbung zwischen den beiden Fensterklassen. Der Observer wird nun als Schnittstelle modelliert, die von der Klasse Artikellistenfenster realisiert werden muss. So sieht eine »Mehrfachvererbung« in Java aus. Beide Klassendiagramme sind äquivalent.

Abb. 6.7-1:
Mehrfach-
vererbung mit
Klassen und
Schnittstellen

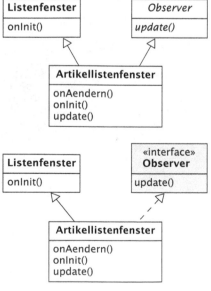

In der Anfangszeit der objektorientierten Entwicklung wurden Modelle und Programme oft so konzipiert, dass sie möglichst viele Generalisierungen bzw. Vererbungen enthielten. Heute weiß man, dass dieser Ansatz falsch ist. Vor allem die Mehrfachvererbung hat vielen Softwaresystemen mehr geschadet als genutzt. Sie birgt noch viel stärker als die Einfachvererbung die Gefahr der Spaghetti-Vererbung *(spaghetti inheritance)*. Darunter ist eine Generalisierungsstruktur zu verstehen, die ähnlich einer Spaghetti-Programmierung nur sehr schwierig zu verstehen und für die Wartung eine Katastrophe ist. Dies zeigt auch die Entwicklung neuerer objektorientierter Programmiersprachen wie Java oder C#, die keine Mehrfachvererbung enthalten. Dass es auch anders geht, zeigt das nachfolgende Beispiel von /Booch 93/. Hier sieht man deutlich, wie gut das Konzept der Mehrfachvererbung eingesetzt werden kann, wenn ein Meister am Werk ist.

Vererbung – nein danke?!

Ein interessantes Beispiel für Mehrfachvererbung enthält die Booch-Klassenbibliothek in C++. Diese Bibliothek bietet unter anderem *Container*-Klassen wie Queue, Set, Stack an. Abb. 6.7-2 zeigt deren Struktur am Beispiel der Warteschlange. Die Klasse Queue kapselt die reinen Eigenschaften der Warteschlange, bei der Elemente an einem Ende eingefügt und am anderen Ende entfernt werden. Die Klasse SimpleVector bietet die Speicherfunktionalität eines Arrays, die Klasse SimpleList die Speichermöglichkeiten der verketteten Liste an.

Beispiel

```
template <class Item> class Queue {...};
template <class Item, unsigned int size> class SimpleVector
    {...};
template <class Item> class SimpleList {...};
template <class Item, unsigned int size> class BoundedQueue:
        private SimpleVector <Item, size>,
        public Queue <Item> {...};
template <class Item, class Container> class UnboundedQueue:
        private SimpleList <Item>,
        public Queue <Item> {...};
```

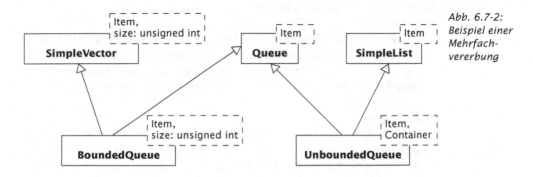

Abb. 6.7-2: Beispiel einer Mehrfachvererbung

Namenskonflikte

Bei der Mehrfachvererbung können Namenskonflikte auftreten. Das ist immer dann der Fall, wenn zwei oder mehr Oberklassen den gleichen Namen für ein Attribut oder eine Operation verwenden. Es gibt drei grundlegende Ansätze, um diesen Konflikt zu lösen /Booch 94/:

- Treten Namenskonflikte auf, dann müssen die Attribute und Operationen der Oberklassen entsprechend umbenannt werden, oder es muss auf die Mehrfachvererbung verzichtet werden.
- Attribute, die in den Oberklassen namentlich identisch sind, müssen auch vom selben Typ sein.
- Bei der Unterklasse wird durch Angabe der jeweiligen Oberklasse festgelegt, welches Attribut bzw. welche Operation geerbt werden soll. Dieser Ansatz ist in C++ realisiert.

Generalisierungs-
menge

Eine Generalisierungsstruktur kann zusätzlich durch die **Generalisierungsmenge** *(generalization set)* beschrieben werden. Sie ermöglicht die Partitionierung der Unterklassen bezüglich eines bestimmten Aspekts. Alle Unterklassen, die zur gleichen Generalisierungsmenge gehören, bilden eine Partition *(partition)*. In der Abb. 6.7-3 werden Personen einerseits nach ihrem Geschlecht und andererseits nach ihrer Beschäftigung partitioniert.

Abb. 6.7-3:
Generalisierungs-
menge und
-eigenschaften

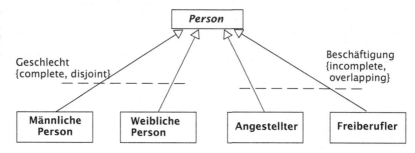

Generalisierungs-
eigenschaften

Außerdem können für Generalisierungsmengen eine Reihe von Eigenschaften definiert werden:

- *complete*
  Die Partition enthält alle denkbaren Unterklassen. Weitere Unterklassen werden aufgrund der Problemstellung nicht erwartet. In der Abb. 6.7-3 ist die Generalisierungsmenge Geschlecht vollständig, denn jede Person ist entweder eine männliche oder eine weibliche Person.
- *incomplete*
  Diese Eigenschaft beschreibt das Gegenteil von *complete*. Sie sagt aus, dass zu den angegebenen Unterklassen noch weitere Unterklassen denkbar sind. In der Abb. 6.7-3 ist die Generalisierungsmenge Beschäftigung unvollständig, denn es kann Personen geben, die weder Angestellte noch Freiberufler sind (z.B. Beamte).

302

■ *disjoint*
Kein Exemplar einer Unterklasse ist gleichzeitig Exemplar einer anderen Unterklasse der Generalisierungsmenge. In der Abb. 6.7-3 ist jede Person entweder männlich oder weiblich.

■ *overlapping*
Diese Eigenschaft beschreibt das Gegenteil von *disjoint*. Sie sagt aus, dass es Exemplare geben kann, die zu mehr als einer Unterklasse gehören. In der Abb. 6.7-3 kann es Personen geben, die sowohl als Angestellte als auch als Freiberufler tätig sind.

Für eine Generalisierungsstruktur können maximal zwei Eigenschaften spezifiziert werden, da sich complete und incomplete einerseits und overlapping und disjoint andererseits jeweils gegenseitig ausschließen. Es gibt also

■ {disjoint, incomplete}
■ {disjoint, complete}
■ {overlapping, incomplete}
■ {overlapping, complete}

Als Voreinstellung wird {disjoint, incomplete} angenommen. Abb. 6.7-4 zeigt eine alternative Notation.

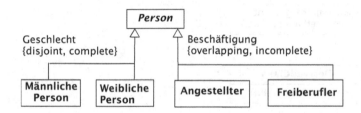

Abb. 6.7-4: Generalisierungsmenge und -eigenschaften

Von **Überschreiben** *(overriding)* bzw. **Redefinition** *(redefinition)* spricht man, wenn eine Unterklasse eine Operation der Oberklasse – unter dem gleichen Namen – neu implementiert. Dieses Konzept hat den Vorteil, dass ein Programmierer, der eine Generalisierungsstruktur benutzt, die verschiedenen (Unter-)Klassen verwenden kann und sich keine Gedanken darüber machen muss, zu welcher Unterklasse ein spezielles Objekt gehört. Diese Eigenschaft erfordert spätes Binden bzw. die Verwendung polymorpher Operationen. In der Abb. 6.7-5 verwendet der Programmierer für alle Grafikobjekte die Operation vergroessern().

Überschreiben

Beim Überschreiben einer Operation müssen die Anzahl und Typen der Ein-/Ausgabeparameter gleich bleiben. Wir sprechen von kompatiblen Operationen. In der Systemanalyse gilt diese Forderung übrigens nicht, da wir die Operationen im Analysemodell ohne Parameterschnittstellen modellieren. Wurden für die Operation der Oberklasse *pre-* und *postconditions* spezifiziert, so müssen die *pre-* und *postconditions* der neuen Operation (Unterklasse) dazu konform sein.

Abb. 6.7-5:
Überschreiben von
Operationen

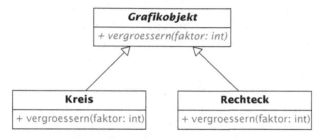

Überschreiben vs.
Überladen

Verwechseln Sie das Überschreiben nicht mit dem Überladen einer Operation. Man spricht von Überladen *(overloading)*, wenn derselbe Operationsname innerhalb einer Klasse mit verschiedenen Parameterschnittstellen verwendet wird (Abb. 6.7-6). Beim Überschreiben muss die Operation der Unterklasse kompatibel mit derjenigen der Oberklasse sein. Dabei kommt es häufig vor, dass bei der Implementierung von DerivedClass.doSomething() die gleichnamige Operation der Oberklasse aufgerufen wird. Hierdurch zeigt sich das typische Verhalten der Unterklasse als Erweiterung der Oberklasse.

Abb. 6.7-6:
Überschreiben und
Überladen von
Operationen

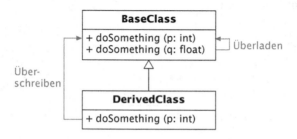

abstrakte Klassen
und Schnittstellen

Im Entwurf enthalten viele Generalisierungsstrukturen abstrakte Klassen und Schnittstellen. Der Hauptzweck einer **abstrakten Klasse** ist, gemeinsame Eigenschaften und Operationen für ihre Unterklassen verfügbar zu machen. Der Vorteil der abstrakten Klasse gegenüber der Schnittstelle ist, dass sie auch »komplette« Operationen enthalten kann, die durch eine Implementierung realisiert und an die Unterklassen vererbt werden. Der Hauptzweck einer Schnittstelle *(interface)* ist es, die Signaturen von einer oder mehreren Operationen vorzugeben, die dann durch alle Unterklassen realisiert werden.

Notation
Generalisierung

Abb. 6.7-7 zeigt die Notation für Generalisierungsstrukturen im Überblick.

■ Die Generalisierungsbeziehung wird durch eine durchgezogene Linie mit einem transparenten Dreieck dargestellt, das auf die Oberklasse zeigt.

■ Abstrakte Klassen sind durch einen kursiv geschriebenen Namen oder durch {abstract} gekennzeichnet.

- Die Generalisierungsmenge spezifiziert das Kriterium, nach dem die Generalisierungsstruktur gebildet wurde.
- Als Generalisierungseigenschaften sind möglich: {complete} oder {incomplete}, {disjoint} oder {overlapping}.

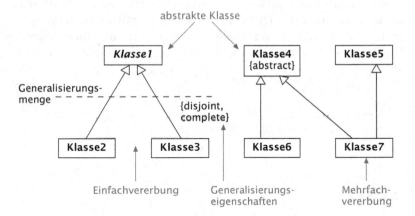

Abb. 6.7-7:
Notation für
Generalisierung

Sichtbarkeit der Oberklasse

- Eine Oberklasse bzw. Basisklasse kann in C++ als *public, protected* oder *private* deklariert werden.
- class D: public B{}
  Die Sichtbarkeit aller Attribute und Operationen von B wird unverändert von D geerbt.
- class D: protected B {}
  Die Sichtbarkeit von *public*-Attributen bzw. -Operationen aus B wird in D zu *protected.* Alle anderen Sichtbarkeiten gelten analog zu *public*-Generalisierung.
- class D: private B {}
  Die Sichtbarkeit von *public*- und *protected*-Attributen bzw. Operationen wird in D zu *private.*

Generalisierung in C++

Mehrfachvererbung

- C++ realisiert die Mehrfachvererbung.

```
class D: public B1, private B2
{...}
```

Sichtbarkeit der Oberklasse

- In Java bleiben die Sichtbarkeiten der Oberklasse in der Unterklasse stets erhalten.
- Die Generalisierung wird mittels extends definiert.

Generalisierung in Java

```
class B
{ ...}
class D extends B
{ ...}
```

Mehrfachvererbung
- In Java ist das Konzept der Mehrfachvererbung für Klassen *nicht* realisiert.
- Als Ersatzmechanismus dienen die Schnittstellen *(interfaces)*, wobei es jedoch signifikante Unterschiede gibt. Eine Schnittstelle kann nur abstrakte Operationen und Konstanten weitergeben, nicht aber Attribute und Implementierungen von Operationen. Deshalb ist sie mit der Mehrfachvererbung *nicht* gleichzusetzen.

```
class B1 { ...}
interface B2 { ...}
interface B3 { ...}
class D extends B1 implements B2, B3
{...}
```

6.8 Paket

Definition

Das Entwurfsmodell ist wesentlich umfangreicher als das Analysemodell. Dementsprechend ist das Konzept des Pakets besonders wichtig für den Entwurf. **Pakete** dienen dazu (Modell-)Elemente – insbesondere Klassen – zu Gruppen zusammenzufassen und als Ganzes zu behandeln. Pakete können ineinander geschachtelt werden, was eine Modellierung des Systems auf verschiedenen Abstraktionsebenen ermöglicht (Abb. 6.8-1).

Abb. 6.8-1:
Notation für
geschachtelte
Pakete

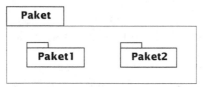

Sichtbarkeit

Für die in einem Paket enthaltenen Elemente können Sichtbarkeiten definiert werden (Abb. 6.8-2):

+: *public*-Element, ist für alle Pakete sichtbar, die das betreffende Paket importieren.

−: *private*-Element, ist nur in dem betreffenden Paket sichtbar.

Auf *public*-Elemente kann außerhalb des Pakets jederzeit durch die qualifizierten Namen zugegriffen werden, z.B. Paket::Klasse. Wird bei einem Element keine Sichtbarkeit angegeben, dann gilt implizit die Sichtbarkeit *public*.

Die Sichtbarkeiten *protected* und *package* können in Zusammenhang mit Paketelementen *nicht* verwendet werden.

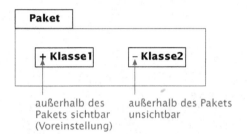

Abb. 6.8-2:
Sichtbarkeit von
Paketen

außerhalb des   außerhalb des Pakets
Pakets sichtbar   unsichtbar
(Voreinstellung)

Zwischen zwei Paketen kann eine *import*-Beziehung existieren, die durch einen gestrichelten Pfeil und das Schlüsselwort «import» oder «access» dargestellt wird. Der Pfeil zeigt auf dasjenige Paket, das importiert werden soll. Ist kein Schlüsselwort angegeben, dann gilt implizit «import». Wenn ein **Paket-Import** spezifiziert ist, dann können die Elemente des importierten Pakets im importierenden Paket ohne qualifizierenden Namen verwendet werden. | Paket-Import

Ein Paket-Import kann auch zwischen einem Paket und einem Element eines anderen Pakets existieren. Dann zeigt die Pfeilspitze direkt auf dieses Element. Das Importieren eines Pakets ist semantisch äquivalent zum Importieren jedes einzelnen Elements dieses Pakets.

Das Schlüsselwort «import» beschreibt in der Abb. 6.8-3 einen *public*-Import zwischen den Paketen P3 und P1. Die Sichtbarkeit der Klassen bleibt durch den Import voll erhalten. In P3 kann auf die Klassen K1 und K2 zugegriffen werden, ohne dass diese Klassen durch den Paketnamen P1 qualifiziert werden müssen. P3 wird selbst von einem weiteren Paket P4 importiert. In P4 kann direkt auf die Klassen K1, K2, K5 und K6 zugegriffen werden. | «import»

Das Schlüsselwort «access» kennzeichnet einen privaten Import zwischen den Paketen P3 und P2. In P3 kann auf die Klassen K3 und K4 ohne qualifizierenden Namen zugegriffen werden. Die Sichtbarkeit dieser Klassen wird in P3 privat. Daher können diese Zugriffe *nicht* über die *import*-Beziehung an P4 weitergegeben werden, sondern P4 kann nur auf die Klassen von P3 (K5, K6) und P1(K1, K2) zugreifen. | «access»

Der **Paket-*Merge*** ist ein neues Konzept der UML 2. Er ermöglicht es, dass Elemente gleichen Namens aus mehreren Paketen »gemischt« werden. Er wird durch einen gestrichelten Pfeil vom Quell- zum Zielpaket dargestellt, der mit dem Schlüsselwort «merge» beschriftet ist. | Paket-*Merge*

Beim Import zwischen einem Quell- und einem Zielpaket wird spezifiziert, dass im Quellpaket auf die Elemente des Zielpakets ohne qualifizierenden Namen zugegriffen werden kann. Elemente des Zielpakets werden beim Import *nicht* in das Quellpaket hineinkopiert. Beim *Merge* werden dagegen die Elemente des Zielpakets in das Quellpaket *kopiert* und können dann verändert werden. | *import* vs. *merge*

Abb. 6.8-3:
Import-Beziehung
zwischen Paketen

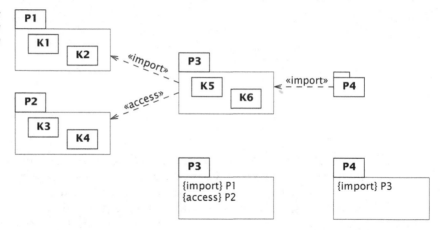

UML-Terminologie

Die UML-Spezifikation weicht hier etwas vom natürlichen Sprachgebrauch ab. Quelle und Ziel beziehen sich in der UML nur auf die Richtung des Pfeils, d.h., die Pfeilspitze zeigt immer auf das Ziel. Daher steht das Ergebnis eines *Merge* im Quellpaket zur Verfügung, und nicht, wie man erwarten würde, im Zielpaket.

einfacher
Paket-*Merge*

Allgemein gilt für den Paket-*Merge* zwischen einem Quellpaket Q (erhält nach dem *Merge* die »gemischten« Klassen) und einem Zielpaket Z (dessen Elemente werden ins Quellpaket »gemischt«):

1 Enthält das Zielpaket Z eine Klasse K und das Quellpaket Q keine Klasse dieses Namens, dann wird die Klasse K im Paket Q eingefügt.

2 Enthält Z eine Klasse K, dann wird in Q – unabhängig davon, ob Q eine Klasse K enthält – die Klasse Z::K in Q eingefügt, die eine Oberklasse der Klasse K bildet.

Abb. 6.8-4:
Einfacher
Paket-Merge

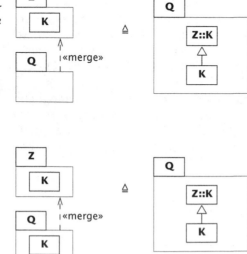

Abb. 6.8-4 zeigt diesen einfachen Paket-*Merge*. Die *Merge*-Beziehung von Q (Quellpaket) zu Z (Zielpaket) spezifiziert, dass der Inhalt von Z zum Inhalt von Q dazu gemischt werden soll. Bei dem oberen Modell enthält Q noch keine Klasse K, beim unteren Modell ist eine Klasse dieses Namens bereits vorhanden.

Abb. 6.8-5 zeigt einen komplexeren Paket-*Merge*. Der Inhalt der Pakete Z1 und Z2 soll zum Inhalt von Q gemischt werden. Es liegen folgende Regeln zugrunde:

komplexer Paket-*Merge*

1 Nach den oben beschriebenen Transformationen werden die Klassen K2 und K3 in das Paket Q eingefügt.

2 Aus dem Paket Z1 werden die Klassen Z1::K1 und Z1::K2, aus dem Paket Z2 die Klassen Z2::K1 und Z2::K3 in das Quellpaket Q eingefügt, wobei eine Generalisierung zu den dort vorhandenen Klassen gleichen Namens definiert wird. Da es die Klasse K1 sowohl in Z1 als auch in Z2 gibt, entsteht eine Mehrfachvererbung.

3 Zwischen den Klassen K1 und K2 des Zielpakets Z1 besteht eine Generalisierungsbeziehung, die in das Quellpaket Q übernommen wird.

4 Zwischen den Klassen K1 und K3 des Zielpakets Z2 besteht eine Assoziation, die in das Paket Q übernommen wird.

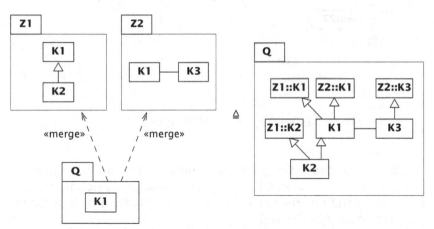

Abb. 6.8-5: Paket-Merge mit Generalisierung und Assoziation

Die Pakete und ihre Abhängigkeiten *(import, merge)* werden im **Paketdiagramm** dargestellt. Dabei dienen Paketdiagramme im OOD-Modell auch dazu, die verschiedenen Architekturschichten (Benutzungsoberfläche, Datenbankzugriffe etc.) präzise voneinander zu trennen.

Paketdiagramme

Abb. 6.8-6 zeigt die Notation für Pakete im Überblick.

Notation Pakete

■ Ein Paket fasst mehrere Elemente (z.B. Klassen) zusammen. Es kann auch weitere Pakete enthalten.

■ Für Paketelemente kann die Sichtbarkeit *public* (+) oder *private* (–) spezifiziert werden. Als Voreinstellung gilt *public*. Außerhalb des Pakets kann nur auf *public*-Elemente zugegriffen werden.

■ Der Paket-Import ermöglicht einen einfachen Zugriff auf Paketelemente ohne qualifizierenden Namen, z.B. Paket1::Klasse1.

■ Paketelemente, die mittels «import» importiert werden, bleiben *public*.

■ Paketelemente, die mittels «access» importiert werden, werden *private*.

■ Der Paket-*Merge* kopiert Elemente aus dem Zielpaket in das Quellpaket, wo sie verändert werden können.

Abb. 6.8-6:
Notation für
Pakete

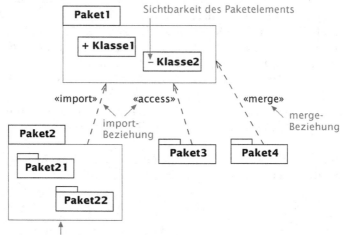

... C++

Paket in ...

In C++ gibt es das Konzept des Pakets nicht.

... Java

■ In Java ist das Paket *(package)* standardmäßig implementiert.

■ Um ein Paket zu erstellen, muss im Projektverzeichnis ein Unterverzeichnis erstellt werden, dessen Name mit dem Paketnamen übereinstimmt.

■ In dieses Verzeichnis kommen alle Klassen (je als separate Datei) des Pakets. Jede Datei beginnt mit der Zeile package Paketname;.

■ Ein vorhandenes Paket wird mit import Paketname.*; in die gewünschte Datei eingebunden.

■ Soll nur eine Klasse eines Pakets eingebunden werden, benötigt man den Befehl import Paketname.Klassenname;.

Abstrakte Klasse *(abstract class)* Von einer abstrakten Klasse können keine Objekte erzeugt werden. Die abstrakte Klasse spielt eine wichtige Rolle in → Generalisierungsstrukturen, wo sie die Gemeinsamkeiten einer Gruppe von Unterklassen definiert. Damit eine abstrakte Klasse verwendet werden kann, muss von ihr zunächst eine Unterklasse abgeleitet werden. Eine abstrakte Klasse kann auf zwei verschiedene Arten konzipiert werden: Mindestens eine Operation wird nicht spezifiziert bzw. implementiert, d.h., der Rumpf ist leer. Es wird nur die Signatur dieser Operation angegeben. Man spricht dann von einer abstrakten Operation. Alle Operationen können – wie auch bei einer konkreten Klasse – vollständig spezifiziert bzw. implementiert werden. Es ist jedoch nicht beabsichtigt, von dieser Klasse Objekte zu erzeugen.

Aggregation *(aggregation)* Eine Aggregation ist ein Sonderfall der →Assoziation. Sie liegt dann vor, wenn zwischen den Objekten der beteiligten Klassen eine Beziehung besteht, die sich als »ist Teil von« oder »besteht aus« beschreiben lässt.

Assoziation *(association)* Eine Assoziation modelliert Objektbeziehungen zwischen Objekten einer oder mehrerer Klassen. Binäre Assoziationen verbinden zwei Objekte. Eine Assoziation zwischen Objekten einer Klasse heißt reflexiv. Jede Assoziation wird beschrieben durch →Multiplizitäten und einen optionalen Assoziationsnamen oder Rollennamen. Sie kann um Einschränkungen ergänzt werden. Besitzt eine Assoziation selbst wieder Attribute und ggf. Operationen und Assoziationen zu anderen Klassen, dann wird sie zur Assoziationsklasse. Die Qualifizierung *(qualifier)* zerlegt die Menge der Objekte am anderen Ende der Assoziation in Teilmengen. Eine abgeleitete Assoziation liegt vor, wenn die gleichen Abhängigkeiten bereits durch andere Assoziationen beschrieben werden. Sonderfälle der Assoziation sind die →Aggregation und die →Komposition. Im Entwurf wird für die Assoziation zusätzlich die → Navigierbarkeit der Assoziationsenden und deren Sichtbarkeit spezifiziert.

Dynamisches Binden *(dynamic binding)* →spätes Binden

Eigenschaftswert *(property string)* Dient dazu ein Element des Modells genauer zu charakterisieren. Oft handelt es sich um Name-Wert-Paare, z.B. {redefines name}. Bei booleschen Eigenschaftswerten mit dem Wert true, wird nur der Name der Eigenschaft angegeben, z.B. {readOnly}.

Einfachvererbung *(single inheritance)* Bei der Einfachvererbung besitzt jede Unterklasse genau eine direkte Oberklasse. Es entsteht eine Baumstruktur.

Generalisierung *(generalization, inheritance)* Die Generalisierung beschreibt die Beziehung zwischen einer allgemeineren Klasse (Basisklasse) und einer spezialisierten Klasse. Die spezialisierte Klasse erweitert die Liste der Attribute, Operationen und →Assoziationen der Basisklasse. Operationen der Basisklasse dürfen redefiniert werden. Es entsteht eine Klassenhierarchie.

Generalisierungsmenge *(generalization set)* Spezifiziert nach welchen Kriterien eine →Generalisierung modelliert wird.

Komposition *(composition)* Die Komposition ist eine besondere Form der → Aggregation. Beim Löschen des Ganzen müssen auch alle Teile gelöscht werden. Jedes Teil kann – zu einem Zeitpunkt – nur zu einem Ganzen gehören. Es kann jedoch einem anderen Ganzen zugeordnet werden. Das Ganze ist für das Erzeugen und Löschen der Teile verantwortlich.

Mehrfachvererbung *(multiple inheritance)* Bei der Mehrfachvererbung kann jede Klasse mehrere direkte Oberklassen besitzen. Sie bildet einen azyklischen Graphen, der mehr als eine Wurzel haben kann (Netzstruktur). Bei der Mehrfachvererbung können Namenskonflikte auftreten.

Navigierbarkeit *(navigability)* Die Navigierbarkeit legt im Entwurf fest, ob eine →Assoziation uni- oder bidirektional implementiert wird. In der UML kann für jedes Assoziationsende die Navigierbarkeit vorhanden sein (Pfeilspitze) oder ausgeschlossen werden (x).

Paket *(package)* Ein Paket fasst Modellelemente (z.B. Klassen) zusammen. Ein

Paket kann selbst Pakete enthalten. Mehrere Pakete werden durch den → Paket-Import und den →Paket-*Merge* miteinander verknüpft. Es wird benötigt, um die Systemstruktur auf einer hohen Abstraktionsebene auszudrücken. Pakete können im Paketdiagramm dargestellt werden.

Paketdiagramm *(package diagram)* Modelliert die →Pakete und ihre Abhängigkeiten, die durch den →Paket-Import und den →Paket-*Merge* dargestellt werden. Im OOD-Modell dient es auch dazu, die verschiedenen Architekturschichten (Benutzungsoberfläche, Datenbankzugriffe etc.) präzise voneinander zu trennen.

Paket-Import *(package import)* Beziehung, die zwischen zwei Paketen oder einem Paket und dem Element eines anderen Pakets existiert. Sie wird durch einen gestrichelten Pfeil und das Schlüsselwort «import» (öffentlicher Import) oder «access» (privater Import) dargestellt. Der Pfeil zeigt auf dasjenige Paket, das importiert werden soll. Ist kein Schlüsselwort angegeben, dann gilt implizit «import». Der Paket-Import ermöglicht es, dass die Elemente des importierten Pakets im importierenden Paket ohne qualifizierenden Namen verwendet werden.

Paket-*Merge* *(package merge)* Ermöglicht es, dass Elemente gleichen Namens aus mehreren →Paketen »gemischt« werden. Er wird durch einen gestrichelten Pfeil vom Quell- zum Zielpaket dargestellt, der mit dem Schlüsselwort «merge» beschriftet ist. *Merge* bedeutet, dass der Inhalt des Zielpakets nach vorgegebenen Regeln in das Quellpaket kopiert wird und dort verändert werden kann.

Polymorphe Operation *(polymorphic operation)* Eine polymorphe Operation ist eine Operation, die erst zur Ausführungszeit an ein bestimmtes Objekt gebunden wird. Man spricht vom →späten Binden *(late binding)* bzw. vom dynamischen Binden.

Polymorphismus *(polymorphism)* Eine Variable kann Objekte verschiedener Klassen bezeichnen. Jedes Objekt, das durch diese Variable bezeichnet wird, kann auf die gleiche Botschaft auf seine eigene Art und Weise reagieren. Polymorphismus und →spätes Binden sind untrennbar verbunden.

Sichtbarkeit *(visibility)* Die Sichtbarkeit legt fest, ob auf Attribute und Operationen außerhalb ihrer Klasse zugegriffen werden kann. Auch für →Assoziationen kann die Sichtbarkeit definiert werden. Die UML unterscheidet die folgenden Sichtbarkeiten: *public* = sichtbar für alle Klassen, *protected* = sichtbar innerhalb der Klasse und für alle Spezialisierungen dieser Klasse, *private* = sichtbar nur innerhalb der Klasse, *package* = sichtbar nur innerhalb des zugehörigen Pakets.

Spätes Binden *(late binding)* Beim späten Binden wird erst zur Ausführungszeit bestimmt, welche →polymorphe Operation auf ein Objekt angewendet wird. Man spricht auch von dynamischem Binden. Das Gegenstück zum späten Binden ist das frühe Binden, das zur Übersetzungszeit stattfindet.

Überschreiben *(overriding)* Von Überschreiben bzw. Redefinition spricht man, wenn eine Unterklasse eine geerbte Operation der Oberklasse – unter dem gleichen Namen – neu implementiert. Beim Überschreiben müssen die Anzahl und Typen der Ein-/Ausgabeparameter gleich bleiben. Bei der Implementierung der überschriebenen Operation wird im Allgemeinen die entsprechende Operation der Oberklasse aufgerufen.

Die Notation der Assoziation wird im Entwurf um die Navigierbarkeit und die Sichtbarkeit erweitert. Der Polymorphismus ermöglicht es, flexible Programme zu entwickeln. Generalisierung ist ein wichtiges Entwurfskonzept, das als Einfachvererbung oder als Mehrfachvererbung auftreten kann. Große OOD-Klassendiagramme enthalten viele Elemente. Es ist daher wichtig Pakete zu bilden und mithilfe von Paketdiagrammen eine zusätzliche Abstraktionsebene zu schaffen.

1 *Lernziele: Klassen und Assoziationen des Analysemodells in den Entwurf abbilden und die Objektverwaltung realisieren können.*
Bilden Sie das OOA-Klassendiagramm der Abb. LE12-A1 in den Entwurf ab. Erstellen Sie ein Klassendiagramm und ein Objektdiagramm.

Aufgabe
15 Minuten

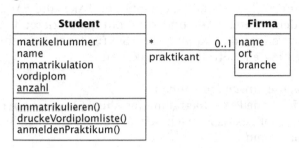

*Abb. LE12-A1:
OOA-Klassendia-
gramm mit
Studenten und
Praktikumsfirmen*

2 *Lernziel: Anwenden des Polymorphismus.*
Erstellen Sie für folgende Problemstellung ein Klassendiagramm und skizzieren Sie die Funktionalität mittels Programmcode oder Pseudocode.
Literaturstellen (Bücher und Zeitschriftenartikel) sind nach Autoren sortiert in einer gemeinsamen Liste abzulegen. Für jedes Buch sind der Autor, der Titel, der Ort und das Erscheinungsjahr zu speichern, für jeden Artikel der Autor, der Titel, die Zeitschrift, die Ausgabe und Seitenangaben. Folgende Funktionalität ist zu realisieren. Jede Literaturstelle ist zu erfassen und nach Autoren sortiert in der Liste zu speichern. Alle Literaturstellen sollen nach Autoren sortiert ausgegeben werden.

Aufgabe
15 Minuten

3 *Lernziele: Klassendiagramme mit Generalisierungsstrukturen erstellen können.*
Modellieren Sie folgende Problemstellungen mit Hilfe von Generalisierungsstrukturen in einem Klassendiagramm. Geben Sie die Generalisierungsmenge und Generalisierungseigenschaften an.
  a Beim Ausfüllen einer Reiseabrechung wird angegeben, ob der Reisende Bahn, Flugzeug, Privatwagen oder Firmenwagen benutzt hat.
  b Ein Autohändler bietet sein Sortiment an: Neuwagen, Gebrauchtwagen und Vorführwagen.

Aufgabe
15 Minuten

4 *Lernziel: Paket-Import anwenden können.*
  a Erstellen Sie ein Paketdiagramm mit den Paketen PAK1 und PAK2, die nachfolgende Elemente enthalten.
    – PAK1 enthält die Klassen +K10, +K11, –K12
    – PAK2 enthält die Klassen +K20, +K21, –K22, –K23, +K24

Aufgabe
20 Minuten

Ein Paket PAK3 besitzt zu PAK1 eine Beziehung, die mit «import» beschriftet ist, und zu PAK2 eine *access*-Beziehung. Ein weiteres Paket PAK4 enthält eine *access*-Beziehung zu PAK3.

b Geben Sie alle Elemente von PAK1 und PAK2 an, auf die in den Paketen PAK3 und PAK4 ohne qualifizierenden Namen zugegriffen werden kann. Geben Sie alle Elemente von PAK1 und PAK2 an, auf die in den Paketen PAK3 und PAK4 mit qualifizierenden Namen zugegriffen werden kann. Geben Sie für jedes Element die Sichtbarkeit in dem betreffenden Paket an.

Aufgabe
10 Minuten

5 *Lernziel: Paket-Merge anwenden können.*

Gegeben sei das folgende Paketdiagramm der Abb. LE12-A5. Geben Sie den Inhalt des Quellpakets P2 nach dem *Merge* an. Erstellen Sie das neue Paketdiagramm.

Abb. LE12-A5:
Paketdiagramm
mit Paket-Merge

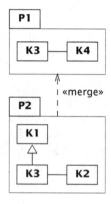

6 Konzepte und Notation des objektorientierten Entwurfs (Dynamische Konzepte)

■ Erklären können, wie Aktivitäten im Entwurf eingesetzt werden.   verstehen

■ Erklären können, wie Algorithmen mit Strukturelementen der Aktivitätsdiagramme modelliert werden.

■ Erklären können, wie das Token-Konzept von Aktivitäten funktioniert.

■ Erklären können, wie Sequenzdiagramme im Entwurf eingesetzt werden.

■ Erklären können, wie Zustandsdiagramme im Entwurf eingesetzt und auf Klassenstrukturen abgebildet werden.

■ Verstehen, wie die Konzepte Aktivität, Szenario und Zustandsautomat in C++ und Java umgesetzt werden.

■ Aktivitätsdiagramme zur Modellierung von Programmabläufen   anwenden
einsetzen können.

■ Aktivitätsdiagramme mit Entscheidungs- und Schleifenknoten erstellen können.

■ Sequenzdiagramme zur Modellierung von Programmabläufen einsetzen können.

■ Zustandsdiagramme zur Modellierung komplexer Abläufe einsetzen können.

■ Die objektorientierten Konzepte der Analyse und die UML-Notation aus Kapitel 2 müssen bekannt sein.

■ Sie sollten Kapitel 6.1 bis 6.8 durchgearbeitet haben.

■ In diesem Kapitel werden grundlegende Programmierkenntnisse vorausgesetzt.

■ Basiswissen in einer objektorientierten Programmiersprache erleichtert das Verständnis.

6.9 Aktivität

Definition

Eine **Aktivität** beschreibt die Ausführung von Verarbeitungsschritten und besteht aus mehreren Aktionen. In der Analyse werden Aktivitäten für die Modellierung von *Workflows* oder die Spezifikation von Use-Cases eingesetzt. In Entwurf und Implementierung werden Aktivitäten dagegen für Beschreibungen auf tieferem Abstraktionsniveau verwendet. **Aktivitätsdiagramme** werden im Entwurf besonders für die Beschreibung komplexer Operationen eingesetzt (Feinentwurf). Dazu dienen die Elemente, die bereits in Kap. 2.9 eingeführt wurden. Darüber hinaus bietet die UML zur Modellierung von Aktivitätsdiagrammen noch weitere Elemente an. Diese Elemente sind nicht ausschließlich auf die Entwurfsphase beschränkt, werden aber im Gegensatz zu den in Kap. 2.9 eingeführten Elementen für die Darstellung einfacher Aktivitätsdiagramme nicht benötigt. Die UML 2 bietet darüber hinaus mit dem Token-Konzept eine Möglichkeit das dynamische Verhalten von Aktivitätsdiagrammen zu simulieren. Auch dieses Konzept kann – je nach Anwendung – nutzbringend in der Analyse eingesetzt werden. Abb. 6.9-1 zeigt ein einfaches Aktivitätsdiagramm.

Kapitel 2.9

Abb. 6.9-1:
Aktivitätsdiagramm

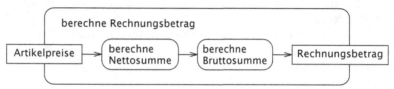

Aktion

Eine **Aktion** einer Aktivität kann sein:
- Aufruf einer Operation oder Senden eines Signals *(invocation action)*
- Erzeugen, Vernichten, Lesen und Ändern von Objekten und Objektbeziehungen *(read write action)*
- Durchführung von Berechnungen *(computation action)*

Außerdem gibt es Aktionen für die Ausnahmebehandlung und den Empfang von Signalen oder Botschaften. Jede Aktion einer Aktivität kann keinmal, einmal oder viele Male ausgeführt werden. Eine Aktion kann auch eine andere Aktivität aktivieren. Beispielsweise kann eine Aktion einen Operationsaufruf modellieren, wobei diese Operation durch eine Aktivität spezifiziert wird. Alle aufgerufenen Operationen müssen im UML-Modell spezifiziert sein.

Operation
spezifizieren

Beschreibt eine Aktivität eine Operation einer Klasse, dann hat sie zur Laufzeit Zugriff auf die Attribute und Operationen dieser Klasse bzw. des Objekts, auf das sie angewandt wird. Auch auf alle von diesem Objekt ausgehenden Objektbeziehungen *(links)* kann sie zugreifen.

316

Wie in der Analyse können Aktionen einen Namen oder eine kurze Beschreibung besitzen (Abb. 6.9-2). Wird eine andere Aktivität aufgerufen, dann wird der Name zusammen mit einem kleinen rechenartigen Symbol eingetragen. Beim Aufruf einer Operation wird der Operationsname angegeben. Es ist aber auch möglich den Namen der Aktion frei zu wählen. Zusätzlich kann der Name der Klasse allein oder mit dem Namen der Operation spezifiziert werden, die diese Aktion implementiert.

Benennung von Aktionen

Abb. 6.9-2:
Benennung von
Aktionen im Entwurf

Bei umfangreicheren Aktivitätsdiagrammen können Konnektoren (*connector*) sinnvoll eingesetzt werden. Eine Konnektor ermöglicht es, eine Kante zu unterbrechen und an beliebiger Stelle – z.B. auf einem anderen Blatt Papier – fortzuführen (Abb. 6.9-3).

Konnektor

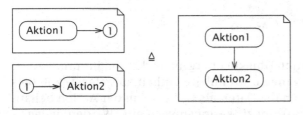

Abb. 6.9-3:
Konnektor im
Aktivitätsdiagramm

Die UML bietet auch die Möglichkeit einen *Exception Handler* in einer Aktivität zu modellieren. Das ist ein Element, das spezifiziert, welche Anweisungen auszuführen sind, falls ein bestimmter Fehler (*exception*) auftritt. Der *Exception*-Knoten besitzt keine Eingabe- oder Ausgabepfeile.

Exception Handler

Abb. 6.9-4 zeigt einen typischen Fall, in dem *Exception Handling* eingesetzt wird. Die Berechnung des Durchschnittsgebots liefert nur dann ein sinnvolles Ergebnis, wenn Bieter vorhanden sind. Andernfalls wird eine Aktion aktiviert, die diese Ausnahme abfängt. In diesem Fall ist es nur eine einfache Fehlermeldung. Prinzipiell kann hier eine beliebig komplexe Aktion stehen.

Beispiel

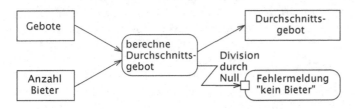

Abb. 6.9-4:
Exception Handling
im Aktivitäts-
diagramm

strukturierter
Knoten

Innerhalb einer Aktivität kann ein **strukturierter Knoten** *(structured activity node)* spezifiziert werden, der Knoten und Kanten einer Aktivität gruppiert. Er wird durch ein gestricheltes Rechteck mit abgerundeten Ecken dargestellt und links oben mit dem Schlüsselwort «structured» gekennzeichnet. Strukturierte Knoten können wie einfache Aktionsknoten verwendet werden, d.h., sie können ein-/ausgehende Kanten und Pins besitzen (Abb. 6.9-5).

Abb. 6.9-5:
Notation für
strukturierten
Knoten

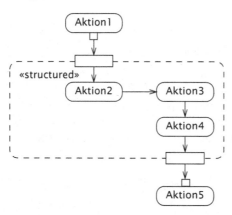

Mengenverar-
beitungsbereich

Werden an eine Aktion Objekte übergeben oder von ihr produziert, dann werden sie als ganze untrennbare Einheit aufgefasst, z.B. 6er-Pack Limonade. Werden die Daten als Ganzes von der Aktion behandelt, dann reicht dieses Spezifikationsniveau aus. Werden dagegen einzelne Datenelemente, z.B. Limonadenflaschen, betrachtet, dann muss feiner differenziert werden. Dazu bietet die UML den Mengenverarbeitungsbereich *(expansion region)* und den Mengenknoten *(expansion node)* an. Ein Mengenverarbeitungsbereich muss einen oder mehrere Eingabe-Mengenknoten und zwischen Null und mehreren Ausgabe-Mengenknoten besitzen. Der Mengenverarbeitungsbereich wird ähnlich wie der strukturierte Knoten durch ein Rechteck mit gestrichelter Linie dargestellt.

Beispiel

Der Eingabe-Mengenknoten enthält sechs leere Flaschen, die mit Limonade gefüllt, etikettiert und zu einem 6er-Pack gebündelt werden (Abb. 6.9-6). Die leeren Flaschen werden nacheinander dem Eingabe-Mengenknoten entnommen. Wenn eine Flasche etikettiert ist, wird die nächste entnommen und verarbeitet. Die sequenzielle Abarbeitung wird durch das Schlüsselwort iterative beschrieben. Könnte die Verarbeitung aller Flaschen zeitgleich durchgeführt werden (z.B. durch sechs parallel arbeitende Abfüllhähne), dann würde das Schlüsselwort parallel eingetragen. Außerdem bietet die UML das Schlüsselwort stream, das gewählt wird, wenn die Elemente nicht nacheinander, sondern zusammen dem Eingabe-Mengenknoten entnommen werden.

318

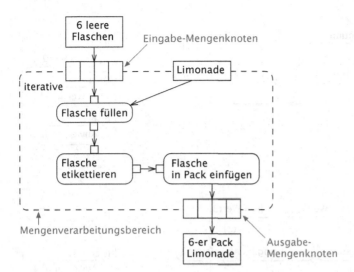

Abb. 6.9-6:
Mengenverarbei-
tung für Limonaden-
abfüllung

Strukturelemente im Aktivitätsdiagramm

Die meisten Programmierer kennen wohl die Struktogramme, die von Nassi und Shneiderman 1972 entwickelt wurden und eine Standardnotation für den Feinentwurf darstellen /Balzert 04/. Mit ihrer Hilfe können die Kontrollstrukturen eines Programms grafisch dargestellt werden. Die UML 2 bietet innerhalb ihrer Aktivitätsdiagramme ebenfalls Strukturelemente, um den Kontrollfluss grafisch darzustellen: Entscheidungsknoten und Schleifenknoten.

Der **Entscheidungsknoten** (*conditional node*) ist ein Sonderfall   Entscheidungs-
des strukturierten Knotens. Der Entscheidungsknoten wird durch ein   knoten
gestricheltes Rechteck mit abgerundeten Ecken dargestellt, das aus mehreren Bereichen besteht. Mit dem Entscheidungsknoten können if-then-else-, if-then- und switch-Anweisungen modelliert werden. Abb. 6.9-7 zeigt die Notation für eine if-then-else-Anweisung. Der if-Bereich enthält die zu prüfende Bedingung. Ist die Bedingung wahr, dann werden die Anweisungen im then-Bereich ausgeführt, andernfalls die Anweisungen im else-Bereich. Der else-Bereich kann auch fehlen. In diesem Fall liegt nur eine if-then-Anweisung vor. Für den Fall, dass im else-Bereich gleich eine neue Bedingung auszuwerten ist, bietet die UML einen speziellen else-if-Bereich an, in den diese neue Bedingung eingetragen wird. Die UML enthält *keinen* speziellen Knoten, um eine switch-Anweisung darzustellen. Er wird stattdessen durch eine Folge von if- und then-Bereichen modelliert (Abb. 6.9-7).

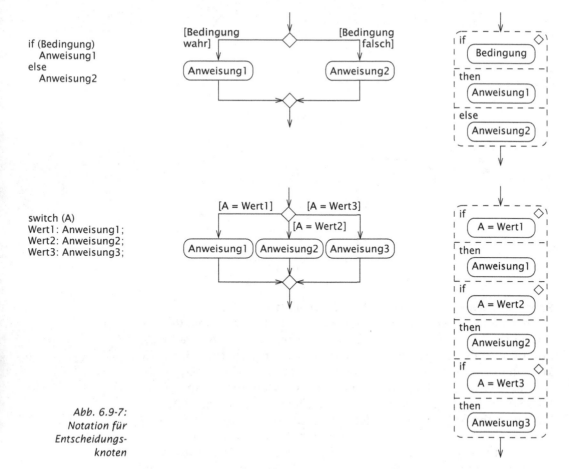

```
if (Bedingung)
    Anweisung1
else
    Anweisung2
```

```
switch (A)
Wert1: Anweisung1;
Wert2: Anweisung2;
Wert3: Anweisung3;
```

Abb. 6.9-7:
Notation für
Entscheidungs-
knoten

Schleifenknoten

Zur Beschreibung von Algorithmen sind Schleifen unverzichtbar. Höhere Programmiersprachen, z.B. Java, unterscheiden while-do-, do-while- und for-Schleifen. In Aktivitätsdiagrammen können diese Schleifen mithilfe des **Schleifenknotens** *(loop node)* modelliert werden, der ebenfalls einen Sonderfall des strukturierten Knotens darstellt. Analog zum Entscheidungsknoten wird er durch ein Rechteck mit abgerundeten Ecken und gestrichelten Linien dargestellt, das in zwei oder drei Bereiche aufgeteilt ist. Abb. 6.9-8 zeigt die Notation für die while-do- und die do-while-Schleife. Der while-Bereich enthält die Bedingung. Ist diese Bedingung wahr, dann wird der Schleifenrumpf erneut durchlaufen. Andernfalls wird die nächste Anweisung nach der Schleife verarbeitet. Der do-Bereich enthält den Schleifenrumpf. Zum Vergleich dazu enthält die Abbildung jeweils die Pseudocode-Notation und eine alternative Notation für eine Darstellung der Schleife mit einfachen Knoten des Aktivitätsdiagramms.

while (Bedingung)
Anweisung1;

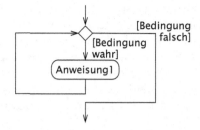

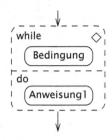

do
Anweisung1
while (Bedingung);

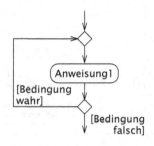

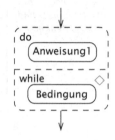

Die dritte Schleifenform, die bei den meisten höheren Programmiersprachen verwendet wird, ist die for-Schleife (Abb. 6.9-9). Für deren Darstellung muss der Schleifenknoten um einen zusätzlichen for-Bereich ergänzt werden, in den die Initialisierung eingetragen wird. Die Bedingung, die für eine for-Schleife angibt, ob der Schleifenrumpf erneut durchlaufen wird, steht im while-Bereich. Der do-Bereich enthält die Anweisungen des Schleifenrumpfs und die Anweisung zur Erhöhung der Schrittweite, z.B. i++.

Abb. 6.9-8: Notation für Schleifenknoten

Abb. 6.9-9: Notation des Schleifenknotens für die for-Schleife

for (Initialisierung, Bedingung,
      Schrittweite)
   Anweisung1;
Anweisung2;

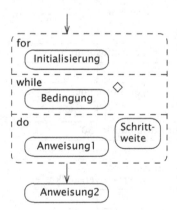

Abb. 6.9-10 zeigt einen Algorithmus zum Berechnen einer Rechnungssumme mithilfe von Schleifen- und Entscheidungsknoten. Im Eingabeparameter positionen stehen die verschiedenen Rechnungspositionen, die jeweils die anzahl und den einzelpreis enthalten. Ein

Beispiel

weiterer Eingabeparameter ist der zu verwendende Mehrwertsteuer-
satz (mwst). Für jede Position werden aus dem Produkt von anzahl
und einzelpreis der preis errechnet und alle Preise aufsummiert.
Ausgabe des Schleifenknotens ist die Nettosumme (summe). Mithilfe
des Mehrwertsteuersatzes wird die Bruttosumme errechnet. Dann
wird im Entscheidungsknoten geprüft, ob die Bruttosumme unter
150 EUR liegt. Falls ja, dann wird noch eine Versandkostenpauschale
dazuaddiert.

Abb. 6.9-10:
Aktivitäts-
diagramm mit
Entscheidungs- und
Schleifenknoten

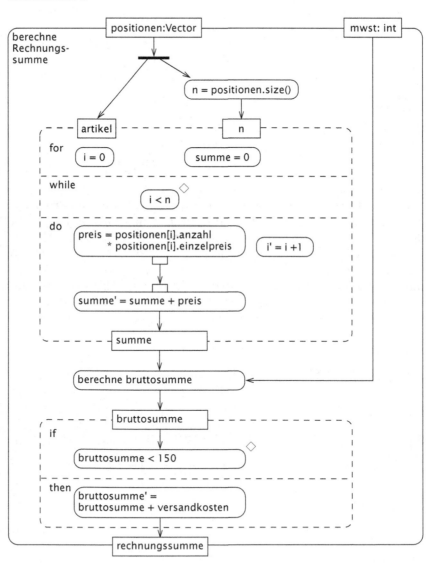

Zum Vergleich wird hier das Aktivitätsdiagramm der Abb. 6.9-10 als
Java-Programm angegeben.

322

```
public double berechneRechnungssumme(int mwst, Vector
positionen)
    {
        double versandkosten = 10;
        int summe = 0;
        int n = positionen.size();
        for (int i = 0; i < n; i++)
        {
            Position einePosition =
                    (Position) positionen. elementAt(i);
            int preis = einePosition.einzelpreis *
                    einePosition. anzahl;
            System.out.println(einePosition.anzahl + "  " +
                    einePosition.einzelpreis + "  " + preis);
            summe = summe + preis;
        }

        double bruttosumme = summe * (100.0 + mwst) / 100.0;
        if (bruttosumme < 150.0)
        {
            bruttosumme = bruttosumme + versandkosten;
        }
        return bruttosumme;
    }
```

Es muss sicher im Einzelfall abgewogen werden, ob die Spezifikation einer Operation mit den beschriebenen Notationselementen sinnvoll ist. Die Darstellung ist aufwändiger als eine alternative Beschreibung mittels Pseudocode oder einer höheren Programmiersprache. Sie bietet allerdings den Vorteil, dass aus den UML-Diagrammen direkt Quellcode generiert werden kann. *Einsatz*

Token-Konzept

Aktivitätsdiagramme beschreiben dynamisches Verhalten. Um dieses Verhalten bereits in der Analyse- und Entwurfsphase zu simulieren, bietet die UML 2 das Token-Konzept an, dessen Ursprung in den Petrinetzen liegt. Ein **Token** *(token)* bildet eine Marke, die sich nach bestimmten Regeln durch das Aktivitätsdiagramm bewegt. Kanten und Knoten können mit den Token behaftet sein. Knoten bestimmen, wann ein Token angenommen wird und wann es den Knoten verlassen darf. Die Regeln von Kanten kontrollieren, wann ein Token von einem Ausgangsknoten entfernt und einem Zielknoten übergeben wird.

Abb. 6.9-11 zeigt eine einfache Token-Übergabe von der eingehenden Kante in die Aktion A1. Wenn A1 vollständig abgearbeitet ist, wird das Token an die ausgehende Kante gegeben und kann von Aktion A2 entgegengenommen werden. Die Token werden hier analog zur Petrinetz-Notation durch kleine gefüllte Kreise dargestellt. Hier handelt es sich *nicht* um eine UML-Notation, sondern soll zur Veranschaulichung des Token-Flusses dienen. *Token und Aktionsknoten*

Abb. 6.9-11:
Token von Kanten
und Aktionen

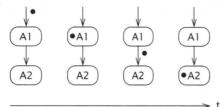

Token und
Kontrollknoten

Kontrollknoten steuern den Fluss der Token zwischen den Objektknoten und den Aktionen. Token können sich *nicht* in Kontrollknoten (Entscheidung etc.) »ausruhen« und darauf warten, sich später weiterzubewegen. Kontrollknoten agieren wie Verkehrsleitsysteme und verteilen die Token auf die entsprechenden Kanten. Nur in Aktionen und Objektknoten können sich Token kürzere oder längere Zeit aufhalten. In einer Aktivität können zu einem Zeitpunkt mehrere Token enthalten sein. Objektknoten können Token sammeln bzw. puffern. Diese Token repräsentieren Daten, die in den Objektknoten eingetragen werden.

Abb. 6.9-12 zeigt den Fluss der Token durch eine Entscheidung mit anschließender Zusammenführung. In Abhängigkeit davon, ob Bedingung B1 oder B2 erfüllt ist, kann das Token nur auf eine der beiden alternativen Kanten »fließen«. Bei der Zusammenführung wird dieses eine Token weitergegeben und steht anschließend für die Aktion A4 bereit.

Abb. 6.9-12:
Token bei
Entscheidung und
Zusammenführung

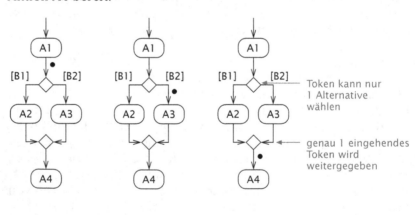

Eine andere Situation ergibt sich beim Splitting-Knoten (Abb. 6.9-13). Hier wird das Token von der Ausgangskante von A1 vervielfältigt und »fließt« dann sowohl in die Aktion A2 als auch in A3. Der Synchronisationsknoten wartet, bis alle Token eintreffen, verschmilzt sie zu einem einzigen Token und gibt dieses eine Token an die Aktion A4 weiter.

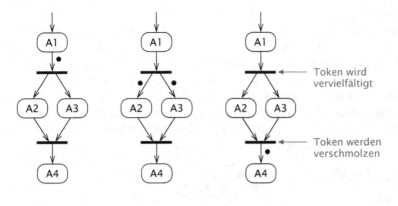

Abb. 6.9-13:
Token bei
Splitting und
Synchronisation

Abb. 6.9-14 zeigt, dass die Synchronisation mehrerer Kanten auch ohne Synchronisationsbalken modelliert werden kann. In beiden Fällen werden die eingehenden Token zu einem neuen Token verschmolzen. Man spricht bei der linken Darstellung auch von einem impliziten UND, während die mittlere ein explizites UND darstellt. Anders sieht es bei einer Zusammenführung aus. Hier wird entweder das Token der einen oder das Token der anderen eingehenden Kante weitergegeben (explizites ODER).

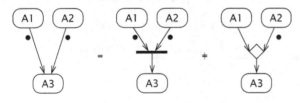

Abb. 6.9-14:
Unterschiedlicher
Token-Fluss bei
Zusammenführung
von Kanten

Bei Mehrbenutzeranwendungen muss oft spezifiziert werden, ob eine Verarbeitung zu einem Zeitpunkt nur von einem Benutzer ausgeführt werden kann *(single execution)*. In der UML werden diese Aktivitäten durch ein SingleExecution-Attribut gekennzeichnet. Bei jedem Aufruf der Aktivität wird dieses Attribut ausgewertet und entsprechend wird entschieden, ob bei jedem Aufruf dieselbe Aktivität ausgeführt wird oder ob es für jeden Aufruf eine separate Ausführung gibt. Hier kann das Token-Konzept gut zur Veranschaulichung eingesetzt werden. Wird bei jedem Aufruf dieselbe Aktivität ausgeführt, dann muss der Modellierer die Interaktionen zwischen den Token berücksichtigen. Andernfalls werden die Token der verschiedenen Aufrufe *nicht* miteinander agieren.

SingleExecution

gewichtete Kanten

In engem Zusammenhang mit dem Token-Konzept steht die Notation der gewichteten Kanten, die für Objektflüsse definiert werden kann. Das Gewicht definiert, wie viele Token vorliegen müssen, damit die nachfolgende Aktion ausgeführt wird. Abb. 6.9-15 modelliert, dass ein Aufzug erst dann zur Aussichtsplattform fährt, wenn mindestens 10 Besucher eingetroffen sind. Enthält eine Kante keine Gewichtung, dann gilt implizit {weight = 1}. Die Gewichtung {weight = all} spezifiziert, dass der nachfolgenden Aktion alle vorliegenden Token angeboten werden.

Abb. 6.9-15:
Gewichtete Kanten

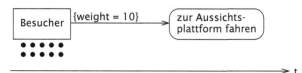

Abb. 6.9-16:
Notationselemente
des Aktivitäts-
diagramms

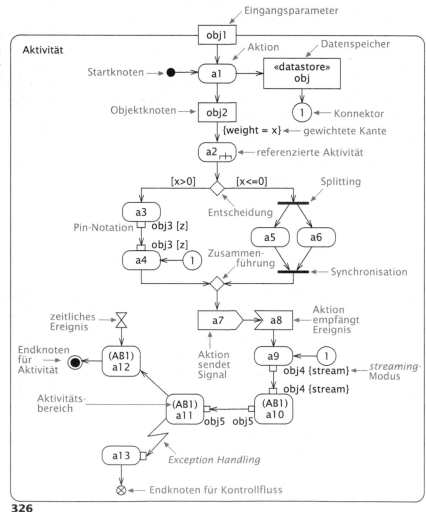

Abb. 6.9-16 zeigt die Notationselemente für Aktivitätsdiagramme ohne strukturierte Knoten im Überblick.

C++ und Java bieten übereinstimmend folgende Kontrollstrukturen an:

Auswahl

```
if (Bedingung) Anweisung;          if (Bedingung) Anweisung1;
                                   else Anweisung2;


if (Bedingung)                     if (Bedingung)
{ Anweisung1;                      { Anweisung1;
  Anweisung2;}                       Anweisung2; }
                                   else
                                   { Anweisung3;
                                     Anweisung4; }



switch (Ausdruck)
{ case Konstante1: Anweisung1; Anweisung2; break;
  case Konstante2: Anweisung3; break;
  default: Anweisung4;
}
```

Schleifen

```
while (Ausdruck)                   while (Ausdruck)
  Anweisung;                       { Anweisung1;
                                     Anweisung2; }

do                                 do
  Anweisung;                       { Anweisung1;
while (Ausdruck)                     Anweisung2; }
                                   while (Ausdruck)

for (i=1; i<= 100; i++)            for (i=1; i<= 100; i++)
  Anweisung;                       { Anweisung1;
                                     Anweisung2;}
```

6.10 Szenario

Die Zusammenarbeit von Objekten ist anhand von C++- und Java-Programmen schwer nachzuvollziehen, da oft eine ganze Kette von Operationen aus verschiedenen Klassen ausgeführt wird. Das Klassendiagramm zeigt nur eine Menge von Signaturen, nicht jedoch das dynamische Verhalten der Operationen, die im Allgemeinen miteinander interagieren, um die gewünschte Verarbeitung auszuführen. Die Interaktion der Operationen kann nur mittels geeigneter **Szenarien** beschrieben werden. Setzen Sie daher für komplexe dynamische Zusammenhänge konsequent Sequenz- und Kommunikations-

327

diagramme ein. Ich halte Sequenzdiagramme für besser geeignet, wenn es darum geht, komplette Szenarien darzustellen und die Reihenfolge der Operationsaufrufe deutlich gemacht werden soll. Das Kommunikationsdiagramm wähle ich, wenn es um Ausschnitte von Szenarien geht, wenn die direkte Zusammenarbeit von Objekten über ihre Objektbeziehungen ausgedrückt wird und wenn die Reihenfolge der Operationsaufrufe erst später festgelegt werden soll.

weitere Inter-
aktionsdiagramme

Sequenz- und Kommunikationsdiagramm gehören in der UML zu den Interaktionsdiagrammen *(interaction diagrams)*. Weitere Diagramme dieser Gruppe, auf die ich hier nicht eingehe, sind die Timing-Diagramme und die Interaktionsübersichtsdiagramme. Timing-Diagramme *(timing diagrams)* werden eingesetzt, um zu spezifizieren, wann sich welcher Kommunikationspartner in welchem Zustand befindet. Interaktionsübersichtsdiagramme *(interaction overview diagrams)* modellieren das Zusammenwirken mehrerer Interaktionen.

Sequenzdiagramme

Das **Sequenzdiagramm** ist aufgrund seiner implizit vorhandenen Zeitachse in vielen Fällen gut geeignet, um Szenarien im Entwurf zu beschreiben. Es wird hier gegenüber der Analyse erheblich erweitert. Insbesondere bietet die UML 2 Notationselemente, um Alternativen, Schleifen, »Aufrufe« anderer Sequenzdiagramme und auch Parallelität auszudrücken.

In Abb. 6.10-1 findet eine Kommunikation zwischen Objekten verschiedener Klassen statt. Es ist jedoch eine Kommunikation zwischen beliebigen *Classifier*-Elementen möglich. Jeder Kommunikationspartner wird durch ein Rechteck mit einer Linie repräsentiert, die gestrichelt sein kann und die Lebensdauer des Kommunikationspartners repräsentiert. Anstelle von Kommunikationspartner spricht man auch von der Lebenslinie *(lifeline)*. Das Sequenzdiagramm ist von einem rechteckigen Rahmen umgeben, der links oben das Kürzel sd *(sequence diagram)*, den Namen der Interaktion und mögliche Parameter enthält. Die Kommunikation wird hier durch Operationsaufrufe beschrieben, die durch Pfeile mit gefüllten Spitzen modelliert sind. Eine Sonderform der Kommunikation ist das Erzeugen eines neuen Kommunikationspartners. Es wird durch einen gestrichelten Pfeil modelliert. UML 2 ermöglicht es, mithilfe von kombinierten Fragmenten Kontrollstrukturen genauer zu beschreiben als dies in der UML 1.x möglich war. Abb. 6.10-1 zeigt die kombinierten Fragmente für die if-then-else-Anweisung bzw. Alternative (Operator alt) und die for-Schleife (Operator loop). Wir gehen im Folgenden noch genauer darauf ein.

synchrone und
asynchrone
Nachrichten

Die Interaktion zwischen zwei Kommunikationspartnern wird in der UML durch eine synchrone oder eine asynchrone Nachricht dargestellt. Bei der **synchronen Nachricht** wartet der Sender, bis der

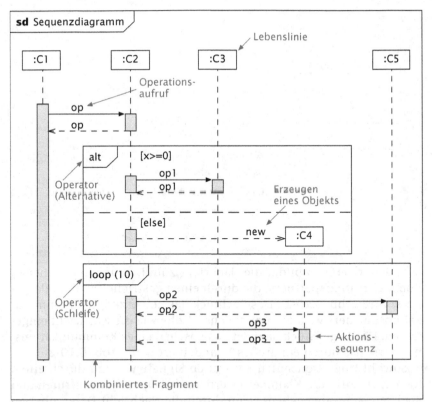

Abb. 6.10-1:
Notation für
Sequenzdiagramm

Empfänger die geforderte Verarbeitung komplett durchgeführt hat. Der Empfänger schickt daraufhin dem Sender eine Antwortnachricht, die implizit das Ende der geforderten Verarbeitung mitteilt und außerdem Antwortdaten enthalten kann. Synchrone Nachrichten sind oft Operationsaufrufe, die die Ausführung der entsprechenden Methode beim Empfänger auslösen. Es ist aber auch möglich, dass synchrone Nachrichten durch Signale modelliert werden.

Bei der **asynchronen Nachricht** wartet der Sender nicht auf die Fertigstellung der Verarbeitung durch den Empfänger, sondern setzt parallel dazu seine eigene Verarbeitung fort. Es entsteht eine nebenläufige Verarbeitung. Asynchrone Nachrichten werden immer durch Signale realisiert.

Synchrone Nachrichten werden durch einen Pfeil mit gefüllter Pfeilspitze, asynchrone durch einen Pfeil mit offener Pfeilspitze angegeben. Die Rückantwort einer synchronen Nachricht ist ein gestrichelter Pfeil (Abb. 6.10-2). Ein Kommunikationspartner kann zu einem beliebigen Zeitpunkt aktiv oder inaktiv sein. Zeiten, in denen geforderte Verarbeitungen durchgeführt werden (*focus of control*), können durch senkrechte Hochrechtecke bzw. Balken auf der Lebenslinie modelliert werden (Aktionssequenzen).

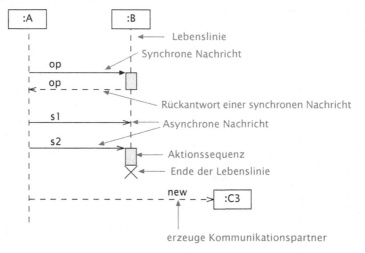

Abb. 6.10-2:
Notation für
Nachrichten

Konstruktor und
Destruktor

Eine Sonderform bildet die Nachricht zum Erzeugen eines neuen Kommunikationspartners, die durch einen gestrichelten Pfeil dargestellt wird (Abb. 6.10-2). Das Rechteck des neu erzeugten Kommunikationspartners wird auf der gleichen Höhe wie die Nachricht eingetragen. Das Gegenstück dazu ist das Löschen eines Kommunikationspartners, das durch ein großes X modelliert wird (Abb. 6.10-2).

Beschriftung der
Nachrichten

Sowohl Operationsaufrufe als auch Signale werden durch einen Namen spezifiziert. Klammern werden – bei Operationsaufrufen und Signalen – nur angegeben, wenn durch die Nachricht Daten übergeben werden. Bei einer Antwortnachricht wird der Name der ursprünglichen Aufrufnachricht wiederholt.

Parameter von
Nachrichten

Mit vielen Nachrichten ist ein Datenaustausch verbunden. In der Abb. 6.10-3 werden die folgenden Operationen der Klasse `Person` aufgerufen:

```
speichern (in vorname: String, in nachname: String)
berechneAlter (return alter: int)
```

Abb. 6.10-3:
Parameterüber-
gabe von
Nachrichten

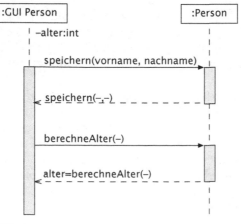

Beim Operationsaufruf müssen die aktuellen Parameter in der gleichen Reihenfolge angegeben werden. Die Operation speichern() erhält die aktuellen Parameter vorname und nachname. Alternativ können auch konkrete Werte angegeben werden. Bei der Antwortnachricht werden die Parameter wiederholt. Da diese Information jedoch redundant ist, empfiehlt es sich aus Gründen der Übersichtlichkeit nur einen Bindestrich für jeden Parameter anzugeben.

Die Operation berechneAlter besitzt nur einen Rückgabeparameter, der beim Operationsaufruf durch einen Bindestrich anonymisiert wird. Für die Modellierung des Rückgabewerts bietet die UML verschiedene Möglichkeiten. Hier wird der Rückgabewert dem Attribut alter des Kommunikationspartners zugewiesen. Auch hier werden aus Gründen der Übersichtlichkeit die genaueren Angaben anonymisiert.

Umfangreiche Szenarien können im Entwurf auf mehrere Sequenzdiagramme aufgeteilt werden. Dazu bietet die UML die Notation der verlorenen (*lost message*) und gefundenen Nachrichten *(found message)*. In der Abb. 6.10-4 wird im Sequenzdiagramm seq1 die Nachricht s2 gesendet, deren Empfänger nicht eingetragen ist. Bei der **verlorenen Nachricht** zeigt die Pfeilspitze dann nicht auf eine Lebenslinie, sondern auf einen Punkt. Dieser Begriff bedeutet also nicht, dass hier eine gesendete Nachricht verloren geht, sondern dass sich der Empfänger nicht im gleichen Diagramm befindet. Das Sequenzdiagramm seq2 enthält die Nachricht s2, deren Sender nicht eingetragen ist. Stattdessen geht der entsprechende Pfeil von einem Punkt aus. Hier liegt eine **gefundene Nachricht** vor.

verlorene und gefundene Nachrichten

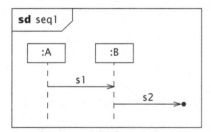 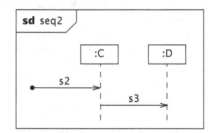

Abb. 6.10-4:
Verlorene und gefundene Nachrichten

Das Konzept der **kombinierten Fragmente** *(combined fragment)* ermöglicht es, Sequenzdiagramme in der UML 2 wesentlich präziser zu spezifizieren als in früheren UML-Versionen. Ein kombiniertes Fragment wird wie ein Sequenzdiagramm mit einem rechteckigen Rahmen umgeben, in dem links oben der Interaktionsoperator eingetragen wird. Wir betrachten hier folgende Operatoren:

kombinierte Fragmente

- opt: optionale Interaktion (if-then)
- alt: alternative Abläufe (if-then-else, switch)
- loop: Schleife (for, while-do, do-while)
- break: Interaktion bei Ausnahmebehandlung (exception, goto)

331

Darüber hinaus können Parallelität, kritische Bereiche, Negationen, lose oder strenge Ordnung, Filter für unwichtige oder relevante Nachrichten sowie Zusicherungen *(assertions)* beschrieben werden.

opt-Operator

Der *opt*-Operator kennzeichnet optionale Interaktionen. Sie werden ausgeführt, wenn die angegebene Bedingung erfüllt ist, und sonst übersprungen (Abb. 6.10-5). Der *opt*-Operator entspricht im Pseudocode der if-then-Anweisung.

alt-Operator

Der *alt*-Operator spezifiziert zwei oder mehr alternative Abläufe, die durch gestrichelte Linien getrennt sind (Abb. 6.10-5). Für jeden Ablauf wird die Bedingung in eckigen Klammern angegeben. Der Modellierer muss darauf achten, dass sich diese Bedingungen nicht überschneiden, d.h., es darf höchstens eine Alternative zutreffen. Fehlt die Bedingung, dann gilt implizit [true], d.h., die betreffende Alternative wird *immer* ausgeführt. Für eine Alternative kann [else] angegeben werden. Sie wird dann durchlaufen, wenn alle anderen Bedingungen *nicht* zutreffen. Der *alt*-Operator entspricht im Pseudocode der if-then-else- bzw. der switch-Anweisung.

Abb. 6.10-5:
Kombinierte
Fragmente mit opt-
und alt-Operator

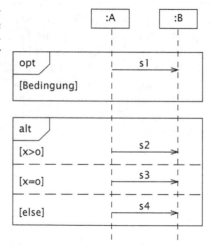

loop-Operator

Der *loop*-Operator spezifiziert, dass die Interaktionen wiederholt ausgeführt werden (Abb. 6.10-6). Er kann wie folgt spezifiziert werden:

- loop (min,max), wobei min und max ganzzahlige Werte sind, die die Mindest- und Höchstzahl der Wiederholungen angeben. Es gilt max >= min.
- loop (min,*), wobei * für unendlich viele Wiederholungen steht, z.B. loop (1,*).
- loop (min), wobei min die Anzahl der Iterationen angibt, z.B. loop (10).
- loop, wobei die Schleife 0 bis unendlich mal ausgeführt wird.

Sowohl für min als auch für max können berechenbare Ausdrücke oder Variablen angegeben werden, z.B. loop (i), loop (i=1, i<=100). Zusätzlich zu min und max kann innerhalb des Fragments eine Iterationsbedingung angegeben werden. Solange sie mit true ausgewertet wird, wird die Schleife wiederholt.

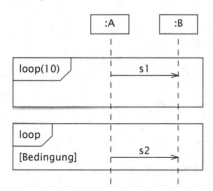

Abb. 6.10-6: Kombinierte Fragmente mit loop-Operator

Der *break*-Operator kennzeichnet Fragmente zur Ausnahmebe-   *break*-Operator handlung. Wird die angegebene Bedingung mit true ausgewertet, dann werden die enthaltenen Interaktionen (Anweisungen zur Ausnahmebehandlung) ausgeführt und anschließend die umgebende Interaktion komplett verlassen (Abb. 6.10-7).

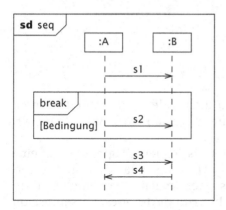

Abb. 6.10-7: Sequenzdiagramm mit break-Operator

Die Interaktionsreferenz beschreibt eine Referenz auf ein anderes   Interaktions-Sequenzdiagramm oder anderes Interaktionsdiagramm (Abb. 6.10-8).   referenz Häufig wiederkehrende Abläufe können durch ein eigenständiges Diagramm beschrieben und an beliebigen Stellen eingefügt werden. Wie beim Funktionsaufruf in Programmen können Parameter übergeben werden. Sie werden genau so spezifiziert wie beim Operationsaufruf.

Abb. 6.10-8:
Interaktionsreferenz
ohne und mit
Parameterübergabe

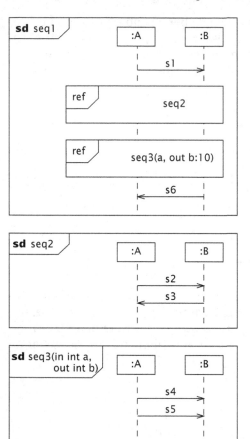

Schachtelung   Kombinierte Fragmente können ineinander geschachtelt werden. Abb. 6.10-9 zeigt, wie eine Schleife innerhalb einer Alternative verwendet wird.

Die dynamische Modellierung mittels Sequenzdiagrammen ist eine der wichtigsten Aufgaben im Entwurf, weil sie das dynamische Verhalten von Anfang bis Ende transparent macht. Bei komplexen Anwendungen können – theoretisch – Hunderte oder Tausende von Sequenzdiagrammen erstellt werden. Für die Praxis ist es daher wichtig, die primären Szenarien mittels Sequenzdiagrammen zu modellieren und die Sonderfälle ggf. durch Kommentare zu beschreiben.

Notation   Abb. 6.10-10 zeigt wichtige Elemente des Sequenzdiagramms im
Seuquenzdiagramm   Überblick.

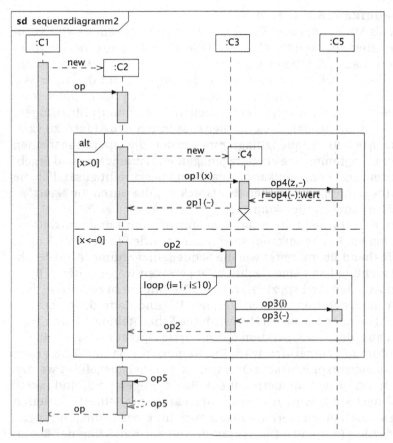

Abb. 6.10-9:
Sequenzdiagramm
mit geschachtelten
kombinierten
Fragmenten

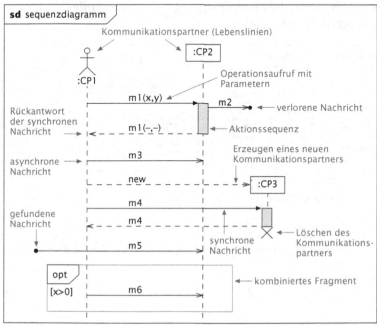

Abb. 6.10-10:
Notation von
Sequenz-
diagrammen

335

Kommunikationsdiagramme

Während Sie bei der Erstellung des Sequenzdiagramms von vornherein über die Reihenfolge der Operationsaufrufe nachdenken müssen, haben Sie beim **Kommunikationsdiagramm** größeren Freiraum. Die Ausgangsbasis bilden die Objekte und deren Objektbeziehungen untereinander. Die Reihenfolge der Operationen können Sie zum Schluss durch entsprechende Nummern hinzufügen. Diese Diagramme eignen sich daher besser, um neue Ideen zu skizzieren. Wie beim Sequenzdiagramm werden die Operationsnamen aus dem Programmcode eingetragen, ggf. mit Parametern und Ergebniswerten. Das Kommunikationsdiagramm beschreibt zusätzlich die Objektbeziehungen zwischen den Objekten, die durch die Navigierbarkeit ergänzt werden können.

Notation   Abb. 6.10-11 zeigt die Notationselemente von Kommunikationsdiagrammen. Kommunikationsdiagramme wurden in der UML 2 nicht so tiefgehend überarbeitet wie die Sequenzdiagramme. An jede Objektbeziehung kann eine Nachricht angetragen werden, deren Richtung durch den Pfeil spezifiziert wird. Die Nummern bedeuten, dass zuerst die Operation mit der Nummer 1.1 und dann die Operation mit der Nummer 1.2 ausgeführt wird. Die Schachtelung 1.2 und 1.2.1 drückt aus, dass die Operation op3 als erste Operation innerhalb der Operation op2 aufgerufen wird. Die Nummern 1.3a und 1.3b geben an, dass die entsprechenden Operationen parallel ausgeführt werden können. Da diese Nummern mit den Bedingungen [x>0] und [x<=0] kombiniert sind, wird hier eine Alternative modelliert. Schleifen werden durch einen Stern (*) zusammen mit einer Bedingung spezifiziert, z.B. *[i=1..10]. Die Syntax für die Formulierung der Bedingungen ist in der UML nicht festgelegt. Oft verwendet man eine Programmiersprachen-Notation.

Abb. 6.10-11:
Notation von
Kommunikations-
diagrammen

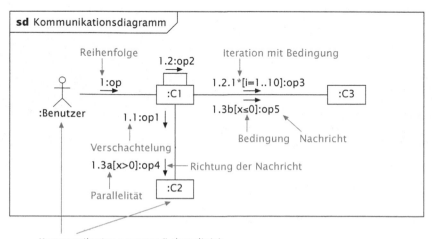

Gegeben ist das folgende Java-Programm, in dem die Operation
doMore() in der Abb. 6.10-12 als Sequenzdiagramm und in der Abb.
6.10-13 als Kommunikationsdiagramm spezifiziert ist. Wir gehen
hier davon aus, dass die Operation doMore() von einem Objekt mit
der Bezeichnung einObjekt aktiviert wird. Zuerst werden die beiden
Objekte bzw. Kommunikationspartner b:ClassB und c:ClassC erzeugt. In der Schleife nimmt die Laufvariable j nacheinander die
Werte 1 bis 5 an und ruft bei jedem Durchgang die Operation
a.doLess(j) auf, die wiederum die Operation b.work(j) aktiviert.
Anschließend wird die Operation calculateP(data) auf das Objekt
von A angewendet. In Abhängigkeit des errechneten Werts von p
werden entweder die Operationen b.doSomething() und b.work(p)
oder die Operation c.doSomethingElse() aufgerufen.

```
class ClassB
{  public void doSomething ()
      {  ...   }
   public void work (int w)
      {  ...   }
}
class ClassC
{   public void doSomethingElse()
      {  ...   }
}
class ClassA
{   private ClassB b;
    private ClassC c;
    public void doLess(int param)
      {   b.work(param);
      }
    public int calculateP(int param)
    {    int p = 2 * param;
       return p;
    }
    public void doMore(int data)
    {   b = new ClassB();
       c = new ClassC();
       for (int j = 1; j <= 5; j++)
            doLess (j);
       int p = calculateP (data);
       if (p < 1)
          { b.doSomething();
            b.work(p);
          }
       else
          c.doSomethingElse();
    }
}
```

Abb. 6.10-12:
Sequenzdiagramm
zum Java-
Programm

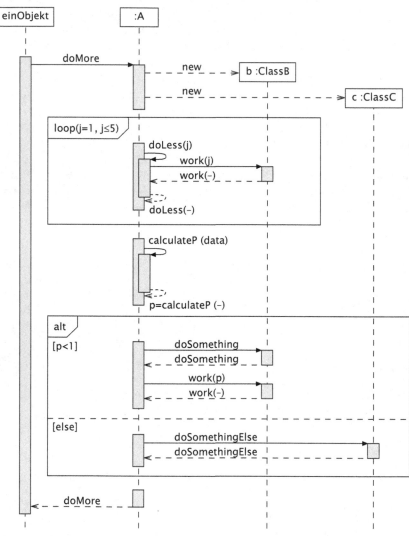

Abb. 6.10-13:
Kommunikations-
diagramm zum
Java-Programm

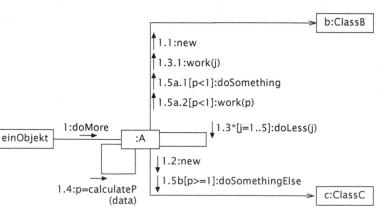

In den Programmiersprachen gibt es keine Notation, um die Zusammenarbeit der Objekte zu dokumentieren, sondern ein Szenario kann nur aus der Reihenfolge der Operationsaufrufe gewonnen
werden.

*Szenarien in C++
und in Java*

6.11 Zustandsautomat

Die UML 2 unterscheidet zwischen dem Verhaltenszustandsautomaten (im Allgemeinen als **Zustandsautomat** bezeichnet) und dem
Protokollzustandsautomaten. Für den (Verhaltens-)Zustandsauto-
ten stehen dem UML-Modellierer außer den in Kap 2.11 eingeführten
Elementen noch eine Reihe weiterer Elemente zur Verfügung.

Kapitel 2.11

Pseudozustände
Die UML 2 bietet eine Reihe so genannter **Pseudozustände** an. Sie
dienen dazu, eine bestimmte Ablauflogik in den Zustandsautomaten
einzufügen. Transitionen verbinden nicht ausschließlich Zustände,
sondern können auch Pseudozustände einbeziehen. Abb. 6.11-1
zeigt die hier vorgestellten Pseudozustände.

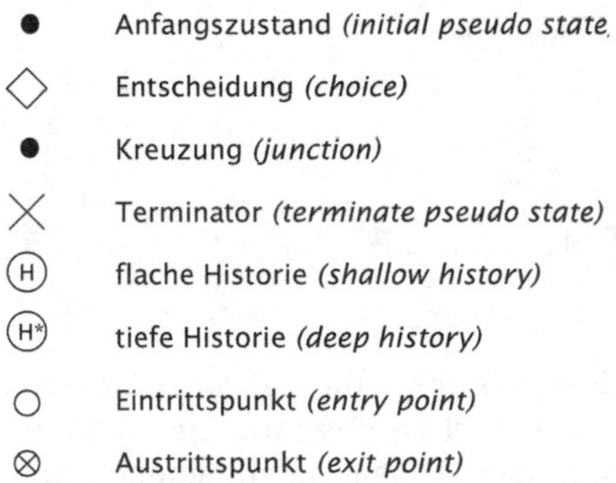

*Abb. 6.11-1:
Pseudozustände*

- ● Anfangszustand *(initial pseudo state)*
- ◇ Entscheidung *(choice)*
- ● Kreuzung *(junction)*
- ✕ Terminator *(terminate pseudo state)*
- Ⓗ flache Historie *(shallow history)*
- Ⓗ* tiefe Historie *(deep history)*
- ○ Eintrittspunkt *(entry point)*
- ⊗ Austrittspunkt *(exit point)*

Der **Anfangszustand** *(initial state)* (auch Startzustand genannt)
kennzeichnet den Startpunkt für die Ausführung des Zustandsautomaten. Er wird durch einen kleinen ausgefüllten Kreis dargestellt.
Vom Anfangszustand erfolgt genau eine Transition in den ersten
»echten« Zustand. Im Allgemeinen wird diese Transition *nicht* mit
einem Ereignis beschriftet.

Anfangszustand

Ein **Entscheidungszustand** *(choice)* ermöglicht die Modellierung
von Alternativen, die von dem Ergebnis einer zuvor ausgeführten
Aktivität abhängen. Die Abb. 6.11-2 zeigt verschiedene Möglichkeiten, um einen Entscheidungszustand darzustellen. Da die jeweils
gewählte Alternative immer aktuell berechnet wird, spricht man hier
von einer dynamischen Verzweigung *(dynamic conditional branch)*.

Entscheidungs-
zustand

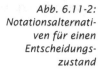
Abb. 6.11-2:
Notationsalternati-
ven für einen
Entscheidungs-
zustand

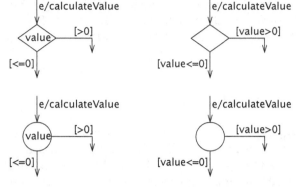

Beispiel   In der Abb. 6.11-3 reagiert der Zustandsautomat im Zustand wartend auf das Ereignis Taste und führt die Aktivität berechne Position aus. In Abhängigkeit von diesem Ergebnis erfolgt dann eine Verzweigung in den Zustand nach unten bewegend oder nach oben bewegend. Führt die errechnete Position zu keiner dieser Bedingungen, dann wird die else-Alternative ausgeführt.

Abb. 6.11-3:
Entscheidungszu-
stand zur Modellie-
rung dynamischer
Verzweigungen

Kreuzung   Die **Kreuzung** *(junction)* wurde eingeführt, um mehrere aufeinander folgende Transitionen ohne dazwischen liegende Zustände zu verknüpfen. Jede Kreuzung muss mindestens eine eingehende und eine ausgehende Transition besitzen. Im Gegensatz zu dem Entscheidungszustand handelt es sich um eine statische Verzweigung *(static conditional branch)*. In der Abb. 6.11-4 wird der Zustand1 verlassen, wenn das Ereignis e1 eintrifft und die Bedingung *(guard)* [a=0] erfüllt ist. Dann wird geprüft, ob die Bedingung [b>0] gilt. Falls ja, erfolgt ein Übergang in den Zustand3, andernfalls in Zustand4. Analoges gilt für den Zustand2.

Abb. 6.11-4:
Kreuzung zur
Verknüpfung von
Transitionen

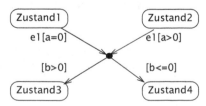

340

Beim Erreichen eines **Terminators** *(terminate pseudo state)* endet die Verarbeitung des Zustandsautomaten. Im Gegensatz zum Endzustand (Bullauge) gilt hier zusätzlich, dass die Lebensdauer des beschriebenen *Classifier* beendet wird. Diesen Pseudozustand sollten Sie verwenden, wenn Sie modellieren wollen, dass Objekte dynamisch vernichtet werden.

Terminator

Beim Endzustand, der durch einen kleinen gefüllten Kreis mit einem Ring dargestellt wird (Bullauge), handelt es sich in der UML 2 nicht um einen Pseudozustand, sondern um einen echten Zustand.

In der Abb. 6.11-5 wird der Zugriff auf eine Datenbank beschrieben. Im Zustand konnektierend wird versucht, eine Verbindung zur Datenbank aufzubauen. Gelingt dies nicht, dann erfolgt ein Übergang zum Terminator und das zugehörige Objekt wird wieder gelöscht.

Beispiel

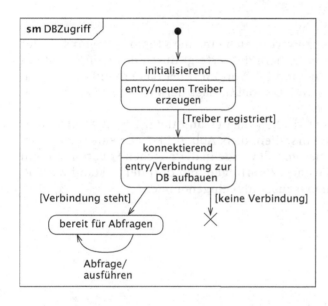

Abb. 6.11-5:
Terminator bei
erfolglosem
Verbindungsaufbau

Mithilfe von Historienzuständen kann sich ein Zustandsautomat »merken«, welcher Unterzustand zuletzt eingenommen wurde. Die UML unterscheidet zwischen einer flachen und einer tiefen **Historie**. Die flache Historie *(shallow history)* wird durch einen Kreis mit einem »H« dargestellt, die tiefe Historie *(deep history)* durch einen Kreis mit der Beschriftung »H*«. Flache und tiefe Historie können sowohl bei zusammengesetzten Zuständen als auch bei Unterzustandsautomaten verwendet werden.

Historie

Abb. 6.11-6 modelliert eine flache Historie. Der Automat startet im Zustand Z1 bzw. in dem darin enthaltenen Zustand Z2. Durch das Ereignis e1 gelangt er in den Zustand Z3 und von dort erfolgt durch das Ereignis e3 ein Übergang in Z4 (Gruppentransition). In Z4 löst das Ereignis e4 eine Transition in den Historienzustand aus. Da Z3

flache Historie

341

der zuletzt eingenommene Unterzustand von Z1 war, wird dies als Transition in den Zustand Z3 interpretiert.

Ein analoges Verhalten tritt auf, wenn Z2 der zuletzt eingenommene Zustand war. Dann wird der Übergang von Z4 in den Historienzustand als Transition in Z2 interpretiert.

Abb. 6.11-6:
Flache Historie

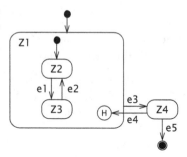

tiefe Historie   Abb. 6.11-7 zeigt zum Vergleich eine tiefe Historie. Wenn sich der Automat im Zustand Z5 befindet, erfolgt durch das Ereignis e4 ein Übergang in den Zustand Z6. Von Z6 führt das Ereignis e5 in den tiefen Historienzustand. Das heißt, dass der Zustand Z5 wieder eingenommen wird.

Der Unterschied zwischen flacher und tiefer Historie wird deutlich, wenn Sie sich vorstellen, dass Abb. 6.11-7 nur eine flache Historie enthielte. In diesem Fall würde in der gleichen Situation nur ein Übergang in den Zustand Z3 erfolgen und dort der Zustand Z4 (Folgezustand des Anfangszustands) eingenommen.

Abb. 6.11-7:
Tiefe Historie

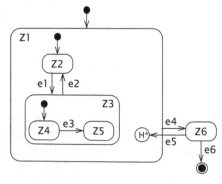

Eintrittspunkt   Ein **Eintrittspunkt** *(entry point)* kennzeichnet den Eintritt in einen Zustandsautomaten und wird meistens bei geschachtelten Zustandsdiagrammen verwendet. Er wird durch einen kleinen, nicht ausgefüllten Kreis dargestellt und oft auf dem Rahmen des entsprechenden Automaten angetragen.

Austrittspunkt   Der **Austrittspunkt** *(exit point)* bildet das Gegenstück zum Eintrittspunkt. Er wird durch einen kleinen, nicht ausgefüllten Kreis mit einem »x« dargestellt und im Allgemeinen ebenfalls auf dem Rahmen des entsprechenden Automaten angetragen.

Ein- und Austrittspunkte sollten Sie immer dann verwenden, wenn Sie dadurch eine bessere Übersichtlichkeit bei Unterzustandsautomaten erreichen. Abb. 6.11-8 demonstriert die Notation für Ein- und Austrittspunkte an einem Tempomaten. Der Vorteil der besseren Übersichtlichkeit tritt im Allgemeinen erst bei komplexeren Zustandsautomaten auf.

Unterzustandsautomat

In der UML 2 können nicht nur zusammengesetzte Zustände modelliert werden (vgl. Kap. 2.11), sondern es können auch Zustandsauto- Kapitel 2.11
maten ineinander geschachtelt werden. Im übergeordneten Zustandsdiagramm wird ein Unterzustandsautomatenzustand *(submachine state)* eingetragen, der durch ein neues Zustandsdiagramm – den **Unterzustandsautomaten** *(submachine)* – verfeinert wird. Dieser Zustand kann beliebig viele Ein- und Austrittspunkte besitzen. Ein- und Austrittspunkte werden jeweils benannt, wobei die Namen im Unterzustandsautomatenzustand und im verfeinernden Automaten übereinstimmen müssen.

Ein Unterzustandsautomatenzustand ist semantisch äquivalent zu einem zusammengesetzten Zustand. Die Bildung von Unterzustandsautomaten erlaubt jedoch darüber hinaus, häufig benötigtes Verhalten in einem separaten Zustandsautomaten zu spezifizieren und beliebig oft zu referenzieren.

In der Abb. 6.11-8 reagiert der Tempomat im Zustand ausgeschaltet Beispiel
auf das Ereignis Einschalten und geht über den Eintrittspunkt ein in den Unterzustandsautomatenzustand über. Das bedeutet, dass er im Unterzustandsautomaten den Zustand regelnd einnimmt. Durch das Ereignis Ausschalten werden bei diesem Beispiel alle Unterzustände über den Austrittspunkt aus verlassen.

Ein Unterzustandsautomat kann auch durch seinen Anfangszustand betreten werden und benötigt dann keinen Eintrittspunkt. Ein Austrittspunkt ist in folgenden Fällen *nicht* notwendig: Der Automat wird verlassen, weil die Verarbeitung beendet ist, oder es erfolgt ein Austritt durch eine Gruppentransition. Das ist eine Transition, die von der Grenze des Unterzustandsautomatenzustands ausgeht und über die *alle* darin enthaltenen Zustände verlassen werden.

Abb. 6.11-9 zeigt den Tempomaten in der alternativen Notation. Beispiel
Durch das Ereignis Ausschalten werden die Zustände regelnd und unterbrochen des Unterzustandsautomaten verlassen.

Abb. 6.11-8:
Unterzustands-
automat mit
Eintritts- und
Austrittspunkten

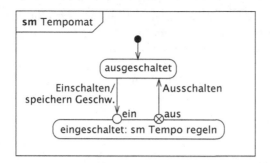

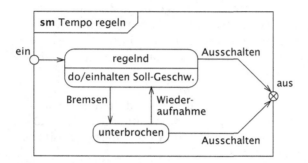

Abb. 6.11-9:
Unterzustandsauto-
mat mit Anfangs-
zustand und
Gruppentransition
für den Austritt

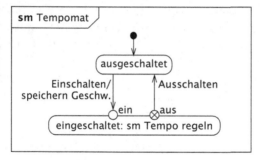

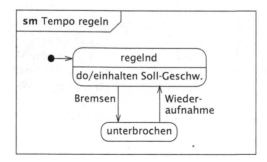

Protokollzustandsautomat

Der **Protokollzustandsautomat** kann im Entwurf sehr gut eingesetzt werden, um das externe Verhalten von Klassen und Schnittstellen *(interfaces)* zu spezifizieren. In einen Protokollzustandsautoma-

ten werden alle Operationen eingetragen, die nur in bestimmten Zuständen ausgeführt werden. Mit anderen Worten: Operationen der Klasse, die nicht im Protokollzustandsautomaten enthalten sind, können grundsätzlich in jedem Zustand aufgerufen werden. An die Transition wird die Operation angetragen, die den Zustandsübergang auslöst. Sie kann mit einer Vorbedingung und Nachbedingung ergänzt werden. Die Vorbedingung entspricht der Bedingung *(guard)* einer Transition. Nur wenn sie erfüllt ist, kann die Operation aufgerufen werden. Die Nachbedingung muss erfüllt sein, um den Folgezustand zu erreichen. Ihre Angabe ist in den meisten Fällen nicht notwendig.

Abb. 6.11-10 zeigt den Protokollzustandautomaten für die Klasse Tank. Im Zustand voll kann die Operation leeren() nur dann aufgerufen werden, wenn die Vorbedingung [Konservierung erfolgt] gilt.

Beispiel

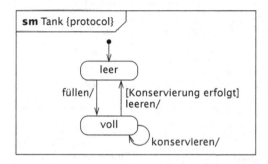

Abb. 6.11-10: Protokollzustandsautomat für die Klasse Tank

Abb. 6.11-11 zeigt die Notation für Verhaltenszustandsautomaten im Überblick, Abb. 6.11-12 zeigt die Notation für den Protokollzustandsautomaten.

Notation Zustandsautomat

Realisierung des Zustandsautomaten

Ein Zustandsautomat kann nicht direkt in eine Programmiersprache umgesetzt werden. Für einfache Automaten bietet sich folgende Realisierung an. Jede Klasse, deren Verhalten durch einen Zustandsautomaten spezifiziert wird, erhält im Entwurf ein *private*-Attribut classState. In diesem Attribut wird der aktuelle Zustand des Objekts gespeichert. Jede Operation, die im Zustandsautomaten aufgeführt ist, muss dieses Attribut abfragen, bevor sie ihre Verarbeitung durchführt. Ist mit dieser Operation ein Zustandswechsel verbunden, dann

einfache Realisierung

345

Abb. 6.11-11:
Notation des
Verhaltenszustands-
automaten

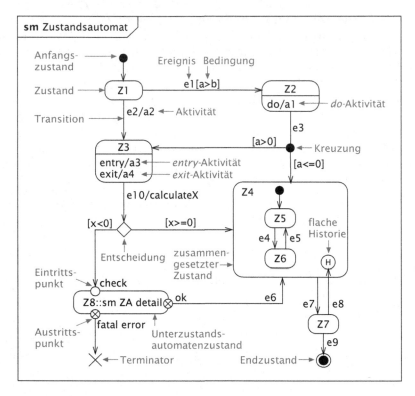

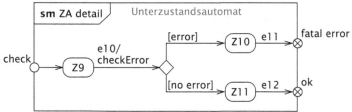

Abb. 6.11-12:
Notation des
Protokollzustands-
automaten

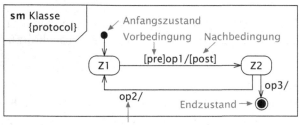

Zustandsabhängige Operation des *Classifier*

Klasse
op1()
op2()
op3()
op4()

in jedem Zustand
ausführbar

muss sie das Zustandsattribut aktualisieren. Alternativ kann jede
Klasse, die einen Objekt-Lebenszyklus besitzt, eine ereignisinterpre-
tierende Operation zur Verfügung stellen, die eintreffende Ereignisse interpretiert und ggf. eine entsprechende Verarbeitung auslöst
/Booch 94/. Eine Verarbeitung kann die Ausführung einer Operation,
das Auslösen eines anderen Ereignisses, das Starten einer Aktivität
oder das Beenden einer Aktivität sein.

Für die Realisierung eines komplexen Zustandsautomaten bietet
sich das **Zustandsmuster** *(state pattern)* von /Gamma et al. 95/
(vergleiche Kapitel 7) an. Es ist insbesondere dann sinnvoll, wenn die
Operationen in Abhängigkeit vom jeweiligen Zustand verschiedene
Teilaufgaben ausführen, d.h., wenn sie große Auswahlanweisungen
enthalten. Abb. 6.11-13 zeigt die prinzipielle Realisierung eines Zustandsautomaten durch dieses Muster. Wenn ein Objekt der – grauen
– OOA-Klasse auf die Botschaft bearbeiten() mit der gleichnamigen
Operation reagiert, dann hängt sein aktuelles Verhalten vom jeweiligen Zustand ab. Der Zustandsautomat zeigt, dass es nur in den Zuständen 1 und 2 darauf reagieren kann, während die Botschaft im
Zustand3 ignoriert wird. Im Zustand1 führt bearbeiten() Schritte aus,
die unter bearbeiten1 zusammengefasst sind, im Zustand2 die Verarbeitung bearbeiten2. Dabei kann es sich um einen Operationsaufruf
oder um mehrere Arbeitsschritte handeln.

Im – blauen – Entwurfsmodell erhält jede Klasse, die durch einen
Zustandsautomaten spezifiziert wird, eine abstrakte Klasse. Jede
ihrer Unterklassen realisiert einen Zustand und implementiert alle
Operationen und Attribute, die für diesen Zustand relevant sind. Bei
allen anderen tritt eine entsprechende Ausnahmebehandlung auf.
Das entsprechende OOD-Objekt besitzt eine Objektbeziehung zu
seinem aktuellen Zustandsobjekt. Der Vorteil dieses Musters ist, dass
das komplette Verhalten eines Zustands in einer Klasse gekapselt ist.
Das erlaubt es, neue Zustände und Zustandsübergänge leicht hinzu-
zufügen. Nachteilig ist dagegen, dass sich die Anzahl der Klassen
erhöht.

Zustandsmuster

Kapitel 7

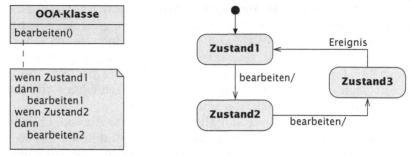

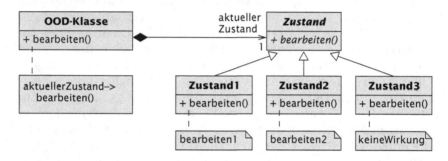

Zustandsautomat in C++

Einfache Realisierung

■ Der Zustand wird durch einen Aufzählungstyp realisiert.

```
class Schublade
{private:
    enum State {offen, zuUnverschlossen, zuVerschlossen};
    State classState;
 public:
    void oeffnen();
    ...
};
void Schublade::oeffnen()
{  if (classState == zuUnverschlossen)
    classState = offen; ...}
```

Zustandsautomat in Java

Einfache Realisierung

```
class Schublade
  {
      enum SchubladeZustand {offen, zu_unverschlossen,
      zu_verschlossen}
  private SchubladeZustand classState;
  public void oeffnen()
  { if (classState == zu_unverschlossen)
      classState = offen;
      ...
  }
}
```

Aktion *(action)* Eine Aktion ist die kleinste ausführbare Funktionseinheit innerhalb einer →Aktivität. Eine Aktion kann ausgeführt werden, wenn die Vorgänger-Aktion beendet ist, wenn notwendige Daten zur Verfügung stehen oder wenn ein Ereignis auftritt. Eine Aktion kann auch ein Aktivitätsaufruf sein, d.h., von der Ausführung her gesehen kann sich hinter einem Aktionsknoten eine sehr komplexe Verarbeitung verbergen.

Aktivität *(activity)*
1. Eine Aktivität modelliert im Aktivitätsdiagramm die Ausführung von Funktionalität bzw. Verhalten. Sie wird durch mehrere Knoten dargestellt, die durch gerichtete Kanten miteinander verbunden sind. Es lassen sich Aktionsknoten, Kontrollknoten und Objektknoten unterscheiden. Aktivitäten besitzen sowohl ein Kontrollfluss- als auch ein Datenmodell.
2. Eine Aktivität spezifiziert in einem Zustandsautomaten die durchzuführende Verarbeitung. Aktivitäten können an eine Transition angetragen oder mit einem Zustand verbunden sein. Bei den letzteren werden *entry-*, *exit-* und *do-*Aktivitäten unterschieden.

Aktivitätsdiagramm *(activity diagram)* Ein Aktivitätsdiagramm modelliert eine →Aktivität durch ein großes Rechteck mit abgerundeten Ecken. Die Verarbeitungsschritte der Aktivität werden durch einen Graphen dargestellt, der aus Knoten *(nodes)* und Pfeilen *(edges)* besteht. Die Knoten entsprechen im einfachsten Fall den →Aktionen. Die Pfeile (gerichtete Kanten) verbinden die Knoten und stellen im einfachsten Fall den Kontrollfluss der Aktivität dar. Viele Aktivitäten benötigen Eingaben und produzieren Ausgaben. Sie werden durch Parameterknoten beschrieben.

Anfangszustand *(initial pseudo state)* →Pseudozustand, der den Startpunkt für die Ausführung des →Zustandsautomaten kennzeichnet. Er wird auch als Startzustand gekennzeichnet und durch einen kleinen ausgefüllten Kreis dargestellt. Vom Anfangszustand erfolgt genau eine Transition in den ersten »echten« Zustand. Im Allgemeinen wird diese Transition *nicht* mit einem Ereignis beschriftet.

Asynchrone Nachricht *(asynchronous message)* Bei der asynchronen Nachricht wartet der Sender nicht auf die Fertigstellung der Verarbeitung durch den Empfänger, sondern setzt parallel dazu seine eigene Verarbeitung fort. Es entsteht eine nebenläufige Verarbeitung. Asynchrone Nachrichten werden immer durch Signale realisiert und durch einen Pfeil mit offener Pfeilspitze spezifiziert.

Austrittspunkt *(exit point)* →Pseudozustand, der den Austritt aus einem →Unterzustandsautomaten bzw. einem Unterzustand kennzeichnet. Er bildet das Gegenstück zum →Eintrittspunkt und wird durch einen kleinen, nicht ausgefüllten Kreis mit einem »x« dargestellt.

Eintrittspunkt *(entry point)* →Pseudozustand, der den Eintritt in einen →Unterzustandsautomaten bzw. einen Unterzustand kennzeichnet. Er wird durch einen kleinen, nicht ausgefüllten Kreis dargestellt und oft auf dem Rahmen des entsprechenden Automaten angetragen.

Entscheidungsknoten *(conditional node)* →Strukturierter Knoten in einem →Aktivitätsdiagramm, mit dem *if-then-else-*, *if-then-* und *switch-*Anweisungen modelliert werden können. Er wird durch ein gestricheltes Rechteck mit abgerundeten Ecken dargestellt, das aus mehreren Bereichen besteht: *if-*Bereich für die Bedingung, *then-*Bereich und ggf. *else-*Bereich für auszuführende Anweisungen.

Entscheidungszustand *(choice)* Pseudoknoten im Zustandsdiagramm, der es ermöglicht, Alternativen zu modellieren, die von dem Ergebnis einer zuvor ausgeführten →Aktivität abhängen. Man spricht auch von einer dynamischen Verzweigung *(dynamic conditional branch)*.

Gefundene Nachricht *(found message)* Nachricht im →Sequenzdiagramm, deren Sender nicht im gleichen Diagramm eingetragen ist. Die Pfeilspitze geht dann nicht von einer Lebenslinie, sondern von einem Punkt aus.

Historie *(history)* →Pseudozustand, mit dessen Hilfe sich ein →Zustandsautomat »merkt«, welcher Unterzustand zuletzt eingenommen wurde. Die UML unterscheidet zwischen einer flachen und einer tiefen Historie. Die Historie kann sowohl bei zusammengesetzten Zuständen als auch bei →Unterzustandsautomaten verwendet werden.

Kombiniertes Fragment *(combined fragment)* Teil eines →Sequenzdiagramms, das mit einem rechteckigen Rahmen umgeben ist und zur Darstellung verschiedener Kontrollstrukturen dient. Deren Art wird links oben durch einen Operator angegeben, z.B. opt, alt, loop, break. Kombinierte Fragmente können ineinander geschachtelt werden.

Kommunikationsdiagramm *(communication diagram)* Ein Kommunikationsdiagramm beschreibt die Objekte und die Objektbeziehungen zwischen diesen Objekten. An jede Objektbeziehung *(link)* kann eine Operation in Form eines Pfeiles angetragen werden. Die Reihenfolge und Verschachtelung der Operationen wird durch eine hierarchische Nummerierung angegeben.

Kreuzung *(junction)* Pseudoknoten im →Zustandsautomaten, mit dem mehrere aufeinander folgende Transitionen miteinander verknüpft werden können. Im Gegensatz zum Entscheidungszustand handelt es sich um eine statische Verzweigung *(static conditional branch).*

Protokollzustandsautomat *(protocol state machine)* Beschreibt für ein Objekt einer Klasse, in welchem Zustand und unter welchen Bedingungen die Operationen angewendet werden können. Ein Protokollzustandsautomat kann auch für eine Schnittstelle oder eine Komponente spezifiziert werden.

Pseudozustand *(pseudo state)* →Zustandsautomaten können außer den Zuständen auch Pseudozustände besitzen, mit deren Hilfe eine bestimmte Ablauflogik modelliert wird. Dazu gehören unter anderem: →Anfangszustand, →Entscheidungszustand, Kreuzung, → Terminator, →Historie, →Eintritts- und →Austrittspunkt.

Schleifenknoten *(loop node)* Strukturierter Knoten in einem →Aktivitätsdi-

agramm, mit dem *while-do-, do-while-* und *for-*Schleifen modelliert werden können. Er wird durch ein gestricheltes Rechteck mit abgerundeten Ecken dargestellt, das aus mehreren Bereichen besteht: *for-*Bereich für die Initialisierung, *while-*Bereich für die Bedingung und *do-*Bereich für den Schleifenrumpf.

Sequenzdiagramm *(sequence diagram)* Ein Sequenzdiagramm modelliert die Interaktionen zwischen mehreren Kommunikationspartnern. Das Sequenzdiagramm besitzt zwei Dimensionen: Die Vertikale repräsentiert die Zeit, auf der Horizontalen werden die Lebenslinien (Kommunikationspartner) angetragen. Die Interaktion zwischen den Kommunikationspartnern wird durch Botschaften bzw. Nachrichten dargestellt. Jede Nachricht wird durch einen Pfeil vom Sender zum Empfänger dargestellt.

Strukturierter Knoten *(strucured activity node)* Knoten, der Knoten und Kanten einer →Aktivität gruppiert. Er wird durch ein gestricheltes Rechteck mit abgerundeten Ecken dargestellt und links oben mit dem Schlüsselwort «structured» gekennzeichnet.

Synchrone Nachricht *(synchronous message)* Bei der synchronen Nachricht wartet der Sender, bis der Empfänger die geforderte Verarbeitung komplett durchgeführt hat. Der Empfänger schickt daraufhin dem Sender eine Antwortnachricht, die implizit das Ende der geforderten Verarbeitung mitteilt und außerdem Antwortdaten enthalten kann. Synchrone Nachrichten sind oft Operationsaufrufe, können aber auch durch Signale modelliert werden. Sie werden durch einen Pfeil mit gefüllter Pfeilspitze modelliert, die Antwortnachricht durch einen gestrichelten Pfeil.

Szenario *(scenario)* Ein Szenario ist eine Sequenz von Verarbeitungsschritten, die unter bestimmten Bedingungen auszuführen sind. Diese Schritte sollen das Hauptziel des →Akteurs realisieren und ein entsprechendes Ergebnis liefern. Ein →Use-Case wird durch eine Kollektion von Szenarien dokumentiert.

Terminator *(terminate pseudo state)*
→Pseudozustand, in dem die Verarbeitung des →Zustandsautomaten endet. Im Gegensatz zum Endzustand (Bullauge) gilt hier zusätzlich, dass gleichzeitig die Lebensdauer des beschriebenen *Classifier* beendet wird.

Token *(token)* Marke, die sich nach bestimmten Regeln durch das →Aktivitätsdiagramm bewegt. Kanten und Knoten können mit den Token behaftet sein. Knoten können kontrollieren, wann ein Token angenommen wird und wann es den Knoten verlassen darf. Die Regeln von Kanten kontrollieren, wann ein Token von einem Ausgangsknoten entfernt und einem Zielknoten übergeben wird.

Unterzustandsautomat *(submachine)*
→Zustandsautomat, der einen Unterzustandsautomatenzustand *(submachine state)* in einem übergeordneten →Zustandsautomaten verfeinert. Unterzustandsautomaten können beliebig viele →Eintritts- und →Austrittspunkte besitzen und sind semantisch äquivalent zu einem zusammengesetzten Zustand.

Verlorene Nachricht *(lost message)*
Nachricht im →Sequenzdiagramm, deren Empfänger nicht im gleichen Diagramm eingetragen ist. Die Pfeilspitze zeigt dann nicht auf eine Lebenslinie, sondern auf einen Punkt.

Zustandsautomat *(state machine)* Ein Zustandsautomat besteht aus Zuständen und Transitionen. Er hat einen Anfangszustand und kann einen Endzustand besitzen. Die UML 2 unterscheidet den Verhaltenszustandsautomaten und den Protokollzustandsautomaten. Der Verhaltenszustandsautomat dient in der Analyse dazu, das dynamische Verhalten von →Use-Cases und Klassen zu beschreiben. Der Protokollzustandsautomat kann in der Analyse gut verwendet werden, um die zulässigen Aufrufe der zustandsabhängigen →Operationen einer Klasse zu spezifizieren.

Zustandsmuster *(state pattern)* Das Zustandsmuster ist ein Entwurfsmuster, mit dem Objekt-Lebenszyklen des OOA-Modells systematisch in ein OOD-Klassendiagramm umgesetzt werden können. Es ist insbesondere für die Realisierung komplexer →Zustandsautomaten gedacht.

 Aktivitätsdiagramme werden im Entwurf besonders für die Beschreibung komplexer Operationen eingesetzt (Feinentwurf). Mithilfe der strukturierten Knoten können alle Kontrollstrukturen modelliert werden. Es ist quasi eine Programmierung auf grafischer Ebene möglich. Dynamisches Verhalten, das mehrere Klassen bzw. deren Objekte betrifft, kann mithilfe von Sequenz- und Kommunikationsdiagrammen optimal dargestellt werden. Auch mit dem Zustandsautomaten kann das dynamische Verhalten des zu entwerfenden Systems modelliert werden. Komplexe Lebenszyklen aus der Analyse können mit dem Zustandsmuster in den Entwurf transformiert werden.

 1 *Lernziel: Aktivitätsdiagramm ohne strukturierte Knoten erstellen können.*   Aufgabe *15 Minuten*
Erstellen Sie ein Aktivitätsdiagramm ohne strukturierte Knoten, das folgendem Pseudocode entspricht. Gehen Sie davon aus, dass nur zulässige Operationen (+, /, Q) eingegeben werden.

```
lese gewünschte Operation
+: Addition, /: Division, Q: Quadrat;
lese 1. Operanden
if (Operation = +) or (Operation = *)
then
    lese 2. Operanden;
switch (Operation)
{ +: ergebnis = operand1 + operand2;
  /: if (operand2 = 0)
        { exception "Division durch Null!" break;}
     ergebnis = operand1 / operand2;
  Q : ergebnis = operand1 * operand1;
}
drucke Ergebnis aus
```

2 *Lernziel: Aktivitätsdiagramm mit Entscheidungs- und Schleifenknoten erstellen können.*
Erstellen Sie ein Aktivitätsdiagramm mit Entscheidungs- und Schleifenknoten, das folgendem Pseudocode entspricht. Gehen Sie bei Teil b davon aus, dass nur zulässige Operationen (+, *, Q, L) und nur zulässige Operanden eingegeben werden.

a Summenbildung

```
summe = 0;
lese betrag;
anzahl = 1;
while (betrag > 0)
{   summe = summe + betrag;
    lese neuen Betrag;
    anzahl = anzahl + 1;
}
gebe summe aus;
gebe anzahl der summierten beträge aus;
```

b Rechenoperationen

```
lese gewünschte Operation
+: Addition, *: Multiplikation, Q: Quadrat bilden, L:
Logarithmus;
lese 1. Operanden;
if (Operation = +) or (Operation = *)
then
    lese 2. Operanden;
switch (Operation)
{ +: ergebnis = operand1 + operand2;
  *: ergebnis = operand1 * operand2;
  Q: ergebnis = operand1 * operand1;
  L: ergebnis = log (operand1);
}
```

3 *Lernziel: Sequenzdiagramme erstellen können.*
Erstellen Sie ein Sequenzdiagramm, das folgendem Java-Programm entspricht.

Aufgabe
15 Minuten

```
public class TestSequenz
{
  private static C einC = new C();

  public static void main(String args[])
  {
    A einA = new A();
    B einB = new B();
    int a = 5;
    int erg = einC.dobble(a);
    if (erg < 0)
        einA.bobble();
    else
        {
        einB.bobble();
         B nocheinB = new B();
        nocheinB.hobble();
        }
  }
}
class A
{
public void bobble(){}; }
class B
{  public void bobble(){}; }
{  public void bobble(){}; }
class C
{
 int x;
 int dobble(int alpha)
 {   beta = alpha*2;
     return beta;}
}
```

4 *Lernziel: Zustandsautomat modellieren können.*
Erstellen Sie einen Zustandsautomaten für folgende Problemstellung.

Aufgabe
15 Minuten

Eine Tresortür ist zu öffnen. Zu Beginn ist die Tür im Zustand verriegelt. Ein eingegebener Code wird geprüft. Falls er korrekt ist, wird die Tür entriegelt und kann dann innerhalb von 3 Sekunden geöffnet werden. Geschieht dies nicht, geht die Tür nach dieser Zeit in den Zustand verriegelt über. Ist der Code falsch, dann hat der Benutzer noch zwei weitere Versuche. Bei der dritten falschen Code-Eingabe geht die Tresortür für 10 Minuten in den Zustand blockiert über. Die Verarbeitung endet, wenn die Tür erfolgreich geöffnet wurde oder die Blockierung beendet ist.

7 Entwurfsmuster

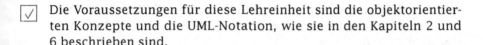

- Entwurfsmuster, *Frameworks* und Klassenbibliotheken unter-   verstehen
  scheiden können.
- Wichtige Entwurfsmuster kennen und erklären können, wo sie
  eingesetzt werden.
- Entwurfsmuster bei der Modellierung einsetzen können.   anwenden
- Entwurfsmuster in einem OOD-Modell erkennen können.

☑ Die Voraussetzungen für diese Lehreinheit sind die objektorientierten Konzepte und die UML-Notation, wie sie in den Kapiteln 2 und
6 beschrieben sind.

7.1 Entwurfsmuster, *Frameworks,* Klassenbibliotheken

Definition   Ein **Entwurfsmuster** *(design pattern)* gibt eine bewährte, generische Lösung für ein immer wiederkehrendes Entwurfsproblem an, das in bestimmten Situationen auftritt.

Das Standardwerk über Entwurfsmuster wurde von E. Gamma und drei weiteren Autoren /Gamma et al. 95/ geschrieben. In der Literatur werden die Autoren dieses Werks auch als GoF *(Gang of Four)* bezeichnet. In diesem Kapitel werden einige Entwurfsmuster aus /Gamma et al. 95/ bzw. /Gamma et al. 01/ vorgestellt, die in späteren Lehreinheiten beim objektorientierten Entwurf verwendet werden. Weitere Informationen zu Entwurfsmustern finden sich in /Buschmann et al. 98/, /Larman 01/, den PLoP-Bänden *(Pattern Languages of Program Design)* /Coplien et al. 95/, /Vlissides et al. 99/ und / Martin et al. 98/.

Beschreibung eines Musters   Allgemein betrachtet besitzt ein Muster vier grundlegende Elemente:

- **Name des Musters**
  Er beschreibt ein Entwurfsproblem, seine Lösung und Konsequenzen mit einem oder zwei Wörtern. Die Namen der Muster erweitern das Entwurfsvokabular.

- **Problembeschreibung**
  Sie gibt an, wann das Muster anwendbar ist. Das Problem und der Kontext werden erklärt. Es können auch spezifische Entwurfsprobleme beschrieben werden.

- **Lösungsbeschreibung**
  Die Lösung gibt keinen konkreten Entwurf und keine konkrete Implementierung an, da ein Muster wie eine Schablone in verschiedenen Situationen angewendet werden kann. Ein Muster stellt eine abstrakte Beschreibung des Entwurfsproblems dar und beschreibt, wie eine allgemeine Anordnung der Klassen bzw. Objekte aussehen kann, um das Problem zu lösen.

- **Konsequenzen**
  Die Kenntnis der Konsequenzen ist wichtig, um Entwurfsalternativen zu evaluieren und um das Kosten-Nutzen-Verhältnis von Mustern abzuwägen. Die Konsequenzen beziehen sich oft auf Zeit- versus Speichereffizienz. Sie können sich aber auch auf Sprach- und Implementierungseigenschaften beziehen. Weitere Konsequenzen sind die Auswirkungen auf Flexibilität, Erweiterbarkeit und Portabilität.

Klassifikation von Mustern   /Gamma et al. 95/ klassifizieren Entwurfsmuster nach den Aufgaben in Erzeugungs-, Struktur- und Verhaltensmuster. Des Weiteren werden klassenbasierte und objektbasierte Muster unterschieden. **Klassenbasierte Muster** behandeln Beziehungen zwischen Klassen. Sie

356

werden durch Generalisierungen ausgedrückt und zur Übersetzungszeit festgelegt. **Objektbasierte Muster** beschreiben Beziehungen zwischen Objekten, die zur Laufzeit geändert werden können. Auch objektbasierte Muster benutzen bis zu einem gewissen Grad die Generalisierung.

Erzeugungsmuster *(creational patterns)* helfen, ein System unabhängig davon zu machen, wie seine Objekte erzeugt, zusammengesetzt und repräsentiert werden. Ein klassenbasiertes Erzeugungsmuster verwendet Generalisierung, um die Klasse des zu erzeugenden Objekts zu variieren. Ein objektbasiertes Erzeugungsmuster delegiert die Erzeugung an ein anderes Objekt.

Erzeugungsmuster

Strukturmuster *(structural patterns)* befassen sich damit, wie Klassen und Objekte zu größeren Strukturen zusammengesetzt werden. Ein klassenbasiertes Strukturmuster benutzt Generalisierungen, um Schnittstellen und Implementierungen zusammenzuführen. Ein einfaches Beispiel ist die Mehrfachvererbung, die zwei oder mehr Klassen in einer neuen Klasse vereint. Dieses Muster ist besonders hilfreich, um unabhängig voneinander entwickelte Bibliotheken zusammenarbeiten zu lassen. Objektbasierte Strukturmuster beschreiben dagegen Wege, Objekte zusammenzuführen, um neue Funktionalität zu gewinnen. Diese Muster ermöglichen eine zusätzliche Flexibilität gegenüber den Klassenmustern, weil sich bei Objektstrukturen die Struktur zur Laufzeit ändern kann.

Strukturmuster

Verhaltensmuster *(behavioral patterns)* befassen sich mit der Interaktion zwischen Objekten und Klassen. Sie beschreiben komplexe Kontrollflüsse, die zur Laufzeit schwer nachvollziehbar sind. Sie lenken die Aufmerksamkeit weg vom Kontrollfluss hin zu der Art und Weise, wie die Objekte interagieren. Klassenbasierte Verhaltensmuster verwenden Generalisierung, um das Verhalten unter den Klassen zu verteilen. Objektbasierte Verhaltensmuster verwenden Aggregation bzw. Komposition anstelle von Generalisierung.

Verhaltensmuster

Klassenbibliotheken

Eine **Klassenbibliothek** ist eine organisierte Sammlung von Klassen, aus denen der Entwickler nach Bedarf Einheiten verwendet, d.h. Objekte dieser Klassen definiert und Operationen darauf anwendet oder Unterklassen bildet. Es sind zahlreiche Klassenbibliotheken für unterschiedliche Anwendungsgebiete erhältlich (Abb. 7.1-1). Auch die Compilerhersteller statten ihre Programmierumgebungen immer stärker mit Klassenbibliotheken aus.

Definition

Klassenbibliotheken können unterschiedliche Topologien besitzen. Bei einer Baum-Topologie existiert eine gemeinsame Wurzelklasse (Smalltalk-ähnliche Klassenstruktur). Sie wird insbesondere bei GUI-Bibliotheken verwendet. Eine Wald-Topologie liegt vor, wenn die Bibliothek aus mehreren Baumhierarchien besteht. Ihr Vorteil liegt in einer flacheren Generalisierungshierarchie im Vergleich zur

Topologien

Abb. 7.1-1:
Anwendungsgebiete
von Klassen-
bibliotheken
/Balzert 96/

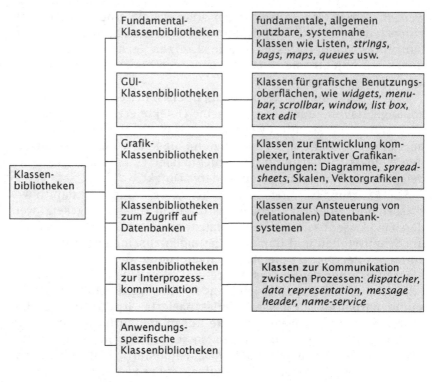

Baum-Topologie. Sie wird bei Fundamentalklassen und bei Klassen zur Steuerung von GUIs verwendet. Bei einer Baustein-Topologie handelt es sich um unabhängige Klassen. Hier wird anstelle der Generalisierung das Konzept der generischen Klasse zur spezifischen Anpassung verwendet. Bei den Klassenbibliotheken lassen sich zwei Arten unterscheiden:

- »Einfache« Klassenbibliotheken und
- *Frameworks.*

»Einfache« Klassenbibliotheken erzwingen keine bestimmte Anwendungsarchitektur. Sie ermöglichen Code-Wiederverwendung und sind das objektorientierte Äquivalent zu Funktionsbibliotheken. Das Gegenstück sind die *Frameworks,* auf die wir noch genauer eingehen.

Frameworks

Definition   Ein ***Framework*** besteht aus einer Menge von zusammenarbeitenden Klassen, die einen wiederverwendbaren Entwurf für einen bestimmten Anwendungsbereich implementieren. Es besteht aus konkreten und – insbesondere – aus abstrakten Klassen, die Schnittstellen definieren. Die abstrakten Klassen enthalten sowohl abstrakte als auch konkrete Operationen. Im Allgemeinen wird vom Anwender des *Frameworks* erwartet, dass er Unterklassen definiert, um das *Framework* zu verwenden und anzupassen. Diese selbst definierten

Unterklassen empfangen Botschaften von den vordefinierten *Framework*-Klassen nach dem Hollywood-Prinzip »*Don't call us, we'll call you*« /Gamma et al. 95/.

Frameworks sind immer spezifisch auf einen Anwendungsbereich ausgelegt. Beispielsweise kann ein *Framework* die Erstellung grafischer Editoren unterstützen. Ein anderes *Framework* kann Sie bei der Erstellung von Finanzsoftware unterstützen. Sie spezialisieren ein *Framework* für eine konkrete Anwendung, indem Sie Unterklassen von den abstrakten *Framework*-Klassen ableiten. *Frameworks* werden mittels Programmiersprachen realisiert. Sie können also ausgeführt und direkt wiederverwendet werden. Die Bedeutung von *Frameworks* nimmt immer mehr zu, da mit ihrer Hilfe eine hohe Wiederverwendbarkeit erreicht werden kann.

Eigenschaften von Frameworks

Ein *Framework* bestimmt die Architektur der Anwendung. Es definiert die Struktur der Klassen und Objekte und deren Verantwortlichkeiten, legt fest, wie Klassen und Objekte zusammenarbeiten und wie der Kontrollfluss aussieht. Das *Framework* legt alle diese Entwurfsparameter fest, damit sich der Anwendungsprogrammierer auf die Details der Anwendung konzentrieren kann.

Der Zweck von *Frameworks* ist die Entwurfs-Wiederverwendung, nicht die Code-Wiederverwendung, obwohl ein *Framework* im Allgemeinen konkrete Unterklassen enthält, die direkt verwendet werden können. Diese Wiederverwendung führt zu einer Umkehrung in der Steuerung der Software. Wenn Sie eine »einfache« Klassenbibliothek verwenden, dann entwerfen Sie Ihre Anwendung und rufen aus der Anwendung den Code auf, den Sie wiederverwenden wollen. Bei der Benutzung eines *Frameworks* schreiben Sie Programmcode, der von den Operationen des *Frameworks* aufgerufen wird.

Wenn Sie *Frameworks* verwenden, dann liegen die Konsequenzen nicht nur in der schnelleren Entwicklung, sondern auch darin, dass alle Anwendungen ähnliche Strukturen besitzen, wodurch sie einfacher zu warten sind.

Entwurfsmuster und *Frameworks* besitzen einige Ähnlichkeiten, unterscheiden sich jedoch in drei Aspekten /Gamma et al. 95/:

Muster vs. Framework

1 Entwurfsmuster sind abstrakter als *Frameworks*. Sie werden im Gegensatz zu *Frameworks* nur beispielhaft durch Programmcode repräsentiert. Eine Anwendung von Entwurfsmustern ist daher keine Wiederverwendung von Programmcode, sondern ist mit einer neuen Implementierung verbunden.

2 Entwurfsmuster sind kleiner als *Frameworks*. Ein typisches *Framework* enthält mehrere Entwurfsmuster, während die Umkehrung niemals zutrifft.

3 Entwurfsmuster sind weniger spezialisiert als *Frameworks*. Sie

sind also im Gegensatz zu *Frameworks* nicht auf einen bestimmten Anwendungsbereich beschränkt, sondern können in nahezu allen Anwendungsbereichen verwendet werden.

7.2 Fabrikmethode-Muster

Zweck

Das **Fabrikmethode-Muster** *(factory method)* ist ein klassenbasiertes Erzeugungsmuster. Es bietet eine Schnittstelle zum Erzeugen eines Objekts an, wobei die Unterklassen entscheiden, von welcher Klasse das zu erzeugende Objekt ist. Dieses Muster wird auch als virtueller Konstruktor *(virtual constructor)* bezeichnet.

Motivation

Wir benutzen ein *Framework* für Anwendungen, die mehrere Dokumente gleichzeitig anzeigen können. Es verwendet die beiden abstrakten Klassen Application und Document und modelliert eine Assoziation zwischen ihren Objekten (Abb. 7.2-1). Außerdem ist die Klasse Application für die Erzeugung neuer Dokumente zuständig. Der Softwarekonstrukteur leitet von diesen beiden Klassen seine anwendungsspezifischen Klassen ab. Wenn nun aus der Klasse MyApplication ein neues Objekt von MyDocument erzeugt werden soll, so tritt folgendes Problem auf. Das *Framework* muss Objekte erzeugen, kennt aber nur die abstrakte Oberklasse, von der es keine Objekte erzeugen darf. Dieses Muster bietet dazu folgende Lösung. Die Unterklassen von Application überschreiben die abstrakte Operation createDocument(), sodass sie ein Exemplar von MyDocument zurückgibt. Sobald ein Objekt von MyApplication erzeugt ist, kann dieses anwendungsspezifische Dokumente erzeugen, ohne deren exakte Klasse zu kennen. Die Operation createDocument() heißt Fabrikmethode, weil sie für die »Fabrikation« eines Objekts verantwortlich ist.

«create» ist ein Standard-Stereotyp der UML 2. Er besagt, dass MyApplication Exemplare der Klasse MyDocument erzeugt.

Abb. 7.2-1: Beispiel für Fabrikmethode

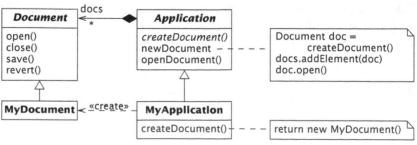

Anwendbarkeit

Verwenden Sie dieses Muster, wenn

- eine Klasse die von ihr zu erzeugenden Objekte *nicht* im Voraus kennen kann,
- eine Klasse benötigt wird, deren Unterklassen selber festlegen, welche Objekte sie erzeugen.

Struktur

Abb. 7.2-2 zeigt die Struktur des Fabrikmethode-Musters, dessen Klassen folgende Bedeutung haben:

Product: Die Klasse definiert die Schnittstelle der Objekte, die von der Fabrikmethode erzeugt werden.

ConcreteProduct: Diese Unterklasse implementiert die Schnittstelle des Produkts.

Creator: Die Klasse deklariert die abstrakte Fabrikmethode.

ConcreteCreator: Diese Unterklasse überschreibt die Fabrikmethode, sodass sie ein Objekt von ConcreteProduct zurückgibt.

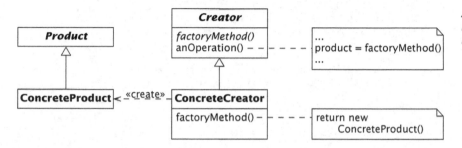

Abb. 7.2-2: Fabrikmethode-Muster

Interaktionen

Der Creator verlässt sich darauf, dass Unterklassen die Fabrikmethode korrekt implementieren.

Konsequenzen

Fabrikmethoden verhindern, dass Sie anwendungsspezifische Klassen in den Code des *Framework* einbinden müssen.

7.3 *Singleton*-Muster

Zweck

Das *Singleton*-Muster *(singleton)* ist ein objektbasiertes Erzeugungsmuster. Es stellt sicher, dass eine Klasse genau ein Objekt besitzt und ermöglicht einen globalen Zugriff auf dieses Objekt.

Motivation

Bei manchen Klassen ist es notwendig, dass es genau ein Objekt gibt. Auf dieses Objekt muss oft von mehreren anderen Objekten zugegriffen werden. Daher muss der Zugriff einfach sein. Die *Singleton*-Klasse muss garantieren, dass nur ein Exemplar erzeugt werden kann und einen einfachen Zugriff auf dieses Exemplar ermöglichen.

Anwendbarkeit

Verwenden Sie dieses Muster, wenn

- es genau ein Objekt einer Klasse geben und ein einfacher Zugriff darauf bestehen soll,
- das einzige Exemplar durch Spezialisierung mittels Unterklassen erweitert wird und Klienten das erweiterte Exemplar verwenden können, ohne ihren Code zu ändern.

Struktur

Abb. 7.3-1 zeigt das *Singleton*-Muster. Die Klasse Singleton definiert die Klassenoperation instance(), die es dem Klienten ermöglicht, auf das einzige Exemplar zuzugreifen.

Die *Singleton*-Klasse wird folgendermaßen deklariert:

```
public final class Singleton {
    private static Singleton uniqueInstance = null;
    private Singleton()
    { }
    public static Singleton instance()  {
        if (uniqueInstance == null) {
            uniqueInstance = new Singleton();
        }
        return uniqueInstance;
    }
}
```

Abb. 7.3-1:
Singleton-Muster

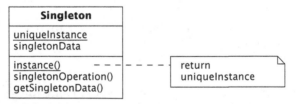

Interaktionen

Klienten holen sich ausschließlich über die Klassenoperation instance() eine Referenz auf das einzige Objekt.

Konsequenzen

- Das *Singleton*-Muster ist eine Verbesserung gegenüber globalen Variablen.
- Die *Singleton*-Klasse kann durch Unterklassen spezialisiert werden.
- Werden später mehrere Exemplare benötigt, dann kann diese Änderung leicht durchgeführt werden.

7.4 Kompositum-Muster

Zweck
Das **Kompositum-Muster** *(composite)* ist ein objektbasiertes Strukturmuster. Es setzt Objekte zu Baumstrukturen zusammen, um *whole - part*-Hierarchien darzustellen. Dieses Muster ermöglicht es, sowohl einzelne Objekte als auch einen Baum von Objekten einheitlich zu behandeln.

Motivation
Grafische Editoren ermöglichen es, einzelne Grafikelemente zu komplexen Grafiken zusammenzusetzen, welche wiederum zu noch komplexeren Grafiken zusammengefügt werden können (Abb. 7.4-1).

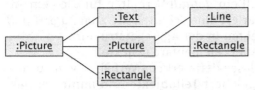

Abb. 7.4-1:
Objektdiagramm
für das Beispiel
des Kompositum-
Musters

Dabei müssen primitive und zusammengesetzte Objekte durch verschiedenen Programmcode manipuliert werden. Dieses Muster zeigt, wie eine reflexive Komposition benutzt wird, damit ein Klient diese Unterscheidung nicht treffen muss. Das Muster verwendet die abstrakte Klasse Graphic, die sowohl primitive als auch zusammengesetzte Objekte repräsentiert. Diese Klasse deklariert Operationen zur Manipulation elementarer Objekte (z.B. draw()) und zusammengesetzter grafischer Objekte (Zugriff auf Teilobjekte und Verwaltung von Teilobjekten). Die Klassen Line, Rectangle und Text implementieren elementare grafische Objekte. Picture ist eine Aggregatklasse, die das zusammengesetzte Objekt repräsentiert (Abb. 7.4-2).

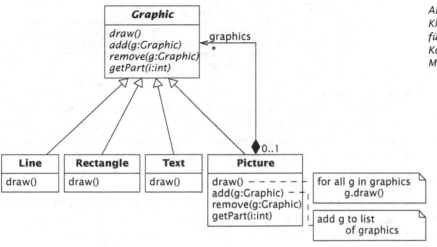

Abb. 7.4-2:
Klassendiagramm
für das Beispiel des
Kompositum-
Musters

Anwendbarkeit

Verwenden Sie dieses Muster, wenn

- Sie *whole-part*-Hierarchien von Objekten darstellen wollen,
- die Klienten keinen Unterschied zwischen elementaren und zusammengesetzten Objekten wahrnehmen und alle Objekte gleich behandeln sollen.

Dieses Muster lässt sich in vielen Klassenbibliotheken und speziell in *Frameworks* finden.

Struktur

Abb. 7.4-3 zeigt die Struktur des Kompositum-Musters, an dem folgende Klassen beteiligt sind:

Component: Diese Klasse deklariert die Schnittstelle für alle Objekte und implementiert eventuell ein *default*-Verhalten für die gemeinsame Schnittstelle. Sie deklariert eine Schnittstelle zum Zugriff und zum Verwalten von Teilobjekten in der Aggregatstruktur.

Leaf: Diese Klasse repräsentiert elementare Objekte.

Composite: Diese Aggregatklasse definiert das Verhalten von zusammengesetzten Objekten, speichert Teilobjekte und implementiert Operationen, die sich auf Teilobjekte beziehen.

Client: Diese Klasse repräsentiert die Klienten.

Abb. 7.4-3:
Kompositum-Muster

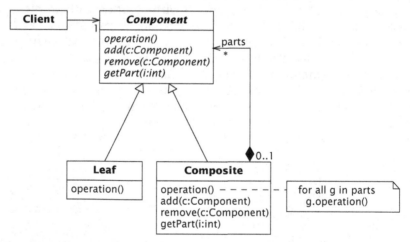

Interaktionen

Alle Klienten verwenden nur die Schnittstelle von Component. Ist der Empfänger ein elementares Objekt, dann wird die Botschaft direkt bearbeitet. Ist der Empfänger ein zusammengesetztes Objekt, dann leitet es die Botschaft an seine Teilobjekte weiter.

Konsequenzen

- Der Klient wird einfacher, da er zusammengesetzte und elementare Objekte gleich behandeln kann.
- Es ist einfach, neue Arten von Komponenten einzufügen.

7.5 Proxy-Muster

Zweck
Das **Proxy-Muster** *(proxy)* ist ein objektbasiertes Strukturmuster. Es kontrolliert den Zugriff auf ein Objekt mithilfe eines vorgelagerten Stellvertreter-Objekts. Dieses Muster wird auch als Surrogat *(surrogate)* bezeichnet.

Motivation
Wir gehen von einem Textdokument aus, das grafische Objekte in den Text integrieren kann. Die Darstellung großer Bilder benötigt jedoch sehr viel Computerleistung. Wir sprechen daher von »teuren« Objekten. Wir wollen diese »teuren« Objekte nicht auf einmal, sondern erst »auf Verlangen« anzeigen. Dieses Problem lässt sich lösen, indem wir anstelle des Bilds einen Platzhalter – den Proxy – verwenden. Der Bild-Proxy erzeugt das tatsächliche Bild nur dann, wenn das Textdokument dessen Anzeige befiehlt. Abb. 7.5-1 zeigt das Objektdiagramm und Abb. 7.5-2 das Klassendiagramm für das beschriebene Beispiel.

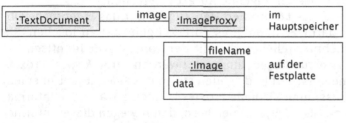

Abb. 7.5-1: Objektdiagramm für das Beispiel des Proxy-Musters

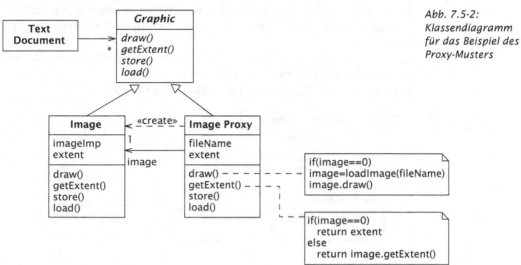

Abb. 7.5-2: Klassendiagramm für das Beispiel des Proxy-Musters

Anwendbarkeit

Dieses weit verbreitete Muster ist in folgenden Situationen anwendbar:

- Ein *remote*-Proxy stellt einen lokalen Vertreter für ein Objekt auf einem anderen Computer dar.
- Ein virtuelles Proxy erzeugt »teure« Objekte auf Verlangen (siehe obiges Beispiel).
- Ein Schutz-Proxy kontrolliert den Zugriff auf das Originalobjekt.
- Ein *smart reference* ist ein Ersatz für einen einfachen Zeiger, der zusätzliche Aktionen ausführt. Dazu gehört das Zählen der Referenzen auf das eigentliche Objekt, sodass es automatisch freigegeben wird, wenn es keine Referenzen mehr besitzt *(smart pointer).* Weiterhin sorgt er dafür, dass ein persistentes Objekt beim erstmaligen Referenzieren in den Speicher geladen wird. Eine weitere Aufgabe besteht darin, dass getestet wird, ob das eigentliche Objekt gesperrt *(locked)* ist, bevor darauf zugegriffen wird.

Struktur

Abb. 7.5-3 zeigt die allgemeine Struktur des Proxy-Musters, an dem die beteiligten Klassen folgende Aufgaben erfüllen:

Proxy: Diese Klasse kontrolliert den Zugriff auf das eigentliche Objekt und ist dafür zuständig, es zu erzeugen und zu löschen. Sie bietet eine Schnittstelle an, die mit der von Subject identisch ist, sodass ein Proxy für Subject eingesetzt werden kann. *Remote*-Proxies kodieren eine Botschaft und senden sie an das RealSubject in einem anderen Adressraum. Virtuelle Proxies können zusätzliche Informationen über das RealSubject speichern, damit wegen dieser Informationen nicht auf das echte Objekt zugegriffen werden muss. Schutz-Proxies prüfen, ob der Aufrufer die notwendigen Zugriffsrechte besitzt.

Subject: Diese Klasse definiert die gemeinsame Schnittstelle des echten Objekts und des Proxy-Objekts.

RealSubject: Die Klasse definiert das echte Objekt.

Abb. 7.5-3:
Proxy-Muster

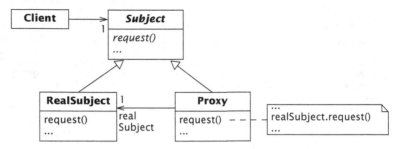

Interaktionen
Der Proxy leitet Befehle an das echte Objekt weiter.

Konsequenzen
- Ein *remote*-Proxy verbirgt die Tatsache, dass sich ein Objekt in einem anderen Adressraum befindet.
- Ein virtuelles Proxy dient der Optimierung.
- Schutz-Proxies und *smart references* ermöglichen die Durchführung zusätzlicher Verwaltungsaufgaben beim Zugriff auf das Objekt.

7.6 Fassaden-Muster

Zweck
Das **Fassaden-Muster** *(facade)* ist ein objektbasiertes Strukturmuster. Es bietet eine einfache Schnittstelle zu einer Menge von Klassen (Paket) an. Die Fassadenklasse definiert eine abstrakte Schnittstelle, um die Benutzung des Pakets zu vereinfachen.

Motivation
Ein wichtiges Entwurfsziel ist es, Pakete möglichst lose zu koppeln. Das kann beispielsweise durch die Einführung einer Fassadenklasse erreicht werden, die eine vereinfachte Schnittstelle für die – umfangreichere – Funktionalität des Pakets zur Verfügung stellt. Den meisten Klienten genügt diese vereinfachte Sicht. Klienten, denen diese Schnittstelle nicht reicht, müssen hinter die Fassade schauen.

Anwendbarkeit
Verwenden Sie dieses Muster, wenn
- Sie eine einfache Schnittstelle zu einem komplexen Paket anbieten wollen.
- es zahlreiche Abhängigkeiten zwischen Klienten und einem Paket gibt. Dann entkoppelt die Fassade beide Komponenten und fördert damit Unabhängigkeit und Portabilität des Pakets.
- Sie die Pakete in Schichten organisieren wollen. Dann definiert eine Fassade den Eintritt für jede Schicht. Die Fassade vereinfacht den Zugriff auf die Schichten.

Struktur
Abb. 7.6-1 zeigt die allgemeine Struktur des Fassaden-Musters, an der folgende Klassen beteiligt sind:
Facade: Die Klasse weiß, welche Klassen des Pakets für die Bearbeitung einer Botschaft zuständig sind und delegiert Botschaften vom Klienten an die zuständige Klasse. Sie definiert keine neue Funktionalität. Oft wird nur ein Objekt der Fassadenklasse benötigt.

Abb. 7.6-1:
Fassaden-Muster

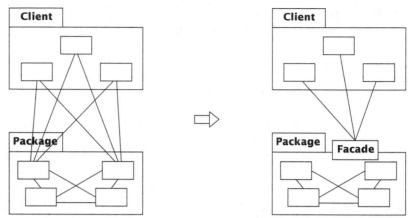

Package-Klassen: Sie führen die von der Fassade zugewiesenen Aufgaben durch und wissen nichts von der Fassade.

Interaktionen

Die Klienten kommunizieren mit dem Paket, indem sie Botschaften an die Fassade schicken, welche diese dann an das zuständige Objekt innerhalb des Pakets weiterleitet.

Konsequenzen

■ Das Fassaden-Muster reduziert die Anzahl der Klassen, welche den Klienten bekannt sein müssen und vereinfacht die Benutzung des Systems.
■ Die lose Kopplung erleichtert es, Pakete auszutauschen und erleichtert deren unabhängige Implementierung.
■ Bei Bedarf können Klienten die Fassade umgehen und direkt auf Klassen des Pakets zugreifen.

7.7 Beobachter-Muster

Zweck

Das **Beobachter-Muster** *(observer)* ist ein objektbasiertes Verhaltensmuster. Es sorgt dafür, dass bei der Änderung eines Objekts alle davon abhängigen Objekte benachrichtigt und automatisch aktualisiert werden.

Motivation

Wir gehen von einem Objekt aus, das Anwendungsdaten enthält. Diese Daten sollen auf verschiedene Arten angezeigt werden, z.B. als Tabelle und als Kreisdiagramm (Abb. 7.7-1). Die beiden Anzeige-Objekte kennen einander nicht, was es erleichtert, nur eines der beiden wiederzuverwenden. Das Kreisdiagramm soll sich jedoch ändern,

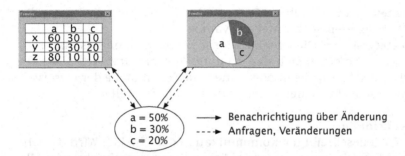

*Abb. 7.7-1: Beispiel
für das Beobachter-
Muster*

wenn die Daten in der Tabelle verändert werden und umgekehrt. Das
Anwendungsobjekt *(subject)* kennt alle seine Anzeige-Objekte (Beobachter, *observer)* und informiert sie über alle Änderungen. Als Reak-
tion darauf synchronisiert sich jeder Beobachter mit dem Zustand
des *subjects*.

Anwendbarkeit
Wenden Sie dieses Muster an, wenn gilt:
- Eine Abstraktion besitzt zwei Aspekte, die wechselseitig voneinander abhängen. Die Kapselung in zwei Objekte ermöglicht es, sie unabhängig voneinander wiederzuverwenden oder zu modifizieren.
- Die Änderung eines Objekts impliziert die Änderung anderer Objekte und es ist nicht bekannt, wie viele Objekte geändert werden
  müssen.
- Ein Objekt soll andere Objekte benachrichtigen und diese Objekte
  sind nur lose gekoppelt.

Struktur
Abb. 7.7-2 zeigt die Struktur des Beobachter-Musters, dessen Klassen
für folgende Aufgaben verantwortlich sind:
Subject: Die Klasse kennt eine beliebige Anzahl von Beobachtern.
Observer: Diese Klasse definiert die Schnittstelle für alle konkreten
observer, d.h. für alle Objekte, die über Änderungen eines *subjects*
informiert werden müssen.

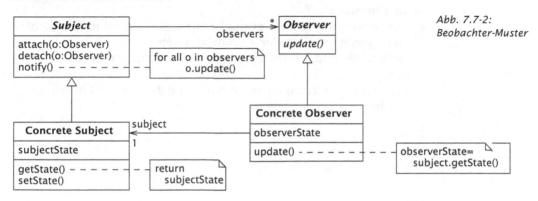

*Abb. 7.7-2:
Beobachter-Muster*

ConcreteSubject: Die Objekte dieser Klasse speichern die Daten, die für die konkreten Beobachter relevant sind.

ConcreteObserver: Die Objekte dieser Klasse kennen das konkrete Subjekt und merken sich den Zustand, der mit dem des Subjekts konsistent sein soll. Sie implementiert die Schnittstelle der *Observer*-Klasse, um die Konsistenz zum Subjekt sicherzustellen.

Interaktionen

Abb. 7.7-3 beschreibt die Kommunikation der Objekte. Wird das Objekt der Klasse ConcreteSubject geändert, dann benachrichtigt es alle seine Beobachter mittels notify(). Jedes benachrichtigte Objekt der Klasse ConcreteObserver bringt dann seinen Zustand mit dem des Subjekts in Einklang.

Abb. 7.7-3:
Interaktionen des
Beobachter-Musters

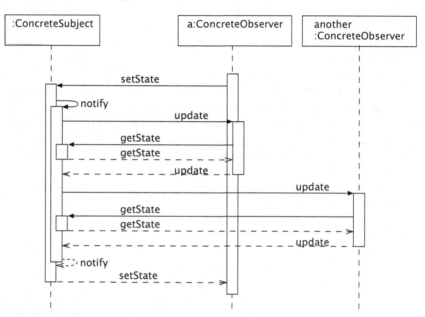

Konsequenzen

■ Das Beobachter-Muster ermöglicht es, Subjekte und Beobachter unabhängig voneinander zu modifizieren.

■ Beobachter und Subjekte können einzeln wiederverwendet werden.

■ Neue Beobachter können ohne Änderung des Subjekts hinzugefügt werden.

7.8 Schablonenmethode-Muster

Zweck

Das **Schablonenmethode-Muster** *(template method)* ist ein objekt-basiertes Verhaltensmuster. Es definiert den Rahmen eines Algo-rithmus in einer Operation und delegiert Teilschritte an Unter-klassen.

Motivation

Wir gehen von einem *Framework* aus, das die Klassen Document und Application bereitstellt (Abb. 7.8-1). Die Anwendung ist für das Öff-nen der Dokumente zuständig und verwendet folgenden Algo-rithmus:

```
abstract class Application {
   public boolean canOpenDocument(String Name) { return true;}};
   public void addDocument(Document doc) {};
   public abstract Document doCreateDocument();
   public abstract void aboutToOpenDocument(Document doc);
   public void openDocument(String name)     {
      if ( !canOpenDocument(name) )
         return;
      Document doc = doCreateDocument();
      if ( doc != null ) {
         this.addDocument(doc);
         this.aboutToOpenDocument(doc);
         doc.open();
         doc.doRead();
      }
   }
}
```

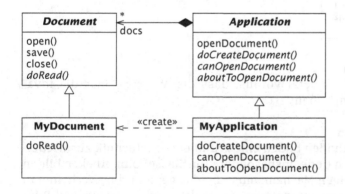

Abb. 7.8-1: Beispiel für Schablonen-methode-Muster

Bei den kursiven Namen handelt es sich um abstrakte Operationen, die von den Unterklassen überschrieben werden. Wir nennen open-Document() eine Schablonenmethode.

Anwendbarkeit

Verwenden Sie dieses Muster,

■ um die invarianten Teile eines Algorithmus ein einziges Mal festzulegen und die konkrete Ausführung der variierenden Teile den
Unterklassen zu überlassen,

■ wenn gemeinsames Verhalten von Unterklassen in einer Oberklasse realisiert werden soll, um die Duplikation von Code zu
vermeiden.

Schablonenmethoden sind in vielen abstrakten Klassen zu finden.

Struktur

Abb. 7.8-2 zeigt die allgemeine Struktur des Schablonenmethode-
Musters, deren beteiligte Klassen für folgende Aufgaben verantwortlich sind:

AbstractClass: Diese Klasse definiert abstrakte primitive Operationen und implementiert die Schablonenmethode.

ConcreteClass: Sie implementiert die primitiven Operationen der
abstrakten Oberklasse.

Abb. 7.8-2:
Schablonen-
methode-Muster

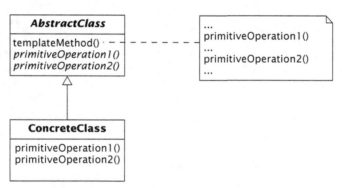

Interaktionen

Die ConcreteClass setzt voraus, dass die AbstractClass die invarianten Teile implementiert.

Konsequenzen

Schablonenmethoden bilden eine grundlegende Technik zur Wiederverwendung von Code. Insbesondere für Klassenbibliotheken bilden
sie einen wichtigen Mechanismus, um das gemeinsame Verhalten in
Bibliotheksklassen darzustellen. Sie realisieren das Hollywood-Prinzip *»Don't call us, we'll call you«.*

372

Beobachter-Muster *(observer pattern)* Das Beobachter-Muster ist ein objektbasiertes →Verhaltensmuster. Es sorgt dafür, dass bei der Änderung eines Objekts alle davon abhängigen Objekte benachrichtigt und automatisch aktualisiert werden.

Entwurfsmuster *(design pattern)* Ein Entwurfsmuster gibt eine bewährte, generische Lösung für ein immer wiederkehrendes Entwurfsproblem an, das in bestimmten Situationen auftritt. Es lassen sich klassen- und objektbasierte Muster unterscheiden. Klassenbasierte Muster werden durch Generalisierungen ausgedrückt. Objektbasierte Muster beschreiben in erster Linie Beziehungen zwischen Objekten.

Erzeugungsmuster *(creational pattern)* Erzeugungsmuster helfen dabei, ein System unabhängig davon zu machen, wie seine Objekte erzeugt, zusammengesetzt und repräsentiert werden.

Fabrikmethode-Muster *(factory method)* Das Fabrikmethode-Muster ist ein klassenbasiertes →Erzeugungsmuster. Es bietet eine Schnittstelle zum Erzeugen eines Objekts an, wobei die Unterklassen entscheiden, von welcher Klasse das zu erzeugende Objekt ist.

Fassaden-Muster *(facade pattern)* Das Fassaden-Muster ist ein objektbasiertes →Strukturmuster. Es bietet eine einfache Schnittstelle zu einer Menge von Klassen (Paket) an. Die Fassadenklasse definiert eine Schnittstelle, um die Benutzung des Pakets zu vereinfachen.

Framework Ein *Framework* besteht aus einer Menge von zusammenarbeitenden Klassen, die einen wiederverwendbaren Entwurf für einen bestimmten Anwendungsbereich implementieren. Es besteht aus konkreten und insbesondere aus abstrakten Klassen, die Schnittstellen definieren. Die abstrakten Klassen enthalten sowohl abstrakte als auch konkrete Operationen. Im Allgemeinen wird vom Anwender (=Programmierer) des *Frameworks* erwartet, dass er Unterklassen definiert, um das *Framework* zu verwenden und anzupassen.

Klassenbibliothek *(class library)* Eine Klassenbibliothek ist eine organisierte Sammlung von Klassen, aus denen der Entwickler nach Bedarf Einheiten verwendet, d.h. Objekte dieser Klassen definiert und Operationen darauf anwendet oder Unterklassen bildet. Klassenbibliotheken können unterschiedliche Topologien besitzen.

Kompositum-Muster *(composite pattern)* Das Kompositum-Muster ist ein objektbasiertes →Strukturmuster. Es setzt Objekte zu Baumstrukturen zusammen, um *whole-part*-Hierarchien darzustellen. Dieses Muster ermöglicht es, sowohl einzelne Objekte als auch einen Baum von Objekten einheitlich zu behandeln.

Proxy-Muster *(proxy pattern)* Das Proxy-Muster ist ein objektbasiertes →Strukturmuster. Es kontrolliert den Zugriff auf ein Objekt mithilfe eines vorgelagerten Stellvertreter-Objekts.

Schablonenmethode-Muster *(template method pattern)* Das Schablonenmethode-Muster ist ein objektbasiertes →Verhaltensmuster. Es definiert den Rahmen eines Algorithmus in einer Operation und delegiert Teilschritte an Unterklassen.

Singleton*-Muster *(singleton pattern) Das *Singleton*-Muster ist ein objektbasiertes →Erzeugungsmuster. Es stellt sicher, dass eine Klasse genau ein Objekt besitzt und ermöglicht einen globalen Zugriff auf dieses Objekt.

Strukturmuster *(structural pattern)* Strukturmuster befassen sich damit, wie Klassen und Objekte zu größeren Strukturen zusammengesetzt werden.

Verhaltensmuster *(behavioral pattern)* Verhaltensmuster befassen sich mit der Interaktion zwischen Objekten und Klassen. Sie beschreiben komplexe Kontrollflüsse, die zur Laufzeit schwer nachvollziehbar sind. Sie lenken die Aufmerksamkeit weg vom Kontrollfluss hin zu der Art und Weise, wie die Objekte interagieren.

Entwurfsmuster beschreiben Lösungen für immer wiederkehrende
Entwurfsprobleme. Aus dem Standardwerk von Gamma werden folgende Muster vorgestellt: Fabrikmethode, *Singleton*, Kompositum,
Proxy, Fassade, Beobachter und Schablonenmethode. Während Muster nur abstrakte Lösungen bieten, stellen *Frameworks* Klassen bereit, die als Basisklassen für neu zu erstellende Anwendungen verwendet werden.

Aufgabe
15 Minuten

1 *Lernziele: Modellieren und Erkennen von Mustern.*
Erstellen Sie für folgende Problemstellung ein Klassendiagramm.
Prüfen Sie, welches der beschriebenen Muster vorliegt und wenden
Sie es bei der Modellierung an.
Abb. LE14-A1 zeigt Ausschnitte aus der Benutzungsoberfläche
eines Werkzeugs für die objektorientierte Modellierung. Attribute
werden in einem Spezifikationsfenster eingegeben, das durch die
Klasse ClassSpecification realisiert wird. Die eingegebenen Daten
sind ebenfalls im Klassensymbol (Klasse ClassSymbol) und in der
Baumstruktur (Klasse ClassTree) sichtbar. Während im Spezifika-
tionsfenster und im Klassensymbol die gleichen Informationen
(AttributeSpecs) dargestellt werden, enthält der Baum nur die *At-
tributeList*.

*Abb. LE14-A1:
Benutzungs-
oberfläche eines
Case-Werkzeugs*

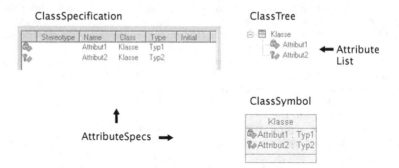

2 *Lernziele: Systematisches Identifizieren von Entwurfsmustern.*
Geben Sie an, ob und gegebenenfalls welche Muster in den
Klassendiagrammen der Abb. LE14-A2a, LE14-A2b und LE14-A2c
beschrieben sind.

Aufgabe
10 Minuten

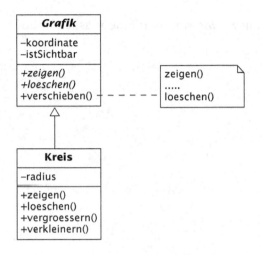

*Abb. LE14-A2a:
Klassendiagramm
zum Identifizieren
von Mustern
(Teilaufgabe a)*

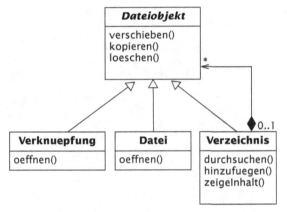

*Abb. LE14-A2b:
Klassendiagramm
zum Identifizieren
von Mustern
(Teilaufgabe b)*

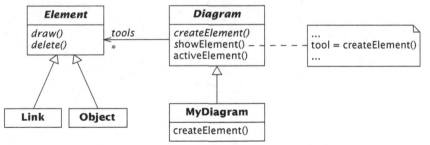

*Abb. LE14-A2c:
Klassendiagramm
zum Identifizieren
von Mustern
(Teilaufgabe c)*

Aufgabe
5–10 Minuten
3 *Lernziele: Gemeinsamkeiten und Unterschiede zwischen Muster, Framework und Klassenbibliothek kennen.*

Erläutern Sie

a was ein Muster, ein *Framework* und eine Klassenbibliothek gemeinsam haben und

b worin sich ein Muster, ein *Framework* und eine Klassenbibliothek unterscheiden.

8 Datenbanken
Relationale Datenbanken und objektrelationale Abbildung

- Wissen, was ein Datenbanksystem ist.
- Unterschiede des relationalen und objektorientierten Modells kennen.
- Erklären können, was ein relationales Datenbanksystem ist.
- DDL und DML anwenden können.
- UML-Notation für ein physisches Datenmodell anwenden können.
- Ein objektorientiertes Klassendiagramm systematisch auf Tabellen einer relationalen Datenbank abbilden können.

wissen

verstehen
anwenden

Die objektorientierten Konzepte und die UML-Notation, wie sie in Kapitel 2 beschrieben sind, müssen bekannt sein.

8 Datenbanken

8.1 Was ist ein Datenbanksystem?

Motivation

Oft benötigen die verschiedenen Programme in einer Organisation (Unternehmen, Behörden) gemeinsame Daten. Wenn jedes Programm seine eigene Datenhaltung besitzt, dann führt dies zu Mehrfacherfassungen, redundanter Speicherung und mit hoher Wahrscheinlichkeit zu inkonsistenten Datenbeständen. Datenbanksysteme ermöglichen die integrierte Verwaltung aller Daten.

Definition

Ein **Datenbanksystem** (DBS) besteht aus einer oder mehreren Datenbanken, einem *Data Dictionary* und einem Datenbankmanagementsystem.

In der Datenbank (DB) sind alle Daten gespeichert. Das *Data Dictionary* (DD) enthält das Datenbankschema, das den Aufbau der Daten der Datenbank(en) beschreibt. Die Verwaltung und zentrale Kontrolle der Daten ist Aufgabe des Datenbankmanagementsystems (DBMS). Abb. 8.1-1 zeigt das Zusammenwirken dieser Komponenten.

Abb. 8.1-1:
Architektur eines
Datenbanksystems

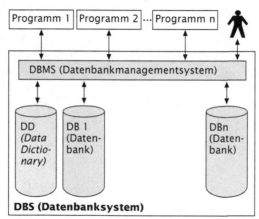

Eigenschaften

Ein Datenbanksystem muss eine Reihe von Eigenschaften besitzen (aus /Balzert 01/):

- **Persistente Speicherung** der Daten, d.h., die Daten gehen nicht bei Programmende verloren, sondern sie stehen so lange zur Verfügung, bis sie explizit gelöscht oder überschrieben werden.
- **Zuverlässige Verwaltung** der Daten, d.h., das Datenbanksystem stellt die Konsistenz, Integrität und Unversehrtheit der Daten sicher. Im Falle eines Hardware- oder Softwareausfalls ermöglicht das Datenbanksystem einen Wiederanlauf *(recovery)*.
- **Unabhängige Verwaltung** der Daten, d.h., die in der Datenbank gespeicherten Daten werden einheitlich beschrieben. Dadurch werden die Anwendungsprogramme, die ein Datenbanksystem benutzen und das Datenbanksystem selbst weitgehend unabhängig voneinander.

■ **Komfortable Verwendung** der Daten, d.h., der Benutzer muss sich nicht um Details – z.B. Speicherung der Daten – kümmern, sondern kommuniziert über eine höhere, abstrakte Schnittstelle mit der Datenbank.

■ **Flexibler Zugang** zu den Daten, d.h., mithilfe geeigneter Anfragesprachen und anderer Hilfsmittel kann der Benutzer ohne prozedurale Programmierung *ad hoc* auf die Daten zugreifen.

■ **Datenschutz,** d.h., Daten können vor unberechtigtem Zugriff geschützt werden.

■ Verwaltung **großer Datenbestände,** d.h., die Datenbank kann nicht vollständig im Arbeitsspeicher gehalten werden.

■ **Integrierte Datenbank,** d.h., alle Daten werden redundanzarm gespeichert, selbst wenn sie von verschiedenen Anwendungen stammen bzw. von verschiedenen Anwendungen verwendet werden. Das hat zur Folge, dass nicht jedes Anwendungsprogramm alle Daten benötigt, sondern nur bestimmte Ausschnitte.

■ **Mehrfachbenutzung der Datenbank,** d.h., auf die Daten können mehrere Anwendungen – u.U. auch gleichzeitig – zugreifen. Der parallele Zugriff mehrerer Anwendungsprogramme oder Benutzer muss koordiniert werden.

Jedem Datenbanksystem liegt ein **Datenmodell** zugrunde, in dem festgelegt wird,

Datenmodell

■ welche Eigenschaften die Datenelemente besitzen,
■ welche Struktur die Datenelemente besitzen dürfen,
■ welche Konsistenzbedingungen einzuhalten sind und
■ welche Operationen zum Speichern, Suchen, Ändern und Löschen von Datenelementen existieren.

Ein relationales Datenbanksystem (RDBS) liegt vor, wenn dem Datenbanksystem ein relationales Datenmodell zugrunde liegt. Es ist heute das am meisten verwendete Datenmodell. Analog liegt ein objektorientiertes Datenbanksystem (ODBS) vor, wenn ein objektorientiertes Datenmodell zugrunde liegt. Objektorientierte Datenbanksysteme ermöglichen eine homogene objektorientierte Entwicklung. Alle Objekte der Anwendung lassen sich direkt in der Datenbank speichern (Abb. 8.1-2). Bei Verwendung einer relationalen

relational vs. objektorientiert

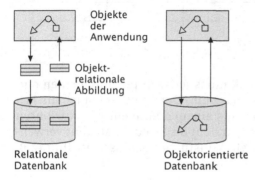

Objekte der Anwendung

Objekt-relationale Abbildung

Relationale Datenbank

Objektorientierte Datenbank

Abb. 8.1-2: Vergleich von relationalen und objektorientierten Datenbanksystemen

Datenbank in objektorientierten Anwendungen ist dagegen eine **objektrelationale Abbildung** *(object relational mapping)* durch- zuführen. Wegen der großen Verbreitung der relationalen Daten- banksysteme ist dieser Prozess von besonderer Bedeutung.

8.2 Relationale Datenbanksysteme

Für eine »gute« objektrelationale Abbildung ist nicht nur ein Ver- ständnis des Objektmodells, sondern auch des relationalen Modells notwendig. Das Ziel dieses Kapitel ist es, Ihnen die grundlegenden Kenntnisse über relationale Datenbanksysteme zu vermitteln, damit Sie eine objektorientierte Anwendung mit einer relationalen Daten- bank verbinden können. Viele wichtige Aspekte von **relationalen Datenbanksystemen** werden nur am Rande gestreift oder entfallen ganz, weil es sich um Aufgaben des Datenbank-Entwurfs handelt. Um den Praxisbezug zu betonen, wurde auf die zugrunde liegende The- orie nahezu völlig verzichtet und zur Formulierung aller Beispiele Oracle/SQL verwendet. Ausführlichere Informationen zu relationalen Datenbanken finden Sie in /Balzert 01/ und /Vossen 00/.

Relationale Datenbanken speichern Daten in Form von Relationen. Relation, Tabelle Eine **Relation** kann anschaulich als **Tabelle** verstanden werden. Im einfachsten Fall lassen sich die Attribute einer Klasse auf eine Tabelle abbilden. Wir betrachten als Beispiel die Klasse Artikel (Abb. 8.2-1). Jede Zeile der Tabelle repräsentiert ein Objekt der Klasse. Bei relati- onalen Datenbanken spricht man von einem **Tupel**. Jedes Attribut der Klasse wird auf ein Attribut der Tabelle abgebildet. Das ist in diesem Fall möglich, weil alle Attribute von einem Typ sind, der in relationalen Datenbanken realisiert werden kann. Alle Tupel einer Tabelle müssen gleich lang sein. Die Reihenfolge der Attribute spielt keine Rolle.

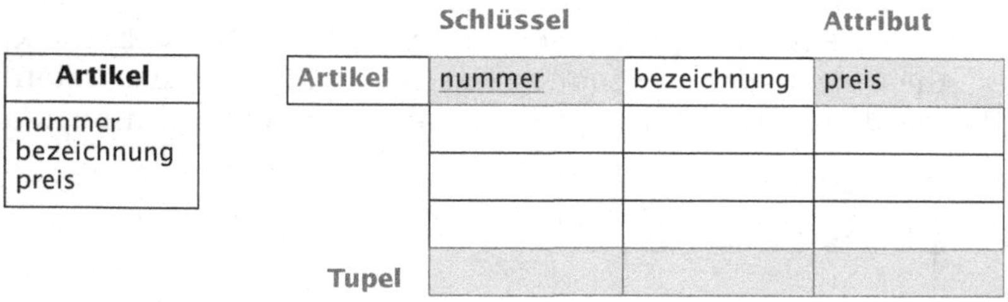

Abb. 8.2-1:
Abbildung einer
Klasse auf eine
Tabelle

Artikel			
nummer			
bezeichnung			
preis			

Schlüssel			Attribut
Artikel	nummer	bezeichnung	preis

Tupel

Primärschlüssel In einer relationalen Datenbank muss jedes Tupel durch einen ein- deutigen Schlüssel identifizierbar sein. Der Schlüssel (auch als Pri- märschlüssel bezeichnet) kann aus einem oder mehreren Attributen bestehen. Wenn kein fachliches Attribut als Schlüsselattribut verwen- det werden kann, dann muss ein künstliches Schlüsselattribut (z.B. eine Nummer) hinzugefügt werden.

380

In Abb. 8.2-2 wird bei der Abbildung der Klasse Lieferant auf die Beispiel
gleichnamige Tabelle das Schlüsselattribut nummer hinzugefügt, da
davon ausgegangen wird, dass die Klasse kein Schlüsselattribut *(key)*
enthält.

Nachteilig an diesem Konzept ist, dass sich Schlüsselattribute in Schlüssel vs.
der Tabelle äußerlich nicht von anderen Attributen unterscheiden. Objektidentität
Schlüsselattribute müssen explizit verwaltet werden. Im objektorientierten Modell besitzt dagegen jedes Objekt implizit eine Objektidentität *(object identifier, OID)*.

Die Assoziationen bzw. die Objektbeziehungen *(links)* im objekt- Fremdschlüssel
orientierten Modell werden bei relationalen Datenbanken durch ·
Schlüssel-Fremdschlüssel-Beziehungen realisiert.

Wie die Abb. 8.2-2 zeigt, gehört jeder Artikel zu genau einem Liefe- Beispiel
ranten, der mehrere Artikel liefern kann. Die Assoziation zwischen
den Tabellen Lieferant und Artikel wird mittels Fremdschlüssel
realisiert. Dadurch kann zu jedem Artikel der jeweilige Lieferant
ermittelt werden.

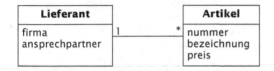

Abb. 8.2-2:
Abbildung einer
Assoziation auf
Tabellen

Schlüssel

Lieferant	nummer	firma	ansprechpartner

Fremdschlüssel

Artikel	nummer	bezeichnung	preis	lieferantNummer

Beim Relationenmodell sind zwei fundamentale Integritätsregeln Integritätsregeln
einzuhalten. **Entitäts-Integrität** bedeutet, dass Schlüsselattribute
immer einen Wert besitzen müssen. **Referenzielle Integrität** bedeutet: Korrespondiert ein Fremdschlüssel FS einer Tabelle T_1 mit
dem Primärschlüssel PS einer Tabelle T_2, dann muss jeder Wert von
FS als Wert von PS vorkommen oder FS besitzen einen Nullwert. Einfach ausgedrückt bedeutet die referenzielle Integrität: Wenn in einer
Tabelle ein Fremdschlüssel vorhanden ist, dann muss der Fremd-
schlüsselwert auch als Primärschlüsselwert in der korrespon-
dierenden Tabelle vorkommen.

Relationales
Datenmodell
formale Definition

Das relationale Datenmodell wurde 1970 von E. F. Codd veröffent- $\mathbb{Q}$
licht. Das relationale Modell basiert auf dem (mathematischen)
Konzept der Relation und ist daher exakt formulierbar.
Sind $W(A_1)$, $W(A_2)$, ..., $W(A_n)$ endliche Mengen, so heißt die Menge
aller Kombinationen ihrer Elemente (Vektoren) ihr kartesisches
Produkt $[W(A_1) \times W(A_2) \times ... \times W(A_n)]$. Die Elemente von kartesischen
Produkten heißen Tupel. Jede Teilmenge R eines kartesischen Pro-
dukts $W(A_1) \times W(A_2) \times ... \times W(A_n)$ heißt eine (n-stellige) Relation über
$W(A_1) \times W(A_2) \times ... \times W(A_n)$.
Jede Relation $R \subseteq W(A_1) \times W(A_2) \times ... \times W(A_n)$ kann als Tabelle mit
dem Namen R dargestellt werden. Die Spalten tragen die Namen
der Attribute. In den Zeilen sind die Elemente von R – die Tupel –
aufgeführt. Da Relationen Mengen sind, ist das mehrfache Vorkommen eines Tupels ausgeschlosssen.

Beispiel

Es seien W(Nummer) = {1; 2; 3}, W(Anrede) = {Herr; Frau} und
W(Titel) = {Dr; Prof}.
Dann gilt:

```
W(Nummer) x W(Anrede) x W(Titel) =
{ (1, Herr, Dr), (1, Herr, Prof), (1, Frau, Dr), (1, Frau, Prof),
  (2, Herr, Dr), (2, Herr, Prof), (2, Frau, Dr), (2, Frau, Prof),
  (3, Herr, Dr), (3, Herr, Prof), (3, Frau, Dr), (3, Frau, Prof)}
  ↑Tupel
```

Normalformen

Im Zusammenhang mit relationalen Datenbanken wird oft von
Normalisierung bzw. von **Normalformen** gesprochen. Es gibt fünf
Normalformen, wobei in der Praxis die ersten drei Normalformen von
Bedeutung sind. Damit Daten in einer relationalen Datenbank gespeichert werden können, müssen sie sich mindestens in der ersten
Normalform befinden, da Grundlage für den Aufbau der Tabellen
eine konstante Länge der Einträge ist. Die erste Normalform fordert,
dass alle Attribute einer Tabelle keine Wiederholung von Werten
(array) und keine internen Datenstrukturen _(struct)_ enthalten dürfen.
Mit anderen Worten: Eine Tabelle befindet sich in der ersten Normalform, wenn alle Attribute von einem elementaren Typ sind. Normalerweise sind die Daten, die in einer relationalen Datenbank gespeichert sind, in der ersten, zweiten oder dritten Normalform. Während
die erste Normalform Datenredundanz aufweist, besitzt die dritte
Normalform einen hohen Grad an Schlüsselredundanz. In der Praxis
ist daher sorgfältig abzuwägen, »wie viel Normalisierung« sinnvoll
ist. Da die Wahl der richtigen Normalform eine Aufgabe des Datenbank-Entwurfs darstellt, gehe ich hier nicht näher darauf ein.
Bei einem objektorientierten Modell spielt die Normalisierung
keine Rolle. Die Bildung von Attributtypen erfolgt in der objektorientierten Analyse ausschließlich unter problemadäquaten Gesichtspunkten.

Die Menge aller Tabellen bildet die relationale Datenbank. Sie werden als **logisches Schema** bezeichnet, das im *Data Dictionary* eingetragen wird. Alle persistenten Daten werden in der Datenbank
abgelegt und die Funktionalität wird durch die Anwendungsprogramme realisiert. Daten und Funktionen sind im relationalen Modell nicht gekapselt. Alle Attribute des logischen Schemas sind für
den Benutzer und die Anwendungsprogramme sichtbar. Das Geheimnisprinzip wird von den relationalen Datenbanksystemen ebenfalls
nicht realisiert.

logisches Schema

Die formale Definition des logischen Schemas erfolgt durch die
Datendefinitionssprache bzw. die **DDL** *(Data Definition Language)*, die das Datenbanksystem zur Verfügung stellt. Als Standard
hat sich die Sprache **SQL** *(Structured Query Language)* etabliert. In
SQL wird eine Tabelle durch den *create table*-Befehl erzeugt. Für jedes Attribut sind dessen Name und der Typ anzugeben. Attributnamen müssen innerhalb einer Tabelle eindeutig sein. Bei einer
tabellenübergreifenden Betrachtung wird das Attribut durch
`Tabelle.Attribut` eindeutig bezeichnet. Schlüssel- und Fremdschlüs-
selattribute werden in SQL nicht speziell gekennzeichnet, sondern
sehen wie »normale« Attribute aus. Ein Attribut, das mit *not null*
gekennzeichnet ist, muss bereits beim Erzeugen des Tupels einen
Wert besitzen. Es handelt sich um ein Pflichtattribut. Schlüsselattribute und Fremdschlüssel einer Muss-Assoziation sind immer mit
not null einzutragen.

DDL

Die Menge aller *create table*-Befehle richtet die leere relationale Datenbank ein. Jede definierte Tabelle wird in das *Data Dictionary*
eingetragen. Mit dem *drop table*-Befehl wird eine Tabelle wieder gelöscht.

Die in Abb. 8.2-2 angegebenen Tabellen werden durch folgende SQL-
Befehle erzeugt:

Beispiel

```
create table Lieferant
   (nummer            integer       not null,
    firma             char(30)      not null,
    ansprechpartner   char(30));
create table Artikel
   (nummer            integer       not null,
    bezeichnung       char(30)      not null,
    preis             decimal(8,2),
    lieferantNummer   integer       not null);
```

Zur Historie von SQL

SQL *(Structured Query Language)* ist eine Sprache der 4. Generation.
Sie ist eine deklarative Programmiersprache, d.h., sie besitzt im Unterschied zu den klassischen Programmiersprachen keine Schleifen,
keine Prozeduren, keine Rekursion und keine ausreichenden mathematischen Operationen.

Historie   SQL wurde in den 70ern in den Forschungslaboratorien von IBM im Zusammenhang mit der Prototypentwicklung des relationalen Datenbanksystems SYSTEM R (R wie relational) entworfen. Die Grundlagen bildeten die Arbeiten von E.F. Codd. 1979 brachte die Firma Oracle die erste SQL-Datenbank auf den Markt. Viele Datenbankhersteller zogen mit ihren SQL-Entwicklungen nach. Heute gilt SQL als die Standard-Abfragesprache für relationale Datenbanksysteme.

Internet
www.ansi.org
1989 hat das American National Standards Institute (www.ansi.org) eine erste SQL-Spezifikation veröffentlicht. Dieser ANSI-SQL-Standard wurde 1992 überarbeitet und als SQL-92 oder SQL-2 bezeichnet. Die nächste Überarbeitung führte zu SQL-99, das auch als SQL-3 bezeichnet wird und aufwärts kompatibel mit SQL-92 ist. Seit Dezember 2003 ist SQL-2003 der offizielle Standard, der zu SQL-99 aufwärts kompatibel ist.

Datentypen   Eine wesentliche Eigenschaft des klassischen relationalen Konzepts ist, dass nur elementare Datentypen zur Verfügung stehen. Häufig verwendete elementare Datentypen sind beispielsweise:

- `char(n)` bzw. `character(n)`: String der Länge n, mit 1 <= n <= 255.
- `varchar(n)` bzw. `character varying(n)`: variabler String der Länge n, mit 1 <= n <= 255.
- `date`: Kalenderdatum.
- `int` bzw. `integer`: ganze Zahl (im Allg. 4 Byte groß).
- `float`: reelle Zahl.
- `decimal(m,n)`: fünfstellige Zahl mit m Stellen, davon n Nachkommastellen. Wird z.B. für Geldbeträge verwendet.
- `boolean`: Wahrheitswerte true und false.

In den neueren SQL-Standards SQL-99 und SQL-2003 wird der klassische relationale Standard um objektorientierte Konzepte erweitert. Dazu gehören unter anderem komplexe Datentypen.

- Der *Collection*-Typ ermöglicht es, innerhalb einer Spalte eine Menge von Werten zu speichern, z.B. Array, Mengen, Listen (Sequenzen), Bag. SQL-99 unterstützt nur den *Collection*-Typ array, der ein Feld fester Länge von Elementen beliebigen Typs (ausgenommen array) ist.
- Der benutzerdefinierte Datentyp, z.B. der Datentyp `Adresse` mit den Attributen `strasse`, `stadt`, `plz`, ermöglicht die Definition beliebiger Datenstrukturen.

DML   Wenn die leere Datenbank eingerichtet ist, kann sie von den Benutzern und Anwendungsprogrammen gefüllt und verändert werden. Für diese Aufgaben stellt das DBMS die **Datenmanipulationssprache** bzw. die **DML** *(Data Manipulation Language)* zur Verfügung. Auch hier gilt SQL als Standard. Weil die DML weder Kontrollstrukturen noch Prozedurkonzepte enthält, ist die Erstellung umfangreicher Programme problematisch. Daher ist es sinnvoll, die DML mit einer klassischen Programmiersprache (z.B. Java) zu kombinieren.

384

Das Relationenmodell stellt einen Satz von generischen Operationen zur Verfügung, d.h., die Semantik dieser Operationen ist nicht anwendungsspezifisch, sondern gehört zur Konzeption des Relationenmodells. Wir betrachten im Folgenden generische Operationen zum Verändern der Datenbank und zur Formulierung von Anfragen.

generische Operationen

Mit dem *insert*-Befehl werden neue Tupel in eine Tabelle eingetragen, mit dem *update*-Befehl vorhandene Tupel verändert und mit *delete* gelöscht.

insert, update, delete

```
insert into Lieferant values
    (0815, 'SchreibMitMüller', null, 'Hans Müller');
insert into Artikel values
    (4711, 'Notizblock', null);
update Artikel
  set preis = 4.95
  where nummer = 4711;
update Artikel
  set preis = preis + 1.5
  where nummer = 4711;
delete from Artikel
  where nummer = 4711;
```

Beispiel

SQL enthält den *select*-Befehl, mit dem Anfragen *(queries)* flexibel und komfortabel realisiert werden können. Das Ergebnis eines *select*-Befehls besteht aus einem oder mehreren Tupeln. Wir betrachten im Folgenden einige einfache *select*-Operationen.

select

Die Selektion wählt Tupel, d.h., Zeilen, aus einer Tabelle aus. Das Ergebnis einer Selektion können alle Zeilen der Tabelle sein. Im Allgemeinen werden die Tupel entsprechend einer Bedingung gefiltert. In dieser Bedingung können Werte abgefragt oder das Vorhandensein von Werten geprüft werden.

Selektion

Die folgende Selektion gibt die vollständige Tabelle aus. Die Angabe »*« bedeutet, dass alle Attribute der Tabelle Artikel ausgegeben werden.

Beispiele

```
select * from Artikel;
```
Das Ergebnis der folgenden Selektion ist eine Teilmenge aller Tupel von Artikel, d.h., alle Artikel, die mindestens 100 Euro kosten.
```
select *
from Artikel
  where preis >= 100;
```
Die folgende Selektion ermittelt alle Artikel, für die noch kein Preis eingetragen wurde.
```
select *
from Artikel
  where preis is null;
```

Eine Projektion wählt bestimmte Spalten einer Tabelle aus, während alle Tupel der Tabelle angezeigt werden. Die Angabe von *distinct* sorgt dafür, dass keine Duplikate von Datensätzen erzeugt werden. Projektion und Selektion werden häufig kombiniert.

Projektion

Beispiele Nachfolgende Projektion gibt für jeden Artikel der Tabelle die Bezeichnung und den Preis aus. Wenn mehrere Artikel die gleiche Bezeichnung und den gleichen Preis besitzen, dann werden sie wegen der Angabe von *distinct* auf ein einziges Tupel abgebildet.

```
select distinct bezeichnung, preis
from Artikel;
```

Die folgende *select*-Anweisung ermittelt nur diejenigen Artikel, für die ein Preis eingegeben wurde. Für alle selektierten Tupel werden Bezeichnung und Preis ausgegeben (Kombination von Selektion und Projektion).

```
select distinct bezeichnung, preis
from Artikel
where preis is not null;
```

natürlicher **Der natürliche Verbund** *(natural join)* verknüpft zwei oder mehrere
Verbund Tabellen über gemeinsame Attribute, wobei diese Attribute in der Ergebnistabelle nur einmal aufgeführt werden. Mehrere Bedingungen in der *where*-Klausel werden mittels *and* verknüpft.

Beispiele Die folgende *select*-Anweisung ermittelt für alle Lieferanten deren Nummer und Firma sowie die Bezeichnungen und Preise ihrer gelieferten Artikel. Sind zu einem Lieferanten mehrere Artikel eingetragen, dann ergeben sich mehrere Tupel.

```
select Lieferant.nummer, firma, bezeichnung, preis
from Lieferant, Artikel
where Artikel.lieferantNummer = Lieferant.nummer;
```

Die folgende *select*-Anweisung ermittelt alle Lieferanten, die einen Billigartikel unter 100 Euro liefern.

```
select Lieferant.nummer, firma, bezeichnung, preis
from Lieferant, Artikel
where Artikel.lieferantNummer = Lieferant.nummer
   and Artikel.preis < 100;
```

externe Schemata Bestimmte Benutzergruppen oder Anwendungsprogramme sollen oft nur einen definierten Ausschnitt des logischen Schemas sehen. Daher werden aus dem logischen Schema die **externen Schemata** bzw. **Sichten** *(views)* abgeleitet. Externe Schemata werden ebenfalls im *Data Dictionary* abgelegt. Einem externen Schema können *keine* Daten zugeordnet werden. Die Definition einer Sicht bedeutet daher nicht, dass die Daten mehrfach in der Datenbank abgelegt werden, sondern sie werden stets bei einer Abfrage neu aufgebaut. Dadurch ist sichergestellt, dass sich jede Sicht *(view)* stets auf die aktuellen Daten bezieht. Eine Sicht wird in SQL durch den *create view*-Befehl erzeugt. Er kann aus einer oder mehreren Basistabellen – und auch aus vorhandenen Sichten – abgeleitet werden. Sichten können analog zu den Tabellen mit dem *drop view*-Befehl wieder gelöscht werden. Dieser Befehl besitzt keinen Einfluss auf die Originaltabelle und die darin enthaltenen Daten.

Die Sicht Billigartikel enthält alle Artikel, die weniger als 100 Euro Beispiel
kosten. Die Sicht ArtikelOhnePreis erstellt eine Liste aller Artikel,
jedoch ohne deren Preis (unabhängig davon, ob in der Originaltabelle
ein Preis eingetragen ist oder nicht).

```
create view Billigartikel
  as select *
  from Artikel
  where preis < 100;
create view ArtikelOhnePreis
  as select nummer, bezeichnung
  from Artikel;
```

Indizes können für zwei Aufgaben eingesetzt werden: Zum einen Index
steigern sie die *Performance* und zum anderen stellen sie die Eindeutigkeit von Schlüsselattributen sicher. Wenn für eine Tabelle ein Index existiert, dann benutzt das Datenbanksystem bei allen Anfragen
diesen Index. Ist kein Index für eine Tabelle definiert, dann durchsucht das Datenbanksystem die Tabelle von Anfang bis Ende, um die
gewünschten Tupel zu finden. Aus diesem Grund sollten Sie Indizes
für alle Attribute anlegen, die häufig in *where*-Klauseln von *select*-
Befehlen auftreten. Außerdem empfiehlt sich ein Index für alle
Schlüsselattribute. Ein Index kann auch für mehrere Attribute einer
Tabelle definiert werden (zusammengesetzter Index).

In der Tabelle Artikel stellt der Index Artikelnummer sicher, dass jede Beispiel
Nummer nur einmal vergeben wird. Der Index Lieferantenfirmen
optimiert den Zugriff über das Attribut firma.

```
create unique index Artikelnummer on Artikel (nummer);
create index Lieferantenfirmen on Lieferant (firma);
```

8.3 UML-Notation für relationale Datenmodelle

Die UML ermöglicht es, mithilfe so genannter **Profile** *(profiles)* die
ursprüngliche Notation beträchtlich zu erweitern. Scott Ambler hat
für relationale Datenbanken ein solches Profil entwickelt /Ambler
03a/, das öffentlich zugänglich ist. Bei relationalen Datenbanken
werden drei Modelle unterschieden:
- Logisches Datenmodell *(logical data model,* LDM): stellt den konzeptionellen Entwurf der Datenbank oder die detaillierte Daten-
  Architektur der jeweiligen Anwendung dar.
- Physisches Datenmodell *(physical data model,* PDM): stellt das
  interne Schema der Datenbank mit den Tabellen, deren Spalten
  und den Beziehungen zwischen den Tabellen dar.
- Konzeptionelles Datenmodell *(conceptual data model)*: stellt den
  konzeptionellen Datenbank-Entwurf auf sehr hoher Abstraktions-

ebene dar und wird oft als Vorgängerprodukt des logischen Datenmodells erstellt.

Bei einer objektorientierten Entwicklung werden die Daten im Klassendiagramm abgebildet. Beim Übergang auf eine relationale Datenbank spielt daher nur das physische Datenmodell eine Rolle. Im
Folgenden werden die wichtigsten Elemente der UML-Notation für
das physische Datenmodell vorgestellt.

Tabellen und Views Tabellen und *Views* werden mithilfe der Klassennotation modelliert. Stereotypen spezifizieren die verschiedenen Arten. In einem
physischen Datenmodell ist eine »normale« Tabelle der Standardfall
und muss daher nicht durch einen Stereotypen gekennzeichnet werden. Folgende Stereotypen werden verwendet:

- «Associative Table»: kennzeichnet Assoziationstabellen (siehe
Kapitel 8.4 Kapitel 8.4).
- «Index»: modelliert einen Index. Ein Index muss immer durch eine
Abhängigkeitsbeziehung zu der Tabelle ergänzt werden, für die
dieser Index erstellt wird.
- «Stored Procedures»: kennzeichnet Tabellen, die nur Operations-
signaturen für *Stored Procedures* der Datenbank enthalten.
- «View»: kennzeichnet einen *View* für eine Tabelle.

Beziehungen Beziehungen zwischen Tabellen *(relationships)* werden als Assoziationen modelliert. Multiplizitäten und Rollennamen können wie im
Klassendiagramm verwendet werden. Qualifizierte Assoziationen
sollten nicht modelliert werden. Die Assoziationen können mit Stereotypen erweitert werden, wobei alternativ zum Text-Stereotyp der
grafische Stereotyp verwendet werden kann. Für das physische Datenmodell stehen unter anderem folgenden Stereotypen zur Verfügung:

- «Subtype» bzw. Vererbungspfeil: kennzeichnet eine Typ/Untertyp-
Beziehung.
- «Aggregation» bzw. transparente Raute: kennzeichnet eine Aggre-
gation.
- «Composition» bzw. gefüllte Raute: kennzeichnet eine Kompositi-
on.
- «Dependency» bzw. gestrichelte Linie mit offener Pfeilspitze: ver-
bindet einen Index oder einen *View* mit der zugehörigen Tabelle.
- «Unidirectional» bzw. offene Pfeilspitze: sagt aus, dass eine Bezie-
hung nur in einer Richtung traversiert werden soll.

Beispiel Abb. 8.3-1 modelliert einige der aufgeführten Notationselemente.
Zwischen Person und Angestellter besteht eine Typ/Untertyp-Bezie-
hung, die durch den transparenten Generalisierungspfeil gekennzeichnet ist, der auf den (Ober-)Typ zeigt. Beachten Sie, dass es sich
bei diesem Element um eine bestimmte Form der Assoziation – und
nicht um eine Generalisierung – handelt, wie es auch durch die Multiplizitäten deutlich gemacht wird. Zwischen Person und Abteilung
existiert eine Beziehung *(relationship)*, die durch eine einfache Asso-

388

ziation modelliert wird. Bei VMitarbeiter handelt es um einen *View*, der von den Tabellen Person und Abteilung abhängig ist (gestrichelte Pfeile). IAbteilung1 und IAbteilung2 definieren jeweils einen Index für die Tabelle Abteilung.

Um Klassen und Tabellen leicht voneinander zu unterscheiden, werden Tabellennamen (einschließlich Namen von *Views* und Indizes) in diesem Buch in blauer Schrift eingetragen.

Hinweis

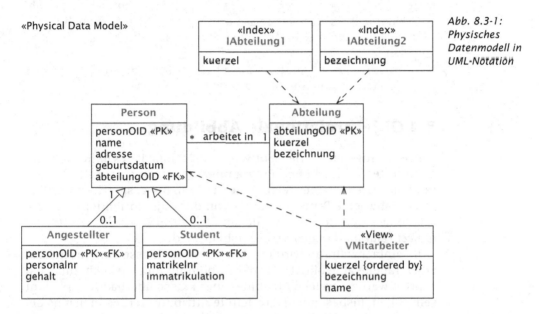

«Physical Data Model»

Abb. 8.3-1: Physisches Datenmodell in UML-Notation

Tabellenspalten in einem physischen Datenmodell werden mithilfe der Attributnotation modelliert. Der Typ eines Attributs kann optional angegeben werden. Die Sichtbarkeit soll nicht angegeben werden, denn alle Tabellenspalten besitzen eine öffentliche Sichtbarkeit.

Tabellenspalten

Einschränkungen *(constraints)* können wie beim Klassendiagramm modelliert werden, z.B.

- bestelldatum: date {nach dem 1.1.2000}: beschränkt den Wertebereich.
- name: char(40) {not null}: kennzeichnet Muss-Felder.
- matrikelnr: char(10) {readOnly}: Feld kann nicht mehr geändert werden.

Schlüssel werden als Attribute in die Tabellen eingetragen und durch Stereotypen gekennzeichnet.

Schlüssel

- «PK»: sagt aus, dass diese Spalte Teil des **Primärschlüssels** ist. Besitzt die Tabelle nur ein einziges Attribut mit diesem Stereotypen, so handelt es sich um den (kompletten) Primärschlüssel.
- «FK»: sagt aus, dass diese Spalte Teil des **Fremdschlüssels** ist.

■ «AK»: sagt aus, dass diese Spalte Teil eines alternativen Schlüssels ist, der auch als Sekundärschlüssel bezeichnet wird.

■ «Auto Generated»: sagt aus, dass der Wert der Spalte automatisch generiert wird.

Beispiel In der Abb. 8.3-1 wird die Spalte personOID in der Tabelle Person durch den Stereotypen «PK» als Primärschlüssel bezeichnet. Der Stereotyp «FK» kennzeichnet die Spalte abteilungOID als Fremdschlüssel. In der Tabelle Angestellter ist die Spalte personOID durch «PK» sowohl als Primärschlüssel (in Bezug auf die eigene Tabelle) als auch durch «FK» als Fremdschlüssel (in Bezug auf die Tabelle Person) gekennzeichnet.

Im *View* VMitarbeiter gibt die Einschränkung {ordered by} an, dass der *View* nach dieser Spalte geordnet ist.

8.4 Objektrelationale Abbildung

Bei der heutigen modernen Softwareentwicklung ist es üblich, objektorientierte Techniken und Programmiersprachen einzusetzen, während die Daten in einer relationalen Datenbank gespeichert werden. Es ist daher eine Brückenbildung von der objektorientierten in die relationale Welt notwendig, die als **objektrelationale Abbildung** *(object relational mapping)* bezeichnet wird.

Im einfachsten Fall wird ein Attribut einer Klasse auf ein Attribut einer Tabelle abgebildet. Vor der Abbildung muss jedoch zunächst geprüft werden, welche Attribute einer Klasse überhaupt persistent sein sollen. Insbesondere abgeleitete Attribute werden meistens berechnet und sind daher nicht dauerhaft zu speichern. Für alle komplexeren Fälle gibt es feste Abbildungsvorschriften und auch zahlreiche Werkzeuge, die diese Abbildung automatisieren. Eine Liste von *Internet* Artikeln und Werkzeugen finden Sie auf der Website www.servicearchitecture.com/object-relational-mapping.

Im Folgenden werden die verschiedenen objektorientierten Konzepte auf relationale Datenbanken abgebildet /Ambler 03a/.

Abbilden einer Klasse

Eine Klasse kann im einfachsten Fall auf eine einzige Tabelle abgebildet werden (Abb. 8.4-1). Jede Tabelle wird – unabhängig davon, ob ein fachliches Schlüsselattribut vorhanden ist – um ein Schlüsselattribut erweitert, das ein Tupel eindeutig identifiziert *(primary key)*. Es wird in der Abb. 8.4-1 als artikelOID bezeichnet. Oft wird nur die Bezeichnung OID verwendet. Das **OID-Attribut** *(key, oid)* ist ein Schlüssel ohne jede semantische Bedeutung. Es wird auch als Surrogat *(surrogate key)* bezeichnet. Der Grund dafür liegt darin, dass sich semantische Schlüsselattribute ändern können. Würde beispielsweise als OID-Attribut die Artikelnummer gewählt und ist eine Erweiterung des Nummernkreises notwendig, dann müssen alle Tupel, in denen diese Artikelnummer als Primär- oder Fremdschlüssel vorkommt, aktualisiert werden. Gegebenenfalls muss auch der entsprechende Datentyp in den Tabellen geändert werden.

Klasse Tabelle

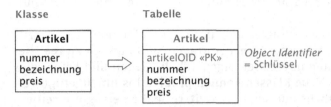

Abb. 8.4-1:
Abbilden einer
einfachen Klasse

Eindeutige OIDs können auf verschiedene Arten realisiert werden. Die meisten führenden relationalen Datenbanken implementieren eine automatische Vergabe von OID-Attributen. Das ist im Allgemeinen ein Zähler, dessen Wert beim Hinzufügen eines jeden Tupels inkrementiert wird. Die verwendeten Algorithmen variieren. OID-Attribute können innerhalb der Tabelle eindeutig sein, innerhalb der Datenbank oder auch global.

OID-Attribut

Alternativ können eindeutige OIDs durch UUIDs *(universally unique identifiers)* generiert werden. Hierbei handelt es sich um 128-Bit-Werte, die durch einen Hash-Algorithmus aus der ID der Ethernetkarte und dem Zeitstempel des Computersystems erzeugt werden. GUIDs *(globally unique identifiers)* sind ein Microsoft-Standard, der das UUID-Konzept erweitert.

Eine weitere Alternative ist die *High/Low*-Strategie. Hier können OIDs, die in der Datenbank gespeichert sind, von der Anwendung blockweise angefordert werden. Die OID besteht aus einem *High*-Wert, der beispielsweise aus einer OID-Tabelle entnommen wird und einem *Low*-Wert, der von der Anwendung verwaltet wird. Der *Low*-Wert wird mit null initialisiert und jedes Mal inkrementiert, wenn eine neue OID benötigt wird.

Abbilden einer Generalisierungshierarchie

Es gibt drei Möglichkeiten, um eine Generalisierungshierarchie auf Tabellen abzubilden:

- Abbilden der gesamten Hierarchie auf eine einzige Tabelle,
- Abbilden jeder konkreten Klasse auf eine Tabelle,
- Abbilden jeder Klasse auf eine Tabelle.

Abb. 8.4-2 bildet alle Klassen der Generalisierungsstruktur auf eine einzige Tabelle Person ab. Als Primärschlüssel wird das Attribut personOID hinzugefügt. Das Attribut personType ist notwendig, um für jedes Tupel angeben zu können, um welche Art Person es sich handelt. Es kann die Werte Angestellter, Student und Hilfskraft annehmen. Der Wert Person kann nicht vorkommen, weil Person eine abstrakte Klasse ist.

Abbilden der
Hierarchie auf
1 Tabelle

Alle Attribute, die ein Tupel nicht annehmen kann, müssen auf *null* gesetzt werden. Beispielsweise können bei einem Tupel vom Typ Student – zusätzlich zu personOID und personType – nur die Attribute name, geburtsdatum, matrikelnr und immatrikulation besetzt werden. Die Attribute personalnr, gehalt und stundenzahl müssen auf null gesetzt sein.

Der Vorteil dieses Ansatzes liegt in seiner Einfachheit. Der Zugriff auf Daten ist schnell und *Ad-hoc*-Anfragen sind einfach zu realisieren, weil alle Daten in einer einzigen Tabelle liegen und keine *joins* notwendig sind. Neue Klassen können problemlos hinzugefügt werden, denn die Tabelle muss nur um weitere Spalten erweitert werden. Dem stehen folgende Nachteile gegenüber: Die Kopplung innerhalb der Generalisierungshierarchie wird erhöht. Wird beispielsweise eine Klasse der Hierarchie um ein neues Attribut erweitert, dann sind alle Objekte der Hierarchie davon betroffen. Außerdem verschwendet dieser Ansatz Speicherplatz, weil die Tabelle viele *null*-Werte enthalten kann. Dieser Nachteil ist jedoch bei Generalisierungsstrukturen von geringem Umfang vernachlässigbar. Daher ist diese Abbildung am besten für kleine Generalisierungshierarchien geringer Tiefe geeignet.

<table>
<tr><td>

Abb. 8.4-2:
Abbilden der
Generalisierungs-
hierarchie auf eine
Tabelle

</td><td>

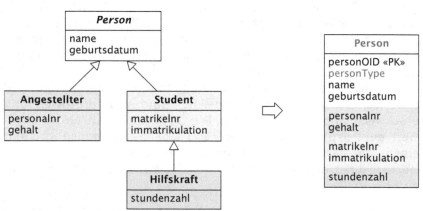

</td></tr>
</table>

Abbilden jeder konkreten Klasse auf 1 Tabelle

In der Abb. 8.4-3 wird jede konkrete Klasse der Generalisierungsstruktur auf eine Tabelle abgebildet. Es ergeben sich die drei Tabellen Angestellter, Student und Hilfskraft, von denen jede die Attribute name und geburtsdatum enthält. Jede Tabelle erhält einen eigenen Primärschlüssel, z.B. angestellterOID.

Auch bei dieser Form sind *Ad-hoc*-Anfragen relativ einfach zu formulieren und der Zugriff auf die Daten erfolgt effizient. Nachteilig ist, dass die Attribute der abstrakten Oberklasse in mehreren Tabellen vorhanden sind. Wenn die entsprechenden Attribute modifiziert werden, dann sind alle betroffenen Tabellen zu aktualisieren. Diese

Abbildung ist daher am besten für Generalisierungshierarchien geeignet, bei denen die Klassen nur wenige gemeinsame Attribute besitzen.

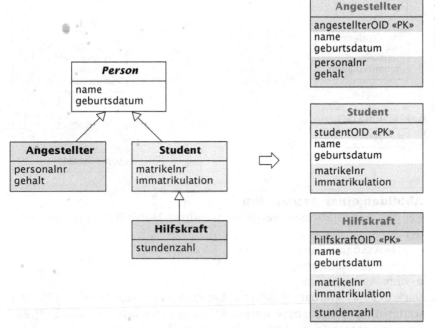

Abb. 8.4-3:
Abbilden jeder
konkreten Klasse
auf eine Tabelle

In der Abb. 8.4-4 wird jede – konkrete und abstrakte – Klasse der Generalisierungsstruktur auf eine Tabelle abgebildet. Objekte der Klasse Angestellter sind nun auf die zwei Tabellen Person und Angestellter verteilt. Der Zusammenhang wird durch das gemeinsame Schlüsselattribut personOID hergestellt. Dieses Attribut fungiert in der Tabelle Person als Primärschlüssel. In den anderen Tabellen, z.B. Angestellter, ist es sowohl Primärschlüssel als auch Fremdschlüssel.

Abbilden jeder Klasse auf 1 Tabelle

Der Vorteil dieses Ansatzes ist, dass er am besten dem objektorientierten Konzept entspricht. Änderungen in der Oberklasse sind mit minimalem Aufwand durchführbar und neue Attribute können in allen Klassen einfach ergänzt werden. Dem stehen jedoch mehrere Nachteile gegenüber: Es entstehen viele Tabellen in der Datenbank und die Zugriffe auf Objekte dauern länger, weil mehrere Tabellen betroffen sind *(joins)*. Sofern keine *Views* aufgebaut werden, sind *Ad-hoc*-Anfragen schwieriger zu formulieren und wegen der zahlreichen *joins* reduziert sich die Performance. Diese Abbildung ist daher am besten für Generalisierungshierarchien geeignet, bei denen die Klassen viele gemeinsame Attribute besitzen und Änderungen mit hoher Wahrscheinlichkeit zu erwarten sind.

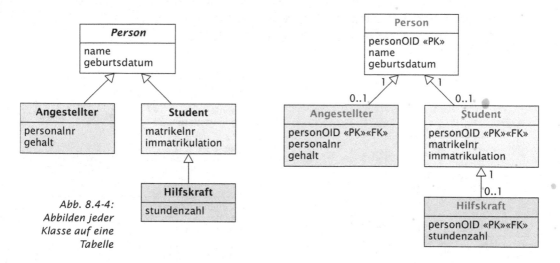

Abb. 8.4-4:
Abbilden jeder
Klasse auf eine
Tabelle

Abbilden einer Assoziation

Bei den Assoziationen werden nach ihrer Multiplizität unterschieden:

- 1:1- Assoziationen,
- 1:m-Assoziationen,
- m:m-Assoziationen.

Nach der Navigierbarkeit können bei einem objektorientierten Modell weiterhin gerichtete bzw. unidirektionale Assoziationen und bidirektionale Assoziationen unterschieden werden. Relationale Datenbanken unterstützen allerdings das Konzept der gerichteten Assoziationen nicht, sondern alle Assoziationen sind bidirektional.

1:1-Assoziation   In relationalen Datenbanken werden Assoziationen mithilfe von Fremdschlüsseln realisiert. Abb. 8.4-5 modelliert eine 1:1-Assoziaiton zwischen den Klassen Dienstwagen und Angestellter. Diese Assoziation wird in der Tabelle Dienstwagen durch den Fremdschlüssel angestellterOID realisiert. Der zugehörige SQL-Code würde so aussehen:

```
select * from Dienstwagen, Angestellter
where Dienstwagen.angestellterOID = Angestellter.angestellterOID;
```

Alternativ könnte auch in die Tabelle Angestellter ein Fremdschlüssel dienstwagenOID eingefügt werden. Dann würde der Zugriff wie folgt realisiert:

```
select * from Dienstwagen, Angestellter
where Dienstwagen.dienstwagenOID = Angestellter.dienstwagenOID;
```

bidirektionale   Weil Assoziationen bei relationalen Datenbanken mithilfe von
Assoziationen   Fremdschlüsseln realisiert werden, sind alle Assoziationen automatisch bidirektional. Dies wird verständlich, wenn man sich verdeutlicht, wie der Zugriff auf die Tabellen der Datenbank abläuft.

1 Ein Dienstwagen-Objekt wird in den Speicher gelesen.
2 Der Wert des Attributs `Dienstwagen.angestellterOID` dient dazu, den zugehörigen Angestellten zu identifizieren.
3 Die Tabelle `Angestellter` wird nach einem Tupel mit diesem Wert im Attribut `angestellterOID` durchsucht.
4 Das entsprechende Angestellten-Objekt wird gelesen und instantiiert.

Dienstwagen
→ Angestellter

1 Ein Angestellten-Objekt wird in den Speicher gelesen.
2 Der Wert des Attributs `Angestellter.angestellterOID` dient dazu, den zugehörigen Dienstwagen zu identifizieren.
3 Die Tabelle `Dienstwagen` wird nach einem Tupel durchsucht, das diesen Wert im Attribut `angestellterOID` enthält.
4 Das entsprechende Dienstwagen-Objekt wird gelesen und instantiiert.

Angestellter
→ Dienstwagen

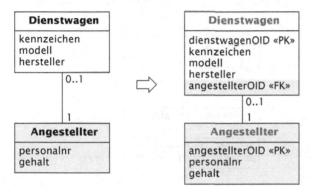

Abb. 8.4-5:
Abbilden einer
1:1-Assoziation

Abb. 8.4-6 modelliert eine 1:m-Assoziation zwischen den Klassen `Abteilung` und `Angestellter`. Hier wurde der Fremdschlüssel `abteilungOID` in die Tabelle `Angestellter` eingefügt. Alternativ kann eine 1:m-Assoziation wie eine m:m-Assoziation durch eine eigene Tabelle realisiert werden. Die Navigationsrichtung zeigt an, dass nur Zugriffe von `Angestellter` zu `Abteilung`, jedoch nicht umgekehrt erfolgen.

1:m-Assoziation

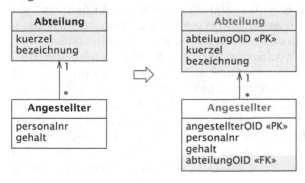

Abb. 8.4-6:
Abbilden einer
1:m-Assoziation

395

m:m-Assoziation

Abb. 8.4-7 modelliert eine m:m-Assoziation zwischen den Klassen Projekt und Angestellter. In diesem Fall ist für die Abbildung einer Assoziation eine zusätzliche Tabelle Angestellter_Projekt notwendig, deren einziger Zweck es ist, die Beziehung zwischen den Tabellen zu spezifizieren. Sie wird als **Assoziationstabelle** *(associative table)* bezeichnet und enthält die beiden Fremdschlüssel projektOID und angestellterOID. Der Primärschlüssel dieser Tabelle setzt sich hier aus den Schlüsseln der beteiligten Tabellen zusammen. Die Multiplizitäten an den Assoziationen werden analog zum Auflösen einer Kapitel 2.5 Assoziationsklasse ermittelt (Kapitel 2.5). Es ist oft vorteilhaft, wenn diese Assoziationstabelle ein eigenes OID-Attribut erhält. Dann werden alle Tabellen gleich behandelt, was ihre Implementierung vereinfacht. Ein weiterer Vorteil liegt in der Laufzeit-Effizienz, da bei *joins* von Tabellen mit zusammengesetzten Schlüsseln bei einigen Datenbanken Probleme auftreten /Ambler 03/.

Abb. 8.4-7:
Abbilden einer
m:m-Assoziation
mit einer Asso-
ziationstabelle

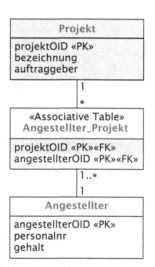

Assoziationsklasse

Assoziationen mit einer Assoziationsklasse können grundsätzlich wie die entsprechende Assoziation abgebildet werden. Im Sinne einer optimalen Struktur empfiehlt es sich, deren Attribute wie bei einer m:m-Assoziation auf eine Assoziationstabelle abzubilden. Das gilt auch für 1:1- oder 1:m-Assoziationen mit einer Assoziationsklasse, sofern sie nicht nur aus einem oder zwei Attributen bestehen.

Komposition,
Aggregation

Außer der einfachen Assoziation bietet die UML deren Sonderformen Aggregation und Komposition an, die ebenfalls auf relationale Datenbanken abgebildet werden müssen. Bezüglich der objektrelationalen Abbildung können diese drei Arten identisch behandelt werden. Es gibt jedoch Unterschiede, wenn die referenzielle Integrität ins Spiel kommt. Oft wird bei einer Komposition oder Aggregation das Verhalten, das auf das Ganze angewandt wird, automatisch auf seine Teile angewendet. Beispielsweise werden beim Freigeben eines

Verzeichnisses auch alle darin enthaltenen Dateien freigegeben. Bei einer Komposition ist das Ganze stets für das Erzeugen und Löschen seiner Teile verantwortlich.

/Ambler 03/ spricht hier von Kaskaden *(object cascades)* und empfiehlt

- für die Komposition:
  - ☐ Teile automatisch lesen, wenn das Ganze gelesen wird.
  - ☐ Teile automatisch speichern, wenn das Ganze gespeichert wird.
  - ☐ Überlegen, ob die Teile automatisch mit dem Ganzen gelöscht werden.
- für die Aggregation:
  - ☐ Überlegen, ob die Teile automatisch gelesen werden, wenn das Ganze gelesen wird.
  - ☐ Überlegen, ob die Teile automatisch gespeichert werden, wenn das Ganze gespeichert wird.
  - ☐ Überlegen, ob die Teile automatisch mit dem Ganzen gelöscht werden.

Abb. 8.4-8 modelliert eine geordnete Komposition zwischen den Klassen Bestellung und Position. Der Eigenschaftswert {ordered} spezifiziert, dass die Positionen in einer definierten Reihenfolge in der Bestellung enthalten sind. Daher wird die Tabelle Position um das Attribut reihenfolge erweitert. Für eine geordnete Assoziation ergeben sich folgende Konsequenzen:

geordnete Assoziation

- Positionen müssen in der richtigen Reihenfolge gelesen werden.
- Die Reihenfolge der Positionen kann sich ändern oder es können neue Positionen hinzugefügt oder vorhandene entfernt werden. Dann müssen die Werte für das Attribut reihenfolge neu zugewiesen werden.
- Dieser Aufwand kann etwas reduziert werden, wenn die Werte für die Reihenfolge nicht mit 1, 2, 3, ..., sondern mit Lücken als 10, 20, 30, ... vergeben werden. Dann kann leicht eine Position mit dem Wert 15 zwischen die Nummern 10 und 20 eingefügt werden.

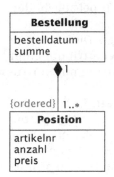
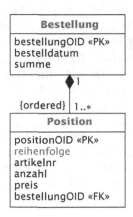

Abb. 8.4-8:
Abbilden einer
geordneten
Assoziation

reflexive
Assoziation

Abb. 8.4-9 modelliert reflexive Assoziationen (auch rekursive Assoziationen genannt). Bei der Klasse Angestellter handelt es sich um eine reflexive 1:m-Assoziation, die analog zur Abb. 8.4-6 abgebildet wird, jedoch nur eine einzige Tabelle enthält. Für die Klasse Artikel ist eine reflexive m:m-Assoziation definiert, da hier jeder Artikel aus weiteren Artikeln – den Teilen – bestehen kann und umgekehrt zu mehreren Artikeln – dem Ganzen – gehören kann. Hier wird für die Abbildung der 1:m-Assoziation eine separate Assoziationstabelle benötigt.

Abb. 8.4-9:
Abbilden einer
reflexiven
Assoziation

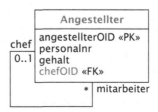

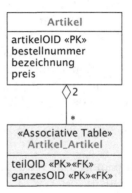

Klassenattribute

Abb. 8.4-10 zeigt drei Alternativen, um Klassenattribute auf relationale Datenbanken abzubilden. Im ersten Fall wird jedes Klassenattribut auf eine Tabelle mit einer Spalte und einem Tupel abgebildet. Der Vorteil liegt in der Einfachheit und dem schnellen Zugriff. Nachteilig ist, dass viele kleine Tabellen entstehen können. Dieser Ansatz kann so erweitert werden, dass jeweils alle Klassenattribute einer Klasse in eine separate Tabelle eingetragen werden, die nur ein Tupel, jedoch mehrere Spalten enthält.

Bei der zweiten Alternative werden alle Klassenattribute der Anwendung in eine einzige Tabelle eingetragen, die so viele Spalten besitzt, wie es Klassenattribute im Modell gibt. Der Vorteil dieses Ansatzes liegt darin, dass nur eine einzige weitere Tabelle entsteht. Er birgt jedoch eine potenzielle Gefahr für Nebenläufigkeitsprobleme, wenn mehrere Klassen gleichzeitig auf die Klassenattribute zugreifen müssen. Eine Weiterentwicklung dieses Ansatzes besteht darin, zwei Tabellen anzulegen, je eine für alle Klassenattribute, die nur gelesen werden müssen, und eine für alle zu ändernden Klassenattribute.

Auch bei der dritten Alternative entsteht nur eine Tabelle. Hier wird jedoch für jedes Klassenattribut ein Tupel angelegt, das aus dem Klassennamen, dem Namen des Klassenattributs und dessen Wert besteht. Nebenläufigkeitsprobleme sind dann nicht mehr vorhanden, sofern die Datenbank ein tupelweises Locking *(row-based locking)* unterstützt. Allerdings werden alle Werte als String gespeichert und müssen daher gegebenenfalls konvertiert werden.

Abb. 8.4-10:
Abbilden von
Klassenattributen

In den neueren SQL-Standards SQL-99 und SQL-2003 wird der klassische relationale Standard um objektorientierte Konzepte erweitert. Dazu gehören der *Collection*-Typ, der es ermöglicht, innerhalb einer Spalte eine Menge von Werten zu speichern (z.B. Array, Menge, Liste, Bag), und der benutzerdefinierte Datentyp zur Definition beliebiger Datenstrukturen (z.B. der Datentyp Adresse mit den Attributen Strasse, Stadt, PLZ). Enthalten Klassen Attribute vom komplexen Datentyp, dann ist zu prüfen, welchen SQL-Standard die verwendete Datenbank implementiert. Im optimalen Fall können die Datentypen der UML auf benutzerdefinierte Datentypen oder *Collection*-Typen der Datenbank angebildet werden.

komplexer
Datentyp

Andernfalls stehen für die Abbildung einer **Datenstruktur** die in der Abb. 8.4-11 gezeigten Alternativen zur Verfügung. Entweder werden diese Attribute in die Tabelle Kunde integriert (z.B. name) oder in einer eigenen Tabelle dargestellt werden (z.B. adresse). Da im Klassendiagramm der Zugriff nur von Kunde zu Adresse erfolgt, wird diese Assoziation im physischen Datenmodell gerichtet modelliert. Eine separate Tabelle besitzt die Vorteile, dass der Zusammenhang der Komponenten zu einem Ganzen erhalten bleibt. Ist das strukturierte Attribut ein Kann-Attribut, das nur selten einen Wert erhält, dann wird in der separaten Tabelle kein Speicherplatz benötigt. Der Nachteil dieser zusätzlichen Tabelle besteht jedoch darin, dass zur

»Konstruktion« des Objekts aus mehreren Tabellen zusätzliche *join*-Operationen notwendig sind.

Abb. 8.4-11:
Abbilden eines
strukturierten
Attributs

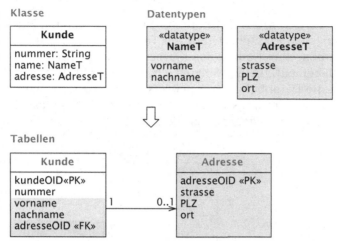

Enthält die Klasse **Listenattribute** (Abb. 8.4-12) und ist für die Liste eine feste Obergrenze bekannt, dann können diese Attribute in die Tabelle der Klasse eingetragen werden. Ist die Obergrenze der Liste variabel oder besitzen meist nur wenige Elemente der Liste Werte, dann ist die Liste auf eine eigene Tabelle abzubilden. Auch hier wird im Datenmodell eine gerichtete Assoziation eingetragen.

Abb. 8.4-12:
Abbilden eines
Listenattributs

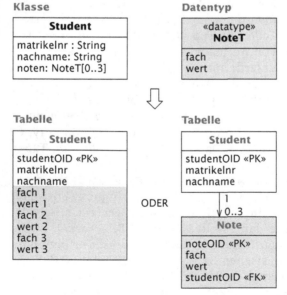

Abb. 8.4-13 enthält ein komplettes Datenmodell in UML-Notation. Es sind viele der in diesem Kapitel eingeführten Tabellen und deren Schlüssel-Fremdschlüssel-Beziehungen eingetragen. Außerdem wur-

den für alle Attribute Datentypen spezifiziert. Zwischen Person und Angestellter bzw. Person und Student existiert jeweils eine *Subtype*-Beziehung, die durch den Generalisierungspfeil modelliert wird. Zwischen Angestellter und Abteilung wurde explizit eine gerichtete Beziehung modelliert. Alle anderen Beziehungen in diesem Modell sind bidirektional.

Abb. 8.4-13:
Vollständiges
Datenmodell in
UML-Notation

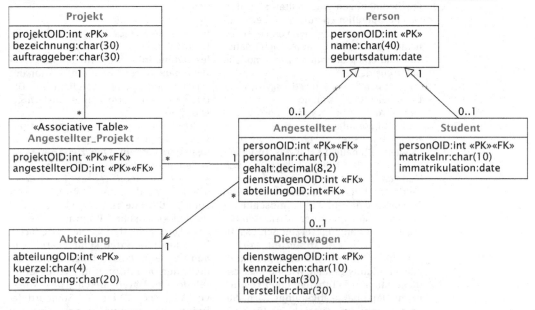

Die objektrelationale Abbildung ist nur ein Aspekt, der beim Benutzen von relationalen Datenbanken in objektorientierten Anwendungen wichtig ist. In Kapitel 10.6 gehen wir darauf ein, wie die softwaretechnische Anbindung der objektorientierten Anwendung an eine relationale Datenbank entworfen wird.

Kapitel 10.6

Assoziationstabelle *(associative table)* Tabelle, deren einziger Zweck es ist, die Beziehung zwischen anderen Tabellen zu spezifizieren. Sie entsteht durch die →objektrelationale Abbildung von m:m-Assoziationen und enthält als →Fremdschlüssel die →Primärschlüssel der beteiligten Tabellen.

Datenbanksystem *(data base system)* Ein Datenbanksystem besteht aus einer oder mehreren Datenbanken, einem *Data Dictionary* und einem Datenbankmanagementsystem. In der Datenbank (DB) sind alle Daten gespeichert. Das *Data Dictionary* (DD) enthält das Datenbankschema, das den Aufbau der Daten der Datenbank(en) beschreibt. Die Verwaltung und zentrale Kontrolle der Da-

ten ist Aufgabe des Datenbankmanagementsystems (DBMS).

Datendefinitionssprache *(data definition language)* Die Datendefinitionssprache (DDL) ist eine Sprache, die ein →relationales Datenbanksystem zur Verfügung stellt und die zur formalen Definition des logischen Schemas – d.h. den leeren →Tabellen der relationalen Datenbank – dient. Als Standard hat sich die Sprache →SQL etabliert.

Datenmanipulationssprache *(data manipulation language)* Die Datenmanipulationssprache (DML) dient dazu, die leeren →Tabellen einer relationalen Datenbank mit Daten zu füllen und diese Daten zu ändern. Eine DML enthält keine Kontrollstrukturen und Prozedur-

401

konzepte. Als Standard hat sich die Sprache →SQL etabliert.

Datenmodell *(data model)* Jedem → Datenbanksystem liegt ein Datenmodell zugrunde, in dem festgelegt wird, welche Eigenschaften und Strukturen die Datenelemente besitzen dürfen, welche Konsistenzbedingungen einzuhalten sind und welche Operationen zum Speichern, Suchen, Ändern und Löschen von Datenelementen existieren. Es lassen sich relationale und objektorientierte Datenmodelle unterscheiden.

DDL *(Data Definition Language)* → Datendefinitionssprache

DML *(Data Manipulation Language)* →Datenmanipulationssprache

Fremdschlüssel *(foreign key)* Attribut FS einer →Tabelle T1, für das zu jedem Zeitpunkt gilt: Zu jedem Wert ungleich Null von FS muss ein gleicher Wert eines →Primärschlüssels PS in einer Tabelle T2 vorhanden sein. Ein Fremdschlüssel kann auch aus mehreren Attributen bestehen (zusammengesetzter Schlüssel).

Objektrelationale Abbildung *(object relational mapping)* Die objektrelationale Abbildung gibt an, wie ein Klassendiagramm auf →Tabellen einer relationalen Datenbank abgebildet wird. Sie enthält Abbildungsvorschläge für Klassen, Assoziationen und Generalisierungsstrukturen. Ein weiterer Aspekt ist die Realisierung der Objektidentität in relationalen Datenbanken.

OID-Attribut *(key, oid)* Schlüsselattribut einer Tabelle ohne jede semantische Bedeutung. Es wird auch als Surrogat *(surrogate key)* bezeichnet.

Primärschlüssel *(primary key)* Attribut PS einer Tabelle T1, das jedes →Tupel der →Tabelle eindeutig identifiziert. Ein Primärschlüssel kann auch aus mehreren Attributen bestehen (zusammengesetzter Schlüssel). Er wird oft auch einfach als Schlüssel bezeichnet.

Profil *(profile)* Stereotypisiertes Paket, das Modellelemente der UML enthält, die

für einen bestimmten Einsatzzweck angepasst werden. In vielen Fällen erfolgt dies durch entsprechende Stereotypen, z.B. kann der Stereotyp «bean» in einem Klassensymbol aussagen, dass es sich hier nicht um eine gewöhnliche Java-Klasse, sondern um eine JavaBean handelt.

Relation →Tabelle

Relationales Datenbanksystem *(relational database system)* Ein relationales Datenbanksystem (RDBS) ist ein → Datenbanksystem, dem ein relationales →Datenmodell zugrunde liegt. Die Daten werden in Form von →Tabellen gespeichert.

Schlüssel-Fremdschlüssel-Beziehung *(key/foreign key relationship)* Realisiert Beziehungen zwischen →Tabellen einer relationalen Datenbank.

SQL *(Structured Query Language)* SQL ist eine deklarative Programmiersprache, d.h., sie besitzt im Unterschied zu den klassischen Programmiersprachen keine Schleifen, keine Prozeduren, keine Rekursion und keine ausreichenden mathematischen Operationen. Sie dient der Definition und Manipulation relationaler Datenbanken. 1983 wurde von ANSI und ISO ein SQL-Standard definiert. Weiterentwicklungen führten zum derzeitigen Standard SQL-2003, der im Dezember 2003 veröffentlicht wurde.

Tabelle *(table)* →Relationale Datenbanksysteme speichern Daten in Form von Tabellen (Relationen). Jede Zeile der Tabelle wird als →Tupel bezeichnet. Der Schlüssel einer Tabelle (auch als →Primärschlüssel bezeichnet) kann aus einem oder mehreren Attributen bestehen. Beziehungen zwischen Tabellen werden mittels →Fremdschlüsseln realisiert.

Tupel *(row)* Zeile in der Tabelle einer relationalen Datenbank. Alle Tupel einer →Tabelle müssen gleich lang sein. Jedes Tupel muss durch einen eindeutigen Schlüssel identifizierbar sein.

Datenbanksysteme dienen der persistenten Speicherung von Daten. Je nach dem zugrunde liegenden Datenmodell spricht man von einem objektorientierten oder relationalen Datenbanksystem. Auch bei einer objektorientierten Entwicklung werden häufig relationale Datenbanksysteme eingesetzt, bei denen alle Daten in Tabellen gespeichert werden. Als Datendefinitions- und Datenmanipulationssprache wird im Allgemeinen SQL verwendet. Mithilfe von Profilen kann die ursprüngliche UML-Notation erweitert werden. Somit kann das physische relationale Datenmodell in UML-Notation dargestellt werden. Um die Daten einer objektorientierten Anwendung in einer relationalen Datenbank zu speichern, ist eine objektrelationale Abbildung durchzuführen. Hier gibt es feste Abbildungsvorschriften. Eine Generalisierungshierarchie kann auf drei verschiedene Arten abgebildet werden: nur eine Tabelle, für jede konkrete Klasse eine Tabelle und für jede Klasse eine Tabelle. Klassen, zwischen denen eine 1:1- und 1:m-Assoziation besteht, werden auf zwei Tabellen abgebildet, wobei die Assoziation durch Fremdschlüssel in einer dieser Tabellen realisiert wird. Eine m:m-Assoziation wird auf eine separate Assoziationstabelle abgebildet. Bei der Abbildung von Klassenattributen kann unter drei Alternativen gewählt werden.

1 *Lernziel: Unterschiede des relationalen und objektorientierten Modells erkennen.*
    a Erläutern Sie den Unterschied zwischen dem Schlüsselattribut einer relationalen Datenbank und der Objektidentität der objektorientierten Modellierung.
    b Erläutern Sie die Unterschiede zwischen einer Klasse und einer Tabelle.
    c Erläutern Sie die Unterschiede zwischen der Assoziation zwischen Klassen und der Schlüssel-Fremdschlüssel-Beziehung zwischen Tabellen.
    d Warum muss für eine Klasse Kunde, die bereits ein eindeutiges Attribut Kundennummer besitzt, bei der Abbildung auf eine Tabelle ein zusätzliches OID-Attribut eingefügt werden?

Aufgabe
5–10 Minuten

2 *Lernziel: Wichtige Begriffe von relationalen Datenbanksystemen kennen.*
Erläutern Sie die folgenden Begriffe:
    a logisches Schema,   **b** externes Schema,   **c** DDL,
    d DML,   **e** SQL.

Aufgabe
5 Minuten

3 *Lernziel: Objektrelationale Abbildung durchführen können.*
Für eine studentische Hilfskraft werden folgende Daten gespeichert:
   – 7-stellige Matrikelnummer,
   – Vorname und Nachname,
   – Adresse, bestehend aus Straße, PLZ und Ort,
   – aktueller Stundenlohn, der für alle studentischen Hilfskräfte gleich ist (Klassenattribut),
   – Ein oder mehrere Arbeitsverträge, wobei für jeden Arbeitsvertrag Beginn, Ende und vereinbarte Stundenzahl gespeichert wird. Die Menge der Arbeitsverträge darf nicht begrenzt werden.

Aufgabe
10 Minuten

403

Bilden Sie diese Informationen auf die Tabellen einer relationalen Datenbank ab. Stellen Sie das physische Datenmodell einschließlich der Datentypen in UML-Notation dar.

Aufgabe
15–20 Minuten

4 *Lernziel: Objektrelationale Abbildung durchführen können.*
Bilden Sie das Klassendiagramm der Abb. LE15-A4 auf Tabellen einer relationalen Datenbank ab. Stellen Sie das physische Datenmodell einschließlich der Datentypen in UML-Notation dar.

Abb. LE15-A4:
Klassendiagramm
Bestellwesen

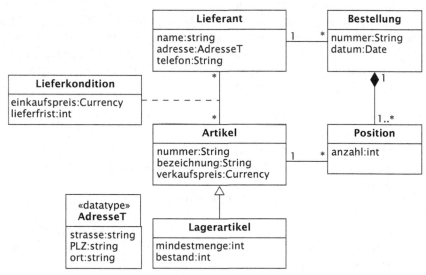

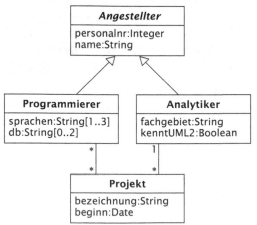

Aufgabe
15–20 Minuten

5 *Lernziel: Objektrelationale Abbildung durchführen können.*
Bilden Sie das Klassendiagramm der Abb. LE15-A5 auf Tabellen einer relationalen Datenbank ab. Stellen Sie das physische Datenmodell einschließlich der Datentypen in UML-Notation dar. Gehen Sie davon aus, dass die verwendete Datenbank nur einfache Datentypen unterstützt.

Abb. LE15-A5:
Klassendiagramm
Angestellten-
verwaltung

9 Erstellen eines Entwurfsmodells mittels Drei-Schichten-Architektur (Teil 1)

- Wissen, wie die grundlegende Architektur beim objektorientierten Entwurf aussieht.   wissen
- Zwei-, Drei- und Mehr-Schichten-Architekturen unterscheiden können.   verstehen
- Wichtige Heuristiken des Entwurfs kennen.
- Erklären können, welche Änderungen am OOA-Modell für die Transformation in den Entwurf notwendig sind.
- GUI-Klassen für Erfassungs- und Listenfenster entwerfen können.   anwenden
- GUI-Klassen mit den Fachkonzeptklassen verbinden können.
- *Singleton*- und Beobachter-Muster anwenden können.

- Voraussetzungen für diese Lehreinheit sind die objektorientierten Konzepte der Analyse und des Entwurfs sowie der UML-Notation, wie sie in den Kapiteln 2 und 6 beschrieben sind.
- Außerdem sollte das Kapitel 5 bekannt sein, in dem wichtige Grundlagen für die Gestaltung der Benutzungsoberfläche eingeführt werden.
- Grundlagen in Java oder C++ erleichtern das Verstehen dieser Lehreinheit.

Die spätere Wartbarkeit wird ganz entscheidend durch den software-technischen Entwurf bestimmt. Dazu gehören:

- Systematisches Treffen grundlegender Entwurfsentscheidungen.
- Realisieren einer Drei-Schichten- oder Mehr-Schichten-Architektur.
- Einhalten bewährter Heuristiken des Entwurfs.

Ein qualitativ hochwertiger Softwareentwurf zeichnet sich durch ein hohes Maß an Standardisierung aus. Dazu gehören der systematische Einsatz von Entwurfsmustern (Kapitel 7) und die Verwendung geeigneter Frameworks (Kapitel 9.7) und Klassenbibliotheken.

Kapitel 7 und Kapitel 9.7

9.1 Architekturentwurf

Grundlegende Entwurfsentscheidungen

Zu den grundlegenden Entwurfsentscheidungen gehören

- die Wahl der Plattform,
- die Wahl der Programmiersprache,
- die Wahl des GUI-Systems,
- die Wahl der Datenhaltung bzw. der Datenbank.

Bei Client-Server-Architekturen ist das System zusätzlich auf das Netz zu verteilen und die Softwarekomponenten den verfügbaren Hardwaresystemen zuzuweisen.

Für viele der beschriebenen Aufgaben stehen heute Werkzeuge, *Frameworks* und Klassenbibliotheken zur Verfügung. Beispielsweise kann die Anbindung an relationale Datenbanken durch solche Werkzeuge mehr oder weniger stark unterstützt werden.

Plattform Eine zentrale Entwurfsentscheidung ist die Wahl der Plattform, die im Wesentlichen durch das zugrunde liegende Betriebssystem bestimmt wird. Wegen der großen Verbreitung von Microsoft-Plattformen steht in der Praxis nur eine Entscheidung zwischen Microsoft-Plattformen und Nicht-Microsoft-Plattformen an.

Programmiersprache Bei einer objektorientierten Softwareentwicklung ist es heute üblich, eine objektorientierte Programmiersprache (OOP) wie Java, C++ oder C# zu verwenden. Hierbei zeichnet sich bei Neuentwicklungen ein deutlicher Trend zu Java und C# ab. Dabei muss die Wahl der OOP in Bezug zur Plattform gesehen werden. Bei einer Nicht-Microsoft-Plattform entscheidet man sich oft für Java.

GUI-System Für die Realisierung der GUI-Klassen wird üblicherweise ein **GUI-System** eingesetzt, das die Basisfunktionalität zur Verfügung stellt. Hier werden die Möglichkeiten durch die verwendete Programmiersprache eingeschränkt. Bei der Wahl von Java als Programmiersprache muss beispielsweise eine Entscheidung zwischen den AWT- und den Swing-Bibliotheken getroffen werden, wobei in der Regel die Swing-Klassen eingesetzt werden.

Die Anbindung an ein bestimmtes Datenbanksystem ist häufig bereits vorgegeben. Im Allgemeinen wird eine relationale Datenbank verwendet. Für kleine Anwendungen eignen sich auch Verfahren wie die Objektserialisierung. Der Einsatz einer Datenbank ist sinnvoll, wenn mehrere der folgenden Kriterien zutreffen:

Datenhaltung

1 Mehrere Benutzer und/oder Anwendungsprogramme müssen parallel mit dem Datenbestand arbeiten.

2 Alle Daten müssen redundanzarm gespeichert werden, auch wenn sie aus verschiedenen Anwendungen stammen.

3 Die Menge der Daten ist sehr umfangreich.

4 Nach technischen Fehlern muss der automatische Wiederanlauf des Systems einschließlich des Herstellens der Datenkonsistenz gewährleistet sein.

5 An die Benutzer müssen dedizierte Zugriffsrechte vergeben und diese überwacht werden können.

6 In der Nutzungsphase müssen *Ad-hoc*-Abfragen durch den Benutzer möglich sein.

Schichten-Architektur

Die Zeit, in der Softwaresysteme monolithisch entworfen wurden, ist lange vorbei. Ein Softwaresystem sollte heute in einer **Drei-Schichten-Architektur** *(three-tier architecture)* konzipiert werden (Abb. 9.1-1). Sie besteht aus

3-Schichten-Architektur

- der GUI-Schicht,
- der Fachkonzeptschicht und
- der Datenhaltungsschicht.

Die **GUI-Schicht** realisiert die Benutzungsoberfläche einer Anwendung. Dazu gehören die Dialogführung und die Präsentation aller Daten in Fenstern, Berichten usw. Normalerweise löst sie ihre Aufgaben mithilfe eines GUI-*Frameworks*. Die **Fachkonzeptschicht** modelliert den funktionalen Kern der Anwendung. Außerdem enthält sie die Zugriffe auf die **Datenhaltungsschicht**, in der die jeweilige Form der Datenspeicherung realisiert wird, z.B. mit einem relationalen Datenbanksystem.

Bei der Drei-Schichten-Architektur sind zwei Ausprägungen möglich. Bei einer **strengen Drei-Schichten-Architektur** kann die GUI-Schicht nur auf die Fachkonzeptschicht und Letztere nur auf die Datenhaltungsschicht zugreifen. Der Vorteil dieser Architektur ist, dass die GUI-Schicht ausschließlich von der Fachkonzeptschicht abhängt und nicht von der gewählten Speicherung der Daten. Eine **flexible Drei-Schichten-Architektur** ergibt sich, wenn die GUI-Schicht nicht nur auf die Fachkonzeptschicht, sondern zusätzlich auf die Datenhaltungsschicht zugreifen darf. Den Vorteilen der größeren Flexibilität und besseren *Performance* stehen bei dieser Ausprägung jedoch die Nachteile von geringerer Wartbarkeit, Änderbarkeit und Portabilität gegenüber (vergleiche /Balzert 01/).

Abb. 9.1-1:
Drei-Schichten-
Architektur

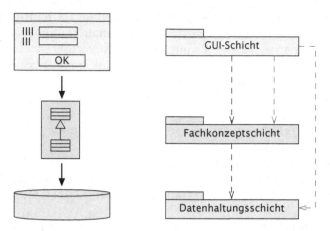

UML   Jede Schicht wird in der UML als Paket modelliert. Die zulässigen Zugriffe zwischen den Schichten modelliert man durch Abhängigkeitsbeziehungen (gestrichelte Linien).

Model-View-
Architektur   Eine grundlegende Idee der Drei-Schichten-Architektur ist, dass keine andere Schicht direkt auf die Benutzungsoberfläche zugreifen darf. Das bedeutet insbesondere für die Fachkonzeptschicht, dass sie keinerlei Wissen über ihre Benutzungsoberfläche besitzen darf. Oft spricht man auch von einer *Model-View*-Architektur, wobei das *Model* dem Fachkonzept und der *View* der Benutzungsoberfläche entspricht. Diese konsequente Trennung ermöglicht eine getrennte Entwicklung von Benutzungsoberfläche und Fachkonzept und einen leichteren Austausch der Benutzungsoberfläche. Wenn die Fachkonzept-Klassen nicht auf die GUI-Klassen zugreifen dürfen, so stellt sich die Frage, wie Änderungen der fachlichen Daten an der Oberfläche sichtbar gemacht werden können. Dazu gibt es zwei Möglichkeiten:

polling   ■ Beim *polling* sendet die Benutzungsoberfläche in regelmäßigen Intervallen Nachrichten an die Fachkonzeptobjekte, um Änderungen, die sich auf die Oberfläche auswirken, abzufragen. Dieses Verfahren kann sich jedoch ungünstig auf die *Performance* auswirken.

indirekte
Kommunikation   ■ Die indirekte Kommunikation wird mittels des Beobachter-Musters *(observer pattern)* realisiert (Kapitel 7.7). Das Fachkonzeptobjekt
Kapitel 7.7   schickt der Benutzungsoberfläche lediglich eine Botschaft, die das Vorliegen von Änderungen signalisiert. Man spricht von Benachrichtigung *(notify)*. Die Oberfläche holt sich daraufhin selbstständig die notwendigen Daten.

Zwei-Schichten-
Architektur   Die Entkopplung von Benutzungsoberfläche und Fachkonzept ist heute ein Grundprinzip des Softwareentwurfs. Es werden aber noch etliche Informationssysteme eingesetzt, die eine **Zwei-Schichten-Architektur** *(two-tier architecture)* realisieren. Sie besteht aus einer

Anwendungsschicht, in der die Benutzungsoberfläche und das Fachkonzept in einer einzigen Schicht fest verzahnt sind, und einer Datenhaltungsschicht (Abb. 9.1-2). Der Nachteil dieser Architektur ist die feste Verzahnung von GUI und Fachkonzept. Änderungen der Benutzungsoberfläche oder gar deren kompleter Austausch sind aufwändig durchzuführen.

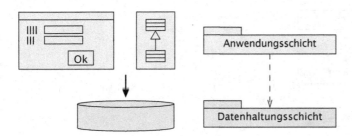

*Abb. 9.1-2:
Zwei-Schichten-
Architektur*

Die GUI-Schicht erfüllt in einer Drei-Schichten-Architektur zwei unterschiedliche Aufgaben. Das sind einerseits die Präsentation der Information und andererseits die Kommunikation mit der Fachkonzeptschicht. Entsprechend diesen Aufgaben kann eine separate Zugriffsschicht zur Fachkonzeptschicht gebildet werden /Fowler 97a/. Man spricht dann von einer **Mehr-Schichten-Architektur** *(multi-tier architecture)*. Die GUI-Schicht befasst sich dann nur noch mit der Präsentation der Informationen. Die **Fachkonzept-Zugriffsschicht** ist verantwortlich für alle Zugriffe auf die Fachkonzeptschicht. Die GUI-Schicht arbeitet normalerweise mit einer kleinen Menge von relativ einfachen Typen, während die Fachkonzeptschicht Typen beliebiger Komplexität besitzen kann. Die Zugriffsschicht passt die Daten der Fachkonzeptschicht für die Präsentation durch die GUI-Schicht an. Auf diese Weise verbirgt sie die komplexen Beziehungen der Fachkonzeptschicht vor der GUI-Schicht.

*Mehr-Schichten-
Architektur*

Auch eine enge Kopplung zwischen der Fachkonzeptschicht und der Datenhaltung kann zu Problemen führen, wenn die Datenhaltung geändert oder ausgetauscht werden muss. Der Grund dafür ist, dass die Fachkonzeptschicht neben ihrer eigentlichen Aufgabe – der Modellierung des Problembereichs – die Zugriffe auf die Datenhaltung durchführt. Die Lösung liegt in einer separaten **Datenhaltungs-Zugriffsschicht**. Sie füllt die Fachkonzeptobjekte mit Daten aus der Datenbank und aktualisiert die Datenbank bei Änderungen der Fachkonzeptobjekte. Diese Schicht arbeitet ähnlich wie die Fachkonzept-Zugriffsschicht. Auch hier müssen die Typen der Fachkonzeptschicht gegebenenfalls für die jeweilige Datenhaltung konvertiert werden (Abb. 9.1-3).

Abb. 9.1-3:
Mehr-Schichten-
Architektur mit
Zugriffsschichten

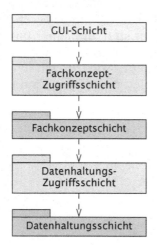

Es gibt noch zahlreiche andere Möglichkeiten, ein Softwaresystem in Schichten zu strukturieren. /Larman 01/ nennt über 100 verschiedene Architekturen und führt die Schichten-Architektur der Abb. 9.1-4 als Beispiel auf. Die einzelnen Schichten haben folgende Aufgaben:

■ Präsentation: GUI-Fenster, Druckausgabe, Sprach-Ein-/Ausgabe.
■ Applikation: koordiniert komplette Workflows der Benutzungsoberfläche, verwaltet Sessions, transformiert die Daten für Ein- und Ausgabe.
■ Fachkonzept: implementiert die fachliche Logik.
■ Business-Infrastruktur: enthält sehr elementare fachliche Logik, die in verschiedenen Anwendungen benötigt wird, z.B. Währungskonverter.
■ Technische Services: technische Dienste auf hoher Ebene, z.B. persistente Speicherung, Sicherheit.
■ Basis: technische Dienste auf niedriger Ebene, z.B. Thread-Verwaltung, Datenbank, Netzwerk.

Abb. 9.1-4:
Architektur-
Schichten in einem
Informations-
system

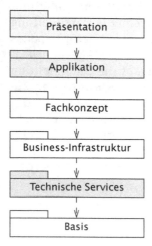

Eine optimale Schichten-Architektur realisiert folgende Entwurfszie-   Entwurfsziele
le:

■ Wiederverwendbarkeit
  Jede Schicht besitzt eine präzise definierte Aufgabe und Schnittstelle. Eine vorhandene Schicht kann entweder direkt wiederverwendet werden oder sie wird um eine weitere Schicht ergänzt, die
  zusätzlich benötigte Aufgaben durchführt.

■ Änderbarkeit/Wartbarkeit
  Solange die Schnittstelle einer Schicht unverändert bleibt, kann
  deren interne Organisation beliebig verändert werden, ohne dass
  sich die Änderungen außerhalb der Schicht auswirken.

■ Portabilität
  Hardwareabhängigkeiten können in einer Schicht isoliert und modifiziert werden, ohne den Rest des Systems zu tangieren.

Diese Ziele werden natürlich nur erreicht, wenn die Bindung innerhalb der Schichten möglichst hoch und die Kopplung zwischen ihnen
möglichst gering ist. Letzteres wird z.B. durch das Fassaden-Muster
(siehe Kapitel 7) und eine möglichst geringe Kommunikation zwi-   Kapitel 7
schen den Objekten in den verschiedenen Schichten erreicht.

9.2 Entwurfsheuristiken

Um einen qualitativ hochwertigen Softwareentwurf zu erstellen,
sollten Sie einige Heuristiken berücksichtigen /Riel 96/.

1 Geheimnisprinzip realisieren
Wenn Attribute die Sichtbarkeit *public* besitzen, kann nur schlecht
nachvollzogen werden, wo diese Daten überall genutzt werden. Einer
Aussage der Art »diese Daten können wir *public* definieren, denn sie
ändern sich nie« sollten Sie nicht trauen. Nach *Murphys Law* werden
sich diese Daten voraussichtlich zuallererst ändern. Am besten ist
es, wenn alle Attribute einer Klasse als *private* deklariert werden.
Dann kann dieses Attribut in einer Oberklasse problemlos geändert
werden, ohne dass Seiteneffekte auf die Unterklassen berücksichtigt
werden müssen.

2 GUI-Klassen greifen auf Fachkonzept-Klassen zu, aber nicht umgekehrt
Die Benutzungsoberfläche wird sich aller Wahrscheinlichkeit stärker
ändern als die Fachkonzeptschicht. Damit Fachkonzept-Klassen von
Änderungen der GUI-Klassen nicht betroffen sind, sollte in dieser
Richtung keine Abhängigkeit bestehen. Diese Forderung wird durch
die oben beschriebenen Schichten-Architekturen realisiert.

3 Verbergen Sie internes Verhalten in privaten Operationen

Prüfen Sie genau, welche Operationen mit der Sichtbarkeit *public* definiert werden müssen. Eine typische private Operation liegt zum Beispiel vor, wenn zwei Operationen eine gemeinsame Teilfunktionalität besitzen und dieses Verhalten in eine separate Operation ausgelagert wird.

4 Minimieren Sie die Kopplung zwischen den Klassen

/Riel 96/ unterscheidet drei Arten von Kopplung, wobei nur die Export-Kopplung zu empfehlen ist.

- Null-Kopplung: Die Klassen A und B haben absolut nichts miteinander zu tun. Natürlich kann man keine Anwendung bauen, in der alle Klassen eine Null-Kopplung besitzen.
- Export-Kopplung: Eine Klasse A benutzt die öffentlichen Operationen einer Klasse B.
- Verborgene Kopplung: Eine Klasse A darf auf die Implementierung der Klasse B zugreifen (z.B. *friend*-Konzept in C++).

5 Maximieren Sie die Bindung innerhalb einer Klasse

Jede Klasse soll genau eine Abstraktion realisieren, d.h. nur eine Art von Objekten beschreiben und alle dafür notwendigen Attribute und Operationen enthalten. Eine schlechte Bindung *(cohesion)* zeigt sich oft in vagen Klassennamen.

6 Halten Sie Generalisierungshierarchien flach

Im Entwurf können im Gegensatz zur Analyse sehr tiefe Generalisierungshierarchien entstehen. Bei einer Tiefe von 12 bis 17 Ebenen verliert man aber sehr leicht den Überblick. Die Erfahrung hat gezeigt, dass Entwickler am besten mit einer Tiefe von maximal sechs Ebenen zurechtkommen.

7 Oberklassen einer Generalisierungshierarchie sollen abstrakt sein

Diese heuristische Regel besagt, dass nur die Blätter einer Generalisierungshierarchie konkrete Klassen sein sollen. Dies soll an einem Beispiel verdeutlicht werden (Abb. 9.2-1). Wenn zu einer konkreten Klasse Angestellter eine direkte Unterklasse Teilzeitkraft besteht, dann wirken sich alle Änderungen in der Klasse Angestellter auch auf die Unterklasse aus. Müssen beispielsweise ab einem bestimmten Zeitpunkt Angestellte mit und ohne Gleitzeit unterschieden werden, während dies für Teilzeitkräfte nicht gilt, dann hat man bei der linken Generalisierung ein Problem. Flexibler ist ein Entwurf mit einer abstrakten Klasse Angestellter und den konkreten Unterklassen Vollzeitkraft (bisher Angestellter) und Teilzeitkraft.

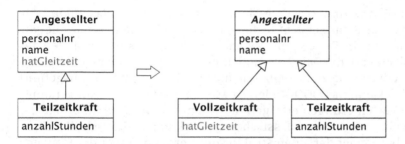

*Abb. 9.2-1:
Oberklassen sollen
abstrakt sein*

8 Gemeinsamkeiten so hoch wie möglich in Generalisierungshierarchien einordnen

Attribute, Assoziationen und Operationen, die von mehreren Klassen benötigt werden, sollen so hoch wie möglich in der Generalisierungsstruktur eingetragen werden. Dann ist bei einer Änderung nur eine Klasse betroffen. Voraussetzung ist, dass die Generalisierungsstruktur sinnvoll gebildet ist.

9 Gemeinsame Attribute als Datentyp spezifizieren

Beschränkt sich in einer Generalisierungsstruktur die Gemeinsamkeit mehrerer Klassen auf Attribute, so kann es vorteilhaft sein, wenn diese Attribute als Datentyp spezifiziert und in jede Unterklasse eingefügt werden.

10 Gemeinsame Operationen durch Oberklasse realisieren

Besitzen mehrere Klassen in einer Generalisierungsstruktur gemeinsames Verhalten, dann sollten diese Operationen in einer Oberklasse zur Verfügung gestellt und an die Unterklassen vererbt werden. Wenn zusätzlich gemeinsame Attribute existieren, sollten diese ebenfalls in der Oberklasse spezifiziert – und vererbt – werden.

11 *Switch*-Anweisung kann ein Indiz für fehlenden Polymorphismus sein

Die Anwendung des Polymorphismus macht umfangreiche *switch*-Anweisungen, in denen entsprechend dem Objekttyp eine Aktion ausgelöst wird, überflüssig. Das Vorhandensein solcher *switch*-Anweisungen ist ein Indiz dafür, dass der Polymorphismus nicht angewendet wurde.

9.3 Entwurf der Fachkonzeptschicht

Das OOA-Modell bildet die erste Version der **Fachkonzeptschicht**, die unter den Aspekten des Entwurfs verfeinert und überarbeitet wird. Diese Aufgabe wird dadurch vereinfacht, dass von der Analyse zum Entwurf *kein* Paradigmenwechsel stattfindet, sondern das entwickelte Analysemodell erweitert und präzisiert wird.

OOA-Modell vs.
OOD-Modell

Zur Erinnerung: Das OOA-Modell hat die Aufgabe, das zukünftige System aus Benutzersicht fachlich korrekt zu modellieren, wobei die Effizienz keine Rolle spielt. Mit anderen Worten: Es ist ein Modell des Problembereichs. Das OOD-Modell hat dagegen das Ziel, eine effiziente Anwendung zu modellieren, die auf einem Computer ausgeführt werden kann. Das OOD-Modell ist also ein Modell des Lösungsraums. Viele Verfeinerungen erfolgen daher unter dem Gesichtspunkt der Effizienz. Wie bei der klassischen Entwicklung sollte sich die Effizienz aber immer der guten Struktur unterordnen. Außer der Effizienz sollten Aspekte der Wiederverwendung berücksichtigt werden.

1 Klassenstruktur
verfeinern

Kapitel 6.1

Während in der Analyse die Objektverwaltung als inhärente Eigenschaft einer Klasse angesehen wurde, muss diese Eigenschaft im Entwurf durch *Container*-Klassen (Kapitel 6.1) implementiert werden. In vielen Fällen werden die Analyseklassen ohne Umstrukturierung in die Fachkonzeptschicht übernommen. Wird jedoch die funktionale Komplexität einer vorhandenen Klasse zu hoch, dann sollten Teilaufgaben an detailliertere Klassen delegiert werden. Um die geforderte *Performance* zu erreichen, ist es auch zulässig, Klassen mit starker Interaktion – d.h. mit einer hohen Kopplung – zusammenzufassen. Ebenso können weitere Klassen hinzugefügt werden, um Zwischenergebnisse zu modellieren, d.h. mehrere abgeleitete Attribute in einer neuen Klasse zu »bündeln«. Assoziationsklassen können in den objektorientierten Programmiersprachen nicht realisiert werden und sind daher in »normale« Klassen aufzulösen.

2 Attribute
verfeinern

Für Attribute, die im OOA-Klassendiagramm als »abgeleitet« gekennzeichnet wurden, ist zu prüfen, ob diese abgeleiteten Werte zu speichern sind oder ob sie jeweils aktuell berechnet werden sollen und daher in Operationen zu wandeln sind. Redundante Attribute sind im Allgemeinen nur dann sinnvoll, wenn sie komplizierte oder umfangreiche Berechnungen einsparen und sich die Ursprungsdaten nicht sehr häufig ändern. Bei abgeleiteten Daten ist darauf zu achten, dass sie nur über die Basisdaten geändert werden und mit diesen immer aktuell gehalten werden. Klassen können auch um weitere abgeleitete Attribute erweitert werden, die Zwischenergebnisse speichern.

Oft können die Attribute einer Klasse ganz unterschiedlich ausgedrückt werden. Beispielsweise kann die Position eines Punkts durch seine Polar- oder seine kartesischen Koordinaten beschrieben werden. In der Analyse kann eine dieser Formen unter problemadäquaten Gesichtspunkten gewählt werden. Im Entwurf werden bei Bedarf Operationen geschrieben, um beispielsweise die kartesischen Koordinaten in die Polarkoordinaten umzurechnen.

3 Operationen
verfeinern

Die spezifizierten Operationen sind aus Entwurfssicht zu beschreiben. Sie können von stark unterschiedlicher Komplexität sein. Wird der Algorithmus zu umfangreich, dann muss eine komplexe Operation in einfachere, interne Operationen zerlegt werden. Gegebenenfalls müssen für diese Operationen neue Klassen identifiziert werden.

Besitzt die Klasse einen Zustandsautomaten, so ist eine auszuführende Operation von dem jeweiligen Objektzustand abhängig. Dann muss der Algorithmus entsprechende Abfragen enthalten oder es ist das Zustandsmuster (siehe Kapitel 6.11) anzuwenden.

Während im OOA-Modell alle Assoziationen unspezifert sein können, muss im Entwurf für jede Assoziation die zu implementierende Navigationsrichtung eingetragen werden (Kapitel 6.5). Prüfen Sie insbesondere, ob eine Assoziation bidirektional entworfen werden muss. Eine unidirektionale Assoziation ist weniger aufwändig zu implementieren und leichter konsistent zu halten als eine bidirektionale.

Jede Assoziation von einer Klasse A zu einer Klasse B wird als Referenz in A implementiert. Für *many*-Assoziationen ist ein *Container* zu verwenden. Bei Assoziationen mit der Einschränkung {ordered} muss der *Container* eine Ordnung besitzen.

Die Aggregation und Komposition ist prinzipiell wie eine einfache Assoziation zu entwerfen und zu implementieren. Bei der Komposition gilt, dass das Ganze seine Funktionalität an die Teile delegieren kann (z.B. Zugriffsrechte vergeben, Kopieren, Löschen).

In der Analyse sollten Sie redundante Assoziationen vermeiden. Im Entwurf sind die Assoziationen unter dem Gesichtspunkt des optimalen Zugriffs auf Objekte zu modellieren. Eventuell sind nach dem Hinzufügen neuer Assoziationen jetzt Assoziationen aus der Analyse überflüssig und können entfernt werden. Es ist auch möglich, dass Assoziationen im OOA-Modell nicht für die Kommunikation der Objekte benötigt werden und im Entwurf entfallen. Gehen Sie dazu folgendermaßen vor: Prüfen Sie für jede Operation, welche Assoziationen sie »durchlaufen« muss, um an die benötigten Informationen zu gelangen. Prüfen Sie, wie viele Objekte jeweils »betrachtet« werden müssen, um die gewünschten Daten zu erhalten.

Auch die Generalisierungsstruktur muss im Entwurf überarbeitet werden. Fügen Sie entsprechende abstrakte Klassen und Schnittstellen ein, um die Vorteile des Polymorphismus voll auszunutzen. Außerdem wird dadurch das Hinzufügen neuer Klassen erleichtert.

Für die Maximierung des Polymorphismus empfiehlt sich folgende Vorgehensweise:

1 Alle Operationen von Unterklassen sind so hoch wie irgend möglich in der Generalisierungshierarchie einzuordnen.

2 Die Namen von Operationen sind so zu wählen, dass man immer einen einzigen Namen für konzeptionell gleiche Operationen verwendet, z.B. print() oder put().

3 Die Signaturen der Operationen sind so allgemein wie möglich zu spezifizieren, um die spätere Wartbarkeit zu unterstützen. Dazu

Kapitel 6.11

4 Assoziationen verfeinern

Kapitel 6.5

5 Generalisierung verfeinern

ist zu überlegen, welche Änderungen evtl. an dem System vorgenommen werden können.

Es kann auch sinnvoll sein, in einer Generalisierungsstruktur mehrere Klassen zu einer kompakteren Klasse zusammenzufassen. Dadurch wird ein Teil der Semantik, die im statischen Modell spezifiziert ist, in das dynamische Modell übernommen.

Beispiel Abb. 9.3-1 zeigt im weißen Modell eine Lagerverwaltung. Eine Palette kann sich demnach entweder in einem offenen Lager (d.h. in einem Lagerraum ohne weitere Strukturierung) oder auf einem Stellplatz befinden. Dieser Sachverhalt wird durch das weiße Modell exakt wiedergegeben (vgl. Kapitel 3.2). Nach Beseitigung der Generalisierungsstrukturen ergibt sich das wesentlich einfachere graue Modell. Allerdings darf hier nur dann eine Objektbeziehung zwischen einer Palette und einem Lager erstellt werden, wenn gilt: Lager.art = OffenesLager.

Abb. 9.3-1:
Komprimieren von
Generalisierungs-
strukturen

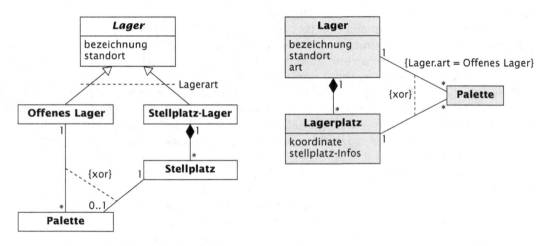

1 Klassenstruktur verfeinern

Checkliste:
Entwurf der
Fachkonzept-
schicht

- Hinzufügen von *Container*-Klassen.
- Zerlegen komplexer Klassen.
- Zusammenfassen von Klassen mit starker Interaktion.
- Hinzufügen von Klassen zum Modellieren von Zwischenergebnissen.
- Transformation von Assoziationsklassen in »normale« Klassen.

2 Attribute verfeinern

- Abgeleitete Attribute des OOA-Modells übernehmen oder in Operationen wandeln.
- Neue abgeleitete Attribute einführen.

3 Operationen verfeinern
- Operationen präzisieren.
- Komplexe Operationen in einfachere, interne Operationen zerlegen.
- Transformieren einfacher Lebenszyklen in Algorithmen.
- Transformieren komplexer Lebenszyklen mittels Zustandsmuster.

4 Assoziationen verfeinern
- Prüfen, welche Assoziationen unidirektional modelliert werden können.
- Navigierbarkeit für alle Assoziationen spezifizieren.
- *many*-Assoziation durch *Container* realisieren.
- {ordered} auf geordnete *Container* abbilden.
- Aggregation und Komposition wie einfache Assoziation entwerfen.
- Bei Komposition Delegation der Funktionalität prüfen.
- Zugriffspfade optimieren.

5 Generalisierungsstruktur verfeinern
- Abstrakte Operationen für einheitliche Signaturen hinzufügen.
- Hinzufügen von abstrakten Oberklassen.
- Maximierung des Polymorphismus.
- Komprimieren von Generalisierungsstrukturen.
- Wiederverwenden existierender Klassen.

9.4 Entwurf der GUI-Schicht und Anbindung an die Fachkonzeptschicht

Beim Entwurf der **GUI-Schicht** werden im Allgemeinen Frameworks oder Klassenbibliotheken benutzt, die die komplette Basisfunktionalität bereitstellen. Bei der Benutzung von Java als OOP sind dies die Swing-Klassen und die AWT-Klassen, bei Verwendung von C++ kann die MFC-Bibliothek *(Microsoft Foundation Class Library)* verwendet werden. Die MFC-Bibliothek enthält außer den GUI-Klassen noch zahlreiche andere Klassen (z.B. für die Dateiverwaltung) und auch Klassen, die Datentypen realisieren. Sie bietet sowohl Klassen für eine einfache Wiederverwendung an (Klassenbibliothek), als auch Klassen, die im Sinne eines *Frameworks* durch Bilden von Unterklassen verwendet werden.

Um möglichst kompakte und gut lesbare OOD-Klassendiagramme zu erhalten, ist es wichtig, die Grenze zwischen Klassen und Datentypen sorgfältig zu ziehen. Klassen spezifizieren die eigentliche Anwendung, sie besitzen Assoziationen zu anderen Klassen und können in Generalisierungsstrukturen enthalten sein. Datentypen sind sozusagen »elementare« Klassen, deren Zweck es ist, Attribut-

Klasse vs.
Datentyp

417

typen zu definieren. Sie werden mit dem Stereotypen «datatype» gekennzeichnet. In der GUI-Schicht werden beispielsweise Fenster *(windows)* als Klassen entworfen, während Interaktionselemente (z.B. Textfeld, Schaltfläche) durch Datentypen realisiert werden.

Im Folgenden zeige ich anhand der einfachen Klasse Artikel, wie die GUI-Klassen entworfen und systematisch an die Fachkonzept-Klassen angebunden werden. In der nächsten Lehreinheit wird dieses Beispiel für diverse Datenhaltungen weiterentwickelt. Die hier entwickelten Entwurfsmodelle basieren auf Java. Die abgedruckten Programme sind bewusst lückenhaft gehalten, um die wesentliche Struktur hervorzuheben. Auf der beiliegenden CD-ROM befinden sich die vollständigen Implementierungen für alle in den Lehreinheiten 16 und 17 vorgestellten Architekturen sowohl in Java als auch in C++.

Erfassungsfenster Im einfachsten Fall existiert für eine Klasse des Fachkonzepts genau ein Erfassungsfenster, das durch eine GUI-Klasse realisiert wird (Abb. 9.4-1). Die Objektbeziehung zwischen dieser GUI-Klasse und der Fachkonzeptklasse wird durch eine Assoziation hergestellt. Sie wird innerhalb des GUI-Objekts durch eine Referenz auf das Fachkonzeptobjekt realisiert.

Die Anbindung erfolgt nach folgenden Regeln:

1 Jedes Fensterobjekt besitzt eine Referenz auf sein Fachkonzeptobjekt und kann so dessen Operationen aufrufen. In diesem Zusammenhang wird häufig der Begriff subject für das assoziierte Fachobjekt verwendet.

2 Die GUI-Klasse besitzt die Operation update(), die Attributwerte aus dem zugehörigen Fachkonzeptobjekt liest. Die Operation save() übergibt Eingabendaten aus dem Fensterobjekt an das Fachkonzeptobjekt.

Artikelfenster mit Abb. 9.4-1 zeigt, wie für die OOA-Klasse Artikel zunächst ein Erfas-
save()und sungsfenster erstellt und durch eine Fensterklasse realisiert wird.
update() Dazu leiten wir aus der Klasse JDialog des verwendeten GUI-Systems die Klasse ArtikelView ab, die eine Assoziation zur Klasse Artikel besitzt. Die Attribute der Klasse ArtikelView beschreiben die Eingabefelder des Erfassungsfensters.

```
public class ArtikelView extends JDialog {
    private JTextField nummerTextField;
    private JTextField bezeichnungTextField;
    private JTextField preisTextField;
    Artikel subject;  //referenziert aktuelles Fachkonzeptobjekt
    . . .
}
```

Die Fachkonzeptklasse Artikel besitzt *getter*- und *setter*-Operationen, um Attribute einzutragen und zu lesen. Diese Operationen werden aus Gründen der Übersichtlichkeit nicht in das OOD-Modell eingetragen.

418

```
public class Artikel {
    private int nummer;
    private String bezeichnung ;
    private float preis;
    public void setNummer(int i) {
        nummer = i;
    }
    public int getNummer() {
        return nummer;
    }
    ...
}
```

Das Drücken der OK-Schaltfläche im Erfassungsfenster löst die Operation save() der Klasse ArtikelView aus, d.h., alle Daten werden vom GUI-Objekt zum assoziierten Fachkonzeptobjekt übertragen.

```
private void save() {
    subject.setNummer(Integer.parseInt(nummerTextField
                                getText ()));
    subject.setBezeichnung(bezeichnungTextField.getText());
    subject.setPreis(Float.valueOf(preisTextField.getText()).
                                floatValue());
}
```

Wenn das Erfassungsfenster für einen vorhandenen Artikel geöffnet und initialisiert wird, dann werden mittels der Operation update() der Klasse ArtikelView die Attributwerte des assoziierten Artikels angezeigt. Die Operation setText() der Klasse JTextField schreibt die Daten in die Textfelder im Erfassungsfenster.

Erfassungsfenster   OOA

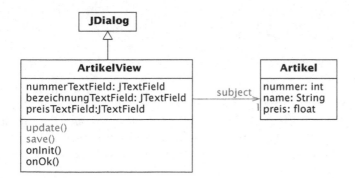

Abb. 9.4-1:
Klassendiagramm
zum Erfassen eines
Artikels

```
private void update() {
    //precondition: ArtikelView-Objekt kennt sein Artikel-Objekt
    nummerTextField.setText(""+subject.getNummer());
    bezeichnungTextField.setText(subject.getBezeichnung());
    preisTextField.setText(""+subject.getPreis());
}
```

Typkonvertierung

Im obigen Beispiel arbeitet die GUI-Klasse mit dem Typ `TextField`, während die Fachkonzeptklasse die problemadäquaten Typen `int`, `String` und `float` verwendet. Daher ist eine Konvertierung zwischen den Datentypen notwendig. Diese Konvertierung wird hier in den Operationen `update()` und `save()` der GUI-Klasse durchgeführt. Alternativ könnte die Typkonvertierung in den *getter*- und *setter*-Operationen der Fachkonzeptklasse realisiert werden.

Listenfenster

Wir erweitern nun die Problemstellung um das Listenfenster. Wenn das Listenfenster geöffnet wird, dann sollen alle Artikel in einer Tabelle (bzw. Liste) angezeigt werden. Auch hier muss gegebenenfalls eine Typkonvertierung durchgeführt werden. Bei einer »echten« Anwendung umfasst die Klasse `Artikel` sehr viele Attribute, die unter Umständen auf mehrere Bildschirmseiten verteilt werden müssen. Im Listenfenster werden für jeden Artikel meistens nur die wichtigsten Attribute eingetragen. Für das Listenfenster wird – analog zum Erfassungsfenster – eine eigene Klasse entworfen.

Container-Klasse

Die Verwaltung der Fachkonzeptobjekte wird mittels einer geeigneten *Container*-Klasse realisiert. Für jede *Container*-Klasse existiert genau ein Objekt. Wir können daher das **Singleton-Muster** anwen-

Kapitel 7.3

den (Kapitel 7.3)

Artikelliste

Die Fachkonzeptklasse `Artikel` wird um die *Container*-Klasse `Artikelliste` ergänzt, die alle Artikel verwaltet. Das Klassenattribut `uniqueInstance` referenziert das einzige Objekt dieser Klasse. Mit der Klassenoperation `instance()` kann auf dieses Objekt zugegriffen werden.

```
public class Artikelliste {
    private static Artikelliste uniqueInstance = null;
    private Vector Artikel;   //Container fuer alle Artikel
    public static Artikelliste instance() {...}
    public void insertArtikel(Artikel artikel) {...}
    public void modifyArtikel(Artikel artikel) {...}
    public Artikel getArtikel(int pos) {...}
    ...
}
```

Artikellisten-
fenster mit update()

Abb. 9.4-2 zeigt, wie für die OOA-Klasse `Artikel` ein Listenfenster erstellt wird. Das Attribut `artikellisteTable` realisiert die Tabelle bzw. das Listenelement. In der Klasse `ArtikellisteView` wird die Referenz auf das *Singleton*-Objekt von Artikelliste als Assoziation mit dem Rollennamen `all` festgehalten. Dadurch muss die Klassenoperation `instance()` nur einmal aktiviert werden. Alternativ wäre es

420

möglich, auf diese Assoziation zu verzichten und stattdessen die
Klassenoperation mehrmals aufzurufen.

```java
public class ArtikellisteView extends JDialog {
    private JTable artikellisteTable;
    private Artikelliste all = Artikelliste.instance();
    ...
}
```

Beim Öffnen des Listenfensters wird ein neues Objekt der Klasse
ArtikellisteView erzeugt und alle Artikel werden angezeigt. Dazu
holt sich die Operation update() aus der Artikelliste die Adressen
aller Artikel und kann dann für jedes Artikelobjekt dessen benötigte
Attributwerte lesen und darstellen. Die Artikelliste wird mittels einer
for-Scheife traversiert. Die Operation getArtikel() gibt für jede gültige Listenposition i die Adresse des Artikels zurück. Die Operation
addRow() trägt den Artikel in die GUI-Tabelle model ein.

```java
public void update() {
    ...
    for(int i=0;i<all.getSize();i++) {
        a = all.getArtikel(i);
        model.addRow(new String[]{""+a.getNummer(),
                ""+a.getBezeichnung() });
    }
}
```

Listenfenster

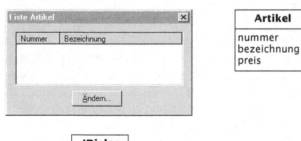

OOA

Abb. 9.4-2:
Klassendiagramm
für die Liste aller
Artikel

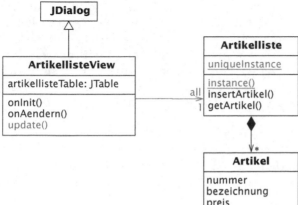

421

Szenario:
Erfassen eines
Artikels

Wenn im Erfassungsfenster ein neuer Artikel erfasst und die OK-Schaltfläche betätigt wird, so läuft das in Abb. 9.4-3 dargestellte Szenario ab. Die Operation trägt zunächst mit save() alle Attributwerte in das erzeugte Fachkonzept-Objekt ein. Anschließend fügt sie dieses Objekt mit insertArtikel() in die Liste aller Artikel ein.

Hinweis

In den Sequenzdiagrammen wird hier aus Gründen der Übersichtlichkeit teilweise auf die Modellierung des gestrichelten Rückgabepfeils verzichtet.

Abb. 9.4-3:
Sequenzdiagramm
zum Erfassen eines
Artikels

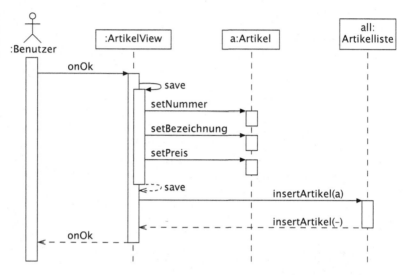

Szenario:
Ändern eines
Artikels

Abb. 9.4-4 beschreibt das Szenario zum Ändern eines vorhandenen Artikels. Der Benutzer öffnet ein Listenfenster. Das bedeutet, dass ein neues Objekt der Klasse ArtikellisteView mit der Operation new() erzeugt und anschließend mit onInit() mit der Artikelliste initialisiert wird. Wenn der Benutzer einen Artikel selektiert hat, betätigt er die Ändern-Schaltfläche, die die Operation onAendern() aufruft. Nun soll sich das Erfassungsfenster mit den aktuellen Daten des selektierten Artikels öffnen. Dazu wird mittels getArtikel() die Adresse des selektierten Artikels ermittelt, damit dessen Attributwerte ausgelesen werden können. Das Öffnen des Erfassungsfensters wird durch das Erzeugen eines Objekts der Klasse ArtikelView realisiert, das anschließend initialisiert wird. Nun kann der Benutzer Änderungen vornehmen. Mit Auslösen der OK-Schaltfläche wird die Operation onOk() aktiviert und die geänderten Daten werden übernommen. Dazu wird zuerst die Operation save() aufgerufen und dann der geänderte Artikel in die Artikelliste eingefügt.

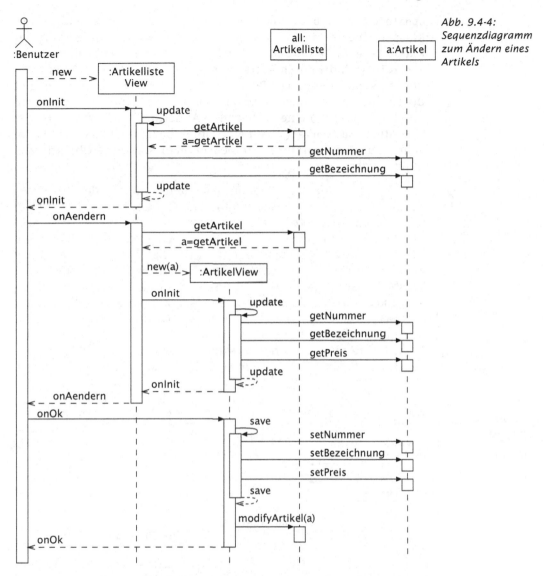

Abb. 9.4-4: Sequenzdiagramm zum Ändern eines Artikels

Die Daten eines Artikels können parallel in mehreren Listenfenstern angezeigt werden. Um nach dem Erfassen oder Ändern eines Artikels alle Daten konsistent anzuzeigen, sollen alle geöffneten Listenfenster automatisch aktualisiert werden. Für die Lösung dieser Problemstellung verwenden wir das **Beobachter-Muster** (Kapitel 7.7), wobei die Fachkonzeptklasse dem Subjekt entspricht und die Listenfenster-Klassen als Beobachter fungieren.

Aktualisieren der Listenfenster

Kapitel 7.7

Das hier verwendete Beobachter-Muster steht in Java dem Programmierer standardmäßig zur Verfügung. Es stellt die Schnittstelle Observer und die Klasse Observable zur Verfügung (siehe Abb. 9.4-6). Die Schnittstelle Observer gibt die Signatur der Operation

Beobachter in Java

423

update(o:Observable, arg:Objekt) vor, die durch alle Beobachter-Klassen (hier ArtikellisteView) realisiert werden muss. Von der Klasse Observable werden die Fachkonzept-Klassen abgeleitet (hier Artikelliste), die durch Aufruf der Operation setChanged() eine Änderung signalisieren. Die Benachrichtigung der Beobachter erfolgt durch die Operation notifyObservers(). Diese Operation prüft, ob durch setChanged() eine vorliegende Änderung markiert wurde. Die Operation addObserver() baut eine Objektbeziehung zu einem Beobachter auf, die Operation deleteObserver() löst diese Objektbeziehung wieder.

Szenario: Erfassen eines Artikels und Aktualisierung der Beobachter

Abb. 9.4-5 zeigt das Szenario, das nach dem Betätigen der OK-Schaltfläche im Erfassungsfenster abläuft. Die Operation save() überträgt die Eingabefelder an das Fachkonzeptobjekt Artikel. Das neue Artikel-Objekt wird mit insertArtikel() in die Artikelliste eingetragen. Das ArtikelView-Objekt kann auf die Artikelliste über seine Objektbeziehung all zugreifen. Diese Objektbeziehung wird analog zur Listenfensterklasse mittels der instance-Operation (*Singleton*-Muster)

Abb. 9.4-5: Sequenzdiagramm Erfassen eines Artikels mit Aktualisieren aller Listenfenster

aufgebaut. Das Fachkonzeptobjekt Artikelliste signalisiert mit setChanged(), dass eine Veränderung stattgefunden hat, und informiert alle Listenfenster – die Beobachter – mittels notifyObservers(). Diese Operation sendet die Botschaft update(o:Observable, arg:Object) an alle Listenfenster, die sich daraufhin selbst aktualisieren,

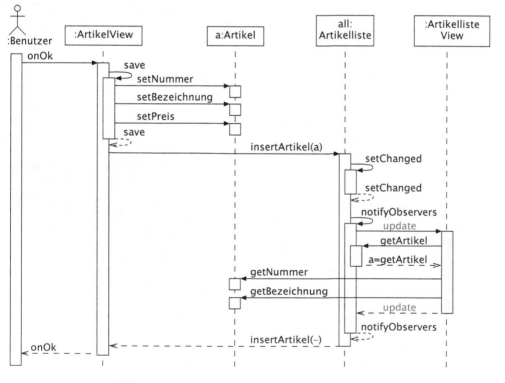

d.h., sie beschaffen sich mittels getArtikel() das betreffende Artikel-Objekt und holen sich anschließend mittels der *get*-Operationen die benötigten Attributwerte.

Die Klasse ArtikellisteView enthält also zwei Operationen mit dem Namen update, die sich in ihrer Parameterliste unterscheiden. Der Programmier der Artikelanwendung hat update() verwendet, um die Artikeldaten bei Ausführung der Operation onInit() zu lesen und im Fenster darzustellen. Durch Verwendung der Schnittstelle Observer ist es notwendig, die dort spezifizierte Operation update(o:Observable, arg:Object) zu implementieren. Weil der Operationsname innerhalb einer Klasse – bei unterschiedlicher Parameterliste – problemlos überladen werden kann, gibt es keine Konflikte. Um Verwechslungen zu vermeiden, ist Observer.update() in den Diagrammen dieser Lehreinheit blau eingetragen.

Die GUI-Klasse ArtikellisteView muss die Schnittstelle Observer realisieren und Artikelliste muss die Klasse Observable als Oberklasse verwenden. — Fensterklassen

```
public class ArtikellisteView extends JDialog implements
                                        Observer{ }
public class Artikelliste extends Observable {}
```

Abb. 9.4-6 zeigt das vollständige Klassendiagramm für den Entwurf der GUI-Klassen und ihre Anbindung an die Fachkonzeptklassen Artikel und Artikelliste. Dieses kleine Beispiel, in dem aus einer

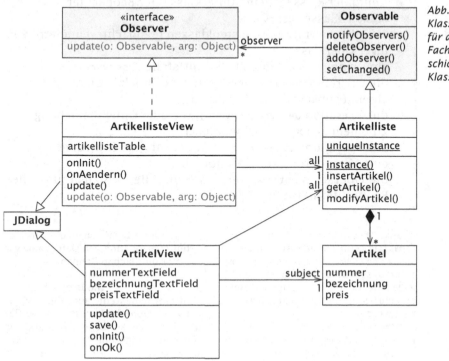

Abb. 9.4-6: OOD-Klassendiagramm für die GUI- und Fachkonzept-schicht der OOA-Klasse Artikel

einzigen OOA-Klasse Artikel im Entwurf vier selbst erstellte Klassen und drei benutzte Klassen bzw. Schnittstellen werden, lässt bereits ahnen, wie umfangreich OOD-Klassendiagramme werden können.

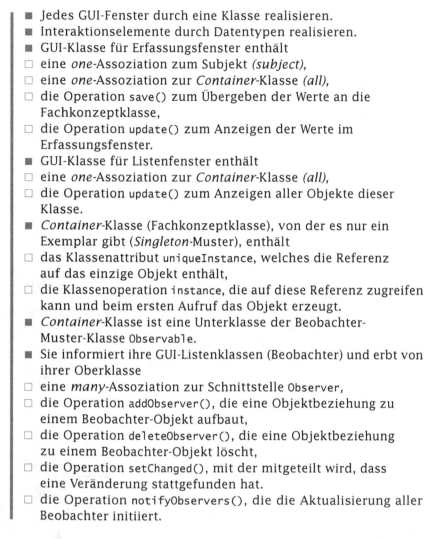

Checkliste: Entwurf der GUI-Schicht und Anbindung an die Fachkonzept-schicht

- Jedes GUI-Fenster durch eine Klasse realisieren.
- Interaktionselemente durch Datentypen realisieren.
- GUI-Klasse für Erfassungsfenster enthält
  - ☐ eine *one*-Assoziation zum Subjekt *(subject)*,
  - ☐ eine *one*-Assoziation zur *Container*-Klasse *(all)*,
  - ☐ die Operation save() zum Übergeben der Werte an die Fachkonzeptklasse,
  - ☐ die Operation update() zum Anzeigen der Werte im Erfassungsfenster.
- GUI-Klasse für Listenfenster enthält
  - ☐ eine *one*-Assoziation zur *Container*-Klasse *(all)*,
  - ☐ die Operation update() zum Anzeigen aller Objekte dieser Klasse.
- *Container*-Klasse (Fachkonzeptklasse), von der es nur ein Exemplar gibt *(Singleton*-Muster), enthält
  - ☐ das Klassenattribut uniqueInstance, welches die Referenz auf das einzige Objekt enthält,
  - ☐ die Klassenoperation instance, die auf diese Referenz zugreifen kann und beim ersten Aufruf das Objekt erzeugt.
- *Container*-Klasse ist eine Unterklasse der Beobachter-Muster-Klasse Observable.
- Sie informiert ihre GUI-Listenklassen (Beobachter) und erbt von ihrer Oberklasse
  - ☐ eine *many*-Assoziation zur Schnittstelle Observer,
  - ☐ die Operation addObserver(), die eine Objektbeziehung zu einem Beobachter-Objekt aufbaut,
  - ☐ die Operation deleteObserver(), die eine Objektbeziehung zu einem Beobachter-Objekt löscht,
  - ☐ die Operation setChanged(), mit der mitgeteilt wird, dass eine Veränderung stattgefunden hat.
  - ☐ die Operation notifyObservers(), die die Aktualisierung aller Beobachter initiiert.

Beobachter-Muster *(observer pattern)* Das Beobachter-Muster ist ein objektbasiertes Verhaltensmuster. Es sorgt dafür, dass bei der Änderung eines Objekts alle davon abhängigen Objekte benachrichtigt und automatisch aktualisiert werden.
Datenhaltungsschicht *(storage tier, database tier)* Die Datenhaltungsschicht realisiert die jeweilige Form der Daten-

speicherung, z.B. mit einem objektorientierten oder relationalen Datenbanksystem oder mit flachen Dateien.
Drei-Schichten-Architektur *(three-tier architecture)* Die Drei-Schichten-Architektur besteht aus der →GUI-Schicht (Schicht der Benutzungsoberfläche), der →Fachkonzeptschicht und der →Datenhaltungsschicht. Es sind zwei Ausprägungen möglich: die →strenge

und die →flexible Drei-Schichten-Architektur.

Fachkonzeptschicht *(application logic tier)* Die Fachkonzeptschicht modelliert in einer →Drei-Schichten-Architektur die fachliche Anwendung und die Zugriffe auf die →Datenhaltungsschicht. Das OOA-Modell bildet die erste Version der Fachkonzeptschicht.

Flexible Drei-Schichten-Architektur *(flexible three-tier architecture)* Eine flexible Drei-Schichten-Architektur ergibt sich, wenn die →GUI-Schicht sowohl auf die →Fachkonzeptschicht als auch auf die →Datenhaltungsschicht zugreifen darf.

GUI-Schicht *(presentation tier)* Die GUI-Schicht ist in einer →Drei-Schichten-Architektur sowohl für die Dialogführung und die Präsentation der fachlichen Daten (z.B. in Fenstern) als auch für die Kommunikation mit der →Fachkonzeptschicht und ggf. mit der →Datenhaltungsschicht zuständig.

GUI-System *(GUI system)* Das GUI-System ist ein Softwaresystem, das die grafische Oberfläche verwaltet und die Kommunikation mit den Anwendungen abwickelt. Ein GUI-System wird vereinfachend auch Fenstersystem genannt.

Mehr-Schichten-Architektur *(multitier architecture)* Eine Mehr-Schichten-Architektur entsteht, wenn die →Drei-Schichten-Architektur um weitere Schichten erweitert wird bzw. die vorhandenen Schichten feiner zerlegt werden.

Singleton-Muster *(singleton pattern)* Das *Singleton*-Muster ist ein objektbasiertes Erzeugungsmuster. Es stellt sicher, dass eine Klasse genau ein Objekt besitzt, und ermöglicht einen globalen Zugriff auf dieses Objekt.

Strenge Drei-Schichten-Architektur *(strict three-trier architecture)* Bei einer strengen Drei-Schichten-Architektur kann die →GUI-Schicht nur auf die →Fachkonzeptschicht und Letztere nur auf die →Datenhaltungsschicht zugreifen.

Zwei-Schichten-Architektur *(two-tier architecture)* Bei einer Zwei-Schichten-Architektur sind die Benutzungsoberfläche und das Fachkonzept fest in einer Schicht verzahnt. Die zweite Schicht realisiert die Datenhaltung.

Wichtige Entwurfsentscheidungen sind die Wahl der Plattform, der Programmiersprache, des GUI-Systems und der Datenhaltung. Ein System kann als Zwei-Schichten-, Drei-Schichten- oder Mehr-Schichten-Architektur entworfen werden. Da sich die GUI-Schicht mit hoher Wahrscheinlichkeit am stärksten ändern wird, ist wichtiges Grundprinzip, dass keine andere Schicht direkt auf die GUI-Schicht zugreifen darf. Für einen qualitativ hochwertigen Entwurf sind außerdem bewährte Heuristiken einzuhalten. Der Übergang von OOA zu OOD ist unkompliziert, weil kein Paradigmenwechsel stattfindet. Aus dem OOA-Modell entsteht durch Verfeinerung die Fachkonzeptschicht. Die Benutzungsoberfläche wird durch die GUI-Schicht realisiert, die systematisch an die Fachkonzeptschicht angebunden wird. Fachkonzept-Objekte werden in einem *Container* verwaltet, von dem es ein einziges Exemplar gibt (*Singleton*-Muster). Änderungen der Fachkonzept-Objekte werden mithilfe des Beobachter-Musters überall auf der Benutzeroberfläche automatisch aktualisiert.

Aufgabe
5–10 Minuten

1 *Lernziel: Wichtige Entwurfsheuristiken kennen.*

a Sie sollen eine Generalisierungsstruktur für den Entwurf optimieren. Welche Heuristiken müssen Sie berücksichtigen?

b Sie sollen in einem OOD-Klassendiagramm die Sichtbarkeit von Attributen und Operationen festlegen. Welche Heuristiken müssen Sie berücksichtigen?

Aufgabe
10 Minuten

2 *Lernziel: Beobachter-Muster in Java und C++.*

Wie würde das Klassendiagramm der Abb. 9.4-6 aussehen, wenn Sie als Programmiersprache C++ und das in Kapitel 7 eingeführte Beobachter-Muster verwenden?

Aufgabe
60 Minuten

3 Lernziel: *GUI-Schicht an die Fachkonzeptschicht anbinden können.*

a Entwerfen Sie für die Klasse Person und die abgebildeten Fenster (Abb. LE16-A3) die GUI-Klassen und verbinden Sie diese mit den Fachkonzeptklassen. Verzichten Sie auf die Assoziationen mit dem Rollennamen all.

b Beschreiben Sie ein Szenario (Sequenzdiagramm), in dem eine vorhandene Person geändert und gleichzeitig alle geöffneten Listenfenster automatisch aktualisiert werden. Tragen Sie alle Operationen aus dem Szenario in das Klassendiagramm ein.

c Erstellen Sie zusätzlich ein Objektdiagramm mit zwei Objekten der Klasse Person und zwei geöffneten Listenfenstern, aus dem die Objektbeziehungen der beteiligten Objekte hervorgehen.

d Skizzieren Sie den Programmcode für die GUI-Klassen.

Hinweis: Diese Aufgabe wird in der nächsten Lehreinheit weiterentwickelt.

*Abb. LE16-A3:
Klasse Person mit
Fenstern*

Person
name
alter

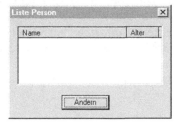

9 Erstellen eines Entwurfsmodells mittels Drei-Schichten-Architektur (Teil 2)

■ Erklären können, wie eine objektorientierte Anwendung mit Objektserialisierung realisiert wird.

verstehen

■ Erklären können, wie eine objektorientierte Anwendung mit einer indizierten Dateiverwaltung realisiert wird.

■ Erklären können, wie eine objektorientierte Anwendung mit einer relationalen Datenbank realisiert wird.

■ Erklären können, wie ein *Framework* zur Anbindung einer relationalen Datenbank entworfen wird.

■ OOD-Modell für eine Drei-Schichten-Architektur mit relationaler Datenbank erstellen können.

anwenden

✓ ■ Voraussetzungen für diese Lehreinheit sind die objektorientierten Konzepte der Analyse und des Entwurfs sowie der UML-Notation, wie sie in den Kapiteln 2 und 6 beschrieben sind.

■ Eine weitere Voraussetzung sind Kenntnisse einiger Entwurfsmuster, wie sie in Kapitel 7 beschrieben sind.

■ Außerdem sollten die Kapitel 9.1 bis 9.4 bekannt sein.

■ Grundlagen in Java oder C++ erleichtern das Verstehen dieser Lehreinheit.

9.5 Entwurf der Datenhaltung mit Objektserialisierung und flachen Dateien

Allgemeine Überlegungen zur Datenhaltung

Vor dem Entwurf der Datenhaltungsschicht sollten einige Überlegungen stehen. Dazu gehören:

- Handelt es sich um ein Ein- oder ein Mehrbenutzersystem? Im zweiten Fall ist zu prüfen, wie die Datenzugriffe synchronisiert werden müssen.
- Wie wird auf die Daten zugegriffen? Sind es mehr schreibende oder mehr lesende Zugriffe?
- Wie groß sind die Datenmengen? Können Daten im Speicher gehalten werden?
- Welche Forderungen müssen bezüglich der Datenintegrität erfüllt werden?
- Sind Datenverluste bei einem Systemausfall akzeptabel?
- Welche Anforderungen bzgl. der *Performance* müssen erfüllt werden?

In dieser Lehreinheit handelt es sich bei der Artikelanwendung um eine sehr einfache Anwendung, die zur Veranschaulichung der Drei-Schichten-Architektur und für Übungszwecke dienen soll. Es handelt sich um eine Einbenutzeranwendung, bei der die geringe Datenmenge vollständig im Arbeitsspeicher gehalten werden kann.

Objektserialisierung

Eine einfache Möglichkeit, Objekte permanent in einer Datei abzulegen, bietet die **Serialisierung**. Hier werden nicht nur die Attribute eines Objekts, sondern das gesamte Objekt unter Beibehaltung seiner Klasse, seiner Objektbeziehungen *(links)* und seiner Attribute **persistent** abgelegt. Dazu werden die Objekte vor dem Speichern in einen Byte-Strom verwandelt und dieser in einer Datei gespeichert. Bei der De-Serialisierung wird die Datei gelesen und die Objekte werden wieder im Arbeitsspeicher erzeugt. Die Byte-Repräsentation der Objekte ist auch gut geeignet, um Objekte über das Netz zu versenden.

Objektserialisierung ist ein einfaches Verfahren. Sie ist weder mehrbenutzerfähig, noch ermöglicht sie Transaktionen. Sie ist ein ideales Verfahren für einfache Ein-Benutzer-Anwendungen und kleine Datenbestände.

Schnittstelle Serializable   Zur Realisierung der Objektserialisierung bieten die objektorientierten Sprachen wie Java und C++ entsprechende Klassen und Schnittstellen an. Das Grundprinzip ist, dass jede Klasse, deren Objekte serialisiert werden sollen, von einer entsprechenden Klasse abgeleitet wird oder eine entsprechende Schnittstelle realisiert. In

430

Java ist dies die Schnittstelle Serializable. Nur Klassen, die diese Schnittstelle implementieren sind serialisierbar. Auch alle Unterklassen einer serialisierbaren Klasse sind serialisierbar. Die Schnittstelle Serializable besitzt weder Operationen noch Attribute. Wenn eine Klasse diese Schnittstelle implementiert, wird nur deutlich gemacht, dass die Semantik der Serialisierung für diese Klasse erfüllt ist.

Hier wird die Artikelanwendung der Lehreinheit 16 mithilfe der Serialisierung persistent gemacht. Dazu muss die Klasse Artikel die Schnittstelle Serializable realisieren.

Beispiel

```
public class Artikel implements Serializable {
    private int nummer;
    private String bezeichnung ;
    private float preis;
    ...
}
```

Die Grundidee der Serialisierung ist, dass alle Objekte einer Klasse in den Arbeitsspeicher geladen werden und wieder gespeichert werden. Daher wird ein *Container* zur Verwaltung der Objekte benötigt. Als Datenstruktur wird ein Objekt der Klasse Vector verwendet. Er implementiert einen Array von Objekten, der dynamisch wachsen kann. Folgende Operationen der Klasse Vector werden hier verwendet:

Container Vector

- addElement (Object: obj): fügt ein neues Element am Ende des Vektors ein.
- Object elementAt (int index): gibt das Element an der spezifizierten Position zurück.
- void setElementAt (Object element, int index): ersetzt das Element an der spezifizierten Position mit dem neuen Element.
- int size(): gibt die Anzahl von Objekten im Vektor zurück.

Auch die Klasse Vector implementiert die Schnittstelle Serializable. Es wird also das Objekt der Klasse Vector mit allen darin enthaltenen Objekten serialisiert und de-serialisiert.

Die Serialisierung erfolgt durch die Klasse Object-OutputStream mit der Operation writeObject(object obj) und die De-Serialisierung durch die Klasse ObjectInputStream mit der Operation Object read-Object().

Serialisierung und De-Serialisierung in Java

Dies wird am einfachsten mithilfe der Klasse ObjectFile realisiert, die die beiden Operationen saveObject() für die Serialisierung und loadObject() für die De-Serialisierung zur Verfügung stellt.

```
public class ObjectFile  {
private String filename;
public void saveObject (Object anObject) {
    ...
```

```
                ObjectOutputStream stream = new ObjectOutputStream
                                     (new FileOutputStream(filename));
        stream.writeObject(anObject);
        stream.close();
        ...
        }
    public Object loadObject() {
        ...
        ObjectInputStream stream = new ObjectInputStream
                                     (new FileInputStream(filename));
        anObject = stream.readObject();
        stream.close();
        ...
        }
    }
```

Container **Die Klasse** Artikelliste **enthält ein Attribut** artikelVector **vom Typ**
für alle Artikel **Vector, das alle Artikel verwaltet. Zu Beginn des Programms werden
alle vorhandenen Artikel in diesen Vektor de-serialisiert, d.h. mithilfe der Operation** loadObject() **geladen. Bei Programmende wird dieser Vektor serialisiert, d.h. mit der Operation** writeObject() **gespeichert. Das Programm arbeitet der Einfachheit halber zur Laufzeit nur
mit den temporären Daten, die bei einem Programmabsturz verloren
gehen. Damit das Beobachter-Muster angewendet werden kann, wird
die Klasse** Artikelliste **von der Klasse** Observable **abgeleitet.**

```
public class Artikelliste extends Observable {
private Vector artikelVector;
ObjectFile store;
    ...
private Artikelliste() {
    store = new ObjectFile ("artikel.dat");
    artikelVector = (Vector)store.loadObject();
    ...
}
public void insertArtikel(Artikel artikel) {
    artikelVector.addElement(artikel);
    ...
}
protected void finalize() {
    store.saveObject(artikelVector);
    ...
}
```

Abb. 9.5-1 zeigt, wie das Klassendiagramm, das in Kapitel 9.4
entwickelt wurde, um die Klassen und Schnittstellen erweitert wird.
Der Vektor artikelVector wird als Attribut von Artikelliste eingetragen. Die *use*-Abhängigkeit betont, dass Artikelliste die Klasse
Vector für die Realisierung benötigt.

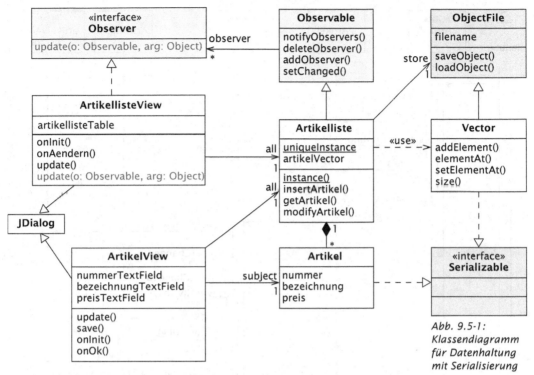

Abb. 9.5-1: Klassendiagramm für Datenhaltung mit Serialisierung

Wir betrachten als Beispiel das Szenario zum Speichern eines neuen Artikels und der anschließenden Aktualisierung aller Listenfenster. Es wird in der Abb. 9.5-2 als Sequenzdiagramm modelliert. Diese Modellierung realisiert die strenge Drei-Schichten-Architektur, weil von den GUI-Klassen aus keine direkten Zugriffe auf die Datenhaltung erfolgen. Die Artikelliste verkapselt alle Zugriffe auf die Klasse Vector. Damit kann die gewählte Form der Datenhaltung durch wenige Änderungen in der Klasse Artikelliste gegen eine andere ausgetauscht werden. Voraussetzung für die Durchführung dieses Szenarios ist, dass alle Artikel in artikelVector zur Verfügung stehen. Der Zugriff auf die Datenhaltungsschicht findet in diesem Szenario nicht statt, weil artikelVector zu Beginn des Programms de-serialisiert und bei Programmende serialisiert wird.

Szenario: Speichern eines neuen Artikels mit Serialisierung

Abb. 9.5-3 modelliert in einem Sequenzdiagramm das Öffnen des Listenfensters mit den aktuellen Artikeln. Das neue Listenfenster registriert sich mittels addObserver() bei der Klasse Artikelliste, damit es bei späteren Änderungen aktualisiert werden kann. Die Operation update() holt sich die Artikel mithilfe der Operation getArtikel() und zeigt sie in der Tabelle des Listenfensters an. Da alle Artikel von der Klasse Artikelliste temporär im Arbeitsspeicher verwaltet werden, ist kein Zugriff auf die Datenhaltung notwendig.

Szenario: Anzeigen aller Artikel im Listenfenster

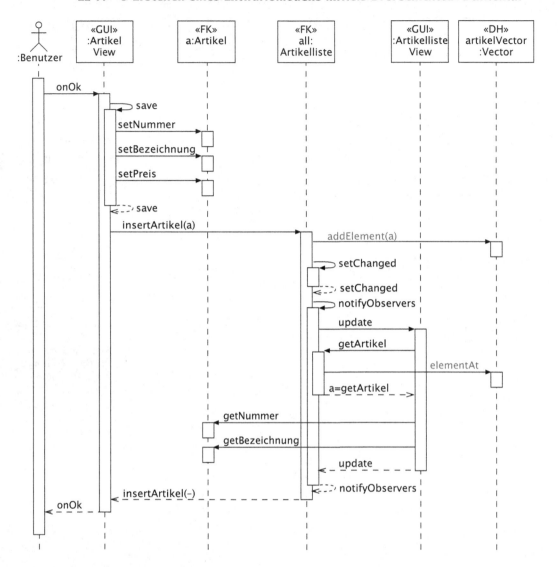

Abb. 9.5-2:
Sequenzdiagramm
für das Speichern
eines Artikel mit

Indizierte Dateiorganisation

Auch die klassischen Verfahren zur Organisation flacher Dateien können zur Datenhaltung in objektorientierten Anwendungen verwendet werden. Unter **flachen Dateien** *(flat files)* sind Dateien zu verstehen, die nur rudimentäre Zugriffsoperationen anbieten. Grundlegende Verfahren sind /Hansen 01/:

- sequenzielle Organisation,
- indexsequenzielle Organisation,
- indizierte Organisation und
- direkte Organisation *(hash-Verfahren)*.

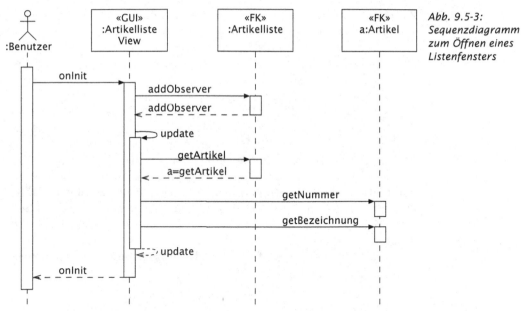

Abb. 9.5-3:
Sequenzdiagramm
zum Öffnen eines
Listenfensters

Wir betrachten exemplarisch die **indizierte Organisation** (Abb. 9.5-4). Der Index ist entweder physisch (z.B. Array) oder logisch sortiert (z.B. Liste, Baum). Jeder Indexeintrag besteht aus einem Zugriffsschlüssel und der Adresse des Satzes, in dem die zugehörigen Daten in der Datei gespeichert sind. Um einen schnellen Zugriff zu ermöglichen, sind die Schlüssel im Index sortiert. In der Datei stehen dagegen alle Sätze in der Reihenfolge, in der sie erfasst wurden. Weil jede Dateiverwaltung – unabhängig vom Inhalt der verwalteten Daten – prinzipiell die gleichen Operationen benötigt, ist es sinnvoll, **parametrisierte Klassen** zu verwenden.

indizierte
Organisation

Array als Index

Nummer	Adresse
4	40
7	0
12	80
22	160
43	120

Datei

	Nummer	Bezeichnung	Preis
0	7		
40	4		
80	12		
120	43		
160	22		

Abb. 9.5-4:
Indizierte Organisation für die Klasse Artikel

einNummernindex
:Index

einArtikelstamm
:DataFile

Beispiel Wir entwerfen eine indizierte Dateiverwaltung für die Klasse Artikel, die bei diesem Beispiel in C++ implementiert wird. Dazu wird ein Index benötigt, in dem die Artikel nach Nummern sortiert abgelegt sind, und eine Datei, in der alle Artikel sequenziell eingetragen werden. Die parametrisierte Klasse Index verwaltet die Indextabelle, in der die Suchbegriffe – in diesem Fall die Artikelnummern – und die Adressen der zugehörigen Sätze stehen. Sie wird parametrisiert mit dem Schlüsseltyp und der maximalen Größe des Index. Es entsteht die Klasse Nummernindex. Die parametrisierte Klasse DataFile stellt die Funktionalität der Datei zur Verfügung. Aus ihr wird – zum Speichern aller Artikelattribute – die Klasse Artikelstamm abgeleitet, wobei zur Parametrisierung des Typs die Klasse Artikel verwendet wird. Bei Programmende wird der im Arbeitsspeicher gehaltene Index ebenfalls in einer Datei abgespeichert und bei einem neuen Start des Programms wieder geladen. Auch hierfür wird die parametrisierte Klasse DataFile verwendet und durch Parametrisierung – mit IndexT – die Klasse IndexFile gebildet (Abb. 9.5-5).

Abb. 9.5-5:
Parametrisierte
Klassen zur
Realisierung der
indizierten
Organisation

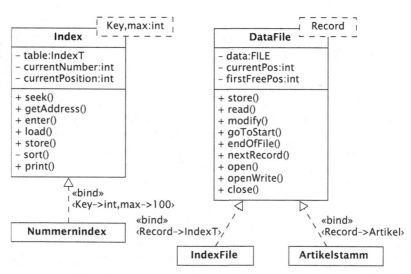

Performance-
Verbesserung Bei vielen Anwendungen ist für ein Objekt eine große Anzahl von Attributen im Erfassungsfenster anzuzeigen, während das Objekt im Listenfenster nur durch wenige signifikante Attribute beschrieben wird, die zur Selektion der Objekte ausreichen. Bei Verwendung einer indizierten Organisation können diese Attribute alle im Index gespeichert werden. Dann wäre beim Füllen der Tabelle im Listenfenster kein Zugriff auf die Stammdatei notwendig.

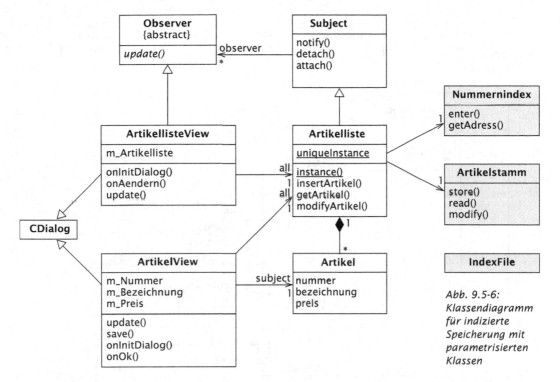

Abb. 9.5-6:
Klassendiagramm
für indizierte
Speicherung mit
parametrisierten
Klassen

Für die Realisierung mit indizierter Dateiorganisation wird analog zur Objektserialisierung eine **strenge Drei-Schichten-Architektur** verwendet. Die Anbindung an die Datenhaltung erfolgt analog zur Objektserialisierung. Die GUI- und Fachkonzeptklassen können nahezu unverändert übernommen werden. Änderungen betreffen im Wesentlichen nur die *Container*-Klasse (Abb. 9.5-6).

strenge Drei-Schichten-Architektur

Alle Zugriffe auf die Klassen Nummernindex und Artikelstamm, die in Abb. 9.5-6 blau dargestellt sind, erfolgen über die Klasse Artikelliste. Die Klasse Artikelliste erfüllt bei dieser strengen Drei-Schichten-Architektur also zwei Aufgaben: Einerseits die automatische Aktualisierung aller geöffneten Listenfenster und andererseits die Verkapselung der Zugriffe auf die jeweilige Form der Datenhaltung.
Wie das Sequenzdiagramm der Abb. 9.5-7 zeigt, ruft die Operation insertArtikel() die Operationen enter() und store() auf. Analog dazu verwendet die Operation getArtikel() nun die Operationen getAddress() und read(). Im Gegensatz zum Beispiel der Objektserialisierung werden hier Artikel nicht komplett temporär gehalten, sondern immer aus der Datei gelesen.

Beispiel

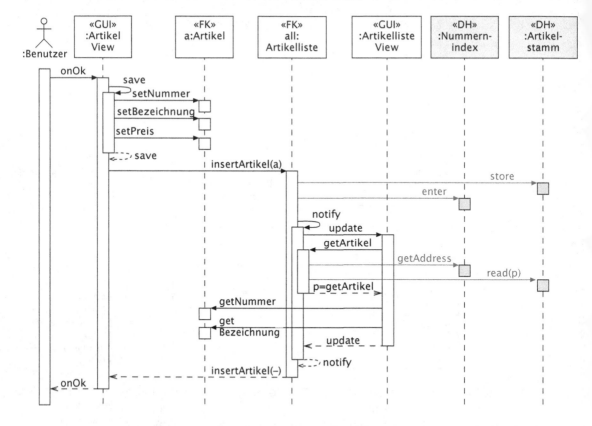

Abb. 9.5-7:
Sequenzdiagramm
zum Speichern
eines Artikels mit
indizierter
Organisation

9.6 Entwurf der Datenhaltung mit einem einfachen relationalen Datenbanksystem

Bei vielen Anwendungen wird heute ein **relationales Datenbanksystem** verwendet. Wir betrachten hier exemplarisch die Anbindung an die Datenbank Access, die einfach zu implementieren ist. Voraussetzung für die Verwendung einer relationalen Datenbank ist die objektrelationale Abbildung.

OID-Attribute
erzeugen

Die Attributliste der persistenten Klasse wird um ein OID-Attribut erweitert. Es wird bei dieser Beispielanwendung auf die einfachste Art erzeugt, in dem in einer Tabelle der Datenbank das OID-Attribut hochgezählt wird. Die nächste freie OID wird von der Klasse Key zur Verfügung gestellt. Da es nur ein Exemplar der Klasse Key gibt, ist sie nach dem *Singleton*-Muster entworfen.

```
public class Key {
protected static Key uniqueInstance = null;
protected int currentOID;

...
public static Key instance() {
    if (uniqueInstance == null)
        uniqueInstance = new Key();
```

```
    return uniqueInstance;
    }
public int getObjectID() {
    currentOID++;
    ... speichert currentOID in der Datenbank ...
    return this.currentOID;
    }
}
```

Jedes neu erzeugte Objekt der Klasse `Artikel` erhält ein OID-Attribut zugewiesen. Der Zugriff von `Artikel` auf `Key` erfolgt nur im Konstruktor über die *instance*-Operation. Sie wird durch eine *use*-Abhängigkeit modelliert.

OID für Artikel erzeugen

```
public class Artikel {
private int OID;
private int nummer;
private String bezeichnung ;
private float preis;
public Artikel() {
    OID = Key.instance().getObjectID();
    . . .
    }
}
```

Die Zugriffe auf die Access-Datenbank erfolgen in der Klasse `Artikelliste`. Dazu muss die Klasse um ein Attribut vom Typ `Connection` erweitert werden, das die Verbindung zur Datenbank speichert.

Schreibender Zugriff auf die Datenbank

```
public class Artikelliste extends Observable {
private Connection con;
...
public void insertArtikel(Artikel artikel) {
    ...
    Statement stmtInsert = con.createStatement();
    stmtInsert.executeUpdate
       ("INSERT INTO Artikel (OID, Nummer, Bezeichnung, Preis)
          VALUES ( "+ artikel.getOID() +",
                "+ artikel.getNummer() +",
                '"+ artikel.getBezeichnung() +"',
                "+ artikel.getPreis() +")");
    stmtInsert.close();
    ...
    }
}
```

Eine wichtige Entwurfsentscheidung ist, wie die Objekte für die Darstellung im Listenfenster ausgelesen werden sollen. Jedes Objekt einzeln aus der Datenbank zu lesen wäre nicht effizient. Besser ist es die ganze Tabelle in den Speicher zu laden. Wir gehen bei diesem Beispiel davon aus, dass nur wenige Neueinträge und Änderungen vorkommen, aber häufig lesend auf die Artikel zugegriffen wird. Es wird daher eine kleine temporäre Datenhaltung realisiert, die alle Artikel enthält. Dazu wird die gerichtete Assoziation von Artikel-

lesender Zugriff auf Objekte

439

liste zu Artikel im Programm durch ein Attribut vom Typ Vector realisiert. Neu erzeugte Artikel werden in diesen Vektor eingetragen, geänderte darin aktualisiert. Dann muss beim Aktualisieren des Listenfensters nur noch dieser Vektor ausgelesen werden. Eine weitere Forderung ist, dass bei einem Systemausfall möglichst keine Daten verloren gehen. Daher werden alle Neueinträge und Änderungen sofort in der Datenbank gespeichert.

temporärer Artikelcontainer
Der folgende Code-Ausschnitt zeigt die Implementierung des temporären Artikelcontainers.

```
public class Artikelliste extends Observable {
private Vector alleArtikel;
...
private Artikelliste() {
    ... Artikel in Vektor alleArtikel laden ...
}
public void insertArtikel(Artikel artikel) {
    alleArtikel.addElement(artikel);
    ...
}
public void modifyArtikel(Artikel artikel) {
    alleArtikel.setElementAt(artikel, alleArtikel.
    indexOf(artikel));
    ...
}
public Artikel getArtikel(int pos) {
    return (Artikel)alleArtikel.elementAt(pos);
    ...
}
}
```

strenge Drei-Schichten-Architektur
Die GUI-Klasse greift nur auf Operationen der Fachkonzeptklassen und jede Fachkonzeptklasse nur auf Operationen der Datenhaltung zu. Die hier vorgestellte **strenge Drei-Schichten-Architektur** besitzt den Vorteil, dass nur minimale Änderungen beim Übergang auf eine andere relationale Datenbank notwendig sind. Auf der beiliegenden CD-ROM befinden sich die Implementierungen für Access und für MySQL.

Klassendiagramm
Abb. 9.6-1 zeigt das Klassendiagramm für die Artikelverwaltung mit einer relationalen Datenbank. Ein Vergleich mit dem Klassendiagramm für die Serialisierung von Artikeln (Abb. 9.5-1) zeigt, dass der Vektor hier nicht als Attribut modelliert wurde, sondern die bestehende Assoziation realisiert. Auf die Modellierung der Klasse Vector und der *use*-Abhängigkeit wird verzichtet, weil die Klasse Vector keine weiteren Beziehungen im Diagramm besitzt, sondern nur im Sinne eines Datentyps verwendet wird.

440

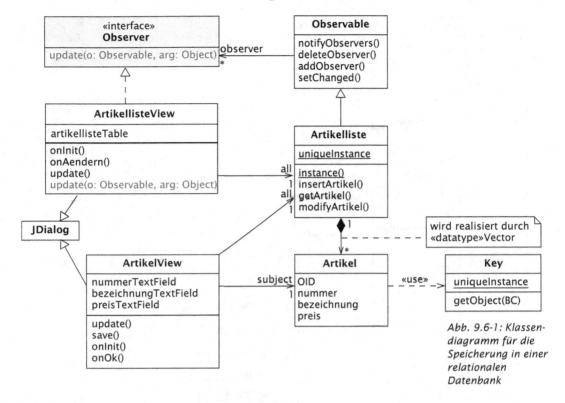

Abb. 9.6-1: Klassendiagramm für die Speicherung in einer relationalen Datenbank

Abb. 9.6-2 modelliert in einem Sequenzdiagramm das Erfassen eines Artikels mit der Operation onOk(). Voraussetzung für dieses Szenario ist, dass bereits ein neues Artikel-Objekt erzeugt und mit einem eindeutigen OID-Attribut initialisiert wurde. Diese OID wird mithilfe der Klasse Key ermittelt. Die erfassten Werte werden mit save() in das Artikel-Objekt eingetragen. Dann wird das Objekt mit insertArtikel() an die *Container*-Klasse übergeben, die es in der Datenbank speichert. Anschließend initiiert Artikelliste mit der Operation notifyObservers() die Aktualisierung aller Listenfenster. Ein Vergleich mit dem entsprechenden Sequenzdiagramm der Serialisierung (Abb. 9.5-2) zeigt, dass sich beide Abläufe nur durch die INSERT-Anweisung unterscheiden.

Szenario: Speichern eines neuen Artikels

Abb. 9.6-3 modelliert in einem Sequenzdiagramm das Öffnen des Listenfensters mit den aktuellen Artikeln. Das neue Listenfenster registriert sich mittels addObserver() bei der Klasse Artikelliste, damit es bei späteren Änderungen aktualisiert werden kann. Die Operation update() holt sich die Artikel mithilfe der Operation getArtikel() und zeigt sie in der Tabelle des Listenfensters an. Ein Vergleich mit dem entsprechenden Sequenzdiagramm der Serialisierung (9.5-3) zeigt, dass beide Szenarien gleich ablaufen.

Szenario: Anzeigen aller Artikel im Listenfenster

441

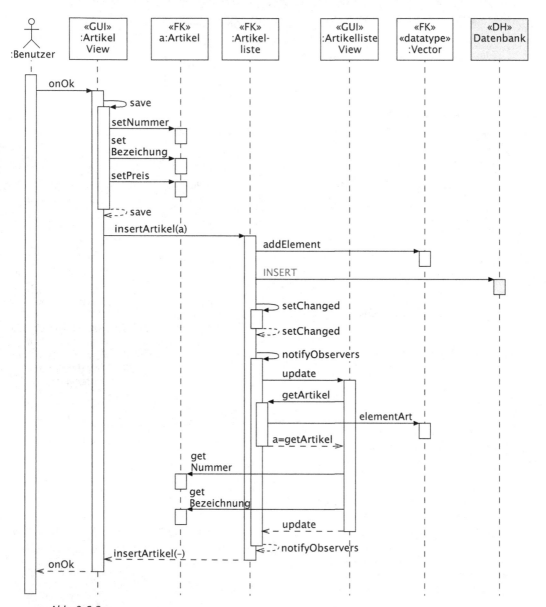

Abb. 9.6-2:
Sequenzdiagramm
zum Speichern
eines neuen
Artikels

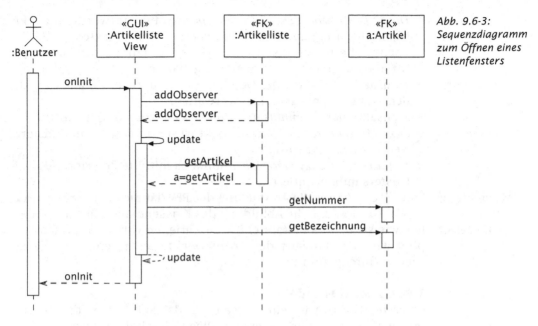

Abb. 9.6-3:
Sequenzdiagramm
zum Öffnen eines
Listenfensters

9.7 Framework für den Zugriff auf relationale Datenbanken

Um eine objektorientierte Anwendung an ein **relationales Daten-banksystem** anzubinden, stehen heute zahlreiche Softwareprodukte zur Verfügung. Hier dürfte es sich in jedem Fall lohnen, die entsprechende Software zu kaufen anstatt sie selbst zu programmieren. Dieses Kapitel soll daher keine Anregung sein, die Software selbst zu erstellen, sondern soll ein grundlegendes Verständnis dafür wecken, wie die objektrelationale Anbindung funktioniert. Das hier beschriebene *Framework* wird PFW (*Persistence Framework)* genannt und von /Larman 01/ beschrieben. Es verfolgt ausschließlich den Zweck, den *Framework*-Entwurf mithilfe von Entwurfsmustern zu demonstrieren und will nicht mit kommerziellen *Frameworks* konkurrieren. Das PFW transformiert Objekte in Datensätze und speichert sie in der Datenbank und wandelt umgekehrt Sätze in Objekte, wenn ein lesender Zugriff erfolgt. Ein solches *Framework* kann nicht nur bei relationalen Datenbanken, sondern genauso bei flachen Dateien oder bei XML-Datenbanken verwendet werden.

Dem vorgestellten *Persistence Framework* liegen folgende Schlüsselkonzepte zugrunde:

■ Abbildung: Alle Klassen werden auf einen persistenten Speicher (hier: relationale Datenbank) abgebildet.

■ Objektidentität: Alle Datensätze besitzen eine eindeutige Objektidentität.

Schlüsselkonzepte

443

■ *Database Mapper: Database Mapper* sind verantwortlich für die Materialisierung und De-Materialisierung von Objekten.

■ Cache: Alle materialisierten Objekte werden aus *Performance-*Gründen in einem Cache-Speicher gehalten.

■ Transaktionszustand der Objekte: Es ist nützlich, für alle Objekte den Transaktionszustand zu verwalten.

■ Transaktionen: *Commits* und *Rollbacks* werden durchgeführt.

■ *Lazy Materialization:* Jedes Objekt wird erst dann materialisiert, wenn es benötigt wird.

■ *Virtual Proxy: Lazy Materialization* wird mithilfe des *Virtual-Proxy-*Musters implementiert.

Voraussetzung für die Anwendung des PFW ist die **objektrelationale Abbildung**, d.h. die Abbildung des Klassendiagramms auf Tabellen, wie sie bereits in Kapitel 8.4 beschrieben wurde. In diesem Kapitel wird der Entwurf des *Frameworks* für die einfache Klasse Artikel durchgeführt.

Voraussetzung

Kapitel 8.4

1 PersistenceFacade

Im ersten Schritt wird eine Fassade für das Subsystem, das die Datenbankzugriffe realisiert, erstellt. Wie in Kapitel 7.6 erläutert, fügt die Fassade keine neue Funktionalität hinzu, sondern vereinfacht den Zugriff auf das Subsystem. Da es nur ein einziges Exemplar der Klasse PersistenceFacade gibt, wird hier das *Singleton*-Muster angewendet. Die Klassenoperation getInstance() liefert dieses eine Fassaden-Exemplar. Das Lesen eines Objekts aus der Datenbank erfolgt mit der Operation get(). Die Identifizierung dieses Objekts erfolgt über die angegebene OID und die Klasse, zu der das gewünschte Objekt gehört. Abb. 9.7-1 zeigt die Klasse PersistenceFacade.

Kapitel 7.6

Abb. 9.7-1: Fassade für den Zugriff auf das Subsystem

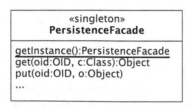

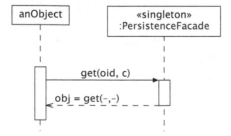

2 *Database Mapper*

Wenn eine persistente Klasse den Code enthält, um sich selbst in einer Datenbank zu speichern, dann spricht man von direkter Abbildung *(direct mapping)*. Das PFW realisiert dagegen eine indirekte Abbildung *(indirect mapping)*. Bei diesem Ansatz wird eine weitere Klasse benötigt, um die Objekte einer persistenten Klasse in der Datenbank zu speichern. Sie wird ***Database Mapper*** /Fowler 04/ genannt. Für jede Klasse, deren Objekte persistent in der Datenbank zu speichern sind, wird ein *Database Mapper* spezifiziert. Sie realisiert die Operationen für das Zerlegen der Objekte in Datensätze (De-Materialisierung) und das Wiedergewinnen der Objekte aus den Datensätzen (Materialisierung). Aus *Performance*-Gründen werden alle materialisierten Objekte in einem Cache gehalten. Bei der hier vorgestellten Lösung verwaltet jede *Mapper*-Klasse ihren eigenen Cache.

Materialisierung und De-Materialisierung

Abb. 9.7-2 zeigt wie das Klassendiagramm mit der Generalisierungsstruktur der *Mapper*-Klassen erweitert wird. Beachten Sie die Notation mit der Qualifizierung. Sie besagt, dass es für jeden existierenden Schlüsselbegriff Class genau einen IMapper gibt (z.B. mittels Realisierung über eine Hash-Tabelle). Die *get*-Operation der *Mapper*-Klassen benötigt nun keinen Parameter vom Typ Class mehr, weil sich jede Operation nur auf die entsprechende Klasse bezieht.

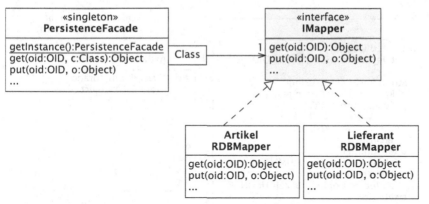

Abb. 9.7-2: Mapper-Klassen

3 Materialisierung von Objekten

Wenn man mehrere *Mapper*-Klassen realisiert, stellt man fest, dass sie gemeinsamen Code besitzen. Der grundlegende Algorithmus zum Materialisieren eines Objekts lautet wie folgt:

```
if (Objekt im Cache)
   return Objekt
else
   Materialisiere das Objekt, d.h. lese es aus der Datenbank
   Speichere das Objekt im Cache
   return Objekt
```

Schablonenmethode

Kapitel 7.8

Nur der Teil der Materialisierung wird für jede *Mapper*-Klasse unterschiedlich realisiert. Hier bietet sich zur Realisierung das Schablonenmethode-Muster (Kapitel 7.8) an. Abb. 9.7-3 zeigt, dass für alle konkreten *Mapper*-Klassen eine abstrakte Oberklasse `PersistenceMapper` eingefügt wird. Sie enthält als Schablonenmethode die konkrete Operation `get()`, in der die abstrakte Operation `getObjectFromStorage()` aufgerufen wird. Diese primitive Operation wird in jeder *Mapper*-Unterklasse unterschiedlich implementiert. Üblicherweise besitzt die Schablonenmethode die Sichtbarkeit *public* und die primitive Operation die Sichtbarkeit *protected* /Larman 01/.

Abb. 9.7– 3:
Schablonen-
methodenmuster für
Materialisierung

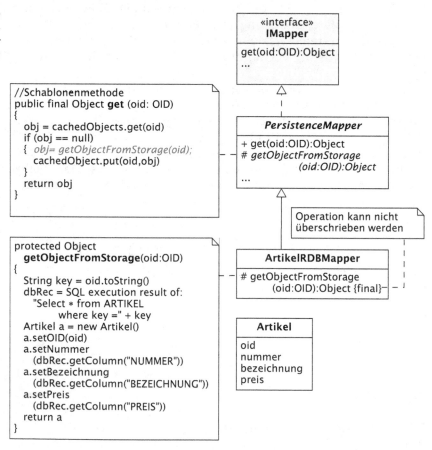

noch eine
Schablonenmethode

Eine Analyse der Abb. 9.7-3 zeigt, dass die *Select*-Anweisung in der Operation `getObjectFromStorage()` für alle Klassen fast gleich ist, nur der Name der Tabelle ist unterschiedlich. Daher wird dieser Teil in eine separate Operation `getDBRecord()` ausgelagert. Durch eine erneute Anwendung des Schablonenmethode-Musters kann man diesen Entwurf noch weiter verfeinern (Abb. 9.7-4). Die Operation `getObjectFromStorage()` ist sowohl eine primitive Operation (bezüglich der Operation `PersistenceMapper.get()`) als auch Schablonenmethode (bezüglich der Operation `ArtikelRDBMapper.getObjectFromRecord()`).

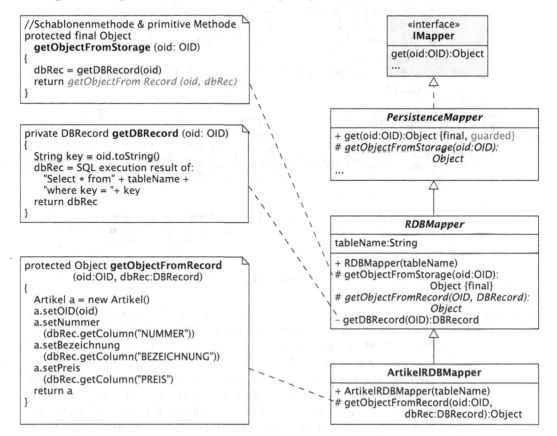

4 Synchronisation von Operationen

Die Operation `PersistenceMapper.get()` enthält kritischen Programmcode, der nicht *threadsafe* ist, d.h., ein und dasselbe Objekt kann gleichzeitig in verschiedenen *Threads* materialisiert werden. Diese Operation muss daher in Java durch das Schlüsselwort `synchronized` gekennzeichnet werden. Im UML-Modell wird diese Operation durch den Eigenschaftswert {guarded} als *threadsafe* gekennzeichnet.

*Abb. 9.7– 4:
Noch mal
Schablonen-
methode-Muster
für Materialisie-
rung*

5 Transaktionszustände und Zustandsmuster

Objekte können neu eingefügt, geändert und gelöscht werden. Diese Funktionen wirken sich zunächst nur auf die Objekte im Speicher aus. Erst durch ein abschließendes *commit* werden sie in der Datenbank wirksam. Sollen die bisher durchgeführten Verarbeitungen verworfen werden, wird ein *rollback* ausgeführt. Welche Verarbeitung im Einzelnen auszuführen ist, wird durch den Zustand des Objekts bestimmt. Ein Objekt kann folgende Zustände einnehmen:

447

- new: Objekt neu im Speicher, noch nicht in der Datenbank vorhanden.
- old clean: Objekt in der Datenbank vorhanden, identische (unveränderte) Version des Objekts im Speicher.
- old dirty: Objekt in der Datenbank vorhanden, keine identische Version im Speicher.
- old delete: Objekt in der Datenbank vorhanden, im Speicher gelöscht.

Abb. 9.7-5:
Zustandsautomat
für ein persistentes
Objekt

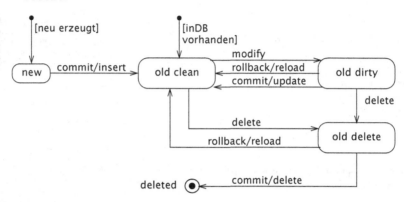

Zustandsautomat

Das Zusammenspiel der Zustände lässt sich am besten mit einem Zustandsautomaten darstellen (Abb. 9.7-5). Wird im Speicher ein neues Objekt erzeugt, dann befindet es sich im Zustand new. Durch ein *commit* wird es in der Datenbank gespeichert und geht in den Zustand old clean über. Im Zustand old clean befindet sich das Objekt bereits in der Datenbank und ist in identischer Form im Speicher vorhanden. Änderungen *(modify)* führen es in den Zustand old dirty über. *Commit* speichert das veränderte Objekt in der Datenbank. Da das Objekt jetzt in Speicher und Datenbank identisch ist, geht es wieder in den Zustand old clean über. Ein *rollback* im Zustand old dirty führt dazu, dass das Objekt im Speicher durch die Datenbank-Version ersetzt wird *(reload)*. Auch dann sind die Datenbank-Version und die Speicher-Version des Objekts wieder identisch. Wird ein Objekt im Zustand old clean oder old dirty gelöscht *(delete)*, dann geht es in den Zustand old delete über. Durch ein *commit* wird das Löschen auch in der Datenbank wirksam, durch ein *rollback* wird das Löschen verworfen, d.h., die Datenbank-Version und die Speicher-Version des Objekts sind wieder identisch.

Zustandsmuster

Für die Realisierung dieses Zustandsautomaten wird das Zustandsmuster eingesetzt (Abb. 9.7-6). Alle persistenten Klassen (z.B. Artikel) werden von einer abstrakten Klasse PersistentObject abgeleitet, die die Operationen commit(), delete(), rollback() und modify() zur Verfügung stellt. Die Operation PersistentObject.-commit() enthält die Anweisung state.commit(). Befindet sich das persistente Objekt beispielsweise im Zustand new, dann wird mit-

448

hilfe des Polymorphismus die Operation `NewState.commit()` angewendet. Analog wird bei den anderen Operationen verfahren.

Das hier dargestellte Zustandsmuster weicht übrigens geringfügig
von dem in Kapitel 6.11 vorgestellten Zustandsmuster ab. In der
Abb. 9.7-6 sind die Operationen der abstrakten Klassen `PObjectState`
nicht abstrakt, sondern werden als NOP *(no operation)* implementiert, d.h., sie enthalten einen leeren Programmrumpf. Dadurch
müssen in den Unterklassen nur diejenigen Operationen implementiert werden, die einen nicht-leeren Rumpf enthalten.

Kapitel 6.11

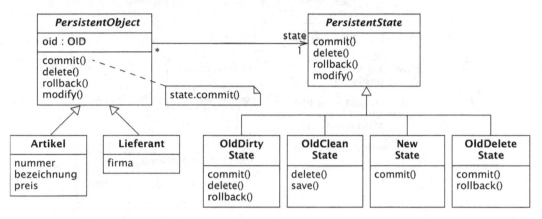

6 *Lazy Materialization* mit dem *Virtual Proxy*

Manchmal ist es wünschenswert, die Materialisierung eines Objekts
so lange hinauszuschieben, bis es wirklich benötigt wird. Beispielsweise referenziert die Klasse `Artikel` die Klasse `Lieferant`. Das Lie-
feranten-Objekt wird aber nicht immer mit dem Artikel-Objekt zusammen benötigt, sondern nur dann, wenn die Lieferfirma des Artikels angezeigt werden soll. Für die Lösung dieses Problems kann das
bereits bekannte *Virtual Proxy*-Muster (Kapitel 7.5) eingesetzt werden. Solange nur die Attribute des Artikels von Interesse sind, arbeitet man mit dem LieferantProxy-Objekt. Soll für einen Artikel die
Lieferfirma angezeigt werden und befindet sich das Lieferanten-Ob-
jekt nicht im Speicher, dann wird es materialisiert. Dieser Entwurf
basiert darauf, dass jeder *Proxy* das OID-Attribut seines realen
Objekts kennt. Um dieses Objekt zu erhalten, arbeitet die Klasse
`LieferantProxy` mit der *Singleton*-Klasse `PersistenceFacade` zusammen. Abb. 9.7-7 zeigt die Realisierung des *Proxy*-Musters für die
persistente Klasse `Artikel`.

Ein *Persistence Framework* muss außer den beschriebenen noch
zahlreiche weitere Aufgaben durchführen. Dazu gehören:

- De-Materialisierung von Objekten, d.h. Zerlegung von Objekten in
  Datensätze,
- Materialisierung und De-Materialisierung von Kollektionen,
- Fehlerbehandlung bei fehlerhaften Datenbank-Operationen,

*Abb. 9.7-6: Zu-
standsmuster für
den Zustandsauto-
mat der Abb. 9.7-5*

Kapitel 7.5

weitere Aufgaben
des PFW

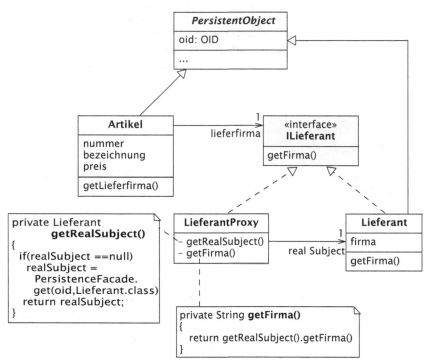

Abb. 9.7-7:
Proxy-Muster für
Klasse Artikel

- Zugriffschutz auf die Datenbank,
- Mehrbenutzerzugriff und *locking*-Strategien.

Technische Schnittstelle zu relationalen Datenbanksystemen

Relationale Datenbanksysteme wurden ursprünglich als *stand-alone*-Informationssysteme realisiert. Das Ziel war, die Datenbank durch alleinigen Einsatz einer deklarativen Programmiersprache, z.B. durch SQL, zu programmieren. Damit der oben beschriebene Zugriff von einer objektorientierten Anwendung auf eine relationale Datenbank überhaupt stattfinden kann, muss das Programm eine technische Verbindung zur Datenbank aufbauen können.

ODBC   **ODBC** *(Open Database Connectivity)* ist eine standardisierte Schnittstelle für den Zugriff auf relationale Datenbanksysteme. Sie wurde ursprünglich von Microsoft spezifiziert, hat sich aber inzwischen zu einem betriebssystemübergreifenden, allgemein akzeptierten *De-facto*-Standard entwickelt. Mittels ODBC kann auf jede Datenbank, für die ein ODBC-Treiber existiert, zugegriffen werden. ODBC stützt sich auf eine standardisierte SQL-Version. Dadurch ist es möglich, die Anwendung unabhängig von einer spezifischen Datenbank zu programmieren. ODBC kann jedoch ausschließlich von C- und C++-Programmen verwendet werden. Es wurde ursprünglich für C entwickelt und ist daher nicht objektorientiert. ODBC stellt dem Programm ganzzahlige Werte als *handles* und Zeiger auf Strukturen zur Verfügung, die von der Anwendung zu verwenden sind. Der Verzicht auf Objektorientierung und der Zugriff mittels Zeigern machen ODBC relativ fehleranfällig.

Mit **JDBC** *(Java Database Connectivity)* hat *Sun Microsystems* einen Standard definiert, um aus Java-Programmen heraus auf relationale Datenbanksysteme zugreifen zu können. JDBC ist durch die Verwendung von Java als Programmiersprache vollständig objektorientiert und plattformunabhängig. Zwei Besonderheiten zeichnen JDBC aus:

JDBC

- Der Zugriff erfolgt unabhängig vom jeweiligen Datenbanksystem. Beispielsweise kann eine Anwendung, die bisher auf eine Oracle-Datenbank zugegriffen hat, auch mit einer Informix-Datenbank arbeiten.
- Ein JDBC-Treiber sorgt für die spezifische Anpassung an das jeweilige Datenbanksystem. Er ist ebenfalls in Java geschrieben und wird von den Datenbankherstellern oder von Dritten angeboten.

Database Mapper Klasse, deren Aufgabe es ist, die Objekte einer persistenten Klasse in einer Datenbank zu speichern. Sie enthält Operationen für das Zerlegen der Objekte in Datensätze (De-Materialisierung) und das Wiedergewinnen der Objekte aus den Datensätzen (Materialisierung). Man spricht hier von indirekter Abbildung *(indirect mapping)*. Ein direkte Abbildung *(direct mapping)* liegt dagegen vor, wenn sich jede persistente Klasse selbst in der Datenbank speichern kann.

Flache Dateien *(flat files)* Unter einer Speicherverwaltung mit flachen Dateien ist eine Organisationsform zu verstehen, die nur rudimentäre Zugriffsoperationen anbietet.

Framework Ein *Framework* besteht aus einer Menge von zusammenarbeitenden Klassen, die einen wiederverwendbaren Entwurf für einen bestimmten Anwendungsbereich implementieren. Es besteht aus konkreten und insbesondere aus abstrakten Klassen, die Schnittstellen definieren. Die abstrakten Klassen enthalten sowohl abstrakte als auch konkrete Operationen. Im Allgemeinen wird vom Anwender (= Programmierer) des *Frameworks* erwartet, dass er Unterklassen definiert, um das *Framework* zu verwenden und anzupassen.

Indizierte Organisation *(indexed organisation)* Zusätzlich zu einer Datei wird ein Index angelegt, der außer den Schlüsseln die Adressen der Datensätze in der (Haupt-)Datei enthält.

JDBC *(Java Database Connectivity)* Mit JDBC hat *Sun Microsystems* einen Standard definiert, um aus Java-Programmen heraus auf →relationale Datenbanksysteme zugreifen zu können. JDBC ist durch die Verwendung von Java als Programmiersprache vollständig objektorientiert und plattformunabhängig.

Objektrelationale Abbildung *(object relational mapping)* Die objektrelationale Abbildung gibt an, wie ein Klassendiagramm auf Tabellen einer →relationalen Datenbank abgebildet wird. Sie enthält Abbildungsvorschläge für Klassen, Assoziationen und Generalisierungsstrukturen. Ein weiterer Aspekt ist die Realisierung der Objektidentität in →relationalen Datenbanken.

Objektserialisierung *(object serialization)* Umwandlung von Objekten in einen Bytestrom, der in einer Datei gespeichert wird. Es werden nicht nur die Daten, sondern die gesamten Objekte einschließlich der Klasse, der Objektbeziehungen und der Attribute persistent abgelegt. Die Wiedergewinnung der Objekte aus dem Bytestrom wird De-Serialisierung genannt.

ODBC *(Open Database Connectivity)* ODBC ist eine standardisierte Schnittstelle für den Zugriff auf →relationale Datenbanksysteme. Sie wurde ursprünglich von Microsoft spezifiziert, hat sich aber inzwischen zu einem betriebssystemübergreifenden, allgemein akzeptierten De-facto-Standard entwickelt.

Parametrisierte Klasse *(parameterized class, template)* Eine parametrisierte Klasse ist eine Beschreibung einer Klasse mit einem oder mehreren formalen Parametern. Ein Parameter besteht aus dem Namen und dem Typ. Der Typ entfällt, wenn der Name bereits einen Typ beschreibt. Die Parameterliste darf nicht leer sein. Eine parametrisierte Klasse definiert daher eine Familie von Klassen. *Container*-Klassen werden häufig als parametrisierte Klassen realisiert.

Persistenz *(persistence)* Persistenz ist die Fähigkeit eines Objekts, über die Ausführungszeit eines Programms hinaus zu leben, d.h., die Daten dieses Objekt bleiben auch nach Beendigung des Programms erhalten und stehen bei einem Neustart wieder zur Verfügung.

Relationales Datenbanksystem *(relational database system)* Ein relationales Datenbanksystem (RDBS) ist ein Datenbanksystem, dem ein relationales Datenmodell zugrunde liegt. Die Daten werden in Form von Tabellen gespeichert.

Serialisierung *(serialization)* →Objektserialisierung.

Strenge Drei-Schichten-Architektur *(strict three-trier architecture)* Bei einer strengen Drei-Schichten-Architektur kann die GUI-Schicht nur auf die Fachkonzeptschicht und Letztere nur auf die Datenhaltungsschicht zugreifen.

Bei der Drei-Schichten-Architektur werden die GUI-Klassen, FK-Klassen und die Klassen zur Datenhaltung getrennt. Bei einer strengen Ausprägung greifen die GUI-Klassen nur auf die FK-Klassen zu. Änderungen der Datenhaltung betreffen daher nur die Fachkonzeptschicht. Die Objektserialisierung ermöglicht eine sehr einfache Form der Datenhaltung, bei der die Objekte in Form eines Bytestream in eine Datei geschrieben werden. Auch klassische Speicherungsverfahren (z.B. indizierte Dateiorganisation) können objektorientiert entworfen werden, wobei das Konzept der parametrisierten Klassen optimal eingesetzt wird. Bei vielen Anwendungen wird heute eine Datenhaltung mit relationalen Datenbanken realisiert. Da die Brückenbildung von der objektorientierten Anwendung zur relationalen Datenbank heute ein Standardfall ist, wird dieser Schritt durch zahlreiche Frameworks und Werkzeuge unterstützt. Das PWF *(Persistence Framework)* zeigt, wie ein solches *Framework* unter Verwendung von Entwurfsmustern prinzipiell entworfen wird.

Aufgabe
15 Minuten

1 *Lernziel: Änderbarkeit einer objektorientierten Datenhaltung mit flachen Dateien beurteilen können.*
Nehmen Sie die Klassendiagramme der Abb. 9.5-5 bis Abb. 9.5-7 zur Hand. Beantworten Sie folgende Fragen.
a Wie ändert sich die Spezifikation, wenn für den Index anstelle eines *Arrays* eine verkettete Liste (Abb. LE17-A1) verwendet wird?
b Wie ändert sich die Spezifikation, wenn im Index alle Attribute des Listenfensters gespeichert werden?

einNummernindex

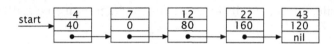

einArtikelstamm

	Nummer	Bezeichnung	Preis
0	7		
40	4		
80	12		
120	43		
160	22		

2 *Lernziel: Wissen, wie die Anbindung an eine relationale Datenbank funktioniert.*

Aufgabe
15 Minuten

a Was versteht man unter Materialisierung eines Objekts?

b Durch welche Klassen wird beim *Persistence Framework* die Materialisierung von Objekten realisiert?

c Erläutern Sie, *wie* das Schablonenmethode-Muster bei der Materialisierung angewendet wird.

d Wie kann die Effizienz der Materialisierung gesteigert werden?

e Stellen Sie fest, welche Transaktionszustände ein Objekt bei folgendem Szenario einnimmt: Ein Objekt wird aus der Datenbank gelesen und geändert. Dann wird es in die Datenbank zurückgeschrieben. Anschließend soll das gleiche Objekt in der Datenbank gelöscht werden.

3 *Lernziel: Erkennen, welche Entwurfsmuster beim Erstellen des Entwurfsmodells verwendet wurden.*

Aufgabe
10 Minuten

Prüfen Sie, welche Entwurfsmuster in den Lehreinheiten 16 und 17 verwendet wurden. Geben Sie an, welche Probleme dadurch gelöst wurden.

4 *Lernziel: Drei-Schichten-Architektur mit PFW erweitern.*

Aufgabe
30 Minuten

Die Ausgangsbasis für diese Aufgabe ist das Klassendiagramm der Abb. 9.6-1 und das Sequenzdiagramm der Abb. 9.6-2. Modifizieren Sie die dort verwendete Drei-Schichten-Architektur, so dass die Datenbank-Zugriffe über das PFW erfolgen.

a Erstellen Sie das modifizierte Klassendiagramm, in das Sie alle verwendeten Operationen eintragen, die Sie im Sequenzdiagramm der Teilaufgabe b benötigen.

b Modifizieren Sie das Sequenzdiagramm.
Hinweis: Es ist nicht nötig, alle Klassen des PFW einzutragen, sondern nur diejenigen, auf die in dem Sequenzdiagramm zugegriffen wird.

Aufgabe
30 Minuten

5 *Lernziel: Drei-Schichten-Architektur mit Anbindung an relationale Datenbank erstellen können.*
Die Ausgangsbasis für diese Aufgabe bildet die Aufgabe 3 der Lehreinheit 16 und das dort erstellte Entwurfsmodell. Binden Sie nun das relationale Datenbanksystem Access an und verwenden Sie die strenge Drei-Schichten-Architektur. Verwenden Sie jedoch im Gegensatz zur Artikelanwendung *keine* temporäre Datenhaltung in einem Vektor. Streben Sie trotzdem eine möglichst effiziente Lösung an.

a Erstellen Sie das Klassendiagramm, in das Sie alle verwendeten Operationen eintragen, die Sie im Sequenzdiagramm der Teilaufgabe b benötigen.

b Erweitern Sie das Sequenzdiagramm um die Zugriffe auf die Datenbank.

Anhang 1:
Fallbeispiel

■ Ein Pflichtenheft erstellen können.   anwenden
■ Ein OOA-Modell erstellen können.
■ Die Benutzungsoberfläche aus dem OOA-Modell ableiten kön-
  nen.
■ Objektrelationale Abbildung durchführen können.
■ Tabellen und *queries* in SQL erstellen können.

Ein Fallbeispiel dieser Größenordnung kann im Rahmen eines begleitenden Praktikums modelliert und implementiert werden (z.B. mittels Anbindung an die relationale Datenbank MySQL oder Access).

1 Pflichtenheft

1 Zielbestimmung

Formulieren Sie Ziele (z.B. Mindestbestand von Artikeln automatisch sicherstellen) und nicht die für deren Erreichung notwendigen Funktionen (z.B. Erstellung von Bestellvorschlagslisten für Artikel, deren Mindestbestand unterschritten ist). Oft wird ein Ziel durch eine Funktion realisiert. Dann ist die Abgrenzung unter Umständen schwierig.

1.1 Muss-Kriterien

Nennen Sie alle Ziele, die das Softwaresystem unbedingt erfüllen muss. Kann eines der Muss-Kriterien nicht realisiert werden, dann ist das ganze System für den vorgesehenen Zweck nicht einsetzbar.

Beispiel

Bei einem Werkzeug zur Erstellung von OO-Modellen sind folgende Muss-Kriterien sinnvoll:
– Unterstützung der UML-Notation,
– Mehrbenutzerfähigkeit,
– Automatische Erstellung der Dokumentation.

1.2 Kann-Kriterien

Nennen Sie hier diejenigen Ziele, die das Produkt zwar erfüllen sollte, auf die aber zunächst verzichtet werden kann. Diese Abgrenzung ist ein wichtiges Instrument der Projektplanung. Bei Terminproblemen ist somit eine Konzentration auf die Muss-Kriterien möglich.

Beispiel

Bei einem Buchhaltungsprogramm ist das automatische Erstellen einer Umsatzsteuer-Voranmeldung ein Muss-Kriterium. Das Ausdrucken dieser Voranmeldung auf einem von den Finanzämtern genehmigtem Formular stellt ein Kann-Kriterium darstellt, weil der Benutzer das Programm auch ohne diese Funktionalität benutzen kann und nur die Programmdaten handschriftlich auf ein Formular übertragen muss.

1.2 Abgrenzungskriterien

Machen Sie deutlich, welche Ziele mit dem Produkt bewusst *nicht* erreicht werden sollen, die aber in vergleichbaren Anwendungen durchaus vorkommen.

Beispiel

Bei einem Werkzeug zur Erstellung von OO-Modellen erfolgt keine automatische Optimierung bei der Darstellung von Diagrammen.

2 Einsatz

Die Analyse des Einsatzes liefert wichtige Informationen für die Benutzungsoberfläche und die Qualitätsanforderungen des zukünftigen Systems.

2.1 Anwendungsbereiche
z.B. Buchhaltung von Unternehmen.

2.2 Zielgruppen
z.B. Buchhalter.

2.3 Betriebsbedingungen
Dazu gehören Angaben über
- die physikalische Umgebung des Softwaresystems (z.B. Büroumgebung),
- die tägliche Betriebszeit (z.B. 8 Stunden) und
- ob eine ständige Beobachtung des Softwaresystems durch den Bediener oder ein unbeaufsichtigter Betrieb vorliegt.

3 Umgebung

3.1 Software
Welche Softwaresysteme (einschließlich Versionsnummern) müssen für den Betrieb zur Verfügung stehen? Wenn das Produkt nicht als *stand-alone*-Produkt geplant ist, so sind die geplanten Schnittstellen zu anderen Softwareprodukten aufzuführen.

3.2 Hardware
Welche Hardware-Voraussetzungen müssen für den Betrieb erfüllt sein?

3.3 Orgware
Welche organisatorischen Voraussetzungen müssen für den Betrieb gegeben sein? Welche organisatorischen Schritte müssen durchgeführt werden, damit das Softwaresystem eingesetzt werden kann?

Vor dem Einsatz eines Buchhaltungsprogramms muss zunächst von einem Buchhalter ein Kontenplan für das Unternehmens erstellt werden. *Beispiel*

4 Funktionalität

Die Funktionalität des Systems ist auf oberster Abstraktionsebene zu beschreiben. Das bedeutet, dass die typischen Arbeitsabläufe, die mit dem zu erstellenden System durchgeführt werden sollen, zu nennen sind. Zu diesem frühen Zeitpunkt ist noch nicht abzusehen, ob diese Arbeitsabläufe vollständig durch Software realisiert werden oder auch organisatorische Schritte beinhalten. Ein Arbeitsablauf soll immer zu einem Ergebnis für den Bediener führen. Das bedeutet, dass nicht mehrere Arbeitsabläufe kombiniert werden müssen, um ein Ergebnis zu halten. Die hier beschriebenen Arbeitsabläufe bilden die Grundlage für die im Rahmen der objektorientierten Analyse erstellten Use-Cases.

Informationssysteme enthalten im Allgemeinen eine Reihe von Verwaltungsfunktionen, z.B. Erfassen eines neuen Artikels, Aktualisieren der Artikeldaten, Löschen alter Artikel aus dem System. Diese Funktionalität ist hier *nicht* aufzuführen.

Außerdem erstellen viele Informationssysteme eine Reihe von Reports, Berichten etc., von denen die wichtigsten hier aufzuführen sind. Auf Funktionen, die nur elementare Listen (z.B. Liste aller Artikel) erstellen, ist jedoch zu verzichten.

Bei der Formulierung dieses Kapitels ist zu berücksichtigen, dass hier die Basis für das spätere OOA-Modell gelegt werden soll und dass keine vollständige textuelle Beschreibung der funktionalen Anforderungen verlangt wird.

5 Daten

Die langfristig zu speichernden Daten und deren voraussichtlicher Umfang sind aus Benutzersicht aufzuführen.

Beispiel
- 50.000 bis 200.000 Artikel,
- 3000 Kunden.

6 Leistungen

Führen Sie alle zeitlichen Anforderungen auf. Quantifizieren Sie alle Angaben, z.B. max. 2 Sekunden für das Auffinden eines Artikels. Überlegen Sie, ob die gewünschten Leistungen mit den in Kapitel 5 genannten Datenmengen und der in Kapitel 3.2 aufgeführten Hardware erreicht werden können.

7 Benutzungsoberfläche

Formulieren Sie grundlegende Anforderungen an die Benutzungsoberfläche. Berücksichtigen Sie die jeweiligen Eigenschaften der zukünftigen Benutzer und die voraussichtliche Art der Benutzung. Die genaue »Spezifikation« der Benutzungsoberfläche erfolgt durch den Prototyp.

Beispiel
Ein Buchhalter, der täglich mehrere hundert Buchungssätze eingibt, benötigt eine andere Benutzungsoberfläche als ein Freiberufler, der monatlich seine Umsatzsteuer-Voranmeldung mit einem Buchhaltungsprogramm erstellt.

8 Qualitätsziele

Welche Qualität soll das neue Softwaresystem besitzen? Beispielsweise wird eine hohe Portabilität benötigt, wenn das Softwaresystem auf verschiedenen Plattformen laufen soll. Bei den meisten Softwareprodukten sind Änderbarkeit und Wartbarkeit wichtige Qualitätsziele.

9 Ergänzungen

Wenn die bisherigen Kapitel nicht ausreichen, um die Anforderungen an ein Softwaresystem zu beschreiben, dann kann das Pflichtenheft individuell erweitert werden.

Pflichtenheft Diploma

1 Zielbestimmung

1.1 Muss-Kriterien
- zentrale Verwaltung von Diplomarbeitsthemen und Diplomanden (Studenten).
- einfacher Überblick über Diplomarbeitsthemen.

1.2 Kann-Kriterien
keine.

1.3 Abgrenzungskriterien
- kein Zugriffsschutz (bei einer echten Anwendung wäre dies ein Muss-Kriterium, da jeder Professor nur für die eigenen Diplomarbeitsthemen Zugriffe durchführen darf).

2 Einsatz

2.1 Anwendungsbereiche
Hochschulen.

2.2 Zielgruppen
Studenten, Professoren.

3 Umgebung

3.1 Software
Windows XP

3.2 Hardware
beliebiger Windows-Computer.

3.3 Orgware
keine

4 Funktionalität

Es lässt sich nur ein Arbeitsablauf identifizieren: Das Bearbeiten eines Diplomarbeitsthemas durch einen oder mehrere Studenten wird ins System eingetragen.

Das Erfassen, Ändern und Löschen von Professoren und Diplomarbeiten erfolgt mithilfe der Verwaltungsfunktionen.

Des Weiteren sollen sich Studenten mittels folgender Funktionen informieren können:

- Liste der verfügbaren Diplomarbeitsthemen erstellen,
- Liste der abgeschlossenen Diplomarbeitsthemen erstellen,
- Liste der aktuell bearbeiteten Diplomarbeitsthemen erstellen.

5 Daten

Es sollen die Diplomarbeitsthemen eines Fachbereichs verwaltet werden, d.h.
ca. 30 Professoren und pro Professor und Jahr ca. 10 Diplomanden, d.h. 30 * 10 * 5 = 1500 Studenten und 1500 Diplomarbeiten bei einer fünfjährigen Nutzungszeit der Software.

6 Leistungen

Leistungen sind hier nicht relevant.

7 Benutzungsoberfläche

Es wird eine objektorientierte Oberfläche mit Menüs entsprechend der Gestaltungsvorschriften in den Lehreinheiten 9 und 10 erstellt.

8 Qualitätsziele

- hohe Benutzungsfreundlichkeit.
- hohe Änderbarkeit.

2 OOA-Modell

Bei einfachen Fallstudien wie dieser ist es oft schwierig, sinnvolle Use-Cases zu bilden, da ein großer Teil der Funktionalität durch einfache Verwaltungsfunktionen abgedeckt wird. Es ergibt sich nur ein einziger Use-Case (Abb. 2-1). Die im Rahmen dieses Use-Case anstehenden Aufgaben werden vom jeweiligen Professor durchgeführt; er ist daher der alleinige Akteur des Systems.

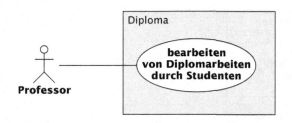

Diploma

bearbeiten von Diplomarbeiten durch Studenten

Professor

Abb. 2-1:
Use-Case-Diagramm
für Diploma

```
Use-Case: bearbeiten von Diplomarbeiten durch Studenten
Ziel: Student schließt Diplomarbeit erfolgreich ab
Kategorie:
Vorbedingung: Diplomarbeitsthema verfügbar
Nachbedingung Erfolg: Diplomarbeit abgeschlossen
Nachbedingung Fehlschlag: Student bricht die Arbeit ab
Akteure: Professor
Auslösendes Ereignis: Student will Diplomarbeitsthema bearbeiten
Beschreibung:
1 Prüfen, ob Diplomarbeitsthema noch verfügbar
2 Diplomarbeitsthema als vergeben kennzeichnen
3 Studenten erfassen und dem Diplomarbeitsthema zuweisen
4 Abschlussdatum eintragen
Erweiterungen:
Alternativen:
3a wenn Studenten bereits im Softwaresystem erfasst sind, dann nur
   zuweisen
4a bei Abbruch der Arbeit ist die Zuordnung des Studenten zur Di-
   plomarbeit zu lösen
```

Spezifikations-
schablone

Abb. 2-2 zeigt das Klassendiagramm, dessen Attribute unten spezifiziert werden. Die Zuordnung der Operationen erfolgt nach folgendem Schema. Für *ein* Diplomarbeitsthema – der Einfachheit halber als Diplomarbeit bezeichnet – melden sich ein oder mehrere
Studenten an und *eine* Diplomarbeit wird – von den zugehörigen
Diplomanden – abgeschlossen. Daher werden die entsprechenden
Operationen bei der Klasse `Diplomarbeit` eingetragen. Wenn *ein* Student – evtl. aus einer Gruppe – die Diplomarbeit abbricht, dann muss
für diesen Studenten die Objektbeziehung zur Diplomarbeit gelöst
werden. Die Klassenoperationen beziehen sich jeweils auf die Menge
aller Diplomarbeiten.

Operationen
zuordnen

Person
```
vorname: String [0..1]
nachname: String
telefon: String [0..1]
email: String [0..1]
```
Professor
```
titel: String [0..1]
kürzel: String
fachgebiet: [0..1]
raum: String [0..1]
```

Abb. 2-2
Klassendiagramm
für Diploma

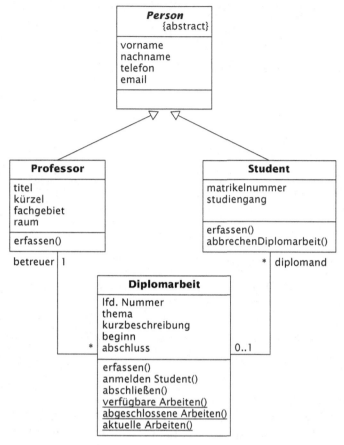

Student
matrikelnummer: String
studiengang: String [0..1]
Diplomarbeit
lfd.Nummer: Integer
thema: String
kurzbeschreibung: String [0..1]
beginn: Date [0..1]
abschluss: Date [0..1]
{beginn < abschluss}

Der Übung halber erstellen wir ein Sequenzdiagramm, das bei diesem Beispiel sehr einfach ist. Abb. 2-3 modelliert den Standardfall für den oben spezifizierten Use-Case.

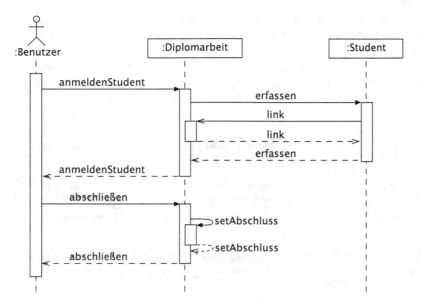

3 Prototyp der Benutzungsoberfläche

In diesem Kapitel erstellen wir einen Prototyp der Benutzungs-oberfläche. Die Ausgangsbasis bilden das Klassendiagramm und die Spezifikation der Attribute.

Wir entwerfen den Prototyp in zwei Schritten:
1 Dialoggestaltung,
2 Gestaltung der Fenster mittels Interaktionselementen.

Dialoggestaltung
Wir verwenden die Standardabbildung der Analyseklassen auf den Menübalken, wie sie in Kapitel 5.5 (Lehreinheit 10) beschrieben ist. Die *drop-down*-Menüs *Listen* und *Erfassung* enthalten jeweils die Klassen Professor, Diplomarbeit und Student.

Nach den beschriebenen Transformationsregeln wird jede dieser Klassen auf ein Erfassungs- und ein Listenfenster abgebildet. Die bidirektionalen Assoziationen werden in diesem Prototyp bidirek-tional realisiert. Bei der späteren Anwendung, für die dieser Prototyp erstellt wird, werden viele Objektbeziehungen durch entsprechende Operationen erstellt. Beispielsweise baut die Operation anmeldenStu-dent() eine Objektbeziehung von der Diplomarbeit zum entspre-chenden Studenten auf, die Operation abbrechenDiplomarbeit() löst diese Objektbeziehung. Möglicherweise müssen einige Assoziationen auch nur in einer Richtung realisiert werden.

Transformations-schema

Für die Realisierung der drei konkreten OOA-Klassen werden neun Fenster benötigt. Abb. 3-1 zeigt in Form eines Zustandsdiagramms, wie der Dialogfluss mittels der Schaltflächen zwischen diesen Fenstern verzweigt. Aus Gründen der Übersichtlichkeit wurden hier nur die wichtigsten Transitionen eingetragen. Für alle anderen Zustandsübergänge gelten die in der Lehreinheit 10 angegebenen Konventionen.

Abb. 3-1: Zustandsdiagramm zur Modellierung der Dialogstruktur

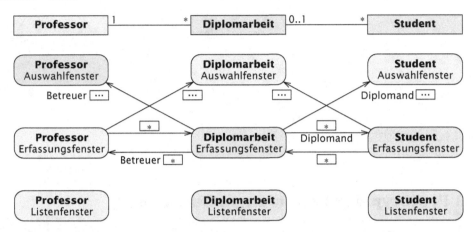

Gestaltung der Fenster mittels Interaktionselementen

Erfassungsfenster Ein Professor wird wie in Abb. 3-2 erfasst und geändert. Für die Eingabe des Fachgebiets wird ein erweiterbares *drop-down*-Kombinationsfeld verwendet. Dadurch soll gewährleistet werden, dass das gleiche Fachgebiet nicht in verschiedenen Schreibweisen eingegeben wird. Analog wird beim Titel verfahren.

Von Professor besteht eine *many*-Assoziation zu Diplomarbeit. Sie wird im Erfassungsfenster von *Professor* durch eine Liste aller Diplomarbeiten dieses Professors realisiert. Wir verwenden hier das Interaktionselement Listenelement *(list view control)* mit Spaltenüberschriften.

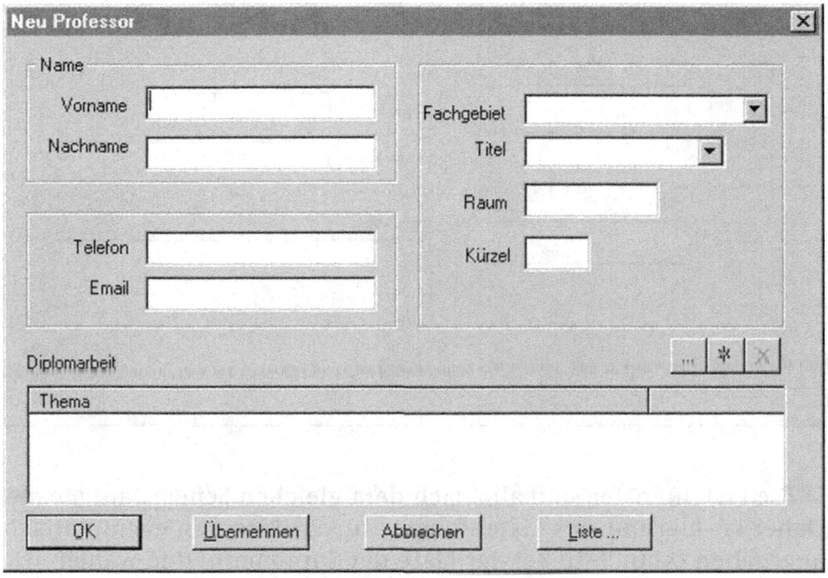

Abb. 3-2:
Erfassungsfenster
für Professor

In Abb. 3-3 ist das Erfassungsfenster für Diplomarbeiten dargestellt. Von hier kann zu dem betreuenden Professor und zu den Diplomanden (Studenten) verzweigt werden.

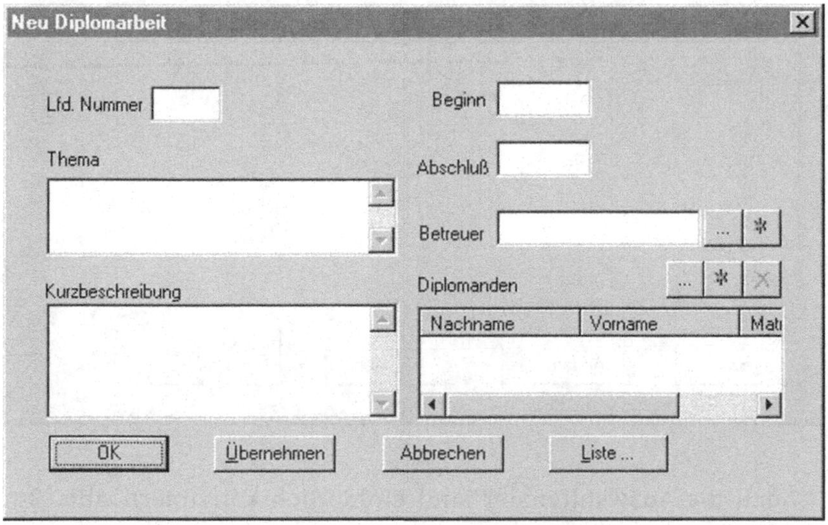

Abb. 3-3:
Erfassungsfenster
für Diplomarbeit

Studenten werden mit dem in Abb. 3-4 dargestellten Fenster erfasst und geändert. Analog zu oben wurde für den Studiengang ein erweiterbares *drop-down*-Kombinationsfeld gewählt. Beachten Sie, dass das Interaktionselement unter dem Text »Diplomarbeit« keine Auswahlliste, sondern ein mehrzeiliges Eingabefeld ist, das für lange Diplomarbeitsthemen benötigt wird.

Abb. 3-4: Erfassungsfenster für Student

Listenfenster

Die Listenfenster sind alle nach dem gleichen Schema aufgebaut. Daher ist hier nur das Listenfenster für Professoren exemplarisch angegeben (Abb. 3-5). Bei der Liste der Diplomarbeiten wählen wir die Attribute `Lfd. Nummer` und `Thema` und bei der Liste der Studenten die Attribute `Vorname`, `Nachname` und `Matrikelnummer`.

Abb. 3-5: Listenfenster für Professoren

Auswahlfenster

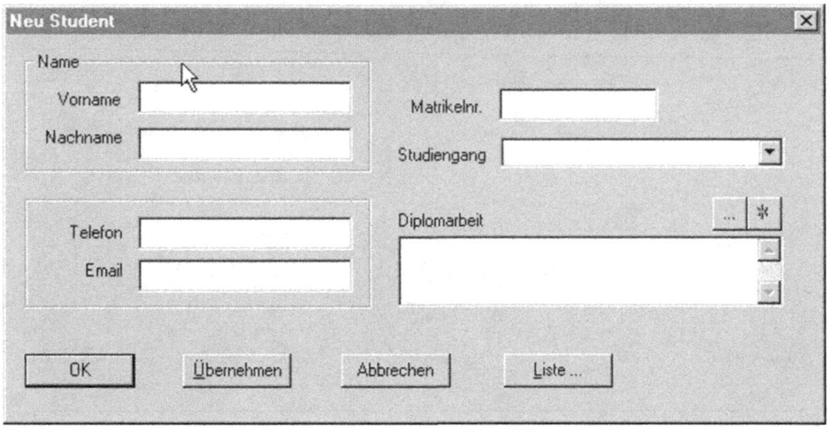

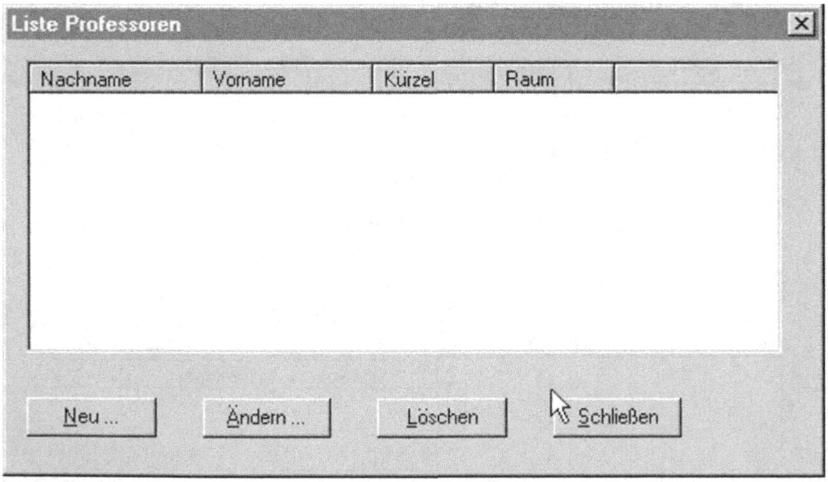

Auch die Auswahlfenster sind einheitlich konzipiert. Abb. 3-6 zeigt exemplarisch das Auswahlfenster für Diplomarbeiten. Hier wurden `Lfd. Nummer` und `Thema` als diejenigen Attribute ausgewählt, die der Benutzer zur Identifikation der Objekte benötigt. Bei Professoren und Studenten wählen wir in den entsprechenden Fenstern die Attribute `Vorname` und `Nachname` aus.

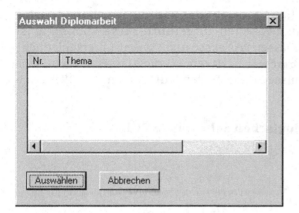

Abb. 3-6:
Auswahlfenster für
Diplomarbeiten

4 Datenhaltung mittels einer relationalen Datenbank

Die nächste Aufgabe besteht darin, die Fallstudie mittels einer relationalen Datenbank zu realisieren. Dazu gehören folgende Teilaufgaben:
a Abbildung des Klassendiagramms auf Tabellen.
b Formulieren des logischen Schemas in SQL.
c Realisierung eines externen Schemas.
d Realisierung der *Query*-Operationen in SQL.

a Abbildung des Klassendiagramms auf Tabellen
Die Abbildung des Klassendiagramms auf Tabellen ist hier sehr einfach (Abb. 4-1). Bei der Generalisierungsstruktur wird jede konkrete

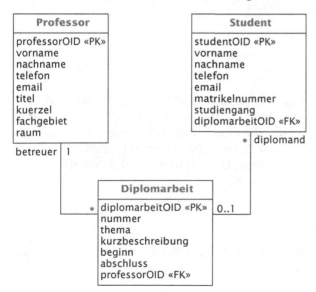

Abb. 4-1:
Tabellenstruktur
von Diploma

Unterklasse auf eine Tabelle abgebildet und die Attribute der abstrakten Klasse in beiden Tabellen aufgeführt. Diese Abbildung ist hier sinnvoll, weil die Klassen Professor und Student unterschiedliche Assoziationen zu Diplomarbeit besitzen. Da die Klassen nur einfache Attribute enthalten, müssen die Tabellen lediglich um die OID erweitert werden.

b Formulieren des logischen Schemas in SQL

```
create table Professor
( professorOID int      not null,
  vorname char(30),
  nachname char(30)     not null,
  telefon char(30),
  email char(30),
  titel char(20),
  kuerzel char(5)       not null,
  fachgebiet char(50),
  raum char(10)
);
create table Student
( studentOID int        not null,
  vorname char(30),
  nachname char(30)     not null,
  telefon char(30),
  email char(30),
  matrikelnummer char(10),
  studiengang char(30),
  diplomarbeitOID int
);
create table Diplomarbeit
( diplomarbeitOID int  not null,
  nummer int           not null,
  thema  char(200)     not null,
  kurzbeschreibung char(200),
  beginn       date,
  abschluss    date,
  professorOID int     not null
);
```

Folgende Indizes auf den Schlüsseln und Fremdschlüsseln – d.h. in diesem Fall den OID-Attributen – dienen der Optimierung. Beachten Sie, dass diese Indizes nur die Eindeutigkeit innerhalb einer Tabelle und nicht in der gesamten Datenbank – was eigentlich die Eigenschaft einer OID wäre – sichern. Die Werte der OID-Attribute werden normalerweise automatisch erzeugt.

```
create index Professor on Professor (professorOID);
create index Student on Student (studentOID);
create index Diplomarbeit on Diplomarbeit (diplomarbeitOID);
```

Folgende Indizes sorgen dafür, dass die fachlichen Schlüsselattribute eindeutig sind:

```
create unique index ProfessorKuerzel on Professor (kuerzel);
create unique index StudentMatrikelnummer
                    on Student (matrikelnummer);
create unique index DiplomarbeitNummer on Diplomarbeit (nummer);
```

c Realisierung eines externen Schemas

Die Definition externer Schemata (Sichten) ist bei diesem Fallbeispiel nicht notwendig.

d Realisierung der Operationen in SQL

Wir realisieren die folgenden Anfragen mittels SQL:

```
- verfügbare Arbeiten
select thema, nachname, email
from Diplomarbeit, Professor
where (beginn is null);
```

```
- abgeschlossene Arbeiten
select thema, p.nachname, s.nachname, d.abschluss
from Diplomarbeit d, Professor p, Student s
where  ((beginn is not null) and
        (abschluss is not null) and
        (s.diplomarbeitOID = d.diplomarbeitOID));
```

```
- aktuelle Arbeiten
select thema, p.nachname, s.nachname, d.beginn
from Diplomarbeit d, Professor p, Student s
where  ((beginn is not null) and
        (abschluss is null) and
        (s.diplomarbeitOID = d.diplomarbeitOID));
```

Anhang 2: Lösungen

LE 1

Aufgabe 1

a Die gute Durchgängigkeit wird bei der objektorientierten Entwicklung dadurch erreicht, dass in allen Phasen dieselben Konzepte verwendet werden. Analyse und Entwurf können in der gleichen Notation erfolgen.

b Eine Klasse kann leicht verstanden und geändert werden, ohne dass andere Klassen davon stark betroffen sind. Dadurch wird die Wartbarkeit unterstützt.

c Eine gute Generalisierungshierarchie fördert Erweiterbarkeit und Wiederverwendung.

Aufgabe 2

Bevor wir mit der Programmierung beginnen, sind zwei vorbereitende Schritte notwendig. Zuerst kommt die so genannte Analyse. Wir interviewen Sie und Ihre Mitarbeiter, um genau herauszufinden, was Sie von Ihrem zukünftigen Warenwirtschaftssystem erwarten. Diese Informationen schreiben wir auf. Damit wir nicht aneinander vorbeireden, machen wir zunächst einen Prototyp, der alle Bildschirmmasken enthält. Sie können nun prüfen, ob alle notwendigen Daten vorhanden sind. Alle Ihre Änderungswünsche schreiben wir wieder auf und erstellen einen verbesserten Prototypen. Diese Schritte wiederholen sich, bis Sie zufrieden sind. Auch jetzt fangen wir noch nicht mit der Programmierung an, sondern beschäftigen uns mit dem so genannten Entwurf. Hier überlegen wir, wie die Programme grundsätzlich zu strukturieren sind, ob wir eine Datenbank einsetzen, und prüfen, welche Hilfsmittel wir noch verwenden können. Dann erst fangen wir mit der Programmierung an.

Aufgabe 3

a Der Prototyp der Benutzungsoberfläche dient der Validierung der »wahren Wünsche« des Auftraggebers. Anhand des Prototyps kann er seine Wünsche besser artikulieren, die dann vom Systemanalytiker in das OOA-Modell übertragen werden.

b Das Pflichtenheft bildet einerseits das »Einstiegsdokument« für das Projekt in der späteren Wartung und ist andererseits die Voraussetzung für die Erstellung des OOA-Modells.

c In der Analyse sollen die essenzielle Struktur und die Semantik des Problems dokumentiert, aber noch keine technische Lösung für ein bestimmtes Computersystem erarbeitet werden. Wir können in der Analyse auch von einer fachlichen Lösung sprechen. Während man in der Analyse von einer idealen Umgebung ausgeht, ist es Aufgabe des Entwurfs, die spezifizierte Anwendung auf einer Plattform unter den geforderten technischen Randbedingungen zu konstruieren, jedoch noch nicht zu programmieren.

d Wenn in der Analyse bereits auf Implementierungsdetails – z.B. Verwendung der Datenbank *xy* – eingegangen wird, dann besteht die Gefahr, dass das OOA-Modell speziell auf die Anforderungen dieser Datenbank abgestimmt ist. Bei späteren Anpassungen an andere Datenbanken sind dann umfangreiche Änderungen notwendig.

e Bei der Systemanalyse muss hochgradig abstrahiert werden. Gleichzeitig soll ein OOA-Modell spezifiziert werden, das den Anforderungen des Auftraggebers entspricht und realisierbar ist. Um beides zu garantieren, muss der Systemanalytiker ein Abbild des späteren Ablaufs im Kopf haben, wenn er ein OOA-Modell erstellt. Des Weiteren muss der Systemanalytiker, der die Informationen vom Auftraggeber »ungefiltert« erhält, die »Spreu vom Weizen trennen«, d.h. erkennen, welche Informationen für das OOA-Modell relevant sind und welche Informationen noch fehlen, die dann beim Auftraggeber erfragt werden müssen.

f Oft betreffen Änderungen nur die Benutzungsoberfläche, z.B. wenn das System auf eine andere Plattform portiert werden muss, für die andere *style guides* (Gestaltungsrichtlinien der Benutzungsoberfläche) gelten. Ist die Benutzungsoberfläche nicht in einer separaten Schicht verkapselt, sind umfangreiche Änderungen notwendig. Im Extremfall muss das ganze System neu geschrieben werden.

Aufgabe 4

a Welche Daten aus Benutzersicht zu speichern sind, wird in der Analyse im Pflichtenheft (Kapitel Daten) und im OOA-Modell festgehalten.

b In der Analyse wird im Pflichtenheft die gewünschte Datenbank als Information festgehalten, wenn es sich um eine Vorgabe des Auftraggebers handelt. *Wie* Informationen in der Datenbank gespeichert werden, ist erst Gegenstand des Entwurfs und der Implementierung.

c Hier handelt es sich um eine Benutzerfunktion, die in der Analyse im Pflichtenheft und im OOA-Modell dokumentiert wird.

d Erst in der Implementierung wird festgelegt, wie das logische Löschen der Sätze realisiert wird.

e Hier handelt es sich um eine Zielsetzung, die in der Analyse im Pflichtenheft dokumentiert wird.

f *Wie* die Benutzungsschnittstelle realisiert wird, ist Gegenstand des Entwurfs.

g In der Systemanalyse wird von der Netzverteilung zunächst abstrahiert. Nur die Forderung einer Client-Server-Verteilung wird im Pflichtenheft festgehalten (z.B. Zugriff auf Videodaten von mehreren Arbeitsplätzen aus). Im Entwurf wird spezifiziert, *wie* die Verteilung durchzuführen ist.

LE 2

Aufgabe 1

a Objektidentität bedeutet, dass alle Objekte aufgrund ihrer Existenz zu unterscheiden sind. Die Identität eines Objekts kann sich nicht ändern.

b Im Gegensatz zur Objektidentität identifiziert der Objektname ein Objekt innerhalb eines Objektdiagramms. Er kann in einem anderen Objektdiagramm ein anderes Objekt bezeichnen. Der Objektname besitzt eine semantische Bedeutung für den Leser.

c Eine Klasse definiert eine Kollektion gleichartiger Objekte und besitzt eine *object factory* zum Erzeugen neuer Objekte. Alle von dieser Klasse erzeugten Objekte bilden die Menge aller Objekte dieser Klasse.

d Ein Klassenattribut liegt vor, wenn nur ein Attributwert für alle Objekte der Klasse existiert.

e Der Wert eines abgeleiteten Attributs kann jederzeit aus anderen Attributwerten berechnet werden.

f Eine Klassenoperation ermöglicht die Manipulation von Klassenattributen. In der Systemanalyse nutzen wir die Eigenschaft der Objektverwaltung aus und verwenden Klassenoperationen, um die Menge aller Objekte der Klasse zu manipulieren.

g Verwaltungsoperationen sind einfache Operationen zum Erzeugen und Löschen von Objekten, Lesen und Schreiben von Attributen und Erstellen, Entfernen und Lesen von Objektbeziehungen. Sie werden *nicht* in das Klassendiagramm eingetragen.

Aufgabe 2

Abb. LE2-2:
Objektdiagramm

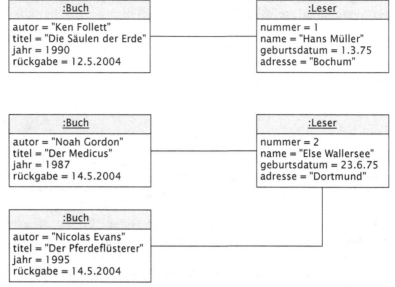

Aufgabe 3

Abb. LE2-3 zeigt das Klassendiagramm mit den beiden Klassen Studentische Hilfskraft und Angestellter. Weil der Stundenlohn für alle
studentischen Hilfskräfte gleich ist, wird er als Klassenattribut modelliert. Als Typ wird für den Stundenlohn der selbstdefinierte Datentyp Currency verwendet, für Kalenderdaten der Datentyp Date. Die
Datentypen Currency und Date werden im Folgenden bei weiteren
Klassendiagrammen verwendet.

Angestellter
name: NameT
adresse: AdresseT
eintrittsdatum: Date

Studentische Hilfskraft
matrikelnr: String
name: NameT
adresse: AdresseT
beschäftigung: Arbeitsvertrag[*]
stundenlohn: Currency

Abb. LE2-3:
Klassendiagramm,
Klassenbeschreibung
und Spezifikation
von Attributen

Klassenbeschreibung

Angestellter	Verwaltet alle Angestellten einer Hochschule
Studentische Hilfskraft	Verwaltet Studierende, die zeitlich begrenzt als Hilfskraft an einer Hochschule tätig sind

«datatype» **NameT**
vorname: String
nachname: String

«datatype» **Currency**
euro: Integer
cent: Integer

«datatype» **AdresseT**
straße: String
plz: String
ort: String

«datatype» **Date**
tag: Integer
monat:Integer
jahr: Integer

«datatype» **ArbeitsvertragT**
beginn: Date
ende: Date
stundenzahl: Integer

Aufgabe 4

Videofilm
titel: String
laufzeit: Integer
erscheinungsjahr: Integer
ausleihgebühr: Currency
entschädigungsgebühr: Currency
anzahl: Integer

Abb. LE2-4:
Objekt- und
Klassenattribute

Aufgabe 5

Artikel
nummer: Integer {readOnly} bezeichnung: String EK-Preis: Currency [0..1] VK-Preis: Currency [0..1] mindestbestand: Integer [0..1] maximalbestand: Integer [0..1] bestand: Integer = 0
erfassen () ändern Preise () buche Zugang () buche Abgang () <u>drucke Bestellvorschlag ()</u> <u>drucke Liste ()</u>

LE 3

Aufgabe 1

Beim Anmelden eines Teilnehmers durch die Operation anmelden()
werden die Objektbeziehungen zu den entsprechenden Tutorium-
und Rahmenprogramm-Objekten aufgebaut.

Da die Kosten für alle Tutorien gleich sind, wird dieses Attribut als
Klassenattribut gespeichert. Die Operation findet statt() prüft, ob
von dem jeweiligen Tutorium-Objekt mindestens 10 Objektbeziehungen zu Teilnehmer-Objekten ausgehen. Wenn sich ein Referent für
ein oder mehrere Tutorien anmeldet, wird die Objektbeziehung zu
diesen Tutorium-Objekten aufgebaut. Es gibt keine Klasse Tagung,
weil hierüber keine Attribute zu speichern sind. Anhand des Objektdiagramms wird deutlich, dass die Einschränkung {vortragender ≠
zuhörer} notwendig ist.

Klassendiagramm

*Abb. LE3-1:
Klassendiagramm
und Objekt-
diagramm für
Tagungsorgani-
sation*

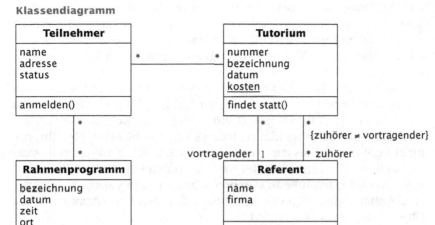

Objektdiagramm

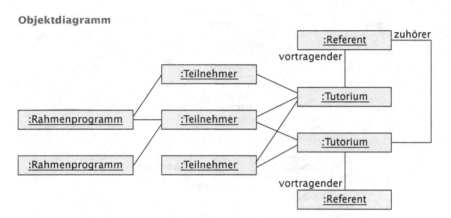

Aufgabe 2

Weil bei der Eröffnung eines Kontos gleich eine Einzahlung (=Kontobewegung) vorzunehmen ist, wird bei Konto die Multiplizität 1..* eingetragen.

Zwischen Kunde und Konto besteht eine einfache Assoziation, weil weder der Kunde Teil eines Kontos ist noch umgekehrt. Zwischen Konto und Kontobewegung existiert eine Komposition, weil gilt: Es liegt eine *whole-part*-Beziehung vor, jede Kontobewegung ist Teil genau eines Kontos und mit dem Löschen des Kontos werden auch alle Kontobewegungen gelöscht. Die Kontobewegungen werden für die Berechnung der Zinsen benötigt. Die Operation einzahlen() ist für Giro- und Sparkonten gleich. Deshalb wird sie bei der Basisklasse eingetragen und vererbt. Beim Abheben verhalten sich Giro- und Sparkonto jedoch unterschiedlich. Beim Sparkonto kann nur bis zum vereinbarten Höchstbetrag auf einmal abgehoben werden, sonst fallen zusätzliche Gebühren an. Beim Girokonto steht ein Dispo-Kredit

477

zur Verfügung. Auch das Verhalten der Operation gutschreiben Zinsen() ist unterschiedlich, da dies einmal quartalsweise und einmal jährlich erfolgt. Das Attribut Kontostand ist abgeleitet, weil es sich aus der Menge aller Kontobewegungen des jeweiligen Kontos errechnen lässt.

Beachten Sie, dass die Komposition von Konto zu Kontobewegung an die beiden Unterklassen vererbt wird, d.h., jedes Sparkonto- und jedes Girokonto-Objekt besitzt eine Menge von Kontobewegungen. Konto ist eine abstrakte Klasse, weil es keine Konto-Objekte gibt, die nicht bereits den Klassen Girokonto oder Sparkonto angehören. Analoges gilt für die Vererbung der Assoziation zu Kunde. Dies bedeutet, dass Objektbeziehungen zwischen Kunde und Girokonto etc. existieren. Anhand des Objektdiagramms wird deutlich, dass es keine Objekte der Klasse Konto gibt.

Abb. LE3-2: Klassendiagramm und Objektdiagramm für die Kontoverwaltung

Klassendiagramm

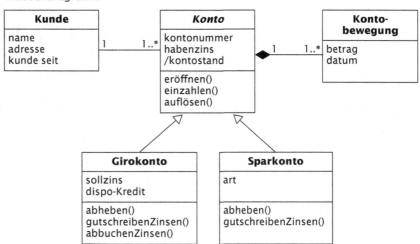

Objektdiagramm

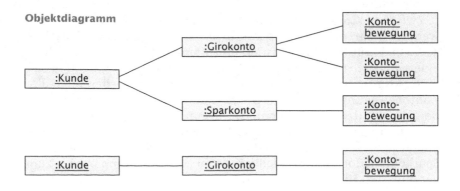

Aufgabe 3
Es lassen sich drei Pakete bilden:
Paket Lieferantenverwaltung
– Lieferant
– Lieferkondition
– Bestellung an Lieferanten
– Bestellposten
Paket Artikel- und Lagerverwaltung
– Artikel
– Bestellartikel
– Lagerartikel
– Lager
– Lagerplatz
– Lagerverwalter
Paket Kundenverwaltung
– Kunde
– Kundenauftrag
– Auftragsposten

LE 4

Aufgabe 1

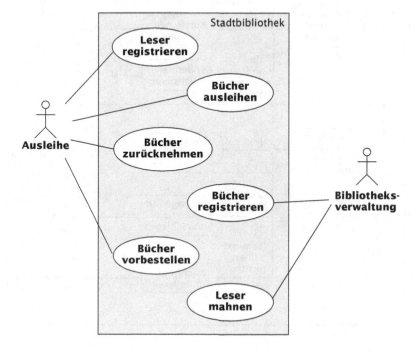

Abb. LE4-1:
*Use-Case-Diagramm
einer
Stadtbibliothek*

Aufgabe 2

Es lässt sich ein Use-Case identifizieren, der mittels Schablone spezifiziert wird.

Use-Case: Anmeldung bearbeiten
Ziel: Teilnehmer zum Seminar anmelden
Vorbedingung: –
Nachbedingung Erfolg: Anmeldebestätigung verschickt
Nachbedingung Fehlschlag: Nachfrage beim Kunden, Absage an Kunden
Akteure: Kundensachbearbeiter
Auslösendes Ereignis: Seminaranmeldung des Kunden liegt vor
Beschreibung:
1 Neukunden erfassen
2 Feststellen, dass Seminar existiert und noch frei ist
3 Buchung durchführen und Anmeldebestätigung erstellen
Erweiterung: –
Alternativen:
1a Kundendaten abrufen
1b Kundendaten abrufen und aktualisieren
3a Absage an Kunden und Angebot neuer Termine
3b Nachfrage beim Kunden

Aufgabe 3

Abb. LE4-3:
Aktivitätsdiagramm
zur Durchführung
einer Seminar-
anmeldung

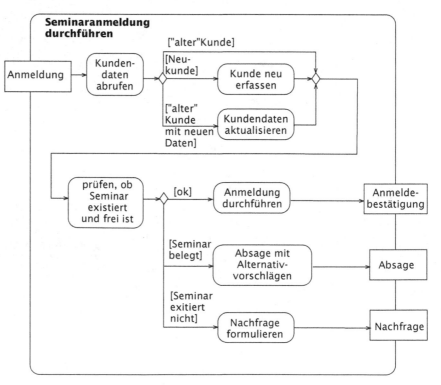

480

Aufgabe 4

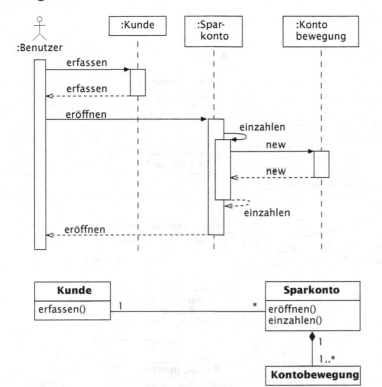

Abb. LE4-4:
Sequenzdiagramm
für das Eröffnen
eines Kontos und
zugehöriges
Klassendiagramm

Dieses Sequenzdiagramm verwendet die vereinfachte Darstellung, die für das OOA-Modell eingeführt wurde. Daher werden die Kommunikationspartner :Sparkonto und :Kontobewegung oben eingetragen.

Aufgabe 5

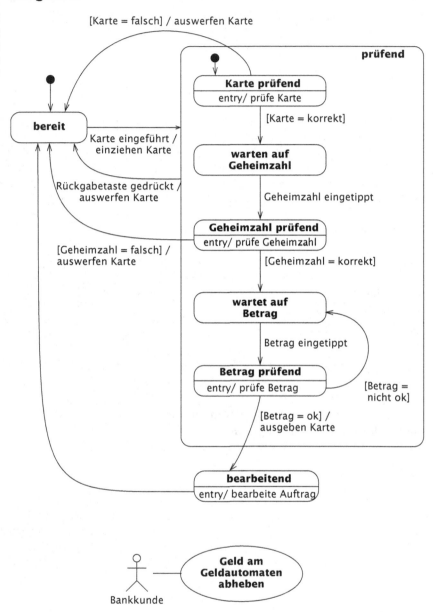

Abb. LE4-5: Zustandsdiagramm zur Spezifikation der Operation abheben Geld()

LE 5

Aufgabe 1

a

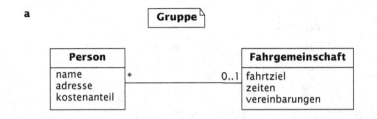

*Abb. LE5-1a:
Klassendiagramme
zu den Problem-
stellungen a bis d*

b

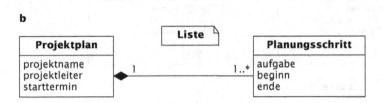

c

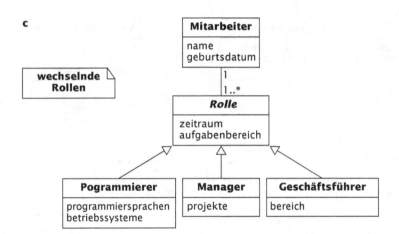

d

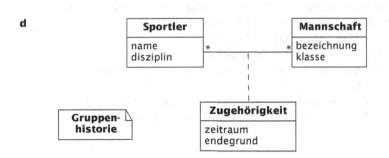

Abb. LE5-1b:
Klassendiagramme
zu den Problem-
stellungen e bis h

e

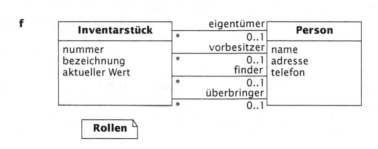

f

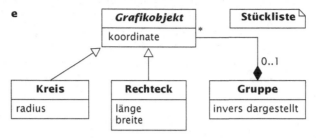

g

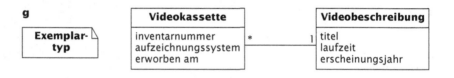

h

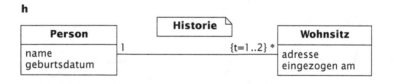

Aufgabe 2

a Im Klassendiagramm der Seminarorganisation lassen sich
folgende Muster aus Kapitel 3.1 identifizieren:
Exemplartyp: Seminartyp – Seminar
Koordinator: Firma – Firmenbuchung – Internes Seminar
Koordinator: Kunde – Kundenbuchung – Öffentliches Seminar
Gruppe: Kunde – Firma
Rollen: Kunde (Teilnehmer, Debitor) – Kundenbuchung
Rollen: Dozent (Referent, Seminarleiter) – Seminar

b Im Klassendiagramm der Friseursalonverwaltung lassen sich folgende Muster aus Kapitel 3.1 identifizieren:
Exemplartyp: Dienstleistungsgruppe – Dienstleistung
Koordinator: Kunde – Salonbesuch (Koordinator-Klasse) – Kundenmitarbeiter – Dienstleistung
Koordinator: Artikel – Verkauf – Kundenmitarbeiter
Koordinator: Kunde – Abonnement – Dienstleistung
Historie: Mitarbeiter – Anwesenheit

Aufgabe 3

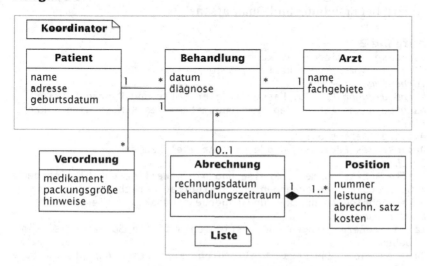

Abb. LE6-3:
Klassendiagramm
mit Mustern

LE 6

Aufgabe 1

a Zuerst wird ein überschaubarer Teil des Systems modelliert (Version 0.x), der dann entworfen und implementiert wird. Durch Verfeinerung und Erweiterung von Version 0.x entsteht die Version 0.(x+1). Mit jeder Iteration wird das Verständnis des Problembereichs besser und falsche bzw. ungünstige Entscheidungen können korrigiert werden.

b Das Aufstellen von Use-Cases ist unabhängig von den objektorientierten Techniken, auch wenn sie gerade bei der Objektorientierung intensiv verwendet werden und die UML eine eigene Notation dafür vorsieht. Die Bildung von Paketen ist ebenfalls unabhängig von der Objektorientierung. Hier handelt es sich im Grunde um die klassische Bildung von Teilsystemen.
Das Erstellen von Zustandsautomaten ist abhängig von der Objektorientierung, wenn der Lebenszyklus einer Klasse beschrieben wird. Zustandsautomaten können aber auch bei der klassischen

485

Softwareentwicklung zur Beschreibung komplexer Funktionen verwendet werden.

c Wir können hier die vorgeschlagene Vorgehensweise gut einsetzen. Die Benutzer werden nach ihren typischen Arbeitsabläufen befragt. Aus diesen Interviews, dem laufenden System und dem Benutzerhandbuch lassen sich Use-Cases ableiten. Die Dateibeschreibungen werden für den anschließenden Schritt – die Erstellung des Klassendiagramms – verwendet.

d Die Checklisten geben Ihnen eine Hilfestellung, ohne Sie andererseits einzuengen. Außerdem sorgen sie für einen gewissen Standard bei Erstellung und Qualitätsanalyse.

Aufgabe 2

Use-Case: kassieren Laufkundschaft
Ziel: anonymer Kunde kauft im Salon Artikel
Vorbedingung: –
Nachbedingung Erfolg: Kassenbeleg erstellt und Betrag kassiert
Nachbedingung Fehlschlag: Zahlungsmittel des Kunden nicht akzeptiert
Akteure: Rezeptionist
Auslösendes Ereignis: Kunde will Artikel kaufen
Beschreibung:
1 alle Artikelnummern, Preise und die jeweilige Anzahl eingeben
2 Geld des Kunden annehmen und Restbetrag errechnen
3 Kassenbeleg ausdrucken und Lagerbestand aktualisieren
Erweiterung:
1a bei größeren Mengen und bestimmten Artikeln Sonderpreise eingeben
2a bargeldlose Zahlungsmittel prüfen. Wenn keine Akzeptanz, dann alle Eingaben stornieren

Aufgabe 3

Art	Ereignis	Use-Case
extern	neuer Leser	Registrieren des Lesers
extern	Leser leiht Buch aus	Ausleihen von Büchern
extern	Leser gibt Buch zurück	Zurückgeben von Büchern
zeitlich	Rückgabedatum überschritten	Mahnen des Lesers
extern	Leser macht Vorbestellung	Eintragen der Vorbestellung
zeitlich	Abholfrist abgelaufen	Prüfen der Abholfristen
extern	Buch trifft ein	Erfassen neuer Bücher

Use-Case: Registrieren des Lesers
Beschreibung: Prüfen, ob der Leser bereits registriert ist. Falls nein, dann werden dessen Name und Adresse gespeichert und ein Ausweis erstellt.

Use-Case: Ausleihen von Büchern
Beschreibung: Prüfen, ob es sich um einen registrierten Leser handelt. Falls ja, dann werden Ausleihdatum und Rückgabedatum gespeichert.

Use-Case: Zurückgeben von Büchern
Beschreibung: Wenn das Buch vorbestellt ist, dann wird der erste
Leser der Liste benachrichtigt und das Buch bereitgelegt. Alle
anderen Bücher werden in die Ausleihe zurückgegeben.

Use-Case: Eintragen Vorbestellung
Beschreibung: Wenn das gewünschte Buch ausgeliehen ist, dann wird
der Leser auf die Warteliste gesetzt.

Use-Case: Prüfen der Abholfristen
Beschreibung: Wird ausgelöst, wenn das vorbestellte Buch eine
Woche bereitliegt. Das System prüft, ob für das nicht abgeholte
Buch weitere Vorbestellungen vorliegen. Falls ja, dann wird der
nächste Leser der Liste benachrichtigt. Andernfalls wird das Buch
in die Ausleihe zurückgegeben.

Use-Case: Erfassen neuer Bücher
Beschreibung: Jedes Buch erhält eine eindeutige Inventarnummer und
kommt zunächst in die Ausleihe.

Use-Case: Mahnen des Lesers
Beschreibung: Wird ausgelöst, wenn das Rückgabedatum eines Buchs
um eine Woche überschritten ist.

Aufgabe 4
Use-Case: Erstellen Veranstaltungsplan
Ziel: Veranstaltungsplan für das nächste Semester
Vorbedingung: Dozenten, Räume und Veranstaltungstypen existieren
Nachbedingung Erfolg: Veranstaltungsplan liegt vor
Akteure: Fachbereich
Auslösendes Ereignis: festgesetzter Termin
Beschreibung:
1 trage für jeden Pflicht-Veranstaltungstyp eine Veranstaltung ein
2 trage ggf. für optionale Veranstaltungstypen Veranstaltungen ein
3 weise Dozent und Raum zu
4 stimme den Plan mit den Dozenten ab
5 erstelle endgültigen Veranstaltungsplan

Use-Case: Erstellen Prüfungsplan
Ziel: Prüfungsplan für aktuelles Semester
Vorbedingung: Veranstaltungsplan liegt vor
Akteure: Prüfungsausschuss
Auslösendes Ereignis: festgesetzter Termin
Beschreibung:
1 aus dem Veranstaltungsplan aktuelle Veranstaltungen und Prüfer
  entnehmen
2 Datum, Zeit und Raum jeder Prüfung eintragen
3 Erstellen einer – noch leeren – Zulassungsliste für jede Prüfung

Use-Case: Anmelden zu Prüfungen
Ziel: Student zu Prüfungen zugelassen
Vorbedingung: Student ist immatrikuliert, aktueller Prüfungsplan
vorhanden

Abb. LE6-4:
Use-Case-Diagramm
der Hochschul-
verwaltung

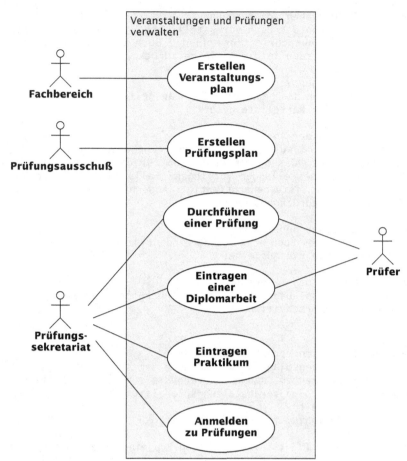

Nachbedingung Erfolg: Eintrag in Zulassungsliste
Nachbedingung Fehlschlag: Benachrichtigung des Studenten über fehlende Voraussetzungen
Akteure: Prüfungssekretariat
Auslösendes Ereignis: Anmeldeformular des Studenten
Beschreibung:
1 Anmeldeformular auf Vollständigkeit und Korrektheit prüfen
2 Prüfen, ob die Teilnahmevoraussetzungen erfüllt sind
3 Ermitteln, der wievielte Versuch es ist
4 Eintrag in die Zulassungslisten der gewünschten Prüfungen
Erweiterungen:
1a Bei fehlenden und fehlerhaften Angaben beim Studenten nachfragen
4a Wenn für eine oder mehrere Prüfungen die Zulassungsvorausset-
zungen fehlen, wird der Student benachrichtigt

Use-Case: Durchführen einer Prüfung
Ziel: Prüfungsergebnisse den Studenten bekannt machen
Vorbedingung: Zulassungsliste liegt vor
Nachbedingung Erfolg: Prüfung ist benotet
Akteure: Prüfungssekretariat, Prüfer

Auslösendes Ereignis: 14 Tage vor dem festgesetzten Prüfungs-
termin
Beschreibung:
1 Zulassungsliste an Prüfer übermitteln
2 Prüfer trägt die Ergebnisse in die Zulassungsliste ein
3 Prüfungssekretariat validiert die Ergebnisse
4 Veröffentlichen der Prüfungsergebnisse

Use-Case: Eintragen Praktikum
Ziel: Praktikum ist nachgewiesen
Vorbedingung: Student ist immatrikuliert
Nachbedingung Erfolg: Praktikum anerkannt
Nachbedingung Fehlschlag:
Akteure: Prüfungssekretariat
Auslösendes Ereignis: Student legt Praktikumsbescheinigung vor
Beschreibung:
1 Prüfen, ob Firma bereits im System existiert
2 Eintragen des Praktikums
Erweiterung:
1a Firma erfassen

Use-Case: Eintragen Diplomarbeit
Ziel: Abschließen des Studiums
Vorbedingung: Student ist immatrikuliert
Nachbedingung Erfolg: Diplomarbeit benotet
Nachbedingung Fehlschlag: Anmeldung abgelehnt
Akteure: Prüfungssekretariat, Prüfer(=Betreuer)
Auslösendes Ereignis: Student gibt Anmeldungsformular zur Diplomarbeit ab
Beschreibung:
1 Student beantragt Zulassung zur Diplomarbeit
2 Sekretariat prüft, ob für alle Pflichtveranstaltungen die Prüfungen bestanden wurden
3 Sekretariat teilt dem Betreuer die Anmeldung mit
4 Betreuer trägt das Thema der Diplomarbeit ein
5 Betreuer teilt die Note und das Abschlussdatum mit

Aufgabe 5
Paket: Auftragsabwicklung
- Bearbeiten von Kundenaufträgen lt. Katalog
- Bearbeiten von Kundenaufträgen lt. Katalog mit Nachlieferungen
- Bearbeiten von Sonderwünschen der Kunden
- Weitergabe aller Aufträge an die Buchhaltung
Paket: Kundenpflege
- Informieren von Kunden über neue Produkte
- Versenden von Probesendungen an gute Kunden
Paket: Bestellabwicklung
- Erstellen von Bestellungen an Lieferanten, um gängige Artikel am
  Lager zu haben
- Erstellen von Bestellungen an Lieferanten, um Kundenaufträge zu
  erfüllen
- Weitergabe aller Bestellungen an die Buchhaltung

Paket: Marketing
- Ermittlung von Informationen für das Marketing (Penner-Renner-Liste)
- Auswertung von Sonderwünschen für das Marketing
- Auswerten von Informationen der Lieferanten, um neue Kataloge zu erstellen

LE 7

Aufgabe 1

Die folgende Modellierung ermöglicht, dass ein Projekt in mehreren Praktikumsveranstaltungen bearbeitet wird, d.h. in mehreren Praktikumslisten vorhanden sein kann. Die Assoziation zwischen Student und Praktikumsveranstaltung sagt aus, an welchen Veranstaltungen der Student teilnehmen soll. Die tatsächliche Teilnahme wird in der Assoziationsklasse vermerkt.

Abb. LE7-1:
Klassendiagramm
der Praktikumsliste

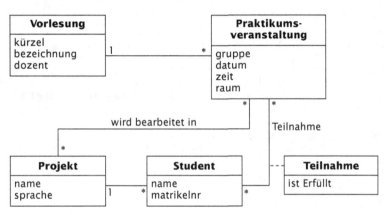

Aufgabe 2

Abb. LE7-2a:
Assoziationen

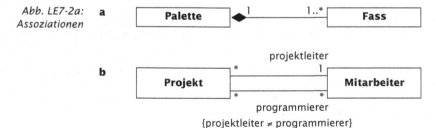

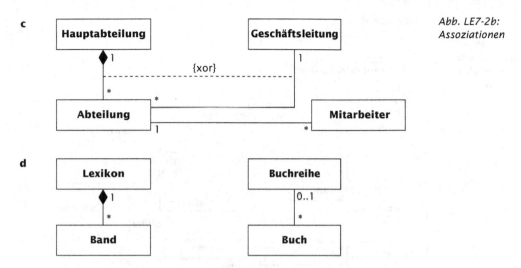

Abb. LE7-2b:
Assoziationen

d Zwischen dem Lexikon und seinen Bänden existiert eine feste Beziehung. Ist das Lexikon ausverkauft, so gilt dies auch für seine Bände. Dagegen ist die Beziehung zwischen Buch und Buchreihe lose gekoppelt. Auf eine Aggregation, die Sie vielleicht aufgrund der Formulierung »ist Teil von« gewählt haben, habe ich hier verzichtet, weil sie keine Vorteile bringt.

Aufgabe 3

Das Attribut Stellplatz.istFrei lässt sich aus der Anzahl der Objektbeziehungen zu Palette ableiten.

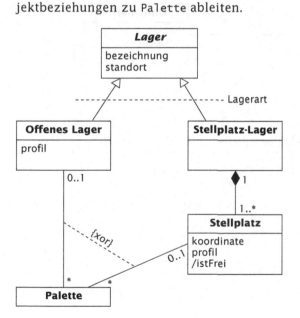

Abb. LE7-3:
Generalisierungs-
strukturen

491

Aufgabe 4

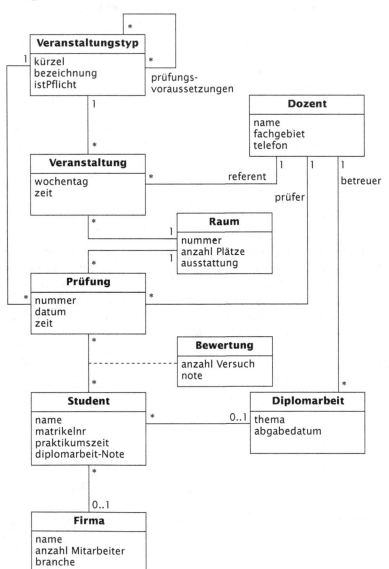

LE 8

Aufgabe 1
Die folgende Abbildung zeigt das Aktivitätsdiagramm. Blau hinter-
legte Aktionsknoten bilden den Standardfall. Das Erstellen dieser
Diagramme ist einfacher, wenn Sie zuerst den kompletten Ablauf für
den Standardfall modellieren und dann die weiteren Fallunterschei-
dungen einfügen.

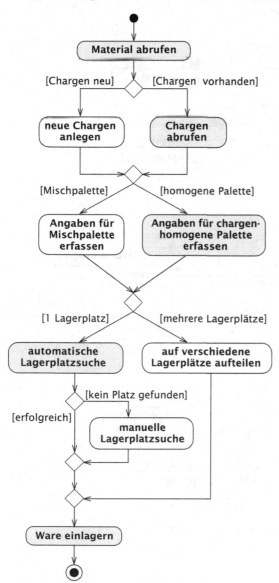

Abb. LE8-1:
Aktivitätsdiagramm
für den Use-Case
zum Einlagern einer
Palette

Aufgabe 2

```
Szenario: Palette umlagern (in gewünschtes Ziel-Lager)
Bedingungen: Palette ist im angegebenen Lager vorhanden
Ergebnis: Palette an neuem Ort gelagert
```

Abb. LE8-2:
Szenario zum
Umlagern einer
Palette

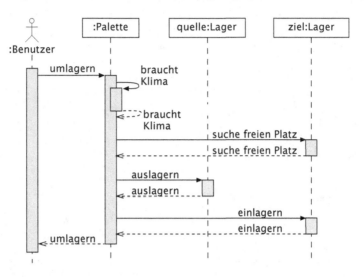

Aufgabe 3

Abb. LE8-3a:
Szenarien für das
Bearbeiten eines
Kreditantrags

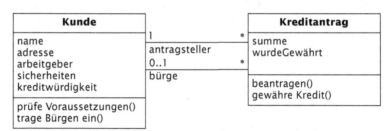

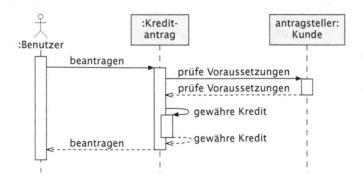

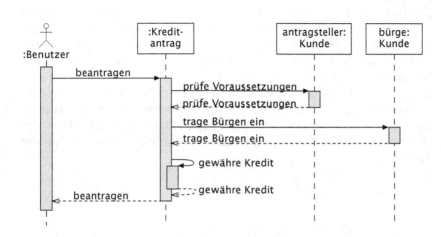

Aufgabe 4

Von dem Moment an, von dem eine Konzertkarte angeboten wird, bis
zu dem Zeitpunkt, zu dem das Ziel »Karte verkauft« erreicht ist,
durchläuft eine Konzertkarte nacheinander die drei Zustände verfügbar, reserviert und verkauft. Durch Auswahl der Plätze erfolgt ein
Zustandsübergang von verfügbar in reserviert, in dem drei verschiedene Ereignisse eintreten können. Trifft die Überweisung ein, dann
werden die Karten als verkauft betrachtet und können dann zu einem
beliebigen Zeitpunkt – vor dem Konzert – abgeholt werden. Alternativ kann der Kunde die Karten bezahlen und gleich mitnehmen. In
diesem Fall endet der Use-Case, weil das Ziel erreicht ist. Wird eine
reservierte Karte im Laufe einer Woche nicht abgeholt, dann ist sie
wieder verfügbar. (Anmerkung: Wir gehen hier davon aus, dass die
Konzertkarten lange vor dem Konzert verkauft werden und das Konzert noch nicht vorbei ist.)

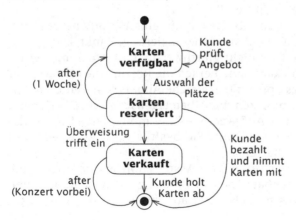

*Abb. LE8-4: Zu-
standsdiagramm für
den Use-Case Kauf
von Konzertkarten*

Aufgabe 5

Die folgende Abbildung zeigt den Protokollzustandsautomaten der Klasse Mietwagen. Ein Mietwagen ist zunächst im Zustand verfügbar. In diesem Zustand kann nur die Operation vermieten() aufgerufen werden und der Mietwagen geht in den Zustand vermietet über. Hier ist nur die Operation zurücknehmen() erlaubt. Die Operation bereitstellen() kann in den Zuständen in Überprüfung und in Werkstatt aufgerufen werden. In beiden Zuständen kann auch die Operation ausmustern() aktiviert werden, die den aktiven Lebenszyklus des Mietwagen-Objekts beendet und eine Transition in den Endzustand auslöst.

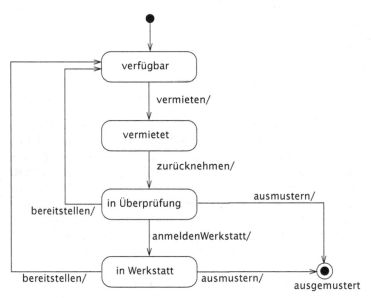

Abb. LE8-5: Protokollzustandsdiagramm eines Mietwagen

Aufgabe 6

a Referenzen auf andere Objekte werden durch Assoziationen dargestellt (Checkliste Attribute, Punkt 11).

b Das Attribut Art gibt an, ob es sich um eine Limousine oder um ein Cabrio handelt (Checkliste Generalisierung, Punkt 4).

c Die beiden Modelle sind nicht gleichwertig. Im Modell mit der reflexiven Assoziation kann eine Person die Rollen eines Mitarbeiter und eines Managers spielen (vergleiche Abb. LE8-4, Teil c). Mitarbeiter und Manager besitzen dieselben Eigenschaften. Die Generalisierungsstruktur der Aufgabenstellung modelliert Mitarbeiter- und Personenobjekte getrennt. Sie besitzen nur zu einem Teil gemeinsame Eigenschaften.

In das Modell mit der reflexiven Assoziation wurde zusätzlich noch ein Fehler eingebaut, denn es muss zu jeder Person einen Manager geben, was jedoch nicht auf den »obersten« Manager zutrifft.

a

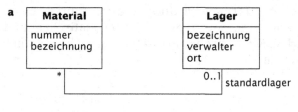

b

c

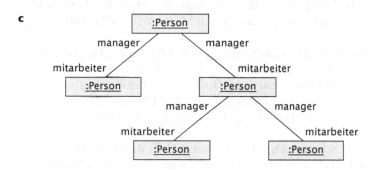

Aufgabe 7

a Das Team der formalen Inspektion besteht außer dem Moderator und dem Autor aus ein bis vier Inspektoren. Bei einem kleinen Team führt der Moderator Protokoll. Bei einem großen Team sollte es einen Protokollführer geben.

b Man kann für einen Teil, der einen repräsentativen oder sogar einen besonders kritischen Ausschnitt des Prüfobjekts bildet, eine Ausschnittsprüfung durchführen. Damit kann auf das komplette Prüfobjekt geschlossen werden. Da es hier nicht darum geht, den Aufwand zu minimieren, sondern nur die benötigte Zeit, kann das Prüfobjekt auch in mehrere Prüfobjekte zerlegt und auf mehrere Inspektionsteams aufgeteilt werden.

Hinweis: Es ist *keine* gute Idee, wenn Sie vorschlagen, das Inspektionsteam zu vergrößern, da große Teams nicht so effektiv arbeiten können wie kleine.

c Bei der Inspektion werden zu einem frühen Zeitpunkt Defekte gefunden, die später hohe Folgekosten verursachen. Damit können mit der Inspektion sogar Kosten eingespart werden, wenn die gesamten Entwicklungskosten betrachtet werden.

d Werkzeuge können nur formale Prüfungen durchführen. Dazu zählen auch viele Konsistenzprüfungen zwischen statischem und dynamischem Modell. Semantische Qualitätskriterien können nur manuell geprüft werden.

LE 9

Aufgabe 1

Eine Aktion kann folgendermaßen ausgelöst werden:

■ Menübalken und *drop-down*-Menüs: Mausbewegung zum Menübalken, ein Mausklick auf dem Menütitel, Mausbewegung zur Menüoption, ein Mausklick auf der Menüoption, kein Schreibaufwand. Bei Verwendung von Kaskadenmenüs kann sich der Aufwand erhöhen.

■ *pop-up*-Menü: evtl. Mausbewegung zum Objekt, ein Mausklick zum Öffnen des Menüs (auf dem Objekt), Mausbewegung zur Menüoption, ein Mausklick zur Selektion, kein Schreibaufwand.

■ mnemonisches Kürzel: Menütitel durch ALT+Zeichen auswählen, Menüoption durch Eingabe des Zeichens auswählen, keine Mausbewegung.

■ Tastaturkürzel: eine Funktionstaste (STRG) und ein Zeichen oder nur eine Funktionstaste (ENTF, F7) eingeben, keine Mausbewegung.

■ Symbolbalken: Mausbewegung zum Symbolbalken, ein Mausklick auf dem Mini-Piktogramm.

■ Menüoptionen im Arbeitsbereich: Mausbewegung zur Menüoption, ein Mausklick auf der Schaltfläche.

Aufgabe 2

Die Analyse von *Microsoft Word* 2002 ergibt:

a Primärdialoge:
- – Erstellen eines Textes,
- – Formatieren eines Textes,
- – Bearbeiten einer Tabelle.

b Sekundärdialoge:
- – Datei/Speichern unter
- – Ansicht/Kopf- und Fußzeile beschreiben,
- – Einfügen/Symbol.

c Modale Dialoge:
- – Datei/Speichern unter,
- – Datei/Drucken.

d Nicht-modale Dialoge:
- – Einfügen/Symbol,
- – Bearbeiten/Suchen.

e Objektorientierte Bedienung: Formatierung markierter Zeichen.

f Funktionsorientierte Bedienung: Öffnen eines Dokuments mit Datei/Öffnen.

g Direkte Manipulation: Verschieben eines markierten Textes an eine andere Position.

Aufgabe 3

Die Analyse von Acrobat Reader 5.0 ergibt:

a Anwendungsfenster: Beim Start des Programms (ohne über ein PDF-Dokument zu gehen) wird ein leeres Anwendungsfenster angezeigt.
Unterfenster: Über den Menüpunkt Datei/Öffnen können beliebig viele PDF-Dokumente in Unterfenstern geöffnet werden.
Dialogfenster: Über den Menüpunkt Bearbeiten/Suchen kann das nicht-modale Dialogfenster Suchen geöffnet werden.
Mitteilungsfenster: Bei Ausführung einer Suche erscheint das Mitteilungsfenster Text nicht gefunden, wenn die eingegebene Zeichenfolge nicht im Text enthalten ist. Dieses Mitteilungsfenster ist modal.

b Acrobat Reader 5.0 ist eine MDI-Anwendung.

Aufgabe 4

a Aktionsmenü: unter dem Menüpunkt Bearbeiten
b Eigenschaftsmenü: unter dem Menüpunkt Anzeige
c *pop-up*-Menü: im Unterfenster mit Menüpunkten zur Darstellung, Navigation und Suchen.
d Beschleunigungsmöglichkeiten:
  – übliche mnemonische Kürzel (z.B. STRG + P für Drucken)
  – Symbolschaltflächen für die wichtigsten Kommandos
  – Liste der zuletzt geöffneten PDF-Dokumente unter dem Menüpunkt Datei
  – Funktionstasten (z.B. im Menü Fenster)

LE 10

Aufgabe 1

a Da für einen Studenten mehrere Möglichkeiten zutreffen können, ist die Mehrfachauswahl notwendig. Wegen der geringen Anzahl von Auswahlmöglichkeiten und deren voraussichtlicher Stabilität sind Kontrollkästchen *(check boxes)* sinnvoll.
b Eine Adresse kann sich nur auf ein Land beziehen. Daher kommt nur eine Einfachauswahl infrage. Wegen der vielen Alternativen scheiden Optionsfelder *(option buttons)* aus. Es kommt nur das Listenfeld *(list box)* oder das *drop-down*-Listenfeld *(drop-down list box)* infrage. Der Benutzer soll nicht neue Ländernamen erfinden können. Daher ist ein Kombinationsfeld hier nicht sinnvoll.

c Die Anzahl der Alternativen ist fest vorgegeben und relativ gering. Außerdem ist genau eine Anrede zu wählen. Daher sind Optionsfelder *(option buttons)* zu verwenden.

d Die Aufgabenstellung ist hier nicht präzise genug und erlaubt zwei Lösungen. Kann die Größe kontinuierlich geändert werden (z.B. 100%, 99%, 98%, 97% etc.), wobei immer nur ein Dekrementieren und Inkrementieren möglich ist, dann ist das Drehfeld *(spin box)* am besten geeignet. Kann die Prozentangabe aus einer Liste von Alternativen ausgewählt werden (200%, 150%, 100%, 50%), dann ist das Listenfeld *(list box)* sinnvoll. Sollen zusätzlich beliebige Prozentangaben möglich sein, dann ist sie als Kombinationsfeld *(combo box)* zu gestalten. Ist wenig Platz vorhanden, dann sollten *drop-down*-Listenfeld bzw. *drop-down*-Kombinationsfeld verwendet werden.

Aufgabe 2

Das Erfassungsfenster wird wie folgt entworfen (Abb. LE10-2). Ein zweispaltiger Dialog ergibt ein breites Fenster. Da beide Fensterhälften gleich viele Informationen erhalten, ist das Fenster balanciert. Die Anzahl der virtuellen Linien wurde minimiert, indem alle Eingabefelder – mit Ausnahme des Datumsfeldes – gleich breit gewählt wurden. Weil ein Auftraggeber mehrere Projekte vergeben kann, wurde dafür ein erweiterbares *drop-down*-Kombinationsfeld *(drop-down combo box)* gewählt, um unterschiedliche Schreibweisen des gleichen Auftraggebers zu vermeiden. Die Assoziationen zu Projektleiter und Mitarbeiter wurden gemäß den Transformationsregeln realisiert.

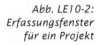

Abb. LE10-2: Erfassungsfenster für ein Projekt

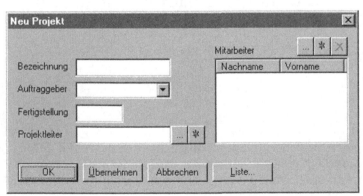

Aufgabe 3

Für jede Klasse werden jeweils ein Erfassungsfenster, ein Listenfenster und – wegen der Assoziationen – ein Auswahlfenster benötigt (Abb. LE10-3).

Jeder Angestellte kann mehrere Projekte leiten und in mehreren Projekten mitarbeiten. Daher muss das Erfassungsfenster für den Angestellten die beiden *Link*-Listen leitet und arbeitet enthalten. Mit der Neu-Schaltfläche der entsprechenden Liste kann das Projekt-Erfassungsfenster geöffnet werden. Mit der *Link*-Schaltfläche kann zum Projekt-Auswahlfenster verzweigt werden. Daher gibt es vom Zustand Angestellter Erfassungsfenster die beiden Transitionen Neu-leitet und Neu-arbeitet zum Zustand Projekt Erfassungsfenster und die zwei Zustandsübergänge Link-leitet und Link-arbeitet zum Zustand Projekt Auswahlfenster.

Umgekehrt muss zu jedem Projekt genau ein Projektleiter eingetragen werden, während es mehrere Projekt-Mitarbeiter gibt. Daher sind vom Zustand Projekt Erfassungsfenster analoge Transitionen einzutragen.

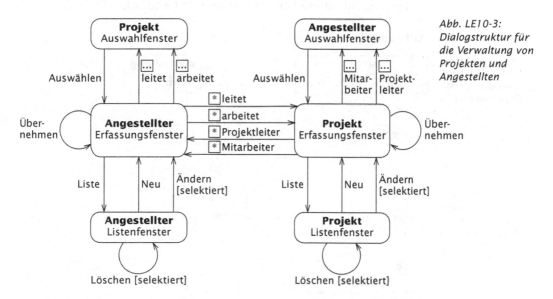

Abb. LE10-3:
Dialogstruktur für
die Verwaltung von
Projekten und
Angestellten

LE 11

Aufgabe 1

a Eine parametrisierte Klasse muss nur einmal entworfen, implementiert und getestet werden und kann durch Parametrisierung auf ähnliche Problemstellungen mehrmals angewendet werden, ohne dass Änderungen notwendig sind. Dadurch sind potenzielle Fehlerquellen ausgeschaltet.

b Eine abstrakte Klasse kann sowohl abstrakte als auch nicht abstrakte Operationen enthalten, eine Schnittstelle nur abstrakte Operationen.

c Eine abstrakte Operation sorgt dafür, dass alle Unterklassen einer gemeinsamen Oberklasse Operationen mit den gleichen Signaturen verwenden.

d Die UML bietet mehrere Möglichkeiten, um die Schnittstellen einer Komponente zu modellieren.

Bei der »Lollipop-Notation« werden zur Verfügung gestellte Schnittstellen durch einen kleinen Kreis dargestellt, benötigte Schnittstellen durch einen Kreisbogen. Alternativ kann die Komponente mit dem Klassensymbol modelliert und die Schnittstellen können mit den vorgestellten Schlüsselwörtern «provided interfaces» und «required interfaces» eingetragen werden. Bei der dritten Möglichkeit führen von der Komponente gestrichelte Pfeile auf die Schnittstellen. Die transparente Dreiecks-Pfeilspitze bedeutet, dass die Komponente diese Schnittstelle realisiert, die offene Pfeilspitze mit dem Schlüsselwort «use» bedeutet, dass die Komponente diese Schnittstelle selbst benötigt.

Aufgabe 2

LE11-2a:
OOD-Klassen-
diagramm mit
Objektdiagramm

LE11-2b:
OOD-Klassen-
diagramm mit
Objektdiagramm

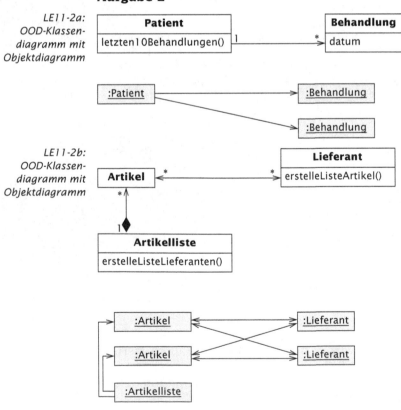

502

Aufgabe 3

a

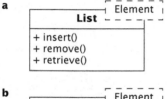

List — Element

+ insert()
+ remove()
+ retrieve()

Abb. LE11-3:
Generische Klassen

b

Set — Element

+ insert()
+ containsElement()
+ createIntersection()
+ isProperSubset()

Die Signaturen lauten:
Klasse: List
insert (in element: Element)
remove (in position: int)
retrieve (in position: int): Element

Klasse: Set
insert (in element: Element)
containsElement (in element: Element) : boolean
createIntersection (in otherSet Set): Set
isProperSubset (in otherSet Set): boolean

Aufgabe 4

Durch die zur Verfügung gestellten und benutzten Schnittstellen werden die Komponenten miteinander verbunden. Nur die Schnittstelle Stornierung wird zwar von der Komponente Zimmerreservierung zur Verfügung gestellt, aber von keiner der aufgeführten Komponenten benutzt.

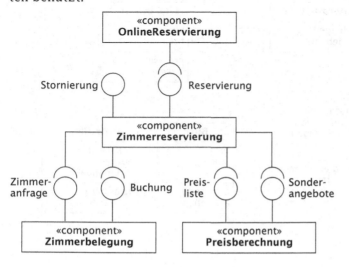

Abb. LE11-4:
Komponenten-
diagramm

503

LE 12

Aufgabe 1

LE12-1: OOD-
Klassendiagramm
und Objekt-
diagramm

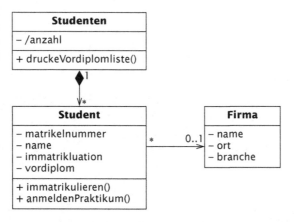

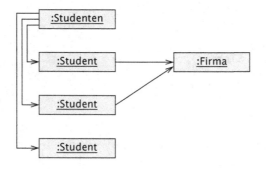

Aufgabe 2

Abb. LE12-2:
Klassendiagramm
Literatur-
verwaltung

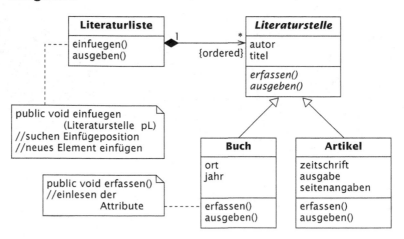

Erfassen eines Buchs (analog dazu wird ein Artikel erfasst)
```
Literaturliste liste;
Literaturstelle lit;
lit = new Buch();
lit.erfassen();        //dynamische Bindung an Buch::erfassen()
liste.einfuegen(lit)   //Buch in die Literaturliste einfügen
```

Sortierte Ausgabe von Literaturstellen durch die Klasse Literaturliste
```
Literaturliste liste;
Literaturstelle lit;
für  alle lit in der liste
     lit.ausgeben();   //Buch::ausgeben() oder
                       //Artikel::ausgeben()
```

Aufgabe 3

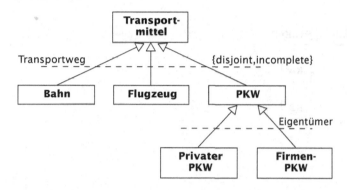

*LE12-3a:
Generalisierungs-
struktur für
benutzte Fahrzeuge
mit Generalisie-
rungsmengen*

*Abb. LE12-3b:
Generalisierungs-
struktur für
Fahrzeuge eines
Autohändlers mit
Generalisierungs-
menge*

Aufgabe 4

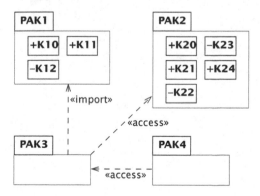

*Abb. LE12-4a:
Paketdiagramme
mit Paket-Importen*

505

PAK1	Zugriffe in PAK3	Zugriffe in PAK4
+K10 +K11 –K12	+K10 +K11	–K10 –K11
PAK2		
+K20 +K21 –K22 –K23 +K24	–K20 –K21 –K24	keine

Aufgabe 5

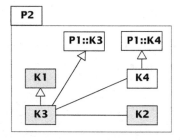

LE 13

Aufgabe 1

Das Aktivitätsdiagramm geht der Einfachheit halber davon aus, dass nur zulässige Operationen +, / oder Q eingegeben werden. Es prüft jedoch, ob der zweite Operand einer Division ungleich Null ist und wirft ggf. eine *Exception*.

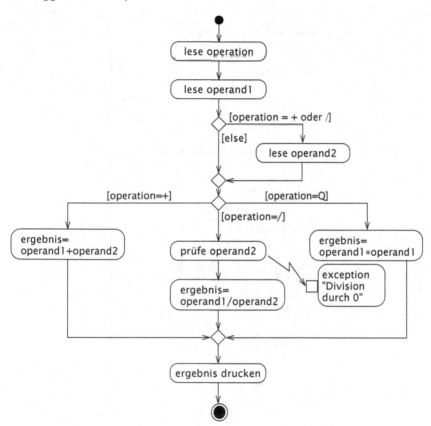

Abb. LE13-1: Aktivitätsdiagramm ohne strukturierte Knoten

Aufgabe 2

a Das Aktivitätsdiagramm berechnet die Summe innerhalb eines
Schleifenknotens. Die einzelnen Aktionen zur Initialisierung können in beliebiger Reihenfolge durchgeführt werden. Für die Aktionen im *do*-Teil wird eine Reihenfolge festgelegt.

*Abb. LE13-2a:
Aktivitätsdia-
gramm mit
Schleifenknoten*

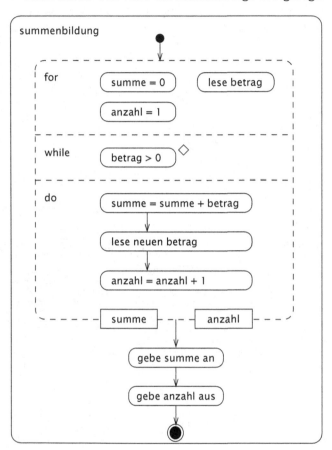

b Das Aktivitätsdiagramm führt analog zu Aufgabe 1 die Rechenoperationen aus. Die Prüfung, ob ein zweiter Operand einzulesen
ist, findet in einem Entscheidungsknoten statt. Ein weiterer Entscheidungsknoten modelliert die Mehrfachauswahl. Das Ergebnis
wird als Ausgabe-Parameterknoten modelliert.

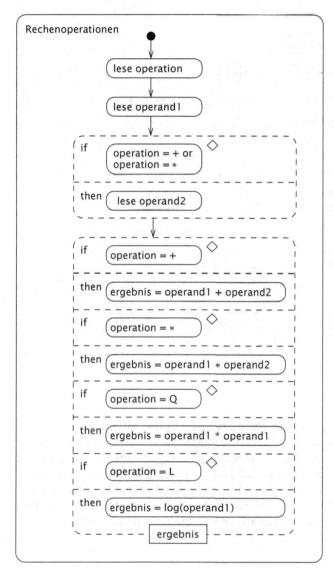

*Abb. LE13-2b:
Aktivitäts-
diagramm mit
Entscheidungs-
knoten*

Aufgabe 3

Bei diesem Sequenzdiagramm wurde auf die Modellierung eines Rahmens verzichtet. Ausgangspunkt der Interaktion ist die Operation `main()`.

Abb. LE13-3:
Sequenzdiagramm
mit kombiniertem
Fragment
(alt-Operator)

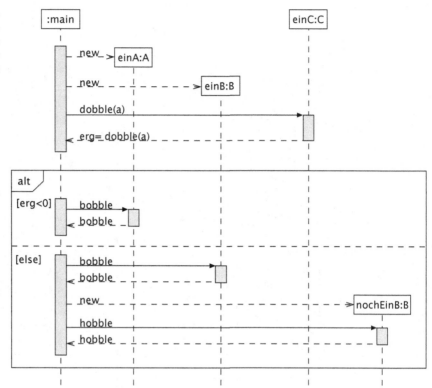

Aufgabe 4

Das Zustandsdiagramm verwendet das interne Attribut `zaehler`, das mit Null initialisiert wird. Der Anfangszustand zeigt auf den Zustand `verriegelt`, in dem die Verarbeitung beginnt. Bei der Alternative `[Code falsch]` wird eine Kreuzung eingetragen, da hier zwei Transitionen aufeinander folgen. Die Verarbeitung endet entweder mit einer offenen Tresortür (Erfolgsfall) oder nach der 10-minütiger Blockierung aufgrund dreimaliger Fehleingabe (Fehlerfall).

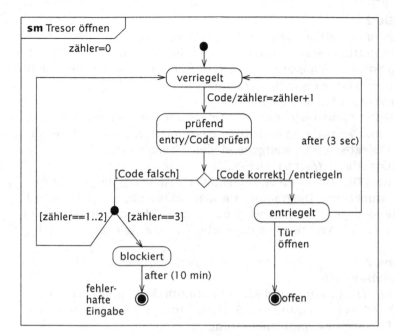

LE 14

Aufgabe 1

Die Problemstellung lässt sich mithilfe des Beobachter-Musters elegant realisieren. Die Klasse Class bildet eine Spezialisierung von Subject. Jede Spezialisierung von Subject erbt eine Liste von Referenzen auf diverse *Observer*-Klassen. Für die Klasse Class gibt es drei verschiedene Darstellungsmöglichkeiten, die als Unterklassen von Observer realisiert werden (Abb. LE14-1). Jede Spezialisierung von Observer kennt genau ein konkretes Subject.

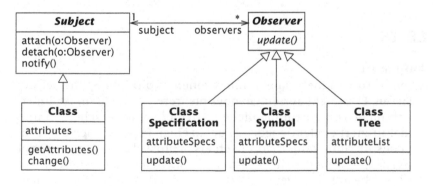

Abb. LE14-1:
OOD-Klassen-
diagramm

Aufgabe 2

a Schablonenmethode-Muster *(template method)*
Die Operation verschieben() ist eine Schablonenmethode. Sie ruft die abstrakten Operationen zeigen() und loeschen() auf, die in der Unterklasse Kreis implementiert werden.

b Kompositum-Muster *(composite)*
Ein Verzeichnis-Objekt kann Objekte der Klassen Verknuepfung, Datei und Verzeichnis enthalten. Zusammengesetzte und elementare Objekte werden weitgehend gleich behandelt.

c Fabrikmethode *(factory method)*
In einem Diagramm sollen verschiedene Elemente dargestellt werden, wobei jede Diagrammart andere Elemente enthalten kann. In der Klasse MyDiagram wird durch die Fabrikmethode create Element() konkret festgelegt, welche Objekte sie erzeugen soll.

Aufgabe 3

a Gemeinsamkeiten
Muster, *Frameworks* und Klassenbibliotheken unterstützen alle die Wiederverwendung von Software und die Standardisierung von Entwurf und Implementierung.

b Unterschiede
Muster stellen die abstrakteste Form dar. Sie zeigen nur beispielhaft auf, wie ein bestimmtes Problem realisiert werden kann. Der Entwerfer muss die Lösung – unter Benutzung der Lösungsideen – vollständig selbst erstellen.
Frameworks bieten für bestimmte Anwendungsbereiche Klassen an, die der Entwerfer bzw. Programmierer durch Unterklassen spezialisiert.
Klassenbibliotheken sind Softwaresammlungen, deren Komponenten direkt verwendet werden können. Ein *Framework* kann als Sonderfall einer Klassenbibliothek aufgefasst werden.

LE 15

Aufgabe 1

a Jedes Tupel einer Tabelle muss einen expliziten Schlüssel besitzen. Er besteht aus einem oder mehreren Attributen, ist äußerlich nicht von einem fachlichen Attribut zu unterscheiden und identifiziert eindeutig jedes Tupel in einer Tabelle. Auch ein fachliches Attribut kann theoretisch als Schlüsselattribut verwendet werden, obwohl dies in der Praxis vermieden werden sollte. Jedes Objekt besitzt dagegen implizit eine Objektidentität. Sie ist nicht nur innerhalb einer Klasse, sondern innerhalb des gesamten Systems eindeutig. Die Objektidentität besitzt keine semantische Bedeutung.

b Eine Klasse definiert für eine Kollektion von Objekten deren Strukturen (Attribute), Verhalten (Operationen) und Beziehungen. Sie besitzt weiterhin einen Mechanismus, um neue Objekte zu erzeugen. Jedes erzeugte Objekt besitzt eine implizite – systemweite – Objektidentität.
Eine Tabelle besteht aus einer Menge von Tupeln bzw. Zeilen. Jedes Tupel muss durch einen – innerhalb der Tabelle – eindeutigen Schlüssel identifizierbar sein. Der Schlüssel (auch als Primärschlüssel bezeichnet) kann aus einem oder mehreren Attributen bestehen.

c Eine Assoziation kann in der Analyse unspezifiziert sein, im Entwurf wahlweise bi- oder unidirektional modelliert werden. Sie wird *nicht* durch Attribute der beteiligten Objekte ausgedrückt. Das Wissen, welche anderen Objekte ein bestimmtes Objekt kennt, ist nur in den Assoziationen enthalten. Ein Fremdschlüssel ist ein Referenz-Attribut, das dem Primärschlüssel-Attribut eines Tupels in einer anderen Tabelle entspricht. Die Schlüssel-Fremdschlüssel-Beziehung ist bidirektional, denn mithilfe von SQL können die Schlüssel-Fremdschlüssel-Beziehungen in beiden Richtungen traversiert werden.

d Das OID-Attribut ist ein künstliches Attribut, um das jede Tabelle bei der objektrelationalen Abbildung erweitert wird. Es besitzt alle Eigenschaften der Objektidentität, ist aber äußerlich von einem fachlichen Attribut nicht zu unterscheiden. Häufig handelt es sich um eine sehr große ganze Zahl, die keinerlei semantische Bedeutung besitzt. Änderungen im Fachkonzept, z.B. Erweiterung von einer 4- zu einer 6-stelligen Kundennummer, lassen sich dann problemloser durchführen.

Aufgabe 2

a Als logisches Schema wird die Menge aller Tabellen bezeichnet, welche die relationale Datenbank bilden. Es wird im *Data Dictionary* eingetragen.

b Ein externes Schema ist eine bestimmte Sicht *(View)* auf die Datenbank. In dieser Sicht werden jedoch keine Daten gespeichert. Mit externen Schemata kann erreicht werden, dass bestimmte Benutzergruppen nur festgelegte Daten sehen dürfen.

c Die DDL ist die Datendefinitionssprache zur formalen Definition des logischen Schemas.

d Die DML ist die Datenmanipulationssprache. Sie stellt eine Reihe von Befehlen bereit, um die Datenbank mit Daten zu füllen und damit zu arbeiten.

e SQL ist der Standard für DDL und DML.

Aufgabe 3

Abb. LE15-3 zeigt die Tabellenstruktur. In die Tabelle Hilfskraft werden die Attribute der Adresse einzeln eingetragen, weil die Tabelle nur wenige Attribute enthält. Die Daten der Arbeitsverträge werden in einer Tabelle Arbeitsvertrag gespeichert, die über eine Schlüssel-Fremdschlüssel-Beziehung mit der Tabelle Hilfskraft verknüpft wird (1:m-Assoziation). Da Arbeitsverträge ein Attribut der Klasse Hilfskraft ist, erfolgt der Zugriff immer über Hilfskraft. Dies wird im physischen Datenmodell durch die Navigationsrichtung modelliert. Der Stundenlohn wird in der separaten Tabelle Hilfskraftlohn eingetragen. Diese Tabelle enthält nur ein einziges Tupel mit einem Attribut. Der Zusammenhang zwischen diesem Klassenattribut und der Hilfskraft muss im Anwendungsprogramm hergestellt werden.

Abb. LE15-3:
Abbilden der
studentischen
Hilfskraft auf das
physische
Datenmodell

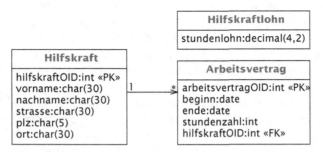

Aufgabe 4

Die Generalisierungsstruktur wird auf eine einzige Tabelle abgebildet, weil die Klasse Lagerartikel nur zwei Attribute enthält und daher die Vorteile einer Verschmelzung beider Klassen überwiegen. Das Attribut artikelType gibt für jedes Tupel der Tabelle an, ob es sich um einen »normalen« Artikel oder um einen Lagerartikel handelt. Es kann daher genau diese zwei Werte annehmen.

Bei der Abbildung der Klasse Lieferant wird die Datenstruktur Adresse in die Tabelle Lieferant integriert. Wir gehen hier davon aus, dass beim Zugriff auf Lieferanten in den meisten Fällen auch diese Adressdaten benötigt werden. Durch die Integration werden entsprechende *joins* eingespart. Die m:m-Assoziation zwischen Lieferant und Artikel mit der Assoziationsklasse Lieferkondition werden auf eine Assoziationstabelle abgebildet.

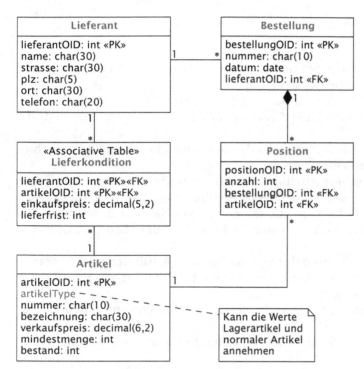

*Abb. LE15-4:
Abbilden des
Klassendiagramms
Bestellwesen auf
das physische
Datenmodell*

Aufgabe 5

In der Generalisierungsstruktur wird jede konkrete Klasse auf eine Tabelle abgebildet, weil jede dieser Klassen eine unterschiedliche Assoziation zu Projekt besitzt. Dadurch gewinnt die Tabellenstruktur an Klarheit. Die Attribute sprachen und db werden in der Tabelle Angestellter in ihre einzelnen Komponenten aufgelöst, weil es sich um eine geringe Anzahl von Iterationen (max. drei!) handelt. Die 1:m-Assoziation zwischen Analytiker und Projekt wird durch einen Fremdschlüssel in der Tabelle Projekt realisiert. Für die Abbildung der m:m-Assoziation ist die Assoziationstabelle Programmierer_Projekt notwendig.

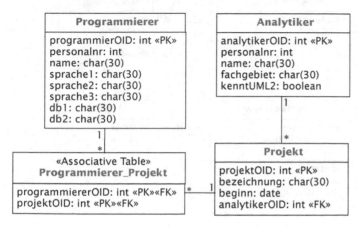

515

LE 16

Aufgabe 1
a Beim Entwurf einer Generalisierungsstruktur sollten Sie folgende Heuristiken berücksichtigen:
- Halten Sie Generalisierungshierarchien flach.
- Oberklassen einer Generalisierungshierarchie sollen abstrakt sein.
- Gemeinsamkeiten so hoch wie möglich in Generalisierungshierarchien einordnen.
- Gemeinsame Attribute als Datentyp spezifizieren, d.h., keine Oberklasse bilden, die nur Attribute vererbt.
- Gemeinsame Operationen durch Oberklasse realisieren.
- Switch-Anweisung kann ein Indiz für fehlenden Polymorphismus sein.

b Beim Spezifizieren der Sichtbarkeit von Attributen und Operationen im OOD-Klassendiagramm sollten Sie folgende Heuristiken berücksichtigen:
- Geheimnisprinzip realisieren, d.h., Attribute *private* deklarieren.
- Verbergen Sie internes Verhalten in privaten Operationen.

Aufgabe 2
Wird die Artikelanwendung der Abb. 9.4-6 in C++ realisiert, so ergibt sich das in Abb. LE16-2 dargestellte Klassendiagramm.

Abb. LE16-2:
OOD-Klassen-
diagramm für
Artikelanwendung
in C++

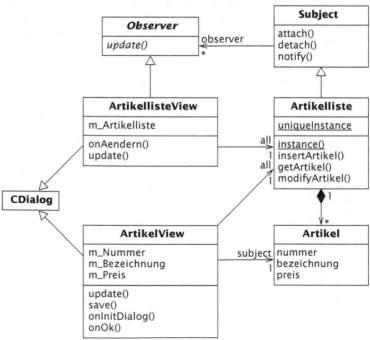

Aufgabe 3

a Abb. LE16-3a zeigt das Klassendiagramm mit den GUI-Klassen PersonenView und PersonView und den Fachkonzeptklassen Personen und Person. Jedes Erfassungsfenster greift auf sein Fachkonzept-Objekt mittels subject zu. Von der *Container*-Klasse Personen gibt es nur ein einziges Objekt, das alle Objekte von Person kennt. Bildlich gesprochen kann der *Container* in mehreren Objekten von PersonenView *(observers)* dargestellt werden. Die Assoziationen zwischen PersonenView und Personen bzw. zwischen PersonView und Personen entfallen. Stattdessen wird auf das *Singleton*-Objekt der *Container*-Klasse Personen immer mit der Klassenoperation instance() zugegriffen.

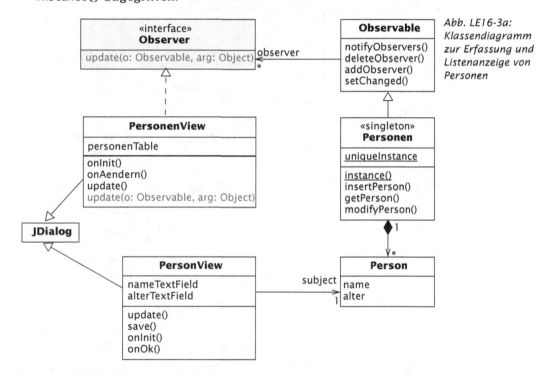

Abb. LE16-3a:
Klassendiagramm
zur Erfassung und
Listenanzeige von
Personen

b Das Szenario zum Ändern einer Person (Abb. LE16-3b) beginnt mit dem Aufruf von onAendern(). Das Listenfenster-Objekt beschafft sich mittels getPerson() die OID des zu ändernden Person-Objekts. Anschließend wird ein neues Erfassungsfenster für diese Person geöffnet und mittels onInit() initialisiert. Wenn die gewünschten Änderungen durchgeführt sind, wird onOk() aufgerufen und mittels save() das Fachkonzept-Objekt aktualisiert. Anschließend teilt das Erfassungsfenster dem *Container*-Objekt mittels modifyPerson() die Änderung eines Objekts mit. Der *Container* benachrichtigt mittels notifyObservers() alle seine Beobachter, indem er

517

jedem Listenfenster eine *update*-Botschaft schickt. Jedes Listenfenster aktualisiert daraufhin seine Daten selbst. Das *Container*-
Objekt wird hier mit dem Stereotypen «singleton» gekennzeichnet, um deutlich zu machen, dass es nur ein einziges Objekt
gibt.

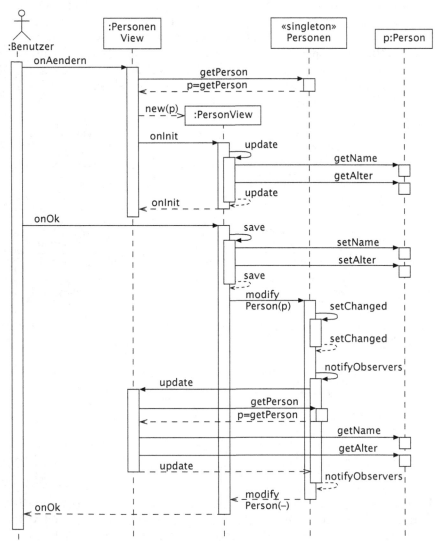

*Abb. LE16-3b:
Sequenzdia-
gramm zum
Ändern einer
Person mittels
Beobachter-
Muster*

c Abb. LE16-3c zeigt das geforderte Objektdiagramm. Es gibt
bei dieser Lösung keine gerichteten Objektbeziehungen von
PersonView zu Personen und von PersonenView zu Personen. Das
Container-Objekt wird hier ebenfalls mit dem Stereotypen
«singleton» gekennzeichnet. Damit ist deutlich, dass ein Zugriff
auf dieses Objekt gewährleistet ist.

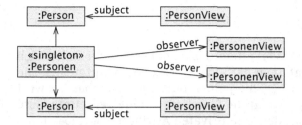

d Skizzierter Programmcode für die GUI-Klassen PersonView und
PersonenView:

```
public class PersonView extends JDialog {
    private JTextField nameTextField;
    private JTextField alterTextField;
    Person subject  //referenziert aktuelles
                    //Fachkonzeptobjekt
    ...
}
private void save() {
    subject.setName(nameTextField.getText());
    subject.setAlter(Integer.parseInt(alterTextField.
                            getText()));
}
private void update() {
    //precondition: PersonView-Objekt kennt sein Person-Objekt
    nameTextField.setText(subject.getName());
    alterTextField.setText(""+subject.getAlter());
}

public class PersonenView extends JDialog implements Observer
{
    private JTable personenTable;
    ...

public void update() {
    private Personen all = Personen.instance();   //lokale
                                                  //Variable
    ...
    for(int i=0;i<all.getSize();i++) {
      a = all.getPerson(i);
      model.addRow(new String[]{""+a.getNummer(),
                          ""+a.getBezeichnung() });
    }
  }
}
```

LE 17

Aufgabe 1

a Wird der Index mittels verketteter Liste realisiert, dann ändert sich an den *public*-Operationen der Klasse Index überhaupt nichts. Die private Operation sort(), die jedoch nur intern sichtbar ist, wird nicht mehr benötigt, wenn die Elemente in eine verkettete Liste sortiert eingefügt werden. Die privaten Attribute von Index müssen natürlich an die neue Struktur angepasst werden.

b Wenn die Listenattribute im Index mitgeführt werden, dann ist die Parameterschnittstelle der generischen Klasse um den Parameter fields zu ergänzen, der eine Datenstruktur der Listenattribute – mit Ausnahme des Schlüsselattributs – darstellt. Dann erübrigt sich der Zugriff auf die Stammdatei, wenn die Liste aktualisiert wird.

Aufgabe 2

a Materialisierung eines Objekts: Das Objekt wird aus einem oder mehreren Sätzen (Tupeln) der relationalen Datenbank aufgebaut.

b Eine Materialisierung erfolgt mithilfe der *Mapper*-Klassen.

c Die abstrakte Klasse PersistenceMapper stellt die Schablonenmethode get() zur Verfügung, in der die abstrakte Operation getObjectFromStorage() aufgerufen wird. Diese wird dann von allen konkreten *Mapper*-Unterklassen mit einer konkreten Operation überschrieben.

d Um die *Performance* der Materialisierung zu steigern, werden *Cache*-Speicher verwendet.

e Das Objekt nimmt nacheinander folgende Zustände ein: old clean, old dirty, old clean, old delete, deleted.

Aufgabe 3

In den Lehreinheiten 16 und 17 werden folgende Muster verwendet:

– *Singleton*-Muster, um sicherzustellen, dass es genau ein Objekt einer *Container*-Klasse gibt, und um einfach darauf zuzugreifen.

– Beobachter-Muster, damit alle geöffneten Listenfenster nach der Neuerfassung oder Änderung im Erfassungsfenster aktualisiert werden. Dabei müssen sich Erfassungs- und Listenfenster nicht kennen.

– Fassadenmuster, um eine Klasse PersistenceFacade zu erstellen, die Datenbank-Zugriffe verkapselt.

– Schablonenmethode-Muster für die Materialisierung von Objekten aus einer relationalen Datenbank.

– Zustandsmuster, um den Zustandautomaten für die Transaktionszustände zu realisieren.

– *Virtual-Proxy*-Muster für die Durchführung der *Lazy Materialization,* damit die Materialisierung von Objekten so lange hinausgeschoben werden kann, bis sie wirklich benötigt werden.

Aufgabe 4

Die vorhandene Architektur muss um die *Singleton*-Klasse PersitenceFacade erweitert werden, über die alle Zugriffe auf die Datenbank erfolgen. Die Änderungen betreffen nur die Operation insertArtikel(), die die PFW-Operation put() aufruft. Die Operation getArtikel() greift über die PFW-Operation get() auf die Datenbank zu. Abb. LE17-4a zeigt das modifizierte Klassendiagramm, Abb. LE17-4b das Sequenzdiagramm für die Operation insertArtikel().

Abb. LE17-4a: Klassendiagramm für Artikelanwendung mit Zugriff über PFW

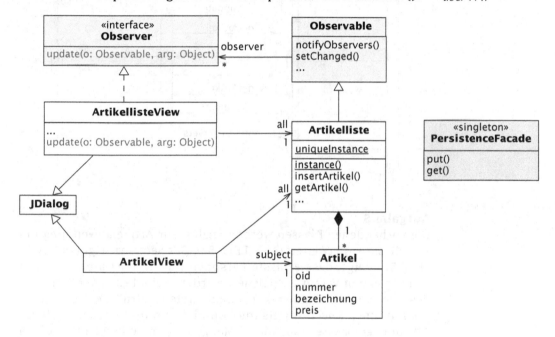

Abb. LE17-4b:
Sequenzdiagramm
für das Erfassen
neuer Artikel mit
Zugriff über PFW

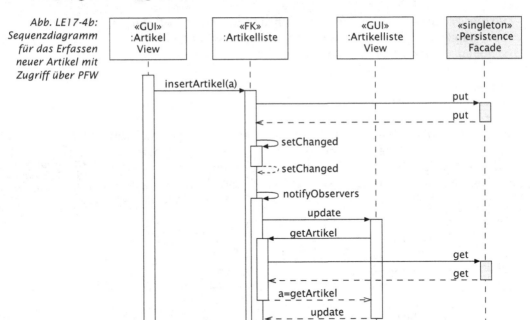

Aufgabe 5

Die vorhandenen Klassen werden analog zur Artikelanwendung um eine Klasse Key erweitert (Abb. LE17-5a). Das Sequenzdiagramm (Abb. LE17-5b) zeigt, dass erfasste Personen nur in der Datenbank und nicht in einem Vektor gespeichert werden. Beim Lesen der Personen liest die Operation getArtikel() beim ersten Aufruf die Tabelle Person mit einer *Select*-Anweisung komplett ein und speichert sie im Attribut personenSet. Aus dieser Menge wird dann Person für Person gelesen.

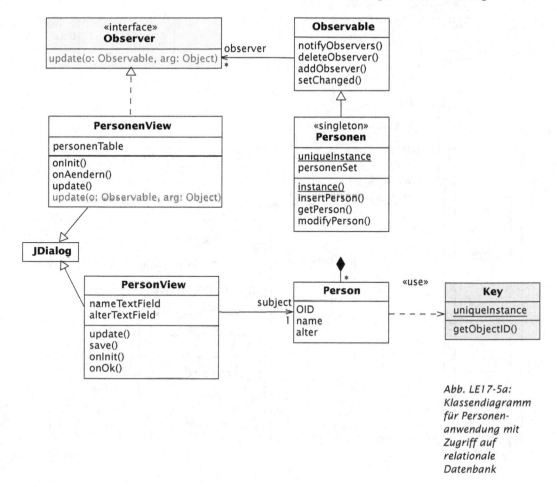

Abb. LE17-5a:
Klassendiagramm
für Personen-
anwendung mit
Zugriff auf
relationale
Datenbank

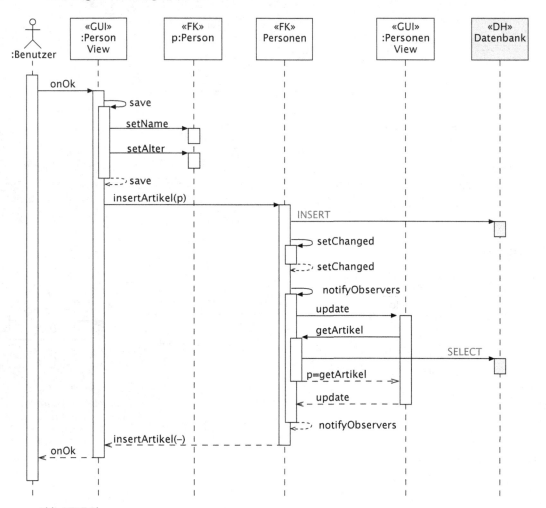

Abb. LE17-5b:
Sequenzdiagramm
für das Erfassen
von Personen und
Aktualisierung der
Listenfenster mit
ResultSet

Anhang 3: Gesamtglossar

Abgeleitetes Attribut *(derived attribute)*
Abgeleitete Attribute lassen sich aus anderen Attributen berechnen.
Sie dürfen nicht direkt geändert werden.

Abhängigkeit *(dependency)*
Beziehung zwischen Elementen eines UML-Modells. Sie wird durch
einen gestrichelten Pfeil modelliert, dessen Spitze auf das Basis-Element *(supplier)* zeigt. Am anderen Ende befindet sich das abhängige
Element *(client)*, das entweder semantisch oder strukturell vom Basis-
Element *(supplier)* abhängig ist. Die Art der Abhängigkeit kann durch
einen Stereotypen spezifiziert werden. Zusätzlich kann ein Name
angegeben werden. Die UML stellt eine Reihe verschiedener Abhängigkeiten zur Verfügung und es können weitere definiert werden.

Abstrakte Klasse *(abstract class)*
Von einer abstrakten Klasse können keine Objekte erzeugt werden.
Die abstrakte Klasse spielt eine wichtige Rolle in Generalisierungsstrukturen, wo sie die Gemeinsamkeiten einer Gruppe von Unterklassen definiert. Damit eine abstrakte Klasse verwendet werden
kann, muss von ihr zunächst eine Unterklasse abgeleitet werden.
Eine abstrakte Klasse kann auf zwei verschiedene Arten konzipiert
werden: Mindestens eine Operation wird nicht spezifiziert bzw.
implementiert, d.h., der Rumpf ist leer. Es wird nur die Signatur
dieser Operation angegeben. Man spricht dann von einer abstrakten
Operation. Alle Operationen können – wie auch bei einer konkreten
Klasse – vollständig spezifiziert bzw. implementiert werden. Es ist
jedoch nicht beabsichtigt, von dieser Klasse Objekte zu erzeugen.

Abstrakte Operation *(abstract operation)*
Eine Operation, für die nur die Signatur angegeben ist, die aber
nicht spezifiziert bzw. implementiert ist. Enthält eine Klasse mindestens eine abstrakte Operation, dann handelt es sich um eine abstrakte Klasse. Die zugehörige Spezifikation bzw. Implementierung
wird erst in den Unterklassen angegeben.

Abstrakter Datentyp *(abstract data type)*
Der abstrakte Datentyp (ADT) ist ursprünglich ein Konzept des Entwurfs. Ein abstrakter Datentyp wird ausschließlich über seine (Zu-
griffs-)Operationen definiert, die auf Exemplare dieses Typs angewendet werden. Die Repräsentation der Daten und die Wahl der Algorithmen zur Realisierung der Operationen sind nach außen nicht
sichtbar, d.h., der ADT realisiert das Geheimnisprinzip. Von einem
abstrakten Datentyp können beliebig viele Exemplare erzeugt werden. Die Klasse stellt eine Form des abstrakten Datentyps dar.

Aggregation *(aggregation)*
Eine Aggregation ist ein Sonderfall der Assoziation. Sie liegt dann
vor, wenn zwischen den Objekten der beteiligten Klassen eine Beziehung besteht, die sich als »ist Teil von« oder »besteht aus« beschreiben lässt.

Akteur *(actor)*
Ein Akteur ist eine Rolle, die ein Benutzer des Systems spielt. Akteure befinden sich außerhalb des Systems. Akteure können Personen
oder externe Systeme sein.

Aktion *(action)*
Eine Aktion ist die kleinste ausführbare Funktionseinheit innerhalb
einer Aktivität. Eine Aktion kann ausgeführt werden, wenn die Vorgänger-Aktion beendet ist, wenn notwendige Daten zur Verfügung
stehen oder wenn ein Ereignis auftritt. Eine Aktion kann auch ein
Aktivitätsaufruf sein, d.h., von der Ausführung her gesehen kann
sich hinter einem Aktionsknoten eine sehr komplexe Verarbeitung
verbergen.

Aktivität *(activity)*
1. Modelliert im Aktivitätsdiagramm die Ausführung von Funktionalität bzw. Verhalten. Sie wird durch mehrere Knoten dargestellt, die
durch gerichtete Kanten miteinander verbunden sind. Es lassen sich
Aktionsknoten, Kontrollknoten und Objektknoten unterscheiden. Aktivitäten besitzen sowohl ein Kontrollfluss- als auch ein Datenmodell.
2. Spezifiziert in einem Zustandsautomaten die durchzuführende
Verarbeitung. Aktivitäten können an eine Transition angetragen
oder mit einem Zustand verbunden sein. Bei den letzteren werden
entry-, exit- und *do*-Aktivitäten unterschieden.

Aktivitätsdiagramm *(activity diagram)*
Ein Aktivitätsdiagramm modelliert eine Aktivität durch ein großes
Rechteck mit abgerundeten Ecken. Die Verarbeitungsschritte der
Aktivität werden durch einen Graphen dargestellt, der aus Knoten
(nodes) und Pfeilen *(edges)* besteht. Die Knoten entsprechen im ein-
fachsten Fall den Aktionen. Die Pfeile (gerichtete Kanten) verbinden
die Knoten und stellen im einfachsten Fall den Kontrollfluss der
Aktivität dar. Viele Aktivitäten benötigen Eingaben und produzieren
Ausgaben. Sie werden durch Parameterknoten beschrieben.

Analyse *(analysis)*
Aufgabe der Analyse ist die Ermittlung und Beschreibung der Anforderungen eines Auftraggebers an ein Softwaresystem. Das Ergebnis
soll die Anforderungen vollständig, widerspruchsfrei, eindeutig,
präzise und verständlich beschreiben.

Analysemuster *(analysis pattern)*
Ein Analysemuster ist eine Gruppe von Klassen mit feststehenden
Verantwortlichkeiten und Interaktionen, die eine bestimmte – wie-
derkehrende – Problemlösung beschreiben.

Analyseprozess *(analysis process)*
Der Analyseprozess beschreibt die methodische Vorgehensweise zur Erstellung eines objektorientierten Analysemodells. Er besteht aus einem Makroprozess, der die grundlegenden Vorgehensschritte vorgibt, und der situations- und anwendungsspezifischen Anwendung von methodischen Regeln.

Anfangswert *(initial value)*
Legt fest, welchen Wert ein Attribut annimmt, wenn das zugehörige Objekt erzeugt wird. Wird auch als Startwert bezeichnet.

Anfangszustand *(initial pseudo state)*
Pseudozustand, der den Startpunkt für die Ausführung des Zustandsautomaten kennzeichnet. Er wird auch als Startzustand gekennzeichnet und durch einen kleinen ausgefüllten Kreis dargestellt. Vom Anfangszustand erfolgt genau eine Transition in den ersten »echten« Zustand. Im Allgemeinen wird diese Transition *nicht* mit einem Ereignis beschriftet.

Artefakt *(artefact)*
Element im Komponentendiagramm, das eine physische Informationseinheit darstellt, z.B. ein Modell, eine Quellcode-Datei, eine ausführbare Binärdatei, eine Archivdatei. Es wird mit dem Stereotypen «artefact» gekennzeichnet. Mit weiteren Stereotypen kann die Art der Information spezifiziert werden.

Assoziation *(association)*
Eine Assoziation modelliert Objektbeziehungen zwischen Objekten einer oder mehrerer Klassen. Binäre Assoziationen verbinden zwei Objekte. Eine Assoziation zwischen Objekten einer Klasse heißt reflexiv. Jede Assoziation wird beschrieben durch Multiplizitäten und einen optionalen Assoziationsnamen oder Rollennamen. Sie kann um Einschränkungen ergänzt werden. Besitzt eine Assoziation selbst wieder Attribute und ggf. Operationen und Assoziationen zu anderen Klassen, dann wird sie zur Assoziationsklasse. Die Qualifizierung *(qualifier)* zerlegt die Menge der Objekte am anderen Ende der Assoziation in Teilmengen. Eine abgeleitete Assoziation liegt vor, wenn die gleichen Abhängigkeiten bereits durch andere Assoziationen beschrieben werden. Sonderfälle der Assoziation sind die Aggregation und die Komposition. Im Entwurf wird für die Assoziation zusätzlich die Navigierbarkeit der Assoziationsenden und deren Sichtbarkeit spezifiziert.

Assoziationsklasse *(association class)*
Eine Assoziationsklasse besitzt sowohl die Eigenschaften der Assoziation als auch die der Klasse.

Assoziationstabelle *(associative table)*
Tabelle, deren einziger Zweck es ist, die Beziehung zwischen anderen Tabellen zu spezifizieren. Sie entsteht durch die objektrelationale Abbildung von m:m-Assoziationen und enthält als Fremdschlüssel die Primärschlüssel der beteiligten Tabellen.

Asynchrone Nachricht *(asynchronous message)*

Bei der asynchronen Nachricht wartet der Sender nicht auf die Fertigstellung der Verarbeitung durch den Empfänger, sondern setzt parallel dazu seine eigene Verarbeitung fort. Es entsteht eine nebenläufige Verarbeitung. Asynchrone Nachrichten werden immer durch Signale realisiert und durch einen Pfeil mit offener Pfeilspitze spezifiziert.

Attribut *(attribute)*

Attribute beschreiben Daten, die von den Objekten der →Klasse angenommen werden können. Alle Objekte einer Klasse besitzen dieselben Attribute, jedoch im Allgemeinen unterschiedliche Attributwerte. Jedes Attribut ist von einem bestimmten Typ und kann einen Anfangswert *(default)* besitzen. Bei der Implementierung muss jedes Objekt Speicherplatz für alle seine Attribute reservieren. Der Attributname ist innerhalb der Klasse eindeutig. Abgeleitete Attribute lassen sich aus anderen Attributen berechnen oder ableiten.

Aufzählungstyp *(enumeration datatype)*

Datentyp, dessen zulässige Werte einzeln aufgeführt werden. Die Darstellung erfolgt mit Hilfe des Klassensymbols und dem Schlüsselwort «enumeration».

Austrittspunkt *(exit point)*

Pseudozustand, der den Austritt aus einem Unterzustandsautomaten bzw. einem Unterzustand kennzeichnet. Er bildet das Gegenstück zum Eintrittspunkt und wird durch einen kleinen, nicht ausgefüllten Kreis mit einem »x« dargestellt.

Balancierter Makroprozess *(balanced macro process)*

Der balancierte Makroprozess unterstützt die Gleichgewichtigkeit von statischem und dynamischem Modell. Er beginnt mit dem Erstellen von Use-Cases und der Identifikation von Klassen. Dann werden statisches und dynamisches Modell parallel erstellt und deren Wechselwirkungen berücksichtigt.

Beobachter-Muster *(observer pattern)*

Das Beobachter-Muster ist ein objektbasiertes Verhaltensmuster. Es sorgt dafür, dass bei der Änderung eines Objekts alle davon abhängigen Objekte benachrichtigt und automatisch aktualisiert werden.

Botschaft *(message)*

→Nachricht

Classifier

Das Konzept des *Classifiers* ist neu in der UML 2. Es wird zur Spezifikation des Metamodells und Definition der UML-Konzepte benötigt. Der *Classifier* bildet im Metamodell die Oberklasse zu Datentyp, Klasse, Akteur usw.

Container-Klasse

Eine *Container*-Klasse ist eine Klasse, deren Objekte Mengen von Objekten (anderer) Klassen sind. Sie können homogene Mengen verwalten, d.h., alle Objekte einer Menge gehören zur selben Klasse, oder auch heterogene Mengen, d.h., die Objekte einer Menge gehören zu unterschiedlichen Unterklassen einer gemeinsamen Oberklasse. *Container*-Klassen werden oft mittels parametrisierter Klassen realisiert.

CRC-Karte *(Class/Responsibility/Collaboration)*

Eine CRC-Karte ist eine Karteikarte. Oben auf der Karte wird der Name der Klasse *(class)* eingetragen. Die restliche Karte wird in zwei Hälften geteilt. Auf der einen Hälfte werden die Verantwortlichkeiten *(responsibilities)* der Klasse notiert. Darunter sind sowohl das Wissen der Klasse als auch die zur Verfügung gestellten Operationen zu verstehen. Auf der rechten Seite wird eingetragen, mit welchen anderen Klassen die beschriebene Klasse zusammenarbeiten muss *(collaborations)*.

Database Mapper

Klasse, deren Aufgabe es ist, die Objekte einer persistenten Klasse in einer Datenbank zu speichern. Sie enthält Operationen für das Zerlegen der Objekte in Datensätze (De-Materialisierung) und das Wiedergewinnen der Objekte aus den Datensätzen (Materialisierung). Man spricht hier von indirekter Abbildung *(indirect mapping)*. Ein direkte Abbildung *(direct mapping)* liegt dagegen vor, wenn sich jede persistente Klasse selbst in der Datenbank speichern kann.

Datenbanksystem *(data base system)*

Ein Datenbanksystem besteht aus einer oder mehreren Datenbanken, einem *Data Dictionary* und einem Datenbankmanagementsystem. In der Datenbank (DB) sind alle Daten gespeichert. Das *Data Dictionary* (DD) enthält das Datenbankschema, das den Aufbau der Daten der Datenbank(en) beschreibt. Die Verwaltung und zentrale Kontrolle der Daten ist Aufgabe des Datenbankmanagementsystems (DBMS).

Datenbasierter Makroprozess *(data-based macro process)*

Beim datenbasierten Makroprozess wird zunächst das Klassendiagramm erstellt und aufbauend darauf werden die Use-Cases und die anderen Diagramme des dynamischen Modells entwickelt.

Datendefinitionssprache *(data definition language)*

Die Datendefinitionssprache (DDL) ist eine Sprache, die ein relationales Datenbanksystem zur Verfügung stellt und die zur formalen Definition des logischen Schemas – d.h. den leeren Tabellen der relationalen Datenbank – dient. Als Standard hat sich die Sprache SQL etabliert.

Datenhaltungsschicht *(storage tier, database tier)*
Die Datenhaltungsschicht realisiert die jeweilige Form der Datenspeicherung, z.B. mit einem objektorientierten oder relationalen Datenbanksystem oder mit flachen Dateien.

Datenmanipulationssprache *(data manipulation language)*
Die Datenmanipulationssprache (DML) dient dazu, die leeren Tabellen einer relationalen Datenbank mit Daten zu füllen und diese Daten zu ändern. Eine DML enthält keine Kontrollstrukturen und Prozedurkonzepte. Als Standard hat sich die Sprache SQL etabliert.

Datenmodell *(data model)*
Jedem Datenbanksystem liegt ein Datenmodell zugrunde, in dem festgelegt wird, welche Eigenschaften und Strukturen die Datenelemente besitzen dürfen, welche Konsistenzbedingungen einzuhalten sind und welche Operationen zum Speichern, Suchen, Ändern und Löschen von Datenelementen existieren. Es lassen sich relationale und objektorientierte Datenmodelle unterscheiden.

Datentyp *(datatype)*
Ein Datentyp ist ein Typ, dessen Werte keine Identität besitzen. Er wird besonders zur Modellierung von Strukturen verwendet. Die Darstellung erfolgt mit Hilfe des Klassensymbols und dem Schlüsselwort «datatype».

DDL *(Data Definition Language)*
→Datendefinitionssprache

Dialog *(dialog)*
Ein Dialog ist eine Interaktion zwischen dem Benutzer und einem Dialogsystem, um ein bestimmtes Ziel zu erreichen. Ein Benutzer ist ein Mensch, der mit dem Dialogsystem arbeitet /ISO 9241-10 : 1996/. Arbeitsschritte, die zur direkten Aufgabenerfüllung dienen, bezeichnet man als Primärdialog. Benötigt der Benutzer situationsabhängig zusätzliche Informationen, dann werden diese Hilfsdienste durch Sekundärdialoge erledigt.

Dialogmodus *(dialog mode)*
Ein modaler Dialog *(modal dialog)* muss beendet sein, bevor eine andere Aufgabe der Anwendung durchgeführt werden kann. Ein nicht modaler *Dialog (modeless dialog)* ermöglicht es dem Benutzer, den aktuellen Dialog zu unterbrechen, während das ursprüngliche Fenster geöffnet bleibt.

DML *(Data Manipulation Language)*
→Datenmanipulationssprache

Drei-Schichten-Architektur *(three-tier architecture)*
Die Drei-Schichten-Architektur besteht aus der GUI-Schicht (Schicht der Benutzungsoberfläche), der Fachkonzeptschicht und der Datenhaltungsschicht. Es sind zwei Ausprägungen möglich: die strenge und die flexible Drei-Schichten-Architektur.

Dynamisches Binden *(dynamic binding)*
→spätes Binden

Dynamisches Modell *(dynamic model)*
Das dynamische Modell ist der Teil des OOA-Modells, welcher das Verhalten des zu entwickelnden Systems beschreibt. Es realisiert außer den Basiskonzepten (Objekt, Klasse, Operation) die dynamischen Konzepte (Use-Case, Aktivität, Szenario, Nachricht, Zustandsautomat).

Eigenschaftswert *(property string)*
Dient dazu ein Element des Modells genauer zu charakterisieren. Oft handelt es sich um Name-Wert-Paare, z.B. {redefines name}. Bei booleschen Eigenschaftswerten mit dem Wert true, wird nur der Name der Eigenschaft angegeben, z.B. {readOnly}.

Einfachvererbung *(single inheritance)*
Bei der Einfachvererbung besitzt jede Unterklasse genau eine direkte Oberklasse. Es entsteht eine Baumstruktur.

Einschränkung *(constraint)*
Bedingung oder Zusicherung, die immer wahr sein muss. Einschränkungen können in umgangssprachlicher oder maschinenlesbarer Form spezifiziert werden. Ihr Zweck ist es, die Semantik eines Elements genauer zu modellieren. Bestimmte Einschränkungen sind in der UML schon vordefiniert, weitere können durch die Modellierer hinzugefügt werden.

Eintrittspunkt *(entry point)*
Pseudozustand, der den Eintritt in einen Unterzustandsautomaten bzw. einen Unterzustand kennzeichnet. Er wird durch einen kleinen, nicht ausgefüllten Kreis dargestellt und oft auf dem Rahmen des entsprechenden Automaten angetragen.

Entscheidungsknoten *(conditional node)*
Strukturierter Knoten in einem Aktivitätsdiagramm, mit dem *if-then-else-*, *if-then-* und *switch*-Anweisungen modelliert werden können. Er wird durch ein gestricheltes Rechteck mit abgerundeten Ecken dargestellt, das aus mehreren Bereichen besteht: *if*-Bereich für die Bedingung, *then*-Bereich und ggf. *else*-Bereich für auszuführende Anweisungen.

Entscheidungszustand *(choice)*
Pseudoknoten im Zustandsdiagramm, der es ermöglicht, Alternativen zu modellieren, die von dem Ergebnis einer zuvor ausgeführten Aktivität abhängen. Man spricht auch von einer dynamischen Verzweigung *(dynamic conditional branch)*.

Entwurf *(design)*
Aufgabe des Entwurfs ist – aufbauend auf dem Ergebnis der Analyse – die Erstellung der Softwarearchitektur und die Spezifikation der Komponenten, d.h. die Festlegung von deren Schnittstellen, Funktions- und Leistungsumfang. Das Ergebnis soll die zu realisierenden Programme auf einem höheren Abstraktionsniveau widerspiegeln.

Entwurfsmuster *(design pattern)*

Ein Entwurfsmuster gibt eine bewährte, generische Lösung für ein immer wiederkehrendes Entwurfsproblem an, das in bestimmten Situationen auftritt. Es lassen sich klassen- und objektbasierte Muster unterscheiden. Klassenbasierte Muster werden durch Generalisierungen ausgedrückt. Objektbasierte Muster beschreiben in erster Linie Beziehungen zwischen Objekten.

Ereignis *(event)*

Auslöser einer Transition in einem Zustandsautomaten. Ein Ereignis bzw. ein Trigger kann sein: ein Signal, ein Operationsaufruf, ein zeitliches Ereignis, eine Änderung bestimmter Werte (wird durch eine Bedingung spezifiziert) oder ein implizites Ereignis.

Erfassungsfenster *(edit window)*

Das Erfassungsfenster bezieht sich auf ein einzelnes Objekt einer Klasse. Jedes Attribut der Klasse wird auf ein Interaktionselement des Fensters abgebildet. Das Erfassungsfenster dient zum Erfassen und Ändern von Objekten und zum Erstellen und Entfernen von Objektbeziehungen zu anderen Objekten.

Erzeugungsmuster *(creational pattern)*

Erzeugungsmuster helfen dabei, ein System unabhängig davon zu machen, wie seine Objekte erzeugt, zusammengesetzt und repräsentiert werden.

Fabrikmethode-Muster *(factory method)*

Das Fabrikmethode-Muster ist ein klassenbasiertes Erzeugungsmuster. Es bietet eine Schnittstelle zum Erzeugen eines Objekts an, wobei die Unterklassen entscheiden, von welcher Klasse das zu erzeugende Objekt ist.

Fachkonzeptschicht *(application logic tier)*

Die Fachkonzeptschicht modelliert in einer Drei-Schichten-Architektur die fachliche Anwendung und die Zugriffe auf die Datenhaltungsschicht. Das OOA-Modell bildet die erste Version der Fachkonzeptschicht.

Fassaden-Muster *(facade pattern)*

Das Fassaden-Muster ist ein objektbasiertes Strukturmuster. Es bietet eine einfache Schnittstelle zu einer Menge von Klassen (Paket) an. Die Fassadenklasse definiert eine Schnittstelle, um die Benutzung des Pakets zu vereinfachen.

Fenstertypen *(window types)*

Es lassen sich folgende Fenstertypen unterscheiden: Anwendungsfenster, Unterfenster, Dialogfenster und Mitteilungsfenster. Das Anwendungsfenster erscheint nach dem Aufruf der Anwendung, Unterfenster unterstützen die Primärdialoge, Dialogfenster werden für Sekundärdialoge benötigt und Mitteilungsfenster sind spezialisierte Dialogfenster.

Flache Dateien *(flat files)*
Unter einer Speicherverwaltung mit flachen Dateien ist eine Organisationsform zu verstehen, die nur rudimentäre Zugriffsoperationen anbietet.

Flexible Drei-Schichten-Architektur *(flexible three-tier architecture)*
Eine flexible Drei-Schichten-Architektur ergibt sich, wenn die GUI-Schicht sowohl auf die Fachkonzeptschicht als auch auf die Datenhaltungsschicht zugreifen darf.

Formale Inspektion *(formal software inspection)*
Die formale Inspektion ist ein formales Verfahren zur manuellen Prüfung der Dokumentation.

Framework
Ein *Framework* besteht aus einer Menge von zusammenarbeitenden Klassen, die einen wiederverwendbaren Entwurf für einen bestimmten Anwendungsbereich implementieren. Es besteht aus konkreten und insbesondere aus abstrakten Klassen, die Schnittstellen definieren. Die abstrakten Klassen enthalten sowohl abstrakte als auch konkrete Operationen. Im Allgemeinen wird vom Anwender (=Programmierer) des *Frameworks* erwartet, dass er Unterklassen definiert, um das *Framework* zu verwenden und anzupassen.

Fremdschlüssel *(foreign key)*
Attribut FS einer Tabelle T1, für das zu jedem Zeitpunkt gilt: Zu jedem Wert ungleich Null von FS muss ein gleicher Wert eines Primärschlüssels PS in einer Tabelle T2 vorhanden sein. Ein Fremdschlüssel kann auch aus mehreren Attributen bestehen (zusammengesetzter Schlüssel).

Gefundene Nachricht *(found message)*
Nachricht im Sequenzdiagramm, deren Sender nicht im gleichen Diagramm eingetragen ist. Die Pfeilspitze geht dann nicht von einer Lebenslinie, sondern von einem Punkt aus.

Geheimnisprinzip *(information hiding)*
Die Einhaltung des Geheimnisprinzips bedeutet, dass die Attribute und die Realisierung der Operationen außerhalb der Klasse nicht sichtbar sind.

Generalisierung *(generalization)*
Die Generalisierung beschreibt die Beziehung zwischen einer allgemeineren Klasse (Basisklasse) und einer spezialisierten Klasse. Die spezialisierte Klasse erweitert die Liste der Attribute, Operationen und Assoziationen der Basisklasse. Operationen der Basisklasse dürfen redefiniert werden. Es entsteht eine Klassenhierarchie oder Generalisierungsstruktur.

Generalisierungsmenge *(generalization set)*
Spezifiziet, nach welchen Kriterien eine Generalisierung modelliert wird.

Generische Klasse *(generic class)*

→parametrisierte Klasse

Gestaltungsregelwerk *(style guide)*

Ein Gestaltungsregelwerk schreibt vor, wie die Benutzungsoberfläche von Anwendungen gestaltet wird. Es soll sicherstellen, dass das *look and feel* über verschiedene Anwendungen hinweg gleich bleibt. *Style guides* können sowohl Regelwerke des GUI-Herstellers oder auch unternehmenseigene Gestaltungsregelwerke sein.

GUI

Ein GUI *(graphical user interface)* ist eine grafische Benutzungsoberfläche. Sie besteht aus einer Dialogkomponente (Bedienungsabläufe) und einer E/A-Komponente (Gestaltung der Informationen).

GUI-Schicht *(presentation tier)*

Die GUI-Schicht ist in einer Drei-Schichten-Architektur sowohl für die Dialogführung und die Präsentation der fachlichen Daten (z.B. in Fenstern) als auch für die Kommunikation mit der Fachkonzeptschicht und ggf. mit der Datenhaltungsschicht zuständig.

GUI-System *(GUI system)*

Das GUI-System ist ein Softwaresystem, das die grafische Oberfläche verwaltet und die Kommunikation mit den Anwendungen abwickelt. Ein GUI-System wird vereinfachend auch Fenstersystem genannt.

Historie *(history)*

Pseudozustand, mit dessen Hilfe sich ein Zustandsautomat »merkt«, welcher Unterzustand zuletzt eingenommen wurde. Die UML unterscheidet zwischen einer flachen und einer tiefen Historie. Die Historie kann sowohl bei zusammengesetzten Zuständen als auch bei Unterzustandsautomaten verwendet werden.

Indizierte Organisation *(indexed organisation)*

Zusätzlich zu einer Datei wird ein Index angelegt, der außer den Schlüsseln die Adressen der Datensätze in der (Haupt-)Datei enthält.

Interaktionsdiagramm *(interaction diagram)*

In der UML bildet Interaktionsdiagramm der Oberbegriff für Sequenzdiagramme *(sequence diagrams)*, Kommunikationsdiagramme *(communication diagrams)*, Timing-Diagramme *(timing diagrams)* und Interaktionsübersichtsdiagramme *(interaction overview diagrams)*.

Interaktionselement *(control)*

Ein Interaktionselement dient zur Ein- und/oder zur Ausgabe von Informationen. Das sind beispielsweise Textfelder, Schaltflächen und Listenfelder.

JDBC *(Java Database Connectivity)*
Mit JDBC hat *Sun Microsystems* einen Standard definiert, um aus
Java-Programmen heraus auf relationale Datenbanksysteme zu-
greifen zu können. JDBC ist durch die Verwendung von Java als
Programmiersprache vollständig objektorientiert und plattformun-
abhängig.

Klasse *(class)*
Eine Klasse definiert für eine Kollektion von Objekten deren Struktur (Attribute), das Verhalten (Operationen) und Beziehungen (Assoziationen, Generalisierungsstrukturen). Klassen besitzen – mit
Ausnahme von abstrakten Klassen – einen Mechanismus, um neue
Objekte zu erzeugen. Der Klassenname muss mindestens im Paket,
besser im gesamten System eindeutig sein.

Klassenattribut *(class scope attribute)*
Ein Klassenattribut liegt vor, wenn nur ein Attributwert für alle
Objekte der Klasse existiert. Klassenattribute sind von der Existenz
der Objekte unabhängig.

Klassenbibliothek *(class library)*
Eine Klassenbibliothek ist eine organisierte Sammlung von Klassen,
aus denen der Entwickler nach Bedarf Einheiten verwendet, d.h.
Objekte dieser Klassen definiert und Operationen darauf anwendet
oder Unterklassen bildet. Klassenbibliotheken können unterschiedliche Topologien besitzen.

Klassendiagramm *(class diagram)*
Das Klassendiagramm stellt die Klassen, die Generalisierung und
die Assoziationen zwischen Klassen dar.

Klassenoperation *(class scope operation)*
Eine Klassenoperation ist eine Operation, die für eine Klasse statt
für ein Objekt der Klasse ausgeführt wird.

Kombiniertes Fragment *(combined fragment)*
Teil eines Sequenzdiagramms, das mit einem rechteckigen Rahmen
umgeben ist und zur Darstellung verschiedener Kontrollstrukturen
dient. Deren Art wird links oben durch einen Operator angegeben,
z.B. opt, alt, loop, break. Kombinierte Fragmente können ineinander
geschachtelt werden.

Kommunikationsdiagramm *(communication diagram)*
Ein Kommunikationsdiagramm beschreibt die Objekte und die
Objektbeziehungen zwischen diesen Objekten. An jede Objektbeziehung *(link)* kann eine Operation mit einem Pfeil angetragen
werden. Die Reihenfolge und Verschachtelung der Operationen
wird durch eine hierarchische Nummerierung angegeben.

Komponente *(component)*
Softwarebaustein, der über klar definierte Schnittstellen Verhalten (Funktionalität) bereitstellt. Außer den Schnittstellen, die eine Komponente realisiert und zur Verfügung stellt, können diejenigen Schnittstellen spezifiziert werden, die sie selbst benötigt. Das Innenleben der Komponente, d.h. die technische Realisierung, bleibt nach außen verborgen, mit anderen Worten: Die Komponente realisiert das Geheimnisprinzip.

Komponentendiagramm *(component diagram)*
Durch die zur Verfügung gestellten und benutzten Schnittstellen sind Komponenten miteinander verbunden. Diese Abhängigkeiten werden im Komponentendiagramm dokumentiert.

Komposition *(composition)*
Die Komposition ist eine besondere Form der Aggregation. Beim Löschen des Ganzen müssen auch alle Teile gelöscht werden. Jedes Teil kann – zu einem Zeitpunkt – nur zu einem Ganzen gehören. Es kann jedoch einem anderen Ganzen zugeordnet werden. Das Ganze ist für das Erzeugen und Löschen der Teile verantwortlich.

Kompositum-Muster *(composite pattern)*
Das Kompositum-Muster ist ein objektbasiertes Strukturmuster. Es setzt Objekte zu Baumstrukturen zusammen, um *whole-part*-Hierarchien darzustellen. Dieses Muster ermöglicht es, sowohl einzelne Objekte als auch einen Baum von Objekten einheitlich zu behandeln.

Konzept *(concept)*
Der Begriff des Konzepts wird in der Informatik im Sinne von Leitidee verwendet, z.B. Konzepte der Programmierung, Konzepte der Objektorientierung. Ein Konzept beschreibt einen definierten Sachverhalt (z.B. eine Klasse) unter einem oder mehreren Gesichtspunkten.

Kreuzung *(junction)*
Pseudoknoten im Zustandsautomaten, mit dem mehrere aufeinander folgende Transitionen miteinander verknüpft werden können. Im Gegensatz zum Entscheidungszustand handelt es sich um eine statische Verzweigung *(static conditional branch)*.

Listenfenster *(list view window)*
Das Listenfenster zeigt alle Objekte der Klasse an. Im Allgemeinen enthält es von einem Objekt nur dessen wichtigste Attribute.

Makroprozess *(macro process)*
Der Makroprozess beschreibt auf einem hohen Abstraktionsniveau die einzelnen Schritte, die zur sytematischen Erstellung eines OOA-Modells durchzuführen sind. Der Makroprozess kann die Gleichgewichtigkeit von statischem und dynamischem Modell (balancierter Makroprozess) unterstützen oder datenbasiert bzw. szenariobasiert sein.

Mehrfachvererbung *(multiple inheritance)*
Bei der Mehrfachvererbung kann jede Klasse mehrere direkte Oberklassen besitzen. Sie bildet einen azyklischen Graphen, der mehr als eine Wurzel haben kann (Netzstruktur). Bei der Mehrfachvererbung können Namenskonflikte auftreten.

Mehr-Schichten-Architektur *(multi-tier architecture)*
Eine Mehr-Schichten-Architektur entsteht, wenn die Drei-Schichten-Architektur um weitere Schichten erweitert wird bzw. die vorhandenen Schichten feiner zerlegt werden.

Menü *(menue)*
Ein Menü besteht aus einer überschaubaren und meist vordefinierten Menge von Menüoptionen, aus der ein Benutzer eine oder mehrere auswählen kann. Bei einem Aktionsmenü lösen die Menüoptionen Anwendungsfunktion aus, bei einem Eigenschaftsmenü lassen sich Parameter einstellen. Es lassen sich *pop-up*-Menüs und Menübalken mit *drop-down*-Menüs unterscheiden.

Methode *(method)*
Der Begriff »Methode« beschreibt die planmäßig angewandte, begründete Vorgehensweise zur Erreichung von festgelegten Zielen. In der Softwaretechnik wird der Begriff »Methode« als Oberbegriff von Konzepten, Notation und methodischer Vorgehensweise verwendet.

Methodische Vorgehensweise *(method)*
Eine methodische Vorgehensweise ist eine planmäßig angewandte, begründete Vorgehensweise zur Erreichung von festgelegten Zielen. Sie wird häufig als Methode bezeichnet.

Multiplizität *(multiplicity)*
1. Bezeichnet die Wertigkeit eines Attributs, d.h. sie spezifiziert die Anzahl der Werte, die ein Attribut enthalten kann oder muss.
2. Bezeichnet die Wertigkeit einer Assoziation, d.h., sie spezifiziert die Anzahl der an der Assoziation beteiligten Objekte.

Muster *(pattern)*
Ein Muster ist – ganz allgemein – eine Idee, die sich in einem praktischen Kontext als nützlich erwiesen hat und es wahrscheinlich auch in anderen sein wird. Muster beschreiben Strukturen von Klassen bzw. Objekten, die sich in Softwaresystemen wiederholt finden, und dienen zur Lösung bekannter Probleme. Entsprechend ihrer Anwendung in der jeweiligen Phase unterscheidet man Analyse- und Entwurfsmuster.

Nachbedingung *(postcondition)*
Die Nachbedingung beschreibt die Änderung, die durch eine Verarbeitung bewirkt wird, unter der Voraussetzung, dass vor ihrer Ausführung die Vorbedingung erfüllt war.

Nachricht *(message)*
Aufforderung eines Senders *(client)*, an einen Empfänger *(server, supplier)* eine Dienstleistung zu erbringen. Der Empfänger interpretiert diese Nachricht und führt eine Operation aus.

Namensraum *(namespace)*
Bereich, in dem jedes Element einen eindeutigen Namen besitzen muss. In unterschiedlichen Namensräumen kann der gleiche Name in unterschiedlicher Bedeutung verwendet werden.

Navigierbarkeit *(navigability)*
Die Navigierbarkeit legt im Entwurf fest, ob eine Assoziation uni- oder bidirektional implementiert wird. In der UML kann für jedes Assoziationsende die Navigierbarkeit vorhanden sein (Pfeilspitze) oder ausgeschlossen werden (x).

Notation *(notation)*
Darstellung von Konzepten durch eine festgelegte Menge von grafischen und/oder textuellen Symbolen, zu denen eine Syntax und Semantik definiert ist.

Oberklasse *(super class)*
In einer Generalisierungsstruktur heißt jede Klasse, von der eine Klasse Eigenschaften und Verhalten erbt, Oberklasse dieser Klasse. Mit anderen Worten: Eine Oberklasse ist eine Klasse, die mindestens eine Unterklasse besitzt.

Objekt *(object)*
Ein Objekt besitzt einen Zustand (Attributwerte und Objektbeziehungen zu anderen Objekten), reagiert mit einem definierten Verhalten (Operationen) auf seine Umgebung und besitzt eine Objektidentität, die es von allen anderen Objekten unterscheidet. Jedes Objekt ist Exemplar einer Klasse.

Objektdiagramm *(object diagram)*
Das Objektdiagramm stellt Objekte und ihre Objektbeziehungen untereinander dar. Objektdiagramme werden im Allgemeinen verwendet, um einen Ausschnitt des Systems zu einem bestimmten Zeitpunkt zu modellieren. Objekte können einen – im jeweiligen Objektdiagramm – eindeutigen Namen besitzen, oder es können anonyme Objekte sein. In verschiedenen Objektdiagrammen kann der gleiche Name unterschiedliche Objekte kennzeichnen.

Objektidentität *(object identity)*
Jedes Objekt besitzt eine Identität, die es von allen anderen Objekten unterscheidet. Selbst wenn zwei Objekte zufällig dieselben Attributwerte besitzen, haben sie eine unterschiedliche Identität.

Objektorientierte Analyse *(object oriented analysis)*
Ermittlung und Beschreibung der Anforderungen an ein Software-
system mittels objektorientierter Konzepte und Notationen. Das
Ergebnis ist ein OOA-Modell.

Objektorientierter Entwurf *(object oriented design)*
Aufbauend auf dem OOA-Modell erfolgt die Erstellung der Softwarearchitektur und die Spezifikation der Klassen aus Sicht der
Realisierung. Das Ergebnis ist das OOD-Modell, das ein Spiegelbild
der objektorientierten Programme auf einem höheren Abstraktionsniveau bildet.

Objektorientierte Softwareentwicklung *(object oriented software development)*
Bei einer objektorientierten Softwareentwicklung werden die Ergebnisse der Phasen Analyse, Entwurf und Implementierung objektorientiert erstellt. Für Letztere werden objektorientierte Programmiersprachen verwendet.

Objektrelationale Abbildung *(object relational mapping)*
Die objektrelationale Abbildung gibt an, wie ein Klassendiagramm
auf Tabellen einer relationalen Datenbank abgebildet wird. Sie enthält Abbildungsvorschläge für Klassen, Assoziationen und Generalisierungsstrukturen. Ein weiterer Aspekt ist die Realisierung der
Objektidentität in relationalen Datenbanken.

Objektserialisierung *(object serialization)*
Umwandlung von Objekten in einen Bytestrom, der in einer Datei
gespeichert wird. Es werden nicht nur die Daten, sondern die gesamten Objekte einschließlich der Klasse, der Objektbeziehungen
und der Attribute persistent abgelegt. Die Wiedergewinnung der
Objekte aus dem Bytestrom wird De-Serialisierung genannt.

Objektverwaltung *(class extension, object warehouse)*
In der Systemanalyse besitzen Klassen implizit die Eigenschaft der
Objektverwaltung. Das bedeutet, dass die Klasse weiß, welche Ob-
jekte von ihr erzeugt wurden. Damit erhält die Klasse die Möglich-
keit, Anfragen und Manipulationen auf der Menge der Objekte einer
Klasse durchzuführen.

ODBC *(Open Database Connectivity)*
ODBC ist eine standardisierte Schnittstelle für den Zugriff auf relationale Datenbanksysteme. Sie wurde ursprünglich von Microsoft
spezifiziert, hat sich aber inzwischen zu einem betriebssystemübergreifenden, allgemein akzeptierten De-facto-Standard entwickelt.

OID-Attribut *(key, oid)*
Schlüsselattribut einer Tabelle ohne jede semantische Bedeutung.
Es wird auch als Surrogat *(surrogate key)* bezeichnet.

OOA
→Objektorientierte Analyse

OOA-Modell *(OOA model)*
Fachliche Lösung des zu realisierenden Systems, die in einer objektorientierten Notation modelliert wird. Das OOA-Modell besteht aus dem statischen und dem dynamischen Modell und ist das wichtigste Ergebnis der Analyse.

OOD
→Objektorientierter Entwurf

OOD-Klassendiagramm *(design class diagram)*
Das OOD-Klassendiagramm stellt die Klassen, die Generalisierungsstrukturen und die Assoziationen auf Entwurfsebene dar. Im Gegensatz zum Klassendiagramm der Analyse soll es ein Spiegelbild des Programms sein. Daher sollten alle Namen des OOD-Modells der Syntax der jeweiligen Programmiersprache entsprechen. Oft werden auch für Attribute und Parameter Typen der jeweiligen Programmiersprache verwendet.

OOD-Modell *(OOD model)*
Technische Lösung des zu realisierenden Systems, die in einer objektorientierten Notation modelliert wird. Das OOD-Modell ist ein Abbild des späteren (objektorientierten) Programms.

Operation *(operation)*
Eine Operation ist eine Funktion, die auf die internen Daten (Attributwerte) eines Objekts Zugriff hat. Sie kann Botschaften an andere Objekte senden. Auf alle Objekte einer Klasse sind dieselben Operationen anwendbar. Jede Operation wird durch eine Signatur definiert. Für Operationen gibt es im Allgemeinen in der Analyse eine fachliche Beschreibung. Sie wird in einer objektorientierten Programmiersprache durch eine Implementierung (Methode) realisiert. Abstrakte Operationen besitzen nur eine Signatur. Externe Operationen werden vom späteren Bediener des Systems oder allgemein von Akteur des Systems aktiviert. Interne Operationen werden dagegen von anderen Operationen der gleichen Anwendung aufgerufen.

Paket *(package)*
Ein Paket fasst Modellelemente (z.B. Klassen) zusammen. Ein Paket kann selbst Pakete enthalten. Mehrere Pakete werden durch den Paket-Import und den Paket-*Merge* miteinander verknüpft. Es wird benötigt, um die Systemstruktur auf einer hohen Abstraktionsebene auszudrücken. Pakete können im Paketdiagramm dargestellt werden.

Paketdiagramm *(package diagram)*
Modelliert die Pakete und ihre Abhängigkeiten, die durch den Paket-Import und den Paket-*Merge* dargestellt werden. Im OOD-Modell dient es auch dazu, die verschiedenen Architekturschichten (Benutzungsoberfläche, Datenbankzugriffe etc.) präzise voneinander zu trennen.

Paket-Import *(package import)*

Beziehung, die zwischen zwei Paketen oder einem Paket und dem Element eines anderen Pakets existiert. Sie wird durch einen gestrichelten Pfeil und das Schlüsselwort «import» (öffentlicher Import) oder «access» (privater Import) dargestellt. Der Pfeil zeigt auf dasjenige Paket, das importiert werden soll. Ist kein Schlüsselwort angegeben, dann gilt implizit «import». Der Paket-Import ermöglicht es, dass die Elemente des importierten Pakets im importierenden Paket ohne qualifizierenden Namen verwendet werden.

Paket-*Merge* *(package merge)*

Ermöglicht es, dass Elemente gleichen Namens aus mehreren Paketen »gemischt« werden. Er wird durch einen gestrichelten Pfeil vom Quell- zum Zielpaket dargestellt, der mit dem Schlüsselwort «merge» beschriftet ist. *Merge* bedeutet, dass der Inhalt des Zielpakets nach vorgegebenen Regeln in das Quellpaket kopiert wird und dort verändert werden kann.

Parametrisierte Klasse *(parameterized class, template)*

Eine parametrisierte Klasse ist eine Beschreibung einer Klasse mit einem oder mehreren formalen Parametern. Ein Parameter besteht aus dem Namen und dem Typ. Der Typ entfällt, wenn der Name bereits einen Typ beschreibt. Die Parameterliste darf nicht leer sein. Eine parametrisierte Klasse definiert daher eine Familie von Klassen. *Container*-Klassen werden häufig als parametrisierte Klassen realisiert.

Persistenz *(persistence)*

Persistenz ist die Fähigkeit eines Objekts, über die Ausführungszeit eines Programms hinaus zu leben, d.h., die Daten dieses Objekt bleiben auch nach Beendigung des Programms erhalten und stehen bei einem Neustart wieder zur Verfügung.

Polymorphe Operation *(polymorphic operation)*

Eine polymorphe Operation ist eine Operation, die erst zur Ausführungszeit an ein bestimmtes Objekt gebunden wird. Man spricht vom späten Binden *(late binding)* bzw. vom dynamischen Binden.

Polymorphismus *(polymorphism)*

Eine Variable kann Objekte verschiedener Klassen bezeichnen. Jedes Objekt, das durch diese Variable bezeichnet wird, kann auf die gleiche Botschaft auf seine eigene Art und Weise reagieren. Polymorphismus und spätes Binden sind untrennbar verbunden.

Primärschlüssel *(primary key)*

Attribut PS einer Tabelle T1, das jedes Tupel der Tabelle eindeutig identifiziert. Ein Primärschlüssel kann auch aus mehreren Attributen bestehen (zusammengesetzter Schlüssel). Er wird oft auch einfach als Schlüssel bezeichnet.

Primitiver Datentyp *(primitive datatype)*

Datentyp, der keine Struktur besitzt. Außer den vier vordefinierten primitiven Datentypen Boolean, String, Integer und UnlimitedNatural können weitere primitive Datentypen definiert werden. Die Darstellung erfolgt mit Hilfe des Klassensymbols und dem Schlüsselwort «primitive».

Profil *(profile)*
Stereotypisiertes Paket, das Modellelemente der UML enthält, die für einen bestimmten Einsatzzweck angepasst werden. In vielen Fällen erfolgt dies durch entsprechende Stereotypen, z.B. kann der Stereotyp «bean» in einem Klassensymbol aussagen, dass es sich hier nicht um eine gewöhnliche Java-Klasse, sondern um eine JavaBean handelt.

Protokollzustandsautomat *(protocol state machine)*
Beschreibt für ein Objekt einer Klasse, in welchem Zustand und unter welchen Bedingungen die Operationen angewendet werden können. Ein Protokollzustandsautomat kann auch für eine Schnittstelle oder eine Komponente spezifiziert werden.

Prototyp *(prototype)*
Ein Prototyp dient dazu, bestimmte Aspekte vor der Realisierung des Softwaresystems zu überprüfen. Der Prototyp der Benutzungsoberfläche zeigt die vollständige Oberfläche des zukünftigen Systems, ohne dass bereits Funktionalität realisiert ist.

Proxy-Muster *(proxy pattern)*
Das Proxy-Muster ist ein objektbasiertes Strukturmuster. Es kontrolliert den Zugriff auf ein Objekt mithilfe eines vorgelagerten Stellvertreter-Objekts.

Pseudozustand *(pseudo state)*
Zustandsautomaten können außer den Zuständen auch Pseudozustände besitzen, mit deren Hilfe eine bestimmte Ablauflogik modelliert wird. Dazu gehören unter anderem: Anfangszustand, Entscheidungszustand, Kreuzung, Terminator, Historie, Eintritts- und Austrittspunkt.

Qualifizierung *(qualifier)*
Die Qualifizierung ist ein spezielles Attribut der Assoziation, dessen Wert ein oder mehrere Objekte auf der anderen Seite der Assoziation selektiert. Mit anderen Worten: Die Qualifizierung zerlegt die Menge der Objekte am anderen Ende der Assoziation in Teilmengen.

Relation
→Tabelle

Relationales Datenbanksystem *(relational database system)*
Ein relationales Datenbanksystem (RDBS) ist ein Datenbanksystem, dem ein relationales Datenmodell zugrunde liegt. Die Daten werden in Form von Tabellen gespeichert.

Rolle *(role name)*
Die Rolle beschreibt, welche Bedeutung ein Objekt in einer Asso-
ziation wahrnimmt. Eine binäre Assoziation besitzt maximal zwei
Rollen.

Schablonenmethode-Muster *(template method pattern)*
Das Schablonenmethode-Muster ist ein objektbasiertes Verhaltensmuster. Es definiert den Rahmen eines Algorithmus in einer Operation und delegiert Teilschritte an Unterklassen.

Schleifenknoten *(loop node)*
Strukturierter Knoten in einem Aktivitätsdiagramm, mit dem
while-do-, *do-while-* und *for-*Schleifen modelliert werden können.
Er wird durch ein gestricheltes Rechteck mit abgerundeten Ecken
dargestellt, das aus mehreren Bereichen besteht: *for-*Bereich für die
Initialisierung, *while-*Bereich für die Bedingung und *do-*Bereich für
den Schleifenrumpf.

Schlüssel-Fremdschlüssel-Beziehung *(key/foreign key relationship)*
Realisiert Beziehungen zwischen Tabellen einer relationalen Datenbank.

Schnittstelle *(interface)*
Eine Schnittstelle *(interface)* beschreibt eine oder mehrere Signaturen von Operationen. Seit der UML 2 darf eine Schnittstelle auch
Attribute besitzen. Für die Notation wird das Klassensymbol verwendet, das mit dem Schlüsselwort «interface» gekennzeichnet ist.

Sequenzdiagramm *(sequence diagram)*
Ein Sequenzdiagramm modelliert die Interaktionen zwischen mehreren Kommunikationspartnern. Das Sequenzdiagramm besitzt
zwei Dimensionen: Die Vertikale repräsentiert die Zeit, auf der
Horizontalen werden die Lebenslinien (Kommunikationspartner)
angetragen. Die Interaktion zwischen den Kommunikationspartnern
wird durch Botschaften bzw. Nachrichten dargestellt. Jede Nachricht
wird durch einen Pfeil vom Sender zum Empfänger dargestellt.

Serialisierung *(serialization)*
→Objektserialisierung.

Sichtbarkeit *(visibility)*
Die Sichtbarkeit legt fest, ob auf Attribute und Operationen außerhalb ihrer Klasse zugegriffen werden kann. Auch für Assoziationen
kann die Sichtbarkeit definiert werden. Die UML unterscheidet die
folgenden Sichtbarkeiten: *public* = sichtbar für alle Klassen, *protected* = sichtbar innerhalb der Klasse und für alle Spezialisierungen
dieser Klasse, *private* = sichtbar nur innerhalb der Klasse, *package*
= sichtbar nur innerhalb des zugehörigen Pakets.

Signatur *(signature)*
Die Signatur einer Operation besteht aus der Sichtbarkeit, dem
Namen der Operation, der Parameterliste, dem Ergebnistyp der

Operation und einer Liste von Eigenschaftswerten. Die Parameterliste kann mehrere Parameter enthalten, die durch Komma getrennt werden. Für jeden Parameter können die Richtung (*in, out, inout, return*), der Name, der Typ, die Multiplizität und die Eigenschaftswerte spezifiziert werden.

Singleton-Muster *(singleton pattern)*

Das *Singleton*-Muster ist ein objektbasiertes Erzeugungsmuster. Es stellt sicher, dass eine Klasse genau ein Objekt besitzt, und ermöglicht einen globalen Zugriff auf dieses Objekt.

Software-Ergonomie *(user interface design)*

Die Software-Ergonomie befasst sich mit der menschengerechten Gestaltung von Softwaresystemen. Sie verfolgt das Ziel, die Software an die Eigenschaften und Bedürfnisse der Benutzer anzupassen.

Spätes Binden *(late binding)*

Beim späten Binden wird erst zur Ausführungszeit bestimmt, welche polymorphe Operation auf ein Objekt angewendet wird. Man spricht auch von dynamischem Binden. Das Gegenstück zum späten Binden ist das frühe Binden, das zur Übersetzungszeit stattfindet.

SQL *(Structured Query Language)*

SQL ist eine deklarative Programmiersprache, d.h., sie besitzt im Unterschied zu den klassischen Programmiersprachen keine Schleifen, keine Prozeduren, keine Rekursion und keine ausreichenden mathematischen Operationen. Sie dient der Definition und Manipulation relationaler Datenbanken. 1983 wurde von ANSI und ISO ein SQL-Standard definiert. Weiterentwicklungen führten zum derzeitigen Standard SQL-2003, der im Dezember 2003 veröffentlicht wurde.

Statisches Modell *(static model)*

Das statische Modell realisiert außer den Basiskonzepten (Objekt, Klasse, Attribut) die statischen Konzepte (Assoziation, Generalisierung, Paket). Es beschreibt die Klassen des Systems, die Assoziationen zwischen den Klassen und die Generalisierungsstrukturen. Außerdem enthält es die Daten des Systems (Attribute). Die Pakete dienen dazu, Teilsysteme zu bilden, um bei großen Systemen einen besseren Überblick zu ermöglichen.

Stereotyp *(stereotype)*

Angabe in einem UML-Modell, um Erweiterungen für existierende Modellelemente zu spezifizieren. Die UML bietet eine Reihe von vordefinierten Stereotypen, die auch Schlüsselworte *(keywords)* genannt werden. Der UML-Modellierer kann selbst weitere Stereotypen definieren.

Steuerelement *(control)*

→Interaktionselement

Strenge Drei-Schichten-Architektur *(strict three-tier architecture)*

Bei einer strengen Drei-Schichten-Architektur kann die GUI-Schicht nur auf die Fachkonzeptschicht und Letztere nur auf die Datenhaltungsschicht zugreifen.

Strukturierter Knoten *(strucured activity node)*

Knoten, der Knoten und Kanten einer Aktivität gruppiert. Er wird durch ein gestricheltes Rechteck mit abgerundeten Ecken dargestellt und links oben mit dem Schlüsselwort «structured» gekennzeichnet.

Strukturmuster *(structural pattern)*

Strukturmuster befassen sich damit, wie Klassen und Objekte zu größeren Strukturen zusammengesetzt werden.

Synchrone Nachricht *(synchronous message)*

Bei der synchronen Nachricht wartet der Sender, bis der Empfänger die geforderte Verarbeitung komplett durchgeführt hat. Der Empfänger schickt daraufhin dem Sender eine Antwortnachricht, die implizit das Ende der geforderten Verarbeitung mitteilt und außerdem Antwortdaten enthalten kann. Synchrone Nachrichten sind oft Operationsaufrufe, können aber auch durch Signale modelliert werden. Sie werden durch einen Pfeil mit gefüllter Pfeilspitze modelliert, die Antwortnachricht durch einen gestrichelten Pfeil.

Systemanalyse *(systems analysis)*

→Analyse

Szenario *(scenario)*

Ein Szenario ist eine Sequenz von Verarbeitungsschritten, die unter bestimmten Bedingungen auszuführen sind. Diese Schritte sollen das Hauptziel des Akteurs realisieren und ein entsprechendes Ergebnis liefern. Ein Use-Case wird durch eine Kollektion von Szenarien dokumentiert.

Szenariobasierter Makroprozess *(scenario-based macro process)*

Der szenariobasierte Makroprozess beginnt mit dem Erstellen von Use-Cases und Interaktionsdiagrammen und leitet daraus das Klassendiagramm ab.

Tabelle *(table)*

Relationale Datenbanksysteme speichern Daten in Form von Tabellen (Relationen). Jede Zeile der Tabelle wird als Tupel bezeichnet. Der Schlüssel einer Tabelle (auch als Primärschlüssel bezeichnet) kann aus einem oder mehreren Attributen bestehen. Beziehungen zwischen Tabellen werden mittels Fremdschlüsseln realisiert.

Terminator *(terminate pseudo state)*

Pseudozustand, in dem die Verarbeitung des Zustandsautomaten endet. Im Gegensatz zum Endzustand (Bullauge) gilt hier zusätzlich, dass gleichzeitig die Lebensdauer des beschriebenen *Classifier* beendet wird.

Token *(token)*
Marke, die sich nach bestimmten Regeln durch das Aktivitätsdiagramm bewegt. Kanten und Knoten können mit den Token behaftet sein. Knoten können kontrollieren, wann ein Token angenommen wird und wann es den Knoten verlassen darf. Die Regeln von Kanten kontrollieren, wann ein Token von einem Ausgangsknoten entfernt und einem Zielknoten übergeben wird.

Transition *(transition)*
Eine Transition (Zustandsübergang) verbindet einen Ausgangs- und einen Folgezustand. Sie kann nicht unterbrochen werden und wird stets durch ein Ereignis ausgelöst. Ausgangs- und Folgezustand können identisch sein.

Tupel *(row)*
Zeile in der Tabelle einer relationalen Datenbank. Alle Tupel einer Tabelle müssen gleich lang sein. Jedes Tupel muss durch einen eindeutigen Schlüssel identifizierbar sein.

Überschreiben *(overriding)*
Von Überschreiben bzw. Redefinition spricht man, wenn eine Unterklasse eine geerbte Operation der Oberklasse – unter dem gleichen Namen – neu implementiert. Beim Überschreiben müssen die Anzahl und Typen der Ein-/Ausgabeparameter gleich bleiben. Bei der Implementierung der überschriebenen Operation wird im Allgemeinen die entsprechende Operation der Oberklasse aufgerufen.

UML *(Unified Modeling Language)*
Wurde von Booch, Rumbaugh und Jacobson bei der *Rational Software Corporation* entwickelt und 1997 von der OMG *(Object Management Group)* als Standard akzeptiert.

Unterklasse *(sub class)*
Jede Klasse, die in einer Generalisierungshierarchie Eigenschaften und Verhalten von anderen Klassen erbt, ist eine Unterklasse dieser Klassen. Mit anderen Worten: Eine Unterklasse besitzt immer Oberklassen.

Unterzustandsautomat *(submachine)*
Zustandsautomat, der einen Unterzustandsautomatenzustand *(submachine state)* in einem übergeordneten Zustandsautomaten verfeinert. Unterzustandsautomaten können beliebig viele Eintritts- und Austrittspunkte besitzen und sind semantisch äquivalent zu einem zusammengesetzten Zustand.

Use-Case *(use case)*
Ein Use-Case spezifiziert eine Sequenz von Aktionen, einschließlich möglicher Varianten, die das System in Interaktion mit Akteuren ausführt. Er wird durch ein bestimmtes Ereignis ausgelöst und ausgeführt, um ein Ziel zu erreichen oder ein gewünschtes Ergebnis zu

erstellen. Ein Use-Case ist immer als Black Box zu verstehen: Er beschreibt das extern wahrnehmbare Verhalten, ohne auf die interne Struktur oder Details der Realisierung einzugehen.

Use-Case-Diagramm *(use case diagram)*
Ein Use-Case-Diagramm beschreibt die Beziehungen zwischen Akteuren und Use-Cases in einem System. Auch Beziehungen zwischen Use-Cases *(extend* und *include)* können eingetragen werden. Außerdem kann es Generalisierungsstrukturen zwischen Akteuren oder zwischen Use-Cases darstellen. Es gibt auf einem auf hohem Abstraktionsniveau einen guten Überblick über das System und seine Schnittstellen zur Umgebung.

Use-Case-Schablone *(use case template)*
Die Use-Case-Schablone ermöglicht eine semiformale Spezifikation von Use-Cases. Sie enthält folgende Informationen: Name, Ziel, Kategorie, Vorbedingung, Nachbedingung Erfolg, Nachbedingung Fehlschlag, Akteure, auslösendes Ereignis, Beschreibung des Standardfalls sowie Erweiterungen und Alternativen zum Standardfall.

Verhalten *(behavior)*
Unter dem Verhalten eines Objekts sind die beobachtbaren Effekte aller Operationen zu verstehen, die auf das Objekt angewendet werden können. Das Verhalten einer Klasse wird bestimmt durch die Operationsaufrufe, auf die diese Klasse bzw. deren Objekte reagieren.

Verhaltensmuster *(behavioral pattern)*
Verhaltensmuster befassen sich mit der Interaktion zwischen Objekten und Klassen. Sie beschreiben komplexe Kontrollflüsse, die zur Laufzeit schwer nachvollziehbar sind. Sie lenken die Aufmerksamkeit weg vom Kontrollfluss hin zu der Art und Weise, wie die Objekte interagieren.

Verlorene Nachricht *(lost message)*
Nachricht im Sequenzdiagramm, deren Empfänger nicht im gleichen Diagramm eingetragen ist. Die Pfeilspitze zeigt dann nicht auf eine Lebenslinie, sondern auf einen Punkt.

Vorbedingung *(precondition)*
Die Vorbedingung beschreibt, welche Bedingungen vor dem Ausführen einer Verarbeitung erfüllt sein müssen, damit die Verarbeitung wie definiert ausgeführt werden kann.

Zustand *(state)*
1. Der Zustand eines Objekts wird bestimmt durch seine Attributwerte und seine Objektbeziehungen *(links)* zu anderen Objekten, die zu einem bestimmten Zeitpunkt existieren.
2. Ein Zustand eines Zustandsautomaten ist eine Zeitspanne, in der ein Objekt auf ein Ereignis wartet. Ein Zustand besteht so lange, bis ein Ereignis eintritt, das eine Transition auslöst.

Zustandsautomat *(state machine)*

Ein Zustandsautomat besteht aus Zuständen und Transitionen. Er hat einen Anfangszustand und kann einen Endzustand besitzen. Die UML 2 unterscheidet den Verhaltenszustandsautomaten und den Protokollzustandsautomaten. Der Verhaltenszustandsautomat dient in der Analyse dazu, das dynamische Verhaltenen von Use-Cases und Klassen zu beschreiben. Der Protokollzustandsautomat kann in der Analyse gut verwendet werden, um die zulässigen Aufrufe der zustandsabhängigen Operationen einer Klasse zu spezifizieren.

Zustandsdiagramm *(state machine diagram)*

Das Zustandsdiagramm ist eine grafische Repräsentation des Zustandsautomaten.

Zustandsmuster *(state pattern)*

Das Zustandsmuster ist ein Entwurfsmuster, mit dem Objekt-Lebenszyklen des OOA-Modells systematisch in ein OOD-Klassendiagramm umgesetzt werden können. Es ist insbesondere für die Realisierung komplexer Zustandsautomaten gedacht.

Zwei-Schichten-Architektur *(two-tier architecture)*

Bei einer Zwei-Schichten-Architektur sind die Benutzungsoberfläche und das Fachkonzept fest in einer Schicht verzahnt. Die zweite Schicht realisiert die Datenhaltung.

Referenzierte und ergänzende Literatur

/ANSI 92/
  ANSI X3H2, Database Language SQL, X3.135–1992, 1992
/ANSI/IEEE Std. 729–1983/
  IEEE Standard Glossary of Software Engineering Terminology
  IEEE 1993
/Ambler 02/
  Ambler S.W.
  Agile Modeling
  John Wiley & Sons, 2002
/Ambler 03/
  Ambler S.W.
  The Elements of UML Style
  Cambridge University Press, Cambridge, 2003
/Ambler 03a/
  Ambler S.W.
  Agile Database Techniques
  Effective Strategies for the Agile Software Developer
  Mapping Objects to Relational Databases
  Wiley Publishing, 2003
/Balzert 96/
  Balzert Heide
  Methoden der objektorientierten Systemanalyse, 2. Auflage
  Spektrum Akademischer Verlag, Heidelberg, 1996
/Balzert 98/
  Balzert Helmut
  Lehrbuch der Softwaretechnik – Software-Management,
  Software-Qualitätssicherung, Unternehmensmodellierung
  Spektrum Akademischer Verlag, Heidelberg, 1998
/Balzert 00/
  Balzert Heide
  Objektorientierung in 7 Tagen
  Vom UML-Modell zur fertigen Web-Anwendung
  Spektrum Akademischer Verlag, Heidelberg, 2000
/Balzert 01/
  Balzert Helmut
  Lehrbuch der Softwaretechnik – Software-Entwicklung,
  2. Auflage
  Spektrum Akademischer Verlag, Heidelberg, 2001

Literatur

/Balzert 01a/
  Balzert Heide
  UML kompakt, mit Checklisten
  Spektrum Akademischer Verlag, Heidelberg, 2001
/Balzert 04/
  Balzert Helmut
  Lehrbuch Grundlagen der Informatik, 2. Auflage
  Elsevier – Spektrum Akademischer Verlag, Heidelberg, 2004
/Blair et al. 91/
  Blair G., Gallager J., Hutschison D., Shepherd D.
  Object-Oriented Languages, Systems and Applications
  Halstead Press, John Wiley & Sons, New York, 1991
/Booch 91/
  Booch G.
  Object-Oriented Design with Applications
  The Benjamin/Cummings Publishing Company, Redwood City,
  1991
/Booch 93/
  Das Design der C++ Booch Components
  Rational, 1993
/Booch 94/
  Booch G.
  Object-Oriented Analysis and Design with Applications
  Second Edition
  The Benjamin/Cummings Publishing Company, Redwood City,
  1994
/Booch 94a/
  Booch G.
  The Evolution of the Booch Method
  Report on Object Analysis & Design, May-June 1994, pp. 2–5
/Booch 94b/
  Booch G.
  Objektorientierte Analyse und Design: Mit praktischen
  Anwendungsbeispielen
  Addison-Wesley, Bonn 1994
  deutsche Übersetzung von /Booch 94/
/Booch 96/
  Booch G.
  Object Solutions, Managing the Object-Oriented Project
  Addison-Wesley, Menlo Park, California, 1996
/Booch 96a/
  Booch G.
  Best of Booch
  Sigs Books, New York, 1996

/Booch, Rumbaugh 95/
  Booch G., Rumbaugh J.
  Unified Method, Version 0.8
  Rational Software Corporation, Santa Clara, 1995
/Booch et al. 98/
  Booch G., Rumbaugh J., Jacobson I.
  The Unified Modeling Language User Guide
  Addison-Wesley, Reading, Massachusetts 1998
/Born et al. 04/
  Born M., Holz E., Kath O.
  Softwareentwicklung mit UML 2
  Die „neuen" Entwurfstechniken UML 2, MOF 2 und MDA
  Addison-Wesley, München, 2004
/Brown, Whitenack 95/
  Brown K., Whitenack B,G.
  Crossing Chasms: A Pattern Language for Object-RDBMS
  in /Vlissides et al. 96/
/Burkhardt 97/
  Burkhardt R.
  UML – Unified Modeling Language
  Objektorientierte Modellierung für die Praxis
  Addison-Wesley, Bonn, 1997
/Buschmann et al. 97/
  Buschmann F., Meunier R., Rohnert H., Sommerlad P., Stal M.
  Pattern-oriented Software Architecture
  Vol 1: A System of Patterns
  John Wiley & Sons, 1997
/Buschmann et al. 98/
  Buschmann F., Meunier R., Rohnert H., Sommerlad P., Stal M.
  Pattern-orientierte Software-Architekturen
  Ein Pattern-System
  Addison-Wesley, 1998
  Übersetzung von /Buschmann et al. 97/
/Carmichael 94/
  Carmichael A. (ed.)
  Object Development Methods
  Sigs Books, New York, 1994
/Carroll 95/
  Carroll J.M. (Hrsg.)
  Szenario-Based Design
  Envisioning Work and Technology in System Development
  John Wiley & Sons, New York, 1995
/Chonoles, Schardt 03/
  Chonoles M.J., Schardt J.A.
  UML 2 For Dummies
  Wiley Publishing, New York, 2003

Literatur

/Coad, Yourdon 91/
Coad P., Yourdon E.
Object-Oriented Analysis
2. Auflage
Yourdon Press, Prentice Hall, Englewood Cliffs, 1991
/Coad, Yourdon 91a/
Coad P., Yourdon E.
Object-Oriented Design
Yourdon Press, Prentice Hall, Englewood Cliffs, 1991
/Coad 92/
Coad P.
Object-Oriented Patterns
Communications of the ACM, September 1992, pp. 152–159
/Coad, Yourdon 94/
Coad P., Yourdon E.
OOA
Objektorientierte Analyse
Prentice Hall Verlag, München, 1994
deutsche Übersetzung von /Coad, Yourdon 91/
/Coad, Yourdon 94a/
Coad P., Yourdon E.
OOD
Objektorientiertes Desgin
Prentice Hall Verlag, München, 1994
deutsche Übersetzung von /Coad, Yourdon 91a/
/Coad 95/
Coad P. mit North D., Mayfield M.
Object Models, Strategies, Patterns, and Applications
Yourdon Press, Prentice Hall, Englewood Cliffs, 1995
/Cockburn 97/
Cockburn A.
Structuring Use Cases with Goals
Journal of Object-oriented Programming, September – October
1997
http://alistair.cockburn.us/crystal/articles/sucwg/
structuringucswithgoals.htm
/Cockburn 03/
Cockburn A.
Use-Cases effektiv erstellen
mitp-Verlag, Bonn, 2003
/Coleman et al. 94/
Coleman D., Arnold P., Bodoff S., Dollin C., Gilchrist H., Hayes F.,
Jeremes P.
Object-Oriented Development
The Fusion Method
Prentice Hall, Englewood Cliffs, 1994

/Conallen 00/
  Conallen J.
  Building Web Applications with UML
  Addison-Wesley, Reading, Massachusetts, 2000
/Coplien et al. 95/
  Coplien James.O., Schmidt D.C. (ed.), Coplien Jim
  Pattern Languages of Program Design
  Addison-Wesley, Reading Massachusetts, 1995
/DeMarco 79/
  DeMarco T.
  Structured Analysis and System Specification
  Yourdon Press, Prentice Hall, Englewood Cliffs, 1979
/Derr 95/
  Derr K.
  Applying OMT
  A Practical Step-by-Step Guide to Using the Object Modeling
  Technique
  Sigs Books, New York, 1995
/Eisenecker 95/
  Eisenecker U.W.
  Objekte versus Komponenten – Der Weg zur flinken Software
  IX 9/1995, pp. 164–169
/Eisenecker 98/
  Eisenecker U.W.
  Korrespondenz mit U. Eisenecker, November 1998
/Fagan 76/
  Fagan M.E.
  Design and code inspections to reduce error in program
  development
  IBM Systems Journal, No. 3, 1976, pp. 182–211
/Fagan 86/
  Fagan M.E.
  Advances in Software Inspections
  IEEE Transactions on Software Engineering
  July 1986, pp. 744–751
/Firesmith, Eykholt 95/
  Firesmith D., Eykholt E.
  Dictionary of Object Technology
  The Definitive Desk Reference
  Sigs Books, New York, 1995
/Fowler 00/
  Fowler M.
  Analysis Patterns – Reusable Object Models
  Addison Wesley, Menlo Park, California, 2000

Literatur

/Fowler 03/
    Fowler M.
    UML Distilled, Third Edition
    Addison Wesley, Reading, Massachusetts, 2003
/Fowler 04/
    Fowler M.
    Website: www.martinfowler.com
/Fowler 04a/
    Fowler M.
    UML konzentriert, 3. Auflage
    Addison Wesley, München, 2004
    Übersetzuung von /Fowler 03/
/Gamma et al. 95/
    Gamma E., Helm R., Johnson R., Vlissides J.
    Design Patterns
    Elements of Reusable Object-Oriented Software
    Addison-Wesley, Reading, Massachusetts 1995
/Gamma et al. 01/
    Gamma E., Helm R., Johnson R., Vlissides J.
    Entwurfsmuster
    Elemente wiederverwendbarer objektorientierter Software
    Addison-Wesley, Bonn 2001
    Übersetzung von /Gamma et al. 95/
/Gilb, Graham 93/
    Gilb. T., Graham D.
    Software Inspection
    Addison Wesley, Wokingham, England 1993
/GUI Guide 93/
    The GUI Guide
    International Terminology for the Windows Interface
    Microsoft Press, Redmond, 1993
/Hansen 01/
    Hansen H. R., Neumann G.
    Wirtschaftsinformatik I
    UTB, Stuttgart, 2001
/Harel 87/
    Harel D.
    Statecharts: A Visual Formalism for Complex Systems
    Science of Computer Programming 8, 1987, pp. 231–274
/Harel 88/
    Harel D.
    On Visual Formalism
    Communications of the ACM, May 1988, pp. 514–530

/Harmon, Watson 98/
   Harmon P., Watson M.
   Understanding UML: The Developer's Guide
   with a Web-Based Application in Java
   Morgan Kaufmann Publishers, San Francisco, California, 1998
/Henderson-Sellers 92/
   Henderson-Sellers B.
   A Book of Object-Oriented Knowledge
   Object-Oriented Analysis, Design and Implementation:
   A new approach to software engineering
   Prentice Hall, New York, 1992
/Henderson-Sellers 96/
   Henderson-Sellers B.
   Object-Oriented Metrics
   Measures of Complexity
   Prentice Hall, Upper Saddle River, 1996
/Hitz, Kappel 99/
   UML@Work
   Von der Analyse zur Realisierung
   dpunkt.verlag, Heidelberg, 1999
/Hofmann 98/
   Hofmann F.
   Grafische Benutzungsoberflächen
   Generierung aus OOA-Modellen
   Spektrum Akademischer Verlag, Heidelberg, 1998
/Horstmann 97/
   Horstmann C.
   Practical Object-Oriented Development in C++ and Java
   John Wiley & Sons, New York, 1997
/IBM 97/
   IBM Object-Oriented Technology Center
   Developing Object-Oriented Software
   An Experience-Based Approach
   Prentice Hall, Upper Saddle River, New Jersey, 1997
/ISO 9241-10: 1996/
   Ergonomische Anforderungen für Bürotätigkeiten mit Bild-
   schirmgeräten
   Teil 10: Grundsätze der Dialoggestaltung
   Deutsche Fassung EN ISO 9241-10: 1996, Beuth Verlag, Berlin
   1996
/Jacobson 92/
   Jacobson I., Christerson M., Jonsson P., Övergaard G.
   Object-Oriented Software Engineering – A Use Case Driven
   Approach
   Addison Wesley, Wokingham, 1992

Literatur

/Jacobson 94/
Jacobson I., Ericson M., Jacobson A.
The Object Advantage
Business Process Reengineering with Object Technology
Addison Wesley, Wokingham, 1994

/Jacobson 95/
Jacobson I.
The Use-Case Construct in Object-Oriented Software Engineering
in /Carroll 95/

/Jeckle et al. 04/
Jeckle M., Rupp C. Hahn J., Zengler B., Queins S.
UML 2 glasklar
Hanser, München, 2004

/Khoshafian 90/
Khoshafian S., Abnous R.
Object Orientation
Concepts, Languages, Databases, User Interfaces
John Wiley & Sons, New York, 1990

/Kruchten 99/
Kruchten P.
The Rational Unified Process
An Introduction
Addison-Wesley, Reading, Massachusetts, 1999

/Kruglinski et al. 98/
Kruglinski D., Shepperd G., Wingo S.
Inside Visual C++ 6.0
Microsoft Press Deutschland, 1998

/Kruschinski 99/
Kruschinski V.
Layoutgestaltung grafischer Benutzungsoberflächen
Spektrum Akademischer Verlag, 1999

/Larman 02/
Larman C.
Applying UML and Patterns
An Introduction to Object-Oriented Analysis and Design and the
Unified Process, Second Edition
Prentice Hall, Upper Saddle River, 2002

/Lee, Tepfenhart 97/
Lee R., Tepfenhart W.
UML and C++
A Pratical Guide to Object-Oriented Development
Prentice Hall, Upper Saddle River, 1997

/Martin, Odell 95/
   Martin J., Odell J.
   Object Oriented Methods
   A Foundation
   Prentice Hall, Englewood Cliffs, 1995
/Martin et al. 97/
   Martin R.C.(ed.), Riehle D. (ed.), Buschmann F. (ed.) Vlissides J.
   Pattern Languages of Program Design 3
   Addison-Wesley, Reading Massachusetts, 1997
/McMenamin, Palmer 88/
   McMenamin S., Palmer J.
   Strukturierte Systemanalyse
   Coedition von Hanser und Prentice Hall, London, 1988
/Meyer 97/
   Meyer B.
   Object-Oriented Software Construction
   Prentice Hall, 1997
/MS 95/
   The Windows Interface Guidelines for Software Design
   Microsoft Corporation, Redmont, 1995
/ODMG/
   www.odmg.org
/Oestereich 04/
   Oestereich B.
   Objektorientierte Softwareentwicklung
   Analyse und Design mit der UML 2.0
   Oldenburg Verlag, München, 2004
/OMG/
   www.omg.org
/Page-Jones 88/
   Page-Jones M.
   Practical Guide to Structured Systems Design
   Prentice Hall, Englewood Cliffs, 1988
/Pilone 04/
   Pilone D.
   UML kurz & gut
   O'Reilly, Köln, 2004
/Pree 95/
   Pree W.
   Design Pattern for Object-Oriented Software Development
   Addison-Wesley, Wokingham, England, 1995
/Rechenberg, Pomberger 97/
   Rechenberg P., Pomberger G. (Hrsg)
   Informatik-Handbuch
   Carl Hanser Verlag, München, 1997

Literatur

/Riel 96/
    Riel A.
    Object-Oriented Design Heuristics
    Addison-Wesley, Reading, Massachusetts, 1996
/Rubin 92/
    Rubin K., Goldberg A.
    Object Behavior Analysis
    Communications of the ACM, September 1992, pp. 48–62
/Rumbaugh et al. 91/
    Rumbaugh J., Blaha M., Premerlani W., Eddy F., Lorensen W.
    Object-Oriented Modeling and Design
    Prentice Hall, Englewood Cliffs, 1991
/Rumbaugh et al. 93/
    Rumbaugh J., Blaha M., Premerlani W., Eddy F., Lorensen W.
    Objektorientiertes Modellieren und Entwerfen
    Coedition von Hanser-Verlag und Prentice Hall, 1993
    deutsche Übersetzung von /Rumbaugh et al. 91/
/Schäfer 94/
    Schäfer S.
    Objektorientierte Entwurfsmethoden
    Verfahren zum objektorientierten Softwareentwurf im Überblick
    Addison Wesley, Bonn 1994
/Schmidberger et al. 97/
    Schmidberger R. (Hrsg.), Schippert R., Kölle V., Urban U., Riemert
    S., Thülly G.
    Visual C++ 5 & MFC im praktischen Einsatz
    An International Thomson Publishing Company, Bonn 1997
/Schmidt et al. 00/
    Schmidt D., Stal M., Rohnert H.
    Pattern-oriented Software Architecture
    Pattern for Concurrent and Networked Objects, Vol.2
    John Wiley & Sons, 2000
/Shlaer, Mellor 88/
    Shlaer S., Mellor S.
    Object-Oriented Systems Analysis
    Modeling the World in Data
    Yourdon Press, Prentice Hall, Englewood Cliffs, 1988
/Shlaer, Mellor 92/
    Shlaer S., Mellor S.
    Object Lifecycles
    Modeling the World in States
    Yourdon Press, Prentice Hall, Englewood Cliffs, 1992
/Sigfried 96/
    Sigfried S.
    Understanding Object-Oriented Software Engineering
    IEEE Press, New York, 1996

/Sims 94/
  Sims O.
  Business Objects
  Delivering Cooperative Objects for Client-Server
  McGraw-Hill Book Company, London, 1994

/Starke 02/
  Starke G.
  Effektive Software-Architekturen
  Hanser, München, 2002

/Stein 94/
  Stein W.
  Objektorientierte Analysemethoden
  Vergleich, Bewertung, Auswahl
  BI Wissenschaftsverlag, Mannheim, 1994

/Stroustrup 98/
  Stroustrup B.
  Die C++ Programmiersprache
  Addison-Wesley, Bonn, 1998

/Texel, Williams 97/
  Texel P., Williams C.
  Uses Cases combined with Booch/OMT/UML
  Process and Products
  Prentice Hall, Upper Saddle River, 1997

/UML 96/
  Booch G., Rumbaugh J., Jacobson J.
  The Unified Modeling Language for Object-Oriented
  Development, Version 0.91
  Rational Software Corporation, Santa Clara 1996

/UML 97/
  Unified Modeling Language 1.1
  UML Summary
  Notation Guide
  UML Semantics
  Object Constraint Language Specification
  Rational Software Corporation, Santa Clara, September 1997

/UML 97a/
  Unified Modeling Language 1.0
  Notation Guide
  UML Semantics
  Object Constraint Language Specification
  Rational Software Corporation, Santa Clara, Januar 1997

/UML 99/
  OMG Unified Modeling Language Specification,
  Version 1.3, March 1999

Literatur

/UML 01/
OMG Unified Modeling Language Specification, Version 1.4,
September 2001

/UML 03/
UML 2.0 Superstructure Specification
OMG Adopted Specification (03-08-02), September 2003
www.omg.org/uml

/UML 03a/
UML 2.0 Infrastructure Specification
OMG Adopted Specification (03-09-15), September 2003
www.omg.org/uml

/UML 03b/
OMG Unified Modeling Language Specification, Version 1.5,
March 2003

/Vetter 90/
Vetter M.
Aufbau betrieblicher Informationssysteme mittels
konzeptioneller Datenmodellierung, 8. Auflage
Teubner, Stuttgart, 1990

/Vetter 98/
Vetter M.
Aufbau betrieblicher Informationssysteme mittels pseudo-
objektorientierter, konzeptioneller Datenmodellierung
Teubner, Stuttgart, 1998

/Vlissides et al. 96/
Vlissides J. (ed.), Coplien J.O. (ed.), Kerth N.L. (ed.)
Pattern Languages of Program Design 2
Addison-Wesley, Reading Massachusetts, 1996

/Vossen 00/
Vossen G.
Datenmodelle, Datenbanksprachen und Datenbank-Mangement-
Systeme, 4. Auflage
Addison-Wesley, Bonn, 2000

/Weilkiens, Oestereich 04/
Weilkiens T., Oestereich B.
UML 2 Zertifizierung
Test-Vorbereitung zum OMG Certified UML Professional
(Fundamental)
dpunkt.verlag, Heidelberg, 2004

/Wirfs-Brock 90/
Wirfs-Brock R., Wilkerson B., Wiener L.
Designing Object-Oriented Software
Prentice Hall, Englewood Cliffs, 1990

/Yourdon 89/
  Yourdon E.
  Modern Structured Analysis
  Yourdon Press, Prentice Hall, Englewood Cliffs, 1989
/Yourdon, Argila 96/
  Yourdon E., Argila C.
  Case Studies in Object-Oriented Analysis and Design
  Prentice Hall, Upper Saddle River, 1996
/Yourdon et al. 95/
  Yourdon E., Whitehead K., Thomann J., Oppel K., Nevermann P.
  Mainstream Objects: An Analysis and Design Approach for
  Business
  Prentice Hall, Upper Saddle River, 1995
/Zeppenfeld 04/
  Zeppenfeld K.
  Objektorientierte Programmiersprachen
  Einführung und Vergleich von Java, C++, C#, Ruby
  Elsevier – Spektrum Akademischer Verlag, Heidelberg, 2004
/Züllinghoven 98/
  Züllinghoven H.
  Das objektorientierte Konstruktionshandbuch
  nach dem Werkzeug & Material-Ansatz
  dpunkt.verlag, Heidelberg, 1998

Index

Klasse

Klasse

Klasse
attribut

Klasse
operation()

Klasse
attribut: Typ
/abgeleitetesAttribut
<u>klassenattribut</u>
operation()
<u>klassenoperation()</u>

«datatype» **Typ**
attribut1: Typ1
attribut2: Typ2

Klasse
– privateAttribut: Typ
protectedAttribut: Typ
+ publicAttribut: Typ
~ packageAttribut: Typ
attribut: Typ = Anfangswert
– privateOperation()
protectedOperation()
+ publicOperation()
~ packageOperation()
operation (in Par1: Typ1 = Wert,
out Par2: Typ2):Ergebnistyp

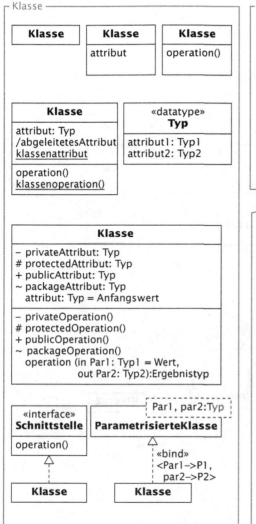

«interface» **Schnittstelle**
operation()

ParametrisierteKlasse

Par1, par2:Typ

«bind» <Par1–>P1, par2–>P2>

Klasse

Klasse

Objekt

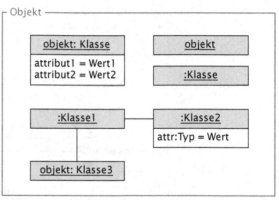

<u>objekt: Klasse</u>
attribut1 = Wert1
attribut2 = Wert2

<u>objekt</u>

<u>:Klasse</u>

<u>:Klasse1</u>

<u>:Klasse2</u>
attr:Typ = Wert

<u>objekt: Klasse3</u>

Paket

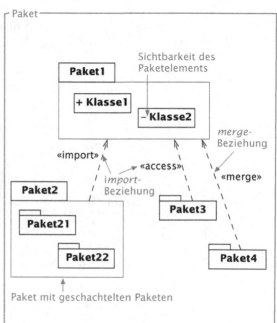

Sichtbarkeit des Paketelements

Paket1

+ Klasse1   – Klasse2

merge-Beziehung

«import»   «access»   «merge»

import-Beziehung

Paket2

Paket21

Paket22

Paket3

Paket4

Paket mit geschachtelten Paketen

Komponente

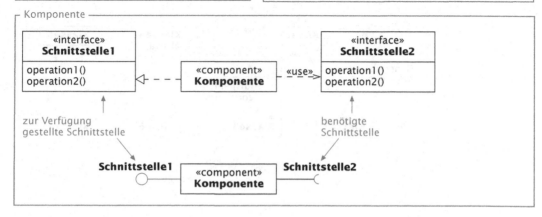

«interface» **Schnittstelle1**
operation1()
operation2()

«component» **Komponente**

«use»

«interface» **Schnittstelle2**
operation1()
operation2()

zur Verfügung gestellte Schnittstelle

benötigte Schnittstelle

Schnittstelle1   «component» **Komponente**   Schnittstelle2

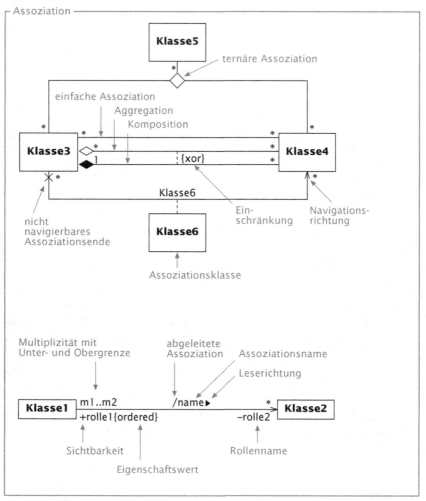

Assoziation

Klasse5

ternäre Assoziation

einfache Assoziation
Aggregation
Komposition

Klasse3

{xor}

Klasse4

Klasse6

Ein-
schränkung

Navigations-
richtung

nicht
navigierbares
Assoziationsende

Assoziationsklasse

Multiplizität mit
Unter- und Obergrenze

abgeleitete
Assoziation

Assoziationsname

Leserichtung

Klasse1
m1..m2
+rolle1{ordered}

/name▶

*

−rolle2

Klasse2

Sichtbarkeit

Eigenschaftswert

Rollenname

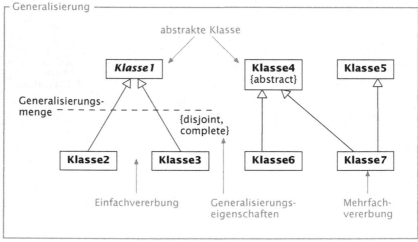

Generalisierung

abstrakte Klasse

Klasse1

Klasse4
{abstract}

Klasse5

Generalisierungs-
menge

{disjoint,
complete}

Klasse2

Klasse3

Klasse6

Klasse7

Einfachvererbung

Generalisierungs-
eigenschaften

Mehrfach-
vererbung

570

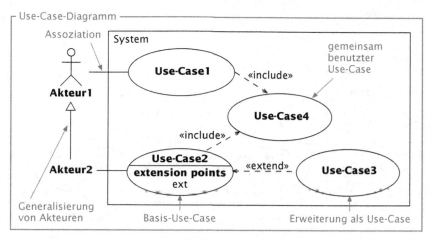

Use-Case-Diagramm

Assoziation

System

Akteur1

Use-Case1 «include»

gemeinsam
benutzter
Use-Case

Use-Case4

«include»

Akteur2

Use-Case2
extension points
ext

«extend»

Use-Case3

Generalisierung
von Akteuren

Basis-Use-Case

Erweiterung als Use-Case

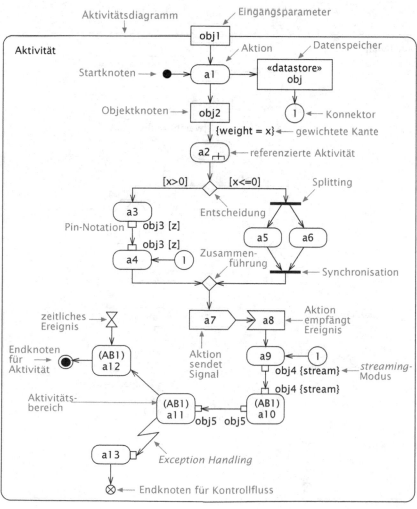

Aktivitätsdiagramm

Eingangsparameter

Aktivität

obj1

Aktion

Datenspeicher

Startknoten

a1

«datastore»
obj

Objektknoten

obj2

Konnektor

{weight = x} ← gewichtete Kante

a2 ← referenzierte Aktivität

[x>0] [x<=0]

Splitting

a3

Entscheidung

Pin-Notation obj3 [z]

a5 a6

obj3 [z]

Zusammen-
führung

a4 1

Synchronisation

zeitliches
Ereignis

a7 a8

Aktion
empfängt
Ereignis

Endknoten
für
Aktivität

(AB1)
a12

Aktion
sendet
Signal

a9 1

obj4 {stream} ← streaming-
Modus

Aktivitäts-
bereich

(AB1)
a11

obj4 {stream}

obj5 obj5

(AB1)
a10

a13

Exception Handling

Endknoten für Kontrollfluss

571

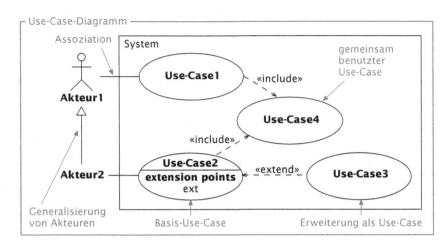

System

Use-Case1

«include»

Assoziation

Akteur1

gemeinsam
benutzter
Use-Case

Use-Case4

«include»

Use-Case2
extension points
ext

«extend»

Use-Case3

Akteur2

Generalisierung
von Akteuren

Basis-Use-Case

Erweiterung als Use-Case

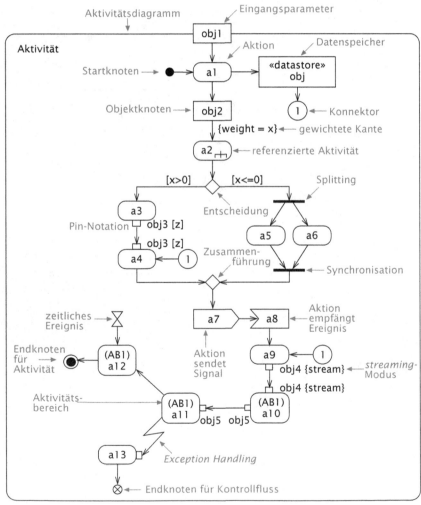

Aktivitätsdiagramm

Eingangsparameter

obj1

Aktivität

Aktion

Datenspeicher

Startknoten

a1

«datastore»
obj

Objektknoten

obj2

1

Konnektor

{weight = x}

gewichtete Kante

a2

referenzierte Aktivität

[x>0]

[x<=0]

Splitting

a3

Pin-Notation

obj3 [z]

Entscheidung

obj3 [z]

a5

a6

a4

1

Zusammen-
führung

Synchronisation

zeitliches
Ereignis

a7

a8

Aktion
empfängt
Ereignis

Endknoten
für
Aktivität

(AB1)
a12

Aktion
sendet
Signal

a9

1

obj4 {stream}

streaming-
Modus

Aktivitäts-
bereich

(AB1)
a11

obj5 obj5

(AB1)
a10

obj4 {stream}

a13

Exception Handling

Endknoten für Kontrollfluss

572